U0499553

世界各国
增值税法与销售税法概览

杨小强团队
孙玉涛团队　编著

中国财经出版传媒集团
经济科学出版社
Economic Science Press
·北京·

图书在版编目（CIP）数据

世界各国增值税法与销售税法概览／杨小强团队，
孙玉涛团队编著 . -- 北京：经济科学出版社，2024.12（2025.3 重印）
ISBN 978 - 7 - 5218 - 5904 - 1

Ⅰ. ①世…　Ⅱ. ①杨…②孙…　Ⅲ. ①增值税 - 税法
- 世界 ②销售税 - 税法 - 世界　Ⅳ. ①D912. 2

中国国家版本馆 CIP 数据核字（2024）第 102231 号

责任编辑：周胜婷
责任校对：齐　杰　杨　海
责任印制：张佳裕

世界各国增值税法与销售税法概览

SHIJIE GEGUO ZENGZHISHUIFA YU XIAOSHOUSHUIFA GAILAN

杨小强团队　孙玉涛团队　编著

经济科学出版社出版、发行　新华书店经销

社址：北京市海淀区阜成路甲 28 号　邮编：100142

总编部电话：010 - 88191217　发行部电话：010 - 88191522

网址：www. esp. com. cn

电子邮箱：esp@ esp. com. cn

天猫网店：经济科学出版社旗舰店

网址：http://jjkxcbs. tmall. com

北京联兴盛业印刷股份有限公司印装

787 × 1092　16 开　38 印张　860000 字

2024 年 12 月第 1 版　2025 年 3 月第 2 次印刷

ISBN 978 - 7 - 5218 - 5904 - 1　定价：156.00 元

（图书出现印装问题，本社负责调换。电话：010 - 88191545）

（版权所有　侵权必究　打击盗版　举报热线：010 - 88191661

QQ：2242791300　营销中心电话：010 - 88191537

电子邮箱：dbts@ esp. com. cn）

编著人员

杨小强团队： 杨小强　王　森　孙于依然　陈尔博

盛婷婷　关宇岚　赵　悦　钟婉仪

姚艳萍　何烨盈　张宇扬　谢雨晔

冯馨民　杨晓丽　阮湘渝　张迪威

甘　露　陈雅珊　黄　昊　许育嘉

宁　婧　孙维新　王艺霖　吕　涛

孙玉涛团队： 孙玉涛　张　剑　苏宏颖　张可飞

孙孟涛　罗　芳　张高杰　韩莎莎

序言一

1954 年法国成为第一个开征增值税的国家；2023 年 6 月，圣多美和普林西比民主共和国开征增值税，至此推行增值税/货物与服务税的国家已经达到 175 个，同时还有 19 个国家采纳窄税基的销售税（如美国的零售销售税 RST）。自 20 世纪中期开始，增值税作为宽税基、符合中性原则的、透明和经济发展友好型的税种席卷全球。增值税对销售货物与提供服务课税，对于构建供应链与国内国际贸易至关重要。面对百年未有之大变局，在加快构建双循环新发展格局之时局下，我国正在进行立法审议的《中华人民共和国增值税法（草案）》，更应结合中国国情并放眼世界。

增值税是一种对销售商品和提供服务之增值额课征的税收，采用分批缴付与每期小额征收，在生产和销售链条的每一个阶段以最小合同交易单元进行课税。由此，增值税与产业链、供应链、价值链直接"接壤"，是关涉产业链、供应链、价值链规划与构建的主体税种。中共中央政治局在 2023 年 1 月 31 日就加快构建新发展格局进行第二次集体学习，习近平总书记在主持学习时强调，要增强我国产业链、供应链的竞争力和安全性。"中华人民共和国增值税法"在立法中融入对产业链、供应链、价值链的考量成为应然要求。

增值税是国内国际经贸的主体税种，增值税是境内税，每个国家的增值税法差异较大。国家立法机关、中介机构和增值税纳税企业等在查询不同国家增值税资料时倍感困难。在过去的 20 多年里，我们的研究团队一直致力于国际增值税法与国际销售税法的研究，研究团队能够运用多种语言进行工作，掌握了前沿的国际资料，在此基础上我们整理了 151 个国家和地区最新的增值税与销售税资料，从而形成本书。

我们在研究国际增值税法与国际销售税法时，同深圳欧税通技术有限公司建立了多年的科研合作。欧税通一直致力于为跨境卖家提供一站式综合税务合规解决方案，基于领先的"大数据＋RPA＋API"技术搭建的智能合规 SaaS 平台，给跨境电商提供了强大的税务支持。2024 年 5 月，欧税通实现一项历史性突破——全国首家跨境行业独家实现与英国、德国、法国、意大利、西班牙五国税务局 API 的全面对接，首获欧洲五国税务局官方认证！

理论与实践的校企科研合作，让我们对国际增值税法与国际销售税法的研究更加可靠与精确。

杨小强

2024 年 10 月 22 日于中山大学

序言二

跨境电商是当前发展速度最快、潜力最大、带动作用最强的外贸新业态。近年来，我国跨境电商行业快速发展，为对外贸易注入新动力，成为拉动我国经济增长的新引擎。

在大国博弈不断加剧的环境下，作为一种新兴的商贸形式，跨境电商产业可能对输入国的市场造成冲击，并给当地数据安全、知识产权保护、生态环境等方面带来影响，该产业也因此受到全球各国政府的密切关注。整体来看，各产品输入国政府一方面支持跨境电商贸易发展以提升经济活力，另一方面也在不断加大对跨境电商产业的监管力度，保障当地政府和市场主体的利益不受损失。在商业浪潮与政治博弈下，跨境合规尤其税务合规是无法回避的命题。

近年来，各国跨境电子商务税收规则进一步调整，增加了我国跨境电商的遵从成本。例如，欧盟成员国对适用于B2C的电子商务交易（尤其是在线商品销售）的增值税规则进行了重大修改，在欧盟范围内进行B2C在线商品销售的零售商和其他企业将有义务向其商品到货的成员国缴纳当地增值税。全球跨境电子商务相关税收规则不断收紧，将给我国跨境电商全球布局带来新挑战。

在过去5年里，欧税通始终秉持着"为全球跨境企业健康出海保驾护航"的使命，致力于跨境电商出海合规降本增效。欧税通致力深耕跨境电商合规行业，不仅因为我们是国际电子商务的促进者，还因为我们是开放和公平竞争的全球化市场的捍卫者。我们用平台化、数字化、自动化的方法优化合规流程、降低合规风险，让合规不再成为卖家的负担，而是转化为卖家的商誉和竞争力，助力卖家行销全球。

以欧洲增值税申报为例，2018年中国跨境电商卖家想做欧洲市场的生意，需要注册英、德、法、意、西五个国家的增值税税号以及联系相对应的税务申报服务。当时5国税号注册和一年的税务申报服务，总费用超过10万元，成为中国跨境电商卖家入驻欧洲市场一大阻碍。而未能履行合规义务带来的后果和损失将更加严重，轻则产品下架，重则店铺关门。欧税通平台在2020年2月上线后，通过"AI大数据"+"互联网SaaS云服务"模式，把英、德、法、意、西5个国家的增值税税号注册和申报服务费用，从10万元降到7000元以内，为跨境电商卖家同比减少了93%的税务成本支出。

　　跨境电商已经从高速的野蛮生长转向高质量的发展，跨境合规将是未来最热门的话题。将来即便是一个很小的精品公司，也能做全球的生意。因此，跨境电商卖家面临的是几十个市场的合规挑战。主动合规经营，深化合规理念，快速精准了解各个市场的税务合规政策，这些行为的必要性日益凸显。

　　本书完整、翔实地整理了世界各国增值税法和销售税法，并进行了准确的翻译解读。杨小强教授师生团队和欧税通公司团队，实现了科研与实务的强强联合，共同完成了这一浩大的研究课题。欧税通有针对性地选取了卖家在实际经营过程中遇到的税务问题及成功处理的案例，这些案例涵盖了主要的欧洲国家，定能为读者开拓海外市场进行税务合规提供启迪。

　　借助此书，希望能全面地为"走出去"企业了解海外市场的税法规定提供参考，促进企业主动增强税务合规意识，保障企业"出海"业务持续稳定地增长。

孙玉涛

2024 年 10 月 20 日于深圳欧税通总部

目　录

一、阿尔巴尼亚
（Albania）

（一）基本介绍[①]

阿尔巴尼亚是中欧自由贸易协定贸易集团的成员国，自 1995 年 4 月 27 日起开征增值税（VAT），其增值税的相关规定会受到欧洲其他国家的影响。阿尔巴尼亚增值税的主管机关为阿尔巴尼亚税务总局（General Directorate of Taxes of Albania）。

（二）纳税义务人

从实质上看，在独立的经济活动中，提供应税商品或服务的任何单位或个人都应当缴纳增值税。应税活动还包括"利用有形或无形财产持续获得收入的行为"。从形式上看，纳税人应进行纳税登记。登记申请可以在线进行，也可以在国家商务中心（National Business Center，NBC）进行。应税人可亲自或通过授权他人向 NBC 提交登记表。登记手续持续 3~4 个工作日。阿尔巴尼亚增值税法律法规没有规定免于登记的条款。

阿尔巴尼亚增值税的登记门槛为年营业额 1000 万列克。一旦年营业额超过 1000 万列克的门槛，每笔应税交易都应缴纳增值税，并且应税人必须在 15 日内申请增值税登记。年营业额低于 1000 万列克的应税人，在年营业额超过 500 万列克时可以自愿登记增值税。

（三）应税范围及税率

1. 增值税适用范围

（1）阿尔巴尼亚应税人提供的商品和服务；（2）将货物进口到阿尔巴尼亚，不论进口商的身份如何；（3）营业地在阿尔巴尼亚境外的服务供应商向阿尔巴尼亚应税人提供的服务；（4）营业地在阿尔巴尼亚境外的服务供应商向阿尔巴尼亚境内非应税人

---

① 本篇如无特别注明，资料均来自阿尔巴尼亚税务总局网站，https：//www. tatime. gov. al/eng/c/4/96/110/value-added-tax（accessed on 20240228）。

提供的特定服务，例如与阿尔巴尼亚境内不动产有关的服务和数字服务；（5）为私人目的使用在商业活动中购买或生产的货物或服务，在上述货物或服务的增值税得以被扣除的范围内，构成应税交易。

2. 适用 20% 税率的商品和服务

增值税标准税率为 20%，适用于所有应税商品和服务，除非该商品或服务适用低税率、零税率或免税。

3. 适用 6% 税率的商品和服务示例

（1）住宿设施（accommodation facilities）所提供的住宿服务；（2）国际知名的五星级酒店所提供的商品和服务；（3）经认证的经营农业、旅游业的机构提供的住宿和餐饮服务，但不包括饮料；（4）视听媒体提供的广告服务；（5）提供任何类型的书籍。

4. 适用零税率的商品和服务示例

（1）货物出口；（2）国际运输；（3）与海事活动有关的服务；（4）用于外交安排的商品和服务；（5）向阿尔巴尼亚中央银行提供黄金；（6）与零税率提供或向国外提供的服务相关的中介服务。

5. 免税的商品和服务示例

（1）医院服务和医疗服务；（2）保险和再保险服务；（3）土地和建筑物的出售和出租；（4）金融服务；（5）邮政服务；（6）教育服务；（7）油气勘探作业；（8）印刷和出版物销售；（9）投注、彩票；（10）进口用于货物加工或金额达到 5000 万列克以上的合同的机器和设备；（11）进口小企业的生产机械；（12）农业机械；（13）农业投入品，如化肥、杀虫剂、种子和幼苗；（14）兽医服务，家畜兽医服务除外；（15）以前未在任何其他国家登记流通的零公里里程的电动汽车；（16）在发生自然灾害的情况下，经税务总局局长授权，提供与建设或重建过程有关的商品和服务；（17）在发生自然灾害的情况下，经税务总局局长授权，直接向建筑施工方提供的商品和服务。

在阿尔巴尼亚，财政部可以通过法令授予下列免税服务纳税选择权：金融交易；建筑及其土地供应；土地供应；不动产租赁。

（四）应税时间

除非法律另有规定，增值税纳税义务发生时间为商品或服务的应税时间。应税时间被认为是要求开具发票，或者交付商品或服务的时间。发票应在提供商品或服务时开具。如果付款是在交付货物或服务之前进行的，则应税时间是付款时间。

持续提供商品或服务（包括施工服务）的应税时间被视为开具发票的当月。此时，发票应按月开具。

（五）申报、缴纳与抵扣规则

纳税期为一个日历月。每月必须在次月 10 日之前提交采购和销售分类账。在最近的电子发票改革之后，税务机关会根据销售和采购分类账中提供的信息自动生成增值税申报表。不过，纳税人有权审查和修改增值税申报表。缴纳增值税的截止日期是纳税期次月的第 14 日。对于进口产品，应在进口时缴纳增值税。

对于新注册的纳税人，第一个纳税期从注册证书上注明的注册日期开始，到该月的最后一日结束。纳税人在一个纳税期内应缴纳的增值税等于该纳税期内供应品应纳税总值的增值税减去允许扣除的进项税。

（六）发票管理

1. 增值税发票

应税人必须提供所有应税给付的增值税发票，包括出口。发票必须符合增值税法律法规的规定。

增值税贷记发票可用于减少对商品或服务征收的增值税；借记发票可用于增加增值税额。贷记和借记发票必须与原始增值税发票交叉印证。

2. 电子发票

阿尔巴尼亚于 2021 年分阶段推出了强制性电子发票制度：

（1）2021 年 1 月 1 日企业对政府（B2G）的交易开始执行电子发票制度。

（2）2021 年 7 月 1 日企业对企业（B2B）的交易开始执行电子发票制度。

（3）2021 年 9 月 1 日企业对个人（B2C）的交易开始执行电子发票制度。

符合条件的纳税人必须使用政府认证的发票软件来创建电子发票。纳税人可以选择由政府审查和批准内部开发的解决方案，或者现成的会计或 ERP 解决方案。任何其他发票都不能用于申报或抵扣增值税进项税额。

电子发票必须通过"自助门户网站"的"简化财政程序"进行。该程序适用于小型企业和 B2G 交易。阿尔巴尼亚的国家信息社会署（NAIS）和税务总局已对一些公司进行了认证，这些公司为 B2G、B2B 和 B2C 交易制定了不同的发票解决方案。其中包括发票二维码要求。

（七）罚则

如果未按时提交增值税申报表，或未在到期日之前缴纳相关税款，税务机关可处以违约金。对于逾期提交增值税申报表的所有注册纳税人，将处以 10000 列克的罚款，其他纳税人将处以 5000 列克的罚款。逾期缴纳增值税义务，每延迟一日计算 0.06% 的利息，最长不超过 365 日（即 21.9%）。

此外，错误完成纳税申报或退税申请，每延迟一日将被处以应纳税额 0.06% 的罚款，最长不超过 365 日。此外，违约利息也适用。未通知税务机关或逾期通知税务机关纳税人增值税登记信息的变更被视为行政违法行为，可处以 15000 列克的罚款。

对欺诈行为而言，隐瞒纳税义务将构成逃税行为，可处以所逃税额 100% 的罚款。

销售和采购账簿及文件管理不善将被处以 1 万 ~ 5 万列克的罚款。未就全部交易金额开具增值税发票的，将处以未申报和未缴纳税款 100% 的罚款。

二、阿尔及利亚
（Algeria）

（一）基本介绍[①]

阿尔及利亚自1992年4月起开征增值税，主管机关为阿尔及利亚财政部。[②]

（二）纳税义务人

阿尔及利亚没有销售注册门槛。这意味着，即使在该国只进行了一次销售，企业也必须注册阿尔及利亚增值税。

注册后，企业会收到一个增值税注册号，该号码将使企业在阿尔及利亚税务系统中成为一家合法企业。这个号码可以在系统中跟踪企业的业务：所需缴纳的税款；获得的税收抵扣；以及需向客户收取的税款。

外国企业在阿尔及利亚处理税务不需要代表。

（三）应税范围及税率

1. 增值税适用范围

（1）经常或偶尔在阿尔及利亚进行的销售交易、建筑工程和工业、商业或手工业性质的服务；（2）进口业务。

2. 标准税率19%的适用范围

增值税的标准税率适用于所有商品或服务，除非特定条款允许适用低税率、零税率或免税。

---

① 本篇如无特别注明，资料均来自阿尔及利亚政府网站，https：//www. mfdgi. gov. dz（accessed on 20240228）。

② Gateway to Africa：Africa VAT/GST Guide 2018－19［EB/OL］. https：//www. crowe. com/sc/－/media/Crowe/Firms/Middle-East-and-Africa/sc/CroweHorwathSC/PDF-and-Brochures/Africa-VAT-guide－2018－19. pdf（accessed on 20240228）.

3. 税率为 9% 的征税对象示例

（1）与农业有关的商品和服务；（2）糖和食用油的生产和分销；（3）与航运有关的商品和服务；（4）某些钢铁产品；（5）互联网服务；（6）电子服务（包括下载或流媒体；电子学习；电子书；基于云的软件和内存存储等）；（7）建筑；（8）与旅游和餐饮有关的服务；（9）旅游和汽车租赁。

4. 零税率的适用范围

出口货物及相关服务适用零税率。

5. 免税范围

"免税给付"一词是指无须缴纳阿尔及利亚增值税，也不能扣除进项税的商品和服务。免税的商品和服务包括：（1）由国家碳氢化合物公司 SONATRACH 或其代表进行的与液态和气态碳氢化合物的勘探、研究、开发、液化或管道运输有关的建设和服务；（2）银行及其他金融机构在租赁业务框架内开展的收购业务；（3）与国家药品目录中提到的医药产品有关的销售业务。提供免税给付的纳税人可以通过申请放弃免税，从而缴纳增值税。

（四）应税时间及应税地点

阿尔及利亚增值税的应税时间，取决于交易的性质及其相关部门。

阿尔及利亚《增值税法典》（CTCA）第 14 条规定，各类业务的应税时间如下：（1）销售及类似业务为实际或合法交付货物的时间；（2）房地产工程为全部或部分收取价款的时间；（3）自行交付制成品和不动产工程为交付的时间；（4）提供服务为收取全部或部分价款的时间；（5）进口货物，为货物入关的时间；（6）出口货物，为货物提交海关的时间。

就阿尔及利亚增值税属地原则（the Algerian VAT territoriality）而言，被视为在阿尔及利亚开展的业务包括：（1）销售交易：以在阿尔及利亚交付为条件进行时；（2）其他业务：在阿尔及利亚使用或利用提供的服务、转让的权利、租用的物品或开展研究。

（五）申报、缴纳与抵扣规则

原则上，任何增值税登记人都必须定期申报并缴纳相关税款。按月（在次月的 20 日前）向主管税务机关申报。表格必须说明与营业额、已收、应付和可抵扣增值税有关的所有信息。逾期缴纳税款的，从应缴纳之日起计算罚款。

应税人可以抵扣为其提供的用于经营目的的商品和服务的进项税。应税人通常通过对其提供的商品或服务所征收的销项税抵扣进项税。进项税包括对在阿尔及利亚提供的商品和服务所征收的增值税、对进口货物所征收的增值税以及根据反向征收制度征收的增值税。如果可抵扣的增值税不能完全从销项增值税中抵扣，那么在法律规定的某些限制性情况下，税务机关可以退还由此产生的增值税抵扣额。在法律明确规定的某些条件下，纳税人可获得退税。纳税人必须根据法律规定的具体退税程序提交退税申请文件。

（六）发票管理

提供商品或服务的增值税应税人，必须向买方开具发票或可以用作发票的文件。用作发票的票据或文件，由应税人员开具，必须以不同的方式登记以下信息：卖方名称和信息（公司名称、纳税人法定形式）；客户名称和信息［名称、地址、商业登记号（trade register number）、税号（tax ID）］；日期；不含税单价；不含税总价；适用的税种和税率，特别是增值税；含增值税的总价。

（七）罚则

如果付款超过规定期限，将按照阿尔及利亚《直接税及相关税法》第402条的规定对纳税人处以罚金，罚金从应支付之日起计算。

经审计，发现纳税人申报的年度营业额不足的，或者错误抵扣的，处罚如下：（1）当全年逃税金额小于或等于5万第纳尔时处罚逃税金额的10%；（2）当每次逃税金额大于5万第纳尔，小于或等于20万第纳尔时处罚逃税金额的15%；（3）当每个财政年度确认的逃税金额大于20万第纳尔时，处罚逃税金额的25%；（4）如果出现欺诈行为，罚款将设定为逃税金额的100%。

三、安哥拉
（Angola）

（一）基本介绍[①]

安哥拉自 2019 年 7 月 1 日起开征增值税，主管机关为安哥拉税务总局（Administração Geral Tributária，AGT）。

（二）纳税义务人[②]

增值税纳税义务人包括：

（1）任何独立从事经济活动的自然人、法人或实体，包括：生产、贸易或提供服务、自营职业者、采掘活动、农业、水产养殖、养蜂业、家禽业、畜牧业、渔业和林业。

（2）根据海关法进口货物的任何自然人、法人和实体。

（3）在发票或同等文件中提及增值税的任何自然人、法人或实体，即使它是错误的。

（4）被视为应纳税人并从在本国境内没有住所、总部或常设机构的非居民实体购买服务的任何自然人、法人或实体。

（5）国家、政府实体和其他公共机构，除非它们在权力范围内行事，且不会导致竞争扭曲。

（6）政党和联盟、工会以及合法注册的宗教机构，只要它们进行应税交易就要缴纳增值税。

（三）应税范围及税率

1. 增值税应税范围

（1）应税人在安哥拉制造、使用或利用商品或服务给付；（2）进口商品。

---

① 本篇如无特别注明，资料均来自安哥拉政府网站，https：//agt. minfin. gov. ao/PortalAGT/（accessed on 20240228）。

② VAT regime in Angola ［EB/OL］. https：//www. dlapiperafrica. com/en/angola/insights/2019/vat-regime. html（accessed on 20240228）.

2. 标准税率 14% 的适用范围

增值税的标准税率适用于所有商品或服务，除非特定条款适用低税率、零税率或免税。另外，还有一个特别的增值税制度适用于卡宾达省。

3. 税率 7% 的征税对象示例

满足一定条件下的酒店和餐馆服务。

4. 税率 5% 的征税对象示例

（1）广泛消费的食品（如肉、鱼、奶、糖）（自 2023 年 12 月 28 日起生效）；（2）增值税法附件一和附件二所列的农业投入品（如活畜、种子和肥料）（自 2023 年 12 月 28 日起生效）。

5. 零税率的适用范围

出口。

6. 免税的适用对象示例

免税给付是指无须缴纳增值税并且不得用作抵扣进项税的商品和服务。包括但不限于：（1）用于治疗和预防目的的药物和其他相关产品；（2）为残疾人提供的轮椅和类似车辆，以及用于纠正学习障碍的盲文机和其他设备；（3）书籍；（4）为住房目的租赁和出租不动产（不包括酒店和类似的实体提供的住宿服务）；（5）集体公共交通服务；（6）银行金融机构和非银行金融机构开展的银行和金融业务，包括金融租赁，但所提供的服务收取费用或对价的除外；（7）保险业务；（8）根据增值税法附件二提供的燃料。[①]

（四）应税时间

在提供货物或服务时，表示应税交易已发生，故须征收增值税。

如果货物和服务的提供是根据合同进行的，而合同规定了定期和连续付款，则在每期付款到期时，货物和服务的提供即被视为完成。

如果货物和服务的提供开具了发票，则应在发票开具时缴纳增值税，如果未在发票开具期限（导致发票开具的操作后的第 5 个工作日）前缴纳，则应在发票开具期限结束时缴纳。

（五）申报、缴纳与抵扣规则

负责缴纳增值税的纳税人有义务在所进行交易的下一个月的最后一日之前缴纳税

---

① VAT regime in Angola ［EB/OL］. https：//www.dlapiperafrica.com/en/angola/insights/2019/vat-regime.html （accessed on 20240228）.

款。进口货物的增值税应在清关时缴纳给主管海关部门。为了计算应缴纳的增值税税额，纳税人可扣除他们所进行的应税交易的税额：其他纳税人在销售商品和服务时向其开具的税票；为进口货物支付的税款；以及如果纳税人在本国境内没有税务代表，也没有在发票或同等文件上注明税额，则为纳税人在国外进行的应税交易中所缴纳的税额。①

（六）发票管理

应税人通常必须开具所有应税给付（包括出口）的增值税发票。非居民企业如须指定代表，在出具发票时，除必须符合其他发票一般的要求外，还应载明所选代表的增值税编号和地址。

发票应包含以下要素：（1）供应商及其客户的法定名称、公司名称或商业名称、增值税识别号及其总公司或住所地址；（2）每种类型的文件和财政年度的顺序和时间编号，可以在一个或多个序列中使用，并适当标识；（3）商品和服务说明、数量或参考单位；（4）以国家货币标示的单价和总价；（5）适用的增值税税率及应缴纳的增值税税额；（6）无须核定增值税税额的原因（参考法律规定）；（7）交付商品或提供服务的日期和地点，以及预付款的日期；（8）使用葡萄牙语书写；（9）开具日期；（10）用于开具发票或类似文件的计算机系统的标识，以及相应的识别号。

（七）罚则

不提交或延迟提交增值税电子申报表，无论是否缴纳应纳税款，每次违规罚款60万宽扎。如果是有意为之，上述处罚将加倍。如果违规行为在截止日期后30日内得到纠正，罚金将减半。

在疏忽行为的情况下，不支付或延迟支付应缴纳的增值税将被处以所欠增值税金额25%的罚款，同时还计算利息。

---

① VAT regime in Angola［EB/OL］. https：//www.dlapiperafrica.com/en/angola/insights/2019/vat-regime.html（accessed on 20240228）.

四、安提瓜和巴布达
(Antigua and Barbuda)

(一) 基本介绍[①]

安提瓜和巴布达自 2007 年起开征销售税 (sales tax)，主管机关为安提瓜和巴布达税务局 (Inland Revenue Department)。

(二) 纳税义务人

任何从事应税活动且年度标准税率和零税率给付总额超过 30 万东加勒比元的人都必须申请注册安提瓜和巴布达销售税 (ABST)。所有金额均以东加勒比货币表示。

此外，以下情形之一的个人必须申请注册[②]：

(1) 在任何为期 365 日的期间开始时，有合理的理由预期该人在该期间提供的应税给付的总价值将超过 30 万东加勒比元。

(2) 在任何为期 4 个月的期间内同时满足以下两个条件的：一是该人提供的应税给付的价值超过 10 万东加勒比元；二是有合理理由预期该人在该期间及接下来的连续八个月内提供的应税给付的总价值将超过 30 万东加勒比元。

(3) 无论是否超过 30 万东加勒比元的注册门槛，只要该人为公共娱乐活动的发起人或公共娱乐场所的持牌人或业主以及根据安提瓜和巴布达《销售税条例》规定提供专业服务的人员。

(三) 应税范围及税率

应税给付是指应税人在应税活动中或其推进过程中在安提瓜和巴布达提供商品或服

---

① 本篇如无特别注明，资料均来自安提瓜和巴布达税务局网站，https：//ird. gov. ag/index. php/antigua-and-barbuda-sales-tax/（accessed on 20240228）。

② Antigua and Barbuda Sales Tax（ABST）Registration Guide（2006）［EB/OL］. https：//ird. gov. ag/wp-content/uploads/2019/09/ABST_Registration_Guide. pdf（accessed on 20240228）.

务，但不包括免税给付。

商品给付是指出售、交换或以其他转让方式处分所有者的商品；租赁以及与商品有关的其他处分形式，包括通过融资租赁提供商品；根据法案或法规被认为是商品给付的任何情形。

除了商品给付的应税给付均为服务给付。

除另有规定外，所有应税商品和服务适用 17% 的标准税率。适用零税率的商品和服务包括：出口商品及其他在境外消费的商品；出口的服务及其他在境外消费的服务；其他的特定商品和服务。①

（四）应税时间与应税地点

商品或服务的应税时间是以下二者中较早的时间：供应商开具发票；收到交易的任意对价。除安提瓜和巴布达《销售税法》或条例另有规定外，在下列情况下，商品或服务的提供被视为在安提瓜和巴布达进行：（1）供应商是居民。（2）供应商为非居民，且在给付商品的情况下，所给付的商品在给付时位于安提瓜和巴布达。（3）供应商为非居民，且在给付服务的情况下，由安提瓜和巴布达居民在安提瓜和巴布达实际给付服务。②

（五）申报、缴纳与抵扣规则

应税人必须在每个纳税期限结束后一个日历月内提交一份销售税申报表。销售税申报表必须交给税务局局长，并且申报表必须采用其规定的格式以及包含该表单中指定的信息。应税人应在销售税纳税申报期满后缴纳销售税。除另有规定外，如果应税人在一个纳税期限内提供的均为应税给付，则允许该应税人对在该纳税期限内进行的应税收购或进口的所有进项税进行抵扣。如果应税人在一个纳税期内提供的均不是应税给付，则不允许该应税人对在该纳税期内进行的应税收购或进口的进项税进行抵扣。如果应税人在一个纳税期内同时提供应税给付和其他，则该纳税期内允许该应税人获得的进项税抵扣视具体情况而定。③

---

① Antigua and Barbuda Sales Tax（ABST）Registration Guide（2006）［EB/OL］. https：//ird. gov. ag/wp-content/uploads/2019/09/ABST_Registration_Guide. pdf（accessed on 20240228）.

② No. 6 of 2006 Act［EB/OL］. https：//laws. gov. ag/wp-content/uploads/2018/08/a2006 – 6. pdf（accessed on 20240228）.

③ Antigua and Barbuda Sales Tax（ABST）Refund Guide（2006）［EB/OL］. https：//ird. gov. ag/wp-content/up-loads/2019/09/ABST_Refund_Guide. pdf（accessed on 20240228）.

（六）发票管理

已登记的卖方向已登记的买方作出应税给付的，须在给付时向买方开具销售税发票原件。销售税发票必须包含法规规定的信息。如果应税给付的对价是以货币支付的，且不超过 50 东加勒比元，已登记的卖方则可以向已登记的买方开具销售收据以代替销售税发票。①

（七）罚则

如果纳税人出现以下情况，将被处以罚款：（1）未申请注册；（2）未在营业场所展示注册证书；（3）未在规定时间内提交报税表；（4）未按时缴纳税款。②

---

① What is an ABST invoice［EB/OL］. https：//www. yumpu. com/en/document/read/34201477/antigua-and-barbuda-sales-tax-abst-antigua-barbuda（accessed on 20240228）.

② Antigua and Barbuda Sales Tax（ABST）Registration Guide（2006）［EB/OL］. https：//ird. gov. ag/wp-content/uploads/2019/09/ABST_Registration_Guide. pdf（accessed on 20240228）.

五、阿根廷
（Argentina）

（一）基本介绍[①]

阿根廷自1975年1月起开征增值税（VAT），主管机关为阿根廷联邦公共收入管理局（Federal Administration for Public Revenues）。

（二）纳税义务人

增值税纳税人是指在阿根廷开展业务过程中提供应税商品或服务并须进行增值税登记的企业或个人。

在下列情况下必须进行增值税登记：

（1）对于公司或其他法人，开始营业时就要进行增值税登记。

（2）对于个人，提供商品的年度应税营业额超过600万阿根廷比索，或提供服务的年度应税营业额超过420万阿根廷比索。[②]

（三）应税范围及税率

1. 增值税适用范围

（1）应税人在阿根廷提供商品或服务；（2）阿根廷应税人获得反向征收增值税的服务；（3）从阿根廷境外进口商品；（4）外国企业向未进行增值税登记的纳税人提供在阿根廷有效使用的数字服务。

2. 标准税率适用范围

21%的标准税率适用于所有商品或服务的给付，除非具体措施规定了高税率或低税率、零税率或免税。

[①] 本篇如无特别注明，资料均来自阿根廷政府网站，http：//www.afip.gov.ar（accessed on 20240228）。

[②] Argentina：Tax system［EB/OL］. https：//santandertrade.com/en/portal/establish-overseas/argentina/tax-system（accessed on 20240228）.

14

3. 适用零税率的商品和服务示例

出口商品；出口服务。

4. 适用 10.5% 税率的商品和服务

（1）住房建设；（2）金融机构向最终消费者发放个人贷款的利息和其他费用；（3）活牛的销售和进口；（4）在某些特殊情况下提供的宣传和广告；（5）任何在国内运营的、距离超过 100 公里的客运交通；（6）某些特定情况下的医疗援助；（7）某些资本货物。

5. 适用 27% 税率的商品和服务示例

（1）非住宅用电信网络；（2）非住宅用水、电、燃气；（3）污水处理及排水服务。

6. 免税对象

"免税给付"是指无须缴纳增值税的商品和服务的给付。免税给付不得抵扣增值税进项税。适用增值税免税的商品和服务包括但不限于：书籍、教育、普通天然水和牛奶、国际运输、100 公里以内的本地乘客运输（如出租车、公共汽车）。

（四）应税时间及应税地点

商品的基本应税时间是交付商品或开具发票的较早时间。服务的基本应税时间是以下两者中的较早时间：服务履行或完成；收到全部或部分对价。

（五）申报、缴纳与抵扣规则

一般来说，增值税必须按月提交。专门从事农业活动的纳税人可按月提交纳税申报表，并按年纳税。在税务局注册为"Pymes"的小公司按月提交申请，并可在随后第二个月的到期日之前缴纳税款。

应税人可以抵扣进项税，进项税是对为其提供的用于商业目的的商品和服务征收的增值税。进项税一般是从销项税中抵扣，销项税是对所提供的商品或服务征收的增值税。

抵扣进项税通常必须提供有效的税务发票或海关文件。

有些项目不能抵扣增值税进项税。具体规定如下：

（1）与购买某些服务（如酒店、餐馆和类似费用）相关的增值税进项税额不能抵扣。

（2）购买、进口或租赁（包括租赁合同）汽车所支付的金额，只有在购买成本、进口成本或市场价格等于或低于 2 万阿根廷比索（增值税净额）的情况下，才能申请税收抵扣。

（3）酒吧、餐馆、酒店、汽修厂和服装（制服除外）所提供服务的增值税也不可抵扣。[①]

（六）发票管理

应税人通常必须提供所有应税给付（包括出口）的增值税发票。申请进项税抵扣也必须提供增值税发票。

发票规则是国家制定的，通常适用于增值税。因此，增值税销售发票格式适用于所有应税给付，税务机关接受增值税销售发票，根据国家规定而不是当地规定。

贷记发票可用于减少对商品和服务给付征收的增值税。贷记发票必须包含与销售发票相同的信息。[②]

（七）罚则

税收规则规定了税务机关可能对纳税人施加的不同类型的处罚：

（1）当增值税申报表未按时提交时，将处以正式罚款；（2）如果相应的付款是在到期日之后完成的，纳税人必须支付利息；（3）当纳税人漏报税款时，处以漏报税款100%的罚款；（4）对纳税人的漏税行为处以罚款，罚款额度为漏缴税款的2~6倍。如果金额超过规定的限额，将适用"惩罚性税收制度"。

---

① Americas indirect tax country guide［EB/OL］. https：//assets. kpmg. com/content/dam/kpmg/es/pdf/2016/11/indirect-tax-guide-argentina－2016. pdf（accessed on 20240228）.

② VAT Registration in Argentina［EB/OL］. https：//lawyersargentina. com/vat-registration-in-argentina/（accessed on 20240228）.

六、亚美尼亚
（Armenia）

（一）基本介绍[①]

亚美尼亚自2018年1月1日起开征增值税，主管机关为亚美尼亚财政部（Ministry of Finance）与国家税收委员会（State Revenue Committee）。

（二）纳税义务人

根据亚美尼亚《税法典》（Tax Code of The Republic of Armenia），以下3种应纳税人在满足该税法典第59条规定时，将被视为增值税的纳税义务人：

（1）该税法典第21条规定的组织机构：在亚美尼亚共和国获得国家注册的法人（包括国家当局、社区管理机构、中央银行、在亚美尼亚共和国登记的机构）；在外国注册的组织；国际组织；该税法典第27条所指的常设机构；投资基金。

（2）在亚美尼亚共和国获得国家注册的个体企业家。

（3）已获得司法部正式证明的公证人。

自2019年起，若居民纳税人当年的营业额达到1.15亿德拉姆，则需登记注册成为增值税纳税义务人。营业额未达到登记注册门槛（1.15亿德拉姆）的实体可自行向税务机关提交适当的书面报告，成为纳税人。自愿登记按亚美尼亚政府规定的程序，向税务机关提交申请办理。亚美尼亚的税法并没有规定免于登记的情形。[②]

（三）应税范围及税率

1. 应税范围

亚美尼亚《税法典》第60条规定，该国增值税应税对象包括：

---

① 本篇如无特别注明，资料均来自亚美尼亚《税法典》（Tax Code of The Republic of Armenia），https：//cis-legislation. com/document. fwx？ rgn = 104847（accessed on 20240228）。

② VAT Navigator Armenia［EB/OL］. https：//dialog. am/storage/files/posts/posts_6875468201151_VAT_Amenia_final. pdf（accessed on 20240228）。

（1）根据亚美尼亚《税法典》第 37 条的规定，应税地点被视为亚美尼亚共和国（境内）的商品给付。

（2）工作的执行或服务的提供。其中，服务的提供是指：提供租赁或使用的商品（融资租赁除外）；提供贷款；转让无形资产；提供无形资产的使用。

（3）货物的进口。

2. 标准税率适用对象

亚美尼亚《税法典》第 63 条规定，除另有规定外，所有商品和服务所适用的增值税税率均为 20%。

3. 零税率适用对象

亚美尼亚《税法典》第 65 条规定了 13 项零税率征税对象：

（1）从亚美尼亚海关境内通过海关程序出口的商品。

（2）向欧亚经济联盟成员国出口具有欧亚经济联盟商品地位的商品。

（3）与第（1）项及/或（2）项规定的交易直接有关的商品的包装、装卸、配载及其他类似工作的执行及/或服务的提供。

（4）与商品、邮件和/或乘客运输有关的国际运输服务的提供。

（5）与"在关境内加工"的进口商品的原料加工相关的工作执行和/或服务提供。

（6）与"在关境内加工"的财产修理相关的零件、组件及其他辅助零件的提供。

（7）与商品运输直接相关的工作执行和（或）提供服务。

（8）向国际航班的飞机提供燃料和供应的消费品，维修服务和设备，乘客装载、行李、商品和邮件运输服务，以及在航班上向乘客提供的服务。

（9）提供与第（8）项所述服务直接有关并确保第（8）项所述服务得以提供的中介服务。

（10）在免税商店向通过国际航线离境或抵达的旅客零售商品，以及由其他纳税人向免税商店的组织者供应指定在免税商店出售的商品。

（11）根据该税法典第 38 条，不被视为在亚美尼亚境内提供的服务和/或执行的工作。

（12）为外交代表机构、领事机构以及被视为国际政府间组织进口或提供商品、为其执行工作和/或提供服务。

（13）由在亚美尼亚共和国注册的电信或邮政服务营办商以规定的方式向有关营办商提供的服务。

4. 免税对象

亚美尼亚《税法典》第 64 条详细列出了 51 项免税对象，其中常见的免税对象主要包括但不限于下文所列出的商品或服务：

（1）中学教育、职业学校和专门从事中等和高等教育的机构提供教育。

（2）提供复印本和音乐书籍、绘画专辑、儿童和学校文学以及学校教育出版物。

（3）销售由高等教育机构、专门科学组织和亚美尼亚国家科学院（the National Academy of Sciences of Armenia）出版的科学和教育出版物。

（4）根据亚美尼亚政府制定的标准，实施科学研究计划、基本教育计划以及组织教育竞赛、比赛和奥运会。

（5）幼儿保育机构提供的与照料儿童有关的服务，寄宿学校、儿童之家提供的照料服务，照顾残疾儿童和病人的机构及疗养院提供的服务，及上述机构人员在照料过程中提供的商品和服务。

（6）提供报纸杂志。

（7）非政府、慈善和宗教组织无偿提供物资，无偿进行劳动和/或提供服务。

纳税义务人可以向税务机关提出书面声明，申请放弃增值税免税。

（四）应税时间与应税地点

1. 应税时间

亚美尼亚《税法典》第38条规定，除该法典另有规定外，应税时间应为下列时间中较早者：商品运送至他人之时；他人收到商品之时。

但上述一般规则不适用于商品所有权在另一时间转移的情形。若该商品的所有权转移与国家登记有关，则应税时间为国家登记之时；若该商品为融资租赁标的物且其所有权在合同期满时转让给承租人，则其应税时间为每个纳税申报期的最后一日。

2. 应税地点

亚美尼亚《税法典》第37条规定：

（1）如果商品在给付时位于亚美尼亚共和国境内或商品是从亚美尼亚共和国出口的，则应税地点是亚美尼亚共和国。

（2）如果亚美尼亚共和国不被视为商品的给付地，则应将商品的应税地视为在亚美尼亚共和国之外。

（五）申报、缴纳与抵扣规则

1. 申报

亚美尼亚《税法典》第75条规定，增值税纳税义务人须于申报月后的次月20日或之前，按月提交增值税及消费税统一报税表。

2. 缴纳

亚美尼亚《税法典》第78条规定，增值税应在申报月后的次月第20日前支付。对于从非欧亚经济联盟国家进口到亚美尼亚的商品，按照海关"供国内消费的进口商品"放行，在放行前必须支付增值税；从欧亚经济联盟国家进口到亚美尼亚的商品，增值税必须在进口月份的次月第20日之前付款。

3. 抵扣

亚美尼亚《税法典》第71条对抵扣规则进行了规定，下列进项税可抵扣：

（1）申报期内在亚美尼亚境内的供应商所开具的增值税发票中单独列示的增值税金额。

（2）通过"供国内消费"海关程序进口的商品，按照进口商品法缴纳的增值税金额。

（3）从欧亚经济联盟成员国进口到亚美尼亚境内的具有欧亚经济联盟产品地位的商品，按照进口商品法缴纳的增值税金额。

（4）由增值税纳税义务人开具的发票上所载的增值税金额，该发票是因在亚美尼亚境内的非亚美尼亚居民机构提供商品、服务或执行工作而开具的。

（5）由代理人或代表机构基于代理合同开具的单独列示的增值税金额。

（6）由委托人或委托机构基于代理合同开具的单独列示的增值税金额。

（7）由第三方代理人或代表机构基于第三方代理合同开具的单独列示的增值税金额。

（8）由代理人或代表机构基于第三方代理合同开具的单独列示的增值税金额等。

（六）发票管理

1. 不得开具发票的情形

亚美尼亚《税法典》第66条规定，增值税纳税义务人应开具发票，但以下第67条规定的情形除外：

（1）非增值税纳税义务人在不属于增值税纳税义务人的申报期内进行的交易。

（2）免征增值税的给付商品、执行工作和/或提供服务的交易。

（3）按零税率征税的给付商品、执行工作和/或提供服务的交易。

（4）在该《税法典》第13条规定的特别税制范围内进行的给付商品、执行工作和/或提供服务的交易。

（5）根据该《税法典》第60条第2款、第3款规定，不属于增值税应税对象的给付商品或者提供服务的交易。

2. 发票的确认

亚美尼亚《税法典》第68条规定，增值税纳税义务人应对从供应商处取得的税务发票通过电子签名确认。

（七）罚则

根据亚美尼亚《税法典》第 400 条，纳税人可能因各种民事和刑事犯罪活动而受到经济处罚、监禁和禁止从事商业活动的处罚。亚美尼亚对少缴的增值税按法定利率征收利息。

如果没有开具正确的货物供应发票，可处以货物价值 50% 的罚款，最低罚款额为 20 万德拉姆。对于服务供应则没有类似的处罚。根据亚美尼亚《税法典》第 415 条，如果纳税人开具虚假供货发票，可能会被处以 100 万德拉姆的罚款。屡犯者将被加重处罚。

除利息外，根据亚美尼亚《税法典》第 401 条规定，逾期付款每逾期一个日历日将被处以 0.04% 的罚款。未在申报截止日期前提交增值税申报表，每延迟 15 日将被处以增值税应纳税额 5% 的罚金，罚金最高可达应缴增值税总额。根据该税法典第 403 条，少申报应缴增值税还可处以少报增值税 50% 的罚款。屡次违规将加重处罚。对于非法活动，可处以这些活动所产生的营业收入 50% 的罚款，最低罚款额为 20 万拉姆。屡犯者将受到更严厉的处罚或刑事制裁。

七、阿鲁巴
（Aruba）

（一）基本介绍

阿鲁巴的营业税由营业额税（BBO）、健康税（BAZV）、公私合作项目额外资金税（BAVP）组成①。其中，BBO 于 2007 年 1 月 1 日引入，BAVP 于 2018 年 6 月 1 日引入，BAZV 于 2014 年 12 月 1 日引入。② 这些税收的主管机关为阿鲁巴税务局（Departamento di Impuesto）。

（二）纳税义务人

只要企业家（包括企业及个人）从阿鲁巴的商品销售和/或提供服务中收取收入，就需登记，并缴纳相应的税收。但阿鲁巴有适用于独资企业的小企业条例。小型企业的营业税营业额门槛为每年 12000 弗罗林。收入低于这一数额的独资企业无须缴纳间接税。2021 年，财政激励计划将营业额起征点提高到每年 84000 弗罗林。

（三）应税范围及税率

1. 应税范围

在阿鲁巴销售商品和提供服务所获得的收入（包括现金和实物收入）均应缴纳营业税。

自 2023 年 8 月 1 日起，应纳税人（包括企业和非企业）进口货物到阿鲁巴也属于应税行为。税基等于完税价格，包括货物进口所支付的全部费用。

---

① Aruba Approves Indirect Taxes on Imports — Orbitax Tax News & Alerts［EB/OL］. https：//www. orbitax. com/news/archive. php/Aruba-Approves-Indirect-Taxes － －53159（accessed on 20240228）.

② Hoeveel BBO en BAVP moet u betalen?［EB/OL］. https：//www. impuesto. aw/hoeveel-bbo-en-bavp-moet-u-betalen（accessed on 20240228）.

2. 标准税率

合并标准税率为7%，其中，BBO为2.5%，BAVP为1.5%，BAZV为3%。

3. 零税率

阿鲁巴不存在零税率的规定。

4. 免税对象

阿鲁巴的免税对象包括但不限于：（1）出售房地产［至转移税（transfer tax）到期为止］；（2）水、电和煤气；（3）酒店客房或公寓租赁；（4）通过飞机或轮船进行的货物和服务国际运输；（5）人寿保险。

（四）应税地点①

1. 货物供应

原则上，货物是在通过协议转让所有权时供应的。但也有一些例外情况，在这些情况下，从法律角度看，供应尚未发生，但就BBO/BAVP/BAZV而言，供应已经发生。如果与供应有关的货物需要装运或运输，应税事件就发生在货物运输开始的地方，除非安装供应已经存在。在所有其他情况下，应税事件发生在货物实际所在的地方。

举例说明，如果位于美国的X公司向阿鲁巴一家酒店销售水上摩托车，则X公司不受BBO/BAVP/BAZV的约束，因为水上摩托车的运输（与供应有关）是从美国开始的。

2. 提供服务

如果提供服务，则应税事件发生在企业设立或拥有常设机构的地方，并从该常设机构提供服务。但下列服务除外：

（1）不动产，包括建筑、维护、清洁或安装工作、建筑师和其他专家，以及旨在准备或协调执行建筑工作的服务，这些服务在不动产所在地进行。

（2）人员或货物运输，在实际运输地点进行。

（3）文化、艺术、体育、科学、教育、娱乐或类似活动，在活动实际发生地进行。

（4）与运输有关的装卸或类似活动，在活动实际发生地进行。

（5）与动产有关的活动，包括专家调查，在工作实际发生地进行。

（6）电子和电信服务，在服务接受者居住地或所在地进行。

3. 反向征收机制

反向征收机制是指非居民企业家向居民企业家提供特定服务时，居民企业家将被视

---

① Turnover tax ［EB/OL］. https：//www.bdoaruba.com/en-gb/tax-system-aruba/tax-system-aruba/turnover-taxes（accessed on 20240228）.

为 BBO/BAVP/BAZV 的纳税人，并负责支付应缴的 BBO/BAVP/BAZV 税款。

（五）申报与缴纳[①]

与提供商品或服务有关的所有收入均为销售收入。如果收到的支付不是公平交易或者是非货币性的，则应税基础为所提供商品或服务的公允市场价值。但自产产品例外，其销售收入根据货物成本确定。

由于现金系统是 BBO/BAVP/BAZV 的通用系统，抵销金额也被视为销售收入。此外，超过两年的应收账款也被视为销售收入。

BBO/BAVP/BAZV 的缴纳和退还应在当月结束后 15 日内完成。

（六）发票管理

发票需要包含以下内容：（1）连续编号；（2）开具日期；（3）交货或提供服务的日期；（4）销售商的姓名，地址和个人税号（"税码"）；（5）商品购买者或服务接受者的名称和地址；（6）对已售出和交付的商品和/或提供的服务的描述，包括涉及的数量；（7）支付的对价。

除收货人姓名和地址无须列出外，相同的要求也适用于收银机收据。

（七）罚则

如果未按时提交营业税申报表，或未在到期日前（全额）缴纳相关税款，税务机关可能会征收违约附加罚金。罚款金额最低为 250 弗罗林，最高为 1 万弗罗林。

税务机关也可因纳税人的重大过失而处以罚款。罚款的最高金额可达应缴税款的 100%。

---

① Turnover tax ［EB/OL］. https：//www. bdoaruba. com/en-gb/tax-system-aruba/tax-system-aruba/turnover-taxes（accessed on 20240228）.

八、澳大利亚
（Australia）

（一）基本介绍[①]

澳大利亚自 2000 年 7 月 1 日起开征商品与服务税（goods and services tax，GST）。其主管机关为澳大利亚税务局（Australian Taxation Office，ATO）。[②]

（二）纳税义务人

1. 登记门槛

当公司或企业的商品与服务税营业额（总收入减去商品与服务税）达到 7.5 万澳元或预计将达到 7.5 万澳元时，需要登记注册为商品与服务税纳税义务人。

若为非营利组织，则商品与服务税营业额（总收入减去商品与服务税）为 15 万澳元及其以上时，需要登记注册为商品与服务税纳税义务人。

除此之外，若为乘客提供出租车或豪华轿车旅行，或想为企业索取燃油税抵扣额，则无论营业额是多少均须登记注册商品与服务税。

2. 自愿登记

公司或企业若不属于必须注册登记的商品与服务税纳税义务人，则可以自愿选择登记注册。若选择注册，通常必须至少保持注册 12 个月。

3. 免于登记

澳大利亚的商品与服务税相关法律没有规定免于登记的情形。

（三）应税范围及税率

1. 应税范围

澳大利亚《1999 年新税制（商品与服务税）法案》第 9 条第 10 款规定，给付包括：

[①] 本篇如无特别注明，资料均来自澳大利亚税务局网站，https：//www. ato. gov. au/businesses-and-organisati-ons/preparing-lodging-and-paying/business-activity-statements-bas/goods-and-services-tax-gst（accessed on 20240228）。

[②] A brief history of Australia's tax system［EB/OL］. https：//treasury. gov. au/publication/economic-roundup-win-ter-2006/a-brief-history-of-australias-tax-system（accessed on 20240228）.

（1）商品的给付；（2）服务的提供；（3）建议或信息的提供；（4）不动产的授权、转让或移交；（5）权利的创造、授予、转让、分配或放弃；（6）金融给付；（7）义务的订立或解除；（8）上述（1）~（7）项的组合。

上述给付若满足澳大利亚《1999 年新税制（商品与服务税）法案》第 9 条第 5 款的条件，则为应税给付：（1）给付需要对价；（2）给付是在企业经营中产生的；（3）给付与间接税区有关；（4）给付人已登记注册或应当登记注册。

2. 税率

澳大利亚对商品给付、服务提供征收商品与服务税，标准税率为 10%。

澳大利亚商品与服务税相关法律虽然未直接规定零税率，但规定了免税给付（GST-free supplies），且该免税给付可申请扣除商品及服务税的进项税额。由此可知，该免税给付即为零税率给付。以下项目适用免税给付且可申请抵扣进项税额：最基本的日用品，如新鲜水果、蔬菜、肉类等；医疗服务，如看病和住院；教育费用；托儿服务；供水、污水处理和排水；出口。

3. 免税对象

澳大利亚《1999 年新税制（商品与服务税）法案》还规定了免税且无法抵扣进项税额的给付（input taxed supplies），该给付的价格不含商品与服务税，也无法申请进项税抵扣。具体包括：（1）金融给付；（2）住宅楼宇的租用；（3）住宅楼宇的销售（或长期租约），新住宅除外；（4）一些贵重金属的给付；（5）慈善机构筹款活动过程中的给付；（6）通过学校内或学校附近的商店和自助餐厅供应的用品。该国无免税选择。

（四）应税时间

澳大利亚没有关于应税时间的规定。相反，它有关于何时支付商品与服务税或何时申请进项税抵扣的归属规则。商品与服务税的支付时间取决于应税人是按收付实现制还是按权责发生制计算商品服务税。

（五）申报、缴纳与抵扣规则

1. 申报

如果应纳税人的商品与服务税营业额为 2000 万澳元或以上，则必须每月申报和缴纳商品与服务税，并通过网站以电子方式提交商业活动表（business activity statements, BAS）。如果应纳税人的商品与服务税营业额不超过 2000 万澳元，则可自行选择是否每月申报。

申报方法主要有两种：简易商业活动申报方法（simpler BAS reporting method）和完整申报方法（full reporting method）。

（1）商品与服务税营业额少于 1000 万澳元，应纳税人可使用默认的简易商业活动表（simpler BAS）申报商品与服务税。

（2）商品与服务税营业额为 1000 万澳元或以上，或将不含进项税的给付作为主要业务活动，应纳税人有权选择使用简易商业活动表或完整的申报方法申报商品与服务税。

2. 缴纳①

（1）年营业额等于或超过 2000 万澳元的，应纳税人必须在纳税期限次月的第 21 日前付清所有商品与服务税净额。

（2）年营业额未超过 2000 万澳元的，应纳税人可以选择每季度缴纳一次商品与服务税。

（3）年营业额未超过 7.5 万澳元且为自愿注册的，自愿注册的应纳税人可以选择每年缴纳一次商品与服务税。

3. 抵扣

应纳税人可以就自己在商业用途中使用商品申请商品及服务税抵扣。这称为进项税抵扣（input tax credit）或商品与服务税抵扣（GST credit）。

商品与服务税的抵扣须满足以下条件：（1）应纳税人计划将购买的商品或服务全部或部分用于商业用途，且该商品与不含进项税给付的制作生产无关；（2）购买价格包括商品与服务税；（3）应纳税人就购买的商品或服务提供付款。（4）应纳税人从卖方处收到税务发票（购买金额超过 82.50 澳元）。

如果购买的商品或服务既用于商业用途，也用于私人用途，则仅与商业用途有关的部分可申请抵扣。此外，若购买的商品或服务的实际用途与预期用途有所不同，则需要调整已申请的抵扣额。

（六）发票管理

1. 需要开具发票的情形

当应税销售额（含商品与服务税）超过 82.50 澳元时，若已登记注册商品与服务税的客户要求提供税务发票，则应纳税人必须在其要求后的 28 日内提供税务发票。

2. 发票的内容

应税销售额少于 1000 澳元的税务发票必须包含以下 7 项详细信息：（1）该单据旨在作为税收发票；（2）卖方的身份；（3）卖方的澳大利亚公司编号（ABN）；（4）开

---

① GST Rate in Australia ｜ A Complete 2024 Guide on GST［OB/OL］. https：//gstinfo. net/gst-rate-in-australia/#：~：text＝Some％20goods％20and％20services％20have％20a％20GST％20rate，services％205％20Water％2C％20sewerage％20and％20drainage％206％20Exports（accessed on 20240228）.

具发票的日期；（5）所售物品的简要说明，包括数量和价格；（6）应付的商品与服务税金额；（7）发票上每笔销售所包括的商品与服务税。

应税销售额为 1000 澳元及其以上的税务发票需要显示买方的身份或 ABN。

3. 发票形式

税务发票并不必须以纸质形式开具，也可以通过电子形式向客户开具。该电子发票是通过卖方和买方软件系统自动直接交换的，或者通过电子邮件发送。

（七）罚则

未履行纳税义务的纳税人可能会被处以罚款和利息。当澳大利亚税务局发现错误或遗漏时，他们会考虑个人的具体情况，包括其遵纪守法的历史，以决定采取何种行动，特别是任何罚款或可能的起诉行动。相关情况包括出现差异或未履行纳税义务的原因，以及纳税人过去履行纳税义务的情况。

罚金是根据法定公式或罚金单位的倍数计算得出的金额。

适用的处罚类型可以是行政、民事或刑事处罚。民事和刑事处罚由法院实施，行政处罚则无须法院诉讼。

利息费适用于未支付的金额，如短缺金额、逾期付款和欠税。无论是否适用罚金，都要收取利息。对短缺金额收取利息并不取决于或暗示纳税人不诚实。

对于纳税申报中的错误和遗漏，或逾期缴纳税款的情况，可处以民事罚款和利息。如果企业未保持足够的记录、未提供信息（包括补充申报）或屡次犯错，也可处以罚款。对于更严重的问题，可能会提起刑事诉讼。

九、奥地利
（Austria）

（一）基本介绍[①]

奥地利自 1973 年 1 月 1 日起开征增值税，其增值税主管机关为联邦财政部（Federal Ministry of Finance）。

（二）纳税义务人

应纳税人是指在奥地利经营过程中提供商品或服务、在共同体内采购或远距离销售的任何实体或个人。

1. 登记门槛

在奥地利设立的年营业额为 3.5 万欧元及其以上的企业，需要登记注册成为增值税纳税义务人。对于外国企业，其在奥地利的登记门槛为 0 欧元。若外国企业在奥地利不提供给付或只提供反向征收的给付，并且不接受反向征收的服务，则可以不登记增值税。

2. 自愿登记

年营业额不超过 3.5 万欧元的奥地利企业可申请自愿注册，对其给付缴纳增值税，以此申请抵扣进项税。

3. 免于登记

如果在奥地利设立的企业的年营业额不超过 3.5 万欧元，并且不需要为该日历年支付增值税，那么该企业就不需要纳税，也不需要提交增值税纳税申报表。

（三）应税范围及税率

1. 应税范围

奥地利的增值税应税对象包括：（1）在奥地利境内提供的商品或服务；（2）奥地

---

① 本篇如无特别注明，资料均来自奥地利联邦财政部网站，http://www.bmf.gv.at/（accessed on 20240228）。

利境内企业的自营给付；（3）从非欧盟成员国进口的商品；（4）从欧盟内部采购的商品。

2. 标准税率适用地区

容霍尔茨（Jungholz）和米特尔贝格（Mittelberg）地区执行19%的增值税税率；奥地利其他地区执行20%的增值税税率。

3. 税率13%的征税对象示例

（1）体育赛事入场费；（2）文化活动入场费；（3）国内航班；（4）动物饲料；（5）种子；（6）艺术家用品；（7）制造商所生产的特定葡萄酒的销售。

4. 税率10%的征税对象示例

（1）大多数食品；（2）书籍（包括2020年1月1日起的电子书）；（3）餐厅用餐；（4）客运服务；（5）住宅公寓出租；（6）私人医院和慈善组织提供的用品；（7）药品；（8）酒店住宿。

5. 零税率征税对象示例

以下零税率对象无须缴纳增值税，且可以申请进项税抵扣：（1）向非欧盟国家出口的商品与相关服务；（2）向欧盟应纳税人提供的欧盟内部商品和相关服务；（3）航空运输或海上运输的营业额；（4）特定情况下的商品跨境运输。

6. 免税对象示例

以下免税对象无须缴纳增值税，但不可申请进项税抵扣：（1）年营业额低于3.5万欧元的企业用品；（2）通用邮政服务提供商提供的特定邮政服务；（3）大多数金融服务；（4）保险；（5）商业用途的不动产的销售和租赁（但存在例外）；（6）医疗服务。

在奥地利，纳税义务人针对特定免税对象有免税选择权，具体包括以下免税对象：不动产销售；商业使用的特定不动产租赁；与信用卡有关的特定服务；与小型企业分期付款有关的利息等。

（四）应税时间与应税地点

1. 应税时间

在奥地利，增值税应税时间为提供商品或服务的日历月的最后一日。若给付人在给付月份结束后才开具发票，则应税时间可以推迟一个月。但是，根据欧盟增值税指令第44条及第196条，此延迟不适用于须反向征收的服务，反向征收的发票必须在供货月份的15日内开具。

（1）对于保证金和预付款，应税时间是收到预付款的日历月底。

（2）对于连续给付，在特定情况下，可以根据付款或开具发票的时间确定应税时间。

（3）试用商品、销售商品或退回商品的应税时间为顾客接受货物的日期。如果货物是按销售或退货条件寄出的，则应税时间是商品寄出的日期。如果退货，则给付取消。

2. 应税地点

（1）给付商品的应税地点。如果商品转让处分权的地点在奥地利，则商品的给付被认为是在奥地利境内进行的。在商品发送或运输的情况下，给付将被认为是从商品被移交给运输代理的那一刻开始。对于在发货时或在移交给运输代理时被视为已完成给付的商品，必须从一开始就知道商品的接收人。

（2）提供服务的应税地点。奥地利《增值税法案》第 3a 条制定了一份确定服务提供地点的详细规则清单。供货地点主要取决于供货对象是应纳税人（B2B 交易）还是非应纳税人（B2C 交易）。向应纳税人提供服务时，有关服务提供地的一般规则是确定接收方的地点（B2B 交易一般规则）；提供给非应纳税人的服务则应在供应商建立其业务的地方征税（B2C 交易一般规则）。

（五）申报、缴纳与抵扣规则

1. 申报与缴纳

如果企业上一年度应纳税营业额达到 10 万欧元以上，则需每月提交增值税申报表；如果企业上一年度应纳税营业额低于 10 万欧元，企业可以每季度提交增值税申报表。此外，所有应纳税人都必须提交一份年度纳税申报表。

如果企业上一年度的应税营业额低于 3.5 万欧元，并且按时缴纳增值税，则无须提交增值税申报表（除非增值税税务部门要求）。但是，如果企业想要申请增值税抵扣，则必须提交月度增值税申报表。

月度申报表及应缴的增值税税款必须在申报期后第二个月的第 15 日提交。如果这一天是星期六、星期日或公众假期，缴交日期自动转到下一个工作日。

季度增值税申报表及应缴的增值税税款必须在申报期结束后第二个月的第 15 日之前提交。如果这一天是星期六、星期日或公众假期，缴交日期自动转到下一个工作日。

2. 抵扣

一般来说，应纳税人有权收回由其他应税人员缴纳的增值税、任何已支付的进口增值税、欧盟内部收购的增值税，以及在反向征收制度下计入的增值税。

具体而言，进项增值税抵扣应满足如下条件：

（1）给付的接收方符合增值税应纳税人的资格。

（2）供应是为应纳税人的增值税业务进行的。

（3）如果进项增值税要根据发票收回，发票必须满足一定的要求。

（4）对奥地利《增值税法》第 17 条规定的增值税应纳税人，其上年度营业额按照奥地利《增值税法》计算未超过 200 万欧元。但如果增值税在双方之间是通过从一个税务账户转移到另一个账户进行结算并且满足所有其他要求，则不适用此规定。

（六）发票管理

1. 需要开具发票的情形

奥地利应纳税人通常必须提供所有应纳税给付的增值税发票，包括出口物资和社区内物资。除非客户提出要求，否则与私人客户的零售交易不会自动要求开具增值税发票。

2. 发票的内容

发票需包含以下内容：

（1）提供商品或服务的应纳税人的姓名及住址；（2）客户的名称和地址；（3）客户的增值税税码（仅当金额超过 1 万欧元且应纳税人在奥地利设立时，才需登记客户的增值税识别号）；（4）数量和商业用途说明或所提供服务的类型和范围；（5）商品或服务的提供日期或服务的提供期限；（6）应纳税金额/对价和适用的增值税税率（若为免税对象，需要表明上述商品或服务的供应是免税的）；（7）增值税税额（需要以欧元表示）；（8）发票开具时间；（9）连续的发票号码（外国企业家就其在奥地利的给付同样需要有自己的发票编码范围）；（10）发票发行人的增值税识别号（仅在企业家提供可抵扣进项增值税的商品或服务的情况下，才须登记增值税标识号）。

3. 发票的开具和保管日期

奥地利增值税发票必须在应税给付作出后的最近 6 个月内开具。对于适用反向征收机制的欧盟内部给付，发票应在应税给付作出次月的 15 日内开具。

同时，奥地利增值税发票必须保存 7 年。

4. 贷记发票

贷记发票可用于取消或修改以前的增值税发票，贷记发票必须与原始的增值税发票相互印证，并说明为什么原始增值税发票需要修改。自付发票接收者（self-billing recipient）签发的贷记发票上必须明确提及自付发票的状态。

（七）罚则

1. 迟延缴纳增值税及迟延提交申报表

若应纳税人迟延缴纳增值税，则需要缴纳相当于应缴增值税税款 2% 的罚金；如果逾期 3 个月仍未缴纳增值税，则需要追加相当于应缴增值税税款 1% 的第二笔罚金；如果在施加第二次罚款之日起 3 个月后仍未支付增值税，则将追加相当于应缴增值税税款

1%的第三笔罚金。如果应纳税人继续不缴纳增值税，增值税主管机关可将其视为税务欺诈，处以更严厉的处罚。

增值税主管机关可酌情决定就迟延提交增值税申报表处以相当于应缴增值税税款10%的罚金。

如果迟延缴纳增值税及迟延提交申报表系出于重大故意，则增值税主管机关可处以5000欧元罚款，并视情况处以财政刑事处罚。

除此之外，如果应纳税人不遵守发放收据和/或拥有现金登记的义务，企业可能面临金融刑事调查，这可能导致金钱惩罚或财政刑事诉讼。

2. 税务错误

奥地利对税务错误并无规定特殊罚则，可适用该国《财政刑法》的一般规则。

3. 税务欺诈

奥地利对税务欺诈并无规定特殊罚则，可适用该国《财政刑法》的一般规则。

十、阿塞拜疆
（Azerbaijan）

（一）基本介绍[①]

阿塞拜疆自 1992 年 1 月 1 日起引入增值税。其增值税主管机关为国家税务局（State Tax Service），隶属于经济部（the Ministry of Economy）。

（二）纳税义务人

凡已登记或拟登记为增值税纳税义务人的，均为阿塞拜疆增值税纳税义务人。

1. 登记门槛

在下列情况中，纳税人需要注册增值税，成为增值税纳税义务人：

（1）连续 12 个月的累计应税收入超过 20 万马纳特。

（2）一笔应税交易的价值超过 20 万马纳特。

未达到上述交易金额的应纳税人应登记成为简易纳税人，仅需缴纳所得税，无须缴纳增值税。

2. 自愿登记

阿塞拜疆《税法典》（The Tax Code of the Republic of Azerbaijan）第 156 条规定，从事经营活动，且不需办理增值税登记的人，可以自愿到国家税务机关登记为增值税纳税义务人。

3. 免于登记

阿塞拜疆《税法典》并未规定免于登记的情形。

（三）应税范围及税率

1. 应税范围

阿塞拜疆的增值税应税对象包括：

---

① 本篇如无特别注明，资料均来自阿塞拜疆《税法典》（The Tax Code of the Republic of Azerbaijan），详见网址 https：//www.izvoznookno.si/Dokumenti/pravo/azrtaxcode.pdf（accessed on 20240228）。

（1）在阿塞拜疆境内提供的商品、工程或服务。

（2）进口的商品。

2. 标准税率18%

除特殊商品或服务以外，在阿塞拜疆境内提供的商品、工程或服务，以及进口商品都需缴纳18%的增值税。

3. 零税率征税对象

根据阿塞拜疆《税法典》第165条规定，零税率适用于以下商品或服务：

（1）在阿塞拜疆境内认可的国际机构和外国的外交或领事代表处，用于官方使用的商品或服务，以及这些代表处的外交、行政和技术人员（包括与其同居的家庭成员）个人使用的商品或服务（不包括阿塞拜疆共和国的公民）。

（2）咨询、法律、会计、工程、广告和其他服务的出口。

（3）以从国外获得的赠款向受资助者提供进口商品、给付商品、执行工作、提供服务。

（4）商品或乘客的国际或过境运输，以及提供与国际或过境航班直接相关的工作或服务，但国际邮政业务除外。

（5）向阿塞拜疆中央银行交付黄金和其他贵重物品。

4. 免税对象

根据阿塞拜疆《税法典》第164条规定，阿塞拜疆的增值税免税对象包括以下商品或服务：

（1）应列入预算的私有化计划中购买的国有企业财产的价值，以及国家财产租赁支付的租金。

（2）金融服务。

（3）本国及外国货币，以及证券的给付及进口（除货币用途外）。

（4）进口储存在阿塞拜疆国家中央银行的黄金和货币贵重物品，以及进口在国外制造的阿塞拜疆的货币工具、周年纪念币和其他类似贵重物品。

（5）以参与股份的形式用以出资企业特许基金（资本）（charter fund）的财产，且该财产与交易所获得的其他财产无关（进口财产除外）。

（6）国家规费，许可证费，国家电力机关、地方管理机关和其他授权的机关征收的规费，以及上述机关提供的服务。

（7）出售或购买各类大众传媒产品的营业额，以及为生产大众传媒产品而进行的编辑、出版活动（广告活动除外）。

（8）为生产以国家预算出资出版的学校用教科书、儿童文学和国家出版物而进行的编辑、出版活动。

（9）承办墓地的礼仪服务。

（10）阿塞拜疆中央银行根据法律规定的义务而进口的商品、执行的工作和提供的服务。

（11）对阿塞拜疆国家石油基金的固定资产、动产和其他资产提供运营服务，以及向阿塞拜疆转让勘探、油气资源开发和生产共享、出口管道等权利。

（12）乘坐地铁的交通费。

（13）有偿学前教育服务（如果该服务与其他活动相关则除外）。

在某些特殊时期，特定的生产在当地资源不能满足的情况下，相关执行机关有权对进口商品和设备进行免税以满足当地需求。该国无免税选择的条款。

（四）应税时间与应税地点

1. 应税时间

阿塞拜疆《税法典》第 166 条对应税时间作出以下规定：

（1）除本法第 166 条另有规定外，应税时间为开具增值税电子发票的时间。若增值税电子发票自第 166.1.1 条和第 166.1.2 条规定之日起 5 日内未开具，则应税时间按下列时间计算：

①在给付商品、工作执行或提供服务时。

②如果商品的供应包括运输——在运输开始的时候。

（2）若在第 166.1.1 条和第 166.1.2 条规定之日前已付款，且增值税电子发票自付款之日起 5 日内未开具，则在付款时视为已完成应税交易。

（3）若服务定期或持续提供，则提供服务的时间应为每次电子发票开具时，或每次付款时。

（4）若适用本法第 155.3 条和第 159.5 条的规定，则以商品、工作、服务开始使用或者生产的时间为进行应税活动的时间。

2. 应税地点

阿塞拜疆《税法典》第 167 条和第 168 条对商品转移之地、工作执行或服务提供地进行了详细的规定。

（1）商品转移之地。商品转移之地被认为发生在提供商品的地方。如果供应条件涉及商品的吊装和运输，则视为在商品开始吊装或运输时发生了转移。但是，如果供应商要安装商品，则认为转移发生在商品安装的地方。

（2）工作执行或服务提供之地。

①不动产所在地：如果工作（服务）与不动产直接相关，即建筑、安装、维修、翻新、代理和专家服务。

②实际执行工作（提供服务）的地方：如果工作与动产有关。

③实际提供服务的地方：如果服务是在文化、艺术、体能、体育或在其他类似的方面提供的。

④实际提供运输的地点：如果工作（服务）与该物业有直接联系。

⑤购买工作或服务的实体的注册地点：如果工作或服务与买方的常驻代表直接相关。

（五）申报、缴纳与抵扣规则

1. 申报与缴纳

根据阿塞拜疆《税法典》第177条的规定，每个纳税人都必须按以下要求申报和缴纳增值税：

（1）在每个会计期间向税务机关申报增值税。申报表必须在会计月的次月20日前提交。

（2）在增值税申报期内，按照规定的会计期间纳税。

（3）进口商品的增值税必须在进口时由海关当局计算和征收。

2. 抵扣

根据阿塞拜疆《税法典》第175条的规定，在阿塞拜疆，可抵扣的增值税进项税额包括：

（1）增值税电子发票所记载，并且由存款账户通过无现金转账支付的增值税税额。

（2）增值税电子发票所记载，由存款账户通过无现金转账支付，并且部分用于企业服务、部分用于其他目的的应税经营的增值税额，以及由商品（工作或服务）重量所确定的进口补征增值税税额。

（3）阿塞拜疆《税法典》第103条规定的费用不得补征，但第104条规定的除外。

（4）增值税纳税义务人依照阿塞拜疆《税法典》第164条规定进行应税经营和免税经营的，进项税抵扣额按照应税收入与营业额的比例确定。

（5）如果在阿塞拜疆《税法典》第163条的情况下，应缴纳的增值税计算不正确，则该部分金额可抵扣。

（6）经营者购进货物（工程、服务）免征增值税或不征收增值税的，若按照本条规定的顺序缴纳了增值税，可以抵扣。

（7）本应为零税率的经营被视为是应税经营，所支付的增值税税额需要根据阿塞拜疆《税法典》进行返还。

（8）国有股权在50%以上的增值税纳税义务人、未登记注册增值税的法律实体和预算组织在购买商品、服务（工作）时，增值税电子发票所载且由存款账户支付的税款。

（六）发票管理

阿塞拜疆《税法典》第176条对增值税电子发票进行了以下规定。

1. 有权开具增值税电子发票的人员

已注册登记的增值税纳税义务人，有义务向接受商品、工作和劳务的人员开具电子税务发票。未办理增值税登记的人员无权开具电子税务发票。

2. 增值税电子发票的内容

电子税务发票的形式由相关机关规定，其中须包含以下信息：

（1）纳税人及购买方（客户）的姓、首字母或姓名；（2）纳税人及购买方（客户）的身份证号；（3）给付的商品、执行的工作和提供的服务的名称；（4）应税交易的支付款项及应纳税所得额；（5）消费商品的消费税；（6）应纳税额；（7）税务电子发票开具日期；（8）增值税电子发票号码；（9）已注册登记的增值税纳税义务人、发出登记通知的税务机关名称、核发日期和核发数量；（10）签署增值税电子发票的主管的职位和全名。

3. 开具时间

增值税纳税义务人有义务在商品（工作或服务）交付时或不迟于交付后 5 日内向买方开具增值税电子发票。

4. 购买方为非增值税纳税义务人

向非增值税纳税义务人的购买方提供商品、工作或服务时，可以使用现金收据或有关行政机关规定的简化发票代替增值税电子税务发票。

5. 进口单证

海关提供的并且确定进口税金额的进口单证（import document），为阿塞拜疆《税法典》第 175 条规定的补缴税款提供依据。

（七）罚则

1. 迟延登记

迟延登记的应纳税人将受到经济罚款，罚款的金额为应登记而未登记期间税额的 50%。

2. 迟延提交申报表及迟延缴纳增值税

迟延提交增值税申报表将被罚款 40 马纳特。

如果应纳税人通过增值税申报表少报增值税或以不提交增值税纳税申报表的方式逃避缴纳增值税，则纳税人将被处以相当于少报或逃税额 50% 的罚款。同时，税务机关可以根据审计结果计算增加的税额。

3. 税务错误

应纳税人少缴增值税将被处以少缴税款 50% 的罚款。除此之外，若应纳税人未就销售确认和商品购买开具电子发票，也将被处以罚款。一年内首次违规，将被罚款发票金额的 10%；第二次违规，将被罚款发票金额的 20%；第三次及以上违规，将被罚款 40%。

4. 税务欺诈

阿塞拜疆对税务欺诈并无规定特殊罚则，可适用上述一般性罚则。

十一、巴哈马
（Bahamas）

（一）基本介绍①

巴哈马自 2015 年 1 月 1 日起开征增值税。其增值税主管机关为国家税务局（Department of Inland Revenue）。

（二）纳税义务人

1. 登记条件与起征点

应纳税人登记增值税的前提是从事商业活动，即正在持续性开展为他人提供商品或服务的活动并获得对价。如果只是一次性销售，则不视为从事商业活动。增值税法规定，如果满足以下条件之一，应登记增值税：（1）过去 12 个月的应税总额超过增值税起征点；（2）应税总额预计在未来 365 日内超过增值税起征点。目前的增值税起征点是 10 万巴哈马元。政府单位与拍卖商不论是否满足以上条件，均须登记增值税。仅提供免税货物或服务的人不需要登记增值税。

2. 登记时间

从 2014 年 10 月 13 日开始，所有符合条件的实体都可以在线申请增值税登记。一般情况下，所有符合登记要求的实体应在满足上述条件后 14 日内申请登记，否则将面临罚款。公众娱乐活动的组织者应在活动举办前 48 小时内登记。政府单位自应税活动开始之日起即视为登记。拍卖人自成为拍卖人之日起必须申请登记。

3. 登记类型

增值税登记类型有三种：

（1）强制登记。凡达到或超过增值税起征点的主体，必须申请登记。

（2）自愿登记。未达到增值税起征点的主体希望合法收取增值税，可自愿申请登记。

---

① 本篇如无特别注明，资料均来自巴哈马国家税务局网站，https：//inlandrevenue.finance.gov.bs/（accessed on 20240228）。

（3）强制登记。符合起征点但未申请登记的，可由税务机关强制登记。

（三）应税范围与税率

巴哈马增值税征税范围广泛，几乎适用于在巴哈马进口、购买与出售以供使用或消费的所有商品和服务。在巴哈马，增值税有两种税率，即10%的标准税率和零税率。应税范围的货物与服务应适用零税率或标准税率，而出口到国外的商品免征增值税或适用零税率。

1. 税率为10%的征税对象

除适用零税率或属于免税的情形外，所有货物和服务适用10%的税率。

2. 零税率征税对象示例

下列货物和服务适用零税率：

（1）在巴哈马群岛以外，与土地和财产有关的服务。

（2）在供应时位于巴哈马群岛外或已从巴哈马群岛运离的货物。

（3）在巴哈马群岛外使用或受益的专业服务，包括法律服务、金融服务、保险服务、建筑服务等。

（4）在特定条件得到满足的情况下，由一个注册供应商（a registrant supplier）将业务转移给另一个注册接收方（a registrant recipient）。

（5）处方药和大多数非处方药。

（6）面包篮子（breadbasket）产品，包括婴儿谷物、婴儿食品、婴儿配方奶粉、面包、肉汤、黄油、鱼罐头、奶酪、炼乳、食用油、咸牛肉、淡奶、面粉、鲜奶、粗燕麦粉、人造黄油、蛋黄酱、芥末、洗衣粉、大米、肥皂和番茄酱。

3. 免税对象示例

巴哈马的增值税免税对象包括：

（1）国内金融服务，不包括明确收费的服务。

（2）特定保险服务。

（3）由公共医疗机构向病人提供的医疗服务。

（4）房屋买卖或出租。

（5）闲置土地的转让。

（6）特定教育服务。

（7）由慈善机构提供的服务，该服务须与该慈善机构的慈善职能有关等。

（四）应税时间与应税地点

1. 应税时间

一般而言，提供商品与服务的应税行为在以下时间发生，应税时间则以较早时间为准：（1）销售方为该交易开具发票；（2）销售方收到全部或部分款项；（3）货物已交付或提供给购买方，或服务已完成履行。

巴哈马对特殊的应税行为规定了具体的应税时间，例如：（1）信贷协议项下的应税行为发生时间为协议生效之日；（2）根据预付协议，当货物交付给买方时发生应税行为；（3）应税人将货物或服务用于不同用途，发生应税行为时。

2. 应税地点

巴哈马确定的应税地点规则如下：（1）商品的应税地点为供应商提供商品的地点。当商品由供应商运输，应税地点为运输开始时商品的所在地。（2）服务的应税地点是供应商所在地。例外情况下，如果在巴哈马获得并使用服务，则将应税地点视为巴哈马。

应税地点的特殊规则如下：（1）如果服务与文化、艺术、体育、教育以及类似活动有关，或者与个人的无形资产有关，服务提供地为服务实际履行地；（2）如果服务与不动产有关，服务提供地为不动产所在地；（3）运输服务的提供地为运输服务发生地；（4）以下商品和服务提供地为消费者使用或获得商品和服务带来的好处的地点：版权、专利、许可、商标或类似权利的转让；顾问、工程师、律师、建筑师、会计师、处理数据或提供信息的人员提供的服务以及类似服务；广告服务；人事服务；有形个人财产的租赁，不包括财产运输；通过电子商务提供商品和提供互联网访问和类似服务等。

（五）申报、缴纳与抵扣规则

自 2017 年 1 月 1 日起，增值税申报和付款必须在每个增值税纳税期结束后的 21 日内提交。纳税人可以使用在线税务管理系统来填写增值税申报表和电子文件。增值税纳税期取决于应纳税人的年营业额：（1）月度申报：如果年营业额超过 500 万巴哈马元，则增值税纳税期为每月；（2）季度申报：如果年营业额少于 500 万巴哈马元，则增值税纳税期为季度，但纳税人也可以向税务局申请月度申报。

增值税支付方式如下：使用信用卡或借记卡在线支付；通过网上银行支付；在银行柜台支付；在加拿大皇家银行（Royal Bank of Canada）支付现金或支票。在税务局使用借记卡、信用卡或现金支付以及通过电话支付都是不适用的支付方式。

增值税登记人可以申请进项税抵扣。月度申报人当期多余的进项税额可在下一个纳税期抵扣。如果仍有多余的进项税，应申请退还。季度申报者可以在产生抵扣额的纳税期内申请抵扣。在纳税期内零税率交易超过总交易的 50% 的纳税人也可以在当期申请抵扣。进项抵扣额申请须超过 500 巴哈马元。

（六）发票管理

增值税发票由登记增值税的供应商开具给登记增值税的买方，表明已提供应税商品或服务，并且已对所提供商品或服务收取税款。发票是登记增值税的买方申请进项税抵扣的主要证据。增值税发票也可能会开具给使馆、慈善机构和国际组织等有资格获得增值税退税的纳税人。增值税登记人须保留所有增值税交易记录，为期 5 年。这些记录应以英语保存，并应按要求提供给税务局。

巴哈马实施统一税率计划。采用统一税率计划的企业只需对其营业额按 4.5% 的统一税率计算并缴纳增值税，不能申请进项税额抵扣。适用该计划的纳税人每年应纳税营业额应不超过 40 万巴哈马元。纳税人需向税务机关申请适用该计划，并得到批准。

（七）罚则

巴哈马税务局官方文件中列举出 50 项与增值税有关的违法行为及罚则。以下列举几项重要罚则：

（1）未登记增值税的人或免税人向他人提供应税商品或服务，并且其对该商品或服务收取增值税，可处罚款不超过 5 万巴哈马元或监禁不超过 2 年，或同时处罚款及监禁。

（2）增值税登记人未说明应税商品或服务的含税价，可处罚款不超过 10 万巴哈马元或监禁不超过 12 个月，或者同时处以罚款及监禁。

（3）应纳税人未申请增值税登记，可处罚款不超过 10 万巴哈马元或监禁不超过 12 个月，或者同时处以罚款及监禁。

（4）纳税人未按照规定的时间和形式申报增值税，或者未按照增值税申报表或者增值税纳税通知书缴纳增值税，可处罚款不超过 1 万巴哈马元或监禁不超过 6 个月，或同时处罚款及监禁。

（5）对应税交易开具一份以上增值税发票或者未按照规定时间开具书面增值税发票，可处罚款不超过 1 万巴哈马元或监禁不超过 6 个月，或同时处罚款及监禁。

十二、巴林
（Bahrain）

（一）基本介绍^①

巴林自 2019 年 1 月 1 日起开征增值税。国家税务局（National Bureau for Revenue，NBR）是负责实施和管理增值税的政府机构。

（二）纳税义务人

所有独立开展经济活动以创造收入并且年供应额超过 37500 巴林第纳尔（法定起征点）的实体或个人都必须进行增值税登记，其应在国家税务局登记，以获得增值税登记证书和专用增值税账号（a dedicated VAT account number）。

非居民（在巴林无固定营业场所或固定机构）应从首次向巴林非应税人提供应税商品或服务起的 30 日之内注册增值税，不受上述登记门槛限制。向巴林应纳税人提供商品或服务的非居民无须注册。这种情况应适用反向征收机制，购买商品和服务的巴林应纳税人须在其增值税申报表中申报增值税。非居民应税人员可以直接或由税务代表向国家税务局申请注册。

（三）应税范围及税率

增值税适用于从商品与服务的生产到最终销售的供应链中的每个阶段。最终消费者在购买应税商品或服务时须缴纳增值税。销售方向最终消费者收取的增值税须支付给国家税务局。

增值税税率主要有两种：标准税率 10% 与零税率。除了增值税法规定的免税与零

---

① 本篇如无特别注明，资料均来自巴林政府网站，https：//www.bahrain.bh/wps/portal/BNP/HomeNationalPortal/！ut/p/z1/04_Sj9CPykssy0xPLMnMz0vMAfIjo8ziDT1NDTwsnA0MLEND3QzMLNzdTEzMLILMTc31wwkpiAJKG-AAjgZA_VFgJXATDENCDQwCwzwdg_zdXAwNTAyhCvCYUZAbYZDpqKgIAGWtYeA！/dz/d5/L3dDZyEvUUZRSS9ZTlEh/（accessed on 20240228）.

税率商品和服务，其他商品与服务都应适用标准税率，适用标准税率的商品和服务可抵扣进项税额。

适用标准税率的商品和服务有电信服务、餐饮服务、住宿服务、衣服、汽车等。

适用零税率的商品和服务可抵扣进项税额，例如：基本食品（包括水、牛奶、肉、蛋、油、面包、蔬菜、水果、咖啡豆、茶、小麦、大米等）、一般医疗服务、医疗药品与医疗设备、教育服务、国内石油和天然气、国内运输、国际运输、建设新建筑的建筑服务、宝石、金、银、铂、国际贸易［向海湾阿拉伯国家合作委员会（GCC）成员国以外的国家提供货物与服务］等。

此外，部分商品和服务为免税或不征税。免税商品和服务不能抵扣进项税额，例如，特定的金融服务（例如贷款服务）、不动产（住宅与商业地产）出租与出售等。金融服务的提供是免税的，除非服务的对价为费用、佣金或商业折扣。

不属于应税范围的服务包括政府机构的活动（如提供护照和签证服务）等。

（四）应税时间与应税地点

1. 应税时间

应税时间以下面三种情况中较早发生者为准：交付商品或完成服务提供之日；开具发票之日；部分或全部支付对价之日，根据支付对价的数额确定。

2. 应税地点

应税行为发生地（即应税地点）是最终消费行为发生的地方，这个地方不一定是创造价值的地点。

（五）申报、缴纳与抵扣规则

在一个纳税期间内，纳税人应向税务局申报并缴纳增值税。纳税期间与申报期间分为按月申报与按季度申报，取决于纳税人的年度应税营业额。年度应税营业额超过300万巴林第纳尔为按月申报，纳税人应在每月最后一日之前申报税款。年度应税营业额不超过300万巴林第纳尔为按季度申报，但纳税人也可向国家税务局申请按月申报。纳税人在纳税期间未购买、进口或者提供商品与服务的，也应当提交纳税申报表。纳税人未按时提交纳税申报表，将会受到处罚。

应纳税人可在销项税的同一个纳税期内抵扣进项税额。进项税额抵扣受一定限制，不可以抵扣非经济活动产生的进项税额，包括：不在商业经营过程中提供的接待和住宿服务；用于娱乐目的的活动；供员工私人免费使用的商品和服务，但有法定义务提供此类商品和服务的除外。

在某个纳税期内进项税额超过销项税额，纳税人可要求国家税务局退还税款。如果没有要求退还,纳税人可以将超出部分结转到下一个纳税期。如果纳税人多付了增值税,纳税人可以要求退还多付的增值税。

(六) 发票管理

纳税人在提供货物和服务时,或者被视为提供货物和服务时,或者在提供商品与服务之前收到部分或全部对价时,必须开具税务发票。纳税人应不晚于应税行为发生的次月第 15 日开具发票。如果采用其他货币交易,那么应将税务发票的金额转换成巴林货币,并基于巴林中央银行批准的汇率进行转换。应纳税人应当保留其开具的所有税收发票的复印件,保存期限为自开具该发票的公历年度结束之日起 5 年。

(七) 罚则

涉及增值税的违法行为主要包括:未及时登记与缴纳增值税、提交虚假资料及妨碍国家税务局履行职责等。

(1) 未按时申报税款或者未按时缴纳增值税,不超过最后期限 60 日,处以应申报或缴纳税款的 5% ~25% 罚款。

(2) 自登记期限届满之日起 60 日内未办理登记,最高处以 1 万巴林第纳尔罚款。

(3) 提供的商品与服务的价值高于纳税申报表的申报价值,处以每月未缴税款的 2.5% ~5% 或部分未缴税款的 2.5% ~5% 罚款。

(4) 与逃税有关的违法行为包括:自登记期限届满之日起 60 日内未办理登记;60 日内未办理应税商品与服务的纳税申报或者缴纳税款;违反进项税额抵扣规定,擅自扣除进项税额,调整应纳税额;提供虚假文件,故意逃避全部或部分应缴税款;未按要求开具应税商品与服务的税务发票;对非应税商品与服务开具税务发票;对应税商品与服务没有按照规定建立记录。对于以上逃税行为,应处以 3 ~5 年监禁,外加应缴税款 1 ~3 倍的罚款。如果在最终定罪判决下达之日起 3 年内再次违法,则处罚加倍。

(5) 对于以下违法行为最高处以 5000 巴林第纳尔罚款:妨碍税务局履行监督、检查、调查职责;未能显示商品或服务的含税价格;未能向税务局提供所要求的数据或信息;未能遵守相关的条件和法定程序开具的税务发票;违反法律、法规规定的其他条款等。

十三、孟加拉国
（Bangladesh）

（一）基本介绍[①]

孟加拉国自 1991 年 7 月 1 日起开征增值税，由国家税务局（National Board of Reve-nue）负责征收管理。

孟加拉国颁布的《2012 年增值税及补充税法案》，自 2019 年 7 月 1 日起生效。该法案对增值税制度作出重要改革。

（二）纳税义务人

1. 增值税登记和营业税注册

符合条件的供应商应登记（registration）增值税或注册（enlistment）营业税，并取得商业识别号（business identification number，BIN）。《2012 年增值税及补充税法案》生效后，增值税起征点从年营业额 800 万塔卡提高到 3000 万塔卡，年营业额超过 3000 万塔卡的供应商，必须登记增值税。年营业额为 500 万~3000 万塔卡的中小型企业可以自愿选择增值税登记，或者进行营业税注册并缴纳 4% 的营业税。年营业额不超过 500 万塔卡的小型企业实行增值税豁免，不需要登记增值税。供应商应在以上事由发生 15 日之内进行登记和注册。供应商可通过在线方式申请登记和注册，登记和注册是免费的。

2. 强制注册

以下实体无论是否到达起征点，都需要登记增值税：（1）须缴纳补充税的供应商、生产商与进口商；（2）通过招标、合同或工作订单提供商品或服务的供应商；（3）进口商和出口商；（4）国家税务局确定的其他人员。该国国家税务局发布了一项命令，规定 175 种特定商品和服务的制造商或贸易商须强制注册。

---

① 本篇如无特别注明，资料均来自孟加拉国国家税务局网站，http：//www.nbr.gov.bd/（accessed on 20240228）。

3. 自愿注册

未达到登记起征点的人则免除增值税，也可以自愿申请增值税登记。年营业额低于增值税起征点的供应商，可以申请自愿登记。年营业额低于营业税起征点的供应商，不可以申请自愿注册。

4. 个体登记

当从不同地点提供不同的货物或服务时，必须进行个体登记（unit registration）。当在不同的地点提供相同或相似的商品或服务，相关的记录保存在不同的地点，必须进行个体登记。

5. 集中登记

当在不同地点提供相同或类似的商品或服务并集中记录时，可以选择集中登记（central registration）。此外，由集中登记人在一个单位与另一个单位之间转让货物或服务将不被视为应税交易。因此，这种内部交易将不会产生销项税与进项税。

（三）应税范围及税率

《2012 年增值税及补充税法案》规定对"经济活动"征收增值税，该法案将经济活动定义为定期或持续地提供商品、服务或不动产的活动。基于非商业目的进行的活动以及政府开展的非商业活动不属于经济活动。对应税进口与应税供应征收增值税，应税供应包括提供商品、服务和不动产。

1. 标准税率适用对象

除了法律规定的免税商品（服务）与低税率商品（服务）外，所有应税进口商品与服务及应税供应都应适用 15% 的增值税标准税率。

2. 低税率适用对象

孟加拉国针对特定商品与服务实行低税率，低税率主要有零税率、5%、7.5% 和10%。年营业额不超过 3000 万塔卡的企业征收 3% 的营业税，不征收增值税。对奢侈品以及一些商品与服务（多为不鼓励使用的商品）征收补充税（supplementary tax）。

适用零税率的有：提供出口货物；临时进口货物；为从事国际运输的船舶和航空器提供维修、维护、保养服务及相关商品；为临时进口货物提供的修理、维护、改造服务；提供服务时服务接受者在境外；由电信供应商向非居民电信供应商提供电信服务。

适用 5% 税率的有：芥末油、饼干、塑胶产品、拼车服务等。

适用 7.5% 税率的有：酒店、餐厅、采购商、建筑承包商等。

适用 10% 税率的有：印刷机、安防服务、楼宇、地板、维修服务提供商等。

适用低税率的贸易商无权获得进项税额抵扣。贸易商可以选择适用 15% 的标准增值税税率并获得进项税额抵扣。

3. 免税范围

以下服务免征增值税：（1）基本民生服务，如农业服务、农业种植、农田灌溉等；（2）社会服务，如政府和私人医疗服务、政府教育服务等；（3）文化服务，如无线电或电视广播等；（4）金融服务，如股票和证券交易机构、人寿保险单以及在银行或金融机构的存款与储蓄；（5）运输服务，如旅客运输、货物运输、航空公司运输、救护车服务等；（6）个人服务，如记者、演员、歌手、司机、设计师等；（7）其他服务，如服务于宗教活动或项目、购买或转让土地的服务等。

（四）应税时间与应税地点

对于一般的应税交易，应税时间以下面情形发生较早者的时间为准：提供应税商品或服务时；开具税务发票时；收到部分或全部对价时。

对于分期或定期提供的应税交易，应税时间以下列情形发生较早者的时间为准：分别开具发票时；收到部分或全部对价时；应收对价时；应缴税款确定时。比如，在分期付款的情况下，根据已支付的金额征收税款。

在孟加拉国提供商品与服务是指孟加拉国居民提供商品与服务或者非居民在孟加拉国提供商品与服务。

（五）申报、缴纳与抵扣规则

在孟加拉国提供应税商品或服务，由供应商缴纳增值税。纳税人应每月申报税款，在每个纳税期次月的 15 日内申报并缴纳税款。纳税人可在线申报并缴纳税款。如果增值税纳税义务已经发生，纳税人可以在申报税款之前缴纳增值税。如果纳税人净税额为正且已申报税款，但是纳税人未缴纳税款，则在相关纳税期次月的 15 日后开始计算利息，每月利息计算方式为应纳税额的 2%。同时，对纳税人违反法律的行为处以罚款。如果想要延迟提交纳税申报表，纳税人可以向增值税主管部门申请展期，展期以 1 个月为限。

关于进口服务的缴纳规则，无论进口商是否登记或注册，其进口服务时都应适用增值税，享受增值税免税政策的进口服务除外。已登记或注册的应纳税人的进口服务适用反向征收制度，由服务接受者缴纳增值税，并须在增值税申报表中将此项税款显示为销项税额。未登记增值税或未注册营业税额进口服务的，由负责付款的银行或金融机构扣除并缴纳增值税。

拍卖竞标者拍卖商品，由拍卖竞标者缴纳增值税。

应纳税人为了从事经济活动与提供应税商品或服务，有权抵扣因应税进口或应税供应而产生的进项税额。进项税额抵扣仅适用于零税率和标准税率交易。

获得进项税额抵扣的条件是：（1）交易行为应在经济活动中开展；（2）买方将支付交易对价；（3）如果应税交易的对价超过 10 万塔卡，须通过银行渠道支付部分或全部对价；（4）需提供有效证明文件：如果是应税交易，则需要提供有效的税收发票；如果是应税进口，则需要提供入境单（包括放行单）；（5）进项税额须在规定期限内抵扣。

对于涉及建设、房屋建筑、土地、房地产开发等方面的经济活动，应纳税额（净税额）为负值的情况下可以无限期结转，并在接下来的纳税期扣除。对于其他经济活动，应纳数额（净税额）为负值的情况下可以结转，并可以在接下来 6 个纳税期抵扣。如果仍有多余的税额，税务机关应当在纳税人申请后 3 个月内退还。应纳税额（净税额）为负值的情况下，如果该税额大于等于 5 万塔卡，则可以申请退还现金。如果低于 5 万塔卡元，则可以无限期结转。只有在提交了当前纳税期的增值税申报表后，才能要求退款。

不允许抵扣进项税额的情形包括：免税商品或服务产生的成本；在申报表中未提及的成本；成本涉及的应税行为适用营业税或增值税低税率；超过 10 万塔卡的税额，支付时没有采用银行渠道；进项税额未在缴纳增值税的当期纳税期或者之后的两个纳税期抵扣；增值税发票中未提及买方和卖方的姓名、地址和商业识别号；购买乘用车辆或娱乐服务，但购车者（如车辆经销商或租赁者）的正常经济活动过程中允许该进项税额抵扣的除外；购买交通运输服务；对他人保管、占有或者占用的货物缴纳的增值税等。

税务机关可以根据以下理由确定应纳税额：纳税人在纳税申报表中对销项税、进项税、补充税、纳税调整增加额或纳税调整减少额作出虚假声明；纳税人在纳税申报表中对营业税作出虚假声明；未能在规定时间申报税款；未能按时缴纳应纳税额。

税务机关可以在 5 年内确定上述应纳税额，并在确定后 45 个工作日内发出通知。如果纳税人错误地将应税交易视为免税或零税率交易而逾期缴纳增值税，税务机关可以追加利息或罚款。

（六）发票管理

每一个登记的供应商都必须在应缴纳增值税之日或之前出具两份连续编号的税务发票，税务发票包括以下信息：发票的开具日期和时间；卖方和买方的名称、地址和商业识别号；货物或服务的信息与描述；提供的货物数量；货物或服务价值（不含增值税价与含增值税价）；适用于应税交易的增值税税率；应缴纳的税款金额；其他信息。

纳税人应妥善保管以下记录和文件：购买或出售商品、服务与不动产的记录、采购账簿、销售账簿、税务发票、与进出口有关的文件等。纳税人可以根据法律规定，以电子方式或数字方式保存记录。与增值税相关的文件应至少保存 5 年。增值税涉税争议未解决的，应保留所有相关文件和记录，直至争议解决为止。

国家税务局强制要求在上一年度营业额超过 5000 万塔卡的应纳税人将其增值税相

关账簿和记录保存在增值税主管部门规定的软件中。为了遵守此规定，纳税人只能使用国家税务局批准的软件。应纳税人如果要使用自己的软件，则该软件须与国家税务局规定的规格相同，并获得国家税务局批准。

（七）罚则

违法行为主要包括：制造虚假的增值税登记证明、营业税注册证明、税务发票或与增值税相关的文件；在增值税相关文件中作虚假性或误导性陈述；阻碍执法；教唆他人从事上述行为等。

（1）行为人制造虚假的增值税登记证明、营业税注册证明、税务发票或与增值税相关的文件，或者以任何方式逃税或骗取退还税款，可处以一年监禁或处以相当于应纳税额的罚款，两者可以并处。

（2）未按时申报税款属于违法行为，可处以 1 万塔卡罚款。

（3）行为人故意向增值税官员提供虚假性或误导性信息，可处以不超过 6 个月的监禁或处以相当于应纳税额的罚款，两者可以并处。

（4）行为人故意妨碍官员执行法律、法规和规章规定的职责，可处以不超过 6 个月的监禁，或处以 1 万 ~ 20 万塔卡的罚款，两者可以并处。

十四、巴巴多斯
（Barbados）

（一）基本介绍[①]

巴巴多斯自 1997 年 1 月 1 日起开征增值税，由国家税务局（Barbados Revenue Authority）负责征收管理。

（二）纳税义务人

如果供应商在巴巴多斯提供商品和服务，并且其年度应税交易价值等于或大于 20 万巴巴多斯元，则供应商应登记增值税。登记增值税的纳税人可以抵扣全部或部分进项税。如果没有达到增值税起征点，则可以申请自愿登记。

（三）应税范围和税率[②]

在应税活动过程中提供的商品与服务均要征收增值税，包括零税率交易，但不包括免税交易。非应税活动包括为了私人娱乐、业余爱好或雇佣职业而进行的活动。

进口货物和服务也适用增值税。就进口服务而言，境外供应商（供应商不是巴巴多斯的居民，没有登记增值税也不应登记增值税）向境内登记人提供在巴巴多斯实际执行或使用的服务，登记人获取服务是为了提供应税行为的，则该服务被视为在巴巴多斯境外发生，除非供应商和接受方同意将供应视作在巴巴多斯进行，因此需要缴纳增值税。

巴巴多斯的标准税率为 17.5%，其他税率为 22%、10% 和零税率。

1. 税率为 22% 的征税对象示例

22% 的增值税税率适用于语音、数据和信息移动服务供应。

---

① 本篇如无特别注明，资料均来自巴巴多斯国家税务局网站，https://bra. gov. bb/FAQs/Value-Added-Tax/（accessed on 20240228）。

② 详见巴巴多斯议会网站，https://www. barbadosparliament. com/uploads/bill_resolution/cd1364275cbe0137d722d80 4710a4f8c. pdf（accessed on 20240228）。

2. 税率为 17.5% 的征税对象

除另有规定外，所有的应税货物和服务都适用 17.5% 税率。自 2019 年 12 月 1 日起，为巴巴多斯的客户提供数字服务的境外供应商须在巴巴多斯登记并缴纳增值税。巴巴多斯效法全球众多税收管辖区，要求境外数字服务供应商注册增值税，并适用 17.5% 的税率。从 2019 年 12 月 1 日起，外国数字服务供应商需要在巴巴多斯税收管理局的税务管理信息系统（TAMIS）中注册，每季度提交增值税申报表。境外供应商首次销售起就有注册义务，没有最低的起征点。境外供应商还需向数字服务的购买者开具发票。

3. 税率为 10% 的征税对象示例

10% 的增值税税率适用客房、宾馆、客栈或类似场所的住宿服务，包括为度假居住或者提供旅游服务而租用的住宅。

4. 零税率征税对象示例

货物和服务出口；基本食物；处方药；兽医服务；国际邮轮；原材料进口。

5. 免税对象示例

提供金融、医疗、公共邮政、运输服务；供水和排污服务；住宅物业销售。

（四）应税时间与应税地点

1. 应税时间

除非巴巴多斯《增值税法》另有规定，增值税应税时间为以下时间中的最早时点：供应商开具税务发票；已收到应税交易的款项；将商品提供给购买方或提供服务。

2. 应税地点

满足以下条件之一，应税行为视为在巴巴多斯发生：供应商所在地位于巴巴多斯；供应商所在地不是巴巴多斯，但是在应税行为发生时商品位于巴巴多斯或者在巴巴多斯实际履行或使用服务。

（五）申报、缴纳与抵扣规则

增值税纳税期为 2 个月，增值税申报表每两个月提交一次，在一个纳税期的次月的 21 日前提交。

进口货物的增值税一般由进口商缴纳。

登记增值税的应税人可抵扣全部或部分进项税额。

（六）发票管理

若应纳税人在巴巴多斯向另一应纳税人提供应税交易，则应根据对方要求开具税务发票，发票应包含规定的信息。如果应纳税人未按要求开具税务发票，则应处以不超过1000巴巴多斯元的罚款。供应商须将记录和账簿至少保留 7 年，另有规定除外。记录和账簿必须保存在巴巴多斯，不能保存在国外。

（七）罚则

未在规定时间内提交申报表的纳税人将被处以 100 巴巴多斯元罚款。纳税人在一个纳税期内未按规定日期支付应付的销项税额，纳税人应补缴税款，同时缴纳罚款与利息，罚款金额为未缴税款的 10%，利息按照 1.5% 计算。如果应纳税人未按要求开具税务发票，则应处以不超过 1000 巴巴多斯元的罚款。

十五、白俄罗斯
（Belarus）

（一）基本介绍[①]

白俄罗斯自1991年12月19日起开征增值税，由税务和关税部（Ministry of Taxes and Duties of the Republic of Belarus）负责征收管理。

（二）纳税义务人

纳税人是指在其商业活动过程中在白俄罗斯提供应税货物、服务和产权以及进口商品的个体企业或法人实体（包括外国法人实体）。适用简化税制或对应纳税额进行统一征税的个体企业与法人实体可享受增值税免税待遇。

纳税人对所有税种进行统一税务登记，没有单独的增值税登记程序。公司注册后的5个工作日内自动进行税务登记，该登记涵盖公司应支付的所有税款。外国公司在白俄罗斯境内开展活动之前，应先申请税务登记。

外国公司税务登记的管理程序需要2个工作日。税务注册所需的文件可以由正式授权的公司负责人或公司的税务代表提交。应纳税人可获得一个税务识别号，税务识别号由白俄罗斯税务和关税部核实，并采用某种格式。增值税识别号格式为9位数字的税号（tax identification number，TIN）。白俄罗斯法律不允许集团注册。紧密联系的法人实体必须分别注册。

白俄罗斯实行反向征收机制。在白俄罗斯境内没有常设机构的外国公司，在白俄罗斯销售商品或提供服务不需缴纳增值税，由购买这些商品或服务的白俄罗斯法人实体或个体企业缴纳增值税。如果符合以下条件之一，在白俄罗斯境内没有常设机构的外国公司也需要在白俄罗斯进行税务注册：（1）外国公司计划开展可带来收入的经济业务；（2）外国公司在白俄罗斯拥有不动产；（3）外国公司经营娱乐设施，例如游乐园的旋转木马和摩天轮；（4）外国公司经营野生动物景点。

---

① 本篇如无特别注明，资料均来自白俄罗斯《税法典》，详见网站 https：//www.wipo.int/wipolex/en/legislation/details/16854（accessed on 20240228）。

（三） 应税范围及税率

纳税人在白俄罗斯境内从事经济活动过程中提供商品、作品和服务以及进口商品的，需缴纳增值税。

标准增值税税率为20%，适用于大部分商品与服务。优惠税率为10%，其他还有26%税率、零税率等情况。

1. 税率为26%的征税对象示例

电信和广播服务。

2. 税率为20%的征税对象

除另有规定外，下列商品或服务都适用20%的标准税率：

（1）销售商品（工程和服务），转让财产权（包括货物交换、无偿转让、租赁、贷款协议下的货物转移）。

（2）进口货物到白俄罗斯。

（3）如果私营企业家或组织是在白俄罗斯完成提供服务的活动，则视为在白俄罗斯境内提供服务（作品）。

3. 税率为10%的征税对象示例

（1）国内农产品（花卉和观赏植物除外）、野生植物、养蜂业和渔业，以及此类产品的进口。

（2）销售动物产品，如猪肉、牛肉、动物脂肪等。低税率适用于该行业活体动物的销售，但不适用于销售为使用动物毛皮而养殖的动物，如羊、浣熊、貂皮等。

（3）部分儿童食品和物品的国内销售及进口。

（4）销售和/或进口到白俄罗斯的药品和医疗设备。

（5）销售白俄罗斯生产的鱼类和蜂蜜产品。

4. 零税率征税对象示例

（1）货物出口，以及与出口相关的特定工程和服务。

（2）运输服务出口，包括过境运输。

（3）根据收费协议由客户提供原材料所生产的货物的出口。

（4）为外国公司和个人提供的维修飞机及其发动机、铁路技术部件的服务。

5. 免税对象示例

（1）提供某些金融服务，如提供证券、衍生工具和其他类似金融工具。

（2）提供保险服务与再保险服务。

（3）教育、文化、住房或医疗服务。

（4）在某些条件下提供文化和艺术的服务。

（5）在一定条件下提供药品、医疗设备、医疗仪器、医疗产品等。

（6）为残疾人提供特定的医疗设备、假肢和器具。

（7）儿童和青年看护机构、老人护理院、残疾人看护机构与其他非营利机构提供的社会服务。

（8）提供某些工业产权。例如，发明，实用新型，工业品外观设计，育种成果。

（9）提供公共服务。例如：理发、浴室和淋浴服务；洗衣和干洗服务；手表维修；服装和鞋类的制造和维修；家用电器的维修和保养；个人用品和家庭用品的维修；摄影服务。

（10）提供教育和培训服务。

（11）宗教组织提供的服务，只要这些服务符合其教规、法规和其他文件中规定的目的即可。

（12）在特定情况下，提供与丧葬有关的服务。

（13）在特定情况下，提供珠宝以及相关服务。

（14）在特定情况下，在免税商店进行商品零售。

（15）在特定情况下，提供研发、设计以及技术工作和服务。

（16）在特定情况下，银行提供的金融服务。

（17）在特定情况下，进口到白俄罗斯的商品和设备。

根据白俄罗斯《税法典》（Belarusian Tax Code），纳税人有权申请或选择放弃享受免税政策。如果纳税人选择放弃，则需要向税务机关提出放弃免税申请。

6. 电子服务增值税

白俄罗斯于2018年1月1日对外国公司向白俄罗斯个人提供的电子服务征收增值税。电子服务增值税是由已登记电子服务增值税的外国公司直接向白俄罗斯税务机关缴纳的税款。

应税范围内的电子服务包括：通过互联网提供的软件（包括计算机游戏）、数据库、电子书、信息材料、图形图像、音乐、视听作品；通过互联网提供的广告服务；通过互联网销售；通过互联网自动进行数据搜索、选择、分类并提供给用户；提供域名和托管服务等。

电子服务增值税税率为20%。电子服务增值税没有起征点，当外国公司开始向白俄罗斯个人提供电子服务时，就应在白俄罗斯注册电子服务增值税。纳税人应每季度提交电子服务纳税申报表并支付增值税。纳税人应在纳税期次月的第20日之前提交纳税申报表，且不得晚于纳税期次月的第22日缴纳增值税。如果购买者的居住地在白俄罗斯，或者在白俄罗斯开设了用于付款的账户，或者在白俄罗斯注册了用于购买服务的网络地址，则符合电子服务增值税的征收条件之一。

（四）应税时间与应税地点

1. 应税时间的确认

应税时间是指发出货物、提供服务、转让权利的日期，不考虑付款日。具体包括以下日期：（1）如果卖方不提供货物运输或不承担运输费用，货物的应税时间是卖方将货物运出或交给运输公司的第一日；（2）其他情况下，货物的应税时间根据纳税人的会计政策确定，但不得晚于货物开始运输的日期；（3）服务的应税时间是指提供服务的日期；（4）权利转让的应税时间是客户根据合同规定有权获得权利的日期。

2. 应税地点的确认

如果存在以下情形之一，则视为在白俄罗斯出售商品：（1）货物位于白俄罗斯，不向国外运输；（2）货物在装运或运输开始时位于白俄罗斯。

如果提供服务的纳税人在白俄罗斯从事商业活动，则该服务被视为在白俄罗斯提供。如果存在以下情形之一，也被视为纳税人在白俄罗斯提供服务：（1）服务与位于白俄罗斯的不动产直接相关。（2）服务与位于白俄罗斯的动产（动产租赁除外）相关。（3）服务在白俄罗斯提供，涉及文化、艺术、教育（远程教育除外）、体育、旅游、休闲等领域。（4）服务的购买者在白俄罗斯从事以下活动之一：知识产权的转让；提供审计、咨询、法律、会计、广告、市场营销、工程和信息处理服务；动产租赁（运输车辆除外）；提供与计算机程序和数据库（计算机软件和信息产品）的开发以及这些产品的改编和修改有关的服务。

（五）申报、缴纳与抵扣规则

增值税申报包括月度申报与季度申报（由纳税人选择），纳税人应在纳税期次月的第 20 日之前提交纳税申报表。纳税人应按月或按季度缴纳增值税，不得晚于纳税期次月的第 22 日缴纳增值税。增值税申报表应以电子方式提交。

只有在白俄罗斯从事应税活动的注册法人才能获得进项税额抵扣。如果外国法人实体在白俄罗斯税务机关注册为常设机构，则购买货物或服务（包括进口货物）产生的增值税通常可按照一般规则抵扣。纳税人可以抵扣进项税额，该进项税额是纳税人为了从事增值税范围内的活动而支付的，它与应税活动有关。

可抵扣进项税额的示例如下：从居民法人实体购买商品、服务和权利所支付的增值税；进口商品增值税；从在白俄罗斯设有常设机构的外国法人购买商品、服务以及权利支付的增值税。

不可抵扣进项税额的情况如下：基于企业所得税而扣除的费用；归属于商品、服务以及权利（包括固定资产和无形资产）的价值等。

如果增值税申报表中的进项税额超过销项税额，则纳税人无须缴纳增值税，且增值税进项税额与销项税额之间的差额可以优先从下一个会计期间的增值税总额中抵扣，或在某些情况下退还给纳税人。税务机关应在纳税人提交增值税申报表和退款申请之日起两个工作日内作出退还增值税的决定。税务机关可以检查退税申请的合理性。税务机关退还增值税进项税额与销项税额之间的差额，无须支付利息。

白俄罗斯实行反向征收制度。当非居民公司（未在白俄罗斯注册固定住址）销售商品或提供服务的行为被视为应税行为，则由登记的购买方向税务机关缴纳增值税。该税款可以抵扣销项税额，或者由税务机关退还。

（六）发票管理

　　自 2016 年 7 月 1 日起，增值税纳税人必须对每笔应税交易开具电子发票。电子发票是买卖双方之间增值税结算的依据，也是进项税额抵扣的依据。一般而言，卖方应在不早于应税时间且不晚于应税时间次月的 10 日前开具电子发票。

（七）罚则

　　白俄罗斯行政法规定了以下几种有关税收登记的违法行为及其处罚：

　　（1）延迟税务注册：罚款不超过 5 个基本单位（1 个基本单位 =23 白俄罗斯卢布）。

　　（2）不登记：罚款不超过 20 个基本单位。罚款金额取决于延误税务登记的期限。对于法人实体，罚款等于未注册业务活动期间产生的收入金额的 20%。

　　（3）延迟提交纳税申报表未超过 3 个工作日：对法人实体处以 1～10 个基本单位的罚款。

　　（4）延迟提交纳税申报表超过 3 个工作日：对公司负责人的罚款为 2 个基本单位，每延迟一个月加收 0.5 个基本单位，但不超过 10 个基本单位；对法人的罚款为应纳税额的 10%，但不少于 10 个基本单位。

　　（5）未缴税款或部分缴纳税款：对法人的罚款为欠缴税款的 20%，但不得少于 10 个基本单位。

　　（6）因公司负责人的疏忽而导致欠缴税款：对负责人处以 2～20 个基本单位的罚款。

　　（7）故意不缴税或部分缴纳税款：对公司负责人处以 20～60 个基本单位的罚款。

十六、比利时
（Belgium）

（一）基本介绍^①

（一）基本介绍①

比利时增值税自 1971 年 1 月 1 日起开征，增值税主管机关为财政部（Belgian Ministry of Finance）。

（二）纳税义务人

在比利时提供应税商品和应税服务、欧盟内部采购货物和远距离销售的商业实体和个人，都属于比利时的应纳税人。

1. 登记门槛

比利时不适用增值税登记门槛。但是，外国公司通过互联网向比利时消费者出售商品的登记门槛是 35000 欧元/年。

2. 自愿登记

在下列情况中，不在比利时登记设立的应纳税人可自愿登记成为增值税纳税义务人：

（1）若应纳税人在比利时从事特定不动产相关工作，则该不动产根据比利时《增值税法典》第 51 条第 2 款第 5 项规定的一般反向征收规则，需由服务接受者缴纳增值税。

（2）若设立于欧盟的应纳税人在比利时给付特定商品与服务（不动产除外），则该商品与服务根据比利时《增值税法典》第 51 条第 2 款第 5 项规定的一般反向征收规则，需由服务接受者缴纳增值税。需要指出的是，此种情况下的自愿登记只适用于每年增值税进项税额超过 10000 欧元的应纳税人。

3. 免于登记

对于在比利时设立的应纳税人，若其仅从事增值税免税业务，则免于登记成为增值税纳税义务人；对于不在比利时设立且根据比利时《增值税法典》有登记义务的应纳

---

① 本篇如无特别注明，资料均来自比利时政府网站，https：//www.belgium.be/en（accessed on 20240228）。

税人，若满足特定条件（如政府承认、没有营利动机）也可免于登记。

（三）应税范围及税率

1. 应税范围

如果以下交易在比利时发生，则应在比利时缴纳增值税：

（1）应税人在比利时提供的货物或服务。

（2）应税人在比利时境内购买来自另一欧盟成员国的货物。

（3）从欧盟外进口货物。

2. 税率

（1）21%税率适用对象：除另有特殊规定外，所有的应税货物和服务都适用21%的标准税率。

（2）12%税率适用对象示例：公共住房；餐厅服务（不包括饮料）。

（3）6%税率适用对象示例：基本必需品和社会服务；书籍和杂志（包括有声读物）、电子书和其他电子出版物；一些食品（牛奶、鱼、肉、脂肪和油）；药品和药物；水；住宿；10年以上建筑物的改造和翻新；原创艺术品；自行车和电动自行车；建筑物的拆除和重建（需要符合一定要求）。

（4）零税率适用对象示例：废品（金属废料等）；欧盟以外的货物出口和相关服务；向欧盟境内的另一个应税人或欧盟以外的任何接收人提供的共同体内部货物和无形服务供应；每年至少出版48次的电子日报和周报。

3. 免税优惠

（1）免税对象。下列商品和服务的供应原则上免征增值税，不可抵扣进项税：医疗保健服务；房地产交易（新建筑和附带的土地除外）；金融；保险；人体器官。

（2）免税供应的征税选择。在比利时，可以选择对支付和收款交易（包括协商，但不包括债务收款）征税。此外，除专业承包商（即主营业务为房地产出售和再开发的人员或公司）以外的其他人，在新建筑（无论是否用于专业用途）转让时，可以选择征税。

在比利时，如果满足以下条件，则可以选择对用于专业用途（企业对企业）的建筑（或部分建筑）的租金征税：

必须涉及建筑或其部分；承租人必须是使用建筑（或部分建筑）专门用于其经济活动的应税人员；必须涉及在2018年10月1日之前未产生建筑/翻新工程增值税的建筑；双方（出租人和承租人）必须共同选择对租金征税。

（四）应税时间

在比利时，应税时间是开具发票之时，若不开具发票则为给付次月的第15日。

如果在商品交付给买方之前或在服务完成之前，款项已经收到且商品或服务可以辨认，则应税时间定在较早的日期。

1. 预付款及保证金

对于本地商品或本地服务的交易，预付款的应税时间为款项收到之时。同时，应纳税人应在预付款次月的第 15 日前开具发票。

对于欧盟内部的服务交易，预付款的应税时间同样为每笔款项收到之时；对于欧盟内部的商品交易，预付款无须缴纳增值税。

2. 连续给付

对于开具定期发票或定期付款的连续服务，应税时间是在每个会计报表或付款相关期间结束时。

若服务接收者根据 B2B 规则需就连续服务缴纳增值税，并且没有开具发票或付款，则应税时间为每年年底。

3. 试用商品或退回商品

在比利时，试用商品（trial sale）和寄售商品适用特殊的应税时间规则。若商品是发给客户试用的，应税时间为客户确认购买之时；若商品是发给客户转售的，应税时间为商品被转售之时。

因此，在比利时，商品送至客户或转售者之时及商品被退回第一给付人之时，无须缴纳增值税。

（五）申报、缴纳与抵扣规则

1. 申报

比利时的增值税纳税申报表可分为月度申报表、季度申报表，其申报频率取决于交易水平。一般情况下，默认每月提交纳税申报表，若公司的年营业额低于 250 万欧元，则可以申请每季度提交纳税申报表。但是，下列情况并不适用上述一般规则，必须每月提交纳税申报表：

（1）销售电脑、手机、矿物油、机动车的年营业额超过 25 万欧元。

（2）本季度或前四个季度中的任何一个季度中，欧盟内部给付的营业额超过 5 万欧元。

除此之外，年度给付额超过 250 欧元的企业需要提交年度销售清单，以列明国内 B2B 交易给付情况。

2. 缴纳

月度申报的应纳税人需在申报期后次月的第 20 日前提交申报表并履行增值税缴纳义务；季度申报的应纳税人需在相关季度后的第 20 日前提交申报表并履行增值税缴纳

义务。如该日期适逢星期六、星期日或公众假期，缴交日期将顺延至下一个工作日。

除此之外，比利时还规定了特殊的预付款制度，企业必须在每年的 12 月 24 日预付增值税。预付税款因申报频率而有所不同。

3. 抵扣

原则上，每位应纳税人都有权申请增值税进项税额抵扣。该权利能否实现主要取决于购买商品或服务的目的，若出于经营应税业务的目的则可抵扣，若出于私人使用目的则不可抵扣。除此之外，购买免税对象的进项税也不可抵扣。为此，需要保留有效的发票或海关凭证以证明购买商品或服务的目的。

比利时的进项税抵扣期限为应纳税年度后的第三个日历年度。

（六）发票管理

比利时对增值税的规定与欧盟《增值税指令》及比利时增值税发票要求相同。

1. 发票的开具和保管时间

如果买方是非应税客户，在交易时必须开具增值税发票；如果买方是应税客户，则可在给付后的次月 15 日之前开具增值税发票。

增值税发票必须保存 7 年。

2. 发票的内容

发票必须至少包含以下基本信息：（1）开具日期和交易日期（如有不同）；（2）唯一序列号；（3）卖方的增值税号；（4）卖方和买方的完整地址；（5）商品或服务的完整说明；（6）商品数量的详细信息；（7）单价；（8）折扣的详细信息；（9）货物或服务的应税净值；（10）适用的增值税税率，以及按税率划分的增值税额；（11）发票总额；（12）反向征收的参考金额；（13）以欧元表示的应缴增值税金额。

低于 125 欧元的商品或服务可开具简化发票。

3. 贷记发票

增值税贷记发票可用于抵扣进项税，该笔金额必须在贷记发票中单独列出，并且与原始增值税发票包含相同信息，能够相互印证。

（七）罚则

比利时的增值税立法包含一份详细的行政处罚清单，包括比例和非比例处罚，当发现违反比利时增值税法的行为时，增值税主管部门会自动实施这些处罚。相关规定将所有违规行为分为不同类别。对于某些类别，将适用惩罚政策；而其他类别则受到附加条件的限制，或者被明确排除在惩罚政策的适用范围之外，如在自愿披露增值税的情况下，增值税当局将免除相应的罚款。

对于某些类别，如果满足以下四个条件，处罚将自动取消：

（1）四年内（"参考期"）第一次出现相同性质的违规行为。

（2）违规的纳税人被认为是出于善意行事。值得注意的是，在税务机关证明纳税人恶意之前，税法假定纳税人是善意的。

（3）应提交一份单独的、专门的申请，明确说明纳税人申请豁免的所有理由。

（4）在提交申请时，纳税人已经履行了被罚款的义务，并提交了所有定期提交的增值税报表。

对于在参考期内第二次相同性质的违规行为的罚款，罚款金额为欠缴税额的2%。在此之后所有相同性质的违规行为有关的罚款，罚款金额为欠缴税额的5%。

某些类别的违规行为被明确排除在上述政策的适用范围之外（例如，不支付到期的增值税、延迟提交增值税定期报表、欺诈）。值得注意的是，即使新的罚款政策不适用，增值税主管部门仍可允许以不可抗力为由或根据案件的具体内容申请豁免或减少罚款。

根据实质重于形式原则，仅仅观察到一张发票不符合适用的发票要求，不会直接影响进项税额扣除，纳税人可以提供更正的发票或其他证明文件从而可以确保增值税可以扣除。

十七、伯利兹
（Belize）

（一）基本介绍①

伯利兹《一般销售税部门指引》规定，伯利兹增值税自 2006 年 7 月 1 日起开始征收，增值税主管机关为一般销售税部门（General sales tax Department）。

（二）纳税义务人

1. 登记门槛

伯利兹《一般销售税法案》（Belize General Sales Tax Act）第 23 节对登记门槛进行规定，并区分以下两种情况：

（1）经营业务达到 12 个月。卖方满足以下条件之一，需登记注册为纳税义务人：

①连续 12 个月内，纳税人售出的货物/服务价值为 75000 美元及以上；同时，有合理理由相信，从该月第一日起算的未来 12 个月内，纳税人售出的货物/服务价值将为 75000 美元及以上。

②有合理理由相信，从次月 1 日起算的 12 个月内，纳税人售出的货物/服务价值将为 75000 美元或以上。

（2）经营业务未达 12 个月。若纳税人每月应税交易的货物/服务的平均价值大于等于 6200 美元，则需要登记注册成为一般销售税纳税义务人。

2. 自愿登记

伯利兹《一般销售税法案》第 25 节规定，如果无须登记的给付人正在经营或打算从事某项业务，则该人可向一般销售税专员提出注册申请。若该给付人已登记，且专员确信其 80% 或以上的给付将提供给应纳税人，则该给付需缴纳一般销售税。

3. 免于登记

伯利兹《一般销售税法案》无免于登记的相关规定。

---

① 本篇如无特别注明，资料均来自伯利兹《一般销售税部门指引》和《一般销售税法案》。

（三） 应税范围及税率

1. 应税范围

根据伯利兹《一般销售税部门指引》的相关规定，若应税给付符合以下条件，则该应税给付涉及的商品与服务均需缴纳一般销售税：（1）在伯利兹进行给付；（2）由应纳税人进行给付；（3）在经营或推动业务过程中使用；（4）并非免税给付。

2. 税率

伯利兹《一般销售税法案》对伯利兹一般销售税税率作出了规定，标准税率为12.5%。除适用零税率或属于免税的情形外，所有货物和服务适用12.5%的税率。

伯利兹《一般销售税法案》的附表1、附表2、附表3详细列明了零税率征税对象，其中主要包括：（1）出口商品；（2）出口服务；（3）其他商品和服务。

3. 免税对象

伯利兹《一般销售税法案》的附表4详细列明了免税对象，其中主要包括：（1）金融服务或间接金融服务；（2）住宅；（3）教育；（4）药品及其他医疗用品；（5）酒店等住宿服务；（6）公用设施和公共交通；（7）出口服务；（8）向外交使团提供的特定货物和服务；（9）向伯利兹政府提供的商品和服务；（10）互联网服务。

除此之外，符合伯利兹《一般销售税法案》附表5规定的进口商品也可豁免征收一般销售税。

（四） 应税时间与应税地点

1. 应税时间

伯利兹《一般销售税部门指引》规定，应税时间是下列时间的最早者：（1）发票开具时间；（2）付款时间；（3）提供商品之时或提供服务之时。

2. 应税地点

伯利兹《一般销售税法案》规定，除另有规定外，如果符合以下条件，则商品或服务应视为在伯利兹给付：（1）卖方是伯利兹居民；（2）卖方是非居民，但是就商品交易而言，该商品在给付时位于伯利兹；就服务交易而言，该服务是由身处伯利兹的人实际提供的。

（五） 申报、缴纳与抵扣规则

1. 申报

伯利兹《一般销售税部门指引》规定，一般销售税申报表必须在月末填写，并在纳税期结束后的第15日前交给一般销售税部门，并附上应缴税款。若全月未发生应税交易，也必须提交无税申报表。

2. 缴纳

伯利兹《一般销售税部门指引》规定，一般销售税可通过现金、支票、汇票或银行在线支付的方式缴纳。需注意的是，若通过支票和汇票支付，则其背面需注明税号。

3. 抵扣

伯利兹《一般销售税法案》第32节规定了三种不同的抵扣情形，分别为：

（1）如果纳税人在纳税期内作为商品和服务的提供方，发生的所有交易均为应税交易，则可抵扣进项税额，以抵扣在纳税期内采购或进口中发生的所有进项税额。

（2）如果纳税人在纳税期内作为商品和服务的提供方，发生的所有交易均不是应税交易，则可按照税务机关认为合理的比例抵扣其在纳税期内采购或进口中发生的进项税额。

（3）如果纳税人在纳税期内作为商品和服务的提供方，发生的所有交易部分是应税交易，则在纳税期内出于制造应税货物的目的，而在采购或进口中所支付或应付的所有进项税额都可抵扣（不管该应税给付是否属于该纳税期）；不是出于制造应税货物的目的的进项税额不得抵扣。

纳税人在纳税期内发生的进项税额是否与特定种类的交易有关，应根据纳税人在采购或进口时的意图确定，但也应根据购进货物的实际用途或在一般销售税申报表提交之日之前变更意图。

（六）发票管理

1. 发票内容

伯利兹《一般销售税法案》第36节规定，发票按照专员所规定的表格开具，并应包括以下基本信息：（1）在显著位置显示"税收发票"一词；（2）识别序列号和开具发票的日期；（3）卖方的名称、地址；（4）买方的姓名、地址；（5）对所提供的商品或服务的描述，包括对所提供的商品数量或所提供的服务数量的描述；（6）价格；（7）税率和价格中包含的一般销售税金额；（8）其他信息。

2. 无须开具发票的情形

如果交易的价格低于50美元，除非收货人要求，否则无须为应税交易开具发票。

3. 不得开具发票的情形

博彩业①相关的给付不可开具发票。

---

① 博彩服务在我国境内是违法的。

4. 贷记发票与借记发票

如果税务发票在开具后发生变化，则可开具贷记发票或借记发票。贷记发票或借记发票需包含以下内容：（1）在显著位置显示"贷记发票"或"借记发票"；（2）卖方和收货人的名称，地址；（3）开具时间；（4）相关的税务发票的识别序列号和开具时间；（5）税务发票所包含的一般销售税金额、调整税额以及贷记或借记发票金额；（6）开具贷记或借记发票的简要原因。

（七）罚则

纳税人如果触犯伯利兹《一般销售税法案》所列的违法行为，则税务机关可向违法者处以最高不超过税款 3 倍的罚款。除此之外，其他可能导致处罚的违法行为还包括未能提交纳税申报表等行为。

十八、贝宁
（Benin）

（一）基本介绍[①]

贝宁共和国的增值税自 1994 年起开始征收，增值税主管机关为财政部税务总局（Ministry of Economy and Finance）。

（二）纳税义务人

凡采购货物转售或者从事工业、商业、非商业、手工业、专业活动的个人或法律实体，都必须缴纳增值税，并向税务机关办理登记。

（三）应税范围及税率

1. 应税范围

以下交易发生在贝宁境内时，构成应税交易：

（1）进口到贝宁的商品。

（2）建筑工程。

（3）涉及农业和渔业产品加工的业务和所有其他业务。

（4）在贝宁境内或通过国外、当地的电子商务平台进行的商品销售和服务供应，以及电子商务平台运营上述交易时收到的佣金。

（5）对企业的援助，无论是来自公共机构或私人，无论以何种形式支付，如果是为了支付方的利益而产生，或者，支付金额等于交易的应税部分。

（6）在贝宁境内提供的货物，包括以下情况均视为货物供应：水、电、气和电信的供应；可供检疫的物品；租赁和购买；根据购买或销售的委托合同，转让货物。

[①] 本篇如无特别注明，资料均来自贝宁财政部网站，https://finances.bj/wp-content/uploads/2022/09/Benin-General-Tax-Code－2022.pdf（accessed on 20240228）。

（7）在贝宁境内提供的服务，包括现金服务或实际提供的服务，例如：无形商品的转让和许可；租用持续经营的企业；动产的租金；租用建筑物和地点用于工业和/或商业用途；中介服务；涉及维护和修理动产的业务；旅游业、旅馆业和餐饮业；运输业务；由独立专业人员提供的服务；广告、新闻发布、公告、题词、通知和其他类似服务；融资租赁交易；涉及资金转移的交易。

2. 税率

（1）标准税率为18%。除另有规定外，所有的应税货物和服务都适用18%税率。

（2）零税率征税对象为出口货物及服务。

3. 免税对象

贝宁的免税对象包括：（1）特定产品的进口、生产和销售，例如医疗用品、未加工的基本生活所需食品等；（2）教育活动，但不包括销售校服、学习用品等；（3）所有医疗性质的服务，但不包括兽医提供的护理；（4）书籍、报纸和期刊的排版、印刷和销售；（5）邮票；（6）社会公益性组织免费提供的服务，或等于或低于成本价格提供的服务；（7）公共客运服务；（8）农业活动；（9）家庭用天然气；（10）与金融市场交易直接相关并受金融中介机构影响的服务供应；（11）一般的保险服务。

（四）申报、缴纳

应纳税人必须每月提交增值税申报表，并且将申报表连同应缴纳的增值税税款在应税时间的次月10日前提交。

通过电子商务平台销售的货物和提供的服务未缴的增值税，必须由上述平台的经营者代表供应商计算、申报和支付。通过电子商务平台在贝宁进行销售所得佣金，须由上述平台经营者申报和支付增值税。

（五）发票管理

所有缴纳增值税的公司都必须通过由税务机关批准或授权的电子系统开具发票。

（六）罚则

迟延缴纳增值税需要支付与20%迟延款相当的罚款；迟延提交增值税申报表需支付与10%迟延款相当的罚款。

十九、玻利维亚
（Bolivia）

（一）基本介绍①

玻利维亚增值税自1986年7月1日起开征，增值税主管机关为国内税收署（Internal Taxes Service）。

（二）纳税义务人

若公司实体或个人进行以下交易，则需登记成为增值税纳税义务人：（1）销售动产；（2）代表他人销售动产；（3）提供服务；（4）进口货物；（5）从事动产或固定物的经营租赁或融资租赁。

1. 登记门槛

玻利维亚的增值税登记门槛为零。

2. 自愿登记

由于没有登记门槛，因此玻利维亚不提供自愿登记的选项。

3. 免于登记

玻利维亚法律并无关于免于登记的规定。

（三）应税范围及税率

1. 应税范围

玻利维亚的增值税应税对象包括：（1）商品销售；（2）服务合同；（3）进口商品；（4）玻利维亚境内的租赁。

2. 税率

（1）标准税率为13%：玻利维亚增值税的标准税率为13%，但由于玻利维亚增值税包含在最终销售价格之中，因此增值税的实际税率（effective rate）为14.94%（13%÷87%）。

---

① 本篇如无特别注明，资料均来自玻利维亚网站，http：//www.impuestos.gob.bo（accessed on 20240228）。

除另有规定外，所有的应税货物和服务都适用13%税率。

（2）零税率征税对象为：矿业合作社和拥有国家合同、出口的小型私营矿业公司；出口货物。

3. 免税对象示例

玻利维亚的增值税免税对象包括：（1）玻利维亚承认的外交使团进口的货物；（2）基于善意购买的货物（价值不高于1000美元）；（3）定额人寿保险；（4）经证券所注册发行的证券销售后产生的资本利得；（5）非居民或在玻利维亚无住所的外国游客入境旅游和住宿服务；（6）由证券业协会管理的证券化过程中的货物或资产转移；（7）有关销售或投资组合的业务（如金融中介、保险和养老金）；（8）金融机构贷款利息所得；（9）由中央政府或市政府赞助的戏剧、舞蹈、民俗、绘画、雕塑和国产电影等艺术制作、表演活动；（10）玻利维亚印制的图书或由玻利维亚机构进口或出版的图书。

（四）应税时间

在玻利维亚，增值税应税时间被称为"应税时间"或"税务事件（tax event）"。

商品的应税时间为商品交付之时或所有权转移的行为发生之时；服务的应税时间为提供或完成服务之时，以及收取部分或全部服务价款之时，以较早者为准。进口增值税在货物清关时缴纳。

（五）申报、缴纳与抵扣规则

1. 申报

应纳税人必须每月提交纳税申报表。申报到期日为申报期次月的第13～22日，该日期可以根据增值税登记号的最后一位确定。

2. 缴纳

增值税应在货物交付或所有权转让时缴纳；服务的增值税在发票付款或提供服务二者较早时间缴纳；进口增值税在货物通关时缴纳。

3. 抵扣

纳税人可以抵扣进项税，进项税包括对在玻利维亚提供的货物和服务收取的增值税和对进口货物支付的增值税，但是一般要提供发票或进口纳税证明。玻利维亚没有规定纳税人抵扣进项税的时间限制。这意味着进项税可以无限期地结转，直至完全抵扣。

（六）发票管理

1. 应开具发票的情形

应纳税人应就所有应税给付提供增值税销售发票，包括适用零税率的进口给付。该发票可用于申请进项税抵扣。

2. 贷记发票

增值税贷记发票可用于抵扣已给付的商品或服务的增值税。该发票需与增值税销售发票包含相同信息，并且仅能用于（部分或全部）商品的转移或服务的解除。

（七）罚则

与增值税合规相关的处罚包括：

1. 未按规定登记注册

未按照规定登记注册成为增值税纳税义务人的公司将被罚款 2500 住房开发单位（unidades de fomento a la vivienda，UFV），约 800 美元。随后，该公司被要求注册并获得一个税务识别号码（NIT）。如果公司拒绝支付罚金和增值税注册，并继续从事商业活动，税收机关的最后行动是关闭该企业，直到情况得到纠正。

2. 逾期付款和申报

在玻利维亚，对逾期付款和申报增值税适用以下处罚：

（1）对于不提交纳税申报的，个人罚款金额为 50UFV，商业实体为 100UFV。

（2）对于不提交增值税采购和销售账簿的，个人罚款金额为 500UFV，商业实体为 1000UFV。

（3）对于超时发送增值税采购和销售账簿的，个人罚款金额为 100UFV，商业实体为 200UFV。

（4）对于不提交关于银行付款证明报告的，个人罚款金额为 500UFV，商业实体为 1000UFV。

3. 申报错误

增值税报告方面出现错误和遗漏的纳税义务人将被处罚。这些处罚包括以下内容：

（1）超时发送增值税采购和销售账簿的修订，个人罚款金额为 50UFV，商业实体为 100UFV。

（2）提交关于超过 50000 玻利维亚诺（BOB）的交易支付证明的报告有错误时，个人罚款金额为 100UFV，商业实体罚款金额为 200UFV。

（3）每张发票有一个或多个错误或不符合具体法规规定的，个人和商业实体都处金额为 50 ~ 500UFV 的处罚。

4. 税务欺诈

税务欺诈适用于任何个人或公司以任何方式减少或避免缴税的行为。只有当税款金额等于或高于 10000UFV 时才被视为税务欺诈。在这些情况下，处罚将是 3 ~ 6 年的监禁，并处以相当于税款 100% 的罚款。

5. 公司管理层的个人责任

只要法官确定了他们的责任，董事和法定代表人应当依据法院的判决对增值税申报中的错误和遗漏承担个人责任。

6. 诉讼时效

玻利维亚的诉讼时效为 8 年。税务机关可以审查纳税人的纳税申报和缴税情况，以确定税收债务或罚款。如果纳税人或负有责任的第三方不遵守相关登记的义务，发生税务犯罪，或与位于低税率或零税率国家的公司进行商业或金融业务（有一个定期更新的国家和地区名单），则诉讼时效延长 2 年。

二十、博内尔岛、圣尤斯特歇斯岛和萨巴岛
（Bonaire，Sint Eustatius and Saba）

（一）基本介绍[①]

博内尔岛、圣尤斯特歇斯岛和萨巴岛一般消费税自 2011 年 1 月 1 日起开征，一般消费税主管机关为荷兰加勒比税务与海关总署（Belastingdienst Caribisch Nederland）。

（二）纳税义务人[②]

博内尔岛、圣尤斯特歇斯岛和萨巴岛的商业实体或个人，包括制造商，如果长期交付货物、提供服务或管理资产以获得收入，则有义务缴纳消费税，除非适用豁免或反向征收机制。博内尔岛、圣尤斯特歇斯岛和萨巴岛的商业实体或个人是指居住在这三个群岛、在三个群岛成立的企业或在三个群岛有常设机构并提供服务的企业或个人。

1. 登记门槛

博内尔岛、圣尤斯特歇斯岛和萨巴岛的一般消费税登记门槛为 2 万美元。

2. 自愿登记

博内尔岛、圣尤斯特歇斯岛和萨巴岛法律并无关于自愿登记的规定。

3. 免于登记

博内尔岛、圣尤斯特歇斯岛和萨巴岛的立法不包含任何豁免注册的规定。

（三）应税范围及税率

1. 应税范围

博内尔岛、圣尤斯特歇斯岛和萨巴岛的消费税应税对象包括：

---

① 本篇如无特别注明，资料均来自荷兰加勒比税务与海关总署网站，https：//www.belastingdienst-cn.nl/（accessed on 20240228）。

② 资料来自荷兰《加勒比区税法》。

（1）给付人在经营过程中在博内尔岛、圣尤斯特歇斯岛和萨巴岛交付的制成品。

（2）企业家在经营过程中在博内尔岛、圣尤斯特歇斯岛和萨巴岛所提供的服务。

（3）进口商品。

2. 税率

（1）博内尔岛。

①标准税率为6%与8%。6%的标准税率适用于提供的服务；8%的标准税率适用于运输货物、进口货物。

②其他税率为25%、7%和零税率，它们适用于其他货物和服务。

（2）圣尤斯特歇斯岛和萨巴岛。

①标准税率为4%与6%。4%的标准税率适用于提供的服务；6%的标准税率适用于运输货物、进口货物。

②其他税率为5%、10%、18%、22%、30%，它们适用于其他货物和服务。

（3）其他。除上述税率外，在博内尔岛，经纪人所提供的保险相关业务适用5%与7%的消费税率。

3. 免税对象

博内尔岛、圣尤斯特歇斯岛和萨巴岛的免税项目共10项，应纳税人无法对该10项免税项目申请进项税抵扣：（1）医疗服务；（2）基本必需品，如面包、麦片、土豆、大米、蔬菜、乳制品；（3）水电服务；（4）公共交通服务；（5）博彩服务；（6）与贸易和服务仓库相关的服务；（7）邮政服务；（8）由博内尔岛、圣尤斯特歇斯岛和萨巴岛的居民个人永久使用的房地产租赁；（9）由在博内尔岛、圣尤斯特歇斯岛和萨巴岛的贸易和服务仓库设立的企业所提供的特定服务；（10）出口商品。

博内尔岛、圣尤斯特歇斯岛和萨巴岛并无规定免税选择权。

（四）应税时间[①]

博内尔岛、圣尤斯特歇斯岛和萨巴岛的应税时间原则上以发票开具时间或发票应开具时间为准。

该一般规则对于存款与预付款、已批准出售或退回的商品、反向征收机制、租赁资产适用，应税时间为发票开具时间或付款时间的较早者。

对于连续给付，应税时间为开具发票的时间或者应当为每次分期付款开具发票的时间；在预付分期款项的情况下，应税时间为收到付款的时间。

对于进口商品，应税时间为进口时间。

① 资料来自荷兰《加勒比区税法》。

（五）申报、缴纳与抵扣规则

1. 申报与缴纳

在博内尔岛、圣尤斯特歇斯岛和萨巴岛，消费税申报表一般需要每季度提交一次。但是，如果企业提交申请，税务局将批准其提交月度申报表或年度申报表。

消费税申报表与消费税款必须在申报期当月结束后的 15 日内提交，二者需要一同提交。

2. 抵扣

在当地销售产品或出口产品的当地生产商有权对与其产品有关的原材料、辅料和半成品抵扣进项税。这意味着生产商可以就其进口所缴纳的消费税申请抵扣，也可就其他生产商向其收取的消费税申请抵扣。

（六）发票管理

1. 开具发票的时间

在博内尔岛、圣尤斯特歇斯岛和萨巴岛，企业家必须在给付或服务当月结束后的 15 日内开具发票。

2. 贷记发票

若博内尔岛、圣尤斯特歇斯岛和萨巴岛的企业家能证明以下情况，则可申请开具消费税贷记发票：未收到部分或全部对价金额；由于价格扣除或商品退回，该钱款已退还。

（七）罚则

1. 迟延登记

一般而言，在博内尔岛、圣尤斯特歇斯岛和萨巴岛开展应税业务的企业必须登记注册成为应纳税人。而博内尔岛、圣尤斯特歇斯岛和萨巴岛并未规定登记的最后期限，因此对迟延登记一般不进行处罚。但若迟延登记导致迟延缴纳消费税或迟延提交消费税申报表，则应纳税人有可能被处以罚款。

2. 迟延缴纳消费税及迟延提交申报表

在博内尔岛、圣尤斯特歇斯岛和萨巴岛，迟延提交消费税申报表或迟延缴纳消费税均需处以罚款，具体罚款金额如下：

（1）迟延提交消费税申报表的，最高罚款 1400 美元。

（2）迟延缴纳消费税的，最高罚款 5600 美元。如果迟延缴纳消费税是出于疏忽或不诚实的行为，则可处以相当于 100% 应缴税款的罚款。

（3）如果少缴消费税是由于纳税人的故意或重大过失造成的，则可处以高达 100% 应缴税款的罚款。

（4）税务欺诈。税务欺诈可能被处以刑事处罚。对于严重舞弊的案件，税务机关可以将案件提交给地方检察院以提起刑事诉讼，检察院将视情况决定是否以伪造罪起诉（处以高达 56000 美元的罚金或 6 年有期徒刑），或以洗钱罪起诉（处以高达 56000 美元的罚金或 12 年有期徒刑）。

二十一、波黑
（Bosnia-Herzegovina）

（一）基本介绍[①]

波黑自 2006 年 1 月 1 日起开征增值税，由间接税管理局（Indirect Taxation Authority）负责管理和征收。

（二）纳税义务人

依照波黑《增值税法》规定，对以下纳税人征收增值税：（1）在波黑境内提供商品和服务的纳税人；（2）向波黑进口商品的纳税人。

（三）应税范围及税率

向波黑提供应税商品和服务以及进口货物的增值税标准税率应为 17%。零税率适用于商品的出口和特定的相关服务。

适用免税的商品或服务示例：（1）出租或转租住宅、公寓和房屋不超过 60 日；（2）提供不动产，但首次转让新建不动产的所有权或处置的权利除外；（3）金融服务，保险和再保险服务；（4）私立或公立教育机构提供的教育服务；（5）公共邮政服务。

（四）应税时间与应税地点

1. 应税时间

纳税义务应当在下列事项之一发生时产生，以较早发生者为准：（1）交付商品或提供服务；（2）依照增值税法开具发票；（3）在开具发票前支付全部或部分款项；（4）在商品进口时产生缴纳关税的义务时，如果没有这种义务，则在应当产生缴纳关税义务时；

---

① 本篇资料来自波黑《增值税法》。

（5）根据波黑《增值税法》第 5 条、第 6 条和第 9 条提供商品和服务的，在提供商品和服务的纳税期限届满时；（6）根据波黑《增值税法》第 20 条规定发生税基变更的，在开具发票或其他单据时。

2. 应税地点

增值税应在商品和服务的供应地征收和缴纳。

如果下列地点在波黑，则应视波黑为商品的供应地：（1）商品由供应商、接受人或第三方发运或运输时，商品运输给接受人时的地点，或者在接受人命令下，运输给第三人时的地点；（2）商品由供应商、接受人或第三方安装或组装时，商品的安装和组装的地点；（3）商品在交付时未经发运或者运输的，商品交付的地点；（4）商品进入波黑关税区。

如果纳税人符合以下条件，则服务的供应地应当被视为波黑：（1）在波黑有一个提供服务的常设地址（a permanent seat）；（2）在没有这样一个地方的情况下，他的永久居住地或通常居住地（permanent address or usual place of residence）在波黑。

（五）申报、缴纳与抵扣规则

纳税义务人应当在每月的增值税纳税申报表中载明其纳税期限内的增值税应纳税额。纳税义务人应于纳税期限届满次月的 10 日前，将上述申报表报送税务局。不论纳税义务人是否需要缴纳纳税申报表所涉纳税期限的增值税，纳税义务人均应当提交增值税纳税申报表。

增值税纳税申报表应当包括计算纳税人应纳税额所必需的全部信息。增值税纳税申报表的格式和内容，由税务局依照增值税法以法规的形式规定。就纳税人而言，进项税是指就向其提供任何商品或服务而征收的增值税，以及就进口货物而由其缴纳或须缴纳的增值税，而该等商品或服务（在上述两种情况下）均是为其经营的任何业务而使用或拟使用的。

只要纳税人从另一纳税人处购买商品或服务或进口货物，并使用其购买的商品或服务提供应当缴纳增值税的商品和服务，并且纳税人就该商品或服务应当缴纳或已缴纳增值税，那么其应当有资格抵扣增值税。

纳税人可以对在国外提供的商品和服务行使抵扣进项税的权利，但条件是，在波黑提供该商品和服务的纳税人有抵扣进项税的权利。

下列情况，纳税人不得行使进项税抵扣权：（1）提供免征增值税的商品和服务，增值税法另有规定的除外；（2）在国外提供的依据波黑增值税法属于不得抵扣进项税类型的商品和服务；（3）向在波黑有居住地但未根据增值税法登记的人购买的商品和服务。

（六）发票管理

提供商品和服务，除波黑《增值税法》第24条、第25条规定免征增值税的商品和服务外，纳税人有义务向客户开具发票或者其他用作发票的文件（以下简称"税务发票"）。

如果只支付部分应税交易的对价，即在全部交易完成之前，纳税人有义务开具税务发票。

收到发票或出具付款声明的人必须确保商品或服务供应商是纳税人。

当买方或客户开具记载有与供应商发票同等信息的付款声明时，开具发票的义务可以被认为已经履行完成。

（七）罚则

纳税人任何故意或过失税收违法行为，将被处以罚款。

违反波黑《增值税法》第7条第2款规定，就转让资产（构成营业或者部分营业的）征收增值税的，将被处以税款50%的罚款。

未按照波黑《增值税法》第20条规定计算缴纳增值税的，将被处以与未计算或缴纳的增值税同等金额的罚款，但不得低于100可兑换马克。

未按照波黑《增值税法》第38条第2款、第39条第5款的规定计算缴纳或者错误计算缴纳增值税的，将被处以与未缴纳或错误计算的增值税同等金额的罚款，但不得低于100可兑换马克。

二十二、博茨瓦纳
（Botswana）

（一）基本介绍[①]

博茨瓦纳自 2002 年 7 月 1 日起开征增值税，增值税主管机关为博茨瓦纳联合税收署（Botswana Unified Revenue Service）。

（二）纳税义务人

在博茨瓦纳的经营过程中提供应税商品和服务的任何增值税登记人都应缴纳增值税。所谓登记人，包括国家、地方政府、董事会、自然人、信托、公司和合伙企业。

博茨瓦纳的增值税登记门槛为 100 万普拉。应税人必须在产生增值税登记义务后的 21 日内向博茨瓦纳增值税当局申请登记增值税。

目前，博茨瓦纳增值税法没有任何关于免于登记的规定。

博茨瓦纳增值税法规定，营业额低于 100 万普拉且符合以下标准的可以申请自愿登记增值税：（1）在博茨瓦纳有固定的居住地或营业地；（2）可以持续适当记录经营情况（keep proper records）；（3）根据增值税法的要求，定期提交可靠的增值税申报表。

（三）应税范围及税率

1. 应税范围

增值税适用于以下交易：（1）由应税人在博茨瓦纳提供的商品和服务；（2）在博茨瓦纳享受免税待遇的单位或个人接受的反向征收机制的服务；（3）从博茨瓦纳境外进口货物，不论进口商的身份（the status of the importer）。

从南部非洲关税联盟国家（包括博茨瓦纳、莱索托、纳米比亚、南非和斯威士兰）进口的货物不征收关税。

---

① 本篇资料来自博茨瓦纳《增值税法》。

2. 税率

在博茨瓦纳，增值税的两个税率分别是标准税率 12% 和零税率。增值税的标准税率适用于所有商品或服务的提供，除非有具体措施规定适用零税率或免税。

适用零税率的商品和服务示例：（1）出口商品和服务；（2）国际运输；（3）将企业作为营利型企业（a going concern）出售给增值税登记人；（4）汽车燃料；（5）照明石蜡；（6）可食用的高粱和玉米粉；（7）面包粉、糖、黑面包、新鲜水果、大米、牛奶、玉米片；（8）在博茨瓦纳境外使用的知识产权；（9）总量达 5000 升（或 25 桶 200 升）的家庭用水。

3. 免税交易

"免税交易"一词是指无须缴纳增值税并且不符合进项税额抵扣条件的商品和服务的交易。如果纳税人只提供免税商品或服务，即只进行非应税交易，则该纳税人可以不登记增值税。

适用免税的商品和服务示例：（1）金融服务（除收取的费用或佣金）；（2）公共医疗机构提供的医疗服务；（3）住宿；（4）教育。

（四）应税时间及应税地点

在博茨瓦纳，基本纳税义务发生时间（应税时间）是发票开具时间或收款时间的较早者。其他应税时间依情况不同各异。

关联方之间交易的应税时间：（1）就商品提供来说，是商品起运时间，或商品被提供给买方或接受方时间。（2）就服务提供来说，是提供服务的时间。

分期供应（periodic supplies）的应税时间为付款到期日或收到付款之日的较早者。

向博茨瓦纳境外分支机构或主要办事机构（branch or principal business）提供的货物或服务的应税时间是货物交付时间或服务履行时间。

（五）申报、缴纳与抵扣规则

博茨瓦纳《增值税法》规定，年应税营业额超过 1200 万普拉的增值税登记人的纳税期限为一个月，年应税营业额在 1200 万元及以下的登记人的纳税期限为两个月。

登记人必须在纳税期满后次月的 25 日前提交纳税申报表并全额缴纳税款。如果该到期日为周六、周日或公众假期，则到期日为假期前的最后一个工作日。

应税人可以抵扣进项税款，该进项税必须是对为其提供用于商业目的的商品和服务征收的增值税。进项税应从销项税中抵扣，销项税是对为其提供的商品或服务征收的增值税。进项税包括对在博茨瓦纳境内购买的商品和服务征收的增值税和对进口货物征收的增值税。

购买非用于商业目的的商品和服务（例如，企业家为私人使用而购买的商品）时，进项税不得抵扣。此外，在某些特定的业务费用中增值税进项税也不能抵扣。

以下提供了一些即使是为应税交易也不能抵扣进项税的例子，以及如果用于应税业务则可抵扣进项税的例子。

不可抵扣进项税的交易包括但不限于：（1）购买和租用乘用车；（2）娱乐，包括任何形式的食物、住宿和招待；（3）构成体育和娱乐俱乐部娱乐订阅的赞助。

可抵扣进项税的（如果用于应税业务）交易包括但不限于：（1）购买、租用和维护非乘用车；（2）乘用车维护；（3）广告；（4）停车场；（5）手机；（6）商用家庭电话（但如果雇主支付雇员的私人电话费，则不得抵扣进项税）。

（六）发票管理

登记人必须提供包括出口在内的所有应税商品和服务的增值税发票。增值税贷记发票可用于减少对商品或服务征收的增值税。增值税贷记发票和借记发票作为税务发票记载的信息必须相同。

从博茨瓦纳出口的商品适用增值税零税率。为确定零税率的适用，出口商品必须有证据证明商品离开了博茨瓦纳。

博茨瓦纳增值税发票必须用普拉为货币单位开具。如果以普拉以外的货币单位开具增值税发票，必须按照以下规则将增值税额和金额转换为当地的货币：（1）对于进口，必须按照博茨瓦纳《关税和消费税法》确定的汇率换算金额；（2）对于其他应税交易，必须按照考虑增值税目的确定的汇率换算金额。

对于提供对价低于20普拉的商品或服务无须开具增值税发票。

（七）罚则

对延迟申报增值税的，将处以以下罚款中的较大者：（1）50普拉一日；（2）每月或者未完成申报的一个月内未缴税款的10%。

罚款金额以到期的应缴税额为限。如果申报的增值税额为零，则最高罚款为5000普拉。

未缴税款按每月1.5%的利率收取利息，每月复利。

处罚也可适用于一系列其他违法行为，包括虚假陈述和妨碍增值税官员。在某些情况下，处罚可能包括因故意或过失犯罪而被判处的有期徒刑。

二十三、巴西
（Brazil）

（一）基本介绍[①]

在巴西，增值税包括以下四种：州增值税（state value-added tax，ICMS）、联邦增值税（federal value-added tax，IPI）、市政服务税（municipal service tax，ISS）和联邦总收入缴款（federal gross receipt contributions，PIS-PASEP／COFINS）。巴西增值税的主管机关为财政部（Ministry of Finance）和国家税务局（Internal Revenue Service）。

（二）纳税义务人

州增值税纳税人是指经常承担货物运输和进口或提供通信以及州际和市际运输服务的个人或法人实体。州增值税没有登记门槛。任何商业实体如欲提供应纳税的商品或服务，必须在业务开始前登记为州增值税纳税人。

联邦增值税纳税人是指对货物进行工业加工或从国外进口货物的个人或法人实体。联邦增值税没有登记门槛。任何商业实体经营应缴纳联邦增值税的业务必须在业务开始前登记为联邦增值税纳税人。

市政服务税纳税人是指提供市政服务税法所列任何服务的个人或法人实体。市政服务税没有登记门槛。任何商业实体经营应缴纳市政服务税的业务必须在业务开始前登记为市政服务税纳税人。

联邦总收入缴款纳税人是任何从事商业活动的公司。税款按月按公司总收入征收。

巴西增值税法律没有自愿登记的条款。

（三）应税范围及税率

1. 州增值税

州增值税由巴西各州征收。各州设定税率，但巴西联邦政府可能会设定最低税率。

① 本篇资料均来自巴西《间接税法》。

州增值税适用于在巴西进行的以下交易：（1）货物的流通；（2）货物的进口；（3）州与市之间提供运输服务；（4）提供通信服务；（5）电力提供。

制成品和原材料的出口免于征收州增值税。

巴西 27 个州的州增值税税率不尽相同。对与买家处于同一州境内的供应商提供的货物，税率通常在 0~35% 的范围内。州增值税的标准税率为 17%，除以下 4 州外：圣保罗、米纳斯吉拉斯和巴拉那为 18%，里约热内卢为 20%。

低税率一般适用于基本必需品，如食品。

对居住在不同于供应商居住州的州增值税纳税人提供的商品或服务，州增值税的税率取决于客户居住地。税率如下：（1）7% 的税率一般适用于向居住在巴西北部、东北部和中央东部地区以及圣埃斯皮里图州的纳税人提供的当地生产的货物；（2）12% 的税率一般适用于向居住在巴西南部和东南部各州（圣埃斯皮里图州除外）的纳税人提供的国内货物；（3）4% 的税率一般适用于向其他州的居民纳税人提供的进口货物或当地生产的进口投入含量低的货物。

2. 联邦增值税

联邦增值税是巴西联邦政府对国内和国外成品征收的增值税。"成品"指工业产成品，即使该工业生产过程是不完整的、部分的或中断的。联邦增值税适用于以下应税事项：（1）巴西工业企业（或类似企业）的成品装船；（2）外国成品的清关。

联邦增值税税率的区间为 0~300%，其变化取决于产品的种类。例如，零税率适用于基础性产品，如大米和小麦粉；低税率（8%）适用于特定产品，如管道；而最高税率（300%）适用于奢侈品。

3. 市政服务税

市政服务税是支付给巴西市政当局的一种销售税。它适用于不征收州增值税的服务。市政服务税税率在巴西的区市间各有不同，市政服务税法规定的最高税率为 5%，最低税率为 2%，具体税率取决于服务类型和提供服务的城市。

4. 联邦总收入缴款

联邦总收入缴款是根据营业额征收的税费，按月按公司的总收入征收。税率因公司活动和收入而有所不同。

5. 零税率

零税率适用于一些基本项目，如园艺产品和小麦面粉。

（四）应税时间

一般的应税时间是销售发生的时间，就货物而言，通常是所有权发生变化的时间。销售时，卖家必须收税。就进口货物而言，货物离开卖方时被视为所有权发生变化。联邦增值税法允许纳税人选择应税时间，即预付款或交付产品的时间。对于州增值税，只能在产品交付时征税。

（五）申报、缴纳与抵扣规则

1. 州增值税

必须按月提交州增值税申报表。申报的税款必须用巴西雷亚尔（巴西货币名称）缴纳。州增值税纳税人可抵扣进项税。

2. 联邦增值税

联邦增值税通常每月缴纳，使用缴款收据（payment receipt）。申报的税款必须用巴西雷亚尔缴纳。联邦增值税纳税人从对其征收的销项税中抵扣联邦增值税的进项税。其规则与州增值税大致相同。在巴西，应纳税人员要求退还进项税的期限是 5 年。

3. 市政服务税

市政服务税必须按月缴纳和申报，但各城市之间的规则有所不同。市政服务税纳税人不得抵扣市政服务税进项税。因此，缴纳的市政服务税款作为成本由所有接受应税服务的人承担。

（六）发票管理

州增值税、联邦增值税或市政服务税纳税人通常必须提供所有应税交易（包括出口）的增值税发票。申请州增值税和联邦增值税进项税的抵扣必须要有增值税发票。各公司必须在发票和收据上注明作为商品销售价格总额一部分的税费。公司必须在发票或收据上列明对每项产品征收的市、州和联邦税的金额。不遵守规定的公司将受到处罚，例如罚款、暂停营业、吊销经营许可证。所有增值税发票必须以巴西雷亚尔开具。

（七）罚则

（1）州增值税：延迟登记的将被处以登记前交易价格 1%～80% 的罚款；延迟申报以及拖欠税款的将被处以应纳税额 50%～150% 的罚款或拖欠税款 10%～100% 的罚款。

（2）联邦增值税：未就应纳税额向税务机关申报的将被处以应纳税额 2%～20% 的罚款。

（3）市政服务税：罚款根据市政府的不同和违规行为的类别有所不同。

（4）联邦总收入缴款：罚款为应纳税额的 20%～70%。纳税人主动交代的将被处以较低的罚款，在税务调查中被查明的将被处以较高罚款。

二十四、保加利亚
（Bulgaria）

（一）基本介绍[①]

保加利亚自1994年4月1日开征增值税，主管机关为保加利亚财政部（Ministry of Finance）。

（二）纳税义务人[②]

纳税义务人是指在保加利亚开展经济活动的企业实体或个人。无论供应商是本地或外国的实体还是个人，本规则均适用。

增值税登记门槛是任意连续12个月或连续2个月内应税营业额超过5万保加利亚列弗。在另一个欧盟成员国提供服务的居民企业，不论其应税营业额如何，都应在保加利亚登记增值税。如果买方未在保加利亚登记增值税，则为其提供在保加利亚组装安装的货物的欧盟应纳税人（非保加利亚居民企业）必须进行增值税登记，无论其营业额如何。在保加利亚接受适用反向征收机制的跨境服务的应纳税人必须在保加利亚登记增值税，无论其应税营业额如何。

（三）应税范围及税率[③]

1. 应税范围

增值税制度由增值税法规定。根据增值税法登记的人或有登记义务的人为获取对价提供的每一项应纳税货物或服务，或者交易地点在本国境内的每一项欧盟内部交易，均应缴纳增值税。"应税供应"是指应纳税人依照增值税法规定提供的货物或者劳务，交

---

① 本篇如无特别注明，资料均来自保加利亚《增值税法》。
② 资料来自保加利亚财政部网站，https：//www.minfin.bg/bg/790（accessed on 20240228）。
③ 资料来自保加利亚税务部网站，https：//nra.bg/wps/portal/nra/taxes/dds-v-balgariya/dds-bulgaria#dds-bulgaria0（accessed on 20240228）。

易地点在该国境内，以及应纳税人提供的零税率供应，但增值税法另有规定的除外。

2. 税率

在保加利亚，增值税标准税率为20%，适用于保加利亚境内销售、进口应税商品和服务，除非有具体减税、零税率、免税规定。低税率为9%，适用于酒店住宿等。

适用零税率的商品和服务不征收增值税，但应纳税人可以抵扣相关的进项税。适用零税率的商品和服务包括但不限于：（1）货物出口；（2）国际运输及相关服务；（3）欧盟集团内的提供；（4）与国际货物运输有关的服务；（5）（在特定条件下的）货物进口加工；（6）与免税贸易有关的给付；（7）与零税率提供相关的代理商、经纪人或其他中介机构的中介服务；（8）抗新冠肺炎疫苗及拟用于诊断新冠肺炎的体外诊断医疗仪器。

3. 免税

适用免税的商品和服务包括但不限于：（1）特定不动产交易；（2）向个人出租住宅建筑；（3）金融服务；（4）保险和再保险服务；（5）医疗服务；（6）教育、文化和运动服务；（7）博彩；（8）与保加利亚家庭法规定的国际收养程序相关中介服务。

在保加利亚，应税人对特定交易有免税选择权，例如旧建筑的销售。供应商可能就下列免税交易选择纳税：特定不动产交易；融资租赁（租购）中分期付款的利息。

（四）应税时间与应税地点

货物的应税时间是货物所有权转移的时间。服务的应税时间是服务完成的时间。增值税纳税义务发生时间也是收到商品或服务提供的预付款的时间。如果货物所有权的转移推迟到满足一定条件时，则供货日期为货物移交之日。

（五）申报、缴纳与抵扣规则

保加利亚应税人每月提交增值税申报表。增值税申报表必须在纳税期限后一个月的第14日之前提交并在该日前全额缴纳。应纳增值税额应以保加利亚的货币表示，但可以用任何货币支付，前提是汇出的金额等于以保加利亚货币支付的金额。

应税人可以从销项税抵扣进项税。进项税包括在保加利亚收到的货物和服务的增值税、进口货物的增值税、欧盟集团内部购买货物和接受适用反向征收机制的服务的增值税。进项税额可以从同一增值税纳税期限的销项税额中扣除，也可以从该纳税期限后12个月内的销项税额中抵扣。如果适用反向征收机制的增值税到期，则不适用该时限。

抵扣增值税必须在以下其中一项详细列明：有效的增值税发票或借记发票；增值税反向征收协议；报关单。

（六）发票管理

保加利亚《增值税法》规定，保加利亚应税人必须为所有应税交易开具发票，包括出口、欧盟内部提供和预付款。除非客户要求，否则零售交易（B2C）不需要发票。免费交易、金融服务和其他一些特定的交易可以不开具发票。如果一份文件符合保加利亚增值税法的要求，那么它就有资格成为有效的发票。

（七）罚则

（1）迟延登记：不登记的罚款 500~5000 保加利亚列弗。

（2）逾期付款和申报：对未提交增值税申报表或未保存增值税分类账或提交不准确的增值税信息的处罚为 500~10000 保加利亚列弗。对延迟提交、遗漏或不准确申报的处罚为 50~5000 保加利亚列弗。

（3）错误纳税：未缴纳增值税的罚款为未缴纳的增值税金额，但不得低于 500 保加利亚列弗。延迟缴纳增值税的罚款为应纳税额的 5% 但不得少于 200 保加利亚列弗（在延迟少于 6 个月的情况下），或未缴纳增值税额的 10% 但不低于 400 保加利亚列弗（在延迟 7~18 个月的情况下）。

（4）欺诈行为：如果纳税人通过不提交申报表或在申报表中申报错误数据的方式逃避评估或缴纳大额税款超过 3000 保加利亚列弗，他们可能会被处以 1~6 年的监禁或最高 2000 保加利亚列弗的罚款。如果纳税义务的金额巨大，即超过 12000 保加利亚列弗，将被处以 3~8 年的监禁，并没收其部分或全部财产。

二十五、柬埔寨
（Cambodia）

（一）基本介绍①

柬埔寨增值税自 1997 年 2 月 24 日起开征，由税务总局管理。

（二）纳税义务人

柬埔寨《税法》规定，纳税义务人是指依照柬埔寨《税法》第 60 条的规定适用实际税制（the real regime system of taxation）提供应税商品或服务的人。适用简化税制（the simplified regime system of taxation）的人可申请被归类为纳税义务人。申请的条件和程序由经济和财政部决定。税法规定的纳税义务人，必须在成为纳税义务人之日起 30 日内完成增值税登记。

（三）应税范围及税率

应税范围包括：（1）在柬埔寨境内纳税义务人提供的商品或服务；（2）纳税义务人自用的商品；（3）纳税义务人以低于市场价值的价格赠送或者提供商品或者服务；（4）进口到柬埔寨关税区的货物；（5）在柬埔寨交易杂项货物，如废旧材料、固定资产和其他资产。

柬埔寨增值税的标准税率为 10%，适用于除出口和非应税交易外的所有交易。零税率仅适用于从柬埔寨出口的货物和在柬埔寨境外消费的服务。出口包括旅客和货物的国际运输。

---

① 本篇如无特别注明，资料均来自柬埔寨税务局网站，https：//www.tax.gov.kh/en/（accessed on 20240228）。

（四）应税时间与应税地点

1. 应税时间

应税时间由如下条件确定：

（1）应税时间是增值税纳税义务发生时间及其可支付时间。

（2）商品和服务的应税时间应为卖方必须开具发票的时间。

（3）增值税发票必须在货物装运或交易服务后 7 日内开具，如果付款发生在货物装运或交易服务之前，则必须在付款后开具。如果货物装运没有随附发票，则应附上一份已适当记录在装运日记中的装运单据。

（4）连续交易的商品或服务及分期付款的商品或服务，其应税时间由经济与财政部确定。

（5）进口货物的应税时间为进口商按照现行规定向海关申报的时间。

2. 应税地点

应税地点应由如下条件确定：

（1）如果货物在柬埔寨交付，无论该交付是否具有使用权或处分权转让的特征，货物的交易发生地都为柬埔寨。如果货物需要运输，且货物运输开始时在柬埔寨，则视为在柬埔寨交易。

（2）如果服务是在柬埔寨交易的，则柬埔寨被视为交易发生地，但下列情况除外：

①与不动产有关的服务交易，交易发生地为不动产所在地。

②与运输有关的服务交易，交易发生地为运输开始地。

（3）如果货物被运进柬埔寨的关税区，则被视为货物进口到柬埔寨。

（五）申报、缴纳与抵扣规则

纳税义务人必须在应税交易的次月 20 日前，按税务机关规定的格式提交增值税月申报表并按纳税申报的金额缴纳税款。

纳税义务人就另一纳税义务人交易的用于商业目的的商品和服务所缴纳的税款，或者纳税义务人作为进口人就用于商业目的的进口货物或服务所缴纳的税款，允许作为抵扣销项税额的进项税。购进的商品和服务，一部分用于应税交易，另一部分用于非应税交易的，只就用于应税交易的部分允许抵扣进项税。

（六）发票管理

任何应税交易都应当向买方出具编号正确的增值税发票。该发票应具有"增值税发票"的标题，并应包含以下内容：（1）卖方的名称和增值税识别号；（2）发票开具日期；（3）买方或买方雇员或代理人的姓名；（4）商品或服务的数量、说明和销售价格；（5）总价款，不包括某些商品和服务的特定税和增值税；（6）总应纳税价款（如果其数额与本款第五项不同）；（7）应纳税额；（8）商品或服务的应税日期（如果与发票开具日期不同）。

（七）罚则

（1）逾期登记：如果纳税人逾期登记增值税，可处应缴增值税税款10%～40%的罚金，并对迟缴或未缴的税款每月收取1.5%的利息。

（2）逾期付款和申报：逾期支付增值税的利息为每月1.5%。

（3）未按规定开具发票或不按规定格式开具的发票，不能享受增值税的进项税抵扣。纳税义务人不开具发票或开具无效发票被视为阻碍税收执行程序，将受到处罚，包括暂停业务经营、重新评估税收，甚至受到逃税的刑事指控，该企业的管理人、主事人、所有权者或负责人可能被处以1000万瑞尔以上2000万瑞尔以下的罚款，或处一年以上五年以下的监禁，或两项并罚。

（4）欺诈行为：制作与交易虚假的记录、文件、报告或任何其他信息，可被视为阻碍执行税法的行为。任何人实施这种行为可被处以500万瑞尔以上1000万瑞尔以下的罚款，或1个月以上1年以下的监禁，或两项并罚。

二十六、喀麦隆
（Cameroon）

（一）基本介绍[①]

喀麦隆增值税自1999年1月1日起开征，由税务总局管理。

（二）纳税义务人

喀麦隆对经常性或者偶然性从事应税交易的自然人与法人征收增值税。由公法管辖的政府机关和机构经常性或者偶然性从事应税交易的，也适用增值税法。

适用实际收入税制（actual earnings tax regime）的自然人或法人，其年营业额等于或超过5000万非洲法郎的，应进行增值税登记。

（三）应税范围及税率

喀麦隆《税法通则》规定，在经济活动下开展的交易才属于应税范围。经济活动是指一切与生产、进口、提供服务、分销有关的活动，包括采矿、农业、农工业、林业、手工业以及自由职业的活动。本地生产的货物、服务以及进口货物应征收增值税。

喀麦隆在2019年底通过喀麦隆《2020年金融法》，该法更改了增值税规则，将增值税扩展到外国和本地电子商务平台。通过外国和本地电子商务平台销售的商品或服务以及这些平台从这些销售中收取的佣金，应征收增值税。该法律于2020年1月1日生效。为履行法律规定的义务，受影响的电子商务平台运营商必须在喀麦隆税务机关登记增值税。[②]

1. 标准税率征税对象

除适用零税率和免税政策外，所有的应税交易都适用于标准税率19.25%。应税交

---

① 本篇如无特别注明，资料均来自喀麦隆《税法通则》。

② 资料来自喀麦隆财政部网站，https://www.prc.cm/en/multimedia/documents/8033 - law - 2019 - 023 - of - 24 - dec - 2019 - of - 2020 - financial-year（accessed on 20240228）。

易示例如下：（1）货物供应和自用；（2）向第三方提供服务和提供自用的服务；（3）与货物进口相关的交易；（4）房地产活动；（5）房地产开发商进行的各类房地产交易；（6）专业销售二手物品和材料；（7）资产转移（不包括该国海关法第241条规定的免税货物）。

2. 免税对象

免征增值税交易示例：

（1）相关人员已缴纳登记费并从事以下交易的可免税：由非专业人员进行的所有类型的不动产交易；转让不动产权利或商业资产，并适用转让税（transfer duty）或其他税款。

（2）国际运输贸易，具体包括：在公海用于工业和商业活动的船只、救生艇和救援船、用于维修和加油作业的飞机和船舶、该国海关法第158条规定的跨区运输业务及相关服务。

（3）国家进口或销售财政票据、邮票和盖印文件（stamped papers）。

（4）财政支付给具有特许权的中央银行的款项，以及与发行票据相关的本行交易所得款项。

（5）在国家教育部或高等教育部（视情况而定）正式授权的学校和大学机构的正常活动范围内收取的学费和住宿费用。

（6）喀麦隆《税法通则》附件一列举的基本商品，包括：农药，化肥，生产者使用的农业、畜牧业、渔业投入商品，小型渔具，种子，农业机械、设备及其零件，医药产品及医药企业为制造药品所投入的材料和设备。

（7）信贷机构为借款人提供的租赁交易，对象为用于农业、畜牧业、养殖业和渔业的专用农业设备。

（8）销售用于在喀麦隆注册办事处的公司的飞机的石油产品。

（9）涉及以下用途的家庭消费：水量（每月最多20立方米）；电量（每月最多220千瓦时）。

（10）报纸、期刊公司的排版、印刷、进口与销售业务，但从广告、投入商品和资本货物中取得的收益除外。投入商品和资本货物的清单，由财政部部长与有关部长协商后制定。

3. 零税率征税对象

零税率适用于应税产品的出口和在自由区进行的交易。

（四）应税时间与应税地点

1. 应税时间

喀麦隆《税法通则》规定，以下时间为应税时间：（1）提供商品的应税交易发生时；（2）收到付款、分期付款或预付款的时间；（3）转让土地财产之日；（4）在货物和商品进口或进入喀麦隆的情况下，登记家庭使用进口声明的时间；（5）在金融机构办理信贷或租赁业务的情况下，利息或租约到期的时间。

2. 应税地点

纳税义务人的住所或总部位于喀麦隆境外，在喀麦隆境内仅从事应税交易，也应缴纳增值税。喀麦隆《税法通则》规定，以下交易视为在喀麦隆境内开展：（1）在销售货物的情况下，货物在喀麦隆交付；（2）在其他交易中，所提供的服务、转让的权利或租用的物品在喀麦隆境内使用或经营。

对于旅行社或从事类似活动的企业，不论目的地、运输工具或运输公司总部在何处，如果上述企业在喀麦隆出售机票，手续费视为在喀麦隆支付。

增值税缴纳地点为服务提供地或使用地，以及产品制造地或首次进入市场所在地。上述地点与总公司或主要机构所在地不同，纳税义务人有义务向上述地点的税务机关指定一名有偿付能力的居住于喀麦隆的税务代表，该代表承担增值税的连带责任。如果未能指定代表，则应由客户代表在喀麦隆没有固定机构或常设机构的纳税义务人缴纳增值税和相应的罚款。

（五）申报、缴纳与抵扣规则

喀麦隆《税法通则》对增值税申报、缴纳与抵扣规则作出规定。

1. 申报和缴纳

需要缴纳增值税的纳税义务人应向税务局申报增值税。纳税义务人应每月申报增值税，并在纳税期结束后下个月的 15 日之前提交纳税申报表。

纳税义务人应当在向税务机关提交纳税申报表后直接缴纳增值税。税款将被转移到中非国家银行的一个账户，该账户的净余额将会支付给公共国库。

2. 抵扣

已登记的纳税义务人在上游应税交易产生的进项税额可以抵扣，进项税额应在当月抵扣。当供应商应缴纳增值税时，即产生抵扣权，抵扣权可行使至增值税应纳税年度后的第二个会计年度。税务机关可以在任何时候对纳税义务人提供的增值税抵扣额进行验证核查。满足以下条件之一，增值税可以抵扣：（1）已注册的供应商发出的账单中显示的增值税，该供应商须按实际收入核算，并有单一的证明号码。但是，上述条件不应适用于国外供应商。（2）在进口的情况下，家庭使用进口声明中显示的增值税。（3）对自用商品或服务，由纳税义务人自行提交特别纳税申报表载明的增值税。

可抵扣的增值税涉及以下交易：（1）用于生产商品和服务的原材料和用品；（2）属于实际生产要素的服务，其提供者必须是按实际收入核定的已登记纳税义务人；（3）购买用于商业目的的商品；（4）用于商业目的的资本货物，但不包括私人车辆、配件及其修理费；（5）对授权人所有的且特许权人使用货物征收的增值税。

在产品出口时，纳税义务人应享有抵扣的权利。增值税进项税额的抵扣，应当凭授权机关出具的进项税额抵扣证明办理。

以下情形产生的税额不可抵扣：（1）住房、住宿、饮食、接待、表演、租用私家车或客运车辆的费用，不包括从事旅游、餐饮、表演、出租车辆等业务的专业人士进行应税活动所产生的费用。（2）为商业目的进口但未使用而又再出口的货物。（3）企业购买的供第三方、企业管理层或者职工使用的商品和服务。（4）与免税货物有关的服务；（5）与购买燃料有关的费用。

大型税务部门管辖的企业的季度累计进项税额超过 5000 万非洲法郎，以及其他企业的季度累计进项税额超过 2000 万非洲法郎，转至相关税务中心进行认证。

增值税进项税额可以用于抵扣或直接退还（如适用），条件是纳税义务人不欠税款，并且进项税额是符合规定的。

（六）发票管理

喀麦隆《税法通则》规定，纳税义务人向客户出具的发票必须包含以下信息：（1）供应商和客户的单一标识号；（2）票据日期、供应商的名称、完整地址和登记号；（3）客户的完整身份；（4）交易的性质、目的及详情；（5）不含税价格；（6）有关税款的税率及税额；（7）客户所欠税款的总额；（8）免税情况（如适用）。

（七）罚则

（1）对逾期登记的处罚。在法律规定的期限内不提交登记申请，将被处以 25 万非洲法郎的固定罚款。未经事先登记而从事经济活动的，将被处以每月 10 万非洲法郎的罚款。

（2）对逾期申报和缴纳的处罚。在正式通知后提交的增值税申报表显示有误，将被处以相当于 100 万非洲法郎的固定罚款。如果在正式通知后未能及时提交增值税申报表，将被处以每月 100 万非洲法郎的罚款。逾期缴纳增值税，将被处以每月 1.5% 的逾期付款利息。此外，任何延迟申报或缴纳增值税的行为都会导致每个月 10% 的罚款，但原则上不超过应缴增值税的 30%。

（3）对税款缴纳不足、遗漏或不正确的，可处以 30% 的罚款和每月 1.5% 的利息，最高上限为增值税义务的 50%。

（4）对欺诈行为的处罚。任何人实施税务欺诈的行为可处以 1～5 年的监禁，或 50 万～500 万非洲法郎的罚款，或两项并罚。

二十七、加拿大
（Canada）

（一）基本介绍[①]

加拿大实行商品与服务税（goods and service tax）以及统一销售税（harmonized sales tax），自 1997 年 4 月 1 日起开征，由国内税务局管理。

（二）纳税义务人

1. 应登记的情况

卖方同时符合以下条件，应登记为商品与服务税、统一销售税的纳税义务人：

（1）卖方在加拿大进行应税销售、出租或其他应税行为；

（2）卖方不是小型企业。

2. 无须登记的情况

在以下情况中，卖方无须登记为商品与服务税、统一销售税的纳税义务人：

（1）卖方是小型企业或个人（出租车业务或商业共享乘车服务的除外）。

（2）卖方唯一的商业活动是房地产交易，且该活动不在经营业务过程中进行。尽管在这种情况下卖方不必登记为商品与服务税的纳税义务人，但该房地产销售可能是应税的，卖方需要收取商品与服务税以及统一销售税。

（3）卖方是在加拿大没有业务的非居民企业。

3. 登记门槛

（1）如果卖方连续四个季度的应税收入不超过 30000 加元（公共服务机构为 50000 加元），则属于小型企业，不需要登记。

（2）如果卖方单个季度的应税收入超过 30000 加元（公共服务机构为 50000 加元），则卖方不再属于小型企业，必须登记为商品与服务税以及统一销售税的纳税义务

---

① 本篇资料来自加拿大税务局网站，https：//www.canada.ca/en/revenue-agency/services/tax/businesses/topics/gst-hst-businesses/definitions-gst-hst.html（accessed on 20240228）。

人，对超过 30000 加元的应税交易收取商品与服务税。

（3）如果卖方在之前连续四个季度（或少于四个季度）的应税收入超过 30000 加元（公共服务机构为 50000 加元），则卖方在超过 30000 加元当季的下一个月末不再属于小型企业，必须登记为商品与服务税以及统一销售税的纳税义务人，对超过 30000 加元的应税交易收取商品与服务税。

（4）如果卖方仅提供免税商品，则不能登记为商品与服务税以及统一销售税的纳税义务人，在加拿大设立的特定金融机构除外。在特殊情况下，销售方无须就应税房地产销售收取商品与服务税，而是由购买方直接向税务机关缴纳税款。

（5）强制登记。即使出租车经营者、共享汽车驾驶员和非居民表演者是小型企业，也必须登记为商品与服务税或统一销售税的纳税义务人。

（6）自愿登记。小型企业在加拿大进行应税销售、出租或其他应税行为，可以选择自愿登记。登记的生效日期通常为申请登记当天。登记后，卖方应对应税商品收取与缴纳商品与服务税，并有权抵扣相关的进项税额。位于加拿大的特定金融机构即使未从事商业活动，也可以登记为商品与服务税的纳税义务人。登记至少一年，然后才能要求取消登记。

在登记商品与服务税或统一销售税之前，卖方需要一个业务编号（BN），该业务编号是进行所有交易的企业识别码。

（三）应税范围及税率

商品与服务税适用于加拿大大多数商品与服务应税交易，还适用于许多不动产应税交易（例如土地、建筑物和此类财产的权益）和无形的个人财产交易（例如商标、专利权以及从网络下载并单独付费的数字化产品）。

每个省的统一销售税税率是不一样的，因此除加拿大的联邦商品与服务税以外，有些省份又会对本省发生的销售商品和服务征收省级销售税（provincial sales tax），现在一般是把商品与服务税与省级销售税合并成统一销售税，具体的省级销售税变化详见各省的规定。自 2005 年以来，加拿大的商品与服务税标准税率从 7% 调整到 5%。商品与服务税登记人必须就其向客户提供的所有应税（不包括零税率）商品和服务征税。

卖方无须对免税商品或服务收取商品与服务税，且通常无权要求抵扣进项税额。如果卖方仅提供免税商品，则不能登记为商品与服务税以及统一销售税的纳税义务人。无论公共服务机构是否已登记为商品与服务税的纳税义务人，提供免税商品或服务的公共服务机构通常有资格要求退还其缴纳的与免税交易相关的商品与服务税。

1. 标准税率 5% 的征收对象

商品与服务税或统一销售税的标准税率为 5%，适用于加拿大在业务过程中提供的商品和服务的应税物资以及进口到加拿大的货物。其中，应税商品不包括货币，服务不包括雇佣关系中为雇主提供的服务。

2. 统一税率 15% 的征收对象

新布伦瑞克省、纽芬兰与拉布拉多省、新斯科舍省、爱德华王子岛四地区对本地区发生的商品销售和服务加收省级销售税，它们的统一销售税税率为 15%。

3. 统一税率 13% 的征收对象

安大略省对本地区发生的销售商品和服务加收省级销售税，该省的统一销售税税率为 13%。

4. 零税率对象

零税率征税对象示例如下：（1）基本的杂货，如牛奶、面包和蔬菜；（2）农产品，如粮食、生羊毛和干烟叶；（3）大多数农场牲畜；（4）大多数渔业产品，如供人类消耗的鱼类；（5）处方药和药物服务；（6）某些医疗设备，如助听器和人造牙齿；（7）女性卫生用品；（8）大多数的出口商品或服务；（9）始发地或目的地在加拿大以外的运输服务。

5. 免税对象

免税对象示例如下：（1）最终作为个人住所而出售的房屋；（2）长期出租住宅（一个月以上）和住宅公寓费；（3）由执业医师或牙医因医疗原因进行的大多数保健、医疗和牙科服务；（4）为 14 岁或以下的儿童提供照顾和监督的保育服务；（5）大多数国内渡轮服务；（6）法律援助服务；（7）音乐课；（8）金融机构提供的大多数服务，如贷款或开立营业存款账户；（9）保险公司发行的保险单、安排保险代理人发行的保险单；（10）由慈善机构和公共机构提供的大多数财产和服务。

（四）应税时间与应税地点

1. 应税时间

应税时间为收到商品或服务付款时，或应收付款时，以两者中较早时间为准。一般而言，应收付款时间为卖方开具发票，或合同规定的时间，以两者中较早时间为准。

2. 应税地点

加拿大《消费税法》中包含对商品与服务税的规定，其中，第 142 条规定，在以下情况下，应税行为发生于加拿大：（1）如果是销售有形个人财产，该财产应在加拿大交付或提供使用；（2）如果是以销售以外的方式提供有形个人财产，该财产应在加拿大占有或使用；（3）如果提供无形的个人财产，该财产可在加拿大全部或部分使用，或者该财产涉及加拿大境内的不动产、涉及通常位于加拿大的有形个人财产或涉及在加拿大进行的服务；（4）如果提供不动产或与不动产有关的服务，该不动产应位于加拿大；（5）如果提供服务，该服务应在加拿大全部或部分履行（另有规定除外）。

在以下情况中，应税行为发生于加拿大境外：（1）如果是销售有形个人财产，该财产在加拿大境外或将在加拿大境外交付或提供使用；（2）如果是以销售以外的方式提供有形个人财产，在加拿大境外向该财产的接受者提供占有或使用该财产；（3）如果提供无形的个人财产，该财产不在加拿大使用，或者该财产涉及加拿大境外的不动产、涉及通常位于加拿大境外的有形个人财产或涉及在加拿大境外进行的服务；（4）就提供不动产或与不动产有关的服务而言，该不动产位于加拿大境外；（5）如果提供服务，该服务完全在加拿大境外履行（另有规定除外）。

（五）申报、缴纳与抵扣规则

1. 申报

商品与服务税纳税义务人应对应税交易收取商品与服务税，并定期提交纳税申报表。纳税义务人可在纳税申报表中申请抵扣在商业活动中产生的进项税额。免税交易不可抵扣进项税额，零税率交易可抵扣进项税额。如果收取的销项税额大于进项税额，纳税义务人应向税务机关缴纳差额。如果收取的销项税额小于进项税额，纳税义务人可以要求税务机关退税。税务机关通常在4周内处理纸质退税申请，在2周内处理电子退税申请。即使不需要缴纳差额也不要求退款，纳税义务人也应在每个申报期限内提交纳税申报表。即使在报告期内没有业务交易，纳税义务人仍然需要提交纳税申报表。

符合条件的纳税义务人可采用快速记账法（quick method of accounting）计算商品与服务税。如果纳税义务人的全球年应税收入（包括零税率交易）不超过40万加元（含商品与服务税），纳税义务人可以采用快速记账法。该限额不包括金融服务、房地产销售、资本资产销售以及商誉带来的应税收入。以下人员不得使用快速记账法：（1）在专业实践中提供法律、会计或精算服务的人员；（2）在商业活动过程中提供记账、财务咨询、税务咨询或纳税申报准备服务的人员；（3）上市金融机构；（4）行政机关；（5）非营利性的公立学院、学校或大学；（6）医院主管部门、设施经营者和外部卖方；（7）慈善机构；（8）一年中至少获得40%政府拨款的非营利组织（符合资格的非营利组织）。

采用快速记账法计算税款的方法为应税收入乘以适用的征收率，该征收率低于纳税义务人收取的商品与服务税税率。如果纳税义务人使用快速记账方法，则必须使用至少一年。使用该方法的纳税义务人不能抵扣进项税额。

申报期限根据纳税义务人在上一个会计年度或在该会计年度结束之前的会计季度于加拿大提供的应税财产和服务的总收入来确定，该收入包括零税率交易产生的收入。当纳税义务人登记为商品与服务税或统一销售税的纳税义务人，税务机关通常会指定一个申报期限。但是，纳税义务人可以选择更短的申报期限。

申报期限如表27-1所示。

表 27-1   加拿大商品与服务税或统一销售税申报期限

年度应税交易金额	指定申报期限	可选的报告期间
150 万加元以下	每年	每月、每季度
150 万~600 万加元	每季度	每月
超过 600 万加元	每月	无

强制电子申报：一些纳税义务人必须以电子方式提交纳税申报表，纳税义务人主要可通过 5 种方法以电子方式提交纳税申报表。以下纳税义务人必须以电子方式提交纳税申报表：年度应税收入超过 150 万加元的纳税义务人（慈善机构除外）；受安大略省、新斯科舍省、新不伦瑞克省、不列颠哥伦比亚省、爱德华王子岛以及纽芬兰和拉布拉多省的过渡性住房措施影响的建筑商等。

2. 缴纳

如果纳税义务人的申报期限为每月或每季度，则缴纳期限为申报期限后的 1 个月，即纳税义务人应在申报期限结束后的 1 个月内缴纳税款。如果纳税义务人的申报期限为每年，则缴纳期限为会计年度后的 3 个月，即纳税义务人应在每个会计年度结束后的 3 个月内缴纳税款。50000 加元及其以上的税款必须通过电子方式或金融机构缴纳。当纳税义务人缴纳的税款超过 2500 万加元，纳税人必须与金融机构沟通安排。

符合条件的纳税义务人应分期缴纳税款。如果纳税义务人申报期限为每年且前一年与当年的净税额均为 3000 加元及其以上，纳税义务人在当年必须每季度分期缴纳税款。如果不分期缴纳，将会产生罚款与罚息。

3. 抵扣

可抵扣的进项税额必须与纳税义务人的业务有关，且在性质与成本上合理。某些费用产生的进项税额抵扣受限制，例如餐饮和娱乐费用、家庭办公费用、计算机、设备和办公家具等资本性个人财产等。

大多数纳税义务人在申报期限内提交纳税申报表时，会申请抵扣进项税额。但是，有的纳税义务人可能未在相应申报期限内申请抵扣进项税额。纳税义务人应在申报期限后的 4 年内申请抵扣进项税额，特殊情况下申请抵扣进项税额的期限可能缩短至 2 年。

（六）发票管理

在销售过程中，卖方应向登记商品与服务税以及统一销售税的买方提供发票、收据等，发票或收据可作为抵扣进项税额的依据。抵扣进项税额的发票或收据需记载的特定信息如表 27-2 所示。

表 27-2 抵扣进项税额的发票或收据需记载的特定信息

所需资料	总销售额 低于 100 加元	总销售额 100~499.99 加元	总销售额 500 加元及其以上
卖方或中介人的名称	√	√	√
发票日期。如果未开具发票，则为支付或应付商品与服务税／统一销售税的日期	√	√	√
已付或应付总税额	√	√	√
每个应税交易的已付或应付税款以及适用的税率（零税率交易除外）		√	√
卖方的业务编号或中介人的业务编号		√	√
买方名称或买方正式授权的代理商或代表的名称		√	√
商品或服务的简要说明			√
付款条件			√

（七）罚则

1. 未按要求提交纳税申报表

如果纳税义务人没有支付或汇出到期的税款，则应就未支付或未汇出的金额支付利息（按法律规定的利率）。利息按每日复利计算。如果纳税义务人没有在规定时间内提交申报表，则有责任支付相当于未付余额的 1% 的罚款，加上每个完整月未提交申报表的税款的 0.25%，最多不超过 12 个月。未按要求提交某期或某项交易的申报表的纳税义务人，可被处以 250 加元的罚款。

2. 未能以电子方式提交文件

对于某些必须以电子方式提交纳税申报表的纳税义务人，如果没有按照电子方式提交纳税申报表，将被处以罚款。对于首次未能以电子方式提交纳税申报表的行为，罚款为 100 加元。以后每发生一次，罚款为 250 加元。

3. 罚息

对于逾期税款，税务机关将收取罚息。罚息为基本利息加 4% 的利息，基本利率基于 90 日内国库券的利率，每季度调整一次。具体而言，以下情形应支付罚息：（1）涉及纳税申报表的所欠税款；（2）分期缴纳中延迟缴纳或缴纳不足；（3）其他欠缴的商品与服务税税款。

二十八、佛得角
（Cabo Verde）

（一）基本介绍①

佛得角的增值税是根据 2003 年 4 月 24 日的佛得角《增值税法》征收的，由国家税务局管理。

现行佛得角《增值税法》于 2015 年 1 月 8 日根据 2015 年 1 月 8 日第 81／Ⅷ／2015 号法律重新发布，自 2015 年 1 月 1 日起生效。

（二）纳税义务人

佛得角《增值税法》没有规定增值税登记门槛。以下人员被视为纳税义务人，即所有应税实体和其他个人或公司实体：

（1）在佛得角居住或设有常设机构或代表处，独立和定期进行生产或贸易活动或提供服务，包括采矿、农业、林业、畜牧业和渔业，无论是否盈利。

（2）在佛得角居住或拥有常设机构或代表处，虽然不从事上述第（1）项中的任何活动，但进行应税交易。

（3）非居民，在佛得角没有常设机构或代表处，独立开展与其商业活动有关的任何应税交易，无论这些交易在何处发生。

（4）货物进口商。

（5）在佛得角成立，并从外国供应商处购买某些服务或权利的公司。此类服务或权利包括：使用任何版权、专利、许可证、商标或类似权利的权利；广告；电信；任何领域顾问、工程师、律师、经济学家、会计师和咨询局的服务，包括组织、营销和发展；数据处理和信息供应；银行、金融、保险和再保险；提供员工；代表其委托人行事并为其委托人提供服务的中介机构，为委托人购买任何所列服务；承诺不行使甚至部分不行使任何列出的专业活动或列出的权利；有形动产租赁。

（6）在发票或类似文件上不当甚至错误地提及增值税。

---

①　本篇资料均来自佛得角《增值税法》。

（7）上面第（1）项和第（2）项所述的实体，其总部、常设机构或住所在佛得角，并在根据合同或分包合同收购建筑工程，包括与不动产有关的翻新、维修、维护、保养和拆除工程时，进行了给予扣除权（部分或全部）的交易。

（8）外国政府和国际机构，对于它们作为公共机构严格从事的活动或交易不征收增值税。但是，如果这些机构从事以下活动，将被视为纳税义务人（除非此类活动无关紧要）：电信服务；水、气和电供应；货物或客运；提供港口和机场服务；供应待售的新制造商品；食堂的经营；组织交易会和商业展览；无线电或电视广播；农业机构的所有交易；仓储服务。

（三）应税范围及税率

1. 标准税率 15% 的征税对象

佛得角的增值税制度严格遵循欧盟增值税制度，并按 15% 的标准税率进行计算。15% 的增值税标准税率适用于在佛得角的商品和服务的进口和销售，也适用于公路客运和海上货物运输。

2. 特定货物和服务的增值税税率

柴油为 120%；燃料为 300%；石油为 30%；丁烷气为 16.65%；燃油为 30%；电为 30%；自来水为 20%；电信服务为 60%；向最终消费者供应水和电力为 8%。

3. 免税对象

（1）外国政府和国际机构进行的医院和医疗保健以及紧密相关的活动，或由其他医院和医疗中心开展的类似活动。

（2）通过医疗和辅助医疗专业提供医疗服务，以及为病人或受伤人员提供运输服务及应税交易人体器官、血液和牛奶。

（3）与福利和社会保障工作密切相关的服务和商品应税交易。

（4）与受公法管理的机构保护儿童和青少年密切相关的服务和商品应税交易。

（5）提供儿童或青少年的教育、学校或大学教育，包括提供与之密切相关的服务和商品。

（6）非营利机构提供的服务和与之紧密相关的商品。

（7）原创作者或其继承人提供的版权和艺术品。

（8）公共邮政和邮票的应税交易。

（9）提供某些文化、教育、技术和娱乐服务。

（10）垃圾清理。

（11）火葬用品。

（12）银行、金融、保险和再保险交易，包括由保险经纪人和保险代理人进行的相关服务。

（13）不动产交易（不包括酒店行业或类似功能的部门提供住宿，提供停车设施，租赁永久安装的机械设备，以及安装展览和广告设施）。

（14）指定的基本食品和药品。

（15）用于农业、畜牧业、林业和渔业的商品。

4. 进口商品中可以抵扣的免税交易

（1）进口免税商品。

（2）由出口商再次进口的商品，且符合海关免税条件。

（3）与进口商品相关的服务，其中此类服务的价值包括在应纳税额中。

（4）中央银行进口黄金。

（5）海上捕捞企业将其未加工或经过保鲜后用于销售但未销售的渔获物进口到港口。

（6）符合免税条件的外交和领事安排的进口商品。

（7）进口用于加油和提供海运船只和飞机的商品。

5. 出口和相关可抵扣的免税交易

（1）在国内和国际航线上运营的航空公司使用的飞机的应税交易、改装、维修、租赁和租用，以及在其中装配或使用的设备的应税交易、租用、维修和维护。

（2）为上述第（1）项中的飞机的燃料和应税交易提供商品。

（3）满足飞机或其货物直接需求的服务。

6. 不属于增值税应税范围的交易

（1）无论是否支付对价，转让构成一项或多项能够从事独立经济活动的全部资产或资产的一部分。

（2）赔偿损失。

（3）以第三者的名义和代表第三方支付的金额。

（四）申报、缴纳与抵扣规则

在佛得角境内销售商品和提供服务都需要按月缴纳增值税。提交增值税申报表和缴纳应缴税款的截止日期为：

（1）如果增值税申报表是到当地税务局提交，则截至下个月的最后一个工作日。

（2）如果增值税申报表以电子方式提交，则截至下个月的最后一日。

尽管现场申报和电子申报的截止日期之间存在上述区别，但实践中，税务机关只接受以电子方式提交的增值税申报表。

根据增值税制度注册的电子商务纳税义务人，其增值税申报应按季度进行。

二十九、智利
（Chile）

① 本篇如无特别说明，资料均来自智利《增值税法》。

（一）基本介绍①

智利增值税自 1974 年 12 月 31 日起开征，由国家税务局（Servicio de Impuestos Internos，SII）管理。

（二）纳税义务人

增值税纳税义务人是指在智利经营过程中进行应税交易（即经常性转让货物或提供服务）的个人、企业或其他实体，没有注册门槛。所有商业实体（包括外国实体在智利的常设机构）必须在开始运营时提交商业启动申请，并申请纳税义务人识别号（RUT）。

（三）应税范围及税率

1. 应税范围

增值税的应税范围包括在智利销售有形商品、提供或利用服务，以及从国外进口商品。其中，销售有形商品是指转让动产或不动产（不包括土地），销售方是经常性从事此类交易的人。法律规定的其他应税交易包括提取存货（withdrawals of inventory）、实物捐助（contributions in kind）以及动产租赁。

对于经常性出售不动产的行为，无论卖方是建筑公司还是其他实体或个人，该交易均属于应税交易。但是个人向个人出售不动产不属于增值税应税范围。智利法律明确规定了构成"经常性出售"的情形，例如，不动产从买入到卖出的间隔时间少于一年或者公寓按楼层或单元出售。因土地买卖免交增值税，所以在计算应税金额时，应减去土地的价值。

2. 税率

除法律另有规定外，智利增值税标准税率为19%，适用于所有的应税商品和服务。此外，智利对特定项目征收10% ~50% 的附加税，特定项目免收增值税。

部分特定应税商品和服务适用的税率如表 29 –1 所示。

表 29 –1 部分特定应税商品和服务的税率

项目		税率（%）
珠宝		15
酒精饮料	发酵	20. 5
	蒸馏	31. 5
高糖饮料		18
其他饮料		10
首次出售或进口烟火物品		50

资料来源：智利国际贸易管理局网站，https：//www. trade. gov/country-commercial-guides/chile-import-tariffs（accessed on 20240228）。

免税对象是指不需要缴纳增值税且无法抵扣进项税额的商品和服务。但是，当出口货物为免税产品时，出口商可以抵扣进项税额。下列商品及服务免税：（1）二手机动车；（2）国防部进口的商品；（3）特定的房地产交易；（4）公共教育部门主办的艺术、科学、文化活动的入场费；（5）人寿保险合同的保费；（6）出口商品；（7）体育赛事的入场费；（8）进口的文化或体育的奖项和奖杯；（9）从其他国家运来智利的商品；（10）在某些情况下，进口并投资于智利项目的资本资产。

3. 数字服务增值税

智利 2020 年 6 月 1 日起开始实施数字服务增值税。自 2020 年 6 月 1 日起，非智利居民提供的远程有偿服务必须计算并缴纳增值税。这一规定适用于在智利没有住所或居所的外国纳税义务人，该纳税义务人提供的远程服务由智利非增值税纳税义务人的自然人或法人使用。适用范围列举如下：

（1）在智利提供的中介服务，包括在智利国内销售的服务，以及在国外销售但进口到智利国内的服务。

（2）通过下载、流媒体或其他技术手段提供或交付数字娱乐内容，如视频、音乐、游戏或其他类似内容，包括为此目的提供的文本、杂志、报纸和书籍。

（3）提供软件、存储、平台或计算机基础设施服务。

（4）提供广告宣传服务，无论是通过何种媒介传播、实施或执行。

（四）应税时间

销售商品的应税时间为以下时间的较早时点：交付商品时或开具发票时。

提供服务的应税时间为以下时间的较早时点：开具发票时或收取全部或部分价款时。

进口商品应税时间为办妥所有海关手续时，由海关部门负责收取增值税。

对资产租赁，其应税时间应区分不同类型（见表29-2）。

表 29-2   资产租赁的应税时间

租赁类型	有无购买权	应税时间
有形动产租赁	有购买权	开具发票时或收到付款时的较早时点
	无购买权	
配有家具或设备的不动产租赁	有购买权	开具发票时或收到付款时的较早时点
	无购买权	
未配有家具或设备的不动产租赁	有购买权	开具发票时
	无购买权	免收增值税

（五）申报、缴纳与抵扣规则

1. 申报

纳税义务人应每月申报税款，并在计税期满后次月的 12 日内申报增值税。对于提交电子税务文件的纳税义务人，应于计税期满后次月的 20 日内提交申报表。纳税义务人具有电子申报的强制性义务，必须通过智利税务局官网提交纳税申报表并缴纳增值税。

2. 缴纳

纳税义务人应在申报纳税的同时，于计税期满后次月的 12 日内缴纳全部税款。对于提交电子税务文件的纳税义务人，应于计税期满后次月的 20 日内缴纳税款。税款应以智利比索的形式缴纳。纳税义务人因错误多缴税款的，可在申报期届满后 3 年内向税务机关申请退还多缴的税款。

3. 抵扣

增值税纳税义务人可抵扣购进商品或服务的进项税额，可抵扣的进项税额应当与应税经营活动直接相关。进项税额包括对购买的商品和提供的服务征收的增值税，以及对进口商品征收的增值税。只有当进项税额产生于购进流动资产、固定资产或支出一般费用，并与应税经营活动直接相关时，才可以进行抵扣。与免税行为（或非应税行为）有关的进项税额不可抵扣。如果纳税义务人同时从事应税行为与免税行为，纳税义务人可按比例抵扣进项税额，即仅能抵扣与应税行为有关的进项税额，抵扣的比例与应税行为的收入占总收入的比例一致。纳税义务人必须凭借有效的税务发票或海关文件抵扣进项税额。如果在一定时期（一个月）进项税额超过销项税额，差额部分可结转下期抵扣销项税额。出口商也可以就其出口活动抵扣进项税额，但由于出口货物属于免税货物，所以进项税额抵扣通过现金退还的方式实现，而不是在销项税额中抵扣。

与应税经营活动无直接关联的进项税额不得抵扣，包括商业礼物、私人使用等。在不得抵扣的情况下，所支付的增值税构成商品的额外成本，如果满足条件，也可作为所得税的扣除费用。公司注册前支付的费用所产生的进项税额不得抵扣。在智利国内既未设立也未进行增值税登记的公司所缴纳的增值税除错误缴纳税款外不得退回。

（六）发票管理

纳税义务人应为增值税应税交易（包括出口）提供税务发票，除出口发票可以用外币开具外，其余发票必须以智利比索开具。税务发票是进行进项税额抵扣的必要凭证。智利不存在简易增值税发票，因此适用简易增值税制度的纳税义务人可免于开具发票。

智利对所有增值税纳税义务人强制实施电子发票制度，其他税务文件（如借方票据、贷方票据、购货发票等）同样必须开具电子发票。电子发票制度自 2018 年 2 月起开始实施。但是，该项规定对在没有移动数据连接或电力的地区进行交易的纳税义务人存在例外情况。

智利规定，出售商品或提供服务的纳税义务人必须向最终客户开具收据。但是，直接面向公众销售商品或服务的小商户和服务提供商无须开具收据。价值低于 180 智利比索的销售也无须开具收据。此外，某些纳税义务人可获得智利税务机关的授权，在通过自动售货机进行销售时免除开具收据的义务。

纳税义务人必须在智利税务机关网站上保存已开和已收发票的记录，保存期限为 6 年。

（七）罚则[①]

1. 逾期登记

逾期登记的罚款最高可达 60 万智利比索。如果由于登记的延迟而导致延迟缴纳增值税，可能会产生额外的罚款。

① 详见智利《税法》第 97 条。

2. 逾期申报和缴纳增值税

逾期申报和缴纳增值税需要支付罚息（每月 1.5%）以及罚款，罚款最高可达应缴税款的 60%。

3. 错误申报

对与增值税会计相关的错误和遗漏的处罚如下：一般按少缴税款的百分比计算罚款，还可能关闭企业。罚款的金额取决于错误的严重程度和频率。违法类别包括：

（1）严重：例如，未开具发票。

（2）较严重：例如，在发票中遗漏了一个必要的细节。

（3）轻度：例如，未开具信用证。

此外，对未缴增值税还适用每月 1.5% 的罚息。如果纳税义务人未通知税务机关其注册信息的任何变化，可能会被处以大约 65~780 智利比索的罚款。

4. 税务欺诈

纳税义务人从事刑事逃税行为，根据案件的严重程度，自然人或实体的代表、公司的经理及管理人员，以及有权使用公司名义的合伙人可能被处以监禁、罚款或两者并处。由于刑事责任是纳税义务人的个人责任，因此在欺诈案件中不涉及税务顾问的刑事责任。

5. 公司高管的个人责任

公司高管对增值税申报和报告中的错误或遗漏不承担个人责任。

6. 诉讼时效

智利的诉讼时效为 3~6 年。税务机关对申报材料进行审计的一般时效为 3 年，从提交纳税申报的日期起算。如果没有提交纳税申报，或恶意错误申报、虚假申报，则诉讼时效为 6 年。

三十、中国
（China）

（一）基本介绍①

中国增值税自 1994 年 1 月 1 日起开征，由财政部（Ministry of Finance，MOF）和国家税务总局（State Taxation Administration，STA）管理。②

（二）纳税义务人

在中华人民共和国境内销售货物或者提供加工、修理修配劳务（以下简称劳务），销售服务、无形资产、不动产以及进口货物的单位和个人，为增值税的纳税义务人，应当缴纳增值税。纳税义务人包括一般纳税人和小规模纳税人。

（三）应税范围及税率

1. 应税范围

增值税适用于纳税义务人在经营过程中在中国境内提供的商品或应税服务和进口商品。以下行为视同销售：（1）将货物交付其他单位或者个人代销；（2）销售代销货物；（3）设有两个以上机构并实行统一核算的纳税人，将货物从一个机构移送其他机构用于销售，但相关机构设在同一县（市）的除外；（4）将自产或者委托加工的货物用于非增值税应税项目；（5）将自产、委托加工的货物用于集体福利或者个人消费；（6）将自产、委托加工或者购进的货物作为投资，提供给其他单位或者个体工商户；（7）将自产、委托加工或者购进的货物分配给股东或者投资者；（8）将自产、委托加工或者购进的货物无偿赠送其他单位或者个人。

2. 税率

（1）适用 13% 税率的情况：销售货物或者提供加工、修理修配劳务以及进口货物；

提供有形动产租赁服务。

（2）适用9%税率的情况：交通运输、邮政、基础电信、建筑、不动产租赁服务，销售不动产，转让土地使用权；以及销售或者进口下列货物：粮食等农产品、食用植物油、食用盐，自来水、暖气、冷气、热水、煤气、石油液化气、天然气、二甲醚、沼气、居民用煤炭制品，图书、报纸、杂志、音像制品、电子出版物，饲料、化肥、农药、农机、农膜，国务院规定的其他货物。

（3）适用6%税率的情况：提供生活服务、现代服务、金融服务、增值电信服务。

（4）适用零税率的是出口货物等特殊业务，国务院另有规定的除外。境内单位和个人跨境销售国务院规定范围内的服务、无形资产，税率为零。

（5）征收率。小规模纳税人适用征收率计税，一般纳税人在简易计税办法下适用征收率计税。现行增值税的征收率为3%和5%。一般纳税人选择简易办法计算缴纳增值税后，36个月内不得变更。

3. 免征增值税

下列项目免征增值税：

（1）农业生产者销售的自产农产品；（2）避孕药品和用具；（3）古旧图书；（4）直接用于科学研究、科学试验和教学的进口仪器、设备；（5）外国政府、国际组织无偿援助的进口物资和设备；（6）由残疾人的组织直接进口供残疾人专用的物品；（7）销售自己使用过的物品。

除上面的规定外，增值税的免税、减税项目由国务院规定。任何地区、部门均不得规定免税、减税项目。

（四）应税时间与应税地点

1. 应税时间

（1）发生应税销售行为，为收讫销售款项或者取得索取销售款项凭据的当天；先开具发票的，为开具发票的当天。

（2）进口货物，为报关进口的当天。增值税扣缴义务发生时间为纳税人增值税纳税义务发生的当天。

2. 应税地点

（1）固定业户应当向其机构所在地的主管税务机关申报纳税。总机构和分支机构不在同一县（市）的，应当分别向各自所在地的主管税务机关申报纳税；经国务院财政、税务主管部门或者其授权的财政、税务机关批准，可以由总机构汇总向总机构所在地的主管税务机关申报纳税。

（2）固定业户到外县（市）销售货物或者劳务，应当向其机构所在地的主管税务机关报告外出经营事项，并向其机构所在地的主管税务机关申报纳税；未报告的，应当向销售地或者劳务发生地的主管税务机关申报纳税；未向销售地或者劳务发生地的主管税务机关申报纳税的，由其机构所在地的主管税务机关补征税款。

（3）非固定业户销售货物或者劳务，应当向销售地或者劳务发生地的主管税务机关申报纳税；未向销售地或者劳务发生地的主管税务机关申报纳税的，由其机构所在地或者居住地的主管税务机关补征税款。

（4）进口货物，应当向报关地海关申报纳税。

（5）扣缴义务人应当向其机构所在地或者居住地的主管税务机关申报缴纳其扣缴的税款。

（五）申报、缴纳与抵扣规则

1. 申报与缴纳

增值税的纳税期限分别为 1 日、3 日、5 日、10 日、15 日、1 个月或者 1 个季度。纳税人的具体纳税期限，由主管税务机关根据纳税人应纳税额的大小分别核定；不能按照固定期限纳税的，可以按次纳税。

纳税人以 1 个月或者 1 个季度为 1 个纳税期的，自期满之日起 15 日内申报纳税；以 1 日、3 日、5 日、10 日或者 15 日为 1 个纳税期的，自期满之日起 5 日内预缴税款，于次月 1 日起 15 日内申报纳税并结清上月应纳税款。

纳税人进口货物，应当自海关填发海关进口增值税专用缴款书之日起 15 日内缴纳税款。

2. 抵扣

进项税额，是指纳税人购进货物、加工修理修配劳务、服务、无形资产或者不动产，支付或者负担的增值税额。

下列项目的进项税额不得从销项税额中抵扣：（1）适用简易计税方法计税项目、免征增值税项目、集体福利或者个人消费购进的货物、劳务、服务、无形资产和不动产；（2）非正常损失的购进货物，以及相关的劳务和交通运输服务；（3）非正常损失的在产品、产成品所耗用的购进货物（不包括固定资产）、劳务和交通运输服务；（4）国务院规定的其他项目。

小规模纳税人发生应税销售行为，实行按照销售额和征收率计算应纳税额的简易办法，并不得抵扣进项税额。

纳税人取得的增值税扣税凭证不符合法律、行政法规或者国家税务总局有关规定的，其进项税额不得从销项税额中抵扣。增值税扣税凭证，是指增值税专用发票、海关进口增值税专用缴款书、农产品收购发票、农产品销售发票和完税凭证。纳税人凭完税凭证抵扣进项税额的，应当具备书面合同、付款证明和境外单位的对账单或者发票。资料不全的，其进项税额不得从销项税额中抵扣。

（六）发票管理

纳税人发生应税销售行为，应当向索取增值税专用发票的购买方开具增值税专用发票，并在增值税专用发票上分别注明销售额和销项税额。属于下列情形之一的，不得开具增值税专用发票：应税销售行为的购买方为消费者个人的；发生应税销售行为适用免税规定的。

增值税小规模纳税人需要开具专用发票的，可向主管税务机关申请代开。增值税小规模纳税人（其他个人除外）发生增值税应税行为，需要开具增值税专用发票的，可以自愿使用增值税发票管理系统自行开具。选择自行开具增值税专用发票的小规模纳税人，税务机关不再为其代开增值税专用发票。

（七）罚则

纳税人有下列行为之一的，由税务机关责令限期改正，可以处 2000 元以下的罚款；情节严重的，处 2000 元以上 10000 元以下的罚款：（1）未按照规定的期限申报办理税务登记、变更或者注销登记的；（2）未按照规定设置、保管账簿或者保管记账凭证和有关资料的；（3）未按照规定将财务、会计制度或者财务、会计处理办法和会计核算软件报送税务机关备查的；（4）未按照规定将其全部银行账号向税务机关报告的；（5）未按照规定安装、使用税控装置，或者损毁或者擅自改动税控装置的。

纳税人不办理税务登记的，由税务机关责令限期改正；逾期不改正的，经税务机关提请，由工商行政管理机关吊销其营业执照。

纳税人未按照规定使用税务登记证件，或者转借、涂改、损毁、买卖、伪造税务登记证件的，处 2000 元以上 10000 元以下的罚款；情节严重的，处 10000 元以上 50000 元以下的罚款。

附录：中国台湾地区[①]

（一）基本介绍

中国台湾地区自 1985 年开始实施新制营业税以来，至 2017 年 6 月已进行过 26 次修正，台湾地区营业税的课征区分为加值型营业税及非加值型营业税。加值型营业税，是指按一般税额计算的营业税，即对在各阶段销售行为中销项税额超过进项税额的差额部分课税。营业人支付加值型营业税时，除规定情形外，其进项税额可抵扣销项税额。

---

① 本附录的资料来自中国台湾地区的相关税收规定。

非加值型营业税又称为总额型营业税或特种营业税，是指按特殊税额计算、按营业总额征收的营业税，适用于银行业、保险业、信托投资业、证券业、期货业、票券业、典当业、特种饮食业、农产品批发市场的承销人、销售农产品的小规模营业人、符合一定资格条件的视觉功能障碍者经营的按摩业、小规模营业人及其他经台湾地区财政主管部门规定免予申报销售额的行业和营业人。此外，台湾地区对于娱乐业不征收营业税，而单独征收娱乐税。

（二）纳税义务人

1. 营业税的纳税义务人

（1）销售货物或劳务的营业人。

（2）进口货物的收货人或持有人。

（3）台湾地区境外的企业、机关、团体、组织，在台湾地区境内无固定营业场所的，其所销售劳务的买受人。台湾地区境外运输企业，在境内无固定营业场所而有代理人的，为其代理人。

（4）免税的农业用油、渔业用油有转让或移作他用而不符免税规定的，为转让或移作他用之人。但转让或移作他用之人不明的，为货物持有人。

2. 自愿登记

台湾地区的营业税有关规定没有包含任何自愿登记的规定，也没有针对小企业的特殊营业税登记规定。

3. 免于登记

仅从事免税商品服务销售业务的应税人员和各级行政实体可免于申请税务登记。以下商品或服务可免于申请税务登记：农田灌溉水；医院、诊所和卫生院提供的医疗服务、药品、病房住宿和膳食服务；由社会福利组织或机构或劳工组织提供的社会福利服务；行政部门委托的服务；学校、幼儿园及其他教育和文化机构提供的教育服务，包括行政部门提供的文化服务；职业学校学生开办的不对外服务的商店出售的商品或服务；慈善机构和救济机构按规定举办的招标、义卖、义演等活动中销售的商品所得；行政机关、公有企业和社会团体的职工福利机构出售的商品或服务；监狱车间及其成品库销售的商品或服务；邮电局按规定提供的服务；行政部门委托销售印花税票和邮票的服务；小贩或小商贩出售的商品或服务；饲料和未加工的农、林、渔、畜产品及副产品；农、林、渔、畜产品以及农民和渔民收获的副产品；渔民捕捞和销售的鱼；由行政部门批准成立的科学或技术机构提供的研究服务；行政部门批准成立的科技机构提供的研究服务等。

4. 数字经济

向台湾地区个人购买者提供电子商务服务（B2C）且年销售额超过新台币48万元的企业必须进行营业税注册登记，并直接或通过指定税务代理人间接缴纳营业税。如果企业通过数字平台或互联网向台湾地区客户销售实物商品，企业未进行营业税注册登记，数字商品供应的营业税将在进口时通过反向收费机制向进口商征收。如果一个无固定营业场所的企业电子商务经营者向当地个人提供数字平台服务，该非企业电子商务经营者可能需要在台湾地区注册营业税。

此外，台湾地区财政部门于2022年3月31日发布通知，明确了包括个人和商业实体在内的在线贸易商的营业税义务。经常在网上销售产品或服务的贸易商应进行税务登记并缴纳营业税。通过互联网销售产品或服务以营利的个人或企业，如果其月平均销售额不超过最低应纳税销售额（即产品销售额新台币8万元，服务销售额新台币4万元），可以豁免向税务局申请税务登记。月平均销售额超过最低应纳税额的，必须进行税务登记。对于已办理税务登记且月平均销售额低于20万元新台币的企业，税务局将根据每月企业营业金额的1%来确定其营业税额，并每季度向其发出缴款通知。对于月平均销售额超过新台币20万元的营业单位，必须按规定开具统一发票，并在下一个期间的15日内提交双月纳税申报表（一期2个月）。

（三）应税范围及税率（以加值型营业税为例）

1. 应税范围

凡在台湾地区境内销售货物或劳务（包括向境外购买而在台湾地区境内提供或使用的劳务）及进口货物，均应按规定课征加值型或非加值型营业税。

（1）视为销售。将货物的所有权移转给他人，以取得代价者，为销售货物。除此之外，依据营业税的相关规定，有下列情形之一的视为销售货物：营业人以其产制、进口、购买供销售的货物，转供营业人自用；或以其产制、进口、购买的货物，无偿移转他人所有；营业人解散或废止营业时的余存货物，或将货物抵偿债务、分配与股东或出资人的；营业人以自己名义代为购买货物交付与委托人的；营业人委托他人代销货物的；营业人销售代销货物的。

（2）提供劳务。提供劳务给他人，或提供货物给他人使用、受益，以取得代价者，为销售劳务。但执行业务者提供其专业性劳务及个人受雇提供劳务，不包括在内。

（3）进口货物。货物有下列情形之一的，为进口：货物自台湾地区境外进入，但进入保税区的保税货物不包括在内；保税货物自保税区进入境内其他地区的。

2. 标准税率及征收对象

加值型营业税标准税率5%适用于所有商品或服务的供应，除非有特定措施规定零税率或免税。

3. 零税率和免税对象示例

零税率是指销售货物或劳务所适用的营业税率为零，由于销项税额为零，如有溢付税额，须在退税限额内由主管稽征机关查明后退还。

零税率征收对象为：外销货物；与外销有关的劳务，或在台湾地区境内提供而在台湾地区境外使用的劳务；依规设立的免税商店销售与过境或出境旅客的货物；销售给保税区营业人供营运的货物或劳务；国际运输（但台湾地区境外运输事业在境内经营国际运输业务者，应以各国对我国台湾地区国际运输事业予以相等待遇或免征类似税捐者为限）；国际运输使用的船舶、航空器及远洋渔船；销售与国际运输使用的船舶、航空器及远洋渔船所使用的货物。

免税对象示例：某些生活必需品和未加工的食品；土地销售服务；部分债券和证券；销售非定期交易的固定资产。

此外，纳税人可以选择将上述豁免的商品和服务作为应税产品，向台湾地区财政部门申请选择将免税供应品作为应税处理。

（四）应税时间与应税地点

1. 应税时间

营业税征收时间示例：（1）货物应税时间为在交付货物或支付收益时；（2）服务应税时间一般为支付报酬时或提供服务时；（3）连续提供服务应税时间一般为支付报酬的时候；（4）进口货物应税时间在报关时。

2. 其他特殊应税时间

对于经批准销售或退货的货物，税款应在货物售出时缴纳。如果商品被退回给卖方，卖方应取得合格的文件（例如，销售/采购退货证明）作为扣减销项税额及记账凭证并予退回事实发生的当期或次期申报扣减销项税额。

（五）申报、缴纳与抵扣规则

在加值型营业税中，当期销项税额，扣减进项税额后的余额，为应纳税额或溢付营业税额。其中，当进项税额大于销项税额导致溢付税额时，仍可以继续留抵作为扣抵下期销项税额之用。但特殊情形下，可以报经台湾地区财政部门核准退还。

1. 销项税额

销项税额指营业人销售货物或劳务时，依规定应收取的营业税额（销售额乘以税率）。销售额为营业人销售货物或劳务所收取的全部代价，包括营业人在货物或劳务价额外收取的一切费用。

2. 进项税额

进项税额指营业人购买货物或劳务时，依规定支付的营业税额。

（1）可抵扣的进项税额。营业人以进项税额扣抵销项税额者，应具有载明其名称、地址及统一编号的下列凭证：购买货物或劳务时，所取得载有营业税额的统一发票；依规定应被视为销售货物或销售劳务者，所自行开立载有营业税额的统一发票；其他经台湾地区财政主管部门核定载有营业税额的凭证。

（2）不可扣抵进项税额。营业人的下列进项税额，不得扣抵销项税额：购进的货物或劳务未依规定取得并保存营业税管理规定所要求的凭证；非供本业及附属业务使用的货物或劳务，依规定有特殊用途的，不在此限；交际应酬用的货物或劳务；酬劳员工个人的货物或劳务；自用乘人小汽车。

（六）发票管理

销售商品或服务的纳税人必须向购买者开具行政主管部门的统一发票，统一发票一般由台湾当局印刷和销售。台湾地区财政主管部门规定了发票的格式、需要记录的项目和用途，税务机关采用了一种新的云端电子 GUI 发放发票。

台湾地区可以使用电子发票。应纳税人需要注册一个账户访问官方电子发票平台，通过电子发票服务平台或增值税服务中心认证，才能开具电子发票。

（七）处罚办法

1. 逾期登记的处罚

逾期登记营业税的纳税人将被处以下处罚：（1）处以不低于新台币 3000 元且不高于新台币 30000 元的罚款，可重复处罚；（2）处以所逃税款 5 倍以下的罚款；（3）对于注销登记，纳税人未将停止营业的情况通知主管税务机关的，将被处以不低于新台币 1500 元且不高于新台币 15000 元的罚款。

2. 逾期申报的处罚

纳税人如果没有在规定期限内申报销售金额或统一发票明细表，可能会被处以以下处罚：（1）如果申报逾期不到 30 日，每逾期 2 日，可征收相当于应纳税额 1% 的逾期申报附加费。该附加费不得少于新台币 1200 元，但不超过新台币 12000 元。（2）如果申报逾期超过 30 日，可对未申报者征收相当于应纳税额 30% 的附加费。该附加费的金额不得低于新台币 3000 元，但不得超过新台币 30000 元。

三十一、哥伦比亚
（Colombia）

（一）基本介绍[①]

哥伦比亚自 1983 年 12 月 29 日起征收增值税，由哥伦比亚国家税务局（Dimécióde Impuestosy Aduanas Nacionales，DIAN）管理。

（二）纳税义务人

除非另有规定，任何从事增值税应税活动的个人或实体均应进行增值税登记。外国实体注册的常设机构在哥伦比亚进行应税活动的，也应进行增值税登记。

零售商、经营者、工匠以及从事农业、畜牧业的个人、法人和服务提供者，符合下列条件的，不得办理增值税登记：（1）现年度或前一年度来源于业务活动的总收益小于 3.5 万 UVT（Unidad de Valor Tributario，哥伦比亚税值单位）；（2）最多有一个从事业务活动的商业场所、办公室或机构；（3）不使用特许经营、特许协议或特许权使用费协议；（4）不是海关用户（customs users）；（5）现年度或前一年度没有签订超过 3.5 万 UVT 的商品或服务销售协议；（6）现年度或前一年度提供的银行存款和金融投资不超过 3.5 万 UVT；（7）没有登记为简易税制的一部分（适用于某些实体和个人的税制，取代了所得税、消费税和工贸税）。

哥伦比亚增值税纳税义务人从外国企业接受服务的适用代扣代缴制度，由哥伦比亚购买方负责申报并缴纳增值税。在满足法律规定的条件下，哥伦比亚纳税义务人可抵扣相关的进项税额。

（三）应税范围与税率

1. 应税范围

应税范围包括提供商品与服务，主要包括：（1）出售有形动产；（2）出售或转让与工业产权有关的无形资产的权利；（3）在哥伦比亚提供服务或从国外提供但在哥伦

---

① 本篇如无特别注明，资料均来自哥伦比亚国《税法》。

比亚使用的服务（即服务的接受者位于哥伦比亚或者居住在哥伦比亚）；（4）进口动产到哥伦比亚；（5）提供博彩游戏或销售博彩游戏门票的服务（不包括彩票及只在网上发售的游戏）。

出售固定资产不适用增值税。一般来说，计税依据等于销售总额，即商品或服务的销售价格加上其他补充费用，如服务费、保证金、佣金、保险费等。

2. 税率

（1）19% 税率适用对象：除另有规定外，所有的应税货物和服务都适用 19% 税率。

（2）5% 税率适用对象：烘焙咖啡；小麦；甘蔗；棉花种子；大豆；水稻；预付保健服务；健康保险；农产品的储存。

（3）零税率适用对象：出口有形动产，且出口方已经完成国家税务登记，已收到纳税人识别号，应税务机关的要求，提供协议证明出口，如合同、要约或采购订单；提供服务，且该服务由未在哥伦比亚经营的公司或个人仅在国外使用；旅游服务，且该服务提供给外国人在哥伦比亚使用，服务提供者在国家旅游登记处登记。

（4）免税对象：来自信贷业务的利息和收入；国家认证的学前教育、小学教育、中等教育、高等教育、特殊教育以及非正规教育机构提供的教育服务；公共能源服务；用于提供公共供水和污水服务的水、公共供水服务和污水服务、公共卫生服务和公共垃圾收集服务；进口邮运、快运或快运货物价值不超过 200 美元（仅适用于从与哥伦比亚签订自由贸易协定并明确规定不征收增值税的国家进口货物的情况）；等等。

3. 数字服务增值税

在哥伦比亚，数字服务属于应税范围，哥伦比亚通过代扣代缴的电子支付机制来征收税款。数字服务包括：提供数字视听服务（包括但不限于音乐、视频、电影、游戏）、在线宣传服务、在线培训或教育服务、利用无形资产的权利、其他在哥伦比亚境内使用的数字或电子服务。

2016 年 12 月 29 日，哥伦比亚在官方公报上发布了 2016 年第 1819 号法律，该法律修订了原哥伦比亚国《税法》第 3 卷中关于增值税的规定，对在数字平台提供的商品与服务交易征收增值税。该修正案自 2018 年 6 月 1 日起生效。新哥伦比亚国《税法》中增加了第 437－2（8）条，该条要求信用卡和借记卡发卡商、预付卡销售商、第三方收款人以及哥伦比亚税务局指定的其他人员作为以下应税行为的扣缴义务人：提供视听服务（包括音乐、视频、电影、游戏、广播）、提供移动应用数字服务、提供在线广告服务、提供远程教育或培训。

新哥伦比亚国《税法》的第 476 条，免除通过数字平台提供的以下商品与服务的增值税：在哥伦比亚或国外提供的用于数字内容开发的虚拟教育服务；提供网站、服务器（托管）、云计算以及程序和设备的远程维护服务；根据信息和通信技术部发布的法规，取得用于数字内容商业开发的软件许可证。

自 2018 年 7 月 1 日起，向哥伦比亚消费者提供数字服务的境外服务提供商必须在哥伦比亚税务局登记增值税，且必须获得哥伦比亚税收号码（colombian tax ID）。上述企业须收取增值税，提交增值税申报表并向税务局缴纳税款，适用代扣代缴制度的情形除外（即由哥伦比亚购买方申报并缴纳增值税）。此外，如果此类服务的付款方式是信用卡或借记卡，则由相关信用卡或借记卡的发行实体进行登记并作为扣缴义务人。

（四）应税时间

销售货物的应税时间为以下时间的较早时点：（1）开具发票或交付商品时；（2）应纳税人将动产用于自用或者作为其固定资产的一部分时。

提供服务的应税时间为以下时间的较早时点：（1）开具发票或同类文件时；（2）完成服务提供时；（3）付款或有义务付款时。

进口商品的应税时间为办妥进口海关手续时，在进口时即产生增值税纳税义务。

（五）申报、缴纳与抵扣规则[①]

1. 申报

大型纳税人在1月、3月、5月、7月、9月、11月每两月提交一份纳税申报表。大型纳税人是指总收入大于或等于9.2万UVT的纳税人。总收入低于9.2万UVT的纳税人在1月、5月、9月（即每4个月）提交一份纳税申报表。

2. 缴纳

纳税义务人应定期缴纳增值税，缴纳时间由政府规定，根据纳税人的税务号码进行设置。

3. 抵扣

进项税额与用于商业目的的支出有关时，应纳税人可以抵扣进项税额。例如，纳税义务人购进货物、服务或进口商品时已经支付了增值税，则可抵扣该进项税额。当购买的商品和服务未用于提供应税服务或未用于商业目的，由此产生的进项税额不可抵扣。购买商品和服务的支出同时用于商业目的和非商业目的的时候，只有用于商业目的的部分产生的进项税额可以抵扣。

不可抵扣进项税额的情形举例如下：（1）与免税对象（不可抵扣进项税额）有关的进项税额；（2）与购买固定资产相关的进项税额。

在部分免税的情况下，纳税义务人既进行应税交易又进行免税交易的，不得全额抵扣已发生的进项税额，只可抵扣与应税活动有关的进项税额。纳税义务人须按比例计算并分摊可抵扣的进项税额。

① 资料来自哥伦比亚税务局与海关总署网站，http://www.dian.gov.co（accessed on 20240228）。

如果进项税额超过纳税义务人缴纳的销项税额，纳税义务人可以要求退还税款。纳税义务人只有在提交该年度的所得税申报表，且退还税款得到确认后，方可退还税款。在适用代扣代缴制度的情况下，纳税义务人也可按照一般规则抵扣进项税额。

满足以下条件之一，纳税义务人可每两个月申请一次退款：（1）纳税义务人是货物或服务的出口商，并已正式登记为出口商；（2）纳税义务人提供零税率的货物或已扣缴税款，差额来自扣缴税款。

如果销项税额与进项税额的差额是由于税率差异产生的，该差额可以在一定条件下结转或退还。除外国企业在哥伦比亚注册增值税外，哥伦比亚不退还外国企业或非居民企业的增值税。

（六）发票管理

纳税义务人对所有类型的应税交易都必须开具完整的增值税发票。在某些情况下，其他文件可视为与发票有同等效力，例如与非居民签署的技术服务或技术援助服务的票据和合同。税务发票通常是进行进项税额抵扣的必要条件。纳税义务人向个人消费者提供应税商品或服务，没有特殊的发票开具规则。

哥伦比亚强制实行电子发票制度，主要适用于货物和服务的购买和销售。税务电子发票应提前经过税务机关认证和授权。因此，只有在发票经过验证并交付给购买方之后，才能认为发票已经开具。因税务机关的原因无法对电子发票进行事先验证的，开具发票的义务方有权在未经事先验证的情况下将电子发票交付给购买方。

相关记录应至少保持 5 年，纳税义务人应根据需要向税务机关提供有关资料和证据。记录可以以电子方式保存，电子发票也适用上述规定。

（七）罚则①

1. 逾期登记

每逾期 1 日征收相当于 1UVT 的罚款，2023 年 1UVT 为 42412 哥伦比亚比索。

2. 逾期申报并缴纳税款

逾期提交纳税申报表并缴纳税款的，每月处以应纳税额 5%～100% 的罚款。如果纳税义务人不需要缴纳增值税，每逾期一个月的罚款相当于纳税义务人所得总收入的0.5%，但最高不超过 5%。如果纳税义务人在纳税期间没有任何收入，则每月处以相当于上一年净资产 1%～10% 的罚款。纳税义务人必须在逾期的申报表内填报相应的罚款金额。

---

① 资料来自哥伦比亚税务局与海关总署网站，http：//www.dian.gov.co（accessed on 20240228）。

滞纳金的利率由国家按月规定。2022 年 10 月规定的税率为每年 17.08%。任何时候都须对公布的利率进行审核和确认。

3. 错误申报

纳税义务人申报纳税有错误的，纳税义务人有义务改正，并被处以罚款。纳税义务人可以主动或在税务机关的要求下修改其纳税申报单。如果纳税义务人决定不修改其纳税申报表，税务机关可以对其错误申报行为进行处罚。哥伦比亚规定了计算罚金的两个特定比率。一为 10% 的比率，该比率只有当纳税义务人在税务机关的正式行动之前或在税务机关下令税务检查之前改正错误时才适用。二为 20% 的比率，在税务机关通知后或进行税务检查后才进行修改，适用该比率。

4. 税务欺诈

对纳税义务人、扣缴义务人逾期 2 个月未缴纳已征收增值税税款的，可对违法的法人单位法定代表人处以 48～108 个月有期徒刑，并处以未缴纳金额 2 倍但不超过 102 万 UVT 的罚款。

5. 诉讼时效

哥伦比亚的诉讼时效为 3 年。根据一般规定，纳税申报表及其修正的时效为 3 年。如果税务机关未对提出异议的纳税申报表作出答复，则从相应纳税期间的申报到期之日起算；未及时申报纳税的，从申报纳税之日起算。

三十二、科摩罗
（Comoros）

（一）基本介绍[①]

科摩罗消费税自 1985 年 12 月 24 日起征收，由国家税务局（L'Administration Générale des Impôts et des Domaines，AGID）管理。科摩罗《通用税法典》（Le Code général des impôts）对消费税作出规定。

（二）纳税义务人

科摩罗消费税纳税义务人的登记门槛为 2000 万科摩罗法郎（KMF），营业额 2000 万 KMF 以下的企业免于登记。在科摩罗境外设立或注册并在科摩罗境内从事经营活动的法人实体，以与科摩罗居民公司相同的方式缴纳消费税。所有非居民公司必须任命一名在科摩罗定居的财务代表，该代表以非居民公司名义与税务机关交涉。

纳税义务人应当自交易开始之日起 15 日内，向税务总局申报登记。纳税义务人停止营业的，应当自停止营业之日起 10 日内向税务机关申报注销。

（三）应税范围与税率

1. 应税范围

除法律规定免税外，科摩罗对所有进口货物、生产活动、商业与非商业服务征收消费税。营业额 2000 万 KMF 以下的企业以及从事石油产品交易、医疗服务、出版活动的企业，不适用消费税。

2. 税率

科摩罗《通用税法典》第 152 条对消费税税率作出明确规定。2019 年 1 月 2 日，科摩罗《2019 年财政法案》正式生效，该法律对消费税税率作出修改。现行消费税标

---

① 本篇如无特别注明，资料均来自科摩罗《通用税法典》。

准税率为 10%，其他税率为 25%、7.5%、5%、3%、1%、0。

（1）25% 征税对象：赌场活动。

（2）10% 征税对象：除另有规定外，应税货物与服务适用 10% 标准税率。

（3）7.5% 征税对象：手机服务。

（4）5% 征税对象：国际运输、餐饮服务和银行服务。

（5）3% 征税对象：水供应和岛际机票。

（6）1% 征税对象：私立学校。

（7）零税率征税对象：基本生活用品，基本生活用品的范围由负责经济事务的部长和负责预算的部长的联合规定。

3. 免税对象

科摩罗《通用税法典》第 141 条规定了免税对象，包括但不限于：

（1）营业额低于 2000 万科摩罗法郎（不含税）的企业，但不包括 1500 万~2000 万科摩罗法郎（不含税）的进品商。

（2）与出口直接相关的产品或服务。

（3）与船舶、航空器运输有关的货物和服务，但不包括体育、游乐船舶。

（4）燃料（汽油、石油、机油、天然气）零售商的销售。

（5）由合法成立的非营利性机构进行的活动，其宗旨包括哲学、宗教、政治、爱国、公民、工会、教育、文化或体育。

（6）在科摩罗以官方价值交付的税务邮票、邮票纸和具有邮资价值的邮票。

（7）国家、公共机构和行政机构非经常性转让固定资产。

（8）报纸、期刊的出版、销售，但广告收入除外。

（9）农民、牧民、渔民销售和供应其农场的产品。

（10）科摩罗中央银行从事的下列两项业务：向银行或信贷机构贴现用于发展生产资料或建造建筑物的中期贷款票据；以及以科摩罗政府名义开出的，不超过 4 个月的有担保票据和债券进行贴现。

（11）根据外部援助资助的合同开展的业务。

（12）私立学校的学费。

（四）应税时间与应税地点

1. 应税地点

科摩罗《通用税法典》规定，即使纳税义务人的实际住所或总部位于领土范围以外，在科摩罗进行的交易（不包括免税交易）也应在科摩罗缴纳消费税。在科摩罗进行的交易包括以下情形：（1）在销售（商品）交易的情况下，商品在科摩罗交付；（2）在其他交易的情况下，提供的服务、权利或租赁的对象在科摩罗使用或利用。

2. 应税时间

科摩罗《通用税法典》第144条规定纳税义务发生时间如下：

（1）在进口交易中，为商品在关税区内过境时。

（2）在商品和其他有形财产的交付中，为商品和其他有形财产的交付时，即使交易双方约定以分期付款方式支付货款。

（3）在自由职业者所从事的商业活动中，为收取费用和佣金时。

（4）在工业、商业、手工业服务和建筑服务中，为服务或工程执行时，但在收取预付款、分期付款和结算款时，应在收到时缴纳税款。

（五）申报、缴纳与抵扣规则

纳税义务人应每月进行纳税申报并缴纳税款，申报与缴税期限为次月的15日之内。拥有数个营业地点的企业，应当在其注册办事处或者主要营业地点就其全部业务提交一份纳税申报表。

科摩罗没有进项税额抵扣制度。

（六）发票管理

提供商品或者服务的纳税义务人应当开具发票或者提供相应的文件。这些发票必须注明买方的姓名和地址、购买的商品和服务的性质和数量、不含消费税的价格以及税率和金额。未列明税款的发票将被视为已包括税款。纳税义务人无发票销售的，适用《税务程序手册》规定进行处罚。

（七）罚则

（1）对税款申报不足、遗漏、隐瞒或不准确的，逾期缴纳税款的利息为每月1.5%，最高不超过50%。过失违法的处罚为50%，恶意违法的处罚为100%，欺诈违法的处罚为150%。

（2）对未申请登记的，罚款10000KMF。

（3）对发票上没有税号（NIF）的，罚金为发票金额的10%。

（4）对无发票或虚假发票的，罚款为交易金额或虚假发票金额的100%。

三十三、刚果（金）
（Congo，Democratic Republic of the Congo）

（一）基本介绍[①]

刚果民主共和国，简称刚果（金），自2012年1月1日起开征增值税，取代了营业税。其增值税主管机关为税务总局（Direction Générale des Impôts et des Domaines，DG-ID）。

（二）纳税义务人

根据刚果（金）《增值税法》的规定，在刚果（金）境内进行的所有经济活动都要缴纳增值税，无论其目的、盈利能力或从事这些活动的企业的法律地位如何，也无论这些活动是经常性的、偶然性的，还是源于刚果（金）或外国。因此，任何从事工业、商业或专业活动的自然人或法人都必须缴纳增值税，除非法律明确规定免税。

当服务在刚果（金）境内使用、开发，或可在刚果（金）境内进行实质性定位时，该服务即被视为在刚果（金）境内提供；对于无形服务的提供，当接受者在刚果（金）境内设立时，服务被视为在刚果（金）境内提供。

非居民企业不能注册增值税。非居民必须指定一名的税务居民代表，才能在刚果（金）注册增值税。

2021年刚果民主共和国《财政法案》对增值税登记门槛作出新规定，新的登记门槛为1亿中非法郎（XAF）。

（三）应税范围与税率

1. 应税范围

应税范围包括适用标准税率与优惠税率或免税的货物和服务。除优惠税率、零税率与免税外，所有应税货物与服务适用增值税标准税率18%。

[①] 本篇如无特别注明，资料均来自刚果民主共和国税务局网站，http://www.dgi.gouv.cd/（accessed on 20240228）。

2. 优惠税率

适用零税率的情形：商品和服务出口；本地木材供应；国际运输（如国际海运和航空运输，包括海运和航空的货运和客运）。

适用5%税率的情形：林业公司从喀麦隆进口的柴油和润滑油；本地水泥供应；日常消费品（糖、番茄、肥皂、油等）；刚果的丁烷气体调控。

3. 免税对象

供应从采掘活动中产生的产品；银行及保险业务；某些生活必需品（药品、大米、盐、面包、肉和家禽、矫正眼镜、课本、化肥等)[1]；转让或出售企业。

（四） 应税时间与应税地点

1. 应税时间

刚果（金）增值税的基本应税时间为货物交付时或服务履行时。供货时必须开具交易发票。

在收取定金和预付款的情况下，应税时间为收到付款时。

连续提供服务的应税时间为收到付款时；连续供应货物的应税时间为货物交付时。

资产租赁的应税时间为承租人占有租赁物时。

进口商品的应税时间为进口商品被放行以用于消费时。

2. 应税地点

无论供应商位于何处，税务机关对在刚果（金）消费的所有商品和服务征收增值税。

（五） 申报、缴纳与抵扣规则

1. 申报与缴纳

纳税人应按月申报，在交易次月20日内提交纳税申报表，在报税的同时向税务机关缴纳税额。如果销项税额小于进项税额，可以结转增值税进项税额。仅在某些非常特殊的情况下纳税人才能要求退还增值税。

2. 抵扣

纳税人有权将购买用于商业目的的商品和服务所支付的增值税用于抵扣销项税额。可抵扣的进项税额包括：（1）购买货物；（2）购买服务；（3）为未成立的企业支付的增值税预扣税款。抵扣须凭借证明文件（通常为发票）。

同时进行应税活动和非应税活动的纳税人有权按比例扣除增值税，即扣除与应税活

---

① Orbitax：Democratic Republic of the Congo Providing VAT Exemption on Certain Imports［EB/OL］. https：//www. orbitax. com/news/archive. php/Democratic-Republic-of-the-Con－41952（accessed on 20240228）.

动相关的部分。扣除比例 =（应税业务 + 出口业务和特殊免税业务）÷总营业额。

对于非业务活动的必要支出以及某些特定支出，纳税人不允许抵扣增值税。不得抵扣的进项税额包括：（1）礼物或以低于市场价值出售的货物；（2）住宿和相关修理费用；（3）用现金支付的增值税超过 50 万 XAF。

纳税人抵扣进项税额的期限为下一年年底，例如，发生于 2021 年 10 月 31 日的进项税额，可在 2022 年 12 月 31 日前抵扣。通常而言，进项税额大于销项税额则进行结转，而非直接退税。只有在某些特殊情况下，才可以直接退税，法律规定只有四类应税人有资格获得增值税退税：（1）出口商；（2）在达成协议后进行投资的实业家；（3）从事清算工作的应税人员；（4）外交人员。

（六）发票管理

纳税人从事应税交易时应开具发票，但不强制以电子形式开具发票。发票是供应商出具的强制性商业文件，一式两份。该文件必须在客户和供应商处进行会计记录。增值税必须体现在由应税人开具的发票或文件上，才能进行抵扣。进口货物必须在海关放行的报关单上注明增值税。发票必须注明开票人的编号、买卖双方的身份、发票编号、销售日期、交付货物的数量和价格、不含税价格、增值税税率与金额、折扣、结算条件等。

（七）罚则

1. 逾期登记

纳税人未及时办理增值税登记的，在其登记之前，不得进行进项税额抵扣。此外纳税人还将被处以 20 万 XAF 的罚款。

2. 未按时申报并缴纳税款

未提交或逾期提交纳税申报表将受到以下处罚：逾期支付的利息为每月应付金额 5% 但不超过 50%；如果是故意为之，将被处以应税金额 100% 的罚款。

3. 错误申报

如果在纳税申报文件中发现错误，将被处以应纳税额 50% 的罚款，如果是故意为之，将被处以应纳税额 100% 的罚款。

4. 税务欺诈

纳税人在增值税方面的任何欺诈行为，如果在申报表或其他文件中明知是虚假陈述或遗漏的，将被处以应纳税额 100% 的罚款，如果有证据表明是恶意的，将被处以应纳税额 200% 的罚款。

三十四、库克群岛
（Cook Islands）

（一）基本介绍[①]

库克群岛增值税自 1997 年 7 月 1 日起征收，由税务局管理局（Cook Islands Revenue Management）管理。

（二）纳税义务人

库克群岛《1997 年增值税法》第 10 条规定，以下人员应缴纳增值税：（1）在库克群岛进行应税活动，提供货物或服务的登记人员；（2）将货物进口到库克群岛的进口商；（3）向登记人员提供进口服务的人员。

自 2014 年 4 月 1 日起，增值税强制性登记门槛从每年 3 万新西兰元提高到每年 4 万新西兰元。应税营业额在过去 12 个月内超过 4 万新西兰元，或在接下来 12 个月预计超过 4 万新西兰元的实体，必须登记增值税。如果未达到增值税登记门槛，但年应税营业额超过 2 万新西兰元，可选择登记增值税。如果年应税营业额不超过 2 万新西兰元，则无法登记增值税。如果企业有分支机构，应将所有分支机构的应税营业额汇总在一起计算。但是非营利组织、俱乐部、慈善机构和协会可以分别计算应税营业额。

未办理增值税登记的企业不能对其销售商品收取增值税，也不能对其购买的商品要求退回增值税。纳税人在注册开始一年中应税营业额低于登记门槛金额，则可随时终止登记义务。

库克群岛对进口服务增值税实行代扣代缴制度。向增值税登记人提供进口服务的，由服务接受方计算并缴纳增值税。进口服务同时用于应税活动和免税活动时，仅对应税活动支付增值税。

---

① 本篇资料来自库克群岛《1997 年增值税法》，以及库克群岛财政与经济管理部网站，https://www.mfem.gov.ck/customs-legislation-tariffs（accessed on 20240228）。

（三）应税范围与税率

增值税的应税范围包括登记增值税的应税人在库克群岛提供的货物和服务以及进口货物和某些进口服务。库克群岛《1997 年增值税法》第 2 节第 11 条规定，库克群岛的标准税率是 15%。除免税对象和零税率对象外，所有应税商品和服务均应适用标准税率。非应税活动包括：工资薪金、爱好活动、个人销售个人或家庭用品。

1. 适用零税率

库克群岛《1997 年增值税法》附表 3 对零税率商品和服务进行了列举，包括：从库克群岛出口货物；向他人提供商品，商品在库克群岛之外消费或使用（包括在离港船舶或飞机上的货物，或购买人是离港海运或空运的乘客）；在应税交易发生时货物在库克群岛外；为运送旅客或货物进入库克群岛或离开库克群岛而提供的服务（包括辅助保险服务、安排保险服务、安排运送旅客或货物服务）；在库克群岛以外实际履行的服务。

2. 免税对象

库克群岛《1997 年增值税法》附表 1（免税供应）与附表 2（免税进口）对免税商品和服务进行了列举。免税商品和服务不能抵扣进项税额，具体包括：

（1）根据库克群岛《1980 年关税法》第 85 条、第 86 条和第 87 条以及库克群岛《1981 年修正案》第 7 条第 A 款，旅客的行李和个人物品免征关税和进口税。

（2）根据库克群岛《1980 年关税法》免征关税和进口税进入海关控制区域的货物。

（3）装货物的集装箱，该集装箱是用于包装货物的普通贸易集装箱。

（4）满足以下条件之一的进口货物：由海外政府或代表进口供其在库克群岛使用；由联合国、太平洋论坛秘书处、南太平洋委员会或这些组织的机构为了在库克群岛核准的项目而进口；用于库克群岛经批准的援助项目；由非营利性机构捐赠，用于在库克群岛的项目；供宗教组织使用，或为库克群岛的特定教会活动或项目使用（机动车和电单车除外）；由在库克群岛的教育学校进口；由个人或组织向位于库克群岛的运动团体捐赠制服或运动装备；由需要救生医疗用品的人进口。

（5）经过税务机关批准的以下商品和服务：从国外寄给在库克群岛的人的礼物，且单次进口中价值不超过 100 新西兰元等；祖传遗物；境外居民捐赠的、奖励给个人的奖杯、奖品、勋章；由经批准的机构进口的、由侨居国外人士为救济自然灾害与灾民而赠送的物品；根据库克群岛《1913 年海关法》暂时进口的货物。

（6）金融服务，包括：货币兑换；签发、支付、收取、转让支票和信用证；发行、分配、转让、变更债务工具、公司资本的股份、信托或类似计划中的权益；承销债务工具、公司股份、信托或类似计划的权益的发行；提供信贷或者变更信贷合同；提供或者转让人寿保险合同、再保险合同；提供或转让退休金计划中的权益；提供或转让期货合同；支付或收取利息、本金、股息或其他金额，涉及债务工具、公司股本的股份、信托或类似计划的权益、提供信贷合约、人寿保险合约、退休金计划、期货合约。

（7）由非营利性机构捐赠的商品或服务。

（8）为私立学校提供教育服务而支付的参与费（attendance dues）。

（四）应税时间与应税地点

1. 应税时间

应税时间根据情况分为以下几种：（1）销售货物或服务的应税时间为以下时间的较早时间点：开具税务发票时；收到付款时；交付货物或服务时。（2）根据租赁协议提供货物或根据定期付款协议提供服务的应税时间为以下时间的较早时间点：付款到期时；收到付款时。（3）分期付款的应税时间为以下时间的较早时间点：付款到期时；收到付款；开具发票时。（4）根据库克群岛《1986 年租购法》规定的租购协议提供货物或服务的，应税时间为协议签订时。（5）如果供应商在无法最终确定供应对价的情况下交付货物的，应税时间为以下时间的较早时间点：付款到期时；收到付款时；发出与付款有关的税务发票时。

2. 应税地点

对于销售货物：在不涉及进出口时，在库克群岛内交易的货物，视为岛内供应，在库克群岛外交易的货物视为岛外供应；涉及进出口时，从库克群岛出口的货物，被视岛内供应，进口至库克群岛的货物，视为岛外供应。

对于提供服务：服务商在库克群岛内经营业务的，视为岛内供应；在库克群岛外经营业务的，视为岛外供应。

存在以下情况时，供应商被视为在岛内经营业务：（1）仅在库克群岛拥有分支机构、代理机构或固定机构；（2）在其他地方没有这样的固定机构，但在库克群岛居住；（3）在库克群岛和其他地方都有这些机构，但通过库克群岛的固定机构进行活动产生业务。

（五）申报、缴纳与抵扣规则

1. 申报与缴纳

纳税期限为每月 1 日至月末，纳税人应按月提交增值税申报表，并在纳税期限次月 20 日内提交纳税申报表与缴纳税款。如果增值税申报表的到期日是周末或公众假期，则延续至在下一个工作日到期。纳税人可以线上或线下提交纳税申报表。如果有正当理由，税务机关可根据纳税人的申请，延长纳税人提交纳税申报表的期限。

2. 抵扣

增值税登记人购买货物或服务并用于应税活动，可抵扣进项税额。例如：其他应纳税人向增值税登记人提供应税活动时应缴纳的增值税；进口货物的增值税；向增值税应税人提供的二手商品价格的3/23。

提供超过50新西兰元（含税）的应税商品或服务，可凭借税务发票抵扣进项税额。如果纳税人进项税额大于销项税额，税务机关将向纳税人退还多余的增值税。

（六）发票管理

增值税登记人向另一个增值税登记人提供应税商品或服务，应在对方提出要求的28日之内开具税务发票。以下特殊情形纳税人不需要开具税务发票：（1）如果销售额低于50新西兰元，纳税人可以开具收据，不需开具税务发票。（2）税务机关认为要有足够的记录来确定交易的细节，且要求开具税务发票是不切实际的。

（七）罚则

库克群岛《1997年增值税法》第39条规定违法行为包括：未按照本法要求登记增值税；拒绝或未能按照本法或根据本法制定的其他法律的要求提供纳税人申报表或信息；作出虚假申报、虚假陈述或虚假声明，或提供虚假信息；故意伪造本法要求保存的记录；故意开具不正确的税务发票；故意错误申报应缴纳的增值税；妨碍执法人员执法；未按本法规定保存从事的应税活动的记录；违法开具发票；未按本法规定向增值税登记人员提供税务发票。

对于没有按时提交增值税申报表或缴纳增值税的纳税人，征收附加税。计算方式如下：延迟提交后的第一个月份按照应纳税额的5%计算，此后每月增加1%。由于欺诈导致的少缴税款，将根据应纳税额的50%征收附加税。

对于未按本法规定保存从事的应税活动的记录，以及未按规定向增值税登记人员提供税务发票的行为，首次违法处以不超过500新西兰元的罚款，再犯处以不超过1000新西兰元的罚款，之后的违法行为处以不超过4000新西兰元的罚款。

对于拒绝或未能按照本法及根据本法制定的法规或税务机关的要求提供纳税人申报表或信息的违法行为，首次违法每月处以不超过500新西兰元的罚款，再次违法则每月处以不超过1000新西兰元的罚款。

对于其他违法行为，首次违法处以不超过2000新西兰元的罚款，再次违法则处以不超过4000新西兰元的罚款。

三十五、哥斯达黎加
（Costa Rica）

（一）基本介绍[①]

哥斯达黎加自2018年12月4日起开征增值税。其增值税主管机关为财政部（Ministry for Finance）。

（二）纳税义务人

增值税纳税人是指销售应税货物（包括货物进出口）或者定期提供应税劳务的企业或者个人。外国企业在哥斯达黎加的常设机构也可能构成增值税纳税人。

哥斯达黎加没有设置增值税登记门槛，所有从事应税行为的企业或个人都应进行增值税登记。应纳税人开始从事应税活动时应当通知税务机关并登记。对于不通知税务机关进行登记的应税人，可能会被自动列入增值税纳税人登记册。

实体企业在登记为增值税纳税人时，必须指定一名税务代表。税务代表必须是该实体的法定代表人。

进口服务适用代扣代缴制度，非居民企业向哥斯达黎加提供货物或服务的，由接收者代扣代缴增值税。接收者应在提供服务或开具发票的次月15日内（以时间较早者为准）申报并支付增值税。

对于通过互联网或数字手段向当地客户提供的服务，负责处理信用卡或借记卡付款的金融机构应在支付价款中扣缴增值税（税率为13%）。此外，如果供应商通过数字平台销售服务且该服务在哥斯达黎加境内使用，税务机关有权向供应商和中介机构收取增值税。

（三）应税范围与税率

1. 应税范围

应税范围是指纳税人经常性进行的货物销售和服务提供。销售货物包括：财产所有权的转移；进口货物；寄售货物；带有购买权的货物租赁；自用货物或无偿转让。

---

① 本篇资料均来自哥斯达黎加《增值税法》。

2. 税率

哥斯达黎加增值税的标准税率为13%，优惠税率为1%、2%、4%和零税率。

（1）适用13%税率的：除另有规定外，所有应税货物与服务适用标准税率。

（2）适用4%税率的：私人健康服务；当地的航班机票。

（3）适用2%税率的：医药；私人教育服务；个人保险费用。

（4）适用1%税率的：构成基本消费篮子（传统家庭必需品清单）一部分的商品；兽医产品和农业及渔业用品的消费，由农业和畜牧司和财政部界定。

（5）适用零税率的：用于出口的货物和服务，出售给自由贸易区制度的受益人的货物和服务；文化广播电台服务。

（6）免税对象：每月不超过每小时280千瓦的用电量；书籍；出口货物；国内货物出口后三年内再进口；属于学前教育、小学、初中、高中、大学和技术教育的私立教育服务；销售或进口轮椅、矫形设备、一般假肢、有听力问题人士使用的设备、康复及特殊教育项目使用的设备。

（四）应税时间和应税地点

1. 应税时间

销售货物的应税时间为以下时间的较早时间点：交付货物时；开具发票时。

提供服务的应税时间为以下时间的较早时间点：提供服务时；开具发票时。但是，在提供服务的过程中发生预付款的，应当按照实际收到的金额，在收取价款时缴纳税款。向国家提供的服务应在收到付款时缴纳税款。

进口货物的应税时间为接收保单或海关表格时。

进口无形商品或服务的应税时间为以下时间的较早时间点：付款时；开具发票时；提供服务或交付货物时；收货物的提单或海关申报单时。

自用货物的应税时间为货物运出企业时，自用服务的应税时间为进行应税交易时。

2. 应税地点

在哥斯达黎加境内进行的货物销售和服务提供应当征收增值税。下列情形属于在哥斯达黎加境内销售货物和提供服务：

（1）销售货物：如果货物不需要运输，货物在境内交付给购买方的；如果货物需要运输，货物从境内开始运输的；货物进口。

（2）提供服务：由本国纳税人提供服务，该纳税人位于境内的；服务接受方是纳税人并且位于境内的，不论服务提供人的所在地和服务提供地；与不动产有关的服务，不动产位于境内；在境内公路上的陆路运输；从境内出发的海运和空运。

（3）在境内提供下列服务：与文化、艺术、体育、科学、教育、娱乐等以及商业展览有关的活动，包括这些活动的组织服务和与上述活动有关的其他服务；数字、电信、无线电和电视服务，不论提供这种服务的手段或技术平台为何。

（五）申报、缴纳与抵扣规则

1. 申报与缴纳

一般而言，纳税人应每月提交一次增值税申报表，并在计税期满次月 15 日内通过表格 D－104 申报增值税，并在申报时缴纳税款。即使当月没有应缴纳的增值税，纳税人仍须提交增值税申报表。纳税人应线上提交增值税申报表，并以科朗（哥斯达黎加货币）支付税款。

小规模纳税人应每季度提交一次申报表，在计税期满后的次月 15 日内提交申报，并在申报时缴纳税款。申报月份为 1 月、4 月、7 月和 10 月。即使没有应缴纳的增值税，纳税人仍须提交增值税申报表。

2. 抵扣

进项税额是指纳税人购买用于生产应税商品和服务所支付的增值税。一般而言，纳税人可以抵扣进项税。哥斯达黎加规定，在以下情形下产生的税款，纳税人可以抵扣进项税：（1）纳税人购买或进口货物和服务用于应税交易而支付的增值税，而且它们直接且仅与纳税人的活动相关；（2）为了保护在生产应税商品或服务过程中使用的商品支付的保险费，而且此类保险费直接且仅与纳税人的活动相关；（3）购买在生产、交易和分销免税商品或出口商品过程中使用的商品，虽然这些商品是免税商品，但在出口时，允许抵扣进项税额。

纳税人购买的货物和服务不用于纳税人生产、交易和分销货物和服务的过程之中，则不得抵扣进项税。

纳税人申请抵扣进项税额时，应附有有效的税务发票或海关文件。

在特殊情况下，如果纳税人预见未来三个月内不使用增值税抵扣，纳税人可以要求用进项税额抵减其他纳税义务。

纳税人不得要求退回在增值税登记前购买商品所缴纳的进项税。

如果纳税人可以抵扣部分税款，纳税人应根据法律的抵扣规定，按可抵扣的比例抵扣税额。如果纳税人从事适用低税率的应税交易，适用的抵扣税额等于低税率的比例。

关于税额抵扣的时效，法律允许纳税人在首次申报时或连续 4 年申报时申请抵扣。如果进项税额大于销项税额，法律允许将进项税额结转至以后的月份进行抵扣。如果纳税人认为在连续 3 个纳税年度内无法产生足够的收入来抵扣全部进项税额，法律允许纳税人根据税法的规定要求退税抵减。

当纳税人与免征增值税的国家机构开展业务，或从事免税出口业务，产生的税收抵扣额超过其有权获得抵扣总额的 75% 时，纳税人可以选择适用财政部为保证迅速有效地收回进项税额而制定的程序。

（六）发票管理

纳税人有义务就商品与服务交易开具经税务机关正式授权的发票或同等有效文件。

一般而言，增值税纳税人须为应税交易提供增值税电子发票。电子发票是强制性的，发票必须经过税务机关的授权。税务机关可以授权使用收银机和其他计算机系统开具发票。除其他要求外，电子发票必须包括正式发票号码和纳税人识别号，并单独显示增值税金额。增值税电子发票通常是申请进项税额抵扣的必要文件。

除非买方要求，小规模纳税人不需要为低于基本工资5%的销售额开具增值税发票。

增值税相关的记录和其他会计信息必须保存5年。纳税人可以通过电子或物理方式在哥斯达黎加保存记录。

（七）罚则

1. 未及时办理增值税登记

纳税人未及时办理增值税登记的，不得抵扣在登记时因购进并计入存货而产生的进项税额。逾期登记的增值税应当缴纳罚款和利息。

2. 逾期申报和缴纳税款

逾期提交增值税申报表：罚款为哥斯达黎加"基本工资"的50%（法律规定的"基本工资"为43.1万科朗）。根据缴纳税款的时间，罚款金额最多可减少80%。

逾期缴纳税款：每月或不足一个月按未付税款的1%处以罚款，但最高不得超过未付税款的20%。

3. 错误申报

如果纳税申报表错误，纳税人将被处以未缴税款50%的罚款。如果错误程度符合严重或非常严重的标准，则此类处罚可增加至100%或150%，包括的情形如下：未付税款高于基本工资的500倍，并满足某些其他要求，例如隐瞒信息或使用欺诈手段。根据缴纳税款时间的不同，罚款最多可减少80%。

4. 税务欺诈

当纳税人以任何作为或不作为的方式，以错误计算的应纳税额对税务机关实施欺诈时，即发生税务欺诈。欺诈导致少缴税款超过基本工资500倍的，公司董事将被判处5~10年有期徒刑。

三十六、科特迪瓦
（Côte d'Ivoire）

（一）基本介绍[①]

科特迪瓦自 1960 年开征增值税，由科特迪瓦税务局（Ivory Coast Tax Administration/Direction Générale des impôts，DGI）管理。

（二）纳税义务人

应纳税人是指提供应税货物或服务或进口货物的任何商业实体或个人。个人或实体只有在年应税营业额超过 2 亿西非法郎（XOF）时，才可以进行增值税登记。部分不缴纳增值税的企业可能会被自动登记，包括以下应税人员：

（1）椰子、植物、花卉、香蕉和菠萝的生产者，且年应税营业额超过 1 亿 XOF。

（2）用于商业或工业用途的裸体建筑的业主。

（3）属于正常税制的公共客运或货运公司。

（三）应税范围及税率

1. 应税范围

在科特迪瓦提供或使用商品或服务都需征收增值税。所有经济活动均属于增值税征收范围，包括独立专业人员的活动，例如律师、特许（职业）会计师等，但银行活动除外。一般情况下，银行业务需缴纳 10% 的特别税款；当银行业务涉及与其活动相关的中小型企业时，无论其信贷目的如何，银行业务的税率都降低到 5%；此外，银行或其他公司进行汇款业务需要缴纳 18% 的增值税。

2. 税率

（1）适用 18% 税率的：除另有规定外，所有的应税商品和服务都适用标准税率，

---

① 本篇资料来自科特迪瓦《一般税法》。

即 18% 税率。

（2）适用 9% 税率的：牛奶（不包括酸奶及任何其他乳制品）；婴儿牛奶和婴儿用复合食品制剂；100% 硬粒粗麦粉意面；太阳能生产设备；石油产品。

（3）适用零税率的：出口货物及服务。

（4）免税对象：图书销售和图书制作工作；报刊销售；药品销售，以及原料和石化产品；销售天然食品，但西非经共体以外进口的高档大米和肉类除外；在寄宿制学校进行的教学活动，但不包括售卖物品、宿舍用品及食物等附带活动；面包、谷物面粉和用于制造这些面粉的谷物的销售；鱼类冻结操作。

（四）应税时间与应税地点

1. 应税时间

销售货物的应税时间为货物交付的时间。提供服务的应税时间为支付全部或部分价款时。代扣代缴的应税时间为支付全部或部分价款时。资产租赁的应税时间为每次付款时。进口货物的应税时间为货物进入海关时。

2. 应税地点

科特迪瓦的进口商品和本地销售的商品均应缴纳增值税。

（五）申报、缴纳与抵扣规则

1. 申报与缴纳

年应税营业额超过 5 亿 XOF 的一般纳税人应当每月申报增值税，并在次月 15 日内缴纳税款。年应税营业额在 2 亿～5 亿 XOF 的小规模纳税人应当每季度申报一次增值税。纳税人在进行纳税申报时应同时缴纳税款。对于大型企业税务中心和中型企业税务中心管理的下列纳税人，纳税申报和缴纳税款应在以下日期内完成：

（1）工业、石油和矿业公司：次月 10 日内。

（2）商业公司：次月 15 日内。

（3）服务公司：次月 20 日内。

2. 抵扣

纳税人可以抵扣为维持业务所必需的货物和服务而产生的进项税额。进项税额包括对所提供的货物和服务征收的税款、对进口货物支付的税款以及代扣代缴中支付的税款。购买非用于应税目的的货物和服务不得进行进项税额抵扣。不可抵扣的进项税额包括：

（1）以下建筑：用于工业和类似用途的建筑物和房舍；行政和商业建筑。

（2）以下车辆：特种车辆、商业车辆、用于客运和货运的公共运输。

（3）家具物件。

（4）以个人身份代表董事开展的银行业务。

（5）设备、房屋、物品或车辆的租赁、维护和修理。

（6）酒店和餐馆费用。

（7）车辆的燃料费用。

（六）发票管理

应纳税人应当为所有应税产品提供标准化发票。发票必须至少包含以下基本信息：（1）不含增值税的购买价格；（2）增值税税率；（3）应付增值税金额。发票形式必须为纸质，电子发票目前在实践中不被允许使用（相应的法令尚未公布）。某些应纳税人可以开具非标准化发票，例如药店、邮局、银行、保险公司等。所有发票或同等文件必须由纳税人保存6年。

（七）罚则

1. 未及时办理增值税登记

延迟增值税登记将被处以100万 XOF 的罚款。

2. 逾期申报和缴纳税款

应税人未能在法定期限内提交增值税申报表的，应支付应纳税额10%的罚款。每延期一个月，还将按应纳税额的1%计算罚息。

3. 错误申报

税务机关发现增值税申报有误时，纳税义务人除支付逾期罚息外，还须增加以下费用：（1）如果不充分、不准确或漏报的税额不超过实际应缴税额的1/4，则交纳应缴税额30%的罚金；（2）超过实际应付费用的1/4，则交纳应缴税额60%的罚金。

4. 税务欺诈

税务信息不准确或遗漏的，如果存在欺诈行为，则征收应纳税额150%的附加费。

三十七、克罗地亚
（Croatia）

（一）基本介绍①

克罗地亚自 1998 年 1 月 1 日起开征增值税。其增值税主管机关为财政部（Ministry of Finance）。

（二）纳税义务人

根据克罗地亚《增值税法》第 6 条的规定，克罗地亚的增值税应纳税人是指所有独立从事经济活动的人，不管其经济活动的目的和结果为何。

1. 登记门槛

对于在克罗地亚境内进行贸易的外国企业，若该企业在其本国登记了增值税或商品与服务税，则其增值税登记门槛为零。

对于通过互联网向克罗地亚的消费者出售商品（远距离销售）的欧盟增值税登记公司，增值税登记门槛为 27 万库纳（HRK），约为每年 36000 欧元。

2. 自愿登记

小企业特别计划所规定的应税人，可以在开始经营活动时自愿登记，也可以在经营年度内登记。在自愿注册的情况下，企业家必须在 3 年内保持增值税应纳税人的身份。

3. 免于登记

克罗地亚《增值税法》没有关于免于登记的规定。

（三）应税范围及税率

1. 应税范围

克罗地亚《增值税法》第 4 条规定，增值税征税对象包括：（1）应纳税人在境内为

---

① 本篇如无特别注明，资料均来自克罗地亚财政部网站，https://mfin.gov.hr/（accessed on 20240228）。

对价而给付的商品；（2）符合条件的在境内为对价而进行的欧盟内部商品采购；（3）应纳税人在境内为对价而提供的服务；（4）进口商品。

2. 标准税率25%的征税对象

除另有规定外，所有的应税商品和服务都适用增值税税率25%。

3. 适用税率13%的征税对象示例

适用增值税税率13%的商品和服务包括但不限于以下项目：（1）商业餐饮、住宿服务（包括只提供床和早餐的房间、半食宿、全食宿）及上述服务的代理佣金；（2）不适用5%税率的报纸、定期发行物（但用于广告目的及包含视频或音乐内容的除外）；（3）动植物食用油和脂肪；（4）汽车座椅、婴儿尿布、婴儿食品和婴幼儿谷物加工食品；（5）特别立法规定的公共用水及公共排污（但瓶装水和其他有包装的水除外）；（6）音乐会门票；（7）向其他电力供应商或终端用户提供电力及相关费用；（8）按特殊规定收集混合城市垃圾、可生物降解城市垃圾和单独收集垃圾的公共服务；（9）骨灰盒和棺材；（10）幼苗和种子；（11）化肥、农药等农用化学品；（12）动物饲料（宠物饲料除外）；（13）活体动物；（14）新鲜或冷冻肉、内脏或血液制品；（15）新鲜或冷冻鱼、软体动物或其他水生无脊椎动物；（16）新鲜或冷冻甲壳动物：龙虾、小龙虾、虾、对虾；（17）新鲜或冷冻蔬菜、根和块茎，包括干豆科蔬菜；（18）新鲜水果、果干和坚果；（19）新鲜鸡蛋；（20）根据版权法，作家、作曲家和艺术家的服务和相关稿酬；（21）特别立法规定的食物和甜点的准备与供应。

4. 适用税率5%的征税对象示例

适用增值税税率5%的商品和服务包括但不限于以下项目：（1）面包；（2）牛奶（酸奶、巧克力奶和其他奶制品除外）；（3）专业类、科学类、艺术类、文化类及教育类书籍（但用于广告目的及包含视频或音乐内容的除外）；（4）经药物主管机关授权的药物；（5）医疗产品、辅助设备和其他残疾人使用的设备；（6）电影票；（7）每日发行的报纸杂志（但用于广告目的及包含视频或音乐内容的除外）；（8）科学杂志。

5. 免税对象示例

免收增值税的活动包括但不限于以下项目：（1）公益活动；（2）邮政服务；（3）医院提供的服务和保健服务；（4）社会关怀服务；（5）金融服务；（6）保险交易；（7）不动产交易。

应纳税人可以对与其所提供的商品或服务相关的税额抵扣进行选择。同时，应纳税人也可以选择将不动产和土地（建设用地除外）的增值税转为其他应纳税人的应纳税额，该应纳税人完全有权就其进行的相应收购申请增值税进项税额抵扣。纳税义务人选择权可以在给付商品或服务时行使。

（四）应税时间与应税地点

1. 应税时间

克罗地亚的一般规则规定，增值税应税时间为交付商品或提供服务时。如果所提供的商品或服务未开具发票，则应在交付商品或提供服务的纳税期（月）的最后一日缴纳增值税。

（1）预付款及保证金。如果在给付之前付款（预付款），则应在收到预付款时缴纳增值税，并开具普通增值税发票。上述规则不适用于与欧盟内给付和采购有关的预付款以及进口情况。

（2）持续提供服务。如果服务在几个纳税期内持续提供，则无论发票是否已开具，都需要在提供服务的每个纳税期结束时缴纳增值税。

（3）反向征收服务。反向征收服务通常在服务被提供时应税，即接受方消费服务时。

（4）租赁资产。克罗地亚《增值税法》对租赁协议的增值税处理作了具体规定。它根据所涉租赁是经营租赁还是融资租赁来区分对租赁交易的增值税处理。一般而言，融资租赁安排被视为商品交易，而经营租赁则被视为服务提供。如果承租人承担折旧费用并且可以取得对该资产的所有权的融资租赁，应纳税人须在该资产提供给承租人的会计期间就发生租赁总价值缴纳增值税。如果出租人承担租赁资产的折旧费用而承租人没有购买选择权的经营租赁，应纳税人须就纳税期产生的租金缴纳增值税。如果租金不按照纳税期确定，即按月确定，则应按月计算。

（5）进口商品。进口增值税应在商品进口时或商品离开关税暂停区并放行自由流通时缴纳。自 2018 年 1 月 1 日起，对于纳税人作为资本商品进口的金额超过 100 万库纳的明确列出的机械和设备，如果进口纳税人在其增值税申报表中包含相关增值税额并已获得海关当局关于此类增值税计算和支付制度的决议，则增值税应视为已支付。对于上述进口的机械和设备，将适用反向征收（无现金流影响）。

（6）欧盟内部采购。应税时间是在欧盟内采购商品之时，发票开具时需要缴纳增值税。发票应不迟于交货月份的次月 15 日开具。如果发票没有及时开具，则应在取得商品当月的次月 15 日前缴纳增值税。

（7）欧盟内部商品给付。一般来说，对于欧盟内部商品给付，应税时间是开具发票的时间。否则，应税时间为给付商品次月 15 日前。但是，如果供应商证明商品已离开克罗地亚境内，并且从客户处获得了增值税识别号，则欧盟内部商品给付可免缴增值税。

2. 商品的应税地点

在克罗地亚，商品的应税地点一般规则为：（1）未发运或运输的商品应税地点为给付时商品所在地；（2）由供应商、买方或第三人发运或运输的商品应税地点为商品发出所在地，若商品从第三国发出，则应税地点为进口欧盟成员国；（3）在欧盟客运期间，在船舶、飞机或火车上给付商品的应税地点为客运的起点；（4）在欧盟内应税转售商通过天然气、电力、热力、冷气系统运输的商品的应税地点为转售商的总部所在地或商品所在地的常设机构，若不存在总部或常设机构，则为其永久或惯常居所地。

3. 服务的应税地点

在克罗地亚，服务的应税地点一般规则为：①向应纳税人提供的服务：应税地点为该应纳税人（服务接受者）的总部所在地；若在总部外的常设机构提供服务，则应税地点为常设机构所在地；若不存在总部或常设机构，则为其永久或惯常居所地。②向非应税人提供的服务：应税地点为提供服务的应纳税人的总部所在地；若在总部外的常设机构提供服务，则应税地点为常设机构所在地；若不存在总部或常设机构，则为其永久或惯常居所地。

除此之外，克罗地亚《增值税法》还规定了特殊服务的应税地点确定规则。

（五）申报、缴纳与抵扣规则

1. 申报与缴纳

在克罗地亚，增值税申报表、欧盟委员会销售清单、欧盟委员会购买清单都需在纳税期当月的第 20 日前提交。增值税需在纳税期次月结束前缴纳。

2. 抵扣

应纳税人可就其出于商业目的向其他应纳税人提供的商品和服务申请进项税抵扣。相关进项税包括对在克罗地亚提供的商品和服务征收的增值税、对进口商品征收的增值税，以及对欧盟内部采购、三角商品采购和反向征收服务征收的增值税。

但是，若应纳税人所购买的商品和服务不用于商业目的（例如，为企业家私人使用而购买的商品）时，则不得抵扣进项税。此外，部分营业性支出项目的进项税可能也无法抵扣。

（六）发票管理

1. 发票的开具和保管时间

应纳税人通常必须为所有应税项目开具发票，包括向其他应税人和非应税人的法人实体提供的出口和欧盟内部交易。不得为某些免税金融服务和某些其他交易开具发票。如果单据符合克罗地亚《增值税法》中规定的要求，则该单据可视为有效发票。克罗地亚增值税发票必须在提供应税项目时开具。发票必须保存 10 年。

2. 发票的内容

发票必须至少包含以下基本信息：（1）开具日期；（2）唯一识别号；（3）供应商的增值税号；（4）供应商和客户的完整地址；（5）提供的商品或服务的完整描述；（6）商品数量的详细信息（如果有）；（7）单价（如果有）；（8）供货日期（与发票日期不同）；（9）给付的应税净值；（10）适用的增值税税率，以及按税率计算的增值税额；（11）发票总额。

（七）罚则

1. 未注册和延迟注册

对于未能注册或延迟注册的罚款金额是 1000～200000 库纳。纳税人的负责人可能会被要求支付 500～40000 库纳。

2. 不完整和不正确的增值税申报表

对于不正确的增值税申报表，罚款金额是 2000～500000 库纳。纳税人的负责人可能会被要求支付 1000～50000 库纳。

3. 不遵守发票和会计义务

对于不遵守发票和会计义务的罚款金额为 2000～500000 库纳。纳税人的负责人可能会被要求支付 1000～50000 库纳。

4. 不支付和延迟支付增值税

对于未能支付增值税的罚款 2000～500000 库纳。纳税人的负责人可能需要支付 1000～50000 库纳的罚款。

5. 未提交和延迟提交增值税申报表

对于没有提交或延迟提交增值税申报表的罚款 2000～500000 库纳。纳税人的负责人可能会被要求支付 1000～50000 库纳。

三十八、塞浦路斯
（Cyprus）

（一）基本介绍[①]

塞浦路斯自 1992 年 7 月 1 日起开征增值税。其增值税主管机关为税务局间接税部门（Tax Department，Indirect Taxation）。

（二）纳税义务人

1. 登记门槛

下列个人或公司都有义务进行增值税登记：（1）在任何月末，过去 12 个月内记录的应税销售额超过 15600 欧元。（2）在任何时候，有合理理由相信未来 30 日内应税销售额将超过 15600 欧元。年收入低于 15600 欧元的企业可以选择自愿注册。然而，这些门槛仅适用在塞浦路斯和欧盟注册的公司。

2. 自愿登记

根据塞浦路斯《增值税法》的相关规定，凡在塞浦路斯境内有营业机构，或经常居住地在塞浦路斯境内，并在塞浦路斯境外提供应税项目的应纳税人，可自愿登记增值税。塞浦路斯《增值税法》没有关于免于登记的规定。

（三）应税范围及税率

1. 应税范围

塞浦路斯的增值税应税范围包括：（1）塞浦路斯境内提供货物和服务；（2）从其他欧盟成员国购买货物；（3）向塞浦路斯的纳税人提供反向征税服务；（4）从欧盟以外的国家进口的货物。

---

① 本篇资料来自塞浦路斯税务局网站，https：//www. mof. gov. cy/tax（accessed on 20240228）。

2. 适用税率19%的征税对象

除另有规定外，所有的应税货物和服务及进口货物都适用19%的增值税标准税率。

3. 适用税率9%的征税对象

以下项目适用9%的增值税税率：（1）餐饮服务（提供酒精饮料除外）；（2）乘客及其行李的出租车运输；（3）酒店和其他类似的住宿服务，包括提供度假住宿；（4）综合服务，包括提供早餐或半食宿或全食宿的酒店或类似住宿服务，以及其他餐饮设施如酒精饮料、啤酒和葡萄酒的综合服务。

4. 适用税率5%的征税对象示例

适用5%增值税税率的商品和服务包括但不限于以下项目：（1）殡仪馆提供的服务；（2）作家和作曲家的服务；（3）垃圾收集；（4）垃圾处理；（5）道路清洁；（6）肥料；（7）动物饲料；（8）液化石油气；（9）残疾人士的各种物品；（10）城乡公共汽车票价；（11）水；（12）药品；（13）食品（餐饮过程中提供的除外）；（14）购买、建造或翻修用作私人主要住宅的房屋或公寓，包括私人房屋的增建或扩建，但须距首次入住已过去至少3年。

5. 适用税率3%的征税对象（2023年新增）

自2023年7月21日起，对某些商品和服务实行3%的超低增值税税率。具体而言，对古典作品的音乐和舞蹈作品的戏剧表演、垃圾收集和处理清洁服务（国家机关、地方政府机关和公法组织提供的服务除外）、污水处置和处理以及水箱和工业用水箱的排放采用3%的增值税优惠税率。此外，推广文化产品的商品（如以实物或电子方式提供的书籍、报纸和杂志等）以及为有特殊需求的公民提供服务的商品的增值税税率从5%降至3%。

6. 零税率征税对象示例

零税率适用对象包括但不限于以下项目：（1）提供、租赁和修理海运船舶、飞机及相关服务；（2）国际客运；（3）向欧盟以外地区出口的货物及相关服务；（4）向在欧盟境内设立的另一应纳税人或欧盟以外的接受者提供欧盟内部货物和服务。

7. 免税对象示例

塞浦路斯不适用免税选择。以下商品及服务免征增值税，且不可抵扣进项税额：（1）住宅用不动产的租金；（2）金融服务（部分例外）；（3）医院和医疗护理服务；（4）社会福利；（5）人体器官移植；（6）保险服务；（7）在一定条件下提供的教育服务。

（四）应税时间

货物的应税时间是下列日期中最早的一个：货物交付日；发票开具日；付款日。

服务的应税时间是下列日期中最早的一个：服务完成或履行日；发票开具日；付款日。

如果发票是在商品交付或服务提供之日后 14 日内开具的，则应税时间为发票开具日期，除非此日期被较早付款日期取代。经税务机关批准，14 日的期限可以延长。

（五）申报、缴纳与抵扣规则

1. 申报与缴纳

塞浦路斯增值税申报表按季度提交。季度增值税申报表必须在增值税季度结束后次月的第 10 日之前提交，并于当日缴纳应付增值税。

所有应纳税人必须进行电子申报，通过 Taxisnet 系统在线提交季度增值税申报表，并可通过任何商业银行的收款机进行银行转账，以及通过选定银行机构的"网上银行"平台缴纳增值税。

2. 抵扣

在塞浦路斯，应纳税人购买非用于商业目的的商品和服务（例如，企业家为私人使用而购买的商品）时，无法抵扣进项税。此外，部分营业性支出项目的进项税也可能无法抵扣，如购买或租赁轿车，住宿、餐饮和娱乐（员工使用除外），私人支出等。

应纳税人需通过 Taxisnet 系统填写表格，以电子方式申请增值税退税。凡提出增值税退税申请的应纳税人，若相关款项迟延退还超过自提出退税申请之日起 4 个月，有权获得含息增值税退税；但若专员对退税进行增值税审计，则 4 个月的期限可延长至 8 个月。

增值税退税通过银行转账方式进行。应纳税人为了获得退款，必须填写有关表格，并将其连同银行签发的 IBAN 证书或显示银行详细信息的文件一起提交给地方增值税办公室。

（六）发票管理

塞浦路斯关于增值税发票格式和信息的规则大致符合欧盟《增值税指令》的相关义务及其增值税发票要求。塞浦路斯应税人员通常必须提供所有应税项目的增值税发票，包括出口和共同体内部交易货物。价值低于 85 欧元的零售交易不自动提供发票（如果不是供应给欧盟其他成员国的人），除非客户要求。

根据欧盟 2008/9/EC 指令或第 13 指令，增值税发票是支持进项税额抵扣或退税的必要凭证。如果已收到向客户提供货物或服务的预付款，应开具发票。

发票至少保存 6 年。发票必须至少包含以下基本信息：（1）发票开具日期；（2）唯一识别号；（3）供应商的增值税号；（4）供应商和客户的全名和地址；（5）提供的商品或服务的完整描述；（6）商品数量的详细信息（如果有）；（7）含税销售额；（8）适用的增值税税率和增值税金额；（9）说明是否涉及现金支付、预付款等情况。

（七）罚则

1. 迟延登记

每迟延一个月登记，将被处以罚款 85 欧元。

2. 迟延提交申报表和缴纳增值税

自 2020 年 8 月 20 日起，对每份逾期提交的增值税申报表处以 100 欧元的一次性罚款。延迟支付未缴增值税金额将导致未缴金额 10% 的罚款。未缴金额和罚金的年利率为 1.75%（利息按整月计算）。

对于内部交易表，每一份逾期提交的表格将被处以 15 欧元的一次性罚款。任何不提交或延迟提交内部交易表超过 30 日的行为都构成刑事犯罪，如果被定罪，最高可处以 2562 欧元的罚款。

对于商品的概要说明，每迟交一份商品的概要说明将被处以 50 欧元的一次性罚款。持续不提交商品的概要说明构成刑事犯罪，如果定罪，罚款最高可达 850 欧元。

3. 税务错误

（1）未申请反向征收：自 2021 年 7 月 1 日起，如果未能申请反向征收条款，每项增值税申报表将被处以 200 欧元的一次性罚款，但不超过 4000 欧元的罚款总额。

（2）未在规定期限内保留记录：罚款 341 欧元。

（3）开具未经授权的发票：罚款 85 欧元。

4. 税务欺诈

（1）欺诈性逃税可能会被处以 3 年以下有期徒刑或 3 倍于应付金额的罚款，或两者并罚。

（2）接收逃避增值税的商品可能导致 12 个月的监禁或 8543 欧元的罚款，或两者并罚。

（3）增值税专员经评估认为应纳税人未缴纳完全增值税，可能导致长达 12 个月的监禁或 8543 欧元的罚款，或两者并罚。

同时，根据塞浦路斯立法和最近的判例法，任何公司负责人，即董事和秘书，也可能对上述罪行负责。

三十九、捷克
（Czech）

（一）基本介绍[①]

捷克共和国自1993年1月1日起开征增值税。其增值税主管机关为财政部。

（二）纳税义务人

1. 登记门槛

位于捷克的公司，若在任何连续的12个月内营业额超过200万捷克克朗（CZK），则必须登记为应纳税人。

对于非居民公司，没有登记门槛，但如果满足以下条件，则必须注册为增值税支付方：相关给付需缴纳捷克增值税（除非将申报和支付增值税的责任转移给接收方），或者从捷克向另一个欧盟成员国提供商品。

2. 自愿登记

如果一家公司在捷克提供或打算提供应税给付的价值未达到登记门槛，或提供可抵扣进项税的免税给付，其可以自愿登记增值税。

3. 免于登记

捷克没有关于增值税免于登记的规定。

（三）应税范围及税率

1. 应税范围

下列交易需缴纳增值税：（1）在捷克境内，由应纳税人为对价而提供的服务或商品（包括不动产转让）；（2）在捷克境内，由应纳税人为对价而进行的欧盟内部商品采

---

① 本篇如无特别注明，资料均来自捷克共和国财政部网站，https：//www.mfcr.cz（accessed on 20240228）。

购；（3）未经成立或设立的法律实体为进行商业活动所进行的欧盟内部商品采购；（4）非应税人为对价而从欧盟另一成员国购买新的运输工具；（5）向捷克进口商品（不论客户的身份如何）。

2. 适用税率21%的征税对象

除另有规定外，所有的应税商品和服务都适用21%的标准税率。

3. 适用税率12%的征税对象示例

在捷克，适用12%增值税税率的商品和服务包括但不限于以下项目：（1）食品，药品，麦芽，饮用水，文化和体育，报纸；（2）医疗器械的维修和运作；（3）航空客运；（4）医疗保健；（5）非酒精饮料；（6）酒店住宿；（7）公共交通；（8）婴儿食品；（9）餐厅和餐饮；（10）儿童、老年和残疾家庭护理。

4. 零税率征税对象示例

在捷克，零税率适用对象包括但不限于以下项目：（1）出口商品；（2）社区内物资供应；（3）旅客及行李的国际运输；（4）与商品进出口直接相关的运输与服务。

5. 免税对象示例

在捷克，以下商品及服务免征增值税，且不可进行进项税抵扣：（1）基本邮政服务；（2）保险；（3）金融服务；（4）不动产转让（自首次建筑许可证颁发后或第一次批准使用或第一次使用起满五年；若房地产业发生重大变化，将重新启动五年的免税测试），以及非建设用地转让；（5）不动产租赁（不包括短期租赁、停车场租赁、保险箱租赁和机器租赁）；（6）教育；（7）投注、博彩；（8）医疗保健；（9）社会福利。

捷克的纳税义务人享有对免税对象的选择权，具体如下：在某些情况下，如果客户同意，应纳税人可以选择对有资格免税的房地产或非建筑用地进行纳税。如果供应商选择向另一个应纳税人征收房地产供应税，后者有义务通过当地反向征收机制支付增值税。若承租人同时也是应纳税人并将不动产用于经济活动的，应纳税人可以选择对房地产租金纳税。

自2021年1月1日起，这一税收选择将仅限于租用非住宅建筑。

（四）应税时间

增值税应税时间为下列时间的较早者：应税给付提供时；给付价款收到时。

一般认为，商品的应税时间为给付提供（运送）之时；服务的应税时间为服务履行之时或税务凭证开具之时的最早者。

1. 预付款

如果供应商在供货前收到价款，则供应商一般有义务为收到的价款出具增值税凭证，并申报和缴纳销项税。如果在收到预付款时未在收据上充分说明此为应税给付，或者预付款涉及不同的增值税税率或增值税制度，则不适用此规定。

2. 持续提供服务

如果服务期限较长，双方可在合同中约定部分服务提供。在这种情况下，应税时间是合同中约定的日期。如果双方之间没有此类协议，则应税时间是提供服务期间的最后一日，除非提前收到付款。

如果在捷克提供的应税给付超过 12 个日历月，则应税时间应视为给付开始的日历年后一年的最后一日，但根据公共机构的决定提供的服务、由国家支付的服务或由破产管理人提供的服务除外。

3. 反向征收服务

对于反向征收服务，应税时间是以下日期中的最早者：（1）提供服务的日期（特定规则可能适用于特定类型的服务）；（2）支付对价的日期，如果在收到付款时未充分说明此为应税供应，或者预付款涉及不同增值税税率或增值税制度的供应，则不适用此规定；（3）如果服务提供时间超过 12 个日历月且在此期间未支付对价，则为每个日历年的最后一日。

4. 租赁资产

租赁资产的应税时间取决于双方约定的租赁类型和合同文件。

（1）在允许客户在租赁后购买资产的融资租赁中，如果在正常情况下客户可能在租赁结束时购买资产，则应税时间是资产移交给客户的日期。

（2）对于标准租赁，应在商定的每月或季度分期付款时缴纳增值税。

5. 进口商品

进口商品的应税时间为商品放行自由流通（或导致缴纳增值税义务的另一海关程序）之时或商品离开关税暂停区之时。

6. 欧盟内部采购

欧盟内部采购的应税时间为下列日期中最早者：税务凭证开具之时；给付次月的第 15 日。

7. 欧盟内部商品给付

符合捷克《增值税法》的免税规定的欧盟内部商品给付的应税时间为给付次月的第 15 日，除非税务凭证开具日期更早。

（五）申报、缴纳与抵扣规则

1. 申报

捷克增值税申报表一般按月提交。应纳税人必须在应纳税期结束后的 25 日内提交增值税申报表并缴纳税款。

同时，在捷克登记的所有应纳税人都必须提交报告，即所谓的"控制声明（control statement）"。在控制声明中，增值税付款人必须提供已发出和已收到发票的详细证据，以便捷克金融管理局比较和检查应纳税人与业务伙伴的交易，但控制声明不能替代增值税申报表。法人实体必须在每个日历月提交报告，并且不得晚于应纳税期后的 25 日提交。

增值税支付者必须将所有增值税报告以电子方式提交给捷克税务机关。

2. 缴纳

应纳税人必须在提交申报表的同一时间内缴纳增值税，即在纳税期结束后 25 日内将税款转入税务机关的银行账户。增值税税款必须以捷克克朗支付。

3. 抵扣①

可申请抵扣的进项税包括对在捷克提供的商品和服务征收的增值税，对欧盟内部商品采购和接受反向征收机制的服务征收的增值税，以及对进口商品征收的增值税。

纳税人可凭借有效的税务凭证证明其享有增值税抵扣的权利。由另一捷克应纳税人提供的当地给付进项税不得在接收者获得有效税务凭证的纳税期之前抵扣。应纳税人仅可在取得抵扣权的纳税期届满后第二日起的 3 年内申请抵扣，逾期不得抵扣。

（六）发票管理

捷克关于增值税发票格式和信息的规则大致符合欧盟《增值税指令》的相关义务及其增值税发票要求。

1. 发票的开具和保管时间

捷克增值税发票必须在应税时间结束后的 15 日内开具。发票必须保存 10 年。

2. 发票的内容

发票必须至少包含以下基本信息：（1）开具日期；（2）唯一识别号；（3）供应商和客户的增值税号，供应商和客户的完整地址；（4）提供的商品或服务的完整描述；（5）商品数量的详细信息（如果有）；（6）单价和任何折扣（如果折扣未包含在单价中）；（7）供货日期（与发票日期不同）；（8）给付的应税净值；（9）适用的增值税税率，以及按税率计算的增值税额（以捷克克朗表示）；（10）支持适用零增值税的详细信息：出口，反向征收或欧盟内部给付；（11）涉及任何特殊计划，例如旅行社的保证金计划、二手商品、艺术品或古董计划等；（12）发票总额。

---

① Article 72, VAT Act of 2004 ［EB/OL］. https：//www.zakonyprolidi.cz/cs/2004-235（accessed on 20240228）.

（七）罚则

1. 迟延登记

若应纳税人未办理税务登记，则要追溯登记。税务机关可以对违反非货币性义务的行为处以罚款。此外，如果迟延提交增值税申报表和增值税分类账导致迟延缴纳增值税，税务机关将评估制裁措施。

2. 迟延提交申报表和缴纳增值税

（1）每迟延一日提交增值税申报表，每日将被处以相当于应付税款 0.05% 的罚款，罚款上限为应付税款的 5% 或 30 万捷克克朗。逾期付款会产生应付税款 14% 的费用。

（2）若税务机关的调查结果显示，应纳税人的税款少缴或退税增加，则按 20% 的统一税率对额外评估的增值税款征收罚款。

（3）未能以电子方式提交捷克增值税申报表，将被处以罚款 1000 捷克克朗。

（4）从第四个工作日开始，迟延缴纳的增值税将被收取违约利息。

3. 税务错误

捷克对于税务错误并未规定具体的处罚措施。

4. 税务欺诈

捷克对税务欺诈并未规定具体的处罚措施。如果企业知道或本应知道未缴纳增值税，税务机关可以拒绝其从此类给付中抵扣进项税，或者可以要求企业对未缴纳的增值税适用增值税担保机制承担连带责任。

四十、丹麦
（Denmark）

（一）基本介绍^①

丹麦自 1967 年 7 月 3 日起开征增值税。增值税主管部门为丹麦税务局（Danish Tax Agency）。

（二）纳税义务人

纳税义务人是指在经营过程中提供应税商品或服务、进行欧盟内收购或远程销售的任何实体或个人。丹麦居民企业的增值税登记门槛为年营业额 5 万丹麦克朗（DKK）。非居民企业不适用增值税登记门槛。因此，非居民企业一旦开始在丹麦提供增值税商品或服务，就必须进行增值税登记。如果企业只提供免征增值税的商品或服务，则无须进行增值税登记。然而，有些企业在提供免税商品和服务时必须缴纳薪俸税（register for salary duty）。例如，提供教育、医疗服务、金融服务、文化服务等的企业必须登记薪俸税。但是，向其他国家或从其他国家提供客运服务的企业，或作家、作曲家和表演艺术家的应税提供无须登记薪俸税。因年营业额不超过登记门槛而不需要登记增值税的丹麦实体可以选择自愿登记。

在丹麦境外设立的企业没有增值税登记门槛。因此，所有提供应税商品或服务的外国实体都必须登记增值税（除非为提供电子服务通过 MOSS 登记增值税，登记门槛为 1 万欧元）。在丹麦提供商品或服务而无须缴纳增值税的外国实体（因为根据反向征收机制增值税必须由买方缴纳）可以选择不在丹麦登记增值税。

（三）应税范围及税率

1. 应税范围

增值税适用于以下交易：（1）纳税义务人在丹麦提供商品或服务；（2）纳税义务

---

① 本篇资料来自丹麦《增值税法》，以及丹麦海关和税务管理局网站，https：// skat. dk/en-us/businesses/vat/ how-to-calculate-vat（accessed on 20240509）。

人从另一个欧盟成员国购买商品；（3）丹麦纳税义务人接受适用反向征收的服务；（4）从欧盟以外进口货物，不论进口商的身份。

2. 标准税率征税对象

增值税标准税率25%适用于所有商品或服务，除非有具体规定适用零税率或免税。

3. 零税率征税对象示例

丹麦的增值税零税率适用但不限于以下项目：（1）报纸；（2）向船舶提供的商品或服务；（3）向丹麦国家银行提供黄金。

4. 免税对象示例

免税对象指无须缴纳增值税并不得抵扣进项税额的商品和服务。在丹麦，免税对象包括：（1）医疗服务；（2）教育；（3）金融服务；（4）保险和再保险；（5）作家、作曲家和表演艺术家的作品；（6）文化服务；（7）旅客运输；（8）黄金投资；（9）不动产租赁。

（四）应税时间

增值税纳税义务发生时间被称为应税时间。商品的基本应税时间是交付时，服务的基本应税时间是服务完成时。如果在提供商品和服务之前开具发票，则增值税纳税义务发生时间为开具发票的时间。如果发票在提供商品和服务之后不久开具，则增值税纳税义务发生时间为接收发票的时间。

（五）申报、缴纳与抵扣规则

1. 申报与缴纳

营业额超过5000万丹麦克朗的纳税义务人必须每月提交增值税申报表。营业额为500万~5000万丹麦克朗的纳税义务人通常按季度提交申报表（可选择按月申报）。营业额低于500万丹麦克朗的纳税义务人必须每半年进行一次纳税申报。申报表必须以丹麦克朗为货币单位填写，税款也必须以丹麦克朗缴纳。

每月申报增值税的纳税义务人应在纳税期限后一个月的25日前提交纳税申报表并缴纳。按季度申报增值税的，应在纳税期限后的第三个月的第一日前提交纳税申报表并缴纳。每半年度申报增值税的，应在纳税期限后第三个月的第一日前提交纳税申报表并缴纳。

2. 抵扣

纳税义务人购买非用于商业目的的商品和服务（例如，企业家为私人使用而购买的商品）时，无法抵扣进项税。部分营业性支出项目的进项税也可能无法抵扣，例如，价值超过 100 丹麦克朗的商务礼品，购买或租用轿车，客车的维护，员工餐饮和娱乐。

（六）发票管理

丹麦纳税义务人通常必须提供所有应税项目的增值税发票，包括出口和欧盟内部交易。申请抵扣增值税以及退税必须要提供增值税发票。增值税贷记发票可以用于减少所征收的增值税。增值税贷记发票必须与原始的增值税发票交叉印证并包含与原始发票相同的信息。丹麦增值税法允许开具符合欧盟指令的电子发票。

如果总销售额不超过 3000 丹麦克朗（不含增值税），可以开具简化发票（simplified invoice）。简化发票必须包含以下信息：（1）开具日期；（2）连续的发票编号；（3）供应商的增值税号；（4）供应商名称和地址；（5）所提供商品或服务的数量和性质；（6）应付总额（total payable amount），含增值税；（7）应付增值税金额或计算增值税金额所需的信息，例如，明确增值税金额为含增值税的应付总额的 20%。

（七）罚则

1. 迟延登记

对增值税逾期登记不处罚款。但是，如果主管部门认为这应该被归类为重大过失，则可以收取最高 2 倍于该业务应登记期间应缴纳增值税的罚款。即使不处罚，在追溯登记时，税务机关也会对逾期缴纳的上期增值税征收利息。

2. 迟延提交申报表和缴纳增值税

延迟提交增值税纳税申报表的处以每笔催缴税款 65 丹麦克朗的罚款。如果企业仍未提交增值税申报表，丹麦税务机关将代表企业提交临时增值税申报表（temporary VAT return）。为此，企业将要额外缴纳 800 丹麦克朗。此外，延迟缴纳增值税还要计收利息。2021 年利率为每月 0.7%，按日计算。此利息不能在所得税中予以扣除。

3. 税务欺诈

如果一个企业或个人因故意或重大过失错误申报增值税，导致增值税多退或少缴，可能处以罚款或长达 18 个月的监禁。情节严重的可以延长监禁期限。在欺诈案件中，任何涉及的税务顾问都可能被处以罚款。情节严重的可以根据刑法起诉税务顾问，判处其监禁。

四十一、吉布提
（Djibouti）

吉布提自 2009 年 1 月 1 日起开始征收增值税。

（二）纳税义务人

自然人和法人在吉布提境内独立进行的交易，如购买货物用于转售，工业、商业、手工业活动，包括服务，均应征收增值税。

根据吉布提 2022 年的财政法，自 2022 年 1 月 1 日起，如果公司的年营业额达到或超过以下金额，应缴纳增值税：（1）货物销售、现场消费的销售和建筑公司建筑材料的销售达到 2000 万吉布提法郎；（2）其他任何活动达到 1000 万吉布提法郎。

纳税义务人需要自达到起征点的下一个会计年度起适用增值税规则。年营业额低于该起征点的公司，如果满足一定的条件，也可以选择适用增值税规则。

律师事务所、公证机构、咨询机构、会计师事务所等从业人员，不分年营业额大小，一律征收增值税。

（三）应税范围及税率

1. 应税范围

在吉布提增值税适用于以下交易：（1）在吉布提境内销售货物；（2）在吉布提境内提供服务；（3）进口货物。

2. 标准税率 10% 征税对象

除特别说明适用零税率外，增值税的标准税率 10% 适用于所有商品或服务。

---

① 本篇资料来自吉布提《一般税收法典》。

3. 零税率征税对象

在吉布提，零税率适用对象有：（1）出口货物或服务；（2）国际运输。

适用零税率须向税务机关提出申请。

自 2022 年 1 月 1 日起，依据该国的投资法，投资旅游业务、不动产销售和租赁以及加工业的新公司或企业，在安装或施工阶段的进口货物适用增值税零税率，但需要满足一定的形式要求。购买服务不适用增值税零税率。

4. 免税对象示例

在吉布提，增值税的免征对象包括但不限于以下项目：（1）银行和保险交易；（2）出售无形资产或不动产；（3）报纸的进口和销售（广告收入除外）；（4）提供文化、教育和医疗服务；（5）由国家和公共机构提供的服务（不涉及商业活动）；（6）进口卫生巾。

（四）罚则

当追缴增值税导致减少或取消已申报的增值税抵免时，罚款将根据总追缴额计算。

纳税义务人未提供发票的销售行为将受到等于税款损失的 50% 的税务罚款。如再次发生，罚款比例将提高至 100%。

任何基于虚假发票进行的税款扣除，如果与实际的商品购买或服务提供部分或全部不符，将受到抵免额 100% 的罚款。任何开具虚假发票的人都必须补缴增值税和罚款，受到刑事起诉的除外。

虚构的增值税退税请求构成欺诈犯罪，即使未能实际骗得退款也可能受到处罚。

未能及时提交增值税申报表的，将受到总额不低于 5 万吉布提法郎的罚款和罚息。

四十二、多米尼加
（Dominican）

（一）基本介绍^①

（一）基本介绍①

多米尼加共和国自 1992 年 5 月 16 日起开始征收与增值税类似的商品和服务交易税，该税种的主管机关为国家税务总局（General Directorate of Internal Taxes）。

（二）纳税义务人

多米尼加的商品和服务交易税纳税义务人包括：（1）日常提供工业商品作为其商业活动一部分的个人或企业，无论是国内的还是国外的；（2）进口应征商品和服务交易税的商品的个人或企业；（3）提供应征商品和服务交易税的服务的个人或企业。

多米尼加的商品和服务交易税无登记门槛，因此没有任何关于自愿登记的规定，即所有提供应税商品或服务（包括免税）的个人或企业都有义务登记商品和服务交易税。

纳税义务人必须在开始应税活动之日起 30 日内，将其活动告知税务机关。此外，纳税义务人必须为其业务开具有效的税务发票。

多米尼加的商品和服务交易税没有关于纳税义务人免于登记的规定。

（三）应税范围及税率

1. 应税范围

在多米尼加，商品和服务交易税适用于以下交易：（1）提供或流转工业商品；（2）进口工业商品；（3）租赁和提供服务。

2. 适用税率 18% 的征税对象

商品和服务交易税的标准税率 18% 适用于所有应税商品或服务，除非有具体规定适用低税率、零税率或免税。

---

① 本篇资料来自多米尼加共和国国家税务总局网站，https：//www.dgii.gov.do（accessed on 20240228）。

3. 适用税率16%的征税对象示例

在多米尼加，适用16%商品和服务交易税的对象包括但不限于以下项目：（1）酸奶和其他乳制品衍生品；（2）咖啡；（3）黄油、人造奶油和油；（4）可可粉（含糖或不含糖）和未加糖的可可棒；（5）糖。

4. 零税率征税对象示例

出口商品。

5. 免税对象示例

在多米尼加，商品和服务交易税的免税对象包括但不限于以下项目：（1）活体动物；（2）新鲜、冷藏或冷冻肉类；（3）可食用的或用于繁殖的鱼；（4）牛奶、鸡蛋和蜂蜜；（5）未经加工的水果；（6）可可、巧克力和一些谷物和谷类食品；（7）特定类型的药物；（8）特定类型的书籍和杂志；（9）教育服务，包括戏剧、芭蕾舞、歌剧和舞蹈；（10）医疗服务；（11）电力、水和垃圾收集服务；（12）金融服务，包括保险。

（四）应税时间

商品的基本应税时间是发票的开具时间。如果没有发票，则是商品的交付或提取时间。

服务的基本应税时间为下列较早者：提供服务时间；开具发票时间；全部或部分支付价款时间。

（五）申报、缴纳与抵扣规则

商品和服务交易税必须按月申报。纳税义务人必须在核定纳税义务后次月的前20日内提交纳税申报表，即便在纳税期限内没有产生纳税义务，纳税义务人也必须提交。

商品和服务交易税纳税义务人必须在核定纳税义务后次月的前20日内缴纳相应的商品和服务交易税。

应纳税款必须以多米尼加比索（DOP）缴纳。

商品和服务交易税纳税义务人为购买下列商品和服务缴纳税款可以作为进项税抵扣：（1）购买应征商品和服务交易税的国内商品和服务；（2）进口应征商品和服务交易税的商品。

抵扣进项税必须要提供与购买国内商品和服务以及进口商品相关的文件。

（六）发票管理

商品和服务交易税纳税义务人必须提供发票，发票上注明纳税金额。此外，发票必须记载有财政支持号（fiscal supporting number，NCF）和纳税义务人登记号（taxpayer's registration number，RNC）。NCF 由税务机关根据纳税义务人要求确定的字母数字序列组成。纳税义务人可通过其计算机系统直接印制有 NCF 的发票，或由经税务机关正式授权的机构印制。

多米尼加允许使用电子发票，但不是强制性的。

（七）罚则

1. 迟延登记

纳税义务人未及时登记商品和服务交易税的，不得抵扣购买商品和服务所缴纳的进项税额。税务机关可以核定未缴纳的商品和服务交易税，也可以核定逾期登记的罚款和利息。

2. 迟延提交申报表和缴纳流转税

以下是对延迟缴纳商品和服务交易税或不履行税收义务的处罚：

（1）滞纳金：对第一个月未支付的税款，收取未支付税款的 10% 作为滞纳金，并对每个后续月份收取 4% 的滞纳金。

（2）利息：每月收取未支付税款的 1.1% 作为利息，该利息也将计算滞纳金。

3. 税务违规行为

未正确履行纳税义务可能被处以最低工资 5～30 倍的罚款。违规行为包括：（1）未依法律规定保存会计账簿或记录；（2）注册商品和服务交易税时提供虚假信息；（3）未在有关税务登记处登记；（4）拒绝向税务机关提供资料；（5）没有提交报税表以计算税款。

4. 税务欺诈

纳税义务人因各种作为或者不作为，作不实的纳税申报，导致少向税务机关申报应纳税额，未构成骗税的，可处以所欠税款加利息 2 倍以下的罚款，并责令停业。对无法查清应纳税额的，可处以最低工资（约 200 美元）10～50 倍的罚款。逃税罚款不能与滞纳金同时适用。

四十三、厄瓜多尔
（Ecuador）

（一） 基本介绍[①]

厄瓜多尔自 1989 年 12 月 31 日起开始征收增值税。其增值税主管机关为厄瓜多尔国家税务局（Ecuadorian Internal Revenue Service）。

（二） 纳税义务人

纳税义务人是指在厄瓜多尔经营业务过程中从事下列活动的个人或企业：有形动产的流转和进口；提供和进口服务。

厄瓜多尔增值税没有登记门槛。厄瓜多尔税法没有任何关于免于登记和自愿登记的规定。

登记时必须向税务机关提交下列文件：（1） 法定代表人签署的 RUC – 01 – A 表格；（2） 在商业登记处正式登记的公司章程公契（public deed of the constitution of the company）；（3） 在商业登记处正式登记的法定代表人；（4） 公司监督部门（the superintendence of companies） 提供的总数据表；（5） 法定代表人身份证或护照。

企业必须直接到税务机关登记税号。登记增值税时，所有文件必须是原件和经过公证的复印件。法定代表人必须直接办理登记或出具授权书交由其他负责人办理。办理增值税登记预计需 3 个小时。

（三） 应税范围及税率

1. 应税范围

在厄瓜多尔，增值税适用于以下交易：（1） 在厄瓜多尔提供商品或服务；（2） 从厄瓜多尔境外进口商品和服务；（3） 提供版权、工业产权和相关权利（包括知识产

---

① 本篇资料来自厄瓜多尔国家税务局网站，https：//www.sri.gob.ec/web/intersri（accessed on 20240228）。

权）；（4）数字服务进口。

2. 标准税率征税对象

增值税的标准税率12%适用于所有商品或服务，除非有具体措施规定适用零税率或免税。

3. 零税率征税对象示例

在厄瓜多尔，增值税零税率适用对象包括但不限于以下项目：（1）未经加工的食品；（2）农产品（如合格的种子、植物和根）和农业设备；（3）药品和兽医产品；（4）纸张、报纸、杂志、书籍和出版服务；（5）出口商品；（6）客运和材料运输以及航空货运；（7）教育；（8）医疗服务；（9）公共电力、饮用水和污水处理服务；（10）住房租赁；（11）金融证券交易；（12）具有感应系统的家用厨房电器；（13）太阳能电池板和废水处理厂；（14）LED灯；（15）电动汽车充电器；（16）提供网页域名、服务器（托管）和云计算服务。

4. 免税对象示例

免税提供是指免征增值税的商品和服务，免税商品和服务不得抵扣增值税进项税。在厄瓜多尔，增值税免征对象包括但不限于：（1）业务转让；（2）公司合并、分立和转让；（3）向慈善机构捐款；（4）股票等流通票据的转让；（5）房地产租金和相关维护费用。

在厄瓜多尔不得选择就免税项目缴纳增值税。

（四）应税时间

增值税纳税义务发生时间称为应税时间。基本应税时间是商品交付时间或提供服务时间。交易的发票必须在应税时间开具。

厄瓜多尔没有关于持续提供服务的特殊应税时间规则。因此，适用一般的应税时间规则，即交付商品或提供服务时产生应税义务。

（五）申报、缴纳与抵扣规则

1. 申报与缴纳

增值税申报表一般按月提交。申报增值税应在纳税期满后的下个月10~28日。税务机关以增值税纳税义务人的增值税识别号（RUC）的第9个号码确定的其申报截止日期。

纳税义务人销售和购买的商品和服务都仅适用零税率的，必须每6个月申报一次增值税。申报截止日期为7月10~28日（1~6月的交易）和1月10~28日（7~12月的交易）。

纳税义务人必须在纳税申报期限届满后的下个月 10~28 日全额缴纳增值税，增值税必须以美元支付。

2. 抵扣

在厄瓜多尔，下列相关的进项税额可以抵扣：（1）出口商品和服务（有限制条件）；（2）进口和当地采购用于生产出口货物的商品和原材料；（3）向政府提供商品或服务（有限制条件）；（4）视听、电视和电影制作活动（有限制条件）。

（六）发票管理

一般来说，增值税纳税义务人必须为每项应税交易（包括出口）开具发票。这些发票是抵扣增值税的必要条件。

在厄瓜多尔，所有纳税义务人（包括特别纳税人、出口商、互联网商家、信用卡发行人和管理人、金融机构以及开展电视和通信业务的实体等）一般都必须使用电子发票。此外，任何纳税人都可以向税务机关申请开具电子发票。

电子发票适用普通发票的一般规则。纳税义务人开具的电子发票必须包括交易金额、适用的增值税税率、开具日期和地点、参与交易纳税义务人的身份等信息。

（七）罚则

1. 迟延登记

在厄瓜多尔，增值税迟延登记不受处罚。

2. 迟延提交申报表和缴纳流转税

对不履行增值税义务的企业或个人处罚包括最高为税务机关损失金额 5 倍的罚款、关闭企业和监禁。

3. 税务错误

如果出现错误意味着需要额外缴纳增值税，则加收利息。其他违反监管规定的行为可能面临最高达 1500 美元的罚款。

4. 税务欺诈

税务欺诈的个人或企业的法定代表人和提交纳税申报表的会计师则可能被判处 1 年以上 7 年以下有期徒刑。

四十四、埃及
（Egypt）

（一）基本介绍[①]

埃及自 2016 年 9 月 7 日起开始征收增值税。其增值税主管机关为财政部（Ministry of Finance）。

（二）纳税义务人

任何自然人或法人在增值税法律生效后，其销售总额在任何财政年度或部分财政年度超过登记门槛的，都必须自超过登记门槛之日起 30 日内向税务机关登记。

埃及增值税法没有关于免于登记、自愿登记的条款。

（三）应税范围及税率

1. 应税范围

所有在境内提供的以及进口的商品及服务均须缴纳增值税，但特别免税的除外。法律将服务定义为进口或在境内提供的任何不属于商品的工作。

2. 标准税率征税对象

增值税的标准税率 14% 适用于所有商品或服务，除非有具体措施规定适用低税率、零税率或免税。

3. 适用税率 5% 的征税对象示例

用于生产应税或非应税商品或提供服务的机器和设备。

4. 零税率征税对象示例

出口商品和服务。

---

① 本篇资料来自埃及财政部网站，https：//www.mof.gov.eg（accessed on 20240228）。

5. 特别附表税率征税对象示例

埃及的增值税法附两种列表，说明某些商品和服务须适用特定增值税税率，而非一般增值税税率（即特殊税率）。这个清单被称为"附表税"（table tax）。

特殊税率适用于下列商品和服务：（1）烟草及烟草制品；（2）石油产品；（3）植物油；（4）部分或全部氢化的动物油和动物油脂；（5）饼干和面粉制品等。

6. 免税对象示例

埃及的增值税法附表税列出 57 项免税商品和服务（无权抵扣进项税），例如：（1）茶、糖和咖啡；（2）银行服务；（3）药物和活性物质；（4）保健服务；（5）电的生产、流转、销售或分配；（6）教育、培训和研究服务；（7）土地、住宅和非住宅建筑的出售和租赁；（8）通过广播和电视提供的免费服务。

（四）应税时间

增值税纳税义务发生时间称为应税时间。埃及法律规定的基本应税时间是向买方转让商品所有权或提供服务的时间，包括供应商是进口商的情况。

以下情况视为销售时间，以较早发生者为准：开具发票；交付货物或提供服务；全部或部分支付商品价款或服务费。

（五）申报、缴纳与抵扣规则

1. 申报及缴纳

增值税和附表税的纳税申报表一般每月提交一次。增值税和附表税的月度纳税申报表或其中任一，应从月底开始在两个月内提交。4 月的纳税申报表应在 6 月 15 日之前提交。

即使在纳税期限内没有商品或服务的应税销售，也应提交增值税申报表。未在期限内提交增值税纳税申报表的，税务机关有权核定增值税额。税务机关将有义务提供核定的依据。

税款应当从月底开始在两个月内缴清，并通过授权银行转入税务机关的银行账户。

2. 抵扣

增值税纳税义务人可以抵扣进项税，并且在任何期间内如果进项税额超过销项税额的，纳税义务人可以获得退税。

进项税包括：对在埃及提供的商品和服务征收的增值税；对进口的商品（包括机器和设备）征收的增值税；以及对接受适用反向征收的服务自行评估的增值税。但前提是被抵扣的进项税与销售应税商品或提供应税服务有关。

申请抵扣进项税通常必须提供有效的税务发票以及海关文件。

对于购买非用于商业目的的商品和服务，不得抵扣进项税。

（六）发票管理

发票必须在销售之前或之后开具。销售发票的编号必须是连续的，并记载有增值税登记号、供应商地址和联系方式。根据埃及税务机关的指示，纳税义务人必须保留原始发票，以供埃及税务机关日后检查。

埃及允许使用电子发票但不是必须使用电子发票。

（七）罚则

1. 迟延登记

如果交易发生在增值税登记之前，并且此类交易达到规定的门槛，则纳税义务人的错误将被视为逃税。这种情况下，纳税义务人需要支付到期的增值税，加上登记延迟的每个月或其中一部分的到期增值税的 1.5%，外加应缴总金额的 100%。如果纳税义务人未与埃及税务机关和解或最终确定逃税状态，则应处以 3 年以上 5 年以下监禁和 5000 埃及镑以上 5 万埃及镑以下的罚款，或在这两种处罚中任选一种处罚。

2. 迟延提交申报表和缴纳增值税

延迟缴纳税款的，将从税款缴纳期限届满之日起至税款实际缴纳之日止按每月或部分月计算征收增值税滞纳金。

3. 税务错误

在埃及增值税法中，错误意味着税款计算上的差异。因此，对错误的处罚与对延迟付款和申报的处罚相同。

4. 税务欺诈

对实施税务欺诈的纳税义务人，采取以下处罚措施：（1）3 年以上 5 年以下有期徒刑；（2）1000 埃及镑以上 1 万埃及镑以下的罚款；（3）缴纳增值税、附表税和附加税；（4）3 年内再犯加倍执行刑期；（5）逃税视为对荣誉和诚信的违背。

对实施税务欺诈的税务顾问采取以下处罚措施：（1）停止会计执业一年；（2）1 万埃及镑以上 5 万埃及镑以下的罚款；（3）重复实施的，加倍处罚、处分。

四十五、萨尔瓦多
（El Salvador）

（一）基本介绍[1]

萨尔瓦多自 1992 年 7 月起开征增值税，增值税主管机关为财政部（Ministry of Treasury）。

（二）纳税义务人

在萨尔瓦多，增值税纳税义务人是指从事增值税法律所规定的活动的个人或实体。

1. 登记门槛

若纳税义务人年营业额超过 5714.29 美元，或总资产超过 2285.71 美元，则需进行税务登记。

2. 自愿登记

营业额低于登记门槛的个人，可以自愿登记增值税。

3. 免于登记

若纳税义务人过去 12 个月内的活动营业额不超过 5714.29 美元，且总资产低于 2285.71 美元，则无须进行税务登记。

（三）应税范围及税率

1. 应税范围

在萨尔瓦多境内进行以下交易时，需缴纳增值税：（1）转让或销售有形动产。（2）从公司的存货中取出有形动产，以供其合伙人、董事或其他人员自用。（3）进口商品和服务。（4）提供永久性、连续或定期的服务，包括：技术咨询和项目设计；有

---

[1]　本篇资料来自萨尔瓦多财政部网站，http：//www.mh.gob.sv（accessed on 20240228）。

形商品的租赁和转租协议；商业用房地产的租赁和转租协议；一般服务租赁；建造房地产或建筑合同；拍卖；商品运输；以及有关商标的租赁、转租和任何形式的使用。

2. 税率

（1）标准税率征税对象：除适用零税率或属于免税的情形外，所有商品和服务适用13%的标准税率。

（2）零税率征税对象：出口商品和服务，适用零税率。

3. 免税优惠对象

在萨尔瓦多，免征增值税的服务包括：（1）公共机构提供的公共医疗卫生服务；（2）非商业目的的房屋、公寓出租；（3）公共陆路运输；（4）由已登记的增值税纳税人进口的机器，若作为固定资产用于生产非免税商品和服务且提前30日向税务机关注册的，该机器免税；（5）经教育部授权的公共或私人机构提供的教育；（6）公共机构供水服务；（7）个人保险和再保险服务；（8）由居民或非居民金融机构支付利息的特定金融服务。

萨尔瓦多没有免税选择权。

（四）应税时间与应税地点

1. 应税时间

（1）给付商品的应税时间。对于商品给付，应税时间是下列时间的最早者：开具与交易相关的发票、收据或其他文件之时；交付商品之时；开具付款收据之时。

（2）提供服务的应税时间。对于服务提供，应税时间是下列时间的最早者：开具与交易相关的发票、收据或其他文件之时；提供服务之时；开具付款收据之时。

2. 应税地点

（1）给付商品的应税地点。当动产商品位于或登记在萨尔瓦多时，即使这些商品暂时位于国外，或相关行为、协议或合同在另一个国家进行的，其转让也要缴纳增值税。从原产国运来的商品在转移给非纳税义务人时，该商品将被视为在萨尔瓦多境内提供。

（2）提供服务的应税地点。如果服务是在萨尔瓦多提供的，即使相关行为、协议或合同是在国外进行的，该服务应缴纳增值税，且不考虑付款地点。如果产生服务的活动是在萨尔瓦多境内进行的，则该服务视为在萨尔瓦多境内提供。

（五）申报、缴纳与抵扣规则

1. 申报

在萨尔瓦多，纳税义务人应每月提交增值税申报表，即使无须缴纳增值税也须提交申报表。F-07 表格须在申报期结束后的次月第 10 个工作日前提交，F-930 表格则须在申报期结束后的次月第 15 个工作日前提交。

2. 缴纳

增值税缴纳到期日与增值税申报表提交到期日一致，即须在申报期结束后的次月第 10 个工作日前缴纳。

纳税义务人可以萨尔瓦多科朗或美元缴纳增值税。但实际上，萨尔瓦多科朗已不在市面流通，因此所有交易都是以美元进行的。

3. 抵扣

萨尔瓦多注册纳税义务人在购买商品时支付的增值税可按月从向其客户收取的增值税中扣除。如果税收抵免既涉及增值税应税范围内的交易，又涉及免税交易，则此类税收抵免将通过按比例计算予以收回。

（六）发票管理

1. 开具发票的义务

在萨尔瓦多，纳税义务人通常必须提供包括出口在内的所有应税商品的增值税发票。除此之外，纳税义务人对于向其他增值税纳税义务人提供的商品，还必须出具"税收抵免证明"文件，以支持抵扣进项税额。税收抵免证明文件必须一式三份（向商品或服务的买方提供两份）。

2. 发票的内容

发票必须包括正式发票号码（NCF）和纳税义务人登记号码（NRC），还必须单独显示增值税金额。

3. 贷记发票

如果纳税义务人税收抵免证明文件、贷记发票和借记发票中记录价格降低、折扣或奖品的情况，则相关金额可以从增值税税基中扣除。

（七）罚则

1. 迟延登记

迟延登记将被处以相当于 3 倍法定最低工资的罚款（由商业和服务部门决定，目前每月最低法定工资约 305 美元）。

2. 迟延提交申报表和缴纳增值税

迟延提交申报表和缴纳增值税将被处以以下罚款：

（1）迟延未超过 1 个月：处罚金额为未缴税款的 5%。

（2）迟延超过 1 个月，但未超过 2 个月：处罚金额为未缴税款的 10%。

（3）迟延超过 2 个月，但未超过 4 个月：处罚金额为未缴税款的 15%。

（4）迟延超过 3 个月：处罚金额为未缴税款的 20%。

3. 税务错误

（1）若纳税义务人提交修改后的申报表以更正不正确的应缴税款，则将被处以相当于未缴税款 40% 的罚款，且该笔罚款不应低于每月最低工资（305 美元）。

（2）如果申报表中的数据不正确，则纳税义务人将被处以相当于申报税额与税务机关确定的应纳税额间差额 10% 的罚款，且该差额不得低于 2 个月最低工资（610 美元）。

（3）如果申报表中与纳税义务人一般信息有关的信息缺失、不完整或不正确，将被处以相当于 2 个月最低工资（610 美元）的处罚。

（4）如果申报表中与增值税文件相关的信息缺失、不完整或不正确，将被处以相当于 4 个月最低工资（1220 美元）的处罚。

4. 税务欺诈

根据萨尔瓦多刑法，逃税的处罚包括 4～8 年监禁，处罚依据是逃税数额或试图逃税金额。如果未缴税款的数额为 11428.57～34285.71 美元（含），其法人代表和直接责任人员将被处以 4～6 年监禁；如果未缴税款超过 34285.71 美元，将被处以 6～8 年监禁。

如果增值税纳税人有义务对进项税额抵扣采用比例法（即部分免税），则逃税金额将在 12 个月的基础上确定。如果未缴增值税为 4285.71～57142.86 美元（含），其法人代表和直接责任人员将被处以 4～6 年监禁；如果未缴税款超过 57142.86 美元，其法人代表和直接责任人员将被处以 6～8 年监禁。

此外，萨尔瓦多税法还区分了无意逃税与故意逃税的处罚。如果逃税被认为是无意的，则将被处以相当于未缴税款 25% 的罚款；若逃税被认为是故意的，且少缴税款低于犯罪数额的，则将被处以相当于未缴税款 50% 的罚款。

四十六、赤道几内亚
（Equatorial Guinea）

（一）基本介绍[①]

赤道几内亚自2004年10月28日起开征增值税。其增值税主管机关为财政、经济和计划部（Ministry of Finance，Economy and Planification）。

（二）纳税义务人

在赤道几内亚，增值税纳税义务人没有登记门槛，也无关于自愿登记和免于登记的规定。凡从事经济活动的个人和法律实体（或其代表），无论其性质或收入如何，都被税法归类为纳税人，都必须向税务局登记并获得税务识别号（西班牙语为"Número de Identificación Fiscal"）。

此外，根据赤道几内亚法律注册的公司分支机构也必须在税务局登记。

（三）应税范围及税率

1. 应税范围

赤道几内亚的增值税征税对象包括：（1）出于对价而出售或转让的商品；（2）服务提供；（3）自消费商品和服务；（4）进口；（5）个人或法人在其业务、专业和个人活动范围内进行的其他操作。

2. 税率

（1）15%税率征税对象：除另有规定外，所有的应税商品和服务都适用15%的标准税率。

（2）6%税率征税对象：部分基础消费品和书籍适用6%的税率。

---

① 本篇资料来自中非税务指南网站，https：//centralafricataxguide.com/equatorial-guinea/value-added-tax-vat（accessed on 20240228）。

（3）零税率征税对象：特定产品和设备（如特定医用产品、建筑设备以及出口产品等）适用零税率。

3. 免税优惠

赤道几内亚的增值税免税对象包括：（1）农产品；（2）医疗服务；（3）特定的主食；（4）教育、学校和大学书籍；（5）报刊；（6）空屋租赁；（7）社会、教育、体育、文化、慈善或宗教服务或活动；（8）财政部向中央银行的拨款以及与发行纸币有关的收益；（9）国际运输业务，包括商业船只或公海船只以及救助或救援船只。

以下内容豁免增值税，但要加收特定税款：（1）从土壤和地下土壤中提取的产品；（2）须缴纳资产转让税的不动产、不动产权利和商誉；（3）利息；（4）旅客携带进口的不超过 50 万中非法郎的商品；（5）银行、保险和再保险。

赤道几内亚没有免税选择权。

（四）应税时间与应税地点

1. 应税时间

赤道几内亚的增值税应税时间按以下规则确定：

（1）销售和交付的商品（包括自用商品）：应税时间为商品所有权转移之时。

（2）服务：应税时间为在收回服务价款时。

（3）进口：应税时间为申报商品时。

（4）房地产经营：应税时间为转让之日。

2. 应税地点

赤道几内亚税法以属地原则为基础，规定在赤道几内亚境内进行的所有业务均须缴纳增值税。当销售业务是在交货条件下进行的，或当所提供的服务、转让的权利或租赁的物品在赤道几内亚使用或投入运营时，该销售业务将被视为在赤道几内亚进行，须缴纳增值税。

（五）申报、缴纳与抵扣规则

1. 申报与缴纳

在赤道几内亚，纳税义务人需在收到款项后的第 15 日内提交月度增值税申报表。即使纳税义务人在本月内没有进行任何交易，也必须提交强制性的零申报表。

纳税义务人在完成申报后须立即支付增值税（即，收到款项后的第 15 日内）。然而，在实践中，税务局允许纳税义务人在交易后次月第 15 日前提交增值税申报表，并在同一个月底之前提交相应的付款。例如，2019 年 7 月增值税申报表应在 2019 年 8 月

15 日前提交，相应的增值税应在 2019 年 8 月 31 日前缴纳。

2. 抵扣

在赤道几内亚，纳税义务人可以就企业取得必要的商品和服务而产生的进项税额申请抵扣。该抵扣必须以发票或进口报关单为申请依据，纳税义务人没有发票或者没有实际收款人的进口报关单的，无权申请抵扣进项税。

以下征税对象的进项税额不得申请抵扣：（1）免征增值税的设备的自耗和补贴；（2）作为增值税交易补偿的损害赔偿金；（3）用于非商业目的的私人车辆。

（六）发票管理

1. 开具发票的义务

赤道几内亚要求每一个纳税义务人就交付其客户的商品或服务以及为这些业务收到的定金开具发票。

2. 发票的内容

赤道几内亚的增值税发票必须包括以下内容：（1）连续的发票号码和时间顺序日期；（2）公司名称、地址和税号；（3）价格，并分别列出各自的增值税税额；（4）应纳税人的名称、地址和税号。

（七）罚则

1. 迟延登记

每逾期一个月或不足一个月登记的，纳税义务人将被处以相当于应纳税额 50% ~ 100% 的罚款，最低金额为 15 万中非法郎。

2. 迟延提交申报表和缴纳增值税

逾期申报和缴纳增值税的罚款金额相当于到期金额的 60%。

3. 税务错误

赤道几内亚税务局允许纳税人在出错的情况下修改纳税申报表。因此，如果申报不充分或增值税申报表有任何错误，纳税义务人可根据具体情况提交额外申报表，要求提供额外的申报表或修改先前提交的申报表。如果在提交申报表的截止日期内进行了修改，则不支付罚款。否则，将处以相当于应缴增值税额 60% 的罚款。

4. 税务欺诈

如有欺诈行为，罚款可增至应缴增值税金额的 100%。

四十七、爱沙尼亚
（Estonia）

（一）基本介绍[①]

爱沙尼亚自 1991 年 1 月 1 日起开始征收增值税。其增值税主管机关为财政部（Ministry of Finance）、爱沙尼亚税务和海关局（Estonian Tax and Customs Board）。

（二）纳税义务人

1. 登记门槛

（1）对于爱沙尼亚居民企业或爱沙尼亚非居民企业的常设机构，若其在一个日历年度中的应税给付超过 40000 欧元，则需要登记增值税。

（2）对于爱沙尼亚非居民企业，其某些交易必须登记增值税，登记门槛为零。

2. 自愿登记

在爱沙尼亚成立的企业，如果其应税给付金额不超过登记门槛，可以自愿登记增值税。

3. 免于登记

如果纳税义务人的所有应税商品均为零税率商品，则无须登记增值税，除非相关给付是欧盟的商品和服务给付，给付地不在爱沙尼亚，且服务提供给其他成员国注册的纳税义务人或有限责任的纳税义务人。

（三）应税范围及税率

1. 应税范围

根据爱沙尼亚《增值税法》第 1 条，以下各项应缴纳增值税：（1）在爱沙尼亚创

---

① 本篇如无特别注明，资料均来自爱沙尼亚税务和海关局网站，http://www.emta.ee（accessed on 20240228）。

造的给付，免税给付除外；（2）向爱沙尼亚进口商品，但免税进口商品除外；（3）提供的服务地点不是爱沙尼亚，但免税的供应除外；（4）爱沙尼亚《增值税法》第16条第3款规定的商品或服务，且应纳税人已为此类商品或服务的应税价值增加增值税金额；（5）欧盟内进行的商品采购，但欧盟进行的免税商品的采购除外。

2. 标准税率征税对象

根据爱沙尼亚《增值税法》第15条，除另有规定外，在爱沙尼亚提供的商品或服务都适用22%的标准税率。

3. 税率5%的征税对象

自2022年8月1日起，无论是在实体媒体上还是以电子方式出版的新闻出版物，都适用5%的增值税税率。

4. 税率9%的征税对象

在爱沙尼亚，适用9%增值税税率的商品和服务包括：（1）用作学习材料的书籍和工作簿，不包括爱沙尼亚《增值税法》第16条第1款第（6）项规定的学习材料；（2）爱沙尼亚《社会福利法》所规定的，由社会事务部部长制定的清单中规定的供残疾人个人使用的药品、避孕药具、卫生和盥洗用品以及医疗设备或医疗器械；（3）定期出版物，但特别规定的出版物除外；（4）住宿服务或含早餐的住宿服务，但不包括此类服务随附的任何商品或服务。

5. 零税率征税对象

（1）零税率商品。

①出口商品，但免税出口商品除外。

②被视为欧盟内部给付，从一成员国转移和运输到另一成员国或未经转移而运输到另一成员国的商品。

③在国际水域航行的海船（非商业目的使用的、主要用于休闲和娱乐的海船除外），以及用于此类海船的设备、备件、燃料和其他补给品，但转移给乘客以供船上消费的商品（不包括欧盟水域客运期间在远洋船上出售的可带走商品）除外。

④主要在国际航线运行的由航空承运人使用的飞机，以及在该飞机上使用的备件、燃料和其他用品，但转移给乘客以供机上消费的商品（不包括欧盟空域内航空运输期间在机上出售的可带走商品）除外。

⑤转移到位于爱沙尼亚的欧盟机构或根据欧盟法律成立的机构或机构的货物，前提是根据发票，不包含增值税的货物总成本至少为53欧元，但《液体燃料法》意义上的水电费和燃料除外。

⑥在履行欧盟法律为应对新冠病毒大流行而分配给欧盟委员会或根据欧盟法律设立的任务时，除了为了转售以换取对价的货物，转移到欧盟委员会或根据欧盟法律成立的机构或机构的货物。

⑦转移和运输到作为北大西洋公约组织（以下称北约）成员国的商品，其目的是用于北约任何其他成员国的武装部队或协助他们的文职人员；如果国会批准的国际协定中规定了税收优惠，则转移到位于爱沙尼亚的国际军事总部的货物，或转移到参加联合防御活动的北约成员国的武装部队，但爱沙尼亚武装部队和随行的文职人员履行公务的文职人员除外。

⑧放置在自由区或保税仓库中，按照海关仓库程序，采用暂停制度的内向加工程序、过境程序或临时进口程序进行，完全免除进口关税的非欧盟商品；以及没有在海关监管下非法移走或在海关规则规定以外的条件下消费或使用的临时存放的非欧盟商品。

⑨出于转移目的而转移并运输到自由区或保税库的欧盟商品，以及放置在自由区或保税库的欧盟商品，这些商品在运输到自由区或保税仓库后的两个月内直接从自由区或保税仓库出口。

⑩将黄金转移给爱沙尼亚银行。

⑪欧盟《增值税指令》附录 V 中指定的商品立即放置在税收仓库中或已经放置在税收仓库中，且该交易不涉及终止税收仓储。

⑫消费税中止安排置于消费品仓库中的消费品，其所涉及的商品交易不会导致消费品从消费品仓库中取出，仅导致消费品从一个消费税仓库运到另一个。

⑬在国会批准的国际协议所规定的条件下，在国际军事总部的食堂、自助餐厅或食堂中转移的商品。

⑭根据建立共同体关税减免制度的理事会（EC）第 1186/2009 号条例第 76 条制定的委员会决定，符合其豁免免税条件进口的货物。

⑮根据爱沙尼亚《增值税法》第 4 条第 13 款被视为货物购买者，从而转让给拥有在线交易市场资格人的货物。

（2）零税率服务。

①供应地点不是爱沙尼亚的服务，但免税服务除外。

②在国际旅客运输过程中，满足船舶或飞机上旅客旅行需求的服务提供。

③港口服务的提供，以满足航行国际水域的船只的直接需求。

④导航服务和机场服务的提供，该服务直接与为主要在国际航线上运营的航空承运人使用的飞机提供服务有关。

⑤修理、维护、租赁和租用或建立企业在国际水域航行的远洋船舶（用于商务以外目的的游乐艇除外）和主要在国际航线上运行的航空承运人使用的飞机，以及在此类船只或飞机上使用的设备。

⑥中介服务，该中介服务的提供地是第三国，或者所涉及的商品是上述零税率商品的第①、第③~⑥、第⑩项商品，或者所涉及的服务是本部分零税率服务的第②~④、第⑥、第⑨、第⑩、第⑫、第⑭项服务。

⑦根据外部过境程序放置的商品的运输服务以及运输辅助服务，该运输服务始于或终止于第三国运输的一部分。

⑧出口商品的运输服务以及运输辅助服务。

⑨进口商品的运输服务以及运输辅助服务，该服务价格包含在进口商品应税价值中。

⑩将商品运至亚速尔群岛或马德拉岛，或从亚速尔群岛或马德拉岛运至爱沙尼亚或其他会员国。

⑪与从爱沙尼亚购置或带到爱沙尼亚以提供此类服务的动产一起工作，并在提供服务后将其带出社区。

⑫爱沙尼亚《增值税法》第 10 条第 2 款和第 3 款中规定的乘客的运输，包括其个人行李和个人交通工具（如果在爱沙尼亚是国际旅客运输的一部分）。

⑬向根据爱沙尼亚《增值税法》第 3 款第（5）和第（6）项规定的位于外国的人员、代表、机构、特使，欧盟机构或武装部队提供的服务；向位于爱沙尼亚的国际军事总部提供的服务，如果国会批准的国际协定规定了税收优惠，或爱沙尼亚《增值税法》第 3 款第（61）项规定的武装部队及其随行执行公务的文职人员；向位于爱沙尼亚的联盟机构或根据联盟法律成立的机构或机构提供的服务，前提是根据发票，不包含增值税的服务总成本至少为 53 欧元，但水电费和通信服务除外。

⑭在由国会批准的国际协议所规定的条件下，由国际军事总部的食堂、自助餐厅或食堂提供的服务。

⑮在履行欧盟法律为应对新冠病毒大流行而分配给它的任务时，向欧盟委员会或根据欧盟法律成立的机构或机构提供的服务，除非收到此服务以进一步提供此费用。

6. 免税

在爱沙尼亚，免征增值税的商品和服务包括：（1）保健服务；（2）房地产交易；（3）金融服务；（4）保险和再保险服务；（5）保险中介；（6）教育服务；（7）博彩；（8）邮政服务；（9）与教育有关的学习资料。

爱沙尼亚的纳税义务人享有免税对象选择权，免税选择必须持续至少 2 年。免税选择权的适用对象包括但不限于：（1）租赁不动产（或其中的部分），住宅除外。（2）不动产及其部分，住宅除外。（3）特定情况下投资黄金。（4）金融服务，包括：证券供应；用于收取公众存款和其他可支付资金的存款交易；借贷业务，例如消费信贷、抵押贷款、租赁交易、结算、现金转移和其他汇款交易；非现金支付手段的发行和管理，例如电子支付工具、旅行支票和汇票；担保和承诺以及具有约束力的其他交易；根据《证券市场法案》（the Securities Market Act），使用外汇或其他货币市场工具在证券交易中为自用账户或客户账户进行的交易，包括支票交易、交易工具、存款凭证等；与证券发行和出售有关的交易和行为；投资基金的资金经纪和管理。

除上述金融服务外，其他金融服务不享受免税政策。保险服务，包括保险经纪服务、保险代理服务和再保险服务，都不可以选择免税。

（四）应税时间与应税地点

1. 应税时间

爱沙尼亚的应税时间按以下规则之一确定（欧盟内部给付除外）：商品运送至收货人之时或服务提供之时；或者收到商品或服务的全部或部分价款之时。

2. 应税地点

一般而言，商品被视为在商品所在地给付，服务的应税地点则视服务类型而定。若服务是向在爱沙尼亚登记的纳税义务人或有限责任纳税义务人提供的，或该服务通过位于爱沙尼亚的常设机构提供给未在任何欧盟成员国登记为纳税义务人的人，或未在欧盟以外的第三国从事商业的人的，则该服务的应税地点将被视为在爱沙尼亚境内，《增值税法》有特别规定的情况除外。

下列情况的商品应税地点被视为在爱沙尼亚境内：（1）商品运送给收货人或在爱沙尼亚以其他方式提供给收货人；商品从爱沙尼亚出口，建立欧盟内部给付；或从爱沙尼亚向另一成员国的非应税人进行远距离销售，但《增值税法》第9条第2款规定的情况除外。（2）从事商业活动，并在爱沙尼亚登记为应纳税人的另一成员国的人，向爱沙尼亚的非纳税人或有限责任纳税人进行远距离销售。（3）从事商业活动的另一成员国的人转让要安装或组装的商品，并在爱沙尼亚安装或组装商品，或者该人在爱沙尼亚被代表安装或组装商品。（4）从爱沙尼亚出发的国际路线船只或飞机上转移的商品，包括在船上消费或出售的商品。（5）能通过网络传输至转售商的天然气或电力、热能和冷却能量，该转售商是位于爱沙尼亚的应纳税人。（6）通过网络传输的天然气或电力，加热和冷却能量被转移给买方，买方在爱沙尼亚使用货物。如果买方未使用全部或部分货物，则未使用的货物仍被视为在爱沙尼亚使用的货物，如果买方在爱沙尼亚有转让货物的所在地或常设营业所。此规定不适用于《增值税法》第9条第1款第（5）项所述的情况。

（五）申报、缴纳与抵扣规则

1. 申报

爱沙尼亚增值税申报表的默认申报期为1个月，增值税申报表必须在纳税期后的次月第20日前提交给税务机关。企业无须在爱沙尼亚提交年度增值税申报表。[①]

2. 缴纳和抵扣

爱沙尼亚增值税的到期日与申报表的到期日相同，都需在纳税期后的次月第20日

---

① Avalara VAT live 官网：https://www.avalara.com（accessed on 20240228）.

前提交给税务机关。所有的增值税均需以欧元缴纳。在爱沙尼亚登记并缴纳爱沙尼亚增值税的公司，可以就爱沙尼亚给付所缴纳的进项税额申请抵扣销售中产生的增值税，包括对货物进口收取的增值税也可申请抵扣。但仅纳税义务人用于商业目的的进项税额可申请抵扣，纳税义务人用于购买非商业目的的商品和服务的进项税额不可抵扣。

（六）发票管理[①]

纳税义务人必须在作出应税给付后的 7 日之内开具爱沙尼亚增值税发票。如果商品或服务是预先付款的，则增值税发票必须在收到付款之日开具。发票必须保存 7 年。

发票必须包含以下基本信息：（1）开具日期；（2）唯一识别号；（3）供应商的增值税号；（4）供应商和客户的完整地址；（5）提供的商品或服务的完整描述；（6）商品数量的详细信息；（7）单价；（8）折扣详细信息；（9）供货日期（与发票日期不同）；（10）给付的应税净值；（11）适用的增值税税率，以及按税率计算的增值税额；（12）收取的增值税额；（13）发票总额；（14）财务代表的详细信息。

（七）罚则

1. 迟延登记、提交申报表和缴纳增值税

迟延登记将被处以 3200 欧元以下的罚款，并需缴纳利息。

对少付或迟付的增值税按每天 0.06% 的利率计息。如果应纳税人无视税务机关的初步警告，不提交月度纳税申报表，罚款最高为 1300 欧元；如果无视第二次警告，则另加 2000 欧元罚款。

3. 税务错误

税务机关税务审计发现错误，可对应纳税人处以罚金和利息。个人最高可被罚款 3200 欧元。

4. 税务欺诈

故意提交虚假信息以减少税款或增加退款抵扣将被处以最高 32000 欧元的罚款。

---

① Avalara VAT live 官网：https：//www. avalara. com （accessed on 20240228）.

四十八、埃塞俄比亚
（Ethiopia）

（一）基本介绍^①

埃塞俄比亚自 1992 年 7 月起开始征收增值税。其增值税主管机关为联邦税务局（Ministry for National Economy）。

（二）纳税义务人

根据埃塞俄比亚的《增值税条例》第 3 条的规定，埃塞俄比亚的增值税纳税义务人包括：（1）已登记或需要登记增值税的人员；（2）向埃塞俄比亚进行应纳税商品进口的人员；（3）未经增值税登记而提供服务的非居民，其所提供的服务根据《增值税条例》第 23 条缴纳增值税。

1. 登记门槛

从事应税活动但未注册的人员若满足下列条件之一，需要向税务局提交增值税登记申请：（1）在任意 12 个日历月结束时，该人员在此 12 个日历月期间的应税交易总额超过 50 万埃塞俄比亚比尔；（2）在任意 12 个日历月期间开始时，有合理理由可预计该人员在未来 12 个日历月期间的应税交易的总价值将超过 50 万埃塞俄比亚比尔。

2. 自愿登记

从事应税活动且无须进行增值税登记的人，如经常向已注册增值税纳税义务人提供或租赁其至少 75% 的商品和服务，可自愿向税务局申请登记。埃塞俄比亚无免于登记的规定。

（三）应税范围及税率

1. 应税范围

任何人在埃塞俄比亚或部分在埃塞俄比亚持续或定期进行的活动均为应税活动，不

---

① 本篇资料全部来自埃塞俄比亚的《增值税条例》（Value Added Tax Proclamation）。

论该活动是否出于经济利益而涉及或打算全部或部分涉及以向另一人提供商品或服务作为对价。

2. 标准税率的征税对象

埃塞俄比亚的增值税标准税率为15%，适用于下列应税商品和服务：（1）增值税登记人的每项应税交易；（2）进口商品，免税进口除外；（3）埃塞俄比亚的《增值税条例》第23条规定的进口服务。

3. 零税率征税对象

零税率适用于下列特定的商品和服务：（1）相关规章规定的出口商品或服务；（2）提供与国际货物或旅客运输直接相关的运输或其他服务，以及为国际航班提供润滑油和其他消耗性技术物资；（3）供应给埃塞俄比亚中央银行的黄金；（4）增值税登记人在独立交易中向另一登记人提供大部分资产用于应税活动或用于应税活动的独立运作部分，但转让人及承让人签署的书面通知须于给付发生后21日内向当局提交，且该通知须包括给付的详情。

4. 免税优惠

根据埃塞俄比亚《增值税条例》第8条，以下商品和服务享受免税优惠：（1）旧住宅的出售或转让，或住宅的租赁；（2）金融服务；（3）本国货币或外国货币和证券的提供或进口；（4）进口给埃塞俄比亚国家银行的黄金；（5）由宗教机构提供的宗教或精神相关服务；（6）卫生部长官发布的指示中规定的处方药的进口或提供，以及医疗服务的提供；（7）教育机构提供的教育服务和幼儿园提供的托儿服务；（8）以人道主义援助形式提供商品和服务，以及为自然灾害、工业事故和灾难后的恢复目的进口后转移给埃塞俄比亚国家机构和公共组织的货物；（9）电力，煤油和供水；（10）政府、组织、事业单位、项目在法律或者协议规定的范围内免征关税和其他进口税的货物；（11）埃塞俄比亚《邮政服务条例》授权的邮局提供的商品和服务，收费或佣金服务除外；（12）运输服务；（13）许可和许可证费用；（14）埃塞俄比亚《海关关税条例》附表2规定的进口货物；（15）雇佣残疾人的比例达到60%的机构所提供的商品和服务；（16）在条例规定的范围内进口的书籍和其他印刷材料。

财政和经济发展部部长可被指示豁免其他商品和服务的增值税。

（四）应税时间与应税地点

1. 应税时间

埃塞俄比亚《增值税条例》对应税时间作出以下规定：（1）除另有规定外，给付发生在为该交易开具增值税发票时。（2）商品提供给接收方、出售或转让，或提供服务时，给付被视为发生；如果商品交付涉及装运，则给付发生在装运开始时。（3）尽管有本条第（1）款和第（2）款的规定，但如果在第（2）款所述的时间之前付款，并且在付款日期后5天内未开具增值税发票，则给付将被视为在支付附加款之时。（4）就本条第（3）款而言，除本条第（5）款另有规定外，如果对一项给付进行了两次或两次以上的付款，则在付款范围内，每次付款均视为单独的付款。（5）如果服务是定期或持续提供的，则视应税时间为每次开具与此类服务相关的增值税发票之时；如果提前付款，则视应税时间为支付款项之时。（6）在适用埃塞俄比亚的《增值税条例》第4条第（3）～（5）款的情况下，应税时间分别为开始使用或消费商品或服务之时、向雇员提供商品或提供服务之时、在取消生效之前。（7）供应商以通过机器、电表或其他设备收到的货币为对价，作出的给付的应税时间为供应商或其代表从机器、电表或其他设备中取出硬币、票据或优惠券之时。（8）其他给付的应税时间可由税务部长官发布的指令规定。

2. 商品的应税地点

如果给付涉及正在运输的货物，则给付发生在运输开始时的货物所在地。在其他情况下，商品给付发生在商品转移之处。

电力或热能、天然气或水的给付发生在收到商品的地方，但如果这些货物是从埃塞俄比亚出口的，则视为在埃塞俄比亚境内给付。

3. 服务的应税地点

除另有规定外，提供服务的地点是提供服务的人作出应税活动之处。提供服务的地点包括：（1）不动产所在地，如果该服务与该不动产直接相连。（2）实际提供服务的地点，如果该服务与动产有联系。（3）实际提供服务的地点，如果该服务是在文化、艺术、教育、健身或体育领域或其他类似活动中提供的。（4）实际发生运输的地点，如果该服务与埃塞俄比亚的《增值税条例》第7条第（2）款第（b）项所述的运输有关；如果该服务向埃塞俄比亚境外人员提供，则该服务被视为在埃塞俄比亚境内进行。（5）与服务最密切相关的服务购买者的常设机构所在地，如果该服务符合以下情况：所有权以及专利权、许可证、商标、版权或其他类似特许权的转让；咨询、法律、会计、工程、广告以及数据处理服务和其他类似服务；动产租赁服务（运输企业车辆除外）；合同主要参与者的代理人提供的服务。

（五）申报、缴纳与抵扣规则

1. 申报与缴纳

（1）每个增值税登记人都必须向管理局提交每个会计期间的增值税申报表，无论该会计期间是否应纳税；并且在提交增值税申报表的截止日期前缴纳每个会计期间的税款。

（2）每个会计期间的增值税申报表应不迟于会计期间次月的最后一日提交。

（3）如果根据埃塞俄比亚的《增值税条例》第18条第（4）款第（c）项的规定进

行了具有追溯效力的登记，则增值税登记人必须为自登记生效之日起发生的应税交易缴纳增值税，并可就其申请增值税抵免。此外，相应的交易应反映在增值税登记人提交的第一份申报表上，并视为发生在申报表所涉月份。在这种情况下，增值税登记人有权为申报表上显示的交易开具增值税发票。

（4）应税进口货物的增值税由埃塞俄比亚海关当局根据《增值税条例》《海关条例》按照关税程序征收。

2. 抵扣

（1）如果增值税登记人在会计期间的应税交易至少有25%以零税率征税（埃塞俄比亚的《增值税条例》第7条第（2）款第（d）项除外），则税务局应退还相应增值税金额作为抵免。退还金额为在注册人提出退款申请后两个月内会计期间所超额缴纳的增值税税额。该抵免申请须附有已缴纳超额款项的证明文件。

（2）对于其他增值税登记人，如果抵免的增值税金额超过会计期间征收的增值税金额，应结转到后5个会计期间，并从这些会计期间的付款中扣除，而在5个月届满后，如有任何未使用的余款，税务局须在增值税登记人提出退款申请后2个月内，退还该笔款项。该抵免申请须附有已缴纳超额款项的证明文件。

（3）在所有情况下，凡税务局确定退还给某人的款额是错误的，税务局可要求退还该款额。

（4）财政和经济发展部部长应确定用于增值税退税的方式和金额。

（5）如果税务局确信根据第（1）或第（2）款提出退税申请的人多缴了税款，则税务局应首先根据埃塞俄比亚的《增值税条例》《海关条例》《所得税条例》《销售和消费税条例》计算的应缴税款、利息或罚款的减少额，然后偿还超过50埃塞俄比亚比尔的退款金额。

（6）如果增值税登记人根据第（5）款有权获得退款，且税务局确信该人多缴税款，则如果税务局未在第（1）或第（2）款（以适用者为准）规定的日期之前支付退款，则管理局应向有权获得退款的人付款，利率须比上一季度最高商业贷款利率高25%。

（六）发票管理

除另有规定外，进行应税交易的增值税登记人必须向接收商品或服务的人员开具增值税发票。未登记增值税的人无权开具税务发票。如果给付的总对价不超过10埃塞俄比亚比尔，则税务部长官可通过指示免除增值税登记人开具现金销售收据或税务发票的义务。

增值税发票是按照财政部规定的格式签署的文件，须包含以下信息：（1）注册人和购买者的全名，以及注册人的商号（如果与法定名称不同）；（2）注册人和购买者的纳税人识别号；（3）增值税登记证的编号和日期；（4）装运的货物或提供的服务的名称；（5）应税交易的金额；（6）免税货物的消费税金额；（7）应税交易的增值税金额；（8）增值税发票的开具日期；（9）增值税发票的序列号。

增值税登记人在提供货物或服务时，须向买方开具增值税发票，不得迟于交易后5日。增值税登记人或根据埃塞俄比亚的《增值税条例》应纳税的其他人需将以下凭证保存10年：收到的原始税务发票；开具的所有税务发票的副本；进出口的海关文件；会计记录；由部长规定的任何其他记录。

（七）罚则

1. 迟延登记

需进行增值税登记的人在未进行增值税登记的情况下从事应税交易，将处以相当于未进行增值税登记的运营期间的应纳税额100%的罚款。未进行增值税登记的人员开具税务发票，将处以相当于税务发票上所示税款100%的罚款。

2. 迟延提交申报表

除埃塞俄比亚的《增值税条例》另有规定外，未及时提交申报表的人员，每个月将被处于相当于少缴税款金额5%的罚款，最高不超过该金额的25%。未提交申报表的第一个月的罚款最高为5万埃塞俄比亚比尔。在任何情况下，罚款不得少于以下两个金额中的较小者：1万埃塞俄比亚比尔；相当于要求在申报表上显示的应纳税额100%的金额。

3. 迟延缴纳增值税

如果应纳税人在到期日前未支付增值税，则其有义务支付从到期日到税款支付日期的利息，该利息的利率须比上季度最高商业贷款利率高25%。

4. 逃税

逃避申报或缴纳税款，或意图欺诈政府而申请其无权获得的退税的，构成犯罪，除埃塞俄比亚的《增值税条例》第11节规定的处罚外，还将被起诉，一经定罪，可判处至少5年的监禁。

5. 税务欺诈

向税务人员在要项上作出虚假或具有误导性的陈述，或在向税务人员作出的陈述中遗漏在要项上属误导的事项或事情，构成犯罪，一经定罪，可处法律责任。

四十九、欧盟
（European Union）

（一）基本介绍[①]

截至 2023 年底欧盟包括 27 个成员国：奥地利、德国、荷兰、比利时、希腊、波兰、保加利亚、匈牙利、葡萄牙、克罗地亚、爱尔兰、罗马尼亚、塞浦路斯、意大利、斯洛伐克共和国、捷克共和国、拉脱维亚、斯洛文尼亚、丹麦、立陶宛、西班牙、爱沙尼亚、卢森堡、瑞典、芬兰、马耳他、法国。

英国于 2020 年 1 月 31 日退出欧盟。但在过渡期内欧盟增值税规则仍将适用于英国。该过渡期于 2020 年 12 月 31 日结束。在过渡期之后，欧盟关于商品的增值税指令条款将继续适用于北爱尔兰。

（二）应税范围及税率

欧盟成员国可以适用 1 个增值税标准税率和 1~2 个低税率，不得适用高税率。在 2017 年 12 月 31 日之前，标准税率至少必须为 15%，低税率不得低于 5% 且仅适用于欧盟增值税指令（指令 2006/112/EC）附件 3 所列的某些商品和服务。作为低税率规则的一个例外，如果低于 5% 的低税率在某成员国于 1991 年 1 月 1 日或该成员国加入欧盟时有效，则该成员国可以就指令 2006/112/EC 中未列出的商品继续适用该税率。特别低税率可以适用于一些特定地区。2018 年 11 月 6 日，欧盟经济财政事务委员会通过了一项提案，允许成员国对电子出版物适用低税率、特别低税率或零税率，从而使电子出版物和纸质出版物的增值税规则保持一致。

第 2006/112/EC 号指令规定了在成员国领土内可以获得免税的商品和服务。免税提供不得在购买时抵扣相关增值税（称为进项税）。

欧盟委员会定期公布适用于全体成员国的增值税税率，并提供在欧盟适用低税率的商品和服务的例子。

---

① 本篇资料来自欧盟网站，https：//europa. eu/youreurope/business/taxation/vat/vat-rules-rates/index_en. htm（accessed on 20240228）。

欧盟委员会于 2018 年 1 月 28 日提出了新规则，赋予成员国更大的灵活性以制定增值税税率。除上述规则外，成员国现在还可以适用：（1）在 5% 和成员国选择的标准税率之间的两个单独的低税率；（2）免征增值税（或零税率）；（3）在零税率和低税率之间的一个低税率。

现行的可适用低税率的商品和服务复杂清单将被废除，取而代之的是始终适用 15% 或以上的标准税率的新产品清单（如武器、酒精饮料、博彩和烟草）。成员国还必须确保加权平均增值税税率至少为 12%。拟议的新规则将确保目前适用不同于标准税率的所有商品能够继续适用该税率。目前该项提议尚未通过，拟议的新规则只有在提议通过时才会生效。

（三）申报、缴纳与抵扣规则

"Intrastat" 是应税人进行欧盟集团内部交易的一个报告系统。它于 1993 年 1 月 1 日被推出，在欧盟成员国边境没有海关管制的情况下它可以收集欧盟集团内部贸易的统计信息。如果在欧盟集团内部提供或在欧盟集团内部收购超过一定限制，欧盟企业必须定期向增值税或统计机构提交信息。忘记和延迟报告或错误报告的将被处罚。自 2010 年 1 月 1 日起生效的一项新措施要求，企业向其他欧盟成员国企业客户提供跨境服务的，要提交 "Intrastat" 申报表。

每个欧盟成员国必须退还未在该成员国设立或登记增值税的企业所产生的增值税。非居民企业可以获得与成员国增值税登记企业相同程度的增值税退税。

对于在欧盟设立的企业，根据指令 2008/9/EC 的条款进行退税。所有成员国必须向在其他成员国设立的合格申请人退还增值税。自 2010 年 1 月 1 日起，对成员国的非居民欧盟企业产生的增值税适用的退税程序，由新的完全电子化程序取代，从而确保更快地向申请人退税。

对于在欧盟境外设立的企业，根据欧盟第 13 号增值税指令的条款进行退税。所有成员国必须向在欧盟境外设立的申请人退还增值税。

（四）发票管理

增值税制度的基石是发票，大多数应税提供必须开具发票。但是，B2C 提供的服务不需要发票。

2010 年 7 月 13 日，欧盟通过了第二项增值税发票指令，要求成员国自 2013 年 1 月 1 日起实施该指令的规定。该指令旨在通过消除负担和障碍，促进和进一步简化发票规则。它在不增加纸质发票管理负担的情况下，在纸质发票和电子发票之间建立了平等待遇，并旨在通过允许对发票开具方法的自由选择促进电子发票的普及。

五十、斐济
（Fiji）

（一）基本介绍①

斐济自 1992 年 7 月 1 日起开始征收增值税。其增值税主管机关为斐济税务与海关署（Fiji Revenue and Customs Service）。

（二）纳税义务人

根据斐济《1991 年增值税法》，任何人（生产供应商除外）凡在 1992 年 7 月 1 日之后从事任何应纳税活动而未登记的，符合下列条件的均应登记增值税。

1. 仅提供商品的

（1）进行应税活动过程中任何一个月和紧接该月前 11 个月的应税提供（非免税提供）总营业额超过 10 万斐济元的门槛或部长不时通过法律通知宣布的其他金额门槛的，在该月月底应当登记增值税。但如果行政长官相信在 12 个月期间内所有应税提供的总额不超过上述门槛的，则无须登记增值税。

（2）有合理理由相信在该月及紧接该月的前 11 个月内在斐济的应税提供（非免税提供）的总营业额超过第（1）款所述金额的，在该月月初应当登记增值税。

2. 其他人

（1）进行应税活动过程中任何一个月和紧接该月前 11 个月的应税提供（非免税提供）总营业额超过 5 万斐济元的门槛或部长不时通过法律通知宣布的其他金额门槛的，在该月月底应当登记增值税。但如果行政长官相信在 12 个月期间内所有应税提供的总额不超过上述门槛的，则无须登记增值税。

（2）有合理理由相信在该月及紧接该月的前 11 个月内在斐济的应税提供（非免税提供）的总营业额超过第（1）款所述金额的，在该月月初应当登记增值税。

---

① 本篇资料来自斐济税务与海关署网站，https：//www.frcs.org.fj/our-services/taxation/value-added-tax-vat（accessed on 20240228）。

任何人根据上述条款应该登记增值税的，应当在 21 日内以规定的登记表向行政长官申请登记增值税。

（三）应税范围及税率

斐济《1991 年增值税法》所指的应税活动是：（1）任何人持续或定期进行的任何活动，不论是否为经济利益而进行的，并且涉及或拟涉及向另一人提供全部或部分商品及服务以获得对价；以及包括以商业、服务、贸易、制造、职业、协会或俱乐部等形式进行的任何活动；（2）在不限制第（1）款的一般性的情况下，任何地方当局或公共机关的活动。

自 2016 年 1 月 1 日起，斐济增值税的标准税率由 15% 降至 9%。该税率统一适用于在斐济境内提供的商品和服务。适用零税率的商品和服务包括但不限于出口货物。

免税的商品和服务包括但不限于：金融服务；出租住房；出租土地，主要目的是用于建造住房；任何非营利机构捐赠的商品和无偿提供的服务；教育机构提供的教育服务；与教育机构提供的教育服务有关的商品和服务提供。

（四）应税时间与应税地点

根据斐济《1991 年增值税法》，商品和服务提供的应税时间为下列时间的较早者：供应商或接收方开具的税务发票；供应商接受任何价款；商品交付或服务提供。

不涉及从斐济运出或运往斐济的商品提供，如果这些商品在斐济，则应视为在斐济提供，否则应视为在斐济境外供应；对于涉及运出或运往的商品提供，从斐济运出的商品应视为在斐济提供，运往斐济的商品应视为在斐济境外提供。

如果服务提供者在斐济，则服务提供应视为在斐济；如果服务提供者在其他国家，则服务提供应视为在其他国家。

（五）申报、缴纳与抵扣规则

每个增值税登记人应该在纳税期限最后一日的下一月的最后一日之前向行政长官提交增值税申报表。每个增值税登记人应该在规定的申报增值税的期限的最后一日前向行政长官缴纳该纳税期限内应当缴纳的增值税。

（六）发票管理

除法规另有规定外，供应商作为增值税登记人向他人提供应税商品和服务应该在发生应税提供时开具增值税发票，发票必须包含法规规定的特定事项。

不得就一项应税提供开具两张或两张以上发票。增值税登记人遗失原始税务发票的，供应商或接受者可以开具清晰载有"仅为复印件"字样的发票复印件。

（七）罚则

根据斐济《2009 年税收管理法》，逾期缴纳增值税将面临未缴税款 25% 的罚款，每月拖欠未缴税款的余额将额外增加 5%，逃税行为将面临 300% 的增值税罚款。

根据斐济《1991 年增值税法》，任何人有以下情节的可能构成犯罪：

（1）未能依照增值税法规定申请登记增值税；未能在行政长官发出增值税登记申请表后 1 个月内作出回应，该申请表是根据《1991 年增值税法》第 85 条规定作为初始的登记程序发出。

（2）未将《1991 年增值税法》第 24 条所规定的任何事项通知行政长官。

（3）拒绝或未能按要求提交纳税申报表、其他信息或附加信息，或未能遵守根据《1991 年增值税法》或根据该法制定的任何法规提出的要求。

（4）为逃避缴纳税款，故意不履行或错误履行《1991 年增值税法》规定的任何义务；在该法规定的任何事项中，明知或放任提交虚假的纳税申报表、虚假陈述、虚假申报或提供任何虚假信息，以故意误导或企图误导斐济税务及海关总署的行政长官或任何其他官员。

（5）故意伪造《1991 年增值税法》要求保存的任何记录。

（6）在下列情况下，故意开具任何税务发票以显示应征税额：对该税务发票适用的任何提供不征收任何税款；显示的应征税额超过根据《1991 年增值税法》应当征收的税额；该项税款相关的交易并未发生。

（7）在下列任何一种情况下，以书面或其他方式故意向任何人表示任何款项将作为税款征收：对表示所涉的任何提供不征收税款；表示的应征税额超过根据《1991 年增值税法》应当征收的税额。

（8）明知或有理由相信有关商品和服务的供应商会逃避缴纳税款而接受、获取或购买商品或获得服务。

（9）明知而出具《1991 年增值税法》明确的重大方面存在错误或不完整的任何发票，或者，明知而就该法规定的任何事项作出任何陈述或声明时在重大方面存在错误或不完整。

（10）明知而违反《1991 年增值税法》第 41 条及第 42 条规定。

（11）增值税登记人未按《1991 年增值税法》规定开具税务发票。

（12）明知而没有根据《1991 年增值税法》第 63 条发出的通知作出合规的任何抵扣或优惠决定。

（13）在根据《1991 年增值税法》第 63 条发出的通知作出合规的任何扣减或优惠后，应税人没有在该通知所指明的时间内向行政长官缴纳相应款项。

五十一、芬兰

（Finland）

（一）基本介绍^①

芬兰自 1994 年 6 月 1 日起开始征收增值税。其增值税主管机关为芬兰财政部与国家税务委员会（Finnish Ministry of Finance and National Board of Taxes）。

（二）纳税义务人^②

纳税义务人是指在经营过程中提供应税商品或服务、欧盟内部收购（intra-Community acquisitions）或远程销售（distance sales）的任何企业实体或个人。

1.5 万欧元的增值税登记门槛，适用于芬兰居民企业或在芬兰设有固定（永久）机构的企业。芬兰增值税法律还包括对一财政年度营业额 1.5 万~3 万欧元的小企业的税收减免。减税是逐步的，因此，税收减免额度随着营业额的增加而减少。

一般来说，增值税登记义务涉及以经济或商业活动形式提供商品或服务的所有企业和公司。除低于 1.5 万欧元的登记门槛外（仅限芬兰企业），一般不得免于登记。

尽管年营业额未达到增值税登记门槛，但当某企业的活动被视为商业活动，则可以自愿登记增值税。例如，活动必须是连续的，不限制客户范围，必须有承包商风险（there has to be contractor's risk），并且活动必须在商业环境中进行且基于商业目的。本规定仅适用于在芬兰居民企业。对于非居民企业，一般不适用增值税自愿登记。但是，对其在芬兰的适用反向征收机制的销售业务，则非居民企业可以申请自愿登记增值税。

（三）应税范围及税率

1. 应税范围

增值税适用于以下交易：（1）纳税义务人在芬兰提供商品或服务；（2）纳税义务

---

① 本篇如无特别注明，资料均来自芬兰税务局网站，https://www.vero.fi/en/businesses-and-corporations/taxes-and-charges/vat/rates-of-vat（accessed on 20240228）。

② 详见芬兰《增值税法》。

人从另一个欧盟成员国获得商品和服务（如欧盟指令 2008/8/EC 第 196 条规定）；（3）芬兰纳税义务人接受的适用反向征收的服务（即接受人应承担增值税纳税义务的服务）；（4）芬兰纳税义务人购买的适用逆向征收的商品；（5）从欧盟以外进口货物，不论进口商的身份。

芬兰的《增值税法》不适用岛屿省份阿赫韦南玛（奥兰群岛）。然而，该省是芬兰和欧盟关税区的一部分。

2. 标准税率适用对象

芬兰增值税的标准税率24%适用于所有商品或服务的提供，除非具体措施允许适用低税率、零税率或免税。

3. 税率14%的适用对象

适用14%税率的商品和服务包括：（1）大多数食品，包括餐厅和餐饮服务中提供的食品；（2）动物饲料；（3）饮用水。

4. 税率10%的适用对象

适用10%税率的商品和服务包括：（1）电影；（2）运动服务；（3）书籍（印刷版和电子版）；（4）药品；（5）旅客运输；（6）住宿服务；（7）代表著作权人的著作权组织收到的著作权赔偿；（8）报刊（印刷版和电子版）。

5. 零税率适用对象

零税率意味着不征收增值税，但供应商可以抵扣相关的进项税。适用零税率的商品和服务为出口商品。

6. 免税对象

免税提供指提供免征增值税并且不得抵扣进项税的商品和服务。适用免税的商品和服务包括：（1）土地和建筑物；（2）金融交易；（3）保险；（4）教育；（5）健康卫生服务和社会福利事业；（6）著作权转让；（7）通用邮政服务供应商提供的通用邮政服务。

在芬兰，土地和建筑物出租通常情况下免纳增值税。但是，如果满足特定条件，出租人可以在租赁时登记增值税，据此可以按照增值税标准税率收取租金。但是前提条件是该不动产持续用于应税目的。此外，如果出租人是房地产企业，则需满足其他条件。

（四）应税时间与应税地点

增值税纳税义务发生时间称为应税时间。基本应税时间是商品交付或服务提供的月份。

在会计年度内，纳税义务人可以根据开具和收到的发票缴纳增值税。在会计年度结束时，增值税申报必须按照基本应税时间（即根据交付商品和提供服务的时间）进行调整。

（五）申报、缴纳与抵扣规则

芬兰规定每月定期进行增值税申报，或在某些情况下，每季度或每年申报一次。纳税人在芬兰税务局的在线门户网站"OmaVero（MyTax）"中提交纳税申报表，如增值税申报表和欧盟销售清单（EU Sales Lists）。一般来说，增值税定期申报表必须在申报期后第二个月的第12日之前以电子方式提交。如果纳税人的纳税期限为一个日历年的，增值税纳税申报截止日为纳税申报期后第二个月的28日。芬兰税务机关在规定期限内收到增值税申报表的，增值税申报表被视为按时提交。

小公司可自愿将增值税申报和缴纳期限延长至一个季度或一年（营业额分别不超过每个日历年10万欧元或3万欧元）。

根据"OmaVero"程序，所有税款和款项都汇入税务机关持有的税务账户。纳税人必须在每月12日前以欧元缴纳所有应纳税款。未用于缴纳纳税期限内的增值税款的金额，可以在必要时抵减其他应纳税额，或者在纳税期限后退还纳税人。纳税人也可以将该笔金额保留在税务账户中，用于支付未来应缴纳的增值税。

应税人可以抵扣进项税，进项税是对向其提供的用于商业目的的商品和服务征收的增值税。应税人通常从销项税中扣除进项税，销项税是对应税人的应税提供征收的增值税。

进项税包括：对在芬兰境内提供的商品和服务征收的增值税；对进口货物征收的增值税；对欧盟内部购买商品和获得服务（根据欧盟指令2008/8/EC第196条的规定）征收的增值税；以及对适用反向征收的商品和服务征收的增值税。

（六）发票管理

芬兰应税人通常必须为向其他应税人和所有法人提供的所有商品和服务开具增值税发票，包括出口和欧盟内部提供。但没有义务为欧盟内部提供的预付款开具发票。在欧盟内向私人提供新型运输工具和远程销售需要开具发票。

销售发票和采购发票必须符合芬兰增值税发票规则。商品和服务的购买方只有保留符合要求的发票，才能抵扣进项税。如果采购发票不符合所有要求，买方可能失去抵扣进项税的权利，除非不符合要求的发票被新的（正确的）发票取代。

（七）罚则

芬兰对延迟增值税登记不处以任何具体处罚。但是，如果延迟登记导致延迟申报增值税或延迟缴纳增值税的，则将进行处罚。

对于延迟缴纳增值税，从到期日的次日起至缴纳日按11%的年利率计算利息。延迟提交纳税申报表的，则在提交纳税申报表之前，每天应缴纳 3 欧元的罚款，最高为 135 欧元。如果纳税申报表迟交超过 45 天，除罚款 135 欧元，还要加罚相关申报表应缴纳增值税额的 2%。根据应纳税额的不同，罚款的最高额为每纳税期每税种 1.5 万欧元。

如果提交不正确或错误的纳税申报表、任何其他申报表或声明以及任何其他所需的信息或声明，或者根本没有提交上述任何文件或信息，将征收惩罚性税（punitive tax increase）。作为一项主要规则，惩罚性税的数额是应纳税额的 10%。但是，应缴纳税额可能会有所不同，可能在 15%～50%，这取决于疏忽的程度和再犯的情况。

根据芬兰刑法，轻微的增值税犯罪和增值税或税收犯罪均应受到处罚。根据刑事立法的规定，增值税欺诈行为将根据情节受到不同处罚。

五十二、法国
（France）

（一）基本介绍①

法国自 1954 年 4 月起开征增值税。其增值税主管机关为法国财政部。

（二）纳税义务人

纳税义务人是指在法国境内提供应税商品或服务、欧盟内收购或远程销售的任何企业实体或个人。

法国没有增值税的登记门槛。

在特许经营制度下，以下门槛适用于法国小型居民企业的确定：（1）商品销售额：上一年为 85800 欧元（或前年营业额未超过 85800 欧元的，则门槛为 94300 欧元）；（2）服务供应：上一年为 34400 欧元（或前年营业额未超过 34400 欧元的，则门槛为 36500 欧元）。

在法国开展商业活动的纳税义务人必须在 15 日内通知法国增值税当局并登记增值税。

基于反向征收机制，非居民企业向法国纳税义务人提供应税商品或服务的无须登记增值税。接受者必须自行评估相关增值税。

法国的小型居民企业可以通过自愿申请适用特许经营制度（through voluntarily wavering the application of the franchise regime）选择自愿登记增值税，由此成为纳税义务人并登记增值税。

对于外国纳税义务人，有一种特殊情况下他们可以自愿在法国登记增值税，即租用未装修的不动产。如果纳税义务人选择对未装修的不动产租赁纳税，那么在作出这一选择之前，必须对其进行增值税登记。

---

① 本篇资料来自 Avalara 网站，https：//www.avalara.com/vatlive/en/country-guides/europe/france/french-vat-rates.html（accessed on 20240228）。

（三）应税范围及税率

1. 应税范围

增值税适用于以下交易：（1）纳税义务人在法国提供商品或服务；（2）在法国收购欧盟内部商品，一般情况下商品由纳税义务人从欧盟另一成员国运输到法国，满足特定条件时也可以是非纳税义务人；（3）从其他欧盟成员国的任何人处购买的新型运输工具；（4）从法国纳税义务人处接受的适用反向征收机制的服务（即由接受者承担增值税纳税义务的服务）；（5）从欧盟以外进口商品，不论进口商的身份。

2. 标准税率适用对象

法国增值税的标准税率 20% 适用于所有商品或服务的提供，除非有具体措施规定适用低税率、零税率或免税。

3. 零税率适用对象

有些供应品被归类为零税率（exempt with credit），这意味着不征收增值税，但供应商可以抵扣相关的进项税。适用零税率的商品和服务：（1）特定金融交易；（2）出口商品到欧盟以外及相关服务；（3）欧盟集团内的商品提供。

4. 低税率适用对象

（1）适用 2.1% 税率的商品和服务：（特定条件下的）药品。

（2）适用 5.5% 税率的商品和服务（在科西嘉岛、瓜德罗普岛、马提尼克岛和雷昂岛适用 2.1% 的税率）：食品。

（3）适用 10% 税率的商品和服务：住宿服务。

5. 免税对象

免税提供是指在增值税范围内提供的不得抵扣进项税的商品和服务提供。免税的商品和服务包括：（1）特定条件下的土地；（2）金融交易；（3）建成超过 5 年的建筑；（4）保险；（5）教育；（6）卫生和福利；（7）投注和博彩。

（四）应税时间与应税地点

在法国，确定增值税纳税义务所需的法律条件得到满足的时间被称为"应税事件"（chargeable event），而增值税纳税义务发生时间和可抵扣时间称为"应税时间"（tax due point）。不同的税务事件规则（tax event rules）和应税时间规则（tax due point rules）适用于相应商品和服务的提供。

一般规则是，商品的纳税事件和应税时间同时发生，即作为所有人处分商品的权利被转让时。如果销售合同规定供应商保留商品所有权，则在商品从供应商处实际转移给买方时发生纳税义务。

服务的纳税时间是服务履行时，而应税时间是有效付款的日期。但是，供应商可以选择以权责发生制为基础确定增值税纳税义务。原则上，如果分期支付提供服务的对价，则增值税纳税义务发生在应收到每期款项时。

（五）申报、缴纳与抵扣规则

增值税申报期限取决于纳税义务人的营业额，具体适用以下标准：

（1）适用正常制度（the normal regime）的公司每月申报增值税。有两类纳税人必须适用正常制度：其一，营业额超过818000欧元（商品）或247000欧元（服务）的公司；其二，上一年应缴纳的销项税超过15000欧元的公司。

（2）适用简化制度的公司每季度和每年申报增值税。有一类公司适用简化制度：营业额为85800~818000欧元（商品）或34400~247000欧元（服务），且上一年应缴纳的销项税低于15000欧元的公司。

（3）不需要申报增值税的公司是营业额低于85800欧元（商品）或34400欧元（服务）的公司。

对法国和非欧盟公司来说，每月的增值税申报表和税款应在申报期结束后的下个月15~24日提交和缴纳。截止日取决于几个因素，包括涉及的法人类型和应纳税企业的设立地点。

对于欧盟实体，每月或每季度的增值税申报表应在申报期结束后的下个月19日前提交。

增值税必须以电子方式缴纳（在某些情况下小型公司和汽车企业除外）。对于不是在法国设立但在法国登记增值税的公司，无须以电子方式缴纳，可以在截止日期内通过银行转账进行。

纳税义务人可以抵扣对为经营目的向其提供的商品和服务征收的进项税。纳税义务人通常通过对其所提供的商品和服务征收的销项税来抵扣进项税。进项税包括对在法国提供的商品和服务征收的增值税、对进口商品征收的增值税以及应税接受人根据反向征收机制应缴纳的增值税。

申请增值税退税必须提供有效的税务发票或海关文件。

（六）发票规则

法国纳税义务人通常必须就为其他应税企业或非应税法人的所有应税提供开具增值税发票，包括出口和欧盟集团内部提供。除非客户要求，否则零售交易不提供发票。一旦发生应税提供就应该开具增值税发票。

法国增值税法允许根据欧盟指令2010/45/EU开具电子发票。

所有形式的电子发票都是可以接受的，但从发票开具之日起到存档期结束必须保证发票的来源真实、内容完整、字迹清晰。

如果发票不是以电子数据交换（EDI）格式开具或以电子方式签署的，则必须建立业务控制措施以证明发票与基础交易之间存在可靠的审计跟踪（audit trail）。这尤其适用于通过电子邮件发送的电子发票。

2023 年 1 月 1 日至 2025 年 1 月 1 日，纳税人必须为 B2B 提供开具电子发票。

（七）罚则

法国对延迟登记增值税不处以任何具体处罚。但是如果延迟登记增值税导致延迟缴纳增值税款的，则将被处以利息和罚款。

对延迟申报和缴纳增值税的罚款如下：（1）延迟缴纳的，将被处罚应纳税额的 5%；（2）延迟申报的，如果法国增值税当局尚未发出正式通知，则将被处罚应纳税额的 10%；（3）在第一次正式通知延迟申报后 30 天内缴纳的，将被处罚应纳税额的 40%；第二次正式通知延迟申报的，将被处罚应纳税额的 80%。

除罚款外，2018 年 1 月 1 日至 2020 年 12 月 31 日延迟缴纳税款利息和拖欠税款利息为每月 0.2%。

如果不遵守电子申报和缴纳义务，则适用应纳税额 0.2% 的罚款。

就"Intrastat"系统来说，延迟申报的罚款为 750 欧元。但如果在法国海关当局发出警告通知后 30 天内未申报，罚款将增至 1500 欧元。此外，申报表中的任何遗漏或不准确都将被处以 15 欧元的罚款。每次通过"Intrastat"申报的罚款不得超过 1500 欧元。如果纳税义务人拒绝向法国海关当局提供信息或文件，可能被处以 1500 欧元的罚款。

五十三、加蓬
（Gabon）

（一）基本介绍[①]

加蓬增值税主管机关为税务总局（Direction Générale des Impôts，DGI）。

（二）纳税义务人

应纳税人是指为了获得对价，在经济活动范围内经常或偶尔以独立的方式从事应税活动的个人或法人。上述人员，无论其是否注册，都必须缴纳企业所得税或个人所得税。如果上述人员营业额达到 6000 万中非法郎，则应注册并缴纳增值税。特殊的是，对于林业开采者，增值税其注册门槛为 5 亿中非法郎。

（三）应税范围及税率

增值税是对纳税人在加蓬从事销售货物、提供服务、进口货物和服务等经济活动征收的税，经济活动包括商业、农业、采矿、工业、林业、手工业活动以及自由职业活动等。加蓬增值税标准税率为 18%，适用于所有交易，除非法律另有规定。增值税低税率为 10% 和 5%。10% 的税率适用于加蓬《税法典》第 221 条中规定的产品，包括加蓬生产的矿泉水、进口肉类、进口食用油、糖、台式计算机和笔记本电脑、水果罐头等。5% 的税率适用于与水泥有关的销售和服务。零税率适用于出口和国际运输。

根据加蓬《税法典》第 210 条规定，增值税免税对象包括：未经加工而直接出售的本地农产品（如花生、咖啡、可可、猪肉、牛肉、羊肉、鸡肉、鱼、水果、蔬菜等）、保险及再保险服务、印刷、进口和销售教科书、报纸和期刊、主管当局正式授权的学校或大学收取的学杂费、国家发行邮票、印花税票相关业务等。

---

① 本篇资料来自加蓬税务局网站，http：//www. dgi. ga/787-procedures-et-avantages-fiscaux/1071 – code-general-des-impots/1075 – livre – 2 – taxes-sur-le-chiffre-daffaires（accessed on 20240228）。

（四）应税时间与应税地点

加蓬《税法典》第212条规定，对于销售货物，应税时间为货物交付时；对于进口交易，应税时间为进口时。

加蓬《税法典》第211条规定，所有在加蓬开展的业务均应缴纳增值税，但不包括免税业务。在加蓬交付货物或提供服务，均被视为在加蓬进行的交易。对于租用交易，租用的物件在加蓬被使用或利用，则被视为在加蓬进行的交易。

（五）申报、缴纳与抵扣规则

纳税人应按月申报增值税，并于次月20日之前提交纳税申报表。外国供应商在加蓬提供服务产生的进项增值税不能抵扣。纳税人可以通过电子方式提交纳税申报表并缴纳增值税。

根据加蓬《税法典》第238条规定，在满足条件的情况下，工业企业和出口公司在进口材料、设备、工业机械、零件等总价值超过1亿中非法郎的产品时，可以延期缴纳增值税。企业须遵守纳税申报和缴纳税款义务及海关义务，才能享受递延纳税。

纳税人有权扣除进项税额。下列项目不能抵扣进项税额：娱乐、住宿和餐饮；进口货物未经任何修理而再出口；石油产品；乘用车（除非用于人员运输并超过10座以上及作为营运汽车公司和公共客运公司的固定资产）；商品无偿提供或价格低于它的价值。进项税额涉及免税和应税交易的，应当进行分摊。对于没有抵扣的进项税额，纳税人可在可扣除之日起12个月内抵扣进项税额。

（六）发票管理

所有发票必须用法语开具，并以非洲法郎作为货币形式，并标明供应商和客户的增值税注册号码。

（七）罚则

如果企业不遵守相关规定，将处以以下罚款：

（1）对于欠缴增值税的行为，将面临当月所欠税款10%的罚款，之后每个月为3%。

（2）对于疏忽延期缴纳的行为，每月处以欠缴税款1.5%的罚款，最高为50%。

（3）对于错误申报增值税的行为，将面临不正确申报进项税额150%的罚款。

（4）对于未及时申报且无应纳税额的行为，处以罚款10万中非法郎。

（5）延迟缴纳增值税的，加罚欠缴税款5%的罚息。

五十四、冈比亚
（Gambia）

（一）基本介绍[①]

冈比亚自 2013 年 1 月 1 日起开征增值税。其增值税主管机关为税务局（Gambia Revenue Authority）。

（二）纳税义务人

冈比亚增值税登记门槛为年应税营业额 200 万达拉西。企业连续 12 个月内应税商品和服务的营业额达到 200 万达拉西或以上的个人或企业，必须向冈比亚税务局注册增值税。应税营业额达 100 万达拉西或以上的企业可以申请自愿注册。未达到上述条件的企业不能申请注册。纳税人已经注册 2 年，且过去 12 个月的应税营业额少于 100 万达拉西的情况下，可以在停止提供应税用品后的 30 天内申请注销注册。

非居民企业在冈比亚拥有常设机构且应税营业额超过注册门槛，则该企业应在冈比亚注册增值税。在确定非居民企业是否达到注册门槛，应考虑以下交易：（1）非居民企业出售不动产，且该不动产有关的土地位于冈比亚；（2）非居民企业出售货物，且该货物在冈比亚交付或制造完成；（3）非居民企业出售货物，且该货物在冈比亚组装或安装。[②]

（三）应税范围及税率

冈比亚对销售及进口商品或服务的行为征收增值税。应税货物是在冈比亚境内开展业务的增值税纳税人出售的任何货物，免税货物除外。应税服务指增值税纳税人在冈比

---

① 本篇如无特别注明，资料均来自冈比亚税务局网站，https：//www.gra.gm/domestic-faqs（accessed on 20240228）。

② Africa VAT/GST Guide 2018 – 19 ［EB/OL］. https：//www.crowe.com/sc/-/media/Crowe/Firms/Middle-East-and-Africa/sc/CroweHorwathSC/PDF-and-Brochures/Africa-VAT-guide – 2018 – 19. pdf（accessed on 20240228）.

亚从事并提供与业务经营有关的服务，免税服务除外。增值税标准税率为15%。出口为零税率。免税对象包括：宗教商品；教育机构为了自行使用而购买或进口的教育类商品（如黑板、课桌椅等）；某些书籍或出版物（如公共图书馆购买或进口的图书）；人们日常消费的食物和饮料（不包括进口食品和饮料、酒精饮料和非酒精麦芽饮料、碳酸饮料和用于制备碳酸饮料的商品、糖和糖果）。

（四）应税时间与应税地点

商品或服务的应税时间为以下日期的最早者：发票开具日期；部分或全额付款的日期；商品或服务的交付日期。[①]

当纳税人出售商品或服务时，应收取增值税，并每月提交纳税申报表和缴纳增值税。纳税人可以在任何一个税务局办公室提交申报并纳税。

（五）申报、缴纳与抵扣规则

增值税纳税期限为一个月。无论是否需要缴税，纳税人必须在每个纳税期结束后的15日内向税务局局长提交纳税申报表。除其他详细信息外，报税表还必须显示该期间应缴税额和索取的进项税额抵免额。[②]

注册增值税的企业可以抵免购买或进口货物产生的进项税额，这些货物须为资本货物（不包括汽车）或购买的商品实际用于提供应税品。企业购买服务产生的进项税额不可抵扣。

对于提供应税商品和服务的交易，纳税人应在提交增值税申报表的到期日缴纳增值税。对于进口，纳税人应在进口商品放行之前缴纳增值税。

如果纳税人多缴纳税款并申请退还，税务机关确认情况属实后，在退还申请的45日之内退还税款。以下人员可以获得增值税退税：（1）外交使节和外交官；（2）国际组织；（3）非政府组织；（4）连续3个月进项税额超过销项税额的增值税注册人；（5）在过去12个月中应税交易的50%为零税率的增值税注册人，例如出口商。

（六）发票管理

所有注册增值税的企业在提供商品或服务时必须开具增值税发票。发票必须清楚地

---

① https：//businessingambia. com/vat-in-gambia（accessed on 20240228）。

② Africa VAT/GST Guide 2018 – 19 ［EB/OL］. https：//www. crowe. com/sc/ – /media/Crowe/Firms/Middle-East-and-Africa/sc/CroweHorwathSC/PDF-and-Brochures/Africa-VAT-guide – 2018 – 19. pdf（accessed on 20240228）.

标明"增值税发票"一词，并带有地址和税号。①

（七）罚则

纳税人没有提交纳税申报表，每日最高处以 1.5 万达拉西或应纳税额 1% 的罚款。纳税人作出错误或误导性陈述，导致税款申报不足额，如果是故意或过失，将被处以最高 5 万达拉西的罚款和（或）不超过 1 年的监禁；在其他情况下，则将被处以最高 3 万达拉西的罚款。

纳税人没有按规定进行税务登记，或者没有按规定通知税务机关情况变更，或者没有按规定申请注销登记，如果是故意或者过失，将被处以最高 1.5 万达拉西的罚款和（或）不超过 1 年的监禁；在其他情况下，则将被处以最高 1 万达拉西的罚款。

纳税人没有开具增值税发票，没有开具或不正确使用销售发票贷方通知单或借方通知单的，将被处以最高 2 万达拉西的罚款和（或）不超过 1 年的监禁。

在其他情况下，则将被处以最高 1 万达拉西的罚款。

---

① 详见 Business in Gambia 网站，https：//businessingambia. com/vat-in-gambia（accessed on 20240228）。

五十五、格鲁吉亚
（Georgia）

（一）基本介绍[①]

格鲁吉亚自 1993 年 12 月 24 日起开征增值税。其增值税主管机关为财政部。

（二）纳税义务人

应税营业额在连续的 12 个月内超过 10 万拉里（GEL），则必须注册为增值税纳税人。对于从事应税业务的外国企业，应从应税业务开始时注册增值税。

增值税逆向征收制度适用于非居民增值税应纳税人向格鲁吉亚增值税纳税人提供的服务。自 2021 年 4 月起，向格鲁吉亚消费者提供数字服务的外国企业必须在格鲁吉亚注册增值税，并遵守增值税义务。

如果纳税人在前 12 个月内应税交易的金额不超过 10 万拉里，则可以在最近的增值税注册后的一年内要求注销。税务机关也可以要求纳税人注销。

（三）应税范围及税率

增值税适用于企业在经济活动范围内，为了对价而于格鲁吉亚境内提供商品与服务的行为。增值税适用于以下交易：（1）经济活动范围内于格鲁吉亚提供商品或服务；（2）纳税人将应税商品或服务用于非经济目的，且纳税人已经获得此类商品或服务的进项税额抵免；（3）终止增值税登记时，纳税人已获得增值税抵免的商品的剩余价值（破产除外）；（4）自建房屋作为固定资产使用；（5）转让商品或服务的所有权以换取公司或合伙企业的股份或份额；（6）租赁协议期满或提前终止，向房东提供租赁改良（leasehold improvements）；（7）货物进口或临时进口到格鲁吉亚；（8）从格鲁吉亚出口或再出口货物。

增值税标准税率为 18%。增值税免税对象包括金融服务、石油和天然气运营所需

---

① 本篇资料来自格鲁吉亚《税法典》（tax Code of Georgia）。

的商品和服务、某些医疗和教育服务等。零税率适用对象包括出口、再出口货物及相关服务等。

（四）应税时间与应税地点

应税时间为以下时间的最早者：提供货物或服务时；开具发票时；付款义务产生时。对于常规或连续性货物交易和服务（如提供电能、热能、天然气或水），应税时间为相应纳税期间的最后一日。进口商品的应税时间为货物进口报关当天。

如果货物在提供时位于格鲁吉亚境内，则认为该货物在格鲁吉亚提供。如果货物需要运输，货物起运点为格鲁吉亚时，认为该货物在格鲁吉亚提供。

服务的提供地点取决于服务是 B2B 供应还是 B2C 供应。（1）如果是 B2B 供应，则将服务接受所在地者或其固定机构所在地视为服务提供地。（2）如果是 B2C 供应，则将供应商所在地或其固定机构所在地视为服务提供地。但是，对于特定类型的服务，B2C 供应的提供地点是根据服务接受方的位置来确定的。这些服务包括：电信服务、通过电子提供的服务、广告服务、咨询服务、金融服务、保险服务等。

（五）申报、缴纳与抵扣规则

增值税纳税期和申报期为每月。增值税纳税人必须在纳税期后次月 15 日之前提交增值税纳税申报表。增值税纳税申报表必须以格鲁吉亚拉里填写，并以电子方式归档。纳税人应在上述申报期限之前缴纳增值税。对于进口货物，纳税人应在货物进口时缴纳增值税；对于临时进口货物，纳税人应在临时进口货物次月 15 日之前缴纳增值税。对于反向征收制度，纳税人应在纳税期限次月 15 日之前缴纳增值税。

注册增值税的纳税人可以抵扣进项税，该进项税产生于商业目的而购买的商品与服务。纳税人通常从销项税中扣除进项税，销项税是对纳税人提供的产品收取的增值税。进项税包括：对纳税人在格鲁吉亚获得的商品和服务收取的增值税；对格鲁吉亚进口或临时进口商品收取的增值税；以及从格鲁吉亚境外获得的服务反向征收的增值税。进项税还包括用作固定资产的自建房屋产生的增值税。抵扣进项税额须有以下凭证之一：税务发票；海关申报文件；公法实体提供服务的银行付款单；证明购买的文件（其中包括已支付的金额和增值税）。

下列情形中，不可抵扣进项税额：（1）为了提供免税商品或服务而产生的进项税额；（2）含税发票上无法识别商品或服务的卖方；（3）在应税交易的纳税期之后的 3 个纳税期内或应税交易所属年度内，未在纳税申报表中申请抵扣含税发票，此限制不适用于电子发票；（4）因虚假业务或虚构协议而开具的含税发票。

在纳税期内，进项税额超过销项税额的差额必须首先用于抵销其他应交税款。如果增值税抵免额超过所有应付税款，则超出部分可用于抵销未来的增值税和其他应纳税额，或者可以要求退税。

（六）发票管理

增值税发票是会计凭证，必须以格鲁吉亚财政部部长批准的格式签发。增值税发票证明增值税应税交易的发生。增值税发票可以电子形式开具。注册增值税纳税人必须在30日内向买方开具增值税发票。增值税发票只能用于增值税应税交易。增值税发票必须以格鲁吉亚拉里开具。如果应税交易取消，或应税交易的类型已更改，价款部分或全部退还给增值税纳税人，则可以使用更正的增值税发票进行调整。更正的增值税发票也是以格鲁吉亚财政部部长批准的格式签发的会计凭证，证明增值税应税交易的更正。

（七）罚则

逾期缴纳税款的利息从税款到期日后的第二日开始计算。逾期利息按逾期税额每日0.05%的比率计算。

纳税人延迟提交纳税申报表，每月应按应纳税额的5%缴纳罚款，不足一月也按此方法计算。总罚款额不得超过纳税申报表中应纳税额的30%，且不得少于50拉里。

纳税人少申报税款，则处以少申报税款金额50%的罚款。如果是由于税务机关更改应税时间而导致的，则处以10%的罚款。少申报税款金额多于5万拉里被认为是逃税，应提起刑事诉讼。

上述罚款也适用于不符合规定而多申请抵免税额或退还税款。如果根据虚假操作、虚构协议或伪造文件要求抵免，则处以抵免额的200%罚款。

纳税人开具虚假发票或基于虚假业务或虚构协议开具发票，将处以该增值税发票载明的增值税金额200%的罚款。

对于符合条件但未及时注册增值税的企业，处以罚款，罚款数额等于未注册期间应税营业额的5%（免税交易除外）。

五十六、德国
（Germany）

（一）基本介绍[①]

德国自1968年1月1日起开征增值税，作为欧盟成员国之一，其增值税制度与欧盟其他国家基本一致。德国增值税主管机关为联邦中央税务局（Federal Central Tax Office）。

（二）纳税义务人

德国增值税的纳税义务人为任何独立从事商业或专业活动的个人或企业。

德国不适用增值税登记最低门槛，在德国从事应税活动的人都应进行增值税登记。德国的增值税法律不包含任何豁免登记的规定，也没有针对小企业的特殊增值税注册规则，但允许"在财务、经济和组织上与母公司业务相结合"的子公司进行集团注册。

（三）应税范围及税率

增值税适用的交易包括：（1）应纳税人在德国提供的商品或提供的服务；（2）应纳税人在欧盟内部从另一个欧盟成员国购买商品；（3）逆向征收的给付，包括服务给付和带有安装服务的商品给付；（4）应纳税人自给自足的商品和服务；（5）从欧盟以外的国家或地区进口的商品（不论进口商的身份如何）。

在德国，除非有特殊规定允许适用低税率或零税率，所有商品和服务均适用增值税标准税率19%。

适用7%低税率的商品和服务包括：（1）（电子）书籍和（电子）报纸；（2）文化服务；（3）食物；（4）旅客运输（特定情况下）；（5）农业产品；（6）酒店住宿。

在德国，部分商品和服务适用零税率，无须缴纳增值税，但可收回进项税，包括但不限于：（1）欧盟内商品销售；（2）商品出口；（3）入境加工再出口的有形动产；（4）增值税仓储政策的商品和服务；（5）与出口及跨境运输服务相关的中介服务；（6）海运及

[①] 本篇资料来自德国《增值税法》（Umsatzsteuergesetz）。

空运服务；（7）跨境运输服务；（8）向中央银行供应黄金。

德国的免税商品和服务包括：土地和建筑物；金融交易；保险；教育；医疗服务。

需注意的是，德国赋予供应商免税选择权。对于一些免税商品及服务，如土地、建筑物和金融交易，供应商可以选择将交易视为应税，如果该交易出于商业目的且满足某些要求，可以抵扣相关的进项税额。

（四）应税时间与应税地点

1. 应税时间

一般而言，应税时间为应税行为发生所属的申报期。但是对于采用现金会计的纳税人，应税时间是收到价款所属的申报期。

2. 应税地点

以下情形中，应税地点位于德国：（1）应纳税人在德国提供的商品或服务；（2）应纳税人在欧盟内部从另一个欧盟成员国购买商品；（3）逆向征收的给付，包括服务给付和带有安装服务的商品给付；（4）应纳税人自给自足的商品和服务；（5）从欧盟以外的国家或地区进口的商品（不论进口商的身份如何）。

（五）申报、缴纳与抵扣规则

纳税人应按月或按季提交增值税纳税申报表，于申报期次月第 10 日之前提交，并同时缴纳增值税。纳税人一般按季度提交，如果前一年的增值税额超过 7500 欧元，则必须提交月度申报表。如果纳税人在上一年度缴纳的增值税不超过 1000 欧元，则无须按月申报或按季申报。此外，所有纳税人必须在年度结束后下一年的 7 月 31 日之前提交年度增值税申报表。年度纳税申报表必须以电子方式提交，并附有合格的电子签名。

纳税人可以抵扣进项税，进项税是出于应税商业目的向纳税人提供商品和服务而收取的增值税。纳税人通常从销项税中扣除进项税，销项税是对纳税人提供的产品收取的增值税。进项税包括：纳税人在德国获得的商品和服务支付的增值税；进口商品支付的增值税；在欧盟内购买商品支付的增值税；以及根据反向征收制度支付的增值税。

（六）发票管理

德国纳税人须向其他纳税人和法人开具增值税发票。对于免税交易，通常不需要开具发票。纳税人与个人交易，不必须开具发票。与不动产有关的交易，纳税人应向个人开具发票。发票必须在 6 个月内开具，欧盟居民纳税人提供的欧盟内部商品和服务的发票必须在提供当月后 15 日内开具。纳税人必须保留发票 10 年。收到与房地产有关的发票的个人须将发票保留 2 年。其他情况下，个人不需要保留发票。纳税人申请抵扣进项税额，须凭借有效的税务发票和海关文件。德国允许按照欧盟指令 2010/45/EU 开具电子发票。

（七）罚则

在德国，逾期注册增值税不适用特定处罚。如果由于逾期注册而导致纳税人延期提交增值税纳税申报表，则可能处以罚款和滞纳金。此外，逾期缴纳增值税可能被视为税收欺诈。

逾期罚款为应缴增值税额的 1%（每月），最高可达应缴增值税额的 10%，此外，税务机关可以对逾期缴纳增值税的代理人处以最高 3 万欧元的额外罚款。

五十七、加纳
（Ghana）

（一）基本介绍①

加纳增值税自1998年3月18日起开始征收，增值税主管机关为加纳税务局（Ghana Revenue Authority）。

（二）纳税义务人

应缴纳增值税的义务人按以下情形确定：（1）如果在本国制造应税商品，则制造商为应纳税人；（2）如果进口货物，则进口商为应纳税人；（3）如果进口服务，则服务接收者为应纳税人。

一般而言，在业务过程中全部或部分在加纳从事应税交易的应税人员，如果符合增值税登记门槛，则有义务进行增值税登记，加纳的增值税法律不包含任何豁免注册的规定。

（三）应税范围及税率②

在加纳提供的所有货物和服务以及进口到该国的货物和服务均需缴纳增值税。此类商品和服务的消费者必须缴纳增值税。加纳的增值税标准税率为15%，适用于所有货物和服务，除非具体规定适用低税率、零税率或免税。

年营业额在20万~50万塞地的商品零售商（包括进口商）按3%的统一税率缴纳增值税。3%的低税率不适用于任何形式的供热、制冷或通风。

在加纳，以下商品和服务适用零税率：（1）应税货物出口；（2）应税服务出口；

---

① 本篇如无特别注明，资料均来自加纳税务局网站，https：//gra. gov. gh/domestic-tax/tax-types/vat-standard/（accessed on 20240228）。

② TOM ASAAM, Value Added Tax - The basics ［EB/OL］. https：//www. scg. com. gh/2019/04/08/value-added-tax-basics/（accessed on 20240228）.

（3）向自由贸易区或自由贸易区公司提供的货物和服务；（4）离开加纳领土的船只或飞机上运输的货物。

在加纳，免征增值税的商品和服务包括但不限于：（1）未加工的原始状态的农产品和水产品，包括经过冷藏、冷冻、烟熏、去皮、清洗等保护工序的农业和水产食品；（2）国内运输，包括公共汽车和类似车辆、火车或船；（3）医疗服务和用品；（4）农业上投入的动物，牲畜和家禽；（5）利用住宅物业提供住宿。

（四）应税时间

在加纳，增值税到期的时间被称为"应税时间"或"纳税点"。应税时间按以下规则确定：（1）如果货物或服务适用于应税人的自用，则纳税点是货物或服务首次适用于应纳税人的自用日期。（2）如果货物或服务是以赠予的形式提供给他人的，则应税时间是货物所有权转移或服务完成的日期。（3）对于所有其他情况，供应时间为下列5类事件中最早发生的事件：货物从应税人的处所或由应税人控制的处所移走；货物提供给被供应的纳税人；提供服务；收到付款；开具税务发票。

进口货物的情况下，应税时间为进口货物的供应时间，或海关清关的日期，或者是货物离开保税仓库的日期（如果货物入库时没有支付关税）。

（五）申报与抵扣规则

纳税人通常可以收回为商业目的购买的货物和服务所产生的进项税额。进项税额是通过从销项税额中扣除进项税额抵免来申请的，销项税额是对应税物资征收的增值税。纳税人必须在支出后6个月内申请进项税额。进项税额抵免包括对在加纳购买的货物和服务征收的增值税以及对货物进口支付的增值税。在加纳，纳税人抵扣进项税额的期限为6个月。

不可抵扣的进项税额。纳税人通常不会就购买非专门用于商业目的的商品和服务收取增值税。此外，某些业务支出可能无法抵扣进项税额。必要时，在应税货物和服务与非应税货物与服务之间分摊进项税额。以下提供了一些不可抵扣进项税额的支出项目示例：（1）应税或进口机动车辆或零部件，除非纳税人从事经营或租赁机动车辆或销售车辆零部件的业务；（2）娱乐，包括餐厅、餐饮和酒店费用，除非应纳税人从事提供娱乐的业务；（3）纳税人将应税商品部分用于商业用途，部分用于个人或其他用途（允许抵免的进项税金额仅限于与商业活动相关的部分）。

（六）发票管理

在提供货物和服务时，应税义务人必须按照法规规定的格式向货物或服务的接收者开具预印增值税发票，除非另有许可，开具增值税发票的应税人必须按顺序保留发票副本，以供加纳税务局检查。发票必须包含增值税法案中详细规定的具体信息。

加纳目前规定必须开具电子发票。

（七）罚则

未注册但根据加纳《增值税法》应当申请注册的纳税义务人，自注册义务产生后的纳税期开始，即被视为纳税人。未申请登记的纳税人员属犯罪。未注册的应税人将被处以从应税人应申请注册之日起至应税人提交注册申请之日止不超过应纳税额 2 倍的罚款。

未在到期日前提交纳税申报表且无正当理由的义务人将被处以 500 塞地的罚款，并在到期日后的每一天被处以 10 塞地的滞纳金。如果应税人未能在应付税款的到期日前缴纳税款，则有责任支付未缴税款的利息。利息按法定利率的 125% 计算，每月计算复利。

五十八、希腊
（Greece）

（一）基本介绍①

希腊增值税自1987年1月1日起开始征收，增值税主管机关为希腊财政部。

（二）纳税义务人

应纳税人指在希腊经营过程中提供应税货物或服务、欧盟内部收购、向希腊进口货物或远程销售（超过相关年度额度）的任何实体或个人。

希腊的增值税法律没有任何豁免登记的规定，因为没有登记门槛。希腊的增值税法律没有任何自愿注册的规定，也没有针对小企业的特殊增值税注册规则。

（三）应税范围及税率

1. 应税范围

增值税适用于以下交易：（1）纳税义务人在希腊提供货物或服务；（2）对希腊纳税义务人收到的服务进行反向征收；（3）欧盟内部的纳税义务人从另一个欧盟成员国购买货物；（4）从欧盟以外进口货物和某些服务，无论进口商的身份如何。

2. 适用24%税率的征税对象

标准税率24%适用于所有应税货物或服务，除非具体规定降低税率或免税。

3. 适用13%税率的征税对象

适用13%税率的对象有：（1）主食；（2）服务。

4. 适用6%税率的征税对象

在希腊，适用6%的增值税税率的商品和服务包括但不限于：（1）图书和音乐书

---

① 本篇资料来自希腊政府官方网站，https://www.gov.gr/en/sdg/taxes/vat/general/basic-vat-rates（accessed on 20240228）。

籍；（2）报纸；（3）杂志；（4）剧院和音乐会门票；（5）电影票。

5. 适用零税率的征税对象

在希腊，以下商品和服务的增值税税率适用零税率：（1）欧盟以外的商品出口和相关服务；（2）欧盟内的商品交易；（3）根据 B2B 违约规则向欧盟内外设立的纳税人提供服务。

6. 免税对象

在希腊，免征增值税的商品和服务包括但不限于以下项目：（1）邮政服务；（2）金融服务；（3）保险服务；（4）特定条件下出售和租赁不动产。

（四）应税时间

货物基本的应税时间是货物交由买方处置的时间。如果供应商承担将货物转发给买方的义务，则应税时间为运输开始时。对于已安装的货物，应税时间为已完成安装时。

如果供应商在基本应税时间之前开具发票，则应税时间即为发票日期。一般来说，提供服务的时间是实际执行服务的时间。如果供应商在基本应税时间之前开具发票，则供应时间为发票日期。

（五）申报与抵扣规则

1. 申报规则

增值税申报表必须在以下月份的最后一个工作日之前及时提交：（1）使用复式记账会计制度的人员以及国家从事应纳税活动时的参考月份（纳税期）；（2）使用单式记账会计系统的人员以及没有义务根据税法保存会计账簿和发布税务记录的人员的参考日历季度（纳税期）。

2. 抵扣规则

用于确定可抵扣进项税的增值税营业额不包括以下金额：（1）有形或无形固定资产的销售；（2）与主营活动相关的房地产交易；（3）希腊《增值税法》第 20～25 条规定的金融交易，根据已生效的第 2859/2000 号法律，与主营活动（例如工业企业向信贷机构的定期存款）相关；（4）货物和服务的私人使用；（5）根据代码 310 登记的豁免交易，例如补偿、律师协会股息等。

还应注意的是，在用于确定可抵扣进项税的增值税营业额中，根据定义，不包括以下内容：欧盟内部货物采购；欧盟内部服务收入（含与此相关的预付款）。

（六）发票管理

每次销售商品和服务以及任何需要缴纳增值税的交易都必须开具销售发票。发票必须由根据希腊《增值税法》第 47b 条和第 47c 条的特殊制度之一注册的实体开具。

在以下任一情况下，可开具简易发票：发票金额不超过 100 欧元；或新发票对原发票进行了修改，并明确提及原发票。

在向私人消费者销售的情况下，可以选择签发零售销售文件，而不是销售发票，这是一种常见做法。

（七）罚则

1. 逾期注册

如果在未经税务机关适当登记的情况下开始营业，将处以相当于营业期间应向税务机关支付的增值税金额 50% 的罚款。

2. 逾期申报

对于迟交增值税申报，可能会处以 100 ~ 500 欧元的程序违规罚款。

五十九、危地马拉
（Guatemala）

（一）基本介绍^①

（一）基本介绍①

危地马拉增值税自 1992 年 7 月 1 日起开始征收，增值税主管机关为税务监督管理局（Tax Administration Superintendence）。

（二）纳税义务人

任何经常或定期从事商业活动的个人或实体都必须注册为纳税义务人。年营业额不超过 15 万格查尔的纳税人可选择按照简化的增值税制度纳税。

危地马拉的增值税法律不包含任何豁免注册的规定，也不包含任何自愿增值税登记的规定，因为没有登记门槛（即所有生产应税供应品的实体都必须进行增值税登记）。危地马拉不允许集团注册。

（三）应税范围及税率

1. 适用 12% 税率的征税对象

增值税标准税率 12% 适用于所有货物或服务，除非具体规定适用低税率、零税率或免税。

2. 适用 5% 税率的征税对象

5% 税率适用于小规模纳税人，即年营业额低于 15 万格查尔的纳税义务人。根据规定，适用 5% 税率的不允许抵扣进项税额。此外，根据农业分配制度正式登记的纳税义务人，如果在适用的财政年度内，农业部门产品的年销售额不超过 300 万格查尔，则应缴纳 5% 的增值税。

---

① 本篇资料来自危地马拉税务局网站，https：//portal. sat. gob. gt/portal/（accessed on 20240228）。

3. 适用4%税率的征税对象

4%的税率适用于小额应税人员电子计划和农业应税人员特殊电子计划下的应税人员。

4. 适用零税率的征税对象

应税货物出口和应税服务出口适用零税率。

5. 免税对象示例

在危地马拉，免交增值税的商品和服务包括但不限于以下项目：（1）教育；（2）房地产转售；（3）基本食品；（4）一定范围的金融服务和保险。

（四）应税时间

在危地马拉，增值税到期日称为应税时间或纳税点。对于货物，它是现金支付或开具增值税发票日期中的较早日期。对于服务，它是开具收据的日期。如果没有开具收据，则是现金支付的日期。对于持续提供的服务，分期付款日是应税的时间。

进口货物的增值税应在海关缴纳，在结算之前，货物不会放行。

（五）抵扣规则

应税人员在危地马拉抵扣进项税的期限为收到发票的当月或随后两个月。此时应重新确认进项税并向税务机关报告，以便可收回增值税抵免。从这个意义上讲，正式承认的增值税抵免应可收回，直至用尽为止。

（六）发票管理

发票通常是支持进项税额抵免申请所必需的。如果因业务性质纳税义务人不能开具税务发票，税务机关可授权使用收银机和其他计算机系统开具发票，货物或服务的买方可在发票中插入其名称和税务ID以用于税务目的。

在危地马拉，所有应税人都必须开具电子发票。税务机关启用了在线电子发票制度，允许税务机关实时获取发票和增值税信息。但是，他们也可以根据需要自愿申请和实施。

（七）罚则

1. 逾期申请注册成为纳税人

未及时登记增值税的纳税义务人不能抵销登记时存货中包含的采购产生的增值税抵

免。税务机关可能会对迟交的增值税登记人处以罚款和利息。

2. 逾期缴税和逾期提交增值税申报表

未支付增值税将导致罚款等于未支付金额的100%。如果罚款是在增值税当局要求的日期前自愿支付的，罚款将减少至50%。

逾期提交增值税申报单将受到每天50格查尔的罚款，最高可达1000格查尔。

如果申报是自愿提交的，逾期提交的罚款可能会减少到原始金额的85%。

六十、几内亚
（Guinea）

（一）基本介绍①

几内亚自1995年6月起开始征收增值税，主管机关为国家税务局（National Tax Office）。

（二）纳税义务人

任何在几内亚境内从事、参与经济活动的个人或法人，不论活动的性质和产出如何，都被认定为税法规定的应纳税人，必须向税务机关进行增值税登记，并取得纳税人识别号。销售商品或提供服务的年营业额达到10亿几内亚法郎的个人或法人应当缴纳增值税。自2022年1月1日起，上一年营业额低于10亿几内亚法郎的个人或法人，或年营业额曾达到10亿几内亚法郎，但年营业额在过去的2年中连续下降并降至低于10亿几内亚法郎的个人或法人，可以不进行增值税登记。

（三）应税范围及税率

1. 标准税率征税对象

除另有规定外，所有的应税货物和服务都适用18%的增值税标准税率。

2. 零税率征税对象示例

零税率征税对象包括但不限于出口货物或服务、国际运输服务。

3. 免税对象示例

免税对象包括但不限于：（1）金融服务；（2）保险服务；（3）销售二手货物；（4）股票和债券的转让；（5）住宅用建筑物的出租，但不包括酒店类的住宿业务；（6）销售、进口、印刷期刊等出版物；（7）非营利性质的社会、教育、体育、文化、慈善或宗教服务。

---

① 本篇资料来自几内亚财政部网站，https://www.mef.gov.gn（accessed on 20240228）。

（四）应税时间

在几内亚，一般货物的增值税应税时点为货物的交货时间；与州或地方当局发生业务的增值税应税时点为支付价款或分期付款时。新的税法典提供了某些特定交易的增值税应税时间点的细节规定，例如，商业票据贴现的纳税时点为票据到期日，应收账款转移的纳税时点为应收账款支付时，提供包含实物的服务的纳税时点为应纳税交易发生时，等等。

（五）申报、缴纳与抵扣规则

1. 申报与缴纳规则

增值税按月申报，必须在下个月的 15 日内提交纳税申报表。增值税税款的支付方式为通过银行转账付款，并将付款证明与月度纳税申报表一并提交。

自几内亚国家税务局颁布的几内亚《法人企业纳税登记号》要求所有在几内亚境内注册成立的大型和中型企业法人，都需要到国家税务总局重新登记、注册、核准"企业税务登记号"（Le Numéro d'Identification Fiscale permanent，NIFP）。NIFP 是一个重要的手续，几内亚税务总局、海关总署、财政部、预算部都共享共用这个"企业税务登记号"。没有按最新要求取得 NIFP 的法人，将面临一系列处罚。[①]

2. 抵扣规则

不能抵扣进项税的情况包括但不限于：（1）住房、住宿、餐饮、接待、娱乐、租车、客运等支出（属于作为酒店、餐饮、娱乐专业人员的应纳税活动的支出除外）；（2）租赁交通工具用于客运或人货混运、客运服务；（3）购买石油产品[②]；（4）电话和互联网费用（但其商业目的与电话和互联网服务直接相关的企业和公司除外）等。

抵扣的权利必须在增值税纳税义务产生后的第二个财政年度结束前行使。

（六）罚则

故意不遵守增值税申报表填报规定的，即应纳税人明知自己的填报不准确或有遗漏，将被处应纳税款 40% 的罚款。

在滥用权利的情况下，罚款为应纳税款的 80%。若有以下情况罚款可减少到应纳税额的 40%：无法证明纳税人有滥用权利的主观意图；无法证明纳税人是滥用权利行为的主要受益人。

---

① 详见几内亚财政部网站，https：//www. mef. gov. gn（accessed on 20240228），以及中华人民共和国商务部网站 http：//gn. mofcom. gov. cn/article/ddfg/201906/20190602873028. shtml（accessed on 20240228）。

② 当石油产品作为固定器具燃料或用于工业过程时，石油产品的增值税可扣除 90%。此外，由经授权的经销商进口并在同一州内转售的石油产品的增值税也可以全部扣除。

六十一、圭亚那

（Guyana）

（一）基本介绍[①]

圭亚那增值税自 2007 年 1 月 1 日起开征。

（二）纳税义务人

（1）如果应税活动在 12 个月结束时等于或超过 1500 万美元的起征点，或如果应税活动在不到 12 个月的时间内超过起征点，则从事应税活动的人员必须进行增值税登记。

（2）如果应税活动预计将在未来 12 个月内的任何时间超过起征点，则从事应税活动的人员必须进行登记。

如果应税营业额低于 1500 万美元的起征点，可以申请自愿注册。

（三）应税范围及税率

1. 应税范围

"应税活动"是指在圭亚那或部分在圭亚那持续或定期开展的活动，无论是否盈利，涉及或打算向任何其他人提供应税货物或服务的全部或部分，均为应税供应。

应税活动不包括：个人基本的私人娱乐追求或爱好而进行的活动；涉及制造免税用品的活动；与应税活动的开始或终止有关的行为。

2. 适用 14% 税率的征税对象

增值税标准税率 14% 适用于所有货物或服务，除非规定适用零税率或免税。

3. 使用零税率的征税对象

零税率征税对象包括：（1）货物出口；（2）服务出口；（3）旅行和交通；（4）食物。

4. 免税对象示例

增值税免征对象包括但不限于：（1）在条例规定的范围内提供金融服务；（2）提供国际运输服务；（3）供应煤油、液态丙烷气体、液态丁烷气、汽油、柴油；（4）提供住宅中的住宿服务；或以租契方式租赁的土地。

---

① 本篇资料来自圭亚那税务局网站，https：//www.gra.gov.gy/vat-act/（accessed on 20240228）。

（四） 应税时间

根据增值税法案，货物或服务的应税时间为以下日期中的最早日期：货物交付或提供服务履行完成；供应商开具供应发票；应税活动已经被接受的任何考虑。

（五） 申报与抵扣规则

圭亚那的增值税周期是日历月。增值税申报表必须在纳税期结束后的下个月 21 日之前提交。无论该期间是否应纳税，该截止日期均适用。该截止日期也适用于进口申报，进口申报必须在此期间汇总和归档，并附在相应的增值税申报表中。圭亚那不要求提交年度报告。

在圭亚那，为增值税目的必须保留的记录包括原始税务发票、税收抵免票据和海关文件。账簿和记录应在相关增值税时期结束后保留 7 年。圭亚那不允许电子存档。归档必须仅以纸质形式进行。

纳税期结束时的增值税抵免应结转至下一个纳税期。如果连续 6 个月未使用抵免，增值税注册人可向税务局申请剩余抵免的增值税退款。

（六） 罚则

1. 行政责任

未能在规定时间内提交增值税申报表将导致每天罚款 1000 美元或应缴税款的 10%（以较高者为准），但罚款不能超过所欠税款。

2. 刑事责任

明知或罔顾后果地不提交申报表的人将被罚款 15000 美元。如果专员允许延迟申报时间，但纳税人仍然不提交，将被罚款 2000 美元/天，并被判监禁 3 个月。

六十二、洪都拉斯
（Honduras）

（一）基本介绍[①]

洪都拉斯销售税自 1964 年 1 月 1 日起开征，销售税主管机关为洪都拉斯财政部（Secretary of Finance）。

（二）纳税义务人

应纳税人是指在正常贸易或业务过程中，以自己名义在洪都拉斯提供应税货物或服务的任何实体或个人。所有企业必须注册为应税人；主要与最终消费者打交道的应税人可能被指定为销售税的预扣税代理人。

洪都拉斯的销售税法不包含任何豁免注册的规定。不过，对于拥有单一商业机构且每年应税销售额不超过 25 万伦皮拉的自然人或法人，则设立了简化销售税制度；他们将不负责征收销售税，仅有义务在下一财政年度的 1 月 31 日之前提交年度销售申报表。

洪都拉斯的销售税法不包含任何关于自愿注册与集团注册的规定，即使是关联公司，也必须登记为单独的实体。

（三）应税范围及税率

销售税适用于所有应税货物和服务。除另有规定外，所有应税货物和服务适用 15% 的标准税率。

在洪都拉斯，以下商品适用 18% 的销售税税率：（1）酒精饮料；（2）烟草；（3）头等舱、商务舱或同等价位的飞机票。

洪都拉斯法律规定的免税货物和服务包括但不限于：（1）部分日常生活必需品；（2）药品；（3）清洗剂和消毒剂；（4）农业和农业工业生产原料和工具；家禽和鱼、除草剂、杀虫剂、灭鼠剂、其他抗生素、有生命的动物；动物繁殖手段、用于播种和无性传播的种子和植物等；（5）处于合并或清算过程中的资产转移；（6）医疗设备。

---

① 本篇资料来自洪都拉斯财政部网站，https：//www. sar. gob. hn/leyes（accessed on 20240228）。

（四）应税时间

对于货物的销售而言，应税时间以开具发票或交付货物中的较早时间为准。对于服务的提供，应税时间以开具发票或履行服务中的较早时间为准。

（五）申报、缴纳与抵扣规则

1. 销售税申报

销售税申报表每月在申报期结束后的第 10 日提交。申报表格式为 SAR410。在洪都拉斯，销售税纳税义务人不需要提交年度纳税申报表和海外销售税纳税申报表。

2. 销售税缴纳

全额付款应在提交申报表的截止日期当天（即申报表期限结束后的下个月 10 日之前）到期。付款必须以洪都拉斯伦皮拉支付。付款方式可以是支票、现金或网上转账。洪都拉斯没有分期缴纳规定。

3. 抵扣规则

纳税人可以追缴进项税，进项税是纳税人购入货物和服务支付和负担的销售税。进项税一般从销项税中扣除，进项税额可在收到发票当月或随后的 3 个月扣除。

进项税包括：针对在洪都拉斯境内提供货物和服务的行为征收的销售税，对进口货物缴纳的销售税，以及对洪都拉斯境内的服务自用征收的反向销售税。

对于自用的商品和出于纳税人自身利益而提供的服务，不得抵扣进项税额。此外，如果采购没有相应的发票或收据记录，则不允许扣除。

（六）发票管理

纳税义务人应当为所有应税物品提供发票，发票是进项税额抵扣的必要条件。如果业务的性质使得纳税人不具备开具发票的条件，洪都拉斯税务当局可以另行授权。

法律允许所有销售税纳税人使用电子发票。但是，税务机关在实践中没有实施电子发票。洪都拉斯不允许使用简易发票，需要完整的销售税发票。

销售税不适用于出口货物的供应。然而，要获得免销售税的资格，出口产品必须有海关证明文件，证明货物已离开洪都拉斯。适当的证据包括出口发票和提单。

（七）罚则

1. 逾期提交销售税申报表

如果在提交日期后 5 天内提交，则对迟交销售税申报表的罚款为逾期提交销售税额的 1%。如果在这 5 天内没有缴纳税款，则按逾期提交销售税额的 2% 进行处罚，其每月罚款最多可达逾期提交销售税额的 24%。迟交销售税申报表的附加费为逾期提交销售税额的每月 5%，如果纳税责任未在申报期结束后的下一个月的第 10 日支付，则最高罚款可达逾期提交销售税额的 60%。

2. 错误行为

下列违法行为可能会暂时关闭企业：（1）未根据要求开具发票或提供其他有效的税务文件的，或开具税务文件不符合法律规定的。（2）已提交的税务文件没有正式记录在纳税人的会计登记册上。（3）纳税义务人的记录没有及时提交给税务或海关当局的。(4)纳税人第一次发生上述违法行为之一的，按照其年度总收入处以罚款；如果再犯，罚款将增加 50%。

六十三、匈牙利
（Hungary）

（一）基本介绍[①]

匈牙利自 1998 年 1 月 1 日起开征增值税，增值税主管机关为财政部（Ministry for National Economy）以及国家税务和海关管理局（National Tax and Customs Authority）。

（二）纳税义务人

应纳税人是指在经营过程中以自己的名义，提供应税货物或者服务的企业或者个人。在匈牙利开展业务活动的每个实体或个人，在开始相关活动之前，必须进行增值税的纳税登记。

在上一个增值税年度中，如果应税人的营业额不超过 1200 万福林，则可以申请免缴增值税。免税申请必须在免税生效之前，即增值税申报年度结束前提交。

即使企业获得免税地位，仍然必须登记增值税。

根据匈牙利法律规定，所有行业的纳税义务人都可以进行增值税集团注册登记。

（三）应税范围及税率

1. 应税范围

增值税适用于以下交易：（1）应税人在匈牙利境内提供的货物或服务；（2）应税人在匈牙利向另一个欧盟成员国购买货物（详见本书"四十九、欧盟"）；（3）匈牙利应税人收到的逆向收费服务和逆向收费货物；（4）向匈牙利进口货物，不论进口商的地位如何。

特别规则适用于欧盟内部，涉及新运输工具和远距离销售的交易（详见本书"四十九、欧盟"）。

---

① 本篇如无特别注明，资料来自匈牙利政府网站，https：//kormany.hu（accessed on 20240228）。

2. 适用27%税率的征税对象

除另有特殊规定外，所有的应税货物和服务都适用27%的标准税率。

3. 适用18%税率的征税对象示例

在匈牙利适用18%增值税税率的商品包括但不限于：（1）基础食品；（2）特定露天公开音乐节的入场券。

4. 适用5%税率征税对象示例

在匈牙利，适用5%增值税税率的商品和服务包括但不限于：（1）人用药品和特定医药产品；（2）纸质书籍；（3）特定大型动物（猪、牛、绵羊、山羊）的肉类，包括提取活样本、屠宰或切块；（4）禽肉、鸡蛋和新鲜牛奶；（5）网络服务。

5. 免税对象示例

在匈牙利，以下商品和服务（但不仅限于它们）免交增值税：（1）金融服务；（2）保险；（3）公共邮政服务；（4）经批准的教育事业；（5）财产租赁。

（四）应税时间

预付款或定金在收到付款时产生应税义务，该金额被视为包含增值税。当纳税人之间适用反向征收时，如果预付款与欧盟内部的收购和货物供应有关，则该预付款不应视为税点。

如果匈牙利应纳税人就从外国（属于一般反向征收机制）购买的服务进行预付，该预付款项应视为不含增值税，匈牙利应税人需要对其支付的预付款项另行收取增值税。

缔约双方可以约定，货物和服务的供应选择定期开具发票或分期付款。供应日期按以下规则确定：（1）一般来说，供应日期是所涉期间的最后一日；（2）如果开具发票（收据）的日期和付款期限都在供应日期的最后一日之前，发票（收据）的开具日期就是供货日期；（3）如果付款期限晚于供应日期的最后一日，但不晚于供应日期最后一日后的第60日，则付款期限为供货日期；（4）如果付款日期晚于供应日期最后一日后的第60日，则供应日期为所述期间最后一日之后的第60日。

与欧盟内部货物供应有关的发票不得超过1个月。在其他情况下，该期限可达12个月。不过，对于从外国购买的服务而言，只要约定的期限超过12个月，该期限被视为截至每年的12月31日。

（五）申报、缴纳与抵扣规则

1. 申报与缴纳

一般来说，应纳税人必须提交季度纳税申报表，只有特定情况下提交月度申报表。月度和季度增值税申报表必须在纳税期后一个月的20日之前提交。

应缴增值税必须在增值税申报表提交截止日期的同一天全额缴纳，即纳税期后一个月的 20 日。在国内付款的情况下，最迟可在提交截止日期前开始付款。在国际转账的情况下，增值税金额需要在提交截止日期前记入税务机关的银行账户。

2. 增值税抵扣

根据一般规则，进项税可以从同一增值税期间收取的销项税中扣除。如果进项税额超过当期的销项税额，超过的部分可以结转到下一个申报期，用于抵扣纳税人的其他税负，或者退还到纳税人的银行账户。

不可扣除增值税的项目包括但不限于：（1）营业外支出；（2）购买汽车（私人使用）；（3）出租车服务；（4）50%的汽车维修服务费用；（5）30%的电信服务。

（六）发票管理

一般而言，纳税人必须根据匈牙利法律规定，为所有应税物品提供增值税发票，包括出口和欧盟内部交易的货物和服务。如果供应商不是在匈牙利建立的，并且供应受反向征收机制的约束，或者供应地不在欧盟范围内，则不适用匈牙利的发票。

在匈牙利，为增值税目的必须保留的记录包括发票、合同、采购订单、供货证明、运输单据、海关单据等。法定时效期限为与给定发票相关的增值税申报表到期的日历年的最后一日起 5 年。

（七）罚则[①]

1. 逾期进行增值税登记注册

若纳税义务人没有如期进行增值税注册登记，将被处以最高 100 万福林的罚金。此外，税务局将通知纳税义务人注册登记，如果未按照规定期限注册登记，则可能面临双倍罚金。

2. 逾期提交增值税申报表

逾期提交增值税申报表，税务机关可处以高达 200 福林的罚款。

3. 逾期缴纳增值税

若逾期支付增值税，则应当缴纳滞纳金利息，年度违约利率是匈牙利国家银行现行优惠利率的 2 倍，每迟交一日的利息等于逾期缴纳增值税额乘以年度违约利率的两倍再乘以 1/365（匈牙利国家银行现行优惠利率以年为单位）。

如果在到期日之前没有报告增值税责任，而且在税务审计期间发现了这一情况，则罚款为拖欠税款的 50%，加上迟付利息。

---

① 详见欧盟税收和关税同盟网站，https：//taxation-customs. ec. europa. eu/system/files/2018－02/moss_2018_hu_en. pdf（accessed on 20240228）。

六十四、冰岛
（Iceland）

（一）基本介绍[①]

冰岛自 1990 年 1 月 1 日起开始征收增值税，增值税主管机关为财政和经济事务部（Ministry of Finance and Economic Affairs）。

（二）纳税义务人

纳税义务人是指，在冰岛境内提供应税货物或者服务的商业实体或个人。增值税登记门槛为 12 个月内营业额达到 200 万冰岛克朗。如果在 12 个月内，纳税义务人的营业额低于 400 万冰岛克朗，则可以申请年度增值税申报。

1. 自愿登记

根据《冰岛增值税法》规定，营业额不超过门槛而无强制登记注册义务的纳税义务人，可以根据实际情况自愿选择是否进行增值税纳税登记。

2. 集团登记

冰岛《增值税法》规定，两个或两个以上的有限公司可以进行集团登记。共同登记的条件是，子公司中不少于 90% 的股份由要求共同登记的母公司或参与共同登记的其他子公司所有。

集团登记注册必须以母公司的名义进行，有效期至少为 5 年。有关集团登记的申请，必须在登记注册的第一个会计年度开始 8 日前提交给税务机关。

3. 非常设机构

如果非常设机构的货物或服务的应税供应超过注册门槛，则必须进行增值税的纳税登记。

4. 税务代表

如果非常设机构被要求进行增值税的注册登记，则必须指定一名常驻税务代表，除

---

① 本篇如无特别注明，资料均来自冰岛《增值税法》。

非该企业在冰岛设有营业地或注册办事处。

5. 数字经济

向冰岛最终消费者提供电子服务（B2C 用品）的非居民纳税义务人必须进行增值税的注册登记，同时，向未注册增值税的冰岛消费者提供的服务也需要缴纳增值税。电子服务包括提供电子书、电影、音乐和软件。此规则仅适用于 12 个月内营业额达到或超过 200 万冰岛克朗的情形。

6. 注册程序

纳税义务人应当使用 RSK5.02 表格，向冰岛税收机构申请注册登记。

7. 注销登记

当纳税义务人停止应税活动时，可以申请注销登记。纳税义务人应当以书面的形式，向税务机构申请注销。

如果纳税人连续两个或两个以上的申报期，未能提交增值税申报表或未能提供适当的证明文件，税务机关可撤销纳税义务人的注册登记。

（三）应税范围及税率①

1. 应税范围

在冰岛，以下商品和服务要征收增值税：（1）纳税义务人在冰岛境内提供货物或服务；（2）从注册企业或有注册义务的企业提取货物和服务，用于除销售应税货物和服务以外的用途，或其他私人用途；（3）冰岛企业或个人收到的全部或部分在冰岛使用的反向征收服务；（4）货物的进口，无论进口商的地位如何。

2. 适用 24% 税率的征税对象

除另有规定外，所有的应税货物和服务都适用 24% 的增值税标准税率。

3. 适用 11% 税率的征税对象示例

在冰岛，适用 11% 增值税税率的商品和服务包括但不限于以下项目：（1）无线电许可；（2）出租酒店房间、客房和提供其他住宿服务；（3）报纸、期刊和书籍；（4）用于加热的地热热水、电力和燃油；（5）与食品相关的大多数项目（含酒精饮料）；（6）CD、唱片、磁带和其他类似的录音方式，但影像记录除外；（7）通路设施；（8）避孕套；（9）可重复使用的尿布和尿布衬里；（10）旅游机构提供的服务；（11）旅客运输，包括陆路运输、航空运输、海上运输，包括旅游巴士和公共汽车旅行；（12）温泉、桑拿等。

① 冰岛财政税务网站，https：//www.skatturinn.is/english/companies/value-added-tax/（accessed on 20240228）。

4. 适用零税率的征税对象示例

在冰岛，适用零税率的商品和服务包括但不限于以下项目：（1）商品和服务出口；（2）国际航运中船上用品的供给；（3）飞机、船舶的出售和租赁、船舶建造、船舶和飞机及其固定设备的维修和保养服务；（4）与国外建筑及其他不动产相关的设计、规划等服务；（5）财政和经济事务部对产奶和养羊支出的合同性费用；（6）为在冰岛捕鱼的外国渔船提供的服务；（7）对在冰岛既没有居住地也没有经营场所的当事人提供的销售服务，并且这些服务全部在国外被使用；（8）经过冰岛或从冰岛出发的国家之间或国内的货物运输。

5. 免税对象

在冰岛，以下商品和服务免征增值税：（1）金融服务；（2）保险；（3）住宅的租赁；（4）医疗服务；（5）社会服务；（6）教育服务；（7）不动产交易；（8）特定文化活动、体育活动；（9）公共交通运输；（10）邮政服务；（11）投注、彩票；（12）殡葬服务。

（四）应税时间

1. 货物和服务

货物或服务的应税时间是开具发票时，即通常是在交货的时候。如果已交付货物或服务但未开具发票，则应税时间为交付时间。

交付前已全部或者部分支付的，在支付期间，应将已收价款的 80.65% 计入应纳税所得额；销售增值税 11% 的货物或者服务，应计 90.09%。

2. 反向征收服务

如果发票是按照服务提供者所在国普遍接受的会计原则开具的，那么通过逆向收费机制缴纳的增值税应在发票开具日缴纳。

3. 进口货物

应税时间以清关时间为准。

4. 定金和预付款

定金和预付款的应税时间为供应商收到付款时，即使货物或服务仍没有供应。因此，收到定金或者预付款时，供应商应承担相应增值税缴纳义务。

（五）申报与抵扣规则①

一般而言，冰岛境内的增值税纳税义务人每两个月提交一次增值税申报表。

纳税人可抵扣为经营目的向其提供的货物和服务所征收的增值税。纳税人一般通过

---

① 冰岛财政税务网站，https：//www.skatturinn.is/english/companies/value-added-tax/（accessed on 20240228）。

从销项税中扣除进项税来抵扣进项税。

进项税包括对在冰岛境内提供的货物和服务征收的增值税、对进口货物支付的增值税以及对从冰岛境外获得的反向征收服务自行评估的增值税。即使产品尚未售出，仍属于公司存货的一部分，也可抵扣进项税。

购买不是用于适用增值税的业务的货物和服务（例如，为私人用途购买的货物），可能无法收回进项税。此外，某些业务支出项目可能无法收回进项税。

（六）发票管理

1. 增值税发票和信用票据

作为一般原则，增值税发票和信用票据必须由供应商开具。冰岛境内的纳税义务人必须针对所有应税货物开具增值税发票，发票必须符合税务局的要求，以便于满足进项税抵扣和增值税退税的需求。

2. 电子发票

冰岛不强制要求开具电子发票，但允许纳税义务人使用电子发票。电子发票的每个签发人都应确保按数字顺序生成发票。纳税人无须向税务机关申请使用电子发票，但发票必须符合电子记账的规则。

（七）罚则

1. 逾期缴纳增值税

如果纳税义务人没有按时缴纳增值税，则需缴纳罚金。该罚金同样适用于增值税申报表未提交或者提交错误等情形。

从应税时间到期日后第二日开始，每天追加收取未全额支付金额 1% 的罚金，但该罚金不得高于 10%，这适用于付款月的第 5～15 日。如果在到期日后一个月内未缴纳增值税，则必须支付拖欠利息。

2. 逾期提交增值税申报表

如果增值税申报表是在估计评估后提交的，则税务局将对已提交的每份增值税申报表征收 5000 冰岛克朗的费用。

六十五、印度
（India）

（一）基本介绍①

印度自 2017 年 7 月 1 日起开征商品和服务税。印度的商品和服务税包括中央商品和服务税（central goods and services tax）、地方商品和服务税（state goods and services tax，SGST）和综合商品和服务税（integrated goods and services tax）三部分。

印度实行双重商品和服务税模式，中央政府和邦政府在一个共同的基础上征税。具体而言，中央商品和服务税由中央政府征收，对在地方内（intra-state）提供货物或服务的应税供应征收；地方商品和服务税由地方政府征收，对在地方内提供货物或服务的应税供应征收；综合商品和服务税由中央政府征收，对地方间提供货物或服务的应税供应和进口货物或服务征收，数量上等于中央商品和服务税与地方商品和服务税之和。

目前，印度针对商品和服务税设置了多档税率。但值得注意的是，该税率并非中央或地方分别的税率，而是中央和地方各自的税率之和。②

（二）纳税义务人

1. 商品和服务税

一般情况下，由货物或服务的提供方承担纳税义务。但是，在某些特殊情况下，货物或服务的接受者有义务承担缴纳税款的义务。

2. 强制登记

在一个财政年度内，总营业额超过规定的营业额的供应商，必须进行商品和服务税的注册登记。对于专门从事货物销售的纳税义务人而言，营业额门槛为 400 万卢比。对于一些没有选择设定更高营业额阈值的邦而言，营业额不得低于 200 万卢比。在一些特

---

① 本篇资料来自印度《2017 年中央商品和服务税法》，以及印度税务局网站，https：//cbic-gst. gov. in/gst-goods-services-rates. html（accessed on 20240220）。

② 例如，一项地方内服务的税率为 18%，那么中央可能采用的税率为 X，地方采用的税率为 Y，X + Y = 18%。

殊类别邦（special category states），营业额不得低于 100 万卢比。对于其他情况，营业额不得低于 200 万卢比。

3. 自愿登记

营业额低于强制登记额度的实体可自愿选择是否登记注册。

4. 集团登记

在印度不允许集团登记注册。

5. 税务代表

执业注册会计师、律师、纳税人的雇员以及法律规定的其他人员，都可以成为税务代表。然而，在印度指定税务代表并不是强制性的。非居民企业可以选择直接注册商品和服务税，也可以选择委任税务代表。

6. 数字经济

若位于非课税地区的实体向印度境内未注册的接收方提供了在线信息和数据库检索服务（B2C），无论营业额多少，该非居民供应商都应在印度注册登记缴纳商品和服务税。对于企业对企业（B2B）的服务，根据逆向收费机制，由已注册商品和服务税的接收方缴税。

对于进口涉及数字经济的货物，印度没有设定特殊的税务规则。

7. 注销登记

如果企业终止或全部转让，或企业结构发生重大变化，或该实体不再有义务进行强制登记，可选择注销登记。

（三）应税范围及税率

印度商品和服务税的征收范围很广，包括所有形式的应税交易，如出售、转让、易货、交换等。

1. 适用 0.25% 或 3% 税率的征税对象示例

黄金、银、钻石和其他宝石适用 0.25% 或 3% 的税率。

2. 适用 1.5% 税率的征税对象示例

与 1975 年《印度关税法》附表 1 第 71 章所列钻石有关的工作服务。

3. 适用 5% 税率的征税对象示例

在印度，适用 5% 税率的商品和服务包括但不限于：（1）煤炭和沼气；（2）经济舱客运；（3）餐饮业；（4）水管、木工等家政服务。

4. 适用 7.5% 税率的征税对象示例

特定情况下的建筑服务。发起人在 2019 年 4 月 1 日或之后开始的住宅房地产项目

（RREP）中，或在进行着的 RREP 中建造商业公寓（商店、办公室、货仓等），发起人未选择按 12% 或 18% 的税率缴纳公寓建设综合税（integrated tax on construction of apartments），而是按照规定的方式提供拟全部或者部分出售给买方的服务，但在主管当局签发竣工证书后或在首次入住后（以较早者为准）收到全部对价的情况除外。

5. 适用 12% 或 18% 税率的征税对象示例

无线电和电视广播的相关设备、酒店住宿、知识产权、建筑服务（住宅公寓除外）、银行服务等适用 12% 或 18% 的税率。

6. 适用 28% 税率的征税对象示例

汽车、空调、汽水、赛车俱乐部等适用 28% 的税率。

7. 适用零税率的对象示例

商品和服务的出口以及向经济特区开发商的经济特区（SEZ）单位供货，适用零税率。

8. 免税对象示例

免征商品和服务税的对象包括但不限于：（1）谷物、豆类、水果和蔬菜的储存或仓储服务；（2）通过支付通行费进入道路或桥梁的服务；（3）转让持续经营企业。

（四）应税时间

货物的应税时间为开具发票的日期或最后开具发票的日期。

对于服务而言，应税时间为开具发票的日期或收到对价的日期，以较早日期为准。但是，如果没有在规定的期限内开具发票，则应税时间为提供服务的日期或收到对价的日期，以较早者为准。

（五）申报、缴纳与抵扣规则

印度纳税义务人必须提交一份包含进出交易信息的纳税申报表，并每月缴纳商品和服务税。另外，视具体情况而定，包含对外供应（outward supplies）发票细节的申报表应按月或按季度提交。

自 2021 年 1 月 1 日起，营业额低于 5000 万卢比的纳税义务人可以按季度申报，按月缴税。

印度允许纳税义务人抵扣进项税，但是必须提供有效的税务发票和实际收到货物或服务的证明。如果供应商未向政府支付供应的销项税，则该供应的接收方没有资格申请进项税抵扣。如果供应商未在其申报表中报告相应的发票，则不允许纳税人抵扣进项税，从而将进项税抵扣限制在匹配发票的范围内。另外，用于免税供应或者非商业目的的货物和服务不可抵扣进项税。

（六）发票管理

1. 税务发票

登记注册的纳税义务人在提供应税货物或服务时，必须向接收方出具税务发票。供应免税供应品必须出具供应品清单（bill of supply），而不是税务发票。登记注册的纳税义务人向未注册的实体同时提供应税和免税物资时，可开具综合发票（consolidated invoice）或供应清单。

开具发票的期限取决于供应的是货物还是服务。对于货物的供应而言，应在以下情况发生之前或者发生之时出具发票：一是货物转移（如果供应涉及货物的移动）；二是向收件人交付或提供货物。对于服务而言，应在提供服务后的 30 日内开具税务发票。银行和保险公司需要在提供服务之日起 45 日内开具发票。

2. 出口证明

出口发票必须附有注明出口商选择权的背书，并且必须包含收件人的姓名和地址、交货地址和目的地国的名称。在出口不纳税的情况下，货物一般必须在发票出具之日起的 3 个月内出口。

3. 外币发票

一般来说，发票应当根据国内货币开具。但是，可以用外币开具出口发票。在这种情况下，应当采用汇率来确定应税价值。

4. 电子发票

在印度，某些纳税人必须开具电子发票。自 2022 年 10 月 1 日起，在任何财政年度的总营业额超过 1 亿卢比的纳税人必须遵循规定的程序，就其向注册实体进行的供应（即 B2B 供应）开具电子发票。此类发票应包含发票参考编号（IRN），该编号应通过在通用商品和服务税电子门户网站上传指定信息获得。政府部门、地方当局、保险公司、银行公司、金融机构、货物运输机构、从事客运服务的供应商和经济特区单位可不受上述要求的限制。

（七）罚则

未如期进行商品与服务税登记注册的实体，将面临 2 万卢比的罚款。

不缴税、少缴税、不正确退税或不正确适用进项税抵免，将被处以 2 万卢比或应缴税款 10% 的罚款，以较高者为准。逾期提交定期申报表也会被处以按日计算的罚款，最高限额为 1 万卢比。

如果有欺诈意图，则罚款为 2 万卢比或相当于应缴税款的金额，以较高者为准。

六十六、印度尼西亚
（Indonesia）

（一）基本介绍[①]

印度尼西亚自1984年7月1日起开征增值税，增值税主管机关为税务总署（The Directorate General of Taxation）。印度尼西亚最重要的间接税是增值税，法律依据为《商品和服务增值税法》和《奢侈品销售税法》。

（二）纳税义务人

纳税义务人是指，在经营过程中以自己的名义，提供应税货物或者服务的企业和个人。在印度尼西亚开展业务活动的每个实体或个人，在开始相关活动之前，必须进行增值税的纳税登记，除非该实体满足小微企业（small entrepreneurs）的条件。[②]

1. 自愿登记

根据印度尼西亚的增值税法，营业额低于注册门槛的实体不需要进行增值税的注册登记，但是也可以自愿选择注册登记。

2. 集团登记

印度尼西亚不允许企业进行集团登记。

3. 非居民企业

只有在印度尼西亚境内有常设机构的实体，才可以进行增值税的注册登记。然而，在印度尼西亚境内无常设机构的实体，如果销售数字产品或服务，则可以被指定为增值税的特定征收主体。

4. 税务代表

印度尼西亚法律没有关于企业指定税务代表的强制性规定，但是企业可以自行选择

---

① 本篇如无特别注明，资料均来自印度尼西亚《商品和服务增值税法》《奢侈品销售税法》，以及印度尼西亚税务局网站，https://www.pajak.go.id/en/index-tax（accessed on 20240507）。

② 小微企业为年总营业额不超过48亿印度尼西亚盾的企业。

指定税务代表负责处理增值税的纳税申报、退税和审计工作。

5. 反向征收

如果在印度尼西亚关税区内提供应税服务和无形应税货物，即使实体不在印度尼西亚境内，仍然要缴纳增值税。增值税应当由接受应税服务和无形应税货物的一方缴纳。

6. 数字经济

自 2020 年 7 月 1 日起，通过电子系统进行的交易应按 11% 的税率缴纳增值税，包括企业对企业（B2B）和企业对消费者（B2C）的交易。

（三）应税范围及税率

1. 应税范围

增值税适用于以下交易，即在印度尼西亚境内转让应税货物或提供应税服务的行为：

（1）增值税纳税人在印度尼西亚境内提供应税货物。

（2）进口应税货物。

（3）增值税纳税人提供应税服务。

（4）使用位于印度尼西亚境外的无形应税货物，包括：

①使用或有权使用文献、艺术或科学，或专利、设计、模型、计划、公式、秘方、商标或类似性质的其他资产。

②使用或有权使用工业、商业或科学设备。

③提供科学、商业、技术或工业性质的信息或知识。

④为使用上述资产提供额外帮助。

⑤在电视或广播中使用或有权使用胶片电影、电影或视频。

⑥出售部分或全部上述资产。

（5）在印度尼西亚境外使用的应税服务。

（6）增值税纳税人出口应税货物。

（7）增值税纳税人出口应税无形资产。

（8）增值税纳税人出口应税服务。

（9）出口时以下两种类型的服务需缴纳增值税：

①委托加工。

②使用海外消费的有形流动资产所附带或需要的服务（如维修服务）；使用海外消费的有形固定资产所附带或需要的服务，包括咨询、监督和建设等服务。

（10）自 2022 年 4 月 1 日起，保险和再保险公司必须收集、支付和报告针对保险代理人和保险经纪人的佣金所征收的增值税。

（11）自 2023 年 5 月 1 日起，金融机构（如银行、租赁公司）作为债权人向买方提供的抵押品，将被视为交付应税货物，应缴纳增值税。

2. 标准税率

增值税标准税率适用于所有商品或服务供应，除非有具体措施规定零税率或免税。自 2022 年 4 月 1 日起，印度尼西亚的增值税标准税率为 11%，根据不同货物可调整范围为 5%~15%。

3. 不征税对象示例

1983 年第 8 号关于商品服务增值税与奢侈品消费税法案的第三修正案第 4A 条规定了不征收增值税的货物与服务，包括：（1）通过采矿和钻井而从源头获得的产品；（2）满足公众需求的基本商品（例如水稻、玉米、大豆、盐、鲜肉、鸡蛋、水果和蔬菜）；（3）在酒店、餐厅、食品店、商店或其他类似场所提供的食品和饮料，包括在餐饮公司提供的食品和外卖食品；（4）货币、金条和有价证券；（5）医疗健康服务；（6）社会服务；（7）邮政服务；（8）金融服务；（9）保险服务；（10）宗教服务；（11）教育服务；（12）艺术和娱乐服务；（13）广播及电视播送服务，除广告以外；（14）公共运输服务，即陆地、海洋及国内航空运输；（15）人力及招募服务；（16）宾馆及寄宿服务；（17）由政府提供的有关公共管理及礼仪要求服务；（18）停车服务；（19）公用电话（投币式）服务；（20）使用邮政汇票的汇款服务；（21）餐饮服务。

4. 免税对象示例

（1）战略性商品。销售或进口被归类为战略性商品的应税商品可免增值税。战略性商品需根据政府法令确定。目前包括：生产应税商品所需的以机械、厂房和设备形式存在的资本货物；畜牧业产品（包括捕猎和捕获产品）以及渔业产品（包括渔业打捞和养殖）；用于农业、种植、林业、农场以及畜牧业的种子和幼苗；牛、家禽和鱼的饲料以及生产这类产品所需的原材料；粒状或块状的银制品原料；电力产品，超过 6600 瓦的家庭用电除外；液化天然气。

（2）为实现某些目标而免税的项目。为支持实现国家的某些目标，以下应税产品或服务在进口或销售时可免除增值税：武器、弹药和其他各种武装部队和国家警局所使用的工具；武装部队用于边界数据和航拍照片的设备和零部件；国家免疫计划所用的小儿麻痹症疫苗；普通教育和宗教书本；低价住房、少于 21 平方米的廉价公寓、廉价劳工宿舍及特定标准的学生宿舍；提供建造廉价住所和宗教礼拜场所的服务；廉价住房和少于 21 平方米的廉价公寓租赁；向运行国际航线的航运公司提供特定的港口服务。

（3）行业扶持免税。为了强化国家运输行业，进口或销售以下应税商品和服务免征增值税：武装部队和国家警察使用的交通工具及其零部件；国家商业航运企业、国家渔业公司、国家海港运营商或国家河流湖泊和渡轮航行使用的船舶及其备件、导航仪器或者人身安全设备；国家商业航空公司使用的飞机及其备件、航空和人身安全设备以及修理和维护设备；国家铁路公司使用的火车及其备件和修理、维护设备；国家商业船运公司、渔业工业、海港运营商或国家河流、湖泊和渡口经营者接受的服务，包括船舶租赁服务、港口服务和船舶维修或靠港服务；国家商业航空公司接受的服务，包括飞机租赁服务、飞机维护或修理服务；国家铁路公司接受的火车维修或者保养服务。

（四）应税时间

1. 应税义务发生时间

应纳税款在下列时间发生：（1）应纳税货物或服务交付时；（2）应纳税货物进口时；（3）无形应税货物或应税服务在海关以外时；（4）应税供应出口时；（5）在应税货物交付或者应税服务交付之前收到货款的，或者在应税货物或者应税服务开始使用之前从海关以外地区收到货款的，应当缴纳税款的时间为货款缴纳时间。

如果应纳税额难以确定，或者规定发生变化可能导致不公正，税务总局可以将其他时间确定为应纳税时间。

2. 纳税申报期限

每月的增值税申报期限在下一个月底之前到期，任何增值税债务，即增值税销项额减去增值税进项额，应在提交前结清。对于印度尼西亚海关管辖区内的无形商品或服务而言，纳税义务人须在次月 15 日前缴纳国外增值税的自行评估增值税。

（五）抵扣规则

1. 进项税抵扣

同一纳税期内的进项税，应在同一纳税期内以销项税入账。未提交应纳税款的，可以抵扣资本货物购置或进口的进项税。抵扣的进项税应使用符合税务机关要求的税务发票。在一个纳税期内，如果销项税高于进项税的，其差额必须汇入国库。

2. 进项税大于销项税的处理

在一个纳税期内，如果进项税额大于产出税额，则差额为超额支付。超额支付的税款应在下一纳税期限内予以补偿。原则上，这笔超额支付的税款只能在会计年度结束时返还。[①]"会计年度结束"的定义包括企业停止经营期间。应税经营者为抵免进项税，应当使用符合规定的税务发票。此外，已抵扣的进项税也应符合发票的形式正确性和实质要求。

如果用于交付应纳税款的进项税不能得到明确确认，应根据财政部部长条例规定的准则计算抵免方法。税务总署署长应当对应税企业家进行审查，并在完成退税优惠后签发评税通知书。如果审查结果显示少缴税款，税务总局会对少缴的税款收取利息，并且

---

① 增值税退税申请只能在一个纳税年度结束时提出，但某些有资格在每个月期间申请退税的企业家除外。

按照相关规定作出行政处罚。如果作为纳税人的生产商在进项税抵扣期开始后不超过3年的时间内没有生产，则已返还的增值税必须重新缴纳。

3. 不得抵扣的情形

进项税额抵免不适用于下列情形：（1）在企业成为纳税人之前，取得应税货物或者服务；（2）取得与经营活动无直接关系的应税货物或者服务；（3）为轿车及旅行车发生的购买及维护支出，除非该车辆用于销售或出租；（4）企业成为纳税人之前在关境外使用的无形资产和服务；（5）取得发票不符合规定或者不包括应税货物买受人或者应税劳务接受方姓名、地址、纳税人原编号的应税货物或者应税服务；（6）使用从关境以外取得的无形应税货物或者应税服务，其纳税发票不符规定；（7）取得应税货物或者应税服务，其进项税调整为税收审计后的税务评估结果；（8）取得应税货物或者应税服务，其进项税未在增值税申报表中报告并在税务审计中确定；（9）在增值税纳税人开始生产之前取得除资本货物外的应税货物或应税服务。

4. 其他税款扣除情形

退回的应税货物以及取消的应税服务所缴纳的增值税，不论是全部还是部分，可以在退回或取消时的纳税期内从应纳增值税中扣除。如果应税服务接收方整体或部分取消了已交付的应税服务，则该被取消的应税服务的增值税将减除提供应税服务的纳税企业的应纳进项税，并减除：（1）接受应税服务的纳税企业的进项税额，前提是取消应税服务的进项税额已计入抵扣；（2）接受应税服务的纳税企业所承担的成本或者资产，前提是被取消的应税服务的增值税已经作为费用承担或者已增加到该资产的收购价格中（资本化）；（3）接受应税服务的非纳税企业的成本或者资产，前提是被取消的应税服务的增值税已经作为费用承担或者已经在该资产的收购价格中增加（资本化）。

5. 留抵税额

如果纳税人申报的进项税太少或销项税太多，也可能造成多缴税款。在这种情况下，可以修改增值税申报表，需提交与该修改相关期间的增值税申报表的修改（该修改必须在该申报期的增值税申报中进行）。如果修改导致多缴税款，只要未经任何税务审计，多缴的税款可以在多缴之日起的3年内返还。增值税纳税人也可以选择从其他税负中抵减多缴的税款。在这种情况下，多缴税款可以结转5年。

（六）发票管理

增值税发票是缴纳增值税和要求抵扣增值税的工具。根据印度尼西亚税务规定，所有可转让的企业必须提供电子增值税发票。企业家必须首先获得激活码和密码，并获得电子证书凭证。电子增值税发票必须通过印度尼西亚电信总局指定的电子系统生成，并以电子印度尼西亚盾表示和签署。

1. 发票开具时间

应纳税企业在进行应税货物或者服务的交付或者出口时有义务开具税收发票。税收发票开具的时间如下：（1）交付应税货物或交付应税服务时；（2）付款发生在交付应税货物或交付应税服务之前；（3）在工作分期交付时接受付款时；（4）在条例规定的其他情况下。

任何涉及增值税的交易必须由应税企业开具发票。发票一般只能用于一笔应税交易，而且必须使用印度尼西亚语言和货币。为使买方获得进项税收抵免，应税企业必须向买方提供一份税务发票副本，买方不得自行开票。

2. 发票的要求

税务发票应当由应税企业指定的当事人签字，填写完整、清晰、正确。未按规定填写的税务发票，将导致其中包含的增值税，不能进行进项税贷记。税务总局可以建立与税务发票具有同等资格的证明文件。关于税务发票的开具程序和税务发票的更正或替换程序的进一步规定，应按照或根据财政部部长条例制定。税务发票应当载明交付应税货物或交付应税服务的有关说明，其中至少应包括：（1）应税商品或服务供应商的姓名、地址、税号；（2）买方的姓名、地址、税号；（3）货物或者服务的种类、数量、价格或补偿，以及折扣；（4）征收的增值税金额；（5）征收的奢侈品销售税金额；（6）代码、编号、税务发票的开具日期；（7）开票人的姓名、职位和签名。

（七）罚则

1. 迟延登记注册

若纳税义务人没有如期进行增值税注册登记，将可能面临处罚。

2. 逾期缴纳增值税

对于逾期缴纳的增值税，将按照财政部部长颁布的月利率（利息补偿计算日适用的基准利率加5%，然后除以12）收取罚款。在税务审计的情况下，最长期限为24个月。对每份迟交的增值税申报表，都会有50万印度尼西亚盾的额外罚款。

3. 错误行为

对未开具税务发票或开具有缺陷的税务发票的行为，出具发票方将面临增值税基数1%的罚款。

4. 欺诈行为

税务欺诈可能面临刑事处罚，若纳税人构成与开具税务发票有关的刑事犯罪，其可能被判处2~6年的监禁，并处以申报税额2~6倍的罚款。

六十七、伊朗
（Iran）

（一）基本介绍[①]

2008 年 6 月 8 日，增值税法在伊朗获得批准，于 2008 年 9 月 22 日施行。2013 年初，伊朗国家税务局宣布，根据伊朗"五五发展规划法"第 117 条的授权，伊朗政府每年将增值税的税率提高 1%。2013 年，伊朗国内的增值税税率已从上一年的 3% 提高到 4%，2015 年 3 月 21 日起，为扩大因油价下跌而减少的政府收入，经过议会批准，伊朗政府进一步将增值税标准税率上调到 9%（包括根据《增值税法案》征收的 6% 增值税和 3% 市政消费税）。这一标准税率经常根据年度预算法进行调整，除此之外，对于某些货物实行特殊的增值税税率。2021 年 5 月 23 日，新《增值税法》在伊朗获得批准，于 2022 年 1 月 3 日生效。

（二）纳税义务人

所有企业，无论是国内企业还是国外企业，如果符合伊朗国家税务局已经公布的登记门槛，均被视为"增值税纳税义务人"，并应就其销售的货物和服务进行登记和缴纳增值税。进行货物与劳务交换行为的，货劳交易双方均为增值税纳税人，应分别缴纳增值税。

（三）应税范围及税率

伊朗境内的商品和服务的供给以及进口和出口应缴纳增值税。

1. 特殊税率及优惠税率征税对象示例

（1）汽油和航空燃油适用 20% 特殊税率。香烟和烟草制品适用 12% 特殊税率。

（2）转让非道路施工、车间、采矿、农业使用的国产及进口机动车辆（不包括船

---

① 本篇资料来自伊朗的《增值税法案》。

舶、摩托车及三轮车），适用 1% 特殊税率。国产机动车按出厂价的 1% 缴纳，进口车按照 CIF 价格、税费、商业税及海关文件中规定的其他费用总和的 1% 缴纳。

（3）除铁路运输外的国内城际客运服务按票价的 5% 缴纳增值税。

（4）国产汽车及加长座舱的皮卡车的年费按出厂价的 1‰ 缴纳增值税。

（5）进口汽车及加长座舱的皮卡车的年费按 CIF 价格、税费、商业税及海关文件中规定的其他费用总和的 1‰ 缴纳增值税。

2. 零税率征税对象示例

出口国外的货物和服务不缴纳增值税，已缴纳税款可提供证明文件进行退税，即货物和劳务出口适用零税率。

3. 免税项目征税对象示例

通过正式出境口岸向国外出口货物和服务，免缴纳《增值税法案》规定的税款，已经缴纳的税款在提供证明文件后应予退还。此外，下列货物和服务的供应、提供和进口，视情况需要，免征增值税：（1）未经加工处理的农产品；（2）家畜、活鸟、水产品、蜜蜂和桑蚕；（3）各种肥料、驱虫剂、种子和籽苗；（4）烘焙、面包、肉类、方糖、糖、大米、谷物、黄豆、牛奶、奶酪、植物油和婴幼儿配方奶粉中使用的面粉；（5）书籍、报刊、记事本以及各类用于印刷、书写及出版的纸张；（6）经内阁批准向部委、政府机构及非政府性质的公共机构无偿捐赠的货物，或经伊斯兰学校批准后向该校捐赠的货物；（7）旅客携带入境的个人物品，其价格不超过进出口法规规定的免税限额的，免缴增值税；超过部分应按照本法规定缴纳增值税；（8）不动产；（9）各种药品、特效药、（针对人类、动物或植物的）医疗服务和康复辅助服务；（10）伊朗《直接税法》规定的须缴纳工资薪金所得税的劳务；（11）由银行、经授权的信贷机构、信用社、免息基金会及合作基金会等组织提供的银行及信贷服务；（12）城际或市内的公路、铁路、空中或海上公共客运交通服务；（13）手工制作的地毯；（14）科学技术研究部、卫生及医疗教育部、教育部、劳工与社会福利部等四部委联合制定的《增值税法案实施细则》中列明的研究和培训服务；（15）家畜、牛和家禽饲料；（16）各类药品和疫苗（供人和畜使用）、医疗消耗品和康复器件；（17）道路及交通运输部、财政与经济事务部联合制定的《增值税法案实施细则》中列明的机场使用雷达及辅助航道控制系统；（18）国防及三军后勤部、财政与经济事务部联合制定的清单中列明的专用于国防及安保的物品；（19）自官方出口点出口海外的商品和服务享受零税率；（20）外国旅客在离境时可对随身携带的物品进行退税，退税时需提供证明文件。

另外，非石油服务和产品、农产品的出口收入 100% 免税，原材料出口收入的 20% 免税。原材料和非石油产品的目录，由财经部、工业、矿业和商务部、石油部和伊朗工商总会（ICCIMA）提出，并由内阁批准。不改变商品性质或不对其进行任何加工，从进口再转出口的产品中获得的收入将 100% 免税（本条规定自 2011 年 1 月 5 日批准的"伊朗伊斯兰共和国社会经济文化发展五年计划法"执行期结束时生效）。

在自由贸易区开展经济活动以及从自由贸易区中进口外国商品的也免征增值税。

（四） 应税时间与应税地点

1. 纳税义务发生时间

纳税人纳税义务产生时间根据交易内容和形式的不同存在差异。纳税人提供应税货物的，纳税义务发生时间如下：（1）以发票日期、货物交付日期或货物交易实现日期，以较早者为准；（2）对于增值税法第4条的注释①中提到的情况，为资产记入账簿的日期或者开始使用的日期（以较早者为准），或撤回资产的日期（视情况而定）；（3）货物交换的，以交换日期为准。

纳税人提供应税服务的，纳税义务发生时间如下：（1）发票日期，或提供服务日期，以较早者为准；（2）交换服务的，以交换日为准。

纳税人进出口货物的，纳税义务发生时间为出口货物的出口日期（涉及退款），进口货物的清关日期，以及服务进出口的对价支付日期。如使用收银机，税收发生日期应为交易数据输入机器的日期（进账日）。

2. 纳税申报期限

纳税人必须在每个纳税期结束后15日内，根据伊朗国家税务局提出的样本和准则提交纳税申报表，并在扣除可抵扣税款后，于规定期限内将有关税款存入财政与经济事务部确定并由伊朗国家税务局公布的账户。值得注意的是，如果纳税人的经营活动持续时间少于一个纳税期，则其申报义务应适用于较短的期限。

3. 纳税地点

拥有一个以上经营场所或经营活动的自然人和法人应分别提交报税表，并分别缴纳每个经营场所或经营活动的应纳税款。如果工作地点和制造、服务或商业单位的活动类型需要在中心地点以外的一个或多个地点设立办事处、商店或分支机构，则应该根据伊朗国家税务局公布的准则提交单一的纳税申报表。纳税人无固定营业场所的，其居住地应被视为办理纳税申报和其他有关税务事项的营业地。

（五） 抵扣规则

下列金额应从计税基础中扣除：（1）折扣；（2）货物或服务提供者根据《增值税法案》已经缴纳的增值税；（3）提供货物或服务时产生的其他间接税及关税。

进口货物的计税基础为货物的 CIF 价格加上进口税和海关文件中规定的其他费用

---

① 纳税人购买、获得和/或生产的增值税法所涉货物，如出于商业目的计入纳税人的营业资产和/或提取供自用，则应视为自供货物并应纳税。

（关税和商业利润）。服务进口的税基是以伊朗货币（里亚尔）计算的进口对价（货币或者非货币）的价值。

（六）发票管理

纳税人在提供本法规定的货物或服务时，应根据伊朗《联合法》（the Law of Unions）的规定开具发票，其中应载有交易各方的详细情况以及根据伊朗国家税务局确定和公布的安排进行交易的项目的规格。还应该在一个单独的栏目中注明税额并收取税款。

（七）罚则

1. 纳税义务人

如果纳税人不履行法律规定的义务或违反法律规定，应缴纳本应缴纳的税款和逾期罚款，并处以下罚款：（1）未按规定期限办理登记的，按纳税人登记或者身份证明之日应纳税额的75%计算罚款；（2）未开具发票的，处相当于应纳税额的罚款；（3）若发票价目错误，与应纳税额存在差额，则处与该差额相当的罚款；（4）未按照规定的样本和指南填写发票所需信息的，按照应纳税额的25%计算罚款；（5）登记或者查验身份后不提交报税表的，处应纳税款的50%的罚款；（6）未能提交及出示账簿、记录或文件，处应缴税款25%的罚款。

如果伊朗国家税务局的税务官员向纳税人查询账簿、文件和记录，以评估纳税申报单或核对纳税人的交易金额，纳税人和买方有义务提交所要求的账簿、文件和记录，如果他们没有提交，他们将被处以逾期罚款，他们的纳税义务将按照伊朗国家税务局提出并经财政与经济事务部部长批准的条例进行评估。

在规定期限内，延迟缴纳税款的，根据延期时间，每月按未缴税款的2%处以罚款。

2. 银行、信贷机构、合作社、免息基金和合作基金

应伊朗国家税务总局局长的要求，所有银行、信贷机构、合作社、免息基金和合作基金都必须提交有关纳税人用于评估和征收税款的收入的信息和文件。如果上述实体未能披露所需的信息和文件，则应对政府遭受的任何税收损失承担全部赔偿责任。

六十八、爱尔兰
（Ireland）

（一）基本介绍[①]

爱尔兰自 1972 年 11 月 1 日起开征增值税，2010 年爱尔兰颁布《增值税法典》（Value-Added Tax Consolidation Act 2010），增值税主管机关为爱尔兰税务局（The Revenue Commissioners）。

（二）纳税义务人

纳税义务人是指，在经营过程中以自己的名义，提供应税货物或者服务的企业或者个人。在爱尔兰境内开展业务活动的实体或个人需要进行增值税的纳税登记。

1. 自愿登记

根据爱尔兰的增值税法，营业额低于注册门槛的实体不需要进行增值税的注册登记，但是也可以自愿选择注册登记。

2. 集团登记

爱尔兰允许在经济上或组织上有连接的企业进行集团登记，增值税纳税集团被视为一个纳税义务人。集团登记必须要经过税务部门的批准，且成员新增也需要获得批准，增值税集团并不要求内部的每一个成员都是纳税义务人，只要满足至少有一个成员为纳税义务人即可。集团成员之一被确立为集团汇款人，承担提交增值税申报表和向税务局缴纳增值税的义务，如果存在违反增值税义务的情形，集团成员对产生的增值税债务和罚款（VAT debts and penalties）承担连带责任。

3. 反向征收

增值税一般是向商品或者服务的提供方收取，但是在某些特定的情形下，由给付的接受方承担增值税义务：（1）在欧盟内部从另一成员国购买货物；（2）在接受地属于

---

① 本篇资料来自爱尔兰《增值税法典》，以及爱尔兰税务局网站，https：//www. revenue. ie/en/index. aspx（accessed on 20240507）。

应税给付的境外服务；（3）接受由非境内设立的企业提供的境外文化、艺术或娱乐服务；（4）某些情形下，在另一国境内发生的动产修理、估值或合同工作；（5）非境内设立的企业在境内为某些指定人员进行货物安装或组装；（6）非境内设立的主体向境内纳税人提供的欧盟内部运输和辅助服务；（7）分包商向总承包商提供的建筑服务，无论分包商是否在境内设立；（8）非境内设立的主体通过分配系统向境内某些特定主体提供天然气或电力；（9）从境内或境外设立的另一个纳税人处获得温室气体排放配额；（10）通过授权令转让给国家资产管理局（the National Assets Management Agency/NAMA）的货物所有权；（11）在境内经营包括废金属业务的应纳税个人；（12）两个有关联关系的实体在境内提供的建筑工程。

4. 数字经济

自 2021 年 7 月 1 日起，在欧盟成员国内通过互联网（电子商务）供应的跨境商品和服务，将适用特定的增值税规则。

（三）应税范围及税率

1. 适用标准税率的征税对象示例

增值税标准税率 23% 适用于大多数商品和服务，如律师服务、家具、电池、机动车辆、咨询服务、轮胎。

2. 适用 13.5% 税率的征税对象示例

在爱尔兰，适用 13.5% 增值税税率的商品和服务包括但不限于：（1）某些燃料；（2）某些建筑服务；（3）维修服务；（4）清洁和维护服务；（5）某些摄影用品；（6）某些艺术品和古董的进口；（7）餐饮及餐厅用品（不含酒精、软饮料和瓶装水）；（8）进入开放式农场；（9）热的外卖食品、热茶和咖啡；（10）酒店出租，例如宾馆、房车公园或野营地；（11）电影院、剧院、某些音乐表演、博物馆、美术馆或展览的门票；（12）游乐场或游乐场通常提供的娱乐服务；（13）美发服务；（14）活马的供应，但通常用于制备食品或农业生产的活马除外；（15）出租马匹；（16）灵缇犬（greyhounds）的供应；（17）某些印刷品，如小册子、传单、目录；（18）导游服务；（19）短期雇佣。

3. 适用 9% 税率的征税对象示例

在爱尔兰，适用 9% 增值税税率的商品和服务包括但不限于：（1）报纸和期刊；（2）某些电子书、电子报纸和电子期刊，不含完全或主要用于广告，及完全或主要由音频或视频内容组成的部分；（3）由非营利组织以外的人提供参加体育运动的设施。

4. 适用 4.8% 税率的征税对象示例

牲畜税率 4.8% 适用于一般牲畜。用于制作食品或农业生产的马匹也适用此税率。

5. 零税率征税对象示例

在爱尔兰，零税率适用于以下项目但不限于这些项目：（1）出口；（2）向其他欧盟成员国的增值税登记人销售货物的欧盟内部供应；（3）某些食物和饮料；（4）某些口服药物、非口服药和卫生用品；（5）某些图书、电子书和有声读物；（6）某些动物饲料、某些肥料、种子和用于生产食物的植物；（7）适合11岁以下儿童的服装和鞋类；（8）向税务部门根据零税率计划（the zero-rating scheme）授权的增值税登记主体提供应税给付；（9）为私人住宅和被官方认可的学校供应和安装太阳能电池板。

（四）应税时间

1. 纳税义务发生时间

如果不需要开具发票，增值税纳税义务将在供货的日期或者收到给付预付款的任何日期产生。如果要求开具发票，增值税义务将于发票开具日期或者未开具发票的应开具发票日期中较早者产生。但是在以下情形，增值税纳税义务产生的时间存在例外：（1）增值税通常应在发票开具之日在欧盟内部的采购中缴纳。但是，增值税最迟应在货物到达的次月第15日缴纳。欧盟内部购置新机动车辆应缴纳增值税，但有权获得扣除的人员除外。一般是在缴付车辆登记税时缴付。（2）对于持续供应的公用事业（煤气、电力和电信），增值税应当在公用事业公司向客户发出账单时缴纳。这建立在公用事业公司至少每三个月发出一次账单的基础上。所适用的税率是在账单发出之日有效的税率。即使这些客户提前付款，情况也是如此。（3）从非欧盟国家进口的货物在进入该国时应缴纳增值税。（4）在欧盟内部购买应税商品时，应参照应缴纳消费税（the excise duty）的时间缴纳增值税。注意，对酒精产品有特殊的规定。（5）对于根据暂停征税安排进口的货物，增值税应当于货物脱离这种安排时缴纳。（6）根据反向征收机制，给付接受方的纳税时间应当以发票或单据签发的日期、付款日期以及提供服务次月的第15日三者中最早的时间为准。（7）除有权享受减税的人员外，在欧盟内购买新飞机和船只应缴纳增值税。

2. 纳税申报期限

纳税人应当在每个纳税期结束后的下一个月19日之前申报并缴纳增值税，纳税人应通过税收在线服务向总税务司（the Collector-General）提交真实无误的申报表。

纳税期为两个月，从1月、3月、5月、7月、9月和11月的第一日开始计算。不过，总税务司可批准以下纳税期：（1）如果纳税人通过直接借记方式进行等额分期付款，可年度申报。（2）如果纳税人的增值税年税额为3001~14400欧元，可4个月申报一次。（3）如果纳税人的年税额在3000欧元及其以下，可6个月申报一次。

（五）退税规则和抵扣规则

1. 退税规则

从事提供应税货物与服务或者其他符合条件的活动的纳税人可以申请退税，但是退还费用应当与应税活动和其他活动相关，纳税人无权就用于免税供应或者非经营活动的商品或服务申请退税。纳税人申请退税应提供有效的增值税发票或者相关的海关收据，并且在 4 年内申请。

即便纳税人已经进行增值税登记并且仅进行应税供应，也不得对以下支出申请退税：（1）为纳税人自身、其代理人或员工提供食物、饮料或其他个人服务；（2）住宿，但因出席合格会议（a qualifying conference）而产生的合格住宿除外；（3）食物、饮品、住宿或其他娱乐服务，构成广告服务的全部或部分费用；（4）娱乐；（5）客运机动车辆，不包括合格车辆或用作贸易库存的车辆；[①]（6）汽油，除非用作贸易存货；（7）涉及移交货物的合同工作，而这些货物本身是不可扣除的；（8）责任人购买的受保证金计划约束的货物；（9）购置或开发构成企业资产一部分的不动产所发生的支出，而货物将用于非商业目的。

已在另一个欧盟成员国缴纳增值税的爱尔兰增值税登记主体，可以向该成员国要求退还增值税。纳税义务人在一年内最多可以提交 5 份申请，且必须在次年 9 月 30 日之前申请。

2. 抵扣规则

在计算应缴税款时，在符合条件的情况下纳税人的部分商品或服务的进项税额可以抵扣。进行进项税抵扣申请的，纳税义务人应当提供符合要求的发票。

不得抵扣或扣除的支出是指与以下方面有关的开支：（1）为某实体及其代理人或雇员提供的食物、饮料、住宿（与某些会议有关的住宿除外）或其他个人服务；（2）娱乐费用；（3）购买或租用汽车或其他公路客运车辆；（4）购买汽油；（5）涉及货物移交的合同工作，而这些货物本身是不能抵扣的；（6）免税活动（例如出租房屋少于 10 年）或者非商业活动；（7）注册前已经缴纳的增值税。

（六）发票管理

增值税发票是由纳税义务人签发的文件。增值税发票规定了应税供应的详细信息以及增值税法律规定的所有相关信息。增值税发票上提供的信息是确定纳税人对货物或服

---

① "合格车辆"系指为征收车辆登记税而在 2009 年 1 月 1 日或之后根据 1992 年《财政法》第 131 条首次登记的机动车辆，且其二氧化碳排放量低于每千米 156 克。

务供应的增值税责任的基础，也是已登记纳税人获取退税的凭证。增值税发票必须在提供货物或服务的当月月底后 15 日内开具。

1. 发票开具义务

纳税人向下列人员供应应税货物或者应当提供应税服务的，应当开具增值税发票：（1）另一个负有纳税义务的实体或个人；（2）中央政府；（3）地方政府；（4）根据法规建立的机构；（5）从事免税活动的实体或个人；（6）位于另一个欧盟成员国的个人以外的主体（a person other than a private individual in another EU Member State）；（7）在另一个适用增值税反向收费机制的成员国的实体或个人。

2. 发票内容

增值税发票必须显示：开票日期，唯一的序列号，供应商的全名、地址和登记号，客户的全名和地址，供应货物的数量和性质，所提供服务的范围和性质，不含增值税的单价，扣除增值税后收到的付款，折扣或降价，按增值税率分列的细目，与供应相关的应付增值税总额等。

在欧盟内部供应货物，应当显示客户的增值税号以及这是"欧盟内部货物供应"的批注。

（七）罚则

若纳税义务人没有如期进行增值税注册登记，将面临 4000 欧元的罚金。

逾期提交申报表的基本罚款是每份申报表 4000 欧元。此外，还可按每日 0.0274% 的税率对应缴税款征收利息。

纳税义务人故意或过失导致的错误行为，将根据行为的严重程度，缴纳应纳税款 3% ~ 100% 的罚金。

纳税义务人的欺诈行为需要缴纳税款 100% 的罚金。

六十九、以色列
（Israel）

（一）基本介绍

以色列自 1976 年 7 月 1 日起开征增值税，增值税主管机关为财政部。

（二）纳税义务人

纳税义务人是指，在经营过程中以自己的名义，提供应税货物或者服务的企业或者个人。以色列境内的纳税义务人应当进行增值税纳税人登记，法律规定增值税纳税人分为三类，分别为法定纳税人、小规模纳税人和免增值税纳税人。

增值税法定纳税人包括以下类型：营业额超过最低限额并有至少 2 名雇员；自愿登记为法定纳税人的；不论营业额大小或者雇佣人数多少的自由职业者，包括房地产商或机动车辆经营商在内的其他纳税人。

营业额低于规定的限额、雇员不到 2 人、未登记为"法定纳税人"的纳税人为小规模纳税人。未进行增值税登记的纳税人按照正常税率征税，可以抵扣进项税额，但是进项税额超过销项税额的部分不能退税，只能结转下期抵扣。

免增值税纳税人是指一个纳税年度营业额不超过 102292 新谢克尔的交易商，其不用承担增值税纳税义务，但免税的增值税纳税人必须进行增值税注册。

1. 集团登记

符合以下条件的纳税人可以申请登记为一个纳税集团：（1）母子公司；（2）同一母公司拥有的两个或多个子公司；（3）合伙企业和持有合伙企业 50% 或以上股权的合伙人；（4）联合记账的实体。集团内成员共用一个纳税人编号，并且只需提交一份纳税申报表。此外，集团内每个成员都应当提交一份年度报告，详细记录成员之间交易的进项税额与销项税额，以及与其他第三方交易的进项税额与销项税额。集团成员对增值税责任承担连带责任，在某些情况下，他们还可能承担其他税务责任。

---

① 本篇资料来自以色列财政部网站，https：//www.gov.il/en/departments/value_added_tax/govil-landing-page（accessed on 20240507）。

2. 税务代表

外国应税企业必须指定税务代表，该税务代表必须同时是以色列公民和居民。税务代表将与外国应税企业承担连带责任。

3. 反向征收

对于来源于海外的服务供应，必须由以色列接收方自行核算。对于海外的无形财产供应而言，其增值税一般由以色列银行在向海外提供方支付价款时代扣代缴。如果不能通过此种方式代扣代缴，则应当适用反向征收制度，由接收方自行核算增值税。

4. 数字经济

以色列税务局正在推动一项法案，以确定向以色列居民提供数字服务或经营网上商店提供数字服务的外国居民，如果不是以商业身份、非营利组织或金融机构行事的授权交易商，将被要求在特定登记处登记，并对上述交易缴纳增值税。

（三）应税范围及税率

1. 应税范围

一般情况下，纳税义务人就货物的销售或服务的提供缴纳增值税。但在以下例外情况适用反向征收规则：（1）非以色列供应商向以色列客户提供的服务或无形财产；（2）某些由个人提供的服务，主要收入来自工资、津贴或养老金；（3）某些房地产的交易；（4）对于进口货物，记录在案的进口商有责任缴纳增值税。

2. 适用标准税率的征税对象

除另有特殊规定外，所有的应税货物和服务都适用17%的标准税率。

3. 零税率征税对象示例

在以色列，适用增值税零税率的商品和服务包括但不限于：（1）在一定的条件下，以外汇支付货款的货物出口；（2）向境外居民提供劳务并以外汇支付劳务报酬的，实际劳务发生地在以色列的除外；（3）向外国居民提供旅游服务并以外汇支付的；（4）船舶或者飞机跨境服务；（5）主要经营地在以色列的经销商在国外提供劳务；（6）销售境外旅游权；（7）通过航空或者海运运输货物进出以色列；（8）向外国居民出售无形资产；（9）在一定条件下，销售或出口未经加工的水果和蔬菜；（10）企业间通过出售资产（包括生产设备），换取对方企业股权；（11）已获授权的外国居民使用的展览空间。

4. 免税对象示例

免征增值税的交易包括：（1）租赁期少于25年，用于居住的房屋的租赁。（2）金融机构提供的存贷款。（3）销售购置或者进口的不可抵扣进项税额的财产。（4）根据《资本投资鼓励法》规定，作为租赁且租期不少于5年的建筑物转为销售目的的房屋。（5）按照承租人保护法规定，租赁房地产或者销售该房地产。（6）此外，对营业额低于规定限额的经销商进行的交易也免征增值税。（7）进出口下列商品：进出口钻石，以及专门从事此类交易的经销商进行的钻石交易；从以色列出口的商品复进口，且在国外未经修理、翻新和改进，不包含在供应商责任范围内的修理、翻新和改进。

（四）应税时间

1. 持续提供服务

如果服务是分期提供的可拆分的服务，则每一期间都存在一个收费行为，应税时间为每部分发生时间。然而，如果服务不可拆分，则以每次付款时或者在服务完成时为应税时间，以先发生者为准。

2. 进口货物

进口货物的增值税是在货物通关时缴纳的。对于以色列和巴勒斯坦之间的货物转移而言，增值税、购买税和进口税是基于货物的实际转移为应税时间。

（五）发票管理

一般而言，纳税人必须根据以色列法律规定，对所有应税物品提供增值税发票。同时，只有纳税义务人可以开具税务发票，如果客户提出要求，供应方必须提供相应税务发票。税务发票是进项税额抵扣的证明，必须在 14 日内开具。

（六）罚则

若纳税义务人没有如期进行增值税注册登记，处罚可高达应纳税额的 1%，外加利息，并根据通货膨胀率进行调整。若纳税义务人逾期提交增值税申报表，每延迟 2 周就要支付 214 新谢克尔的罚款。此外，以色列增值税法中规定了各种违法行为，如故意提交虚假报表，或在构成重大过失的情况下漏报，协助非法扣减增值税，伪造、隐瞒或销毁文件，使用虚构的发票等。纳税义务人的欺诈行为可能面临罚金处罚，如果违法行为被定性为犯罪，甚至可能导致监禁。

七十、意大利

（Italy）

（一）基本介绍^①

意大利增值税是意大利政府对销售商品和劳务及进口征收的一种流转税。1972 年第 633 号总统令颁布了《增值税法》，明确于 1973 年开征增值税，目的是用以取代过去累积性征收的流转税和进口附加税。

意大利《增值税法》适用于意大利共和国领土，但不包括利维尼奥市、意大利坎皮奥内市和意大利卢加诺湖水域。梵蒂冈城国和圣马力诺共和国均为主权国家，不属于意大利，对涉及这两个国家的交易，意大利制定了增值税适用相关的特殊规定。2010 年，欧盟理事会批准了意大利和法国在增值税征管层面将两国全部现有和在建边界隧道划归为意大利领土的请求。

（二）纳税义务人

纳税义务人是指在意大利从事商业活动、提供商品或服务，或者从事艺术或专业活动的个人或法人。偶尔供应的货物或服务一般不在意大利增值税的范围内。但是，公司实体提供的任何商品或服务都被视为商业活动，除非意大利增值税法律明确将其视为非商业活动。

1. 自愿登记

意大利的增值税法不包含任何关于自愿登记的规定，因为没有登记门槛（即所有纳税义务人都应当为增值税目的进行登记，无论其营业额如何）。然而，对于年营业额不超过 85000 欧元的纳税人，其供应不适用增值税，采购缴纳的增值税也不可抵扣。这些年营业额不超过 85000 欧元的纳税人需要缴纳 15%（或在开展活动的前 5 年缴纳 5%）的税来代替增值税和所得税。

2. 集团登记

集团登记有两种方案。第一种方案称为"集团增值税清算"，集团成员保留单独的增

---

① 本篇资料来自意大利《增值税法》，以及意大利税务局网站，https：//www. agenziaentrate. gov. it/portale/web/english/nse（accessed on 20240507）。

值税编号，并且对集团成员之间的供应征收增值税。该方案允许集团成员之间抵销增值税支付和偿还。控制一家或多家其他公司的法人团体可以申请组建增值税集团。控股公司必须是集团的一部分，但不一定要包括其控制的所有公司。根据该方案，增值税集团不被视为一个单独的纳税人。在意大利登记增值税的欧盟实体可能属于意大利增值税集团。

第二种方案称为"增值税集团"，集团所有成员失去其独特的增值税地位，集团成为与第三方交易的单一纳税人。集团成员之间的所有交易都不计入增值税。

3. 非居民企业

在意大利既没有主要营业所也没有固定营业所的企业，如果生产以下产品，则必须登记意大利增值税：（1）向非纳税义务人或其他非居民企业供应的货物位于意大利；（2）欧盟内部收购的货物，该收购位于意大利或者来自意大利；（3）从意大利出口的货物；（4）面向意大利 B2C 客户的远程销售超过年度阈值；（5）向非纳税义务人或其他非居民企业提供意大利应税服务。

在意大利接收应税货物或服务的非居民企业可以选择注册意大利增值税。

（三）应税范围及税率

1. 应税范围

（1）商品及服务供应。《增值税法》第 2 条将商品供应定义为有形资产（包括房地产）所有权或其他物权的一切有偿转让。一切有形动产和房地产均视为增值税的应税商品。《增值税法》第 3 条将服务供应定义为根据所列举的某些合同或为履行执行、不执行或许可某事的义务而提供服务，其中，该定义并未提及服务是否为有形或无形。此外，应税商品和服务还包括：企业家、艺术家或专业人士在开展经营、艺术或专业活动期间，在意大利有偿提供商品或服务；企业家、艺术家或专业人士在开展经营、艺术或专业活动期间，在意大利购买欧盟的商品。

（2）进口和欧盟内部采购。商品从欧盟以外的国家或地区进入意大利自由流通时，即发生进口。有偿将商品从欧盟某个成员国运往另一成员国，并且供应商和接收方均为增值税纳税人，即不再为进口，而属于欧盟内部采购。

2. 适用 22% 税率的征税对象

增值税的 22% 标准税率适用于所有货物或服务的供应，除非有其他具体规定。

3. 适用 10% 税率的征税对象示例

适用 10% 增值税税率的商品和服务包括但不限于：（1）药；（2）餐馆、酒吧和旅馆的食物和饮料供应；（3）供家庭使用的电力、甲烷和液化石油；（4）采掘企业和工业企业的用电和用气；（5）码头度假村提供的住宿服务；（6）颗粒状物的供应。

4. 适用 5% 税率的征税对象示例

适用 5% 税率的商品和服务包括但不限于：（1）由社会合作社及其联合体（即以

"社会"为目标的特殊实体）提供的社会、卫生和教育服务（例如，医疗诊断、提供医院服务和护理）；（2）防治新冠病毒商品的供应；（3）供应符合 UNIEN 13432：2002 标准的可堆肥或可清洗的女性卫生用品或可清洗的月经杯（自 2022 年 1 月 1 日起生效），以及其他不同的、不可堆肥或不可洗涤的女性卫生用品（自 2023 年 1 月 1 日起，增值税税率从 10% 降至 5%）；（4）供应民用和工业用途的天然气。

5. 适用 4% 税率的征税对象示例

适用 4% 税率的商品和服务包括但不限于：（1）书籍、报纸和期刊；（2）特定食物；（3）用 ISBN（国际标准书号）和 ISSN（国际标准序列号）识别的电子书和所有其他电子出版材料；（4）医疗设备；（5）员工餐厅的食物和饮料供应。

6. 零税率征收对象示例

适用增值税零税率的商品和服务包括但不限于：（1）欧盟内部的商品供应；（2）国际运输服务（不包括向第 633/72 号总统令第 9 条第 1 款第 4 项提及的货物出口商、进口商、货物收货人和发送服务供应商以外的其他方提供的运输服务）；（3）出口物资；（4）给公海船只加油。

7. 免税项目征税对象示例

免征增值税的商品和服务包括但不限于：（1）银行和其他信贷机构的信贷交易及相关业务（包括认股权担保的信贷和类似的担保交易）；（2）银行和信贷机构对共同投资基金的管理服务；（3）外汇和外币信贷交易的相关业务；（4）损害保险、人寿保险和再保险业务及中介机构服务；（5）股票、债券和其他非商品证券的相关业务；（6）教育；（7）医疗服务。

（四）应税时间与应税地点

1. 纳税义务发生时间

对于不动产，纳税义务发生时间为双方签署转让该财产的协议的日期。对于动产，纳税义务发生时间通常为货物的交付或发送日期。如果在货物供应前开具发票或收到全部或部分付款，供应时间可以提前。提供服务的纳税义务发生时间通常为支付服务对价的日期。如果在提供服务之前开具发票，则供应时间可能会更早。

2. 申报时间

所有纳税人必须提交年度增值税申报表。年度增值税申报表必须在公历年的次年 2 月 1 日至 4 月 30 日期间提交。

3. 缴纳时间

纳税人根据营业额按月或按季计算增值税额，并支付增值税。

4. 纳税地点

（1）商品的纳税地点。《增值税法》规定商品的供应地为增值税纳税义务发生地，供应地是指商品在供应时所处的地点。远程销售由供应商或其代表（从另一成员国境内向位于意大利的非纳税人，或从意大利向另一成员国内未办理增值税登记的个人）发货或运输的商品，其供应地为发货或运输结束时商品所处的地点。

（2）服务的纳税地点。向其他纳税人提供的服务（企业对企业或 B2B 服务）和向最终消费者提供的服务（企业对客户或 B2C 服务）所适用的增值税缴税和计算的相关规则不同。根据一般规则，在下列情况下，服务被视为在意大利境内提供：向在意大利境内成立的纳税人提供的服务（B2B 服务）；由在意大利境内成立的纳税人向最终客户提供的服务（B2C 服务）。

（3）货物进口的纳税地点。货物进口的地点为其进入欧盟区的所在成员国。《增值税法》第 67 条规定，将商品进口到意大利为应税事项。无论进口商身份如何，均负有增值税纳税义务。

（4）欧盟内部采购的纳税地点。如来源于另一成员国的商品（或已在该成员国自由流通的商品）发往或运至意大利，则欧盟内部采购的供应地为意大利。

（五）抵扣规则

申报期内因向企业提供商品和服务以及与其应税活动直接相关的进口和欧盟内部采购（如企业生产产品或交易中使用的材料、半成品和成品、服务和固定资产）而征收的增值税可抵扣。

1. 部分抵扣

企业提供应税和免税商品或服务的，进项增值税须按其抵扣比例进行抵扣。因此，抵扣比例按下列金额组成的分数计算：（1）分子为享有抵扣权的商品或服务产生的营业总额（不含增值税）；（2）分母为分子中所涵盖商品或服务的营业总额（不含增值税）加上不可抵扣增值税的交易（增值税免税交易）的营业额。

2. 抵扣调整

购买资产或服务所缴纳的增值税进项税额可在购买年度予以抵扣。若纳税人使用该资产或服务开展的交易获得的抵扣额低于已抵扣税额（如免税商品或服务），则在购买年度缴纳的增值税须在之后年度进行抵扣调整。因此，只有首次使用该资产或服务才可适用抵扣调整。

（六）发票管理

1. 增值税发票

意大利纳税人通常必须为所有应税和免税产品提供增值税发票，包括出口和欧盟内部的供应。零售交易不自动要求发票，除非客户要求。如果从意大利供应商处购买货物或服务的意大利纳税人在购买发生当月的第 4 个月末未收到正确的发票，则必须在供应后的第 5 个月末向税务机关披露并缴纳增值税。

2. 电子发票

意大利增值税法允许电子发票，应符合欧盟指令 2010/45/EU。自 2022 年 7 月 1 日起，通过交换系统（SdI）传输与跨境交易有关的数据将与电子发票的格式一并强制执行。

3. 记录保存

纳税人有义务保留增值税分类账，特别是增值税采购登记和增值税销售登记。对于特定的交易，也需要额外的分类账。此外，发票、信用证、海关账单、欧盟内部供应的运输证明和出口证明都必须保留。

（七）罚则

1. 逾期登记

未通知意大利增值税当局即开始商业活动的纳税人将被罚款 500～2000 欧元。未能开具和记录应税交易发票的纳税人将被罚款，罚款金额为未开具发票或未入账税额的 90%～180%。

2. 延迟付款和备案

未提交年度增值税申报表的纳税人将被处应纳税额 120%～240% 的罚款，最低金额为 250 欧元。如果年度增值税申报表在截止日期后超过 90 日但在截止日期后一年内提交，罚金为应纳税额的 60%～120%，最低罚款为 200 欧元。逾期缴纳增值税的罚金相当于逾期缴纳增值税的 30%。

3. 错误行为

如果增值税计算数据报告遗漏、不完整或不准确，纳税人可能会被处以最低 500 欧元、最高 2000 欧元的罚款。

4. 欺诈行为

纳税人欺诈和逃税被视为刑事犯罪，其将受到以下刑事处罚：（1）漏报增值税的，当逃税金额高于 50000 欧元时，其将被处以 2～5 年的拘留。（2）不如实申报的，当逃税金额高于 10 万欧元，且被评估的应税交易净额高于增值税申报表中显示的应税金额的 10% 时，其将被处以 2～4.5 年的拘留。

七十一、牙买加

（Jamaica）

（一）基本介绍[①]

普通消费税（general consumption tax，GCT）是根据 1991 年《GCT 法案》对境内注册纳税人在牙买加提供的货物和服务以及任何人用以在牙买加境内消费或使用的进口商品或服务征收的流转税。

（二）纳税义务人

牙买加对从事应税活动且年营业额超过 1000 万牙买加元的纳税人，以及生产应税普通消费品的纳税人，必须在税务局进行登记。总收入低于 1000 万牙买加元的人可自愿申请 GCT 注册。对于任何新开展的应税业务，纳税人须在应纳税活动开始的 21 日内完成税务登记。

1. 免于登记

从事以下一项或多项活动的人员无须在牙买加注册 GCT：（1）年销售额低于 1000 万牙买加元的人；（2）其活动基本上是作为私人娱乐追求或爱好进行的人；（3）根据任何服务合同从事的工作、职业或就业，或作为公司董事从事的工作、职业或就业；（4）仅提供免征 GCT 的货物或服务的人员。

2. 集团登记

牙买加允许进行 GCT 集团注册。GCT 集团中的实体也必须是牙买加实体（包括海外公司的分支机构），并且必须与 GCT 集团中的所有其他实体有关联。

3. 税务代表

在牙买加，纳税人拥有选择税务代表的权利。

---

① 本篇资料来自牙买加税务局网站，https：//www. jamaicatax. gov. jm/general-consumption-tax1/#time_of_supply（accessed on 20240228）。

4. 反向征收

当牙买加纳税义务人从牙买加境外的非居民企业购买服务时，非居民企业不收取 GCT，但牙买加客户作为服务的接受者，有义务报告 GCT 并酌情支付 GCT。

5. 数字经济

牙买加没有关于数字经济税收的具体规则，在《GCT 法案》中也没有具体提及。因此，适用一般的 GCT 规则。

6. 临时登记

如果个人或合伙企业打算进行应税活动，但在开始其应税活动之前需要进行重大的启动活动（如建筑），则可以申请临时注册 GCT。在临时注册 GCT 期间，尚未开始其应税活动的个人或合伙企业将不被要求收取 GCT 并进行核算，但必须在临时注册后 24 个月内开始其应税活动。在临时注册 GCT 期间，个人或合伙企业每月须提交 GCT 申报表，有权要求对为拟议的应税活动而获得的应税用品所支付的 GCT 进行进项税额抵扣。

（三）应税范围及税率

1. 应税范围

除特殊情况外，纳税义务人在牙买加销售应税商品和服务，以及任何人在牙买加进口应税商品或服务以供销售或自用，都需要缴纳普通消费税。牙买加对以下消费品征收普通消费税：（1）商品类包括除不动产、货币和证券以外的各种财产；（2）服务类包括除货物、不动产、货币或证券供应外的其他事项。

如果应税货物服务的提供方为牙买加居民纳税人或者商品所在地或服务发生地或使用地在牙买加时，则被视为在牙买加发生了应税行为。

2. 适用 15% 税率的征税对象

GCT 的标准税率 15% 适用于所有货物和服务的供应，除非有其他具体规定。

3. 适用 10% 税率的征税对象示例

旅游部门某些实体提供的某些服务适用税率为 10%，包括旅馆、度假别墅、旅游经营和水上运动。

4. 适用 2% 税率的征税对象示例

图书及期刊等印刷品的适用税率为 2%。

5. 适用 25% 税率的征税对象示例

电信服务（包括电话卡的销售）和电话设备等服务和商品适用 25% 的税率。

6. 适用 20% 税率的征税对象示例

除某些例外情况，商品进口商需额外缴纳 5% 的普通消费税，即实际税率为 20%。

7. 零税率征税对象示例

零税率征税对象包括但不限于：（1）由外国政府或跨国贷款机构或其代表根据合同购买或取出的货物和提供的服务；（2）经教育部部长批准的学校供餐计划生产的不向公众转售的食品。

8. 免税项目征税对象示例

免税服务包括：《承包商征收法》中规定的某些施工作业；住宅租赁；医疗和牙科服务；国际货运服务；特定金融服务，包括基本银行服务；发行、转让股票和股份；提供保险合同及其再保险；牙买加境内人员的交通运输；向公众提供水（不包括瓶装水）等。

免税商品包括：国际旅行交通票；当地供应的各种生鲜食品（包括新鲜水果和蔬菜、豆类、肉类、家禽和鱼类）；牛奶（不包括调味乳和奶制品）；玉米；小麦；腌制牛肉；米；糖；食用油；农业设备。

（四） 应税时间

1. 纳税义务发生时间

《GCT法案》将纳税义务发生时间定义为以下事件中最早的一项：（1）当供应商为商品或服务开具发票时；（2）对商品或服务进行支付；（3）向收货人提供货物或服务时。

对于进口商品的供应，牙买加没有特殊的供应时间规则。因此适用一般纳税义务发生时间规则。

2. 申报时间

GCT的申报期是每月一次。申报表必须在申报期结束后一个月的最后一个工作日前提交。

（五） 抵扣规则

消费产生的GCT可以通过进项税额抵扣的方式收回，但私人（非商业）以及免税商品和服务的GCT不能通过进项税额来抵扣。某一特定纳税期的进项税额超过销项税额的部分，可以要求退税，也可以抵扣下一纳税期的GCT。

不得抵扣项目包括：与人寿保险合同相关的服务；个人使用的费用；与免税商品和服务相关的费用。

如果纳税义务人同时提供应税产品和免税产品，并且无法分别确定与两者的已付/应付进项税，则有权要求抵扣归属于应税产品的进项税额的比例，其计算公式为：

应税产品的进项税额 = 应税产品 ÷ 总产品 × 可抵扣的进项税总额

（六）发票管理

应税人必须为向注册纳税人提供的所有应税产品提供税务发票，税务发票是进行进项税抵扣的必要凭证。牙买加允许电子发票，但不是强制性的，目前对电子发票的格式没有单独的要求。

纳税人必须按照《GCT 法案》的规定保持账户和记录。通常情况下，这些记录包括财务报表、试算表、发票等。已注册的纳税人必须将账簿和记录保留至少 6 年，从应税结束时算起。

（七）罚则

未进行 GCT 登记的个人将被处以罚款，金额为 1 万牙买加元，或该人在应税期间成为注册纳税人时应缴纳的税款额，以两者中的较高者为准。利息的利率为每月 1.5%。

逾期支付 GCT 将被处以未付款额 10% 的罚款，并按照《税收征管法》第 2A 条规定的利率计算利息直至付款日。

逾期提交 GCT 报税表将被处以 1 万牙买加元或 10% 税款额（最高可达 10 万牙买加元）的罚款，以及根据《税收征收法》第 2A 条规定的利率计算的利息直至支付日。目前规定的年利率约为 16.6%。

欺诈行为可能会受到刑事处罚。个人在居民治安法院经简易程序定罪后，将被处以确定的罚款或监禁，或同时处以罚款和监禁。罚款额度为 100 万牙买加元或应付税款的 3 倍，监禁通常不超过 12 个月。

七十二、日本
（Japan）

（一）基本介绍[①]

日本消费税（Japanese consumption tax，JCT）指日本政府于 1989 年新开征的一种税，属于增值税性质。征税范围几乎包括所有国内经营活动和进口的国外货物、劳务，消费税的纳税人是商品劳务的制造、批发、零售和服务等各环节的经营者以及进口商，但税收承担者是消费者。

日本消费税实行多环节多次课征制。为了避免在生产、流通的各阶段的双重、三重课税，日本消费税规定允许纳税人从与发生课税销售额有关的消费税中扣除相关进项消费税额，形成消费税不累积征税的纳税结构。

（二）纳税义务人

凡从事商品销售、劳务提供以及进口贸易的经营者（包括个人经营者和法人），均为消费税的应纳税人。应纳税人分为从事国内经营的纳税人和从事进口贸易的纳税人。应纳税人包括非居民企业或者国外法人，或者政府部门、公团、公益法人、无法人资格的社团等。

1. 免于登记

如果一个实体同时满足以下两个条件，则该实体不被视为应税人：（1）在"基准期"（即本财政年度前两年的财政年度）的应税交易不超过 1000 万日元；（2）在"特定时期"（即上一个财政年度的前六个月）的应税交易不超过 1000 万日元。

2. 集体登记[②]

日本不允许集体登记消费税。即使由一个控股公司及其子公司几个纳税人组成一个公司集团，集团内的每个公司都需要提交自己的消费税申报表。

---

① 本篇如未特别注明，资料均来自日本国税厅网站，https：//www. nta. go. jp/english/taxes/consumption_tax/ 01. htm#c08（accessed on 20240228）。

② Watanabe S. Japan - Consumption Tax, IBFD（accessed 1 sep，2024）.

3. 税务代表

符合纳税人资格的外国企业必须向税务局提交适当的表格，任命一名常驻税务代表来处理其消费税义务。

4. 反向征收

购买某些服务构成应税交易，接受者可能被要求申报并支付应缴的消费税。反向征收适用于以下服务：（1）由外国企业提供的 B2B 数字服务；（2）外国企业向另一家企业提供的服务，主要包括电影或戏剧演员、音乐家、其他演艺人员和职业运动员提供的服务。

5. 数字经济①

跨境数字服务受到特定规则的约束。数字服务的概念包括通过电子网络提供的大多数内容和服务，例如电子书、在线报纸、音乐、视频、通过互联网提供的游戏应用和软件、在线广告、在线语言课程。

（三）应税范围及税率

1. 应税范围

消费税的征税对象，原则上包括日本国内所有的商品、服务的销售和提供等，国内经营的征税对象需要同时满足以下四个条件：（1）消费对象必须是物品的销售或租赁、劳务的提供等经营活动；（2）在日本国内进行；（3）作为营业而进行，营业指反复、连续独立地进行同种行为；（4）为获得对价而进行，即消费税的征税对象仅限于有偿进行的资产转让、租赁或劳务提供。不满足上述征税对象条件的行为，如土地的转让与出租（土地出租时间在1个月内的需要征收消费税）、捐赠、分红等不属于征税对象。

2. 适用 10% 标准税率的商品和服务

2019 年 10 月 1 日后，日本消费税标准税率为 10%（包含国家消费税税率 7.8%，地方消费税税率 2.2%），适用于一般商品和服务。

3. 适用 8% 税率的商品和服务②

日本消费税优惠税率为 8%（包含国家消费税税率 6.24%，地方消费税税率 1.76%），主要适用对象有：（1）食品饮料类。米、蔬菜水果等农产品；肉类乳类等畜牧产品；鱼类贝类等水产品；面、面包、蛋糕点心、调味料、饮料等制造或加工食品；符合食品卫生法的添加物；一体资产，指食品和食品之外的物品一起售卖的情况（如蛋

---

① National Tax Agency：Revision of Consumption Taxation on Cross-border Supplies of Services［EB/OL］. https：//www. nta. go. jp/english/taxes/consumption_tax/cross-kokugai-en. pdf.

② 详见日本财务省网站，https：//www. mof. go. jp/english/policy/tax _policy/tax _system/consumption/05 _4. pdf（accessedon 20240228）。

糕配玩具等），不含税价格在 1 万日元以下，食品部分价格占总价 2/3 以上的，可整体适用轻减税率。餐饮店的餐饮服务和宴会承办服务不适用该税率。（2）定期订阅的每周两次以上发行的报纸。

4. 免税的商品和服务

在日本，免税商品和服务包括：（1）货物出口；（2）服务出口；（3）国际客货运输；（4）出口商店的销售；（5）向位于日本的外国大使馆和公使馆提供用品；（6）银行利息；（7）保险服务；（8）教育服务；（9）土地的销售和租赁；（10）社会福利服务。

（四）应税时间

1. 纳税义务发生时间

一般来说，在货物所有权转移、提供服务或外国货物从保税区运出时，应征收消费税。在日本，支付定金和预付款项不需要缴纳消费税，但根据原始交易的类型，原价的支付需要缴纳消费税。

2. 申报时间

日本《消费税法》第 1 章第 19 条规定，纳税义务人必须每年提交消费税申报表。个体工商户必须在公历年结束后第二年的 3 月 31 日前提交其消费税申报表。公司必须在财政年度结束后的两个月内提交年度消费税申报表。纳税人可以选择每月或每季度报税，而不是每年。

3. 缴纳时间

日本《消费税法》第 1 章第 19 条规定，个体工商户必须在提交消费税申报表的截止日期前缴纳消费税，即公历年结束后第二年的 3 月 31 日。公司必须在年度消费税申报表的同一天支付到期的消费税，即在财政年度结束后的两个月内。

（五）缴纳与抵扣规则

1. 缴纳税额

各经营者应缴纳的消费税额为不含消费税的销售额乘以税率，再减去进项消费税额后的金额。

2. 抵扣规则

用于商业目的的货物和服务产生的进项税额都可以抵扣，通过从销项税额中扣除的方式收回。经营者的征税销售额比例［征税销售额比例＝当期征税销售额（不含消费税）÷当期总销售额（不含消费税）］低于 95% 或当期征税销售额 5 亿日元以上，只能对于征税销售额（即属于消费税征税对象的经营的销售额）有关的进项税进行扣除。当期征税销售额 5 亿日元以下且征税销售额比例高于 95%，此时进项税可以全额扣除。

购买非商业目的的商品和服务（如企业家为私人使用而购买的商品）时，不得抵扣进项税。向未注册为外国企业的外国供应商购买 B2C 数字服务不得抵扣进项税。

2019 年 10 月 1 日至 2023 年 9 月 30 日，进项税扣除需留存计入发生进项税的事实的会计账簿和区分记载发票；2023 年 10 月 1 日后，进项税扣除需留存计入发生进项税的事实的会计账簿和合格发票。

（六）发票管理

1. 消费税发票

消费税法律并未明确要求纳税人对其他纳税人提供应税商品或服务开具税务发票。但是，为了抵扣进项税，相对方必须持有包含某些强制信息的发票，不得仅提供消费税金额。此外，由进行应税采购的企业编制的采购报表和采购计算报表可用作进项税抵免所需的记录。

2. 合规发票留存制度

自 2023 年 10 月 1 日起，消费税抵扣要求纳税人持有合规发票。一张合规发票应当包括供应商的消费税登记号、适用税率、应税销售的价格和消费税额。新的消费税合规发票系统要求消费税纳税人登记为合规发票开具者，只有登记的企业才能开具合规发票。

要成为登记企业，纳税人必须向主管税务局提出申请，登记企业的信息（名称和登记号）将在国家税务局的网站上公布。登记企业将有义务开具合规发票（有一些例外，如通过自动售货机销售）并保留一份发票的副本。某些纳税人可以开具简化的合规发票。

3. 电子发票

电子发票在日本是允许的，但不是强制性的。根据现行的日本消费税法，只有提供 B2C 数字服务的外国商家才能开具电子发票。但在 2023 年 10 月 1 日合规发票留存制度施行后，电子发票将适用于更多的供应商。

4. 记录保存

日本《消费税法》第 5 章规定，纳税人必须在其账簿中记录交易细节（日期、描述、相对方名称、对价）。原则上，这些记录必须保存在应税人的办公场所。然而实际上，如果纳税人可以在税务局的要求下随时拿到记录，那么记录可以存放在第三方的仓库等地方。记录（即账簿和发票）原则上必须保留 7 年。

（七）罚则

1. 延迟付款和备案

如果延迟支付消费税，将收取延迟支付利息，按以下利率计算：

（1）前两个月：年利率7.3%或特别标准利率加1%，以较低者为准。

（2）两个月后：年利率14.6%或特别标准利率加7.3%，以较低者为准。

2. 逾期提交消费税申报表

（1）如果在到期日之后收到审计通知之前主动提交消费税申报表，则罚款额为预期提交的消费税的5%。

（2）如果在收到审计通知后但在审计前提交消费税申报表，则罚款额为预期提交的消费税的10%（超过50万日元的部分为15%）。

（3）如果税务审计发现错误，则罚款额为预期提交的消费税的15%（超过50万日元的部分为20%）。

此外，如果纳税人在过去5年内因不申报或欺诈行为受到处罚，则逾期申报的罚款将增加10%。

3. 错误行为

如果在纳税申报单中申报的税款被少报，将受到以下处罚：

（1）在收到审计通知之前主动披露的，不予处罚。

（2）在收到审计通知后但在审计前主动披露的，处罚额为预期提交的消费税的5%（超过50万日元或原金额附加税的部分为10%，以金额较大者为准）。

（3）预期修正后的，处罚额为预期提交的消费税的10%（超过50万日元原金额附加税的部分为15%，以金额较大者为准）。

七十三、约旦
（Jordan）

（一）基本介绍[①]

约旦的一般销售税是根据1994年第6号法案制定，经2009年第29号法案修改的《一般销售税法》（The General Sales Tax Law）的规定，以单位和个人在生产经营过程中因销售货物或提供服务而产生的销售额为课税对象征收的一种税，在性质上等同于增值税。其一般销售税主管机关为所得税和营业税部（Income and Sales Tax Department，ISTD）。[②]

（二）纳税义务人

就一般销售税而言，纳税义务人是指进口或提供应税货物或服务的任何个人或实体。对于出于贸易目的进口应税货物或服务的人员，没有注册年度最低门槛，并且要求纳税人在首次应税进口后的30日内向ISTD登记（无论进口价值如何）。

只有当货物和服务供应商的应纳税营业额（进口活动以外）超过以下最低年度阈值时，才要求其进行注册：（1）生产征收特别销售税的商品超过10000约旦第纳尔；（2）生产除征收特别销售税以外的商品超过75000约旦第纳尔；（3）供应服务超过30000约旦第纳尔；（4）进行货物（贸易）超过75000约旦第纳尔。

1. 免予登记

全部营业额为零税率项目的纳税人可申请豁免登记。全部营业额来自免税销售的应税人自动免予登记。

2. 自愿登记

如果企业的应税销售额低于一般销售税纳税人的起征点，该企业可以自愿选择登记为一般销售税纳税人。企业也可以在提供应税物品之前自愿登记为一般销售税纳税人。个人可选择自愿注册为一般销售税纳税人。

3. 集团登记

约旦不允许进行销项税集团登记。

---

① 本篇如无特别注明，资料均来自约旦的《一般销售税法》。
② 详见约旦所得税和营业税部网站，https：//istd. gov. jo/ebv4. 0/root_storage/en/eb_list_page/notification_guide. pdf（accessed on 20240228）。

4. 非居民企业

没有相关规定可以让非居民企业在 ISTD 注册。如果非居民企业在约旦境内生产供应品，则该非居民企业可能需要注册。从一般销售税的角度来看，非居民企业将无法出于税务目的进行注册。

5. 税务代表①

纳税人可通过针对 ISTD 的授权书任命税务代表。授权书应与法律顾问确认，此项不属于一般销售税事宜。所有在约旦没有实体的非居民公司都必须在约旦任命一名消费税税务代表，如果未指定税务代表，应当通过反向征收机制缴纳销售税。

6. 反向征收

独立外国订约方或外国实体（即非居民企业）向常驻实体（无论是关联方还是非关联方，即 B2B）提供的服务在约旦被归类为进口服务，并通过反向征收制度缴纳一般销售税。接受服务的居民实体必须申请一般销售税并将其汇至 ISTD。

7. 数字经济

约旦没有关于服务或货物数字经济供应的特别规定。因此，一般销售税规则适用于数字经济。提供电子服务的非居民无须在约旦注册销售税，除非他们在约旦有营业机构存在。这包括在该国的固定营业地点和员工。对于电子商务用品，例如进口商品，没有特殊的销售税规则。

8. 登记程序

欲登记为纳税人，持有效授权书的授权人员应亲自向 ISTD 提交书面登记申请，并连同以下文件：（1）约旦公司控制部注册证书的认证副本；（2）被授权方颁发的商业证书的认证副本；（3）商业名称和商标注册的认证副本；（4）有效职业执照的认证副本；（5）授权签字人的个人身份证明文件；（6）如果是进口商，需提供进口证的认证副本。

9. 注销登记

停止提供商品和服务的纳税人必须注销注册。如果纳税人的营业额低于注册门槛或完全与零税率项目销售相关，注册人可自愿要求注销。

（三）应税范围及税率

1. 标准税率

根据约旦 1994 年第 6 号销售税法（修订版），标准一般销售税税率为 16%。适用16% 标准税率的商品和服务包括：（1）在约旦境内销售商品或服务；（2）从约旦境外或自贸区进口商品或服务。

---

① 详见 Orbitax 网站，https://www.orbitax.com/taxhub/countrychapters/JO/Jordan/afbab7d616204e67a5d99fbd4a21d176/VAT-on-the-Supply-of-Services--672（accessed on 20240228）。

2. 优惠税率

（1）适用 10% 税率的商品和服务包括：活的动物；奶酪。

（2）适用 5% 税率的商品和服务包括：玉米。

（3）适用 4% 税率的商品和服务包括：油脂和酥油；残疾人用品；营养药品。

（4）适用 2% 税率的商品和服务包括：食盐；铅笔。

（5）适用 1% 税率的商品和服务包括：卫生和消毒剂；手套。

3. 零税率

适用零税率的商品和服务包括：（1）为任何一方提供的印刷服务，前提是所有供应品（油墨、纸张和所有供应品等）均来自印刷机本身；（2）生产药品的原材料。

4. 免税

免税的商品和服务包括：（1）小麦；（2）面包；（3）电力；（4）消防车；（5）教育/培训；（6）医疗服务。

（四）　应税时间

1. 纳税义务发生时间

商品交易事件发生后，以下面最早发生的时间为一般销售税的应税时间：（1）商品交付时。如果发票定期开具，或者在交付之日以后的一定期限内开具，所得税和销售税局局长可以将发票上注明的日期认定为纳税时间点。（2）开具税务发票。（3）根据约定的付款条件，收到货物的全部或部分价款、信用证付款或任何其他价值收据时。

提供服务事件发生后，以下面较早发生的时间为应税时间：（1）开具税务发票。（2）收到提供服务的全部或部分价款。在上述情况下，应参照发票所列金额或已支付金额（孰高）缴纳税款。

2. 申报时间

一般销售税的纳税人应当每 2 个月结束后 30 日内提交一般销售税纳税申报表（双月），列明其销售额及应纳税额。即 2 个月为一个纳税期间。

（五）　抵扣规则[①]

纳税义务人可以退回进项税额，即为生产经营购入货物和服务而缴纳的税金。一般来说，未抵扣完的进项税额为在进项税的基础上抵扣销项税后得到的余额，其中销项税是对纳税义务人销售货物或者提供服务而产生的销售额征收的税额。

纳税人需要提交两月一次的一般销售税申报表，反映报告期内投入（购买）已支

---

① 详见约旦所得税和营业税部网站，https：//istd.gov.jo/ebv4.0/root_storage/en/eb_list_page/notification_guide.pdf（accessed on 20240228）。

付的一般销售税金额和产出（销售）收到的一般销售税金额的净额。如果产出收到的一般销售税超过投入支付的商品和服务税，则余额将缴纳给 ISTD。如果投入收到的一般销售税超过产出缴纳的一般销售税，余额将结转至下一期抵扣。

1. 不可抵扣进项税

购进或进口商品和服务用于非生产性活动所对应的进项税额不可抵扣。此外，用于以下项目的支出所产生的进项税也不可退回：（1）用于非商业目的购进的商品和服务；（2）属于免税或不征税供应品的货物和服务；（3）体育和娱乐活动，但用于生产加工商品或服务的除外；（4）餐厅和酒店服务，但用于生产加工商品或服务的除外；（5）作为退货采购入账的商品和服务；（6）《一般销售税法》附表 1 所列项目支付的特别税款（另有规定的除外）；（7）用于在建工程购进的货物和服务，但用于租赁建筑物和销毁设备的货物和服务除外；（8）汽车，但汽车贸易企业购进或汽车租赁企业购进除外。

2. 部分免税

如果纳税人同时生产免税和应税货物和服务，则可基于其申报表部分抵扣进项税。

如果相同的进项税可同时归于应税和非应税供应品（无论是免税还是非商业用途），则可抵扣进项税的部分根据生产公式确定。如果不可能，则根据应税供应占总供应的比例计算。

在约旦使用部分免税标准方法无须税务机关的批准。约旦不允许使用特殊方法。

（六）发票管理

1. 销售税发票

超过 1 约旦第纳尔的销售额必须开具发票。发票必须在销售/供货之日开具。根据税务发票条例的规定，应提供三份已开具发票的副本。应按照上述要求向约旦客户发送一份副本。其他发票副本应由注册人员在内部保存，以便记账。

2. 贷方票据

当必须修改或取消已开具的发票时，开具贷记单据。主要情形包括：客户全部或部分退货、客户更改初始订单或发票上反映的金额不正确。

3. 电子发票①

约旦允许电子发票，但不是强制性的。在约旦国家电子发票系统建设完成后，所有加入国家电子发票系统的纳税人都应当通过电子发票系统开具销售税发票。电子发票适用一般发票规则。

---

① 详见约旦所得税和营业税部网站，https：//istd. gov. jo/EN/NewsDetails/ISTD＿completing＿the＿legal＿and＿technical_procedures_by_approving_the_electronic_invoice_in_Jordan（accessed on 20240228）。

（七）罚则

1. 延迟注册登记

对延迟注册登记的处罚如下：（1）如果注册登记日期超过企业本应注册日期的60日，将处以销项税2~3倍的罚款，外加相当于200约旦第纳尔的刑事处罚。（2）如果注册登记日期距离企业本应注册之日不足60日，将处以100约旦第纳尔罚款。

2. 逾期申报和缴纳

逾期申报罚款范围为100~500约旦第纳尔。

若逾期缴纳销售税，则从应缴纳销售税之日起至实际支付日期，每迟交一周或不足一周，将处以未缴金额的0.4%的滞纳金（不超过到期税额）。此外，《一般销售税法》第31条规定，对犯有逃税行为的应税人员，最多可处以3倍的罚款。

3. 欺诈行为

犯税务欺诈罪的人，应向ISTD支付不少于应纳税额2~3倍的罚款，以及不少于200~1000约旦第纳尔的刑事罚款。对于第二次犯罪，判处的刑事处罚将加倍。如果犯罪行为在其后一年内再次发生，法院可处以最高刑事罚款或3个月以上6个月以下的有期徒刑，或两者兼有。

七十四、哈萨克斯坦
（Kazakhstan）

（一）基本介绍[①]

哈萨克斯坦自 1991 年 12 月 24 日起开征增值税。其增值税主管机关为财政部下属的税务机构（State Revenue Committee of the Ministry of Finance）。主要税收立法文件为哈萨克斯坦《关于税收和其他预算义务支付法（税法）》［Code of the Republic of Kazakhstan on taxes and other obligatory payments to the budget（Tax Code）］。

（二）纳税义务人

纳税人是指在哈萨克斯坦登记的法人实体、个体企业家、参与私人执业的个人和非居民法人实体（例如分支机构），这些实体是为增值税目的登记的，同时也是哈萨克斯坦的货物进口商。

1. 登记制度

居民法人实体、非居民法人实体的分支机构、代表机构及私营企业家，如果其在一个日历年内营业额超过月度计算指数（the monthly calculation index，MCI）的 2 万倍，必须进行增值税登记。MCI 根据每年的州预算法律确定，2024 年，MCI 为 3692 坚戈。增值税登记的截止日期是其营业额超过登记门槛的次月 10 个工作日内，该营业额可以书面形式或者电子形式呈现。税务机关应当自提出税务登记申请之日起一个工作日内，发给税务登记证件，对纳税人进行登记。申请人自提交申请之日起成为付款人。负有登记义务的纳税人逾期登记的罚款为 50MCI。此外，逾期登记的，对未登记期间的营业额征收 15% 的罚款。

2. 自愿登记

不属于税务登记强制对象的法人单位，可以亲自或者以电子方式向所在地税务机关

---

① 本篇资料来自《哈萨克斯坦共和国关于税收和其他预算义务支付法（税法）》，以及哈萨克斯坦司法部网站，https://adilet.zan.kz/eng/docs/K1700000120（accessed on 20240228）。

提出自愿税务登记申请。

3. 非居民企业的登记

国外法律主体的登记依据是否在哈萨克斯坦具有分支机构或者代表处有不同的制度：在哈萨克斯坦没有登记分支机构或者代表处的，不能在哈萨克斯坦进行增值税登记；在哈萨克斯坦有分支机构或者代表处，可以自愿登记增值税（没有登记门槛），但当其年度营业额超过 20000MCI（约 14 万美元），应当根据前述程序在分支机构或代表处所在地进行登记。外国企业在登记后，可以从当地供应商获得抵扣进项税。

4. 注销登记

纳税人同时符合下列条件的，可以向当地税务机关申请注销登记：申报纳税年度前一个日历年度的应纳税所得额不超过 14 万美元；自申请纳税年度开始之日起，其应纳税所得额不超过 14 万美元。

申请注销登记应当提供申请书以及增值税申报清算文件。税务机关应当自纳税人提出注销申请之日起 5 个工作日内，将其注销。注销登记的日期，为向税务机关申报纳税的日期。

以下情形税务机关可以主动注销纳税人登记：（1）未在税法规定的纳税日后 6 个月内提交纳税申报书的；（2）纳税人主体资格处于不确定状态；（3）根据生效法院的判决，登记的法人被认定为无效。

5. 反向征收

如果未进行增值税登记的非居民主体在哈萨克斯坦内为进行了哈萨克斯坦增值税登记的购买者提供服务，买方需要自行评估并且通过反向征收机制缴纳增值税。服务的购买者可以按照一般抵销程序抵销反向征收的增值税金额。自 2018 年 1 月 1 日起，在服务中增加了对网络资源的访问，其供应地点被认为是在哈萨克斯坦的，不适用反向征收。

（三）应税范围及税率

虽然哈萨克斯坦增值税的基本原则大体上遵循传统欧洲增值税制度中的原则，但哈萨克斯坦增值税的应用有重要的特殊性。其中包括产品共享协议下的特殊增值税条款，该条款不仅对当下用户，而且对其分包商和客户都有重大影响。就增值税而言，应纳税营业额实际上是货物、工作和服务的所有种类的供应品（例如销售、交换或赠品）的总和。货物实际上包括所有形式的财产或产权。应税劳务供应是指任何供对价或免费提供的工作或劳务供应，或任何供对价而非货物供应的活动。

增值税的标准税率 12% 适用于所有货物、劳务和服务的供应，但按零税率征税或免税的除外。对于根据简化程序进口的个人货物，增值税可以作为海关总价款的一部分支付，其金额根据哈萨克斯坦的海关法确定。

适用零税率的商品和服务包括：（1）除免税项目以外的出口销售的商品；（2）国际运输服务；（3）外国航空公司执飞的国际航班为飞机加油时，机场出售的机油和润滑油；（4）向国家银行出售或用于出口的精炼黄金；（5）向特别经济区出售的货物。

免税交易是指不纳税的货物、服务，不享有进项税额抵扣的权利。免税的商品和服务包括：（1）与土地或者住宅有关的交易；（2）特定金融服务；（3）融资租赁下的资产转移；（4）非商业组织提供的服务；（5）文化、科学及教育领域的服务；（6）与医疗和兽医活动有关的商品与服务；（7）进口某些资产（参见政府列出的清单）；（8）个人为非商业目的进口货物；（9）有关国际货物运输服务的交易；（10）同一法律实体从欧亚经济联盟成员国境内进口的货物（如集团内部交易）；（11）加密货币（自2024年1月1日起）。

（四）纳税期间

1. 应税义务发生时间

应税义务发生时间是指货物、工作或服务销售完成的日期，具体规定如下：（1）货物装运（转让）、工作完成或服务提供的日期。（2）提供劳务或者服务的日期，是签订已经履行的劳务或服务合同的日期。（3）对于未装运的货物，完成销售的日期是货物所有权转移给买方的日期。（4）融资租赁的给付时间确定取决于其协议类型。（5）某些连续供应的纳税义务发生时间是货物交付、劳务完成或服务提供的日历月的最后一日。（6）进口货物的纳税义务发生时间为哈萨克斯坦进口货物的日期。

2. 纳税申报期限

哈萨克斯坦的纳税申报期间为3个月，增值税纳税人必须在每个纳税期间届满后次月的15日内向税务机关提交纳税申报相关文件，并且在纳税期间届满后次月的25日内缴纳该税款。从其他欧亚经济联盟成员国进口货物到哈萨克斯坦，增值税申报表必须在纳税期届满后的次月的20日内向税务机关申报，并向预算缴纳相应的税款。进口货物的增值税必须在海关法规定的期限内支付。

增值税缴纳的特殊安排是指哈萨克斯坦增值税纳税人可以通过抵销的方式支付剩余的增值税额，或者以临时进口项下已支付的增值税进项税额和剩余的增值税销项税额进行抵销。

3. 电子申报

哈萨克斯坦的增值税纳税人也可以通过在线系统获取一个特殊的电子密钥（电子签名），从而在线进行纳税申报以及其他税务申请，所有的纳税申报表都将在系统中保存和存档，并附有申请的状态（提交、归档、接收）。

（五）申报、缴纳与抵扣规则

1. 增值税申报与抵扣

纳税人的进项税可以与应缴纳的销项税进行抵扣，超出销项税部分的进项税可以结转日后抵扣，例如用于应税业务用途的资本资产、无形资产和生物资产、不动产投资。

2. 不得抵扣

很多情况下进项税不可以抵扣，例如：（1）与应税营业额无关的货物、工作、服务的购入；（2）作为固定资产购买的轿车；（3）增值税发票不符合税法规定；（4）现金购买超过1000MCI的商品或服务（含增值税），无论其支付是否分期；（5）从被法庭认为税务登记无效的供应商处购买的商品、劳务以及服务；（6）被法院认定为私营主体的非为经营活动之目的所购买的商品、劳务和服务。

3. 退税

根据现行哈萨克斯坦共和国税法规定，以下金额可退还给纳税人：（1）超过经评估应纳税额总额（包括反向征收）的进项税额；（2）用于零税率业务的商品和服务的已缴纳税额；（3）适用捐赠获得商品、工作和服务所缴纳的税款；（4）任何超出应纳税额范围支付的金额；（5）由派驻哈萨克斯坦的外交和同等机构以及这些机构的外交、行政和技术工作人员，包括与他们同住的家庭成员，向在哈萨克斯坦获得的货物、劳务和服务的供应商支付的增值税额。

如果同时满足下列条件，与零税率项目相关的进项税额超出部分可以退还：纳税人为持续经营出售零税率的货物、工作和服务；在该纳税期间内，纳税人在退税申报表中要求退还的多余适用零税率的供应至少占纳税人供应总额的70%。

4. 退税时间

税务机关应当根据纳税人提供的退税表中提出的退税要求进行税务审计，经过确认后，应当按以下要求在规定期限内将其超额支付的税款退还给纳税人：（1）在纳税期间内，纳税人在退税申报表中要求退还的多余适用零税率的供应至少占纳税人供应总额的70%的，应当在55日内退还；（2）其他情况下，退税期限为155日。

5. 控制账户

自2019年1月1日起，部分纳税人可以自愿选择开立由税务机关指定接收和处理电子发票的官方网上系统的控制账户。控制账户是哈萨克斯坦商业银行的一个银行账户，用于增值税交易（例如，向国家预算付款，向供应商付款）。以下纳税人可以使用控制账户申请增值税退款：（1）纳税人为生产其他货物时使用而取得的货物，购进货物清单是经授权机构批准的；（2）纳税人销售货物用于出口的；（3）在经济特区实现货物销售的纳税人，货物完全用于满足经济特区目标的活动。

（六）发票管理

一般来说，增值税发票是所有增值税纳税人的必备单据。没有符合要求的增值税发票，不得进行进项税抵扣。除根据对外贸易合同销售的货物、服务和劳务以及法律规定的其他情形外，货物、服务和劳务的成本和金额必须以哈萨克斯坦的国家货币在增值税发票中载明。为了确认零税率商品或服务的营业额，供应商必须提供哈萨克斯坦税法规定的证明文件。

1. 发票的金额修改

在商品、劳务或服务的提供满足以下条件时，某些情况可以调整应税营业额：货物被全部或部分返还；交易条件发生变化。

2. 贷记发票

贷记发票是货物、工作和服务供应商在某些情况下开具的附加增值税发票，例如发生退货或者已售商品、工作或服务的价值发生变化。应税营业额的调整，应当在调整的纳税期间进行。

3. 电子发票

自 2019 年 1 月 1 日起，所有增值税纳税人都必须开具电子发票。电子发票只能通过税务机关的官方网上系统开具，该系统专门用于接收和处理电子发票。电子发票有固定的格式，应以电子签名的方式签署。电子发票一般应在应纳税营业额之日起 15 个日历日内开具。

（七）罚则

1. 处罚规定

对于违反增值税缴纳规定的，可处以下列行政罚款：（1）未提交纳税申报表的，可处最高 70MCI 的罚款。（2）少申报税款的，分别对小企业或非商业组织、中型企业和大型企业处以少申报额的 20%、50%、80% 的处罚。逾期付款的年利率为哈萨克斯坦共和国国家银行确定的官方基准利率的 1.25 倍。（3）开具虚假发票的，罚款最高可达发票所列进项增值税的 100%～300%（视纳税人的规模而定）。（4）中东欧亚联盟货物、工作和服务的进出口不交税的，可处高达 50 MCI 的罚款。（5）未开具电子增值税发票的，首次处以警告，而后如果在一年内重复发生，则罚款 40～150 MCI。

2. 额外评估

国家税务当局在税务审计后作出的额外评估可作为启动刑事诉讼程序和对纳税人管理人员追究刑事责任的理由。

七十五、肯尼亚
（Kenya）

（一）基本介绍[①]

肯尼亚自1990年1月1日起开征增值税。其增值税主管机关为税务局（Kenya Revenue Authority）。主要税收立法文件为《增值税法》（Value-added Tax Act）。

（二）纳税义务人[②]

1. 登记申请

在一个连续的12个月期间内，发生或预计发生500万肯尼亚先令及其以上的应税销售额的主体应依法进行增值税注册登记，并在30日内以规定的形式向税务机关专职部门提交登记申请。

2. 自愿登记与强制登记

未达到500万肯尼亚先令登记门槛且满足下列条件的纳税人可申请自愿登记：（1）纳税人正在发生或预期发生应税交易；（2）纳税人有固定的经营场所；（3）如果该纳税人已经开始经营，其应当已保存相关业务记录并遵守其他税法规定的其他义务；（4）有合理的理由相信该纳税人将会保存适当的业务记录，并定期提交可靠的纳税申报表。

3. 登记生效

登记应在纳税人提交登记申请后的第一个纳税期间开始时生效，或在纳税人的税务登记证中载明的较后时期生效。自愿登记自纳税人的税务登记证中载明的日期生效。税务部门须向已登记的纳税人发放税务登记证，登记生效后，纳税人应当在主要经营场所展示其税务登记证；并且在其经营业务的其他地方展示该证书副本。已登记纳税人须在姓名（包括业务名称）、地址、营业地点或业务性质有任何改变后的21日内，以书面通

① 本篇如无特别注明，资料均来自肯尼亚税务局网站，https：//www. kra. go. ke/individual/filing-paying/types-of-taxes/value-added-tax（accessed on 20240228）。

② 资料来自肯尼亚的《增值税法》。

知税务机关。

4. 注销登记

纳税人如不再进行应税交易，须在停止之日起 30 日内，以书面向税务机关申请注销登记。年应税销售额低于登记门槛的已登记纳税人，可以书面形式向税务机关申请注销登记。税务机关也可根据职权撤销符合上述情形的纳税人的增值税登记，并视情况书面通知该纳税人。

增值税注销登记自注销通知载明的日期之日起生效。纳税人应当立即停止主张自己是增值税登记人，并停止使用相关文件。在注销登记之日起 15 日内纳税人应当提交纳税申报表并支付所有应付税款。注销登记后，该主体仍对其登记时的行为负责。

5. 反向征收

如果进口的应税劳务与境内应税交易有关，则应反向征收增值税，并按比例支付折旧税款。2019 年《金融法案》[the Finance Act, 2019（the Act）] 修改扩大了服务供应的定义，使之适用于未办理增值税登记的主体，这使得每一个进口服务的人都将适用反向征收制度承担申报和纳税的义务。

（三）应税范围及税率

1. 应税范围及标准税率

肯尼亚增值税标准税率为 16%。由于新冠疫情，2020 年 4 月 1 日至 2020 年 12 月 31 日期间的标准税率从 16% 降至 14%。内阁秘书可通过发布公报修改税率，幅度不超过规定税率的 25%。

2. 适用 16% 标准税率的商品和服务

除适用零税率、特殊税率或者免税的规定，在肯尼亚登记的个人提供应税供应、进口应税货物与应税服务，都应当按 16% 的标准税率缴纳增值税。2023 年 7 月 1 日财政法修改后，石油产品不再适用 8% 的优惠税率，适用标准税率。

3. 适用零税率的商品和服务

以下商品和服务适用增值税零税率：（1）出口货物和应税劳务；（2）向出口加工区提供的货物和服务；（3）国际旅客运输；（4）向经济特区提供的货物和服务；（5）向英联邦和其他政府提供的物资；（6）向外交官提供的物资。

4. 免税的商品和服务

以下商品和服务免征增值税：（1）未加工的农产品；（2）指南针；（3）客运行李；（4）金融服务；（5）保险；（6）医疗服务；（7）农业、园艺服务和畜牧业；（8）旅客运输（不包括国际航空运输或租赁运输工具）；（9）国家公园和国家保护区的门票；（10）出口应税服务。

（四）应税时间和应税地点[①]

1. 纳税义务发生时间的一般规定

应税货物或服务的纳税义务发生时间应为以下时间中的最早者：（1）交付货物或提供服务的当天；（2）建筑师、验船师或以监理身份担任顾问的任何人签发证书的当天；（3）开具供货发票的当天；（4）收到全部或部分货款的当天。

2. 通过自动售货机或使用硬币、纸币或代币操作的其他设备销售货物

通过自动售货机或使用硬币、纸币或代币操作的其他设备销售货物的纳税义务发生时间为供应商从自动售货机或其他设备上取走硬币、纸币或代币的当天。

3. 租赁资产

租赁资产的纳税义务发生时间是在收到租金或开具发票的当天（二者中的较早者）。

4. 进口货物

进口货物的纳税义务发生时间根据不同情况确定。（1）如果货物在进口港直接清关供国内使用，或者货物进入内陆站转运并在那里清关供国内使用，则在清关时。（2）如果货物在进口后被转移到特许仓库，则在最终从仓库放行供家庭使用时。（3）从出口加工区或者经济特区移出的货物，在移出供国内使用时。（4）其他情况下，为货物运入肯尼亚时。

（五）申报、缴纳与抵扣规则

1. 纳税申报期限

纳税人应当在纳税义务发生次月的第 20 日之前通过 iTax 平台向税务机关申报并缴纳增值税，否则可能会面临逾期罚款。

2. 代扣代缴增值税

增值税代扣代缴制度只用于一般应税货物和服务，免税货物和服务以及零税率货物和服务不适用。代扣代缴增值税每周由特定的扣缴义务人通过 iTax 平台在线平台向税务机关缴纳。已扣缴增值税的纳税人仍然需要在网上提交增值税申报表并说明增值税余额。

3. 进项税抵扣

进项税额抵扣的期限为应税行为或进口发生的当天所在的纳税期结束后的 6 个月。

[①] 资料来自肯尼亚的《增值税法》。

纳税人发生的进项税额一部分用于应税行为，另一部分用于其他目的，则应当计算应税行为与其他用途总值的比例。如果用于非增值税应税行为的比例少于10%，可以全额申报抵扣进项税的；如果占90%以上的，纳税人不得申报进项税额抵扣。

4. 不得抵扣进项税

纳税人发生的以下行为，属于不得抵扣进项税：（1）乘用车或小型客车及其维修和保养，包括购买备件，除非该乘用车或小型客车是由纳税人在销售或租赁乘用车或小型客车的持续正常经营的过程中专门为应税供应该汽车而购买的；（2）娱乐、餐饮和住宿服务，除非服务是在纳税人持续正常经营的过程中提供的，并且服务不是提供给纳税人的合伙人或雇员的。

5. 退税

如果纳税人就某一纳税期间可抵扣的进项税额超过该纳税期间应缴纳的销项税额，超出的部分应结转为下一纳税期可抵扣进项税。但以下情况超出的部分应当由税务机关退还给纳税人：（1）超额部分产生于零税率货物或服务；（2）超额部分产生于增值税代扣代缴；（3）超额部分产生于特定的扣缴义务人预扣税款的行为；（4）超额部分产生的留抵税额自生效之日起24个月内，纳税人提出退还超额税款的要求；（5）纳税人在前面（1）和（2）两种情形生效前36个月内因预扣税款而产生贷方差额，可在留抵税额生效之日起12个月内申请退还多缴的税款。

此外，当纳税人生产零税率货物（主要是出口货物），其进项税超过销项税时，将发生增值税退税。2015年税收程序法（TPA）规定了6%的增值税预缴制度。退税申请应当在应缴付税款之日起12个月内提出。

（六）发票管理[①]

增值税纳税人应在发生应税交易时向买方提供增值税发票。未经登记的主体不得开具增值税发票。发票上所显示的任何税款须于开具发票之日起7日内支付给税务机关。纳税人只能为应税交易开具一份原始税务发票，或一份原始贷记发票或借记发票，但可以向丢失了发票原件的纳税人提供一份标明"副本"的发票副本。

1. 记录保存

每个纳税人在其业务过程中，应以电子形式或其他方式，以英文或斯瓦希里语保存其进行的每一笔交易的完整和真实的书面记录。该记录应自最后一次记录之日起在肯尼亚保存5年。

---

① 资料来自肯尼亚的《增值税法》。

2. 电子发票①

肯尼亚允许使用电子发票。只要符合发票的有效要件，发票可以以电子方式或手写方式生成。自 2021 年 8 月 1 日起，税务发票必须通过规定的电子税务登记册（ETR）或升级的电子签名设备（ESD）开具。

（七）罚则②

1. 逾期纳税申报

逾期提交报税表会被处以 10 万肯尼亚先令或应缴税款的 5% 的罚款，并按每月 1% 的利率支付滞纳金。如纳税人因未按照税务机关要求，以电子方式提交纳税申报表或以电子方式缴纳税款而被处以罚款，税务机关须以书面形式通知纳税人并说明原因。纳税人如未能在通知发出后 14 天内提交纳税申报表，可能被处以 10 万肯尼亚先令的罚款。

2. 其他处罚

在报告所涉期间无正当理由未保存、保留或保存文件，罚款 10 万肯尼亚先令或所涉期间根据税法应付税款的 10%，以较高者为准。

未出示登记证书，处以最高 20 万肯尼亚先令的罚款或法人代表 2 年以下监禁，或两者并处。

未申请登记或注销登记，处以最高 20 万肯尼亚先令的罚款或法人代表 2 年以下监禁，或两者并处。

纳税人被税务机关评定为逃税的，须承担应纳税额两倍金额的逃税罚款。

提出欺诈性的退税申请，处以申请金额 2 倍的罚款。

未经授权进入或不当使用计算机税务系统，处以最高 40 万肯尼亚先令的罚款或法人代表 2 年以下监禁，或两者并处。对法人的罚款最高不超过 100 万肯尼亚先令。

干扰税务计算机系统，处以最高 80 万肯尼亚先令的罚款或 3 年以下监禁，或两者并处。

其他罪行，处以最高 100 万肯尼亚先令的罚款或法人代表 3 年以下监禁，或两者并处。

---

① L. N189 - VAT（Electronic Tax Invoice）Regulations 2020.
② 资料来自肯尼亚的《增值税法》。

七十六、韩国
（Korea）

（一）基本介绍[①]

韩国自 1977 年 7 月 1 日起开征增值税。其增值税主管机关为国家税务局（National Tax Service，NTS）。主要税收立法文件为《增值税法》（Value-Added Tax Act）。

（二）纳税义务人

1. 纳税人登记

根据韩国的《增值税法》，纳税人开业必须自开业之日起 20 日内到区税务局办理营业登记，也可以在开业日前登记。对营业地点有管辖权的税务机关颁发商业登记证。纳税人有一个以上营业场所的，可以将两个以上营业场所登记为一个营业单位。

2. 非居民企业

非居民企业是指在韩国没有固定机构的企业。这一类企业在韩国无须登记，除非其为韩国客户提供某些电子服务。自 2015 年 7 月 1 日起，韩国将对韩国客户从国外购买的电子服务实施增值税政策。外国电子服务提供商必须通过简化的商业登记系统向韩国税务机关登记。

3. 注销登记

已登记的企业暂停或终止营业，或者是已登记企业实际上并未开展营业，应当将商业登记证交回税务机关注销。

4. 反向征收[②]

反向征收一般适用于企业从非居民或外国公司获得应税服务和无形资产，并将这些

---

① 本篇如无特别注明，资料均来自韩国战略和财政部网站，https：//english. moef. go. kr/skin/doc. html？fn = KOREAN_TAXATION_2022_full%20version. pdf&rs = /result/upload/eco/2022/12/（accessed on 20240228）。

② 详见韩国国家税务局网站，https：//www. nts. go. kr/english/na/ntt/selectNttInfo. do？mi = 11742&nttSn = 1623（accessed on 20240228）。

服务和无形资产用于免税业务的情况。以增值税为目的的非居民或外国公司包括：在韩国没有营业场所的非居民或外国公司，非居民或外国公司在国内设有营业地但服务供应不通过国内营业地提供。该等应税劳务和无形财产的获得方，必须在收到应税劳务和无形财产时将应税劳务和无形财产的价款缴入应税账户。如果该类业务同时用于免税和应税活动，反向征收应当计算用于免税活动的物资的营业额占当年的总营业额的比例。

（三）应税范围及税率

1. 标准税率应税范围

韩国法律中没有规定标准税率的范围，除特定的适用零税率的应税给付外，所有应税的货物和服务都直接统一适用10%的标准税率。

2. 适用零税率的商品和服务

下列货物和服务适用零税率：（1）出口货物；（2）在韩国境外提供服务；（3）通过轮船和飞机进行的国际运输服务；（4）其他获得外币的货物或服务。

3. 免税的商品和服务

在韩国，以下商品和服务免征增值税：（1）社会福利服务（例如，医疗卫生服务和教育服务）；（2）与文化有关的商品或服务（例如，书籍、报纸、杂志、官方公报和通信、艺术作品和图书馆门票）；（3）类似于劳动的个人服务（例如，演员、歌手和学术研究服务）；（4）邮票；（5）基本生活必需品和服务（例如，未加工食品，如农产品、畜产品、海洋产品、森林产品、自来水、型煤和无烟煤）；（6）政府提供的服务；（7）金融和保险服务；（8）土地供应。

韩国允许纳税人进行免税选择，相关的经营者可以通过填写提交放弃免税的报告来选择缴纳增值税。

（四）应税时间[①]

1. 提供货物

货物视为在下列时间供应：（1）需要运输的，供货时间为货物交付时。（2）不需要货物转移的，为货物处于可交付状态时。（3）其他情形下，供货时间为货物供应确定时。

2. 提供服务

提供服务的时间根据以下情况确定：（1）一般规则下，当服务完全提供时为服务

---

① 资料来自韩国的《增值税法》。

供应时间。（2）根据付款条件提供的服务，以完成工作的百分比、部分付款、延期付款或任何其他付款条件为基础，当收到付款的每一部分时为服务供应时间。（3）租赁土地、建筑物或在土地上建造的其他构筑物的租赁或预付租金或递延租金的视同租金押金：在初步纳税申报表或纳税期结束时为服务供应时间。（4）其他情况，服务已经完全提供，供应价值已经确定时为服务供应时间。

如果企业收到部分或全部货物或服务供应的对价，并在一般供货时间之前（如上所述）开具付款的税收发票或收据，则供货时间视为开具税收发票或收据的日期。

3. 特定交易的应税义务发生时间

其他特定交易的应税义务发生时间按表 76 - 1 确定。

表 76 - 1   特定交易的应税义务发生时间

应税给付类型	应税义务发生时间
现金或信用销售	货物交付或可交付时
长期分期付款的销售	每期款项被收到时
按已完成工程的百分比或部分付款的	每一部分款项被收到时
被视为货物供应的加工	加工好的货物交付时
自我供应、供个人使用、作为礼物的物品	商品被消费或使用时
终止营业	营业终止之日
自动售货机供应的货品	纳税人从中取出钱时
出口	装运日期
进口货物*	进口报关单的日期

注：*保税区内企业向保税区外供应的货物也被视为进口。

（五）申报、缴纳与抵扣规则[①]

1. 增值税申报与缴纳

增值税纳税申报期间为 6 个月，按年度计算（第一个增值税税期为 1～6 月；第二个增值税税期为 7～12 月）。增值税申报表必须按季度提交，纳税人需要分别在 3 月和 9 月提交当年第一季度和第三季度的初步纳税申报表。这些初步申报必须包括税基和应缴或应退还的税款。初步报税表必须在每个初步报税期的最后一日之后的 25 天内提交（外国企业为 50 日之内）。纳税人必须在填报初步报税表时，缴交初步报税期的应缴税款。纳税人必须提交截至 6 月和 12 月的第二和第四季度的最终报表。最后的报税表必须在报税期结束后的 25 日内提交。纳税人必须在提交报税表时缴交最后报税期的应缴税款。

增值税申报表必须以韩元（KRW）填写，增值税必须以韩元支付。应纳税的人必须

① 资料来自韩国的《增值税法》。

在申报纳税时，在每个营业地点支付到期的增值税。但是，纳税人有两个以上营业场所的，经有主要营业地管辖权的税务机关批准，可以在其主要营业地缴纳全部应纳税款。

以电子方式向税务机关报送纳税申报表的，视同报送至税务机关信息网络时向税务机关报送纳税申报表。企业应当将与应纳税额或者应退税额有关的各项交易的详细情况记入账簿，并自有关交易的应纳税期限最后申报截止之日起 5 年内保存在本企业的营业地。然而，使用电子税务发票系统开具税务发票的企业并不需要保留相关记录。

2. 退税机制

纳税人有权获得退税的，由主管税务机关按照每一纳税期退还税款。这通常是通过提交定期的纳税申报自动完成的。税务机关可以在初次纳税申报和最终纳税申报之日起30 日（简易制度中是 25 日）内将应纳税款退还纳税人。

符合下列情形之一的，纳税人可以申请提前退税：（1）纳税人提供零税率供应；（2）纳税人经营新成立的业务、获得、扩大或者扩大业务便利的；（3）纳税人正在执行总统令规定的财务重组计划的。

需要补充的是，韩国退还不在韩国建立或纳税登记的企业所产生的增值税时，要求该主体在韩国进行了增值税登记或者根据韩国与该主体所属国家存在互惠协定。在本国经营业务但在韩国没有常设机构的外国公司，可根据《税收优惠限制法》就因购买下列货物和服务而发生的税款申请退回：（1）膳食和酒店费用；（2）广告；（3）电力及电信；（4）房地产租赁；（5）在韩国维持办事处所需的某些物品和服务。

要求退回在韩国缴纳的增值税的外国公司必须在索赔所涉日历年的下一年 6 月 30日之前向所在地的税务局（National Tax Service，NTS）提交申请和所需文件，该地区国家税务局应当在 12 月 31 日之前退还已提交申请的合格税款。申请退税必须附有证明该外国公司是在其母国登记的企业证书、详细的交易清单、所有税务发票正本，如有需要，还需提供授权书。

3. 税额抵扣

与业务直接相关的费用所产生的进项税一般是可抵扣的，非经营性的商品和劳务进项税额不得抵扣。

下列属于不可抵扣的进项税范围：（1）与企业无直接关系的费用的进项税；（2）用于非营利目的的小型汽车的购买和维修的进项税；（3）购买用于增值税免税业务的商品或服务的进项税；（4）关于收回增值税的总统令中概述的娱乐费用或类似费用的进项税；（5）在登记日期前发生的进项税。

纳税主体提供的供应一部分用于应税用途，一部分用于其他用途的，应当计算其占供应总价值的比例，仅用于应税用途部分的进项税可以进行抵扣。

资本货物是资本支出的项目，在一个企业中折旧并使用几年。进项税在取得货物的应纳税期间内扣除。进项税额的确定取决于纳税人在购置期的部分免税回收情况。但是，如果纳税义务人的部分免征额在调整期内发生一定程度的变化，则资本货物的进项税额必须逐日调整。

坏账扣除的可扣除部分为坏账金额的 10%。

（六）发票管理[①]

1. 发票内容及其他相关文件要求

纳税人提供货物或者服务时，必须向交易对方开具税务发票。税务发票必须包含以下信息：（1）登记号码和个人或公司纳税人的名称；（2）供应的另一方主体的登记号；（3）供应的价值和应纳增值税金额；（4）税务发票发行年、月、日；（5）总统法令规定的其他事项。

货物或者服务的受领人未开具税务发票的，受领人经税务人员确认货物或者服务的供应确实发生后，可以开具自付的税务发票。如果税务发票存在错误，或者纳税人在开具发票后需要对提交的税务发票进行更正，纳税人必须准备并重新开具税务发票。

如果增值税发票是用外币开具的，发票上要求的所有价值必须转换成韩元，使用供应时的汇率。汇率包含在外汇交易条例中，一般是由首尔货币经纪服务有限公司公布的汇率。

必要时，纳税义务人可以编制并开具税务发票，将应收账款总额汇总至月末。发票必须在次月 10 日前开出。发票可以根据总统令的规定进行修正或替换。纳税人还应当提交全部发票的汇总列表，开具或者收到发票的企业应当在最初或最终申报时提交。发票汇总列表应当包括：提供或者接收供应企业的登记号码、名称；供应转移时间；准备日期；供应的总额以及在供应期间税款总额；其他由总统令规定应当包括的内容。现金销售应当提交关于现金销售的说明。

海关需要为进口货物准备和开具进口税发票。文件必须交给进行进口的个人和公司，并且必须按照海关法的规定签发。

2. 发票义务的免除

纳税人进行下列活动免除开具税务发票的义务：（1）自我消费的商品、个人使用的商品、捐赠目的、终止营业过程中的供应和自我提供的服务；（2）出口货物、对外服务以及其他以外币计价、实行零税率的特定货物或者服务交易。

3. 电子发票[②]

电子税务发票（ETI）是一种税务发票，它通过认证系统以电子方式传送到 NTS 的信息网络，该认证系统可以确认信息，如供应商的身份和税务发票的详细信息（如有更

---

① 资料来自韩国的《增值税法》。

② 详见韩国立法研究所网站，https：//elaw. klri. re. kr/eng_service/lawView. do？hseq = 56119&lang = ENG（accessed on 20240228）。

改）。根据《增值税法总统令》（Enforcement Decree of the Value-Added Tax Act）规定，所有已登记的公司纳税人和个人纳税人都必须根据增值税法的规定在税务系统开具税务发票，并在《增值税法总统令》规定的日期（目前是发布日期之后的一天）之前向国家税务局提交纳税声明。

增值税电子发票是强制性要求。纳税人未开具增值税电子发票或未以电子方式向税务机关申报的，处以相关处罚。如果外国公司或非居民通过信息和通信网络（根据相关韩国法案的定义）向韩国的消费者（不包括拥有韩国增值税登记的人）提供某些电子服务，则该公司应遵守简化增值税登记和增值税申报的要求，以及提供电子服务的增值税支付。外国公司或非居民的电子服务包括游戏、音频/视频文件、电子文档等。通过信息和通信网络以及云计算、广告投放服务和《增值税法总统令》规定的中介服务以电子格式提供。

4. 收据

根据韩国的《增值税法》，向简易制度的纳税人或者不具有经营实体的经营者供应货物或服务（免征增值税的货物除外）时，纳税人必须向客户开具收据，而非税务发票。

5. 记录保存

纳税义务人应当自最后一次申报之日起，连续5年保留交易发生期的账簿。账簿还必须包含已开或已收税务发票或收据的详细信息。记录可用硬拷贝或电子形式保存。

（七）罚则

根据韩国的《增值税法》，韩国对于违反增值税相关规定的行为，规定了附加税（additional tax）的适用，对于不同的违反情形适用不同程度的处罚：（1）未能在企业成立后20天内登记、未能按时进行纳税申报的，按税基的1%处以罚款。（2）未能开具正确的税务发票（包括ETI）或提交正确的税务发票清单的，视情况按税基的0.5%、1%或2%处以罚款。（3）未能递交已发出的电子贸易清单的，按税基的0.5%或1%处以罚款。（4）未能在增值税申报表中报告增值税交易，按税基的0.5%处以罚款。（5）未提交纳税申报表的，按欠缴应纳税额的10%～40%处以罚款。（6）少缴和不缴税款或高估退税的，按欠缴应纳税额每年10.95%的利率处以罚款。（7）未遵从代扣代缴税款（反向收费）规定的，按欠缴应纳税额的3%处以罚款，并自滞纳税款之日起按日加收滞纳税款0.03%的滞纳金，罚款上限是10%。

上述个别罚款的上限为1亿韩元（中小企业为5000万韩元）。

七十七、科索沃

（Kosovo）

（一）基本介绍^①

科索沃自 2001 年 5 月 31 日起开征增值税。其增值税主管机关为税务局（Tax Administration of Kosovo，TAK）。主要税收立法文件为《增值税法》（LAW No05/L – 037 on Value Added Tax）。

（二）纳税义务人

科索沃《增值税法》规定，所有进口、出口的应税人员和一个日历年内应税营业额超过 3 万欧元的纳税人都需要进行增值税登记。如果营业额低于登记门槛，可以自愿登记。在科索沃没有营业机构的外国企业或者个人应当在其经营开始时就进行增值税登记（无登记门槛要求）。

1. 登记程序

申请登记不能在网上进行。凡申请登记的人士，均须亲自或通过获授权的人士，向所属的税务局分区办事处递交登记表格。增值税登记申请表，须连同商业登记文件副本、财政编号证明书及官方身份证明照片（护照、身份证等）一并递交。在确保登记表格所提供的资料准确无误及纳税人已履行所有税务责任后，税务科会在收到申请表后 5 个工作日内，决定是否签发"税务登记证"。

2. 反向征收

反向征收适用于不在科索沃的应纳税人向已在科索沃增值税登记的主体提供货物或服务，这类货物或服务的供应地被视为在科索沃内，接收方负有缴纳增值税的义务。如果接收方没有在科索沃登记增值税，供应商有责任支付增值税，并有义务通过税务代表在科索沃进行增值税登记。

---

① 本篇如无特别注明，资料均来自科索沃议会网站，https：//www.atk-ks.org/wp-content/uploads/2017/07/LAW_NO._05_L – 037_ON_VALUE_ADDED_TAX_ANNEX.pdf（accessed on 20240228）。

特殊的反向征收计划适用于建筑和建筑相关工程的供应，以及相关人员从事建筑活动的供应，由建筑服务的接收方缴纳增值税。

3. 税务代表

非居民企业无论其年营业额多少，必须指定一名常驻代表在科索沃进行增值税登记，除非其适用反向征收机制。增值税代表可以为与增值税有关目的代表应纳税人进行活动，并对相关的增值税义务承担连带责任。

（三）应税范围及税率[①]

1. 标准税率应税范围

增值税的标准税率是 18%，适用于无特殊规定的发生在科索沃的应税交易以及进口货物。

2. 税率 8% 的适用对象

适用 8% 税率的商品和服务包括：（1）水，瓶装水除外；（2）供电，包括输电和配电服务；集中供热、废物收集和其他废物处理；（3）谷物，如大麦、玉米、玉米品种、燕麦、黑麦、大米和小麦；（4）由谷物制成的供人食用的产品，如面粉、面食、面包和类似产品；（5）用于烹饪供人食用的由谷物或油籽制成的食用油；（6）供人类消费的乳制品；（7）食用盐；（8）食用鸡蛋；（9）教科书和系列出版物；（10）从图书馆提供（包括出借）书籍，小册子、传单和类似印刷材料、儿童图画书、绘画和着色书、音乐印刷文本或手稿、地图和水文图表等；（11）信息技术设备；（12）药品、仪器、医疗和手术器械的供应；（13）医疗设备、救护车、辅助设备和其他方便残疾人活动或治疗残疾的医疗器械，包括此类货物的维修和儿童车辆座椅的供应；（14）活的动物和家禽。

3. 零税率适用对象

适用零税率的商品和服务包括：（1）出口货物；（2）国际运输服务；（3）为外交和领事而发生的应税交易；（4）向国际组织或政府间机构提供货物或服务；（5）向科索沃中央银行销售的黄金；（6）中介机构提供的有关上述交易的相关服务。

4. 免税对象

免税的商品和服务包括：（1）医院及医疗服务；（2）教育；（3）保险公司、经纪人和代理提供的健康保险、人寿保险、再保险和相关服务；（4）金融服务；（5）福利服务；（6）投注、彩票和其他形式的博彩行为；（7）土地或建筑物或房屋所处土地；（8）房屋、公寓或其他用于居住目的的住宿设施，包括车库和地下室；（9）不动产租赁。

---

① 资料来自科索沃的《增值税法》。

（四）应税时间与地点①

货物或服务的供应地根据欧盟关于增值税共同制度的第 2006/112/EC 号指令的规定确定。

增值税一般在提供货物或服务时征收。具体规则适用于在一段时间内提供货物或服务、连续付款和长期合同的情况。当以下任何一项条件首先得到满足时，增值税将被征税：付款、开具发票或提供货物/服务。

（五）申报、缴纳与抵扣规则

1. 申报期间

纳税期间是一个日历月，纳税人应当每月向科索沃税务局提交增值税申报表，并在每个纳税期结束后的次月 20 日前缴纳增值税。此外，增值税记录必须在与之相关的纳税期结束后保留 6 年。新登记的纳税人，自登记证书载明的登记之日起计算第一纳税年度。纳税义务人办理注销手续的最后一次纳税期间，应当自该月 1 日开始的注销之日起计算终了。被提起清算、破产程序的应纳税义务人，纳税期间为清算、破产程序开始之日至清算、破产程序终结之日。

2. 增值税抵扣规则②

纳税人为商业目的获得的货物与服务承担的进项增值税的抵扣权利在增值税开始征收时产生。对于用于娱乐和非商业目的的相关商品与服务，进项税是不得抵扣的，包括购买游艇、船只、私人飞机、汽车和摩托车或社会交往期间的娱乐相关的代表费用。但纳税人可以抵扣广告费用、餐费和人员交通费的增值税。

同时用于商业和个人目的的汽车，只能抵扣 50% 的增值税；同时用于商业目的和个人目的的不动产只允许在财产用于商业目的的比例内抵扣增值税。如果购买的货物和服务用于制造应税和免税供应品，增值税应根据可抵扣增值税的交易按比例抵扣。

3. 资本产品

资本产品是用于生产其他商品和服务的资本支出项目，使用寿命为 1 年或 1 年以上，成本价格等于或超过 1000 欧元。与资本产品具有相同属性且成本超过 20000 欧元的服务应视为资本产品。进项税一般在购进货物的纳税期内抵扣。

---

① Council Directive 2006/112/EC of 28 November 2006 on the common system of value added tax, Title V and Title VI.

② 资料来自科索沃的《增值税法》。

4. 坏账抵销①

应纳税人如果没有收到部分或全部应纳税的交易的付款，可以在启动法院程序确认500欧元以上的坏账后，就该应税交易提起索赔。在该债务成为坏账后的每个纳税期间内，应当允许增值税抵扣，并且可以在交易适用增值税抵扣的纳税年度终了后6个月内开始抵扣。坏账核销程序应在付款到期日起24个月内启动，否则未收回的款项将不被视为坏账。

5. 退税规则

（1）如果满足以下条件，应纳税实体有权将增值税抵扣结转至下一个纳税期或要求增值税退税：

①应纳税个人连续3个月处于增值税抵扣状态。

②第3个月月末，增值税抵扣额超过3000欧元。

③已提交所有过去纳税期的所有增值税和其他纳税申报表。

（2）如果满足以下条件，出口应纳税人可以在每个纳税期后每月申请增值税退税：

①在纳税期末，增值税抵扣额超过3000欧元。

②应纳税个人遵守所有适用的海关和增值税规定。

③已提交所有过去纳税期的所有增值税和其他纳税申报表。

科索沃税务局应在30~60日内审查增值税退税申请。

（六）发票管理②

纳税人最迟必须在发生应税事项后的下一个月的第15日开具增值税发票。

纳税义务人在一个纳税期间（相当于一个公历月），分别提供若干种货物或者服务的，可以开具简易发票。

贷记发票可用于减少货物或服务的增值税；借记发票可以用来增加增值税抵扣额，借记发票必须与原来的增值税发票相互对照。

科索沃增值税法允许以电子方式开具发票，但须接受收款人的要求。发票的原始真实性和其内容的完整性必须通过先进的电子签名或欧洲安排和建议所定义的电子数据交换系统（EDI）的手段来保证。

（七）罚则③

1. 行政责任

未履行登记义务的纳税人，对于其提供的应税交易的未缴税款应当承担处罚，罚款

---

① ② 资料来自科索沃的《增值税法》。

③ 详见致同会计师事务所网站，https：//www.grantthornton.global/en/insights/indirect-tax-guide/indirect-tax---Kosovo/（accessed on 20240228）。

相当于到期应纳税税额的 15% 或 25%，这取决于登记前的应税供应金额是少于还是多于 10000 欧元。

未依法开具增值税发票或者开具错误的发票导致增值税损失的，如果应纳税人存在疏忽，则应当处以应纳税额 15% 的罚款。如果未能为超过 1000 欧元的应税供应开具发票，或开具不正确的发票，其金额超过或低于应纳税人开具的发票金额 500 欧元，罚款将增加到 25%。

逾期进行纳税申报的，每逾期一个月须缴纳税款的 5% 作为罚款，上限为未缴纳税款的 25%，此外，对应纳税额还将收取违约利息。延迟缴纳税款的罚款最多可达 12 个月，每个月或部分月份的罚款金额为应缴税款的 1%。

纳税人进行错误的纳税申报或者退税申报，须支付相当于未申报纳税额 15% 的罚款。如果申报错误部分少于应税额的 10%，则仅需支付 10% 的罚款；如果大于应纳税额的 10%，需要支付 25% 的罚款。

以上处罚对于未按期缴纳的税款都应当缴纳延期利息。

2. 刑事责任

根据科索沃刑法典，纳税人实施的刑事犯罪将受到惩罚。这些罪行涉及的情况包括但不限于下列事项：（1）纳税人故意部分或全部逃税或获得不必要的退税或税收抵扣；（2）纳税人在税收征管中提供虚假信息；（3）纳税人是为多次逃税而成立的组织的成员；（4）未经登记而制造供应品的应纳税人，如果由于供应的过失而未能登记，则应对该供应品应付的价值税和行政处罚负责。

七十八、吉尔吉斯斯坦
（Kyrgyz Republic）

（一）基本介绍[①]

吉尔吉斯斯坦的增值税主管机关为财政部（Ministry of Finance）。主要税收法律文件为 Tax Code of the Kyrgyz Republic。

（二）纳税义务人

所有登记为增值税纳税人的单位或个人应当就其发生的应税交易所取得的收入计算、申报和缴纳增值税。如果纳税人在过去的连续 12 个月内应税销售额超过 3000 万索姆，则其需要登记成为增值税纳税人。其他纳税人可以自愿进行增值税登记。

1. 集团登记

吉尔吉斯斯坦不允许进行增值税集团登记。

2. 税务代理人

吉尔吉斯斯坦要求企业必须通过税务代理人登记增值税。

3. 反向征收

吉尔吉斯斯坦没有关于反向征收制度的规定。

4. 数字经济

以电子形式提供服务的实体，如果没有使用在吉尔吉斯斯坦注册的域名或 IP 地址，并且在吉尔吉斯斯坦也没有常设机构，则应当按照 12% 的增值税税率，以一个季度为纳税期限缴纳增值税。

5. 注销登记

当纳税人停止应税活动后，应当在税务机关申请注销登记。当纳税人在最近 12 个月

---

① 本篇如无特别注明，资料均来自吉尔吉斯斯坦投资门户网站，https：//invest. gov. kg/wp-content/uploads/ 2022/12/11-Tax-Code-of-the-Kyrgyz-Republic-unofficial-translation. pdf（accessed on 20240228）。

内应税销售额低于 3000 万索姆时，可以申请注销登记。注销自下列时间生效：（1）自纳税人不再符合增值税登记要求时起；（2）自纳税人递交申请注销登记的月份结束后的第一日。

（三）应税范围及税率

1. 应税范围及标准税率

吉尔吉斯斯坦增值税标准税率为 12%，适用于除特定的零税率和免税给付以外的所有应税货物和服务。

2. 零税率对象示例

零税率适用对象包括但不限于：（1）出口货物，但出口的金、银合金、精炼金、精炼银除外；（2）旅客、行李和货物的国际运输服务，但铁路运输服务除外；（3）与国际运输服务相关的航空中转业务；（4）为向田地提供灌溉用水和向居民提供饮用水的泵站供电。

3. 免税对象示例

免征增值税的商品和服务包括但不限于：（1）销售和出口金、银合金、精炼金、精炼银；（2）销售药物、地块、建筑物残渣；（3）提供保险、养老和金融服务；（4）私立普通教育机构提供的服务；（5）为国家安全局等部门提供的专业服务；（6）提供假肢和骨科相关残疾人用品和维修服务；（7）出口应税劳务和服务。

（四）纳税时间和纳税地点

1. 纳税时间[①]

增值税的纳税义务发生时间是以下两者中较早者：交付货物或者完成服务的当天；开具发票的当天。

提供货物的纳税义务发生时间是所有权转移的当天，提供服务的纳税义务发生时间是完成服务或开具发票的当天。由非居民企业提供的服务的纳税义务发生时间为向非居民企业付款的当天。

押金和预付款的纳税义务发生时间是收到押金或预付款并开具增值税发票的当天。

2. 持续提供服务

持续提供服务应按照纳税年内合同实际执行的百分比来核算缴纳增值税。

3. 纳税地点

根据规定，增值税应税地点由以下方式确定：

---

① Article 261, Tax Code of the Kyrgyz Republic.

（1）如果货物是由供应商运输的，那么应税地点为运输货物的起点；其他任何情况下，应税地点为客户接收货物的地点。

（2）对于没有特别提到的服务，应税地点为服务提供者的注册地；其他服务的应税地点是在消费者购买服务的地方。

（五）申报、缴纳与抵扣规则

1. 增值税申报与缴纳

纳税人应当按月申报缴纳增值税，增值税申报与缴纳的截止日期为下个月的 25 日。

2. 增值税抵扣

以下是不可从销项税额中抵扣的进项税额：（1）与企业的生产经营活动无关的货物、劳务或服务对应的进项税额；（2）与增值税免税项目对应的进项税额。

（六）发票管理

自 2020 年 7 月 1 日起，所有增值税纳税人、进口商和出口商都应当使用电子发票。

（七）罚则①

1. 逾期登记

实体在从事商业活动前未按照吉尔吉斯斯坦税法规定进行税务登记的，将被处以整个活动期间应缴税款 200% 的罚款。

2. 逾期申报和缴纳

逾期申报增值税的，逾期申报期间每月将被处以应缴税款 5% 的罚款，对自然人所处罚款不超过其应缴税款的 10%，对法人不超过 25%。逾期缴纳增值税的，逾期缴纳期间每月将被处以应缴税款 5% 的罚款。

---

① Tax Code of the Kyrgyz Republic，Chapter 9.

七十九、老挝

（Laos）

（一）基本介绍[①]

老挝自 2018 年 8 月 6 日起开征增值税。其增值税主管机关为财政部（Ministry of Finance）。主要税收立法文件为《增值税法》（Value Added Tax Law No. 48/NA）。

（二）纳税义务人

根据老挝的《增值税法》，老挝没有增值税登记门槛，所有在老挝发生应税货物或服务（包括进口货物或服务）的企业（包括个人、法人和组织）都必须在老挝进行增值税登记。这意味着从老挝的非居民企业或者居民企业购买应税货物和服务的实体应当进行增值税登记并缴纳增值税，同时也可以申报抵扣所发生的进项税（如进口增值税）。年销售额在 4 亿老挝基普以上的纳税人应当向主管税务机关进行增值税登记。年销售额低于 4 亿老挝基普的纳税人，如果按照会计准则进行核算并使用有效发票和其他有效证明，可以自愿向税务机关申请办理增值税登记。老挝不允许进行增值税集团登记。

1. 非居民企业

非居民企业向居民企业提供应税货物或服务（B2B）按 7% 的标准税率适用增值税代扣代缴制度，居民企业代扣代缴非居民企业的增值税。

非居民企业向居民个人提供应税货物或服务（B2C）的，非居民企业应当通过当地代理、代表处或子公司在老挝办理增值税登记，并对其应税行为核算缴纳增值税。

2. 税务代理人

老挝不要求税务代理人。这里的"税务代理人"不包括代表从事 B2C 交易的非居民企业在老挝登记并核算增值税的代理人。

---

① 本篇如无特别注明，资料均来自老挝财政部税务局网站，http：//taxservice. mof. gov. la/websquare/websquare. do（accessed on 20240228）。

3. 反向征收

老挝的反向征收机制与代扣代缴机制相同。非居民企业，特别是根据认定规则申报的外国承包商（foreign contractor，FCT），其提供的服务通过反向征收机制征收增值税。在付款时，居民纳税人必须代扣包括增值税和企业所得税在内的 FCT 款。FCT 款应在付款之日起 15 个工作日内申报并缴纳给税务机关。

4. 数字经济①

提供数字服务的居民纳税人和非居民纳税人按照提供一般服务的标准税率，在接受方收到服务时发生增值税纳税义务。在电商平台销售货物的居民纳税人和非居民纳税人按照所销售货物的税率，在接受方收到货物时发生增值税纳税义务。对于进口货物，应当在清关时申报缴纳增值税。

5. 登记程序

新成立的企业如果已经完成注册手续并获得企业注册证书和企业编号，其纳税人识别号将自动显示在企业注册证书和税务系统服务器上，不需要单独办理增值税登记手续。

6. 注销登记

纳税人在停止应税活动并缴纳所有未缴税款后，可以申请注销其增值税登记号。纳税人应当告知相关政府机构和税务机关其撤销增值税登记号的决定。在完成税务机关的税务检查后，税务机关和相关政府机构将发布注销公告。

7. 变更登记

如果纳税人的增值税登记资料发生重大变化，必须在重大变化发生后 15 日内通知税务局。重大变化可能包括：分支机构的数量发生变化；纳税人注册资本发生变化；纳税人地址发生变化；纳税人名称发生变化；纳税人经营范围发生变化。

（三）应税范围及税率②

1. 应税范围及标准税率

老挝增值税标准税率为 7%（自 2022 年 1 月 1 日起从 10% 降至 7%），适用于除特定的零税率和免税给付外所有应税货物和服务。

2. 零税率对象示例

在老挝，零税率适用对象包括但不限于：（1）出口货物和服务；（2）在境外提供

---

① VAT Calc［EB/OL］. https：//www.vatcalc.com/laos/laos-vat-on-digital-services-2022/#:~：text=From%20early%202022%2C%20the%20Lao%20Ministry%20of%20Finance，VAT%20to%207%25%20at%20the%20start%20of%202022（accessed on 20240228）.

② 资料来自老挝的《增值税法》。

的建造和安装服务或在经济特区内提供的货物和服务；（3）国际运输。

3. 免税对象示例

在老挝，免征增值税的商品和服务包括但不限于：（1）农产品、动物及动物产品；（2）肥料、加工农产品、生物肥料、化学肥料、植物和动物农药；（3）农业活动中使用的设备和器械；（4）教科书、教学用具、用于学习和教学的现代设备；（5）用于公布政府的政策且不具有商业目的的报纸、政治杂志、电视节目、广播节目；（6）教育，如儿童中心、幼儿园、小学、中学、职业学校、职业培训中心、高等院校、体育馆；（7）存款利息、贷款利息、汇款收入、外汇收益、商业银行或金融机构经老挝银行批准的其他金融活动的收入。

纳税人适用免税规定的不得选择放弃免税。

（四）纳税时间①

一般而言，销售货物的纳税义务发生时间是货物的所有权或使用权转移的当天，提供服务的纳税义务发生时间是完成服务或开具发票的当天。由非居民企业提供的服务的纳税义务发生时间为向非居民企业付款的当天。进口货物的纳税义务发生时间是报关进口的当天。

增值税追征期限规定为，自发现确实、充分的证据之日起 3 年内，税务机关可追征被认为未足额缴纳的增值税税款。纳税人应在税务机关发出《催缴通知书》之日起 10 日内缴纳追征的增值税税款。

（五）申报、缴纳与抵扣规则②

1. 增值税申报与缴纳

增值税制度下开展经营活动的个人、法人与组织有义务向主管税务机关提交增值税纳税申报表，可以选择按月申报，并附有汇报发票使用情况的表格，截止日期为下个月的 15 日，或选择按季度申报，截止日期为下一季度第一个月的 15 日。进口货物的个人、法人或组织，需要在货物入境报关时向海关申报增值税。申报增值税的规定、程序、申报单、发票报表以及包括电子网络系统销售行为的增值税申报已由财政部另作规定。

增值税制度下的居民企业，必须按月缴纳增值税，并且应当不迟于下个月的 15 日缴纳。对于向非居民购买服务及不在老挝境内设立机构的纳税人，应在预缴税款之日起 10 个工作日内缴纳。增值税必须在货物进口地检查站、财政部或财政部账户的开户银

---

①② 资料来自老挝的《增值税法》。

行进行缴纳。每次缴纳的增值税应以老挝基普支付，如果以外币支付，则应根据老挝各个时期银行确定的官方汇率折算为老挝基普。

2. 增值税抵扣

增值税的抵扣条件包括：第一，经营者在增值税制度下进行登记；第二，按照税务机关规定的格式，定期提交每月增值税申报表并附有汇报发票使用情况的表格；第三，持有相关部门出具的进口证明文件，以及证明在入境检查点付款的银行单据或国库收据；第四，持有出口认证文件，并附有相关的出口发票；第五，自进项增值税发生之日起6个月内缴纳的，如果抵扣额未用完或者没有销项增值税可抵扣的，纳税人应通知其登记地的税务机关考虑抵扣、退还或核定费用。

可抵扣的增值税进项税额包括：第一，与生产、经营或劳务中使用的应税增值税的货物和服务直接相关的进项税，但已规定为免税货物或服务的除外；第二，政府规定可部分抵扣的燃料、电力和固定资产的进项税；第三，在境内销售的自然资源的进项税；第四，在应征和免征增值税的业务经营中使用的货物和服务的进项税，只抵扣应征增值税的部分。

3. 不得抵扣的进项税

不得抵扣的进项税指那些进口商品或境内货物或服务中缴纳的增值税部分，包括：第一，免征项目的进项税；第二，支出不直接用于经营活动的货物或服务的进项税；第三，出口自然资源非制成品的进项税；第四，已经扣除或退还的进项税；第五，不符合或不完全符合增值税的抵扣条件和可抵扣范围的货物和服务的进项税，且经过三次通知并被确认。

（六）发票管理

1. 贷记发票

老挝没有贷记发票。对原始应税行为的调整或撤销应当通过调整原始发票的方式来实现。如果是退货，客户需要向货物或者服务提供商开具增值税发票（仅适用于B2B交易），或者供应商必须开具取消原始发票的备忘录，并在接下来的纳税期间调整其增值税申报。

2. 电子发票

老挝允许但不强制要求使用电子发票。自2020年1月1日起，所有纳税人都可以使用电子发票。在现阶段的税收实践中，纳税人需要事先获得税务机关的批准才可以开具增值税电子发票。

3. 以外币开具的发票

以外币开具的发票金额必须换算为老挝基普，汇率为老挝中央银行在开具增值税发票当日发布的官方汇率。

（七）罚则①

对违反增值税法律法规的个人、法人或组织，将视情节轻重给予再教育、罚款、纪律处分、民事或刑事处罚。

1. 应当登记而未登记

对于应当登记而未进行登记的纳税人，税务机关最多对其进行三次书面通知。若纳税人未遵守这些通知，则可能被处罚：未能遵守第一次通知，则可能受到警告；未遵守第二次通知，可能会被处以100万老挝基普的罚款；未遵守第三次通知，可能会被处以200万老挝基普的罚款。若纳税人经过三次通知仍未办理增值税登记，税务机关有权向有关部门建议撤销特许经营许可证、经营许可证、营业执照，或采取法律规定的其他相关措施。

2. 逾期申报和缴纳

逾期申报增值税的，每次逾期申报将被处以50万老挝基普的罚款。

逾期缴纳增值税的，自滞纳税款之日起按日加收滞纳税款0.1%的滞纳金。

---

① 资料来自老挝的《增值税法》。

八十、拉脱维亚
（Latvia）

（一）基本介绍[①]

拉脱维亚自 1995 年 5 月 1 日起开征增值税，其增值税标准税率为 21%，除此之外，还有 12% 和 5% 两档优惠税率。拉脱维亚增值税主管机关为国家税务局（State Revenue Service，SRS）。主要税收法律文件为拉脱维亚《增值税法》[Latvian Value Added Tax Law（2012/197.2）]。

（二）纳税义务人[②]

纳税义务人是指在任何地方从事经济活动的人，而不论该活动的目的或结果为何。增值税集团和税务代表也被视为纳税义务人。拉脱维亚纳税义务人的增值税登记门槛为过去 12 个月内营业额超过 4 万欧元。若企业超过登记门槛，则须在满足条件后的次月 15 日前进行增值税注册登记。在达到增值税登记门槛前，可以进行自愿增值税登记。

如果服务被视为在其他欧盟成员国提供，并且服务的接收方必须根据反向征收机制对增值税进行核算，则在向其他欧盟成员国的纳税义务人提供服务之前，需进行强制性增值税登记。

（三）应税范围及税率

1. 应税范围

增值税适用于以下交易：（1）货物交易，包括在欧盟内的货物销售和货物出口；（2）拉脱维亚境内提供的服务；（3）纳税人从其他欧盟成员国境内购进货物；（4）向拉脱维亚进口货物，不论进口商的身份如何；（5）非登记或非纳税人员在欧盟境内购买新车；（6）拉脱维亚向任何其他欧盟成员国销售新车；（7）商品和服务的自行交易；

[①] 本篇如无特别注明，资料均来自拉脱维亚《增值税法》。
[②] 详见拉脱维亚国家税务局网站，https://www.vid.gov.lv/en/value-added-tax（accessed on 20240228）。

（8）拉脱维亚境内纳税人接受的反向征收服务；（9）在拉脱维亚向非纳税义务人远距离销售货物。

2. 标准税率征税对象

除另有规定外，所有的应税货物和服务都适用21%的标准税率。

3. 适用12%税率的对象示例

适用12%税率的商品和服务包括但不限于：（1）婴幼儿专用食品；（2）经由国家药品部门授权的医药及医疗器械；（3）家庭使用的木材和或木制取暖材料；（4）拉脱维亚境内的住宿服务；（5）经过清洗、去皮、去壳、切割和预包装，但未经热处理或其他处理（例如，冷冻、腌制或烘干）的新鲜水果、浆果和蔬菜食品。

4. 适用5%税率的对象示例

以印刷或电子形式（包括在线阅读或下载）提供书籍和杂志可享受5%的优惠税率。

5. 免税对象示例

免征增值税的商品和服务包括但不限于：（1）金融服务；（2）保险服务和再保险服务；（3）健康服务和社会福利服务；（4）教育和文化服务；（5）育婴费用；（6）使用过的不动产交易，建设用地除外。一般而言，如果是2009年12月31日后取得建设许可证的土地均视为建设用地。

拉脱维亚的纳税义务人享有对免税对象的选择权。

（四）应税时间与应税地点

1. 应税时间

一般而言，增值税应在以下时间缴纳：

（1）对于本地供应和欧盟内供应的货物，为货物交付或提供服务的时间，或开具增值税发票的时间。

（2）根据开具的预付款发票收到预付款的时间，但欧盟内货物供应除外。

（3）对于根据欧盟指令2008/8/EC新的供应地规则提供的服务，增值税应在执行服务或收到预付款时缴纳。

（4）增值税发票通常必须在提供服务或提供货物后15日内开具。如果交易在很长一段时间内持续进行，根据交易类型，增值税发票的开具期限可以不超过1个月、6个月或12个月。

2. 应税地点

拉脱维亚《增值税法》第3章对应税地点作出如下规定：

（1）运输货物时，货物开始发出时货物所在地应当视作货物供应地（在欧盟境内供应货物也一样）。

（2）货物未经运输的，货物供应时所在地被视作货物供应地。

（3）货物由第三人或供应人组装或安装的，安装或者组装地点视为货物供应地。

（五）申报、缴纳与抵扣规则

1. 增值税申报

一般来说，增值税申报表可以每月或每季度提交，具体取决于纳税人的应税供应金额和交易类型。纳税申报表必须在纳税期结束后的下个月的第 20 日通过电子申报系统（EDS）提交。

如果纳税人在纳税年度前一年或纳税年度内进行的应税交易金额超过 4 万欧元，或者应税人在欧盟境内提供货物或服务，则必须按月提交增值税申报表（该纳税期在增值税登记后保留 6 个日历月）。

如果纳税年度前一年，应税人的应税交易金额不超过 4 万欧元，且应税人未提供在其他欧盟成员国有供应地的共同体内货物或服务，则必须每季度提交一次纳税申报表。

2. 增值税电子申报

在拉脱维亚，电子备案是强制性的。纳税申报表必须通过电子申报系统提交。EDS 是国家税务局的电子归档系统，应税人员在该系统中编制并提交定期增值税申报表及其附录。国家税务局还使用它与纳税人进行沟通，例如，有权扣除增值税的报告交易请求额外信息和支持文件。

在拉脱维亚登记的应税人员有义务使用国家税务局的 EDS。一般来说，当在拉脱维亚进行增值税登记时，应税人会自动在 EDS 中登记。但是，如果是应纳税人授权的用户，必须提交一份单独的文件。

3. 增值税抵扣

纳税人可以抵扣进项税，进项税是对为商业目的向其提供的货物和服务征收的增值税。应税人通常通过从销项税中抵扣进项税来收回进项税，销项税是对生产的供应品征收的。

进项增值税包括：对拉脱维亚境内提供的货物和服务征收的增值税；对进口货物缴纳的增值税；以及对在欧盟内购买货物、从外国人处获得反向征收服务以及国内反向征收服务自行评估的增值税。

（六）发票管理

1. 增值税发票和贷记通知单

应税人通常必须在应税交易或收到预付款后 15 日内提供所有应纳税商品和出口品

的增值税发票。增值税贷记通知单可用于减少对供货收取的增值税。单据上必须清楚地标明"贷记通知单"字样，并应参考原始发票。建议贷记通知单同时注明更正的原因和由此产生的任何新项目。

2. 电子发票

根据欧盟指令 2010/45/EU，拉脱维亚允许电子发票。

3. 出口证明

零增值税税率适用于货物出口和欧盟内货物销售。出口物资和欧盟内部物资必须附有证据，确认货物已离开拉脱维亚领土。

4. 以外币开具的发票

如果发票以欧元以外的货币开具，增值税的金额必须换算成欧元。

（七）罚则[①]

1. 未登记和逾期登记

未在应税人登记簿上登记的，可处以 50～350 欧元的罚款。

2. 未申报和逾期申报

对于未提交增值税申报表的纳税人，可处以 285～700 欧元的罚款。

对于逾期提交增值税申报表的纳税人，若逾期 3～10 日，可处以 25～70 欧元的罚款；若逾期 11～20 日，可处以 75～150 欧元的罚款；若逾期 21～30 日，可处以 155～280 欧元的罚款；若逾期 30 日以上，可处以 285～700 欧元的罚款。

3. 未缴纳和逾期缴纳

对于未缴纳增值税的纳税人，最高可处以未缴税额 30% 的罚款，并按未缴税额每日 0.05% 的比例收取滞纳金。

对于逾期缴纳增值税的纳税人，每日可处以未缴税额 0.05% 的滞纳金。

---

① 详见欧盟网站，https：//vat-one-stop-shop. ec. europa. eu/national-vat-rules/latvia-vat-rules_en#exemptions （accessed on 20240228）。

八十一、黎巴嫩
（Lebanon）

（一）基本介绍[①]

黎巴嫩自 2002 年 2 月 1 日起开征增值税，其主管机关为财政部。除非有特别规定，否则对商业实体进行的所有商业交易征收增值税。

（二）纳税义务人

在黎巴嫩销售商品、提供服务、从事进口的行为须缴纳增值税。2013 年黎巴嫩引入了增值税强制登记程序。居民纳税人的增值税登记门槛是连续四个季度的应税营业额超过 1 亿黎巴嫩镑。登记截止日期为登记责任产生季度最后一日之后的两个月。需要注意的是，自 2017 年 11 月 8 日起，无论取得多少营业额，免税货物或服务的进口商和出口商均有义务在增值税管理局（DVAT）登记。

（三）应税范围及税率

1. 应税范围

增值税适用于以下交易：（1）应税人在黎巴嫩提供货物或服务；（2）黎巴嫩居民进口服务；（3）向黎巴嫩进口货物，不论进口商的地位如何。

2. 标准税率征税对象

自 2018 年 1 月 1 日起，除特定的适用零税率的货物和服务外，所有应税给付适用 11% 的增值税标准税率。

3. 零税率对象示例

货物和服务的出口、国际运输适用零税率。

---

① 本篇资料来自黎巴嫩财政部网站，http：//www. finance. gov. lb/en-us/Taxation/Individuals/VAT/Pages/Tax-Rate. aspx（accessed on 20240228）。

4. 免税对象示例

黎巴嫩对境内发生的服务和提供的商品、进出口的货物和服务、国际运输和居间活动（intermediate operations）分别作出了免税的规定，包括但不限于：（1）邮政服务和邮票；（2）教育；（3）保险和金融服务；（4）不动产转让；（5）医疗服务和设备；（6）贵金属和宝石；（7）博彩和游戏服务；（8）客运服务；（9）农业活动及其产品，包括活畜、种子、动物饲料和杀虫剂；（10）书籍、报纸、杂志；（11）基本食品和婴儿食品。

5. 不征税对象

黎巴嫩从主体和行为两个角度规定了不征税的对象：（1）非建设用地（non-built land）的交易。（2）国家、地方和其他公共主体作为公共机关时进行的交易，即使这些交易是以费用（fees）或认购（subscriptions）的方式支付的。但下列交易除外：出租私人财产；水、电和通信；视听媒体；消费者市场、屠宰场和仓库；烟草、停车场；海港、机场和合作社。

（四）应税时间

1. 一般规定

应税时间，也称为纳税点，即增值税义务发生时间。应税时间是下列事件中最早的一个：交付货物或服务时；支付对价时；开具发票时。

2. 押金和预付款

对于押金和预付款，如果在货物和服务交付日期之前，客户已部分或全部支付货款，则增值税应根据支付金额在支付日期缴纳。

3. 持续提供服务

对于连续提供的服务，增值税应在发票开具、分期付款或分期付款到期日中最早的日期缴纳。

4. 经批准出售或退货的货物

黎巴嫩没有关于批准销售或退货的货物供应的特殊应税时间规定。因此适用一般供货时间规则。

（五）申报、缴纳与抵扣规则

1. 申报规则

黎巴嫩增值税按季度申报。纳税人必须在每季度结束后的20日内提交增值税申报表。

2. 一般抵扣规则

增值税纳税人可以抵扣进项税额，进项税额是对其提供的用于经营目的的货物和服务征收的增值税。增值税纳税人通常从销项税中抵扣进项税，销项税是对所提供的物资征收的增值税。进项税包括对在黎巴嫩提供的货物和服务征收的增值税和对进口货物缴纳的增值税。纳税人在黎巴嫩申请进项税抵扣的期限为4年。

购买不用于商业目的的商品和服务（例如，为企业家私人使用而购买的商品）时，不得抵扣进项税。

3. 部分免税

与免税供应直接相关的进项税通常无法抵扣。如果黎巴嫩纳税人同时提供免税和应税物资，则可能无法全额抵扣进项税。这种情况被称为"部分免税"。零税率供应品（有时被称为"享有抵扣权的免税供应品"）在这些方面被视为应税供应品。

同时提供应税和免税物资的应税人通常可以收回仅与应税物资有关的进项税。与应纳税供应直接相关的进项税可抵扣，而与免税供应品直接相关的进项税不可抵扣。未直接分配给免税和应税供应品的剩余进项税被分摊。分摊额可以根据应税物资的价值与总营业额相比较计算。

但是，某些增值税免税实体，包括医院、教育机构和非营利组织，即所谓的"第59条项下的实体"，须遵守增值税特别追缴制度。上述实体根据支出类型，采用固定抵扣率回收进项税额。以下是固定百分比：（1）购买固定资产允许100%抵扣；（2）当期费用允许100%抵扣。

4. 退税

如果一个季度可抵扣的增值税金额超过了应缴纳的增值税金额，则应税人可获得增值税抵扣。增值税抵扣一般结转到下一个增值税期间以抵扣销项税。任何剩余增值税税额的退还可在年终后20日提出，前提是留抵进项额金额至少为500万黎巴嫩镑。然而，出口商可在每个季度末要求退还增值税进项税额。

增值税主管部门应在提交截止日期后3个月内办理退税申请。如果是税务审计需要，他们有权将这一期限再延长3个月。

增值税主管部门受理退税申请的，应当在4个月内（税务审计时则在7个月内）向应税人退还增值税。否则，应支付相当于一年期国库券平均利息的利息，该利息金额不得超过9%。

（六）发票管理

纳税人通常必须为向其他纳税人提供的所有应税供应品和出口提供增值税发票。主要向零售客户提供货物和服务的应税人员，经增值税主管部门事先批准，可以开具现金收据，而不是全额税务发票。

增值税贷记票据可用于抵扣对货物或服务供应收取和回收的增值税。如果取消交易、退货（全部或部分）或降低合同价格，供应物的价值可能会降低。冲减的增值税金额必须在发票中分项列示。贷记票据必须与原始增值税发票交叉引用，并且通常必须包含相同的信息。

黎巴嫩允许开具电子发票，但不是强制性的。但是，任何到期的印花税都应提前结算，因为普通发票上附有印花税，但不包括在电子发票上。

（七）罚则

1. 逾期登记

增值税的逾期登记会导致以下处罚：（1）股份公司为 200 万黎巴嫩镑；（2）有限责任公司为 100 万黎巴嫩镑；（3）独资企业和其他纳税人为 30 万黎巴嫩镑。

2. 逾期申报

逾期提交增值税纳税申报表的，每逾期 1 个月或不足 1 个月，按应纳税额的 5% 缴纳罚款。对股份公司的最低罚款为 75 万黎巴嫩镑；对有限责任公司的最低罚款为 50 万黎巴嫩镑；对其他纳税人的最低罚款为 10 万黎巴嫩镑，最高罚款为应纳税额的 100%。

滞纳金按未缴增值税部分每月 1.5% 的利率征收。

3. 其他罚则

提交错误纳税申报表的，处以应纳税额与已纳税额之差的 20% 的罚款；开具违规增值税发票的，处以发票上应纳税额 25% 的罚款；未登记的纳税人开具发票，处以发票增值税金额 3 倍的罚款。

八十二、莱索托
（Lesotho）

（一）基本介绍[①]

莱索托自 2001 年 1 月 1 日起开始征收增值税。其增值税主管机关为国家税务局（Lesotho Revenue Authority，LRA）。其主要税收法律文件为《增值税法 2001》（Value Added Tax Act 2001）。

（二）纳税义务人

纳税义务人一般指销售货物或提供服务的供应商。若进口商品或服务，则纳税义务人为进口商。

任何销售应税货物或提供应税服务且其年度营业额超过登记门槛的企业都必须进行登记。有以下情形之一者强制登记为增值税纳税人：（1）在任何 12 个月期限结束后的 14 日内，该主体的应税营业额超过 85 万洛蒂（LSL）；（2）在任何 12 个月期限开始时，有合理理由预计该主体的应税营业额将超过每年 85 万洛蒂。

（三）应税范围及税率

1. 应税范围

增值税适用于以下交易：（1）在莱索托提供的货物或服务；（2）莱索托境内无权申请全额进项税抵扣的人员收到的反向征收服务（简称进口服务）；（3）从莱索托境外进口货物，无论进口商的身份如何。

2. 各税率适用对象

除适用优惠税率、零税率或免税的情形外，所有货物和服务适用 15% 的标准税率。电力供应适用 10% 的增值税税率。出口的货物和服务以及基本商品适用零税率。

---

① 本篇资料来自莱索托的《增值税法 2001》，以及莱索托国家税务局网站，https：//www. rsl. org. ls/sites/default/files/2017-05/VAT%20ACT%20-%202001. pdf（accessed on 20240228）。

3. 免税对象示例

免征增值税的商品和服务包括但不限于：（1）教育；（2）金融服务；（3）旅客运输；（4）保险服务；（5）公共邮政服务；（6）未经开发的土地；（7）不动产租赁（承租人系生产商且出于生产、经营目的使用不动产）。

（四）应税时间

应税时间是增值税义务发生时间。应税时间是下列时间中最早的一个：货物交付或可用的日期，或服务完成的日期；开具发票的日期；付款（包括部分付款）的日期。对于押金和预付款，没有特殊的应税时间规则，适用一般规则即可。

1. 租赁资产

就应税时间而言，租赁协议是指除租购协议或融资租赁以外的任何货物租赁协议。租购协议或融资租赁项下的应税时间为租赁开始之日。如果根据租赁协议供应货物，或根据规定定期付款的协议连续供应货物或服务，则货物或服务被视为在协议期间连续供应，每次连续供应的应税时间为到期或收到付款之日的较早者。

2. 进口货物

进口货物的应税时间为根据 1982 年莱索托的《海关和消费税法》货物需要清关之日；或在任何其他情况下，货物运进莱索托之日。

（五）申报、缴纳与抵扣规则

1. 申报规则

供应商应当在每个纳税期结束后的 20 日内向相关税务机构提交增值税申报表。此外，当实施增值税法需要时，有权税务机关可以要求任何人，无论他们是否为供应方，以规定的格式向税务机关提交进一步或其他的申报表。如果卖方希望延长申报期限，需要以书面形式向税务机关提出申请，并附有充分理由。

2. 抵扣规则

增值税供应商在一个纳税期内应支付的增值税根据公式"A-B"计算，其中 A 是供应商在该纳税期内应缴纳的应税供应物的总增值税；B 是供应商在纳税期间可申请抵扣的进项税总额。如果 B 超过 A，则仅在向相关部门申请退税的情况下，才允许退还增值税。在莱索托，纳税人申请进项税抵扣的期限为 4 年。申请必须在日历季度结束后 20 日内或税款到期应付后 4 年内以书面形式提出。

购买不用于应税目的的货物和服务（例如，为私人用途购买的货物或用于制造免税供应品的服务）时，不得抵扣进项税。这还包括不用于应税目的的任何其他货物或服务。

莱索托《增值税法 2001》中的"资本性资产"是指直接用于制造的厂房和设备

（包括备件，但不包括可登记的机动车）。对于资本性资产产生的进项税，只要供应商在其企业的经营过程中就应税供应或应税进口应付或支付进项税，就可以申请抵扣进项税。如果供应商打算使用收购的资本性资产制造应税供应品，供应商可以抵扣收购时产生的进项税，但仅限于支付的金额。如果资本货物拟部分用于制造应税供应品，部分用于非应税供应品，则仅可抵扣与预期应税用途相关的部分。

3. 退税

任何人都可向税务机关申请退还超过应缴销项税的款项。如果税务机关确信退税是应付给供应商的，他们可以将多付的税款用于任何其他未偿付的增值税应纳税额或所得税负债，或退还该金额。税务局可在退税之前进行增值税审计。退税申请应在日历季度结束后 20 日内或税款到期应付后 4 年内以书面形式提出。对某些组织，如外交官、承包商和慈善活动的退税将遵循特定规则。

（六）发票管理

向购买方提供应税行为的供应商应在供应时向该购买方提供相应原始发票。

如果在开具发票后减少了供应对价，则供应商必须开具贷记单据；如果在已开具发票后增加了供应对价，则供应商应开具借记单据。

莱索托允许电子发票，但不是强制性的。电子发票在内容上应包含与非电子发票相同的详细信息，而未对格式作出规定。增值税纳税人开具电子发票无须获得税务机关的事先批准。

（七）罚则

1. 逾期登记

供应商一旦达到增值税强制登记门槛，就有义务进行增值税登记。如果未能登记，则其将有责任就其生产的所有应税供应品缴纳增值税，无论其是否实际收取了税款。税务机关有权通过回溯供应商有登记责任的日期来追究供应商的全部责任，从而收回前期到期税款。

此外，税务机关可以征收额外的税款，作为对供应商不遵守规定的惩罚。该附加税可按未核算纳税义务的最高 200% 征收。此外，如果后来发现实际增值税应登记日期早于供应商在登记表上显示的日期，则供应商必须就其从较早日期开始生产的应税供应品缴纳增值税，并缴纳附加税。

2. 逾期申报和缴纳

未提交申报表或未在规定时间内缴纳增值税的供应商应承担申报期内应付增值税的附加税，每月税率为未缴税款部分的 3%。

八十三、立陶宛

（Lithuania）

（一）基本介绍[①]

立陶宛自 1994 年 5 月 1 日起开始征收增值税。其增值税主管机关为财政部（Ministry of Finance）、国家税务局（State Tax Inspectorate）以及海关总署（Customs Department）。

（二）纳税义务人

增值税的纳税义务人涉及应税人（taxable persons）和增值税缴付人（VAT payers）两个概念。增值税应税人指在立陶宛境内从事经济活动的任何人，其中增值税法上的经济活动不以是否盈利为目的，涵盖为某种对价而实施的各种活动。增值税缴付人指依照增值税法规定负有义务计算增值税，并在税务机关注册登记为增值税缴付人的人。

增值税登记门槛，一般是过去 12 个月销售货物和提供服务的营业额超过 45000 欧元。有关联关系的数个法人实体的营业额应当合并考虑，即如果在一个人单独控制或与其他关联人共同控制的几个法人实体的总营业额超过 45000 欧元，则所有成员企业和控制人都必须分别进行增值税登记。

对于从其他欧盟成员国购进货物的应税人和非应税法人（包括居民和非居民），即在过去 12 个月内在欧盟内部购买的所有货物（新交通工具或须缴纳消费税的货物除外）超过 14000 欧元，适用特别的增值税强制登记门槛。

（三）应税范围及税率

1. 应税范围

以下交易需要缴纳增值税：（1）在立陶宛境内提供货物或服务，供应给从事经济活动的应税人；（2）从另一个欧盟成员国境内购进货物；（3）向立陶宛境内进口货物；（4）某些与国际货物运输有关的其他情况（例如拟置于自贸区的货物，以及拟置于海

---

① 本篇资料来自立陶宛增值税相关立法（Law on Value Added Tax No. IX-751），以及立陶宛财政部网站，https：//finmin. lrv. lt/en/competence-areas/taxation/main-taxes/value-added-tax（accessed on 20240228）。

关仓储安排或特殊入境处理程序下的货物）。

2. 标准税率的征税对象

除另有规定外，所有的应税货物和服务都适用21%的增值税标准税率。

3. 适用9%税率的对象示例

适用9%税率的商品和服务包括但不限于：（1）印刷书籍和电子书籍，以及印刷和电子非期刊信息出版物；（2）为住房供暖和住房热水供应的热能；（3）乘坐交通部或地方当局授权的常规路线的旅客及其行李运输服务；（4）住宿服务；（5）用于家庭取暖的燃料木和木制品；（6）不享受免税的各种艺术和文化机构、艺术和文化活动。

4. 适用5%税率的对象示例

适用5%税率的商品和服务包括但不限于：（1）由国家医疗保险预算全额或部分补贴的医疗产品和医疗用品，以及不可报销的处方药；（2）用于帮助残疾人的技术设备以及此类设备的维修服务；（3）印刷和电子报纸、杂志及其他期刊出版物。

5. 零税率征税对象示例

零税率适用的商品和服务包括但不限于：（1）从欧盟出口的货物及相关服务；（2）国际运输及相关服务；（3）船舶和飞机的供给；（4）欧盟内的货物供应；（5）上述第（1）~（4）项供应行为的中介服务；（6）拟向海关生产并放置在保税仓或放置在自贸区的货物供应，或海关仓储安排或特殊的进口加工程序以及与这些供应直接相关的服务；（7）向通过电子商务平台/门户或类似方式达成贸易的应税人销售货物，以远程方式销售从第三国进口的价值不超过150欧元的货物。

6. 免税对象示例

免征增值税的商品和服务包括但不限于：（1）健康卫生服务和货物；（2）不动产租赁和处理；（3）保险和再保险；（4）特定金融服务；（5）文化活动和体育活动；（6）教育服务；（7）投注、博彩服务；（8）通用邮政服务；（9）社会服务及相关服务；（10）广播及电视服务；（11）货物出口（特定情况下）。

立陶宛的纳税义务人享有对免税对象的选择权，具体选择对象有：不动产租赁；不动产处置；特定金融服务。

（四）应税时间

货物和服务的应税时间，一般是开具增值税发票的时间。如果未开具发票，则应税时间为以下事件中较早发生的时间：货物已交付或服务已提供；所提供货物或服务的对价已收取。

1. 押金和预付款

以预付款形式进行未来货物或服务交易，应税时间为收到全部或部分预付款时。该规则适用于合同签订后 12 个月后才交付货物或提供服务的情形。如果收到预付款且将在合同签订之日起 12 个月前交付货物或提供服务，纳税人可选择收到预付款的日期作为应税时间，并计算该预付款的增值税。

如果发票是在收到预付款后开具的，则最终发票中显示的金额应减去预付款金额。如果适用旅行社、二手商品、艺术品、收藏品和古董的特别保证金计划，则不适用上述关于预付款的税务处理。

2. 持续提供服务

对于在一定持续时间内提供的服务，如电信、租赁，以及长期供应电、气、热和其他类型能源，在会计期间开具提供货物或服务的增值税发票时，应当收取增值税。如果未开具增值税发票，则应在会计期间收到所提供的货物或服务金额的对价后收取增值税。

3. 租赁资产

如果根据租赁合同或其他规定延期或分期付款的合同出租货物，则在货物出租时，应就租赁资产的提供收取增值税。

4. 进口货物

进口增值税应在货物从非欧盟国家领土进入立陶宛领土时征收。如果进口到立陶宛领土的货物受到增值税法规定的某些程序或安排的约束，则进口增值税应在立陶宛领土内停止实施上述行为、程序或安排后征收。

5. 欧盟内部采购

从其他欧盟成员国采购货物的应税时间为供应商开具发票的日期，但不得晚于货物运输开始月份的下一个月的 15 日。

（五）申报、缴纳与抵扣规则

定期申报。立陶宛纳税人通常须每月提交增值税申报表。上一日历年应税收入不超过 30 万欧元的法定应税人可选择按季度申报。自然人纳税人一般每半年申报一次。

定期缴纳。应在增值税申报截止日期的同一天，即纳税期结束后的下个月 25 日之前全额缴纳应缴增值税。增值税必须以欧元支付。

办理增值税登记并从事经济活动的应税人，可以抵扣进项税额。应税人通常通过从销项税中抵扣进项税来收回进项税。进项税包括对在立陶宛购买的货物和服务征收的增值税、对进口货物征收的增值税以及对收到的反向征收服务自行评估的增值税。抵扣的增值税金额必须在有效的增值税发票或现金收据（对于少量增值税）上详细说明。

（六）发票管理

立陶宛纳税人通常必须提供所有应税交易和出口的增值税发票。增值税发票是支持进项税抵扣的必要条件。

如果应税价值发生变化（例如客户退货或供应商给予折扣），或者如果增值税税率发生变化，增值税贷记单可用于减少该项交易收取的增值税和退还增值税。

立陶宛增值税法允许按照欧盟指令 2010/45/EU（见本书"四十九、欧盟"）开具电子发票。

（七）罚则

1. 不登记和逾期登记

不登记和逾期登记增值税可能会导致警告和罚款，罚款金额为 150～300 欧元，并对实体负责人处以 300～850 欧元的额外罚款。

2. 不申报、逾期申报和错误申报

不提交或逾期提交增值税申报表，将处以 150～300 欧元的罚款。

如果增值税申报表不正确，导致增值税少报，将处以应缴增值税额 10%～50% 的罚款。若增值税申报金额比实际多，税务机关则不会实施处罚。

3. 不缴纳和逾期缴纳

不缴纳和逾期缴纳的罚款金额为应缴增值税额的 10%～50%。此外，还要缴纳滞纳金利息，计算期间自付款到期日的次日起至已付款之日止，利率为每天 0.03%。

八十四、卢森堡
（Luxembourg）

（一）基本介绍①

卢森堡自1969年8月5日起开征增值税，由卢森堡财政部主管增值税。主要税收立法文件为卢森堡《增值税法》（TVA-Texte coordonné 2021）。

（二）纳税义务人

纳税义务人指独立、经常性从事经济活动的商业实体或个人。通常情况下，在卢森堡设立的所有企业、自由职业者和进口商，以及在卢森堡境内销售货物和服务的外国企业均为增值税纳税义务人。

卢森堡增值税纳税义务人必须进行增值税登记，需在首次应税交易发生后15日内完成登记程序。

（三）应税范围及税率

1. 应税范围

增值税适用于以下交易：（1）应税人在卢森堡提供的货物或服务；（2）应税人或非应税法人在欧盟内部从另一个欧盟成员国购买货物；（3）从欧盟以外进口货物，无论进口商的地位如何。

2. 标准税率的征税对象

卢森堡的增值税标准税率为17%，适用于所有货物或服务的交易，除非有降低税率或免税的具体规定。

---

① 本篇资料来自卢森堡增值税相关法律（TVA-Texte coordonné 2021），以及卢森堡财政部网站，https：//pfi. public. lu/fr/publications/textes-de-loi/TVAloi202111. html（accessed on 20240228）。

3. 适用 14% 税率的对象示例

适用 14% 税率的商品和服务包括但不限于：（1）葡萄酒；（2）作为燃料的固体可燃物，矿物油和木材；（3）广告宣传册和其他印刷品；（4）蒸汽、加热和冷却；（5）证券的保管和管理；（6）由授信实体以外的实体管理信贷和信贷担保。

4. 适用 8% 税率的对象示例

适用 8% 税率的商品和服务包括但不限于：（1）用于取暖、照明和燃料发动机使用的液化气；（2）电能；（3）植物和其他花卉产品；（4）美发；（5）自行车、皮鞋等皮革制品的修理；（6）私人住所的清洁。

5. 适用 3% 税率的对象示例

适用 3% 税率的商品和服务包括但不限于：（1）人类消耗的食品，不含酒精；（2）农产品；（3）图书、报纸和期刊；（4）14 岁以下儿童的鞋子和衣服；（5）出售的国内住宿；（6）医药产品；（7）餐厅服务，不包括酒精；（8）自来水；（9）客运；（10）参加文化活动。

6. 零税率征税对象示例

符合一定条件下，出口货物、提供货物给欧盟其他成员国时，适用零税率。

7. 免税对象示例

免征增值税的商品和服务包括但不限于：（1）不动产租赁服务；（2）健康和医疗服务；（3）部分金融服务；（4）文化和体育服务；（5）福利服务；（6）教育服务。

（四） 应税时间

货物的基本应税时间是货物交付时和处置权转移时。服务的基本应税时间是服务完成的时间。货物或服务的实际应税时间，除在接收国须缴纳增值税的服务外，可因开具发票（如果开具发票是强制性的）而延迟，但不得迟于基本应税时点次月 15 日。如果供应商在此日期之前开具发票，则供货时间为开具发票的时间。

（五） 申报、缴纳与抵扣规则

原则上，卢森堡增值税申报表必须按月提交。然而，当局可以允许年营业额不超过 11.2 万欧元的应税人仅提交日历年的一份年度申报表，截止日期为次年 3 月 1 日。年营业额为 11.2 万 ~62 万欧元的纳税人可能被允许按季度提交定期申报表，截止日期是申报期结束后一个月的 15 日。此外，他们必须提交年度汇总申报表，截止日期为次年的 5 月 1 日。

应纳税额根据定期增值税申报确定，最迟应在提交申报表时缴纳。如果年度申报表产生额外的增值税应缴金额，则最迟应在提交年度申报表时缴纳。

应税人通常在销项税中抵扣进项税。进项税包括对卢森堡境内提供的货物和服务、进口货物、欧盟内部购买货物征收的增值税，以及对反向征收的服务自我评估的增值税（见本书"四十九、欧盟"）。进项税抵扣通常必须附有有效的税务发票或海关单据。

（六）发票管理

卢森堡应税人通常必须提供所有应税交易的增值税发票，包括与其他增值税应税人或非应税法人的出口和欧盟内的交易。对个人的零售交易不自动要求发票，除非属于远程销售，或客户要求发票。根据欧盟第 2008/9/EC 号指令或欧盟第 13 号指令退税计划（见本书"四十九、欧盟"），要求提供增值税发票以支持进项税抵扣或退税申请。

根据欧盟指令 2014/55/EC（见本书"四十九、欧盟"），企业对政府（B2G）交易强制要求开具电子发票。对于其他应税人员，允许开具电子发票，但并不是强制要求，依据为欧盟指令 2010/45/EU（见本书"四十九、欧盟"）。

（七）罚则

卢森堡增值税法规定对以下不遵守纳税义务的行为处以 250 ~ 10000 欧元的罚款：（1）应登记而不登记或逾期登记；（2）不遵守开发票和会计义务；（3）应申报而不申报或逾期申报；（4）提交错误的增值税申报表；（5）应缴纳而不缴纳或逾期缴纳增值税。

若因上述行为导致漏税，则应处以漏税金额 10% ~ 50% 的罚款。

八十五、北马其顿
（North Macedonia）

（一）基本介绍①

北马其顿自 2000 年 4 月 1 日起开征增值税，由其财政部主管增值税相关事宜。总体来说，北马其顿的增值税制度与欧盟增值税指令的规定保持一致。该指令规范了消费型增值税的基本内涵，即欧盟增值税是全面的消费型增值税，以销售收入扣除投入生产的中间性产品价值和固定资产价值后的余额为税基，也是目前世界上主要和先进的增值税类型。欧盟也采用该增值税制度作为入盟的标准之一，因此北马其顿的增值税改革也在不断向此标准靠近。

（二）纳税义务人

在北马其顿，增值税纳税义务人是指长期性或周期性从事独立商业活动的人，而不论这种商业活动的目的和结果为何。纳税人义务人包括法人实体和个人，也包括通过商业活动产生收入的个体协会。

如果纳税义务人上一年度的应税营业额超过 200 万代纳尔或者在商业活动开始时预计年度应税营业额将超过 200 万代纳尔，则必须办理增值税登记。其他未达前述增值税强制登记门槛的纳税义务人可以在每日历年年初或者商业活动开始时自愿办理增值税登记。

增值税登记须提交增值税登记申请表。对于上一年度的应税营业额达到强制登记门槛以及自愿登记的纳税义务人，增值税登记申请应在当年的 1 月 15 日提交；对于在本年度内营业额超过强制登记门槛的纳税义务人，增值税登记申请应在营业额超过强制登记门槛的次月 15 日前提交；对于在本年度内开始商业活动，以及由从事无权扣除先前税款的免税商业活动转变为从事应税活动的纳税义务人，应当在其开始商业活动后 15 日内提交应税申请。

---

① 本篇资料来自马其顿增值税相关法律，以及北马其顿财政部网站，http：//www.ujp.gov.mk/en/vodic/category/944（accessed on 20240228）。

（三） 应税范围及税率

1. 应税范围

增值税适用于以下交易：（1）纳税人在其商业活动范围内在马其顿有偿提供货物和服务；（2）向马其顿进口货物（免税进口除外）；（3）外国法律实体向马其顿法律实体反向征收税款。

2. 18%标准税率的征税对象

北马其顿增值税标准税率18%适用于所有货物或服务的交易，除非规定了适用低税率、零税率或免税。

3. 适用10%税率的对象示例

自2021年1月1日起，餐厅服务、专门提供现场消费的食品和饮料（酒精饮料除外）等商品和服务适用10%的税率。

4. 适用5%税率的对象示例

适用5%税率的商品和服务包括但不限于：（1）食品；（2）公共供水系统的饮用水；（3）计算机软件电脑；（4）药品和医疗器械；（5）农业材料和设备；（6）婴儿用品；（7）学习用品；（8）出版物，但主要用于广告目的的除外。

5. 零税率对象示例

零税率的适用商品和服务包括但不限于：（1）货物和服务出口；（2）国际运输服务；（3）与过境货物相关的服务；（4）向国家银行供应黄金；（5）向外交官、领事和国际组织提供商品和服务；（6）某些医疗保健服务。

6. 免税征税对象示例

免征增值税的商品和服务包括但不限于：（1）出租用于家庭居住的住宅和公寓；（2）银行和金融服务；（3）保险和再保险；（4）教育服务。

（四） 应税时间

北马其顿增值税法规定的应税时间是以下两个日期中较早的一个：第一，货物发出（转移）和服务完全交付的日期；第二，收到付款的日期。

在规定后续付款的定期或连续交易的情况下，应税时间是相关期间的发票开具日期，如果付款的时间更早，则为相关期间收到付款的日期。

（五） 申报、缴纳与抵扣规则

如果上一年度纳税人的总营业额超过2500万代纳尔，则纳税期为日历月；上一年度总营业额低于 2500 万代纳尔，则纳税人为日历季度。纳税人必须在有关纳税期届满后 25 日内提交纳税申报表并缴纳增值税款。

纳税人可以抵扣增值税进项税。进项税包括：由其他纳税人向纳税人履行的营业额；纳税人为交易预付但尚未履行的款项；为进口货物支付并在报关单上单独注明的款项。在一个纳税期内产生的进项税额超过该纳税期的销项税额的，应税人可取得进项税额抵扣。一般来说，进项税额抵扣是在下一个纳税期结转抵减销项税额。但是，应税人可以在相关纳税期的增值税申报表中要求退还剩余的进项税额。进项税额与销项税额差额的退还，应当自纳税申报表提交之日起 30 日内办理。

（六）发票管理

纳税人必须为其所有应纳税交易开具发票。发票必须在交易日期后 5 个工作日内开具。如果同时为应税交易和非应税交易开具发票，每种交易必须单独说明。如果是免税交易，则必须在发票上注明"不计算增值税"。纳税人向作为非纳税人的最终消费者交付应税货物或服务时，必须通过收银机记录交易情况并出具收据，无论此类货物或服务的接收者是否要求收据。

北马其顿纳税人可使用电子发票，但不作强制要求。根据法律，供应商必须获得电子发票接收方的明确书面同意，才能向其开具电子发票。

（七）罚则

1. 对法人纳税人的处罚

北马其顿增值税法规定，对法人实体以下不遵守纳税义务的行为处以 2 万 ~ 30 万代纳尔的罚款：（1）未申报或逾期申报；（2）未按规定账户缴纳税款；（3）未登记或逾期登记；（4）未记账或记账错误；（5）未在规定期限内开具发票或开具不准确的发票；（6）未通过付款装置（收银机）表明交易情况或未开具账单；（7）未在规定期限内保存发票等票据及商业账簿。

若法人实体有上述行为，其负责人也将被处以 2000 ~ 100000 代纳尔的罚款。

2. 对自然人纳税人的处罚

若发生前述不遵守纳税义务，对自然人纳税人应处以 5000 ~ 50000 代纳尔的罚款。

八十六、马达加斯加
（Madagascar）

（一）基本介绍[①]

马达加斯加是东非和南部非洲共同市场的成员国之一，于 1962 年 9 月开征增值税，主管机关为经济和财政部（Ministry of Economy and Financest），其国际增值税规定受到其他成员国的影响。

（二）纳税义务人

年营业额等于或超过 4 亿阿里亚里的人员需要进行增值税登记。年总营业额低于 4 亿阿里亚里的人免于在马达加斯加登记增值税。

（三）应税范围及税率

1. 标准税率的征税对象

马达加斯加增值税标准税率 20% 适用于所有商品或服务供应，除非有特殊规定。

2. 适用 5% 税率的征税对象示例

丁烷气及其容器的进口和销售。

3. 零税率征税对象示例

适用于出口货物和服务，以及其他适用零税率的特定服务。

4. 免税对象示例

免税一词是指不缴纳增值税且不符合进项税抵扣条件的商品和服务交易。马达加斯加的增值税免税对象包括但不限于：（1）与通识、技术、专业教育相关的学费；（2）公共财政利息支出；（3）与股票、债券和其他证券有关的特定业务；（4）总部设在马达加斯加的银行的应收账款、存款和担保的利息、融资信贷的利息、存贷款利

---

① 本篇资料来自《CGI 编号 2024-MEF/SG/DGI（2024 年税法）》，详见马达加斯加国家税务总局网站，https：//portal. impots. mg/textes/view. php？ref = OTGCFL-8EU9C2&id = tmCBpZnFt4vDkJxTOswVUXIMEvOdrK3LJnaa7BTWSoMJGrFKeaQR5AECEP40TOKNgM7bET43UeKRiCLjGDRiGPv6bVZOfJ2rciltgdIhbZ2uVUs0（accessed on 20240228）。

息；信贷机构在向客户提供现金和融资时收取的利息；从小额信贷机构成员的存款和贷款中获得的利息；（5）向总部设在马达加斯加的保险公司购买补充退休保险的混合型大众保险或集团保险；本地保险公司向在马达加斯加无常设机构的保险公司提供再保险费；（6）个人家庭水电消耗，耗水达 10 立方米，耗电达 100 千瓦时；（7）卫生专业服务；（8）药品的进口和销售；进口和销售避孕药具和避孕套；销售用于生产药品的材料和投入物，以及专门为零售而设计的包装物品；（9）报纸和期刊的进口和销售，不包括广告收入；（10）邮票和法定货币的进口和销售；向马达加斯加中央银行出售黄金以建立国家黄金储备；（11）教育和学术性质的书籍、小册子的进口和销售；（12）矫正镜片的进口和销售；（13）专门用于农业的材料的进口和销售；马铃薯、玉米、小麦和大豆种子的进口和销售；（14）进口和销售种畜，农业材料和农用设备，食品工业的材料和设备，公共体育设施，用于生产可再生能源的材料和设备；（15）外交代表和领事官员从应纳税个人处所获得的货物或服务；（16）蚊帐和蚊香的进口和销售；（17）国际海上、航空客运及国际海上、航空货运；（18）受综合税制度约束的小农保险合同；（19）煤油的进口和销售；（20）销售当地工业生产的玉米、面粉和食用油；进口和销售小麦、大米、稻谷、氟和碘；进口和销售婴幼儿用牛奶及营养补充品；（21）轮椅或其他残疾人车辆的进口和销售；（22）医疗材料、设备和耗材的进口和销售；（23）本地生产的变性易燃乙醇的销售；（24）由私营团体组织的商品交易会的参观和入场费用；（25）即食型药用食品的进口和销售；（26）作为职业发展培训一部分的培训费用，这些培训由主管职业培训的部门提供支持，或由国家工业发展局（National Industry Development Agency）或由商会（Chamber of Commerce）主办，以帮助会员开展活动；（27）混合动力汽车的销售和进口；（28）捐赠给法令认可的公用事业基金会的产品或商品，但须提供目的地证明；（29）拥有采矿所有权的石油公司专门用于研究、勘探和开发活动的特定材料、设备和车辆的永久进口免征增值税。这种豁免只适用于国内市场上没有的进口商品。

（四）应税时间

在马达加斯加，应税时间取决于所提供的商品或服务。对于商品的一般销售，应税时间为商品交付时。对于建筑和服务，应税时间以收到付款为准。

（五）申报与抵扣规则

马达加斯加增值税纳税人应当按月申报，纳税人最迟应当在纳税义务发生的次月 15 日之前进行申报，即便当月没有发生应税给付。

进项税通常可以从应付的销项税中抵扣，或者在部分情况下退还。在抵扣进项税时，应遵守以下要求：（1）进项税必须在发票上清楚标明，且与公司业务挂钩，并通过银行转账支付；（2）抵扣的是与公司业务相关的进口商品缴纳的进项税；（3）与租赁相关的购置货物的进项税要明确标识；（4）抵扣的是与库存货物相关的进项税以及与新注册的个人、实体的财产、机器和设备的折旧值明确对应的税款部分。

只有在供应商发生应税交易并且法律上允许供应商收取增值税时，才能抵扣税款。

（六）发票管理

1. 发票格式

马达加斯加没有特殊的发票格式。然而，有一些强制性的信息必须包括在增值税发票上，这些信息包括：（1）开具日期和发行人的签章；（2）供应商和客户的年月日序号，以及商业名称、统计编号、税务识别编号；（3）交付货物或服务的数量和价格；（4）结算日期；（5）付款方式；（6）金额和增值税税率。

马达加斯加有电子发票，但不是强制性的。电子发票应符合与上述普通非电子发票相同的要求。外币发票只允许出口货物、服务或供应给当地保税区公司。否则，发票应使用当地货币。

2. 贷记发票

增值税发票的规则同样适用于贷记发票，贷记发票可用于减少对供应品收取的增值税。

3. 记录保存

纳税人必须定期核算增值税。按照当地公认会计准则，即2004年2月18日根据2004 - 272号法令制定的《2005年计划纲要》，这种常规核算是手工或通过计算机系统完成的。会计核算必须包括上述法令规定的监管账簿。如果不进行常规的会计核算，纳税人将面临自动纳税或自动纳税评估。

（七）罚则

1. 逾期登记的处罚

按实际税制的应纳税人若逾期登记，将被罚款20万阿里亚里。

2. 逾期付款和备案的处罚

受现行税制约束的纳税人逾期提交申报表会被处以20万阿里亚里的罚金。营业额或收入超过2亿阿里亚里的纳税人，逾期缴税的罚款利息为第一个月应缴税额的3%和随后几个月应缴税额的1%。应付利息总额不得低于2000阿里亚里。上述固定罚款仅适用于任何税务审计期以外的自愿披露的情况。一旦开始税务审计，虽然税务评估通知尚未发布或最终确定，但罚款范围为额外应缴税款的40%~80%。

八十七、马拉维
（Malawi）

（一）基本介绍[①]

马拉维增值税自 2005 年 8 月 12 日起开始征收，主管机关为马拉维税务局（Malawi Revenue Authority）。

（二）纳税义务人

1. 登记门槛

任何提供应税商品或服务且每年营业额估计或超过 2500 万克瓦查的主体都必须进行增值税登记；其他认为自身属于应纳税人或者有理由相信其符合应纳税条件的主体，可以进行自愿登记。

两个或其以上的法人团体如在马拉维注册为法人团体，并在马拉维设有营业地点，可申请登记为纳税集团。其中一个法人团体须控制另一个或本集团的其他成员，或由一个法人团体控制本集团的所有成员。

2. 登记程序

如果纳税人在海外经营，且在马拉维没有实际存在或雇员，纳税人可以任命税务代表（通常称为公职人员）。纳税义务人应当将代行纳税义务的指定税务代表通知税务机关。

在提交申请表并经马拉维税务当局成功考虑后，申请人将获得包括营业名称、纳税人识别号、营业场所及登记生效日期在内的注册证书。该证书在纳税人的主要营业场所展示。

（三）应税范围及税率

1. 标准税率的征税对象

除另有规定外，马拉维所有应税货物和服务适用标准税率 16.5%。

---

① 本篇资料来自《马拉维增值税法》，以及马拉维国家税务局网站，https://www.mra.mw/individuals/under-standing-value-added-tax-vat（accessed on 20240228）。

2. 零税率征税对象示例

在马拉维，适用零税率的商品和服务包括但不限于：（1）货物和服务的出口；（2）洗衣皂；（3）练习本；（4）在离开马拉维领土的飞机和船只上作为商店运输的货物；（5）肥料；（6）避孕套；（7）盐；（8）运输货物的机动车辆；（9）药品；（10）公共汽车；（11）军事装备；（12）工厂和仓库的建筑材料；（13）旅游业使用的商品；（14）其他化学产品；（15）自行急救车；（16）摩托救护车；（17）带或不带针头的注射器；（18）蚊帐和沙蝇网；（19）家禽或鸡饲料；（20）印刷书籍；（21）气瓶；（22）柴火炉；（23）太阳能产品；（24）节能灯泡。

3. 免税对象示例

在马拉维，免征增值税的商品和服务包括但不限于：（1）银行和人寿保险服务；（2）活体动物；（3）邮政服务；（4）出口运输；（5）教育服务；（6）医疗器材；（7）动物产品；（8）未加工的蔬菜产品；（9）印刷品；（10）石油产品；（11）轨道车以外的车辆；（12）工业机械和建筑机械；（13）硬币；（14）殡葬服务；（15）医疗服务；（16）用于住宅用途物业的出租和销售；（17）博彩，包括彩票；（18）铁路机车和零件；（19）医用外科或实验室消毒器。

（四）应税时间

如果货物或服务被划为自用，则应税时间为货物或服务首次自用之日；如果商品或服务是通过赠与提供的，则在商品所有权转移或服务履行完成之日。

其他情况下，纳税义务发生时间一般认为是下列时间中最早的时点：（1）货物从应纳税人住所发出，或者从其他处于应纳税人控制的处所发出；（2）货物处于接受方可取得的状态；（3）服务已经提供；（4）收到全部或部分的给付对价；（5）税务发票已经开具。

任何关于提供货物或服务的定金或预付款，无论是否可退还，均不应视为对货物或服务的付款，或应纳税的交易，除非供应商将定金用作对供应的付款或部分付款。

（五）申报与抵扣规则

申报表应不迟于申报表所涉及月份的下一个月的第 25 日提交。应纳税人书面申请，在提出正当理由的情况下，可以延长提交申报表的期限。

如果进项税额超过应缴的销项税额，应纳税的人可以要求退还超过的增值税。纳税义务人连续 3 个月处于可退还状态的，可以申请增值税退税。在税务局发出退税检查之前，需要供应商财务发票形式的证据进行退税前审计。税务局局长应在提交申请后 30 日内给予退税，但由于资金不足，通常会延迟退税。进项税额不得用于购进非经营性商品和服务（如购进自用商品）。自开票之日起超过 12 个月的发票，不能追缴进项税额；没有强制会计凭证支持的发票，也不能追缴进项税额。此外，有些营业支出项目的进项税额可能无法收回。

（六）罚则

针对故意或过失逾期在马拉维登记行为的罚款为 10 万克瓦查，其他原因逾期登记的行为罚款 2 万克瓦查，逾期缴税的罚款是所涉及的增值税总额的 15%，再加上未缴税期间每月 5% 或不足 5% 的额外罚款。未缴税项的利息按现行银行贷款利率每年加 5% 计算。伪造、变造文件者，处 20 万克瓦查罚款及监禁 10 年，涉及的货物被没收。

八十八、马来西亚

（Malaysia）

（一）基本介绍[①]

在马来西亚，销售税和服务税（SST）[②]于 2018 年 9 月 1 日正式重新引入，取代了之前的商品和服务税（GST）制度，主管机关为马来西亚皇家海关总署（Royal Malaysian Customs Department）。销售税和服务税与商品和服务税的主要区别在于，通过前者豁免的商品或产品数量多于通过后者豁免的商品或产品数量。销售税和服务税由两部分组成。一是对马来西亚任何应税个人提供和支持的应税服务征收服务税；二是对制造和本地生产的商品征收的销售税，在购买商品期间、商品处置或销售时征收。

（二）纳税义务人

1. 销售税注册义务

马来西亚现行《销售税法》第 12 条规定了销售税纳税人的注册义务。满足以下条件的，应当注册登记为纳税人：（1）应税商品供应商所制造的应纳税营业额在连续的 12 个月内已超过 50 万林吉特；（2）从事应税货物分包工作的供应商，应纳税营业额在连续的 12 个月内已超过 50 万林吉特；（3）有合理理由证明在未来应税年度的营业额将超过 50 万林吉特这一规定门槛的供应商，也应该进行税务注册登记。

2. 服务税注册义务

（1）任何提供应税服务的供应商，满足下列条件的都必须申请服务税登记：历史应纳税年营业额超过规定门槛 50 万林吉特；有合理理由证明未来应税年度营业额将超过规定的门槛 50 万林吉特；从 2020 年 1 月 1 日开始，每年由外国人向马来西亚消费者提供的电子服务超过 50 万林吉特的必须在马来西亚注册服务税。但部分服务有不同的注册门槛，例如，餐厅、酒吧、小吃店、食堂、咖啡馆或任何提供食物和饮料的地方的

[①] 本篇资料来自马来西亚皇家关税局网站，http：//www.customs.gov.my（accessed on 20240228）。

[②] 销售税适用于应税商品，服务税适用于应税服务。

经营者，无论是堂食还是外卖，注册门槛为150万林吉特；受马来西亚国家银行监管并提供信用卡或签账卡服务的提供商，无注册门槛；经批准的报关代理，无注册门槛。

（2）集团注册制度：如果一个集团组织通过分支机构或部门经营业务，必须根据其所有分支机构和部门的应纳税营业额总额来确定是否需要登记。经税务机关批准后，各分支机构可以以该分支机构的名义单独申请登记。出于对服务税的税制考虑，注册集团内部部门之间提供的应税服务不需要缴纳服务税。

（三）应税范围及税率

1. 销售税

马来西亚《销售税法》第8条规定了销售税的征收范围：销售税是一种单阶段税，适用于销售马来西亚本地制造的应税货物，以及进口供国内消费的应税货物。出口的制造品将从销售税法案中排除。

所有在马来西亚制造或进口的应税货物都应缴纳销售税，除非法律规定免税。然而，销售税不适用于在纳闽、兰卡威、刁曼岛、邦咯岛、自由区、许可仓库、许可制造仓库和特许石油供应基地生产或进口的货物。

《销售税法》第10条规定了销售税税率：

（1）标准税率10%适用于所有特别规定以外的商品供应。

（2）5%税率征税对象包括但不限于：石油、建筑材料、计时器、鳕鱼肝油、电信、食品、IT以及印刷材料和硬件等。

（3）免税对象示例：

①活体动物、鱼类、海鲜和某些基本食品，包括肉类、牛奶、蛋类、蔬菜、水果、面包。

②书籍、杂志和报纸。

③自行车，包括某些零件和配件。

④天然矿物质、化学品等。

⑤医药产品，如药品、医用乳膏、止咳糖浆、绷带、含有多种维生素和矿物质的药品等。

⑥化肥（动物源性或化学化肥）和杀虫剂。

⑦金匠的物品，如黄金或铂金首饰、银餐具等。

2. 服务税

马来西亚《服务税法》（2018）目前有九大类应税服务构成规定清单，包括但不限于：住宿、食品和饮料、夜总会、私人俱乐部、高尔夫俱乐部、博彩、专业服务（法律、会计、测量服务、就业服务、咨询、培训或辅导服务、管理服务、工程服务、信息技术服务、建筑服务、安全或安保服务、数字服务）、信用卡和收费卡及其他具体服务

（保险、广告、电信服务、海关代理、停车场、机动车维修、清洁服务、快递服务等）。

（1）标准税率为6%，计税依据为应税服务的价格、收费或附加费。在马来西亚经营业务的任何人在2019年1月1日或之后获得的任何进口应税服务，适用6%的服务税。接受进口应税劳务的，应当按照进口应税劳务的实际价值自行核算，缴纳6%的应税劳务税。没有进项税额抵扣。

（2）免税情形。B2B豁免适用于从另一个服务税登记注册人处获得与其自身提供的相同应税服务的服务税登记注册人。具体如下：法律服务（包括伊斯兰事务法律服务）；会计、审计、其他公共会计测量服务；估价、评估和房地产代理服务；工程、建筑服务；咨询、培训或指导信息技术服务；管理服务；广告服务；数字服务等。

（四）应税时间

应税货物在应税人出售、处置（非销售方式）或首次用作应税货物制造材料时缴纳销售税。但是，对于应缴纳销售税的石油类别，对销售税的应税时间适用特殊规定。

提供的应税劳务收到付款时，应缴纳服务税。自发票开具之日起12个月内未收到税款的，应在12个月期满后的第一日缴纳税款。进口服务的服务税应在最早付款日或发票收到日缴纳。

如果服务是连续提供的，并确定全部或部分支付，定期或不定期支付，则应在收到付款或开具税务发票时缴纳税款，以两者中较早者为准。

（五）申报与抵扣规则

每个应税人都必须每两个月提交一份SST-02纳税申报表。从2019年1月1日起，任何从海外获得服务的非税企业也需要申报并每月单独提交一份SST-02A申报表。另外，国外数字服务提供商每三个月应当提交一份DST-02纳税申报表。

须在应课税期结束后一个月的最后一日前，将SST-02申报表送交总干事。如果应税人的应纳税期未在该月最后一日结束，则应不迟于变动的应纳税期结束后30日内的最后一日提供SST-02申报表。另外，SST-02A申报表须于应税人已支付有关服务的款项或已收到发票的月底后的最后一个月的最后一日前送交。DST-02纳税申报表则应当在纳税期结束后下一个月的最后一日前送交。

（六）发票管理

1. 销售税

马来西亚《销售税法》第21条规定：销售任何应税货物的注册制造商应就交易向

购买者开具包含详情的本国语言或英语的发票。

销售任何货物时，非注册人员或非应税商品均不得开具销售税发票。

2. 服务税

马来西亚《服务税法》第21条规定，每个提供任何应税服务的注册人应就交易向客户开具包含规定详情的本国语言或英语的发票。

提供服务时，非注册人员或非应税服务均不得开具服务税发票。

（七）罚则

1. 违反登记义务

未申请销售税或服务税登记的应纳税人士将被处以罚款，包括监禁不超过24个月，罚款不超过3万林吉特或两者兼而有之。

2. 逾期罚金

逾期付款罚金为：

（1）第一个30日内不缴纳的税收，罚款为到期税额的10%。

（2）第二个30日内不缴纳的税收，附加到期税额的15%。

（3）第三个30日内不缴纳的税收，附加到期税额的15%。

3. 纳税申报错误

在提供的任何申报表中出错，例如，漏报资料、少报销项税或多报进项税，或提供任何不正确的资料、提交不正确的报税表，均属犯罪。一经定罪，可处罚款不超过5万林吉特，最高可处3年监禁或并罚；另外，还有一笔数额相当于已经征收的或将征收税款的罚款。

4. 税收欺诈

任何意图通过制作、使用或授权使用欺诈手段逃避或协助他人逃避销售税和服务税的人都将被处以罚款。初犯的，可处应缴税款10倍以上20倍以下的罚款，或最高5年监禁或并处。第二次或以后再犯，可处应缴税款20倍以上40倍以下的罚款，或监禁不超过7年，或并处。

八十九、马尔代夫
（Maldives）

（一）基本介绍[①]

商品与服务税是指根据本法对在马尔代夫境内销售的货物和提供的服务的价值征收税款，从 2011 年 10 月 2 日开始征收，主管机关为马尔代夫税务局（Maldives Inland Revenue Authority）。马尔代夫的应税项目可以分为两类：一般的商品与服务以及旅游部门的商品与服务。随着该国《商品及服务税法》第六修正案的颁布，从 2023 年 1 月 1 日起，马尔代夫的旅游业和一般行业的消费税税率分别提高到 16% 和 8%。

（二）纳税义务人

1. 登记门槛

登记人员是指根据《商品及服务税法》需要登记的人员，以及根据该法第 53 条自愿登记的人员。下列人员于该法施行之日在马尔代夫境内从事应纳税活动，应于该法施行之日起 30 日内申请登记：（1）过去 12 个月销售的货物和提供的服务总价值超过 100 万卢菲亚的人；（2）未来 12 个月的货物销售和服务供应总价值估计超过 100 万卢菲亚的人；（3）临时超过登记门槛的，应当在超过的次月进行登记。

2. 终止登记

登记的人可以在下列情况下提出终止该登记的申请：在任何 12 个月期间结束时销售的货物和提供的服务的总价值少于 50 万卢菲亚的人员；在任何 12 个月期间开始时销售货物和提供服务的总价值估计少于 50 万卢菲亚的人员；已停止其应纳税活动，但在接下来的 12 个月内不打算恢复该活动的人员。

被终止登记的人应当对其终止登记时所拥有的已经申报进项税额的货物纳税。申请注销登记的应当在 10 日之内申请，税务机关应当在收到申请之后的 15 日内处理。

---

① 本篇资料来自马尔代夫税务局网站，https：//mira. gov. mv/Pages/View/gst（accessed on 20240228）。

3. 通知义务

登记人员应在发生下列任何事件之日起 30 日内通知税务局：（1）变更登记人经营业务的名称、地址、类型或性质；（2）如登记人为公司，更改公司的组织大纲或组织章程；（3）根据《商品及服务税法》登记的人与另一登记人合伙；（4）根据《商品及服务税法》登记的人与另一登记人合并；（5）在外国设立公司或企业财团，该公司或企业财团由登记人员持股。

（三）应税范围及税率

1. 适用 16% 税率的对象示例

马尔代夫旅游部门的商品与服务税税率为 16%。具体包括：（1）旅游度假区旅游饭店、招待所、野餐岛、游船、游艇码头销售的商品和提供的服务，以及在这些场所设立的店铺、潜水学校、水疗中心、水上活动设施等场所售卖的货品及提供的服务，但不包括只供该场所的雇员经营的店铺；（2）经旅游主管机关核准的旅行社销售的货品及提供的服务；（3）通过代理人向进入马尔代夫的外国旅游船出售的货物和提供的服务；（4）国内航空运输服务提供者向马尔代夫公民以外的人出售的货物和提供的服务。

2. 适用标准税率的对象

除另有规定适用其他税率外，一般应税服务与货物都适用标准税率 8%。

3. 零税率征收对象示例

《商品及服务税法》对一些零税率的货物和服务进行了列举，例如：（1）特定的必需品；（2）面包、大米、糖、面粉、盐、牛奶、食用油、蛋、茶叶；（3）深海鱼、珊瑚鱼、在马尔代夫包装的鱼和鱼酱；（4）蔬菜如土豆、洋葱、胡萝卜、卷心菜、豆类和西红柿；（5）用于制作咖喱酱的成分，如孜然、茴香、安格尔、姜黄、大蒜、姜、辣椒、辣椒粉、肉桂、豆蔻、胡椒粉等；（6）椰子及各种水果；（7）婴儿纸尿裤、婴儿食品；（8）烹饪气体、柴油和汽油；（9）成人纸尿裤；（10）从马尔代夫出口的商品和服务；（11）营业转让（sale of going concern）。

4. 免税对象示例

马尔代夫的免税商品或服务如下：（1）电力、水、邮政服务（不包含快递服务）、污水处理设施；（2）教育、卫生保健、药物和医疗器械；（3）由非营利机构出售的作为捐赠的商品；（4）金融服务；（5）不动产出租的租金；（6）国际运输服务；（7）罚款；（8）在社会住房计划下出售的公寓、土地和建筑物；（9）向根据其他法律规定可以免缴商品与服务税的主体提供商品与服务；（10）在有关政府当局或国家机构注册的日间护理中心提供的日间护理服务。

对于免税的货物或服务，不得开具税务发票，如果发票是就该货物或服务开具的，也不应当包括商品与服务税。

（四）应税时间

一般来说，应税时间是指供应的税务发票开具的日期或收到货款的日期，以先到者为准。形式发票不得视为供货时的发票，因此，开具形式发票不会触发应税时间。

分期付款协议约定的每次支付或应付的分期付款，将被视为一项单独的应税交易。与任何此类交易有关的应税时间为收到分期付款的时间，或分期付款本应到期的时间，以较早者为准。

如果预付款或不可退还的定金是在开具全部供货的税务发票之前支付的，商品及服务税仅适用于预付款或定金的数额，该交易的应税时间为预付款或定金的日期。

保留款是在合同规定的支付条件得到满足或缺陷得到纠正之前不支付的分期付款数额。大多数建筑合同都包括保留部分对价的规定。如提供建造服务，供应商必须在收到有关保留款的付款或由供应商发出有关保留款的税务发票（以较早者为准）时，才就保留款缴纳商品及服务税。

通过机器、仪表或由硬币操作的其他装置制造的供应品的供应时间，是从该机器、仪表或其他装置中取出硬币的日期。如果供应是通过任何机器、仪表或由令牌操作的其他设备进行的，则应税时间是收到此类令牌的任何对价的时间。

如果对货物和服务供应的考虑是兑现在忠诚计划①中获得的积分，则货物和服务应税的时间是兑现忠诚积分的时间。不论忠诚计划的经营者是否为货品及服务的供应商，这项规定均适用。

（五）申报与抵扣规则

如果注册人员提供的商品和服务的总价值低于每月 100 万卢菲亚，则适用按季申报；如果注册人员提供的商品和服务的总价值不低于每月 100 万卢菲亚，则按月申报。但纳税人经总关长批准可以选择每月应纳税期。除本法另有明确规定外，纳税申报期限为纳税期限结束后的次月 28 日或者税务局局长以任何合理理由决定将提交报税表的截止日期押后的日期。

如果一项应税服务的总价值包括根据《马尔代夫旅游法》（第 2/99 号法律）征收的税款，应从该服务的价值中扣除。

登记人以从事应税活动为目的取得货物或者服务的，为该货物或者服务支付的进项税额，可以从销项税额中全额抵扣。与免税商品或服务有关的进项税额不得从销项税额

---

① 依照马尔代夫《商品及服务税法》第 117 条的规定，"忠诚计划"是指接收货物和服务供应的人可兑换积分的计划。

中抵扣。如未依《商品及服务税法》第41条向登记人购买货物或取得服务的人开具税务发票，则与该货物或服务有关的进项税额不得从本条项下的销项税额中抵扣。纳税的货物如果存在争议，应当在贷记发票或者借记发票中体现，在争端解决之后入账的应当在以后的纳税期间对应纳税额作出必要的调整。

（六）发票管理

如登记人向另一登记人出售货物或提供服务，应在买方或服务接收方要求的28日内开具税务发票。每笔交易只可根据该款发出一份发票。登记人向多人供应商品或者提供服务的，应当以其名义开具税务发票。

除《商品及服务税法》另有规定外，登记人开具的税务发票应记载下列事项：（1）"税务发票"应当醒目；（2）货物销售者或者服务提供者的名称、地址和识别号；（3）货物的购买人或者服务的接受者的姓名、地址和识别号；（4）发票号码；（5）出票日期；（6）所售货物的数量和明细或者提供的服务的明细；（7）货物或者服务的价值，但不包括应纳税额；（8）税额；（9）货物或者服务的总价值（含税），如果税额已包括在货物或者服务的价格中，则应出具这样的声明。

如买方并非登记人，则登记人有权就已出售的货品或提供的服务发出收据，而非税务发票。该收据须包括以下资料：（1）登记人的姓名、地址及编号；（2）付款日期；（3）收据号码；（4）货物的数量及详情，或服务的详情；（5）货物或服务的价值，但不包括所征收的税额；（6）税额；（7）货物或服务的总价值（含税），如税款已包括在货物或服务的价格内，应就此作出声明。

1. 贷记发票

在为交易开具税务发票后，因销售商品或提供服务而产生的交易价值因任何原因下降或减少，贷记发票应签发给该货物的买方或该服务的接收方。该贷记发票应包括以下细节：（1）"贷记发票"必须以突出的方式书写；（2）货品销售者或服务提供者的名称、地址及编号；（3）货物买方或服务接收方的名称、地址；（4）签发日期；（5）贷记发票编号；（6）签发贷记发票的理由；（7）原税务发票编号、日期、发票载明的税额、价值变动后计算的税额以及两者之间的差额。

2. 借记发票

销售商品或者提供服务的交易，在开具该交易的税务发票后，其价值增加或者因故增加的，应向该货物的买方或该等服务的接收方发出借记票据。这种借记票据应包括以下细节：（1）"借记发票"必须以突出的方式书写；（2）货品销售者或服务提供者的名称、地址及编号；（3）货物买方或服务接收方的名称、地址和编号；（4）签发日期；（5）借记发票号码；（6）签发借记发票的理由；（7）税票正本编号、日期、税票载明的税额、价值变动后计算的税额以及两者之间的差额。

登记人在计算应纳税期间的应纳税额时，其填制的贷记发票和借记发票，应按《商品及服务税法》有关税收发票的规定处理。

登记人应保存依《商品及服务税法》制定的规定文件，保存期限为5年。该法所称税务发票、收据、贷记发票、借记发票上的识别号码，如不是通过软件生成的，应当包括预先打印的序号。

（七）罚则

根据税务管理法案，未按时进行纳税登记的，每延迟一天将被处罚50卢菲亚（3.24美元），处罚最高可达5000卢菲亚。

明知、故意、意图逃税或意图协助纳税人逃避税法规定的应纳税款的，处纳税期应纳税额0.5%的罚款，以及从提交纳税申报表或提供信息或缴纳预扣税所需的日期起，每延迟一天，罚款不超过100卢菲亚。涉及刑事犯罪的，将被软禁3个月至1年。

未提交纳税申报表和资料的，处纳税期应纳税额0.5%的罚款，以及从提交纳税申报表或提供信息或缴纳预扣税之日起，处以每延迟一天提高50卢菲亚的罚款。

逾期未缴税款的，自到期付款之日起，每天罚款未付金额的0.05%。

对欺诈行为的罚款适用于申报和支付，从申报要求之日起计算。如果公司没有按照期限提交文件或缴纳罚款，罚款应以累计方式计算。

九十、马耳他
（**Malta**）

（一）基本介绍[①]

马耳他增值税自 1999 年 1 月 1 日开始征收，主管机关为税收委员会办公室（Office of the Commission for Revenue）。

（二）纳税义务人

作为一般规则，专门参与免税无信贷供应（或发生在马耳他境外且不受另一欧盟成员国反向征收机制约束的供应）的马耳他既定应税人无须为马耳他增值税目的进行登记（除了每年超过 1 万欧元的任何欧盟内部货物采购或从非马耳他既定服务提供商处接受应税服务，这两者均触发马耳他增值税登记义务）。

登记门槛：货物为 3.5 万欧元，其他为 3 万欧元；非居民没有登记门槛；亚马逊物流欧洲整合服务（Pan-EU）下的数字服务和货物 OSS 申报为 1 万欧元；欧盟内部收购为 1 万欧元。

（三）应税范围及税率

1. 标准税率的征税对象

除另有规定外，所有的应税货物和服务都适用增值税标准税率 18%。

2. 适用 12% 税率的对象示例

适用 12% 增值税税率的商品和服务包括但不限于：（1）租用游船；（2）某些医疗保健服务；（3）证券托管服务；（4）部分信用及信用担保管理服务。

3. 适用 7% 税率的对象示例

在马耳他，旅游住宿和体育设施适用 7% 的增值税税率。

---

① 本篇资料来自马耳他《增值税法案》。

4. 适用 5% 税率的对象示例

适用 5% 增值税税率的商品和服务包括但不限于：（1）糖果；（2）医疗设施及配件；（3）印刷品（自 2015 年 1 月 1 日起包括电子书和有声书）；（4）电力供应；（5）残疾人专用物品；（6）进口艺术品和收藏的古董。

5. 零税率征税对象示例

适用零税率的商品和服务包括但不限于：（1）食物（不含餐饮）；（2）药品；（3）国际运输；（4）出口货物及相关服务；（5）船舶供给；（6）为马耳他中央银行提供的黄金供给。

6. 免税对象示例

免征增值税的商品和服务包括但不限于：（1）教育；（2）金融服务；（3）卫生、医院等；（4）水；（5）公共邮政；（6）出租不动产；（7）博彩；（8）福利服务；（9）国际客运；（10）某些版权。

（四）应税时间

应课税事项发生的日期及应课税的日期应按以下要求确定：

（1）一般规则：应税时间为货物交付或提供给消费者的日期。就服务而言，应税时间为服务提供日期。如果在此之前开具发票或付款，则此日期为纳税时间。在所有情况下，纳税时间最迟为交付或提供应税供应后的下一个月的 15 日。

（2）反向征收：适用一般规则，纳税时间最迟为供应月的下一个月的 15 日。

（3）连续服务：应税时间为每份合同的付款日期。如果超过 12 个月，在没有开具发票或付款的情况下，以年终的纳税时间为准。

（4）进口：如果货物在进口时被置于海关暂缓征税制度下，则应税事件发生和应税时间为该货物停止受海关暂缓征税制度约束之日。在马耳他自由流通的清关时间，包括从保税仓库放行。

（五）申报与抵扣规则

1. 申报规则

根据增值税法登记的纳税义务人，须在该课税期结束的次月 15 日之前，向税务局局长提交该课税期的报税表，纳税申报单必须在所有重要方面都是完整的，才能被视为已提供。

2. 抵扣规则

（1）一般规定。进项税从销项税中抵扣。进项税包括对在马耳他提供的货物和服务征收的增值税、对进口货物征收的增值税以及对从马耳他境外收取的反向征收服务征收的增值税自行评估。申请进项税抵扣需要满足以下条件：附有税务发票；申请退税的主体必须持有该文件，并在提出要求时向增值税总干事提供该文件；进项税必须在申请人的记录中作出适当的说明。

（2）不得抵扣。购买非商业目的的商品和服务（例如，企业家为私人使用而购买的商品），可能无法收回进项税。此外，一些企业支出项目的进项税可能无法收回。

（3）部分抵扣。登记人经营免税供应品和应税供应品的，不得全额抵扣进项税。这种情况按应税供应品与总供应量的百分比计算。根据第一年的临时税率，然后根据每年应税供应量与总供应量的比较，按确定税率加以调整。最终税率（于第一年年底修订）会在第二年作为临时税率。

（六）发票管理

1. 发票记载事项

税务发票应包括以下详情：（1）开具日期；（2）基于一个或多个系列的序列号，用以唯一识别发票；（3）供货人的名称和地址，以及供货人所依据的价值增值税识别号码；（4）客户的姓名和地址，以及客户的增值税识别号码；（5）供应的货物的数量和性质或提供的服务的范围和性质；（6）供应作出或完成的日期，或在可以确定的范围内，与发票开具日期不同的情况下，支付供应款项的日期；（7）税率或免税的应纳税价值、不含税的单价以及不包括在单价内的任何折扣或回扣；（8）适用的税率；（9）应付增值税金额，但根据马耳他《增值税法案》适用特殊安排的除外；（10）如缴纳增值税的人是另一欧盟成员国的税务代表，要标明该税务代表的增值税身份证号及其全名和地址。

电子发票指包含马耳他《增值税法案》附表12所要求的上述信息，并以任何电子形式发出和接收的发票，任何明确地修改并提及初始发票的文件或信息应视为发票。简化发票应视为税务发票。

2. 记录保存

在马耳他设立的已登记的应纳税人应充分和适当地记录在其经济活动过程中或促进过程中进行的所有交易。对任何交易应纳税的人，或为任何交易而在马耳他《增值税法案》项下登记的人，均应保存该交易完整和适当的记录。通常，这些记录（包括但不限于马耳他《增值税法案》附表11中所规定的信息、文件和账户）应被妥善保存，以确保发票信息得到验证。这些记录、信息、文档和账户自相关年度结束之日应当至少保留6年（或财政部另行规定的特殊期限）。

税务专员有权在记录保存期间要求保存方甚至第三方提供或者删除相关的记录、文件、账户和电子数据的本件或复印件。

（七）罚则

1. 逾期登记

逾期登记的罚款按下列两项中较高的数额计算：（1）在登记后的第一个纳税期间，应纳税额的 1%；（2）逾期登记的每个月（不满一月按一月算）罚款 20 欧元。

在登记后的第一个增值税期间，罚款的上限为应纳税额的 20%。

2. 逾期纳税和申报

拖欠税款的罚款等于以下两项中较大的数额：（1）拖延应纳税额的 1%；（2）每逾期 1 个月或不足一个月的，罚款 20 欧元。

延迟缴纳增值税的利息上限为 250 欧元。目前的利率是每月（不足 1 个月的按 1 个月计）0.54%，但利率是可变的。

3. 错误申报

对于在增值税检查中发现的错误纳税申报表，处以相当于下列金额的罚款：（1）正确的销项税额超出申报的销项税额部分的 20%；（2）申报表中申报的抵扣额超出正确抵扣额部分的 20%。

如果纳税人在增值税部门发现之前主动承认错误，处罚减少到 10%。或者所涉人员与税务专员合作，接受协议并在签署协议后 1 个月内缴纳应缴税款，这一减免也适用。

4. 欺诈

任何人如被裁定在记录、欺诈、虚假陈述等方面有不当行为，可被判处以下刑罚：（1）对某些犯罪行为处以 6000 欧元以上 10000 欧元以下罚款；（2）对所犯某些罪行处以不少于 700 欧元不超过 3500 欧元的罚款。

此外，如果征税额超过 100 欧元，可能会被处以相当于征税额 2 倍的罚款或不超过 6 个月的监禁，或同时处以罚款和监禁。

九十一、墨西哥
（Mexico）

（一）基本介绍[①]

墨西哥于 1980 年引入增值税制度，由公共财政和信贷部（Ministry of Public Finance and Credit）管理。

（二）纳税义务人

根据墨西哥《增值税法》的规定，在墨西哥进行应税交易的个人和单位都应该缴纳增值税。代表数字服务提供者（在墨西哥没有永久机构的外国居民）收取价款和增值税的数字服务中介，将被要求 100% 代扣代缴墨西哥用户（个人或法人）的增值税。

（三）应税范围及税率

1. 应税范围

在墨西哥，增值税适用以下交易：（1）应税人在墨西哥提供的商品或服务；（2）应税人在墨西哥获得的反向征收增值税的服务；（3）从墨西哥境外进口商品；（4）对货物暂时使用或利用的许可；（5）外国居民提供的数字服务。

2. 各增值税税率适用范围

16% 的标准税率适用于所有商品或服务的应税交易，除非具体措施规定了低税率、零税率或免税。

8% 的低税率适用于墨西哥在南部和北部边境地区进行的应税交易。

零税率适用于出口业务和涉及一些基本食品的应税交易，如奶、小麦、肉类、玉米、药物和一些农业服务。

免税交易是指不动产、土地、金融服务、保险、文化展览和活动。墨西哥不允许放弃免税权。

---

① 本篇资料来自墨西哥增值税法律与法规，详见网站 https：//www. sat. gob. mx（accessed on 20240228）。

（四）应税时间

墨西哥的应税时间基于"收付实现制"，即收到客户付款时就有义务计提销项税额，向供应商支付价款时就可以抵扣进项税。

（五）登记、申报与抵扣规则

提供应税服务或货物的企业必须登记增值税，包括拥有常设机构的非居民企业。没有常设机构的非居民企业不得登记，也不能退还增值税。

墨西哥法律规定企业应当按月提交增值税申报表，在下个月的 17 日前提交申报表并缴纳应缴的增值税款。

取得有效发票的进项税额可以抵扣销项税，如果进项税额大于销项税额，纳税人可以在 5 年内选择直接退税或者留抵下期税额。

（六）发票管理

纳税人对其进行的包括出口业务在内的应税交易必须提供增值税电子发票。发票上应当注明以下信息：供应商的名称、地址和税号；签发日期和地点；产品或服务的信息；客户信息；价款和增值税详细信息；进口客户文件的详细说明；墨西哥中央银行汇率（外币支付才需注明此项）。墨西哥强制使用电子发票，纳税人必须通过税务管理部门的网页开具电子发票且至少保存 5 年。

贷记发票可用于减少对商品和服务给付征收的增值税。贷记发票必须包含与销售发票相同的信息。

对于没有常设机构的非居民企业，如数字服务提供商可以开具 PDF 格式的简易发票，而不是标准的电子发票。简易发票的内容应当包括：开票人的名称；开票人所在国家和城市；开票人的税务登记号；不含增值税的价款；收取的增值税款；所提供服务的信息；发票的签发日期；客户的增值税税务登记号。

（七）罚则

对逾期登记的处罚。纳税人逾期登记，可能被处以 3870～11600 比索罚款，数字服务提供商不遵守登记义务可能会被税务局关闭提供服务的互联网网页。

逾期付款和申报的处罚。纳税人逾期付款或申报可能会被处以税额 1.47% 的罚款，如果纳税人自愿改正错误或者是由于不可抗力造成的则不会被罚款。

对欺诈行为的处罚。税务欺诈可能涉及刑事犯罪，所处罚款可能是国家损失税款的一定比率，也可能是一个特定的数额。税务犯罪也可根据实际情况判处纳税人 3 个月至 9 年或更长的刑期。

九十二、摩尔多瓦
（Moldova）

（一）基本介绍[①]

摩尔多瓦于 1998 年引入增值税制度，由国家税务局管理。

（二）纳税义务人

摩尔多瓦《税法》第 94 条规定，增值税纳税义务人是指在摩尔多瓦登记增值税的个人或法律实体。在摩尔多瓦有固定营业场所或定期开展商业或专业业务的企业必须登记增值税。

（三）应税范围及税率

1. 应税范围

摩尔多瓦《税法》第 95 条规定增值税适用以下交易：（1）应税人在摩尔多瓦提供的商品或服务；（2）适用反向征税机制的服务；（3）货物进口；（4）非居民企业通过网络向摩尔多瓦个人提供的数字服务；（5）使用反向征税机制从应税人处购买质押财产、抵押财产和没收财产；（6）使用反向征税机制在破产程序中申报的纳税人购买的财产。

2. 各增值税税率适用对象

摩尔多瓦《税法》第 96 条规定增值税税率的适用如下：

（1）20% 的标准税率适用于所有商品或服务的应税交易，除非具体措施规定了低税率、零税率或免税。

（2）8% 税率适用于乳制品、农产品、药品和烘焙食品等。自 2023 年 8 月 10 日起，酒店、餐厅和咖啡馆的增值税税率从 12% 降至 8%。

---

① 本篇资料来自摩尔多瓦共和国税法，详见网站 https：//sfs. md/en/page/tax-code（accessed on 20240228）。

（3）零税率适用于货物和相关服务的出口、旅客和货物的国际运输服务、电力和火力发电业务以及向公众供水服务。

（4）免税适用于涉及建筑和土地、汽车、拖拉机和其他农业机械、儿童食品、金融服务、教育服务、保险、博彩、书籍和期刊的免税交易。摩尔多瓦不允许放弃免税权。

（四） 应税时间和应税地点

摩尔多瓦的应税时间指的是收到款项、开具发票、完成交易三者中的最早时间。纳税人应当按月缴纳增值税款。

货物的应税地点指的是货物的交付地、起运地、货物移交地或者货物接收地（适用于电力、暖气和天然气）。服务的应税地点因提供的不同服务而不同。具体可见摩尔多瓦《税法》第111条。

（五） 登记、申报与抵扣规则

摩尔多瓦《税法》第112条规定，从事应税交易的主体，除了公共机关以及公共教育机构，在连续12个月内营业额超过120万摩列伊（摩尔多瓦货币）的纳税人有强制登记义务。对于自愿登记的纳税人，无论其营业额多少，都可以自愿登记为增值税纳税人。

增值税纳税人必须提交电子纳税申报表，且增值税款应在下月25日之前缴纳。通过互联网向摩尔多瓦居民个人提供服务的非居民企业必须在国家税务局的电子系统内遵循简化的注册程序。且需要在每一季度结束的下个月25日之前缴纳相关的增值税税额。

取得有效凭证的进项税额可以抵扣销项税额，摩尔多瓦没有规定进项税额的抵扣时间限制，即一般情况下进项税额可以无限期结转下期抵扣，但是某些情况下有6年的时间限制。

（六） 发票管理

摩尔多瓦《税法》第117条规定，一般情况下，纳税人在进行应税交易时必须开具发票。在摩尔多瓦，电子发票对某些纳税人是强制性的。自2021年1月1日起，涉及公共采购的应税交易，纳税人必须向买方出示电子发票（本款规定不适用于电力、热力、天然气、电子通信服务和公用事业服务的给付）。其他应税人可以自愿使用电子发票。使用电子发票的纳税人应注册为电子税务服务的用户，并签发数字签名或电子签名。

税务发票应当含有以下信息：发票编号、供应商的名称和地址、发票签发日期、交货日期（如果交货日期与发票的开具日期不一致就需要此项信息）、买方的名称和地址、交付类型、价款、增值税税额和税率。

（七）罚则

未登记或逾期登记增值税的纳税义务人，将被处以应税交易营业额7%～10%的罚款。

不遵守税务报告编制和申报规则的纳税义务人，包括不申报、延迟申报或申报不真实的信息，将被处以罚款，对每次税务逾期处以500～1000摩列伊的罚款，最高罚款金额不超过10000摩列伊。

纳税人逃避计算和缴纳增值税的行为将被处以相应增值税金额80%～100%的罚款。

九十三、蒙古
（Mongolia）

① 本篇资料来自蒙古《增值税法》。

（一）基本介绍①

蒙古自 1998 年 7 月 1 日开始征收增值税，主管机关为财政部（Ministry of Finance of Mongolia）和税务局（Mongolian Tax Authority）。

（二）纳税义务人

销售收入每年超过 5000 万图格里克的任何实体或个人须缴纳增值税。自愿注册的门槛是销售收入达到 1000 万图格里克。固定资产的销售不计入增值税登记起征点。

（三）应税范围及税率

1. 标准税率的征税对象

除另有规定外，所有的应税货物和服务都适用增值税的标准税率 10%。包括：（1）在蒙古境内销售的所有类型的商品、工程和服务；（2）从外国司法管辖区进口到蒙古的所有类型的货物、工程和服务；（3）其他类型的商品、工程和服务，其供应品不符合增值税零税率或免税条件等。

2. 零税率征税对象示例

适用零税率的商品和服务包括但不限于：（1）从蒙古境内报关出口的货物；（2）根据蒙古参与的国际协定，从蒙古到外国、从外国到蒙古、外国从蒙古过境到其他国家的国际客、货运输服务；（3）境外提供的服务（包括免税服务）；（4）向蒙古非居民提供的服务（其中包含免税服务）；（5）向国际航运和国内外航班提供的导航、技术、燃料、清洁服务及在飞行阶段向机组人员和旅客提供的餐饮服务；（6）应蒙古政府和蒙古银行的要求，制造的勋章、纸币和硬币；（7）矿产品最终成品。

3. 免征增值税的货物示例

在蒙古免征增值税的货物包括但不限于：（1）海关批准的免税限额内通过旅客自身携带的个人物品；（2）常驻蒙古的外交官员、大使馆、联合国组织及其分支机构所需进口货物；（3）外国政府、国际组织和人道主义的无偿援助、提供优惠贷款购买的物品；（4）用于残疾人的专用器具、机械、交通工具；（5）武装力量、警察、国防、判决执行机关所需进口武器、专用机械设备；（6）民航飞行器及其配件；（7）销售住宅的房屋或其组成部分；（8）医疗所需血液、血制品、器官；（9）气体燃料及其容器、专用器具、机械、机器、设备；（10）销售的黄金；（11）科学研究试验产品；（12）除出口货物适用零税率以外的其他矿产品；（13）销售的报纸；（14）银行、非银行金融机构和其他法人为银行、专业公司、住宅投资公司提供资产，为证券的发行而转借的贷款及融资租赁合同所产生或主张的其他权利；（15）农民在国内种植销售的农产品、土豆、蔬菜、水果和加工的面粉；（16）用国内原材料在蒙古境内加工储备并在国内销售的奶制品；（17）蒙古境内生产及销售的中小企业生产所需设备及配件；（18）按科技创新项目在国内外市场上生产新产品所需国内不生产的原料、材料、反应物；（19）进口的木材、圆木、原木、木板、木材半成品；（20）出口的羊毛、梳洗羊毛、皮革；（21）研究、恢复文化遗产所需材料、技术、设备、物品、工具等；（22）蒙古驻外外交官及大使馆因公务或其工作人员个人需要购买的货物、劳务、服务在该国享受免税待遇的，该国在蒙古的外交官及大使馆因公务或其工作人员个人需要而在蒙古境内购买的货物、劳务、服务；（23）价格不超过最低劳务报酬10倍、不超过移动电脑价格30倍的、以个人名义邮寄的同类产品不超过两个的国际邮件；（24）协议签订人及辅助签订人在勘探期和使用前5年进口的用于石油、非传统石油相关经营业务的专用机器、设备、设施、技术器材、原材料、化学物品、易爆物品、备用品；（25）石油、非传统石油相关报告材料、样品和石油；（26）在旅客互贸区购买的价值300万图格里克以内的货物；（27）可再生动力研究和生产设施设备及附属器具、备用品。

4. 免征增值税的服务示例

在蒙古，免征增值税的服务包括但不限于：（1）外汇兑换服务；（2）收款、转账、担保、追偿、票据及存折有关银行服务；（3）保险、保险中介、双保险、资产登记服务；（4）发行、转让、销售、接收证券、股票及对其提供的担保服务；（5）在一级、二级市场和非交易市场登记、发行、转让、销售、接收、存储金融工具并为其提供的担保服务；（6）借贷服务；（7）支付社会医疗保险基金存款利息和转账服务；（8）支付银行、非金融机构和存贷合作社的贷款利息及融资租赁利息、分红、贷款担保费、保险合同服务费的业务；（9）住宅整体或部分出租服务；（10）具有资质的公民和法人从事许可范围内的教学、技术培训服务；（11）医疗服务；（12）宗教机构的服务；（13）政府服务，包括中央政府及其直属部门和预算内机构的服务；（14）《蒙古国道路运输法》所指的公交服务；（15）从事旅游业的法人与外国旅游公司签订合同，向外国旅客提供接待旅客、宣传、规划、办理相关手续等（旅行社）服务；（16）恢复文化遗产服务；（17）殡葬服务；（18）国家预算拨款的未来遗产基金收入、基金投资收入；（19）兽医服务；（20）公证服务。

（四）应税时间

（1）按下列行为最早发生的日期计征销售商品、完成劳务、提供服务的增值税：销售方填写销售发票的日期；销售方接收出售货款、劳务报酬、服务费用的日期；购买商品、劳务、服务的日期。

（2）对供电、供暖、供气、供水和提供邮政、通信以及其他固定服务行为，以填写发票或收到偿付较早者为计征日期。

（3）停止生产、劳务及服务而被注销增值税纳税人资格时，从业务资产中留作自用的商品，计征增值税时以留作自用日为准。

（4）进口货物以报关日为计征日。

（5）零售商以每月、批发商以每次填写发票日期为计征日。

（五）申报与抵扣规则

1. 申报规则

蒙古对增值税实行按月申报，纳税抵扣人应于下一个月 10 日前按上述应税时间认定规则将销售货物、劳务、服务的税款转入财政统一账户，并按审批的格式向管辖税务机关报送税务报表。同时，增值税扣缴义务人的纳税义务发生时间为取得扣缴义务人证书之日起计算。

2. 抵扣规则

蒙古增值税采取进项税额抵扣法，即为销售商品及提供劳务所缴纳的增值税可以抵扣增值税销项税额，但必须通过相关票据加以证实。进项税额超过销项税额的部分通常可以留抵、退税或抵扣其他税项。在实践中，虽然制定了在一定条件下的退税规定，但一般难以实现。不可抵扣的进项税额包括进口或购买汽车及其零配件、为个人或雇员购置的货物或服务、为特殊的生产用途进口或购买的货物及劳务中缴纳的增值税等。另外，《蒙古国增值税法》中未明确规定视同销售行为。

准予抵扣增值税进项税额的行为包括：（1）在蒙古境内进行生产、服务而购买的货物、提供的劳务及服务所缴纳的增值税；（2）为销售或生产、服务而直接进口货物所缴纳的增值税；（3）从递交增值税扣缴义务人申请至登记完成期间进口或从他人处购买的货物、劳务及服务所缴纳的增值税；（4）从事农牧业生产的个人、企业将自备或种植、未加工的肉、奶、蛋、皮革、蔬菜、水果及国内加工的面粉向国内生产厂家销售的，视其价格已含10%的增值税，从购买方应缴增值税中予以等额核减；（5）为建造固定资产而进口或购买的货物、劳务、服务所缴纳的增值税，以及直接进口或购买的固定资产所缴纳的增值税，按下列期限平均等额核减：建筑物、构造物按10年；机械设备按5年（其中包括进行勘探所需工具）；其他固定资产直接核减。

不予抵扣增值税进项税额的行为包括：（1）进口或购进免征增值税的货物、劳务及服务所缴纳的增值税；（2）扣缴义务人取得的凭据、发票或财务记账等其他凭证中不反映供货方缴纳增值税；（3）小轿车及其配件、零部件；（4）自用或用于职员需求而购买的货物、劳务及服务；（5）进口或购买与生产、销售无关的货物、劳务及服务；（6）开展勘探业务和为开采准备工作而购买或进口的所需货物、劳务及服务。

增值税抵扣额大于当月应纳税额的，税务机关按下列情况予以调整：结转下一个月进行税款结算，或根据法律与应缴国家和地方预算的其他税种合并结算。

（六）发票管理

税务发票应包括以下详情：（1）双方的名称和注册号（如适用）；（2）文件签发日期；（3）货物名称、劳务和服务以及相应的代码、计量和数量；（4）不可重复的发票号码；（5）货物、劳务和服务总额，不含增值税；（6）增值税金额；（7）总金额，包括增值税。

（七）罚则

蒙古《一般税法》第84条规定，如果由于以下作为或不作为而减少应纳税额或未缴纳税款，应追缴应纳税款，并按应纳税款的40%处以罚款：（1）如果个人或法人实体符合蒙古《增值税法》规定的增值税预扣税登记要求，但未进行登记，并且生产和/或销售货物、提供劳务和/或提供服务；（2）如果注册为增值税预扣税人的个人或法人实体未能对生产和/或销售的商品、提供劳务和/或提供的服务征收增值税；（3）如果增值税预扣税人对其制造和/或销售的商品、提供劳务和/或提供的服务收取增值税，但未将其上交给有关部门；（4）未登记为增值税预扣税人的个人或法人实体生产和/或销售商品、提供劳务和/或提供服务并收取增值税，但未缴纳增值税；（5）增值税发票与收据不一致，或未能开具发票和收据以减少应缴增值税或增加退税金额时。

对于再次违反规定的违规行为，先前因税务审计而重新评估的税款，应处以重新评估税款的50%的罚款。

九十四、摩洛哥
（Morocco）

（一）基本介绍[①]

摩洛哥增值税自 1986 年 1 月 1 日起开征，主管机关为税务总局（The General Tax Administration）。

（二）纳税义务人

1. 税务登记

纳税义务人是进行应税交易的个人或法人实体。应税交易是涉及销售或进口应缴纳增值税的商品或服务的交易，即使此类交易仅发生一次。在摩洛哥缴纳增值税的人必须在当地税务局登记。摩洛哥的纳税人登记制度主要是为了企业所得税的管理，因此所有企业都需要进行纳税登记，但是农产品（非转化）、非商业活动、非工业活动和民事行为不属于登记的范围。纳税人应将登记申请书交所在地税务机关办理。自通知之日起30 日内生效。

2. 反向征收

执行应税活动的非居民实体必须在摩洛哥指定税务代表，以履行其义务，并代表其向税务当局缴纳应税款项。外国单位未指定税务代表的，适用反向征收机制。该机制规定，如果没有指定税务代表，摩洛哥购买方必须使用其自身的税务 ID 号代表其外国供应商进行税务申报和缴纳。也就是说，如果摩洛哥购买方代表其向税务机关申报并缴纳税款，那么非居民公司的登记就不具有强制性。摩洛哥的特别反向征收制度允许应纳税人申报并缴纳不需缴纳增值税或免缴增值税的供应商处购买的商品和服务的增值税。

---

① 摩洛哥税务总局是经济和财政部的一部分。它的主要任务是确保税收。它负责州税的评估和征收、关税和其他费用的征收以及决定征收的基础。摩洛哥州税包括：公司税、所得税、增值税、登记税和印花税。本篇如未特别注明，资料均来自摩洛哥《财政法案》（Finance Bill 2024）。

（三）应税范围及税率

1. 标准税率适用对象

增值税是一种营业额税，适用于摩洛哥的工业、商业或个体经营，或专业服务的绩效，以及进口。摩洛哥标准增值税税率为20%，适用于所有涉及在摩洛哥提供货物和服务的交易以及进口货物和服务，包括货物供应或进口货物的所有交易。除另有规定外，商品或服务都适用20%的标准税率。

2. 税率调整示例

摩洛哥增值税税率从2024年开始逐步调整，最终实现两种税率：10%和20%。例如，电能的增值税税率将从14%提高至16%，并逐渐于2026年提高至20%；生产出售的可再生能源发电增值税税率将于2025年从14%降低至10%；任何直接代理人或保险经纪人向保险公司提交的合同所提供的保险服务将从14%逐步降低至10%；精制糖、经济型轿车及其制造和组装服务中使用的所有产品和材料将从7%逐步提高至10%；城市运输业务和道路客运及货物运输服务将逐步降低至10%，其他客运和货物运输业务将从14%逐步于2026年提高至20%。

3. 零税率征税对象示例

适用增值税零税率的商品和服务包括但不限于：（1）出口货物、服务；（2）离岸银行进行某些特定业务，例如利息和佣金；（3）向自由贸易区设立的公司提供商品和服务；（4）特定农业机械；（5）24个月内获得的计入固定资产的投资品。

（四）应税时间[1]

应税时间一般对应于付款的时间。摩洛哥税法规定，税收义务发生时间为收到现金的日期。

摩洛哥税法提供了一种可选制度，根据该制度，在开具发票或交易记入卖方的账户（以较早者为准）时应缴纳增值税。但是，如果付款先于开票，则付款时间构成应税时间。

任何想要使用可选系统的纳税人必须在1月1日之前向税务局提交声明。申报单必须附上应税人的客户名单，列出每个客户的未结算增值税。新注册的纳税人必须在其活动开始后一个月内进行申报。

---

[1] 详见摩洛哥《一般税法典》。

（五）申报与抵扣规则[①]

1. 纳税申报期间

以下纳税人必须每月提交增值税申报表：前一年应税营业额为 100 万迪拉姆或更多的纳税人；在摩洛哥进行应税活动的非居民。

以下纳税人必须提交季度增值税纳税申报：纳税人的前一年度应税营业额少于 100 万迪拉姆；纳税人季节性通过机构开展营业，定期或偶尔进行营业活动；新登记纳税人在第一年的活动。

上述纳税人可在 1 月 31 日前向税务机关提出申请，选择按月申报。使用电话报税及电话缴费系统的纳税人，必须在有关月份或季度结束后一个月内提交报税表。其他纳税人必须在有关月份或季度下一个月的 20 日前提交报税表。

2. 进项税抵扣

进项税是企业为经营目的而取得货物和劳务的进项税。应税人员一般通过从销项税中抵扣来收回进项税。进项税包括在摩洛哥购买的货物和服务的进项税和进口货物的进项税。

3. 不得抵扣

进项税不能在购买非商业目的的商品和服务时收回，而这些商品和服务在企业所得税中被认为是不可抵扣的支出。但可抵扣的金额存在上限，即每个纳税人每天最高 5000 迪拉姆，每月最高 50000 迪拉姆，超过部分不得抵扣，除非通过支票、汇票、磁性支付方式、银行转账、电子程序或补偿方式进行结算。

4. 部分抵扣

应税给付和有抵扣权的免税给付，准予进项税额抵扣。应税人同时提供应税给付和免税给付的，只能收回与有抵扣权的应税给付和免税给付有关的进项税。计算公式为：

可抵扣进项税额 = 应税营业额 ÷（应税营业额 + 免税营业额）

（六）发票管理

摩洛哥应税人员必须为向其他应税人员提供的应税给付（包括出口商品）提供发票。接收者必须保留发票的复印件。

在摩洛哥，应纳税人必须为缴纳增值税保留以下记录：销售发票或销售收据的副本；费用和投资的证明文件；税务审计所需的会计文件（特别是记录业务的账簿）；总账；库存簿（详细库存，如果它们没有完整复制到这本书）；日记本；以及客户和供应

---

① 详见摩洛哥《一般税法典》。

商档案；以及现行法律或法规提供的任何其他文件。

对于提供给非纳税人（即私人）的交易，收据可用作发票。此类收据必须至少包含以下信息：（1）交易日期；（2）卖方或服务提供商的身份证明，包括增值税号和公司标识；（3）商品或服务的描述；（4）数量和售价，并在可注明的情况下注明增值税，包括税率。

（七）罚则

1. 逾期登记

逾期提交公司存续声明会被罚款 1000 迪拉姆。此外，在登记前的一段时间内应缴增值税额到期，将会导致逾期申报并随之产生罚款。

2. 逾期申报和纳税

逾期提交纳税申报表将按照如下规则进行处理：（1）逾期 30 日以内，处以应纳税额 5% 的罚款；（2）逾期超过 30 日，处以应纳税额 15% 的罚款。

请注意，如因未申报而需重新核定税款，上述罚款将增加 20%。在税务审计的情况下，适用的罚款增加到 30%。如果尚未到期，罚款为 500 迪拉姆。

逾期缴纳税款将处以应缴税款的 20% 的罚款，此外第一个月内滞纳税款收取额外 5% 的滞纳金，且随后每个月增加 0.5%。当进项税在同一时期超过销项税时，就会在税收返还中为纳税人产生税收抵扣。然而，如果迟延申报，那么在此期间的进项税将减少 15%。在没有豁免的情况下，如果不遵守电子申报和付款的义务，将增加 1% 的税款。

3. 申报错误

税务机关发现纳税申报有重大错误的，应当书面通知纳税人，请其自收到书面通知之日起 30 日内补正。如延迟申报，须缴付 5% 的附加费。如果修正导致需缴纳附加费用，需要在应纳税款基础上加收以下费用：（1）应纳税款 10% 的罚款；（2）为第一个月的延期行为支付 5% 的附加费；（3）每多延期一个月，增加支付应纳税款 0.5% 的附加费（不足 1 个月的按照 1 个月计算）。

在税务审计的框架下，若纳税人调整其一个财政年度的营业额，除上述罚款和滞纳金外，还应加收应纳税款 30% 的附加费。如果纳税人是恶意的，则适用税收欺诈规则。此外，若纳税人未以电子形式保存会计文件或其副本达 10 年或未以纸质形式保存会计文件，则可被处以每财政年度 5 万迪拉姆的罚款。

4. 税收欺诈

任何建议纳税人实施税收欺诈或参与实施税收欺诈的行为将会被处与应纳税额等同的罚款。除非税务顾问被证明直接参与了税收欺诈，否则不会对税务顾问进行处罚。

九十五、缅甸
（Myanmar）

（一）基本介绍[①]

缅甸商业税自 1990 年 3 月 31 日起开征，主管机关为财政和税务部（Ministry of Finance and Revenue）。

（二）纳税义务人

纳税人进行商业税登记必须在开始营业前一个月办理。开办货物生产企业或服务企业，应在该企业开业时，按规定向有关地方税务机关提交通知，地方税务机关可通知任何人在其企业按照规定开业时进行登记或提供通知函。乡镇税收官经审查应当向登记纳税人颁发《登记证》，纳税人应当将颁发的《登记证》悬挂在主要工作场所，并将《登记证》副本悬挂在各分支企业的营业场所，供公众查阅。

纳税人应自下列情形之一发生之日起 15 日内，连同登记证，书面通知有关地方税务机关：转让企业所有权，出售企业的全部或部分，并以任何方式转让；企业终止、企业地址变更、新设工作场所；变更企业名称和类别。

（三）应税范围及税率

缅甸《商业税法》规定，在其附表中所述国内生产的货物、开展的服务应当征税，其附表所列的进口货物也应当征税，由有关生产者、服务提供者或进口商负责缴纳。经联邦政府批准，财政和税收部可以修改、增加《商业税法》附表的项目或者税率，对任何类别的货物、服务或财产给予免税或减免。

1. 适用标准税率的对象示例

适用商业税标准税率 5% 的商品和服务包括但不限于：（1）销售、进口货物，进口

---

① 本篇资料来自缅甸《商业税法》（The Commercial Tax Law）。

货物按到岸成本计税；（2）销售境内生产的货物；（3）提供服务。

2. 其他税率适用对象

（1）8% 征税对象示例：出口电力。

（2）3% 征税对象示例：在缅甸开发和销售的建筑；酒店和旅游服务的收入。

（3）1% 征税对象示例：销售黄金首饰。

（4）零税率征税对象示例：出口货物的销售。

3. 免税对象示例

（1）免税货物：包括稻谷、大米、软麸、粗糠、稻壳；玉米和豆类；花生油、芝麻油；新鲜水果、蔬菜、鱼、虾和肉；肥料、杀虫剂；农场机器、设备及其零部件；太阳能电池板、太阳能充电器和逆变器；用于药品的原材料，包括传统药品；飞机和直升机及其零部件；（出境）飞机的喷气燃料；根据退税安排进口的货物或临时入场货物等。

（2）免税服务：包括人寿保险服务、小额信贷服务、医疗保健服务（不包括整容手术）、教育服务、货物运输服务（管道运输除外）、缅甸中央银行许可的银行和金融服务、资本市场服务、海关清关服务、殡仪服务、支付给政府机构的许可费、托儿服务、缅甸传统按摩和盲人按摩、通行费收取服务等。此外，宗教、慈善组织单纯为宗教、慈善目的生产、销售的商品或者提供的服务，不适用本法规定。

（四）申报与抵扣规则

1. 申报规定

任何在 1 年内因销售货物或服务而应税的人，应在该月结束后 10 日内缴付每月应缴的税款。此外，应在 3 个月结束后的 1 个月内向相关地方税务机关提供 3 个月的申报表。

任何在 1 年内对销售或服务收入进行纳税的人，应在相关年度结束后 3 个月内向地方税务机关提交该年度的年度申报表。如果有理由认为，任何人在 1 年内的销售或营业收入应纳税，乡镇税收官员可要求其提交年度申报表。如提供的年度纳税申报表有错误或遗漏，当局可在税务评估时要求更正该申报表。

进口货物的应纳税额，由海关按照征收关税的方式与关税一并征收。

2. 抵扣规则

应税人员可以收回其为经营目的供应的大部分货物所缴纳的进项税，包括生产销售的货物、贸易货物和进口货物。一般来说，应税人员从销项税中抵扣进项税，即从所提供的货物/服务中抵扣进项税。进项税包括对缅甸供应的货物收取的进项税和对进口到缅甸的货物缴纳的进项税。此外，进项税也可以从劳务上收回。

企业家购买非商业目的而是为私人使用的商品，不产生抵扣进项税的权利。在业务的固定资产或资本资产上所缴纳的销项税不导致收回所缴纳的进项税。不得抵扣的部分：生产制成品时原材料的损坏和损失；半成品的损坏和损失；贸易货物的损坏和损失；固定资产或资本资产的商业税。

对于应税和免税给付的进项税都需要分摊，并没有具体的规定。一般业务管理费用的进项税额，可以抵扣销项税额。超出的进项税额不予退还，但在某些情况下（如预付租金），可结转下期。如果企业生产商业税免税供应品，在购买时产生的进项税，可以作为企业所得税计算的可抵扣税。

3. 退税制度

如果地方税务机关确信在《商业税法》第13条下提供的年度申报表是正确和完整的，与销售或从服务中收取有关，其可以根据该申报表评估税收。如果无法从评估官提交的账目和文件中正确地获得销售或营业收入，地方税务机关应在审查其他必要的证据和文件后进行税务评估。如果纳税人未能提交年度申报表、账目和文件或接受检查，乡镇税收官员可以根据收集的信息估计和评估税收。乡镇税收官员可以传唤和检查任何人，并要求提供必要的资料，然后才征税。纳税人可以证明已缴税款超过应缴税款的，或者经乡镇税收官员发现的，应当退还差额部分。纳税人有权在收到退税通知后一年内提出要求。

（五）发票管理

缅甸《商业税法》对开具发票没有具体的时间要求。但是实际上，发票应在货物和服务供应时开具。《商业税法》没有规定发票的形式，但规定发票应包括以下内容：发票号码；纳税人名称；供应商、接收方地址和登记证书号码；交易日期；商品和服务的名称、类型和数量，商品或服务的价格、数量和税率；应纳税额。

（六）罚则

纳税人无充分理由出现以下情形，会被处以应纳税额10%的罚款：（1）未登记；（2）未向税务机关发出企业开始营业的通知；（3）未在规定时间内提交申报表；（4）未能根据申报表按期缴纳税款；（5）未遵守税务机关发出的通知书的要求，接受相关评估和审查；（6）未在规定天数内缴纳税款或延长缴纳税款的期限；（7）未能提交规定的账目。

纳税人为逃税或减少缴纳税款隐瞒销售或服务收入被发现后，纳税人如在规定时间内予以全部披露，则除应纳税款外，还应额外缴纳相当于因隐瞒收入而少缴的税额的罚款；纳税人如果未在规定时间内披露，或披露不足，可能被起诉定罪，处于不超过1年的监禁或（和）不超过 10 万缅币的罚款。任何人如被发现提供虚假申报表，或出示虚假或明知为虚假的账簿及账目报表，具有欺诈目的的，将被处以等同于应纳税额的罚款，若被起诉定罪，将被处以不超过 3 年的监禁或（和）不超过 30 万缅币的罚款。

纳税人逃税可能将被处以 7 年监禁或（和）25 万缅币与逃税金额两者中较高者的罚款。

任何人犯有下列与《商业税法》有关的罪行之一，应经有关当局许可加以起诉，经定罪后，应处 3 ~ 7 年有期徒刑：（1）企图行贿或受贿；（2）教唆行贿或受贿；（3）出于不诚实的或欺骗的意图，滥用《商业税法》所赋予的任何权力。

九十六、莫桑比克
（Mozambique）

（一）基本介绍[①]

莫桑比克增值税主管部门为税务局（the Tax Authority of Mozambique）。

（二）纳税义务人

1. 纳税人登记

应纳税人是应缴纳增值税的企业实体或个人，包括以下情形：（1）国家，仅包括以特别显著的方式（包括电信、水、燃气和电力分配、交通、港口和机场、电视和广播等）开展的国家活动；（2）进口商；（3）任何独立和定期开展经济活动的人；（4）任何偶然开展经营活动的人；（5）非居民进行经营活动；（6）任何不正当地通过发票收取增值税的人。

2. 反向征收

在莫桑比克，当接收方为应纳税个人时，由在莫桑比克没有总部、常设机构或住所的供应商提供的服务需通过反向征收机制缴纳增值税。但是，如果上述服务的提供者是莫桑比克居民实体，而接收方为外国实体，则上述服务将无须缴纳增值税。

适用增值税反向征收机制的服务提供包括但不限于：（1）版权、许可证、商标等权利的让与或授权使用；（2）广告服务；（3）电信服务；（4）顾问、工程师、律师、经济学家和会计师提供的服务，以及多个领域的研究所提供的服务；（5）信息和数据供应；（6）银行、金融、保险和再保险业务；（7）以第三方的名义并代表第三方提供服务的中介服务；（8）动产租赁和出租（包括金融租赁）；（9）以电子方式提供的服务。

如果上述服务的外国供应商没有在莫桑比克指定税务代表以履行纳税义务，则必须由买方（莫桑比克税务居民实体和增值税纳税人）申报增值税。这意味着，如果买方

[①] 本篇资料来自莫桑比克政府网站，http://www.at.gov.mz/eng/Legislation/Fiscal-Legislation（accessed on 20240228）。

有权申报进项增值税，则无须向多边贸易协定支付或申报额外的增值税，即在正常情况下，增值税反向征收机制不会影响现金流。

3. 特殊规则

（1）小企业特殊增值税制度。没有或没有义务维持正式记账且不参与进出口交易且年营业额不超过 75 万梅蒂卡尔（MZN）的实体免缴增值税，且进项增值税不能抵扣。这一规则也适用于旅行社和旅游组织者以及二手商品贸易。

（2）增值税简易制度。增值税简易制度适用于没有或没有义务维持正式记账且不参与进出口交易的实体，年营业额在 75 万～250 万梅蒂卡尔之间的实体，实体必须缴纳 5% 的增值税，且进项增值税不能抵扣。

（三）应税范围及税率

1. 标准税率

除另有规定外，所有的应税货物和服务都适用增值税标准税率 16%。

2. 适用 5% 税率的对象

适用增值税 5% 税率的商品和服务包括：（1）私营实体提供的医疗保健服务及相关业务；（2）教学或培训服务；（3）私营实体的货物转让；（4）学校或高等教育科目的个人授课服务。

3. 适用零税率的对象

适用增值税零税率的商品和服务包括：（1）出口及相关服务和国际运输；（2）国际运输船舶和飞机的供应和服务；（3）客船或在公海从事商业、工业或渔业活动的船只的转让、货运或租赁、海上援助和沿海捕鱼。

4. 免税对象

适用增值税免税的商品和服务包括：（1）银行、金融、保险和再保险服务；（2）住宅物业租赁；（3）农业、林业和渔业经营活动范围内的货物转让；（4）残疾人物品的转让；（5）医疗、卫生、垃圾清运、教育、殡葬和救护车运输服务和公共机构提供的教育服务及相关商品；（6）非营利组织或公共实体的服务和商品（包括社会援助、体育和文化活动、博物馆和国有公园的导游服务）；（7）国家或非营利实体提供的服务、文化、教育或技术报纸、杂志和书籍；（8）宗教或哲学实体提供的员工；（9）糖和某些糖类产品；（10）食用油和肥皂的运输，以及相关经营活动产生的商品的运输；（11）博彩业。

（四）抵扣制度

纳税人的进项税应在发票日期后 90 日内申报。如果存在应税交易与免税交易混合的情况，进项增值税应通过比例法或直接分配法进行分摊。后者只能在税务机关事先批准的情况下适用。

1. 不可抵扣进项税的项目

以下项目不能抵扣进项增值税：（1）乘用车、游艇、直升机、飞机和摩托车；（2）用于汽车的燃料和50%的柴油燃料（用于农用拖拉机和运送乘客和货物的大型车辆的柴油完全可以抵扣）；（3）商务费用旅行；（4）娱乐，包括住宿、食物、饮料和烟草；（5）电话通信费用，除非与固定公司电话相关；（6）奢侈品和交际费用。

2. 申请退税应满足的条件

纳税人可以申请增值税退税或请求结转下期用作应纳税额抵扣。但是申请直接退税需要满足以下要求之一，且退税申请通常会触发税务机关的税务检查：（1）在超额纳税后的4个月，纳税人仍有超过10万梅蒂卡尔的进项税；（2）纳税人停止经营业务；（3）企业转变为专门从事不产生抵扣权的业务，或者选择不同于正常税收计划的税收计划；（4）按照当年的抵扣顺序，税收抵扣额超过50万梅蒂卡尔；（5）如果出口商提出申请，税收抵扣额超过2万梅蒂卡尔；（6）如果纳税人在产生抵扣的纳税期有超过12个月的税收抵扣，则必须申请至少50%的增值税抵扣。

（五）发票管理

发票应以莫桑比克的货币开具；然而，它可以以双重货币发行（即莫桑比克货币和任何其他货币）。应使用莫桑比克中央银行提供的销售汇率，也接受当地银行的汇率。所有发票应使用葡萄牙语，或者同时使用英语和葡萄牙语。

（六）罚则

未能按期登记的纳税人将被处以3000～260000梅蒂卡尔的罚款。纳税人未在规定期限内提交增值税申报表的，将被处以6000～130000梅蒂卡尔的罚款，此外，还可能被处以应纳税额加倍的罚款。在自愿申报的情况下，罚款最高可减少10%。除罚款和应纳税款外，逾期付款还需支付利息。税收欺诈可被处以3万～50万梅蒂卡尔的罚款，如发生二次税收欺诈行为，纳税人还可处以2年监禁。特定条件下，税收欺诈可被处以10万～350万梅蒂卡尔的罚款和2～8年的监禁。如果欺诈的应缴税款超过50万梅蒂卡尔，将被处以50万～300万梅蒂卡尔的罚款。拒绝或阻碍税务审计将被处以2.5万～35万梅蒂卡尔的罚款，再犯者可判处2年监禁。意图不偿还税款而损坏、遗漏和处置财产的，将被处以3万～45万梅蒂卡尔的罚款和1年监禁。

九十七、黑山
（Montenegro）

① 本篇如无特别注明，资料来自黑山《增值税法》（Law on Value Added Tax, 2017）。

（一）基本介绍①

黑山共和国在 2001 年 12 月 31 日的第 065/01 号官方公报中正式提出对增值税进行立法，在黑山境内销售或提供货物和服务、向黑山境内进口货物都要缴纳增值税。为使国内税收立法遵循欧盟税收立法的标准，黑山议会通过了对《增值税法》的最新修正案（黑山共和国第 50/2017 号官方公报）。增值税的税基是纳税人为完成货物或服务的交易而从买方或客户处收到或将收到的等价交换物（形式包括现金、货物或服务），包括与交易价格直接相关的补助金。进口相关的增值税随关税一并缴纳。

（二）纳税义务人

1. 纳税义务人

根据黑山《增值税法》第 13 条的规定，纳税人包括：（1）独立进行包括采矿、农业和专业活动等一切生产、贸易和提供服务的商业活动的人；（2）为自己进口货物或者从国外接收货物的人；（3）临时进行与交付新建或者部分建设设施有关的活动的人；（4）提供服务的个人、企业、国家机关、地方自治机关和其他社会团体。

2. 扣缴义务人

根据黑山《增值税法》第 12 条的规定，符合以下条件的纳税人，为增值税扣缴义务人：

（1）货物供应商。

（2）如果纳税人在黑山提供了货物或劳务服务，且在黑山境内无登记办公场所、业务部门和常设机构，即未在黑山登记，则其委任的税务代表为增值税纳税人。如果纳税人未在黑山登记，也未委任税务代表，则货物、劳务和服务的接收方为增值税纳税人（反向征收机制）。在一定条件下，未在黑山从事应税活动的非居民个人享有增值税退税的资格。

（3）持有注明了增值税税额的发票，或持有税法不允许标注但与发票具有同等效力的其他单据的个人。

（4）货物进口方，即进口货物的接收方。

3. 纳税登记

根据黑山《增值税法》第13章和第16章的规定，在黑山，增值税登记可以是自愿的，也可以是强制的。对于在过去12个月内营业额未超过1.8万欧元的规模较小的纳税人，免予缴纳增值税，可以自愿选择增值税登记。公司一经登记，至少3年内不得申请注销登记。对于在12个月内营业额超过1.8万欧元的实体和个人，强制进行增值税登记。增值税是以日历月为基础计算和缴纳的（即必须每月提交增值税申报表，并且结清增值税税款）。2021年6月4日，黑山通过《增值税法》修改草案，将强制登记的门槛提高到在12个月内营业额超过3万欧元。①

（三）应税范围及税率

1. 应税范围

根据黑山《增值税法》，所有销售商品或提供劳务的行为均需缴纳增值税。征税对象包括纳税人为扩大生产经营所提供的货物、劳务和服务，以及进口货物。

（1）货物供应。除非另有规定，根据黑山《增值税法》第4条的规定，货物供应是指交易有权处理的动产和符合规定的不动产。

从事土地交易（农业、建筑、开发和未开发）和已使用的轿车、摩托车及船舶提供服务的纳税人，由于上述活动不属于增值税的货物供应范畴，因此，在供应上述货物期间无法享受增值税进项税抵扣。

（2）服务供应。提供服务系指为促进黑山《增值税法》第4~6条所指的为货物供应以外的商业活动而进行的每项应税业务的履行、放弃或许可。

根据《增值税法》第8条的规定，符合下列条件的劳务服务，属于增值税应税范畴：转让、分配和使用著作权、专利、许可证、商标和其他知识产权（以下简称"知识产权"）；根据国家机构或地方社区机构的规章（决定）提供服务；出于非商业目的的接受纳税人提供的服务；因容忍某些特定行为而支付的对价；应税服务交换。

（3）进口货物。根据《增值税法》第11条的规定，除另有规定外，所有从黑山海关入境的进口货物均需要缴纳增值税。

2. 税率

根据《增值税法》第8章的规定，目前，黑山共和国的增值税税率分为零税率、

---

① 黑山共和国政府公报2021年第59号，详见网址 https://assets.tobaccocontrollaws.org/uploads/legislation/Montenegro/Montenegro-Law-on-VAT. pdf（accessed on 20240228）。

21%的标准税率（2018年1月1日前为19%）和7%的优惠税率，共三档税率。

（1）标准税率征税对象。除另有规定外，通常情况下应税货物和服务适用21%的标准税率。

（2）零税率征税对象示例。出口货物以及为国际运输船只提供的汽油燃料适用零税率（不得抵扣进项税）。

（3）7%征税对象示例。提供基础食品、某些药品、公共运输服务、海外对船舶提供的维修服务、著作费和计算机设备等情形适用7%的低税率，具体如下①：

①基本消费品（牛奶、面包、油和糖等）。

②药品，包括兽医用药。

③矫正和假肢工具，包括外科手术植入人体的医疗器械。

④教科书和教学用具。

⑤书籍、专题论文和连续出版物。

⑥在酒店、汽车旅馆、旅行安置点、招待所、休闲地、露营和别墅中提供住宿服务；北方地区（至少四星级）或中部沿海地区（至少五星级酒店）的餐饮服务。

⑦饮用水，不包括瓶装水。

⑧每日或定期新闻（不包括完全或几乎全是广告的内容）。

⑨为乘客和行李提供公共交通服务。

⑩公共卫生服务。

⑪殡葬服务和相关产品。

⑫教育、文学及艺术领域的服务和知识产权。

⑬科学、艺术品、收藏和古董领域的知识产权。

⑭通过电影院、剧场、音乐会、博物馆、博览会、娱乐公园、展览、动物园和类似文化及体育表演的门票提供的服务，不包括增值税免税服务。

⑮出于非营利目的，提供使用体育设施服务。

⑯在码头提供的服务。

⑰用于植物保护、繁殖、种植的材料和饲养牲畜的饲料、肥料。

⑱餐厅和餐饮场所销售的食品和特定非酒精非碳酸饮料。

⑲太阳能设备的销售、安装和进口。

⑳妇女卫生用品和婴儿尿布。

3. 免税对象

通常情况下，符合以下条件的服务可免于缴纳增值税（不得抵扣进项税）：（1）公共邮政服务，包括提供与交付物直接相关的商品；（2）根据医疗保险的相关规定，提供医疗与保健服务、提供和运送人体器官、血液服务；（3）根据社会保险服务的相关

---

① 其中第①项、第③项、第④项、第⑤项、第⑮项和第⑯项所指的货物，应由财政部的规定更详细地加以规范。

规定，提供社会保险服务，并提供与社会保险服务直接相关的商品；（4）根据政府规定，提供幼儿教育服务和为儿童、青少年和成年人提供教育及培训服务，包括为上述服务提供直接相关的货物和劳务；（5）由幼儿园、小学、中学和大学及学生餐饮和寄宿机构提供的货物和劳务；（6）根据政府规定，提供文化方面的服务，包括文化活动的门票和由非营利组织提供与上述服务直接相关的商品；（7）为非营利组织（工会和协会等）的体育活动和体育教育提供服务；（8）提供无线电公共广播服务，不包含商业部分；（9）根据相关规定，为了满足信徒需求，由宗教机构提供的宗教服务和与宗教服务直接相关的商品；（10）根据相关规定设立的非政府组织所提供的服务，除非此项免税优惠政策会导致恶性竞争。

4. 进口货物免税示例

根据海关法，临时进口的货物可免征增值税和关税。此外，符合以下条件的进口货物也可免征增值税：（1）进口豁免黑山增值税的货物；（2）带入黑山境内的货物是作为海关过境手续中的一部分；（3）根据海关规定，出口货物方将未改变状态的货物再次进口，可免征增值税；（4）出口货物的增值税退税未进行抵扣，在国外经过加工之后再进口时免征增值税；（5）出于社会需要，由国家、人道主义志愿组织和残疾人组织进口的货物可免增值税，但不包括酒精饮料、烟草和烟草产品、咖啡和车辆（救援车除外）；（6）出于外交、领事机构和国际组织及上述组织成员的公务目的，进口货物免缴关税；（7）由黑山中央银行进口的黄金和其他贵金属、纸币和硬币；（8）由教育或残障人士服务机构及组织引进的发展教育，培训或雇佣失明人士、聋哑人士或其他身体或精神不健全人士，且捐赠者无商业目的的进口行为；（9）载客汽车，尤其是专门为因生理缺陷而长期使用轮椅的残疾人员进口的运输车辆；（10）进口适用增值税零税率的货物；（11）欧盟财政援助项目免税。

（四）应税地点和应税时间

1. 应税地点

根据黑山《增值税法》第14条的规定，增值税应在货物或服务的供应地或根据该法被视为供应地的地方进行核算和缴纳。黑山境内领土应被视为货物和服务的单一供应地。

根据《增值税法》第15条，下列地点应被视为货物的供应地：（1）发货或运输时货物所在地；如果货物在黑山境外开始发运或运输，则应视为进口商在黑山境内进行；（2）如果货物是由供应商或代表供应商的其他人提供的，则为产品的安装或装配地点；（3）供货时货物未经发运或者运输的所在地；（4）电力、煤气或用于加热、制冷和空调的其他能源的接收地。

根据《增值税法》第16条，对于货物进口，供应地是货物进入黑山的地点。

根据《增值税法》第 17 条，服务供应地点的一般规定取决于服务提供给纳税人还是提供给非纳税人。如果服务是提供给纳税人的，则提供地点将为服务接收方的总部或常设机构所在地；如果服务是提供给非纳税人的，则提供地点将为服务提供者的总部或常设机构所在地（若服务是由服务提供者总部以外的常设机构提供的）。一般规定的例外情况有：（1）提供与房地产相关的服务，包括房地产中介服务、房地产估价、建筑施工准备工作（建筑师设计服务、监理服务等），提供服务地仍为不动产所在地；（2）运输服务，运输发生的地点为服务供应地点，如果运输同时发生在境内和境外，《增值税法》的规定只适用于在黑山境内进行运输的那一部分；（3）某些服务的供应，其供应地点被认为是该服务的实际执行地点（例如与运输有关的辅助服务、对动产估价提供专家意见，或者对提供给非纳税人的动产进行工程建设的）；（4）短期运输工具租赁（连续时间最长可达 30 天，水上运输工具最长可达 90 天），服务提供地是向接受服务方提供运输工具的地方；（5）向非纳税人出租运输工具［第（4）项下较短期间的出租除外］，提供服务地为接受服务方总部或常设机构所在地；（6）向非纳税人提供某些种类的服务，比如作者权利的转让、电信服务、允许接入天然气供应网络、广播和电视广播、数据处理、银行或金融业务、保险服务等，供应的地点是接受服务方的总部或常设机构所在地。

2. 应税时间

根据《增值税法》第 18 条的规定，增值税在货物交付时或提供服务时进行核算。开具发票时，货物应视为已交付，服务应视为已履行。未开具发票的，增值税应当在交付货物或者提供服务后的第 8 日进行核算。如果部分或全部付款是在开具发票之前，或在提供货物或服务之前支付的，增值税应在付款之日进行结算。

（五）申报、缴纳与抵扣规则

1. 申报要求

根据《增值税法》第 35 条的规定，纳税人需在月度增值税申报表中申报其应纳税额，并在次月 15 日之前提交申报表。无论纳税人是否有应纳税额，均需提交申报表。申报表中需涵盖所有计算应纳税额需要的信息。如果纳税人没有按时提交申报表，或者没有保存规定的文件或税务记录，税务局会参考与纳税人经营状况类似的其他纳税人纳税情况或者根据该纳税人的其他经营数据对其应纳税额进行评估计算。

2. 税款缴纳

根据《增值税法》第 36 条的规定，当月的增值税应纳税额应在次月 15 日之前缴纳。纳税人应当根据税务机关的指示通过支付系统将税款汇入指定国库账户。纳税人在汇入税款的同时应提交税款缴纳凭证。税款缴纳凭证是根据法律规定编制的财务文件，列示了需要履行的纳税义务。纳税人缴纳的款项按照以下顺序偿付：手续费、罚息、税款。

如果增值税纳税期间的纳税义务（销项税）金额低于纳税人在同一增值税期间可

以抵扣的进项税金额，则该差额可与同一增值税纳税期间的税收抵扣，或者自提交增值税申报表之日起 60 日内根据要求退还该差额。在提交增值税申报表之日起 30 日内，增值税差额将退还给出口货物的纳税人以及进项增值税盈余超过 3 次的增值税申报纳税人。如果纳税人缴纳其他税款的截止期限已经到期，则增值税差额应减去税收债务的金额。

3. 进项税抵扣

根据《增值税法》第 37 条第 3 款的规定，当提供免征增值税的货物或者服务时，纳税人不得抵扣进项税额。第 37 条第 5 款规定，纳税人不得在下列情况下进行进项税抵扣：（1）用于运动和娱乐的船舶、个人汽车和摩托车、燃料和油以及与其密切相关的零件和服务，但不包括上述运输工具的进一步销售、出租以及司机的培训；（2）商业娱乐费用。

纳税人在收到向其提供货物和服务的发票即进口货物报关单的纳税期内，可以抵扣进项税额。纳税人收到超过《增值税法》规定应当征收的增值税税额的发票，不论是否缴纳增值税，都不得将多缴的部分作为进项税额抵扣。

根据《增值税法》第 38 条规定，纳税人提供部分应税和部分免税的货物或服务的，只有在与应税交易有关的活动中，才有权抵扣进项税额。纳税人在提交增值税申报表前，必须将进项税额分为可抵扣部分和不可抵扣部分。本年度暂扣增值税税额，可以根据上一年度的供货情况确定。上一年度无供货资料或者数量可以忽略不计的，由纳税义务人自行评估，报主管税务机关书面批准后确定。

（六）发票管理

根据《增值税法》第 10 章第 31 条和第 32 条的规定，纳税人有义务向买方开具发票或任何单据，无论他们是否要求。发票一式两份，买方保留发票正本，卖方保留发票副本。纳税人有义务为在提供货物或服务之前收到的任何款项（认购、预付款）以及随后的税基变更开具发票。纳税人可以开具非实质性发票（invoice in non-material form），但必须经税务机关许可；否则，视为发票不是为抵扣进项税额而开具的。交付的货物或者提供的服务免征增值税或者零税率的，应当在发票上注明未征增值税。

买方有义务保留发票，并应税务机关工作人员的要求出示发票。法人实体应当妥善保管销售凭证、辅助表格和其他与法人实体收付款相关的文件和凭证。上述合法票据应当保存至少 3 年。

（七）罚则

1. 处以 3000～10000 欧元罚款的情形

根据黑山《增值税法》第 58 条第 1 款规定，纳税义务人有下列行为之一的，将被处以 3000 欧元以上 10000 欧元以下的罚款：（1）未向购买货物或者接受服务的人开具发票的；（2）未在每个销售场所张贴关于开具和收取发票义务通知的；（3）未通过收银机现金交易的；（4）未按照规定报送或者未按照规定期限报送增值税计算表的；（5）未按照特别程序及时提出延期纳税申请的；（6）当计算缴纳增值税的活动开始、变更或者终止时，未及时通知税务机关的；（7）未在进行交易的次月的 20 日内向税务机关提出登记申请的。

对于法人实体中犯有上述罪行的法人代表，还应处以 800～2000 欧元的罚款。对犯有上述罪行的企业经营者，应处以 1000～4000 欧元的罚款。

2. 处以 6000～20000 欧元罚款的情形

根据《增值税法》第 59 条第 1 款规定，纳税义务人有下列情形之一的，处以 6000 欧元以上 20000 欧元以下的罚款：（1）未依照本法第 20 条的规定缴纳增值税的；（2）未开具发票，未保留供货或者服务发票复印件的；（3）向其他纳税义务人提供货物或者服务，未在发票上载明规定内容的；（4）所提供的货物或者服务，在纳税期间未按已开具发票的应纳税额申报或者缴纳增值税的；（5）纳税期满后次月 15 日内未缴纳增值税的；（6）错误计算进项税额的；（7）计算增值税、开具增值税专用发票、抵扣进项税额违反规定的；（8）购买不动产时未调整进项税额的；（9）作为废旧物品、艺术品、收藏品、文物的转售者，未依照本法律规定缴纳增值税的；（10）拍卖人未依照本法的规定缴纳增值税的；（11）未在增值税发票上载明事项的；（12）未依照《增值税法》规定提供会计资料或者未按照规定的期限记账的；（13）未建立收发发票台账的；（14）进口货物未单独记载进项税额的；（15）未依照规定计算或者错误计算缴纳增值税的。

对于法人实体中犯有上述罪行的法人代表，还应处以 1500～2000 欧元的罚款。对犯有上述罪行的企业经营者，应处以 2000～6000 欧元的罚款。

九十八、纳米比亚
（Namibia）

（一）基本介绍[①]

纳米比亚自 2000 年 11 月 27 日起开征增值税，主管机关为纳米比亚税务局（Namibian Revenue Agency，NamRA）。

（二）纳税义务人

纳米比亚《增值税法》没有使用"纳税义务人"一词，而是使用"注册人"和"纳税人"。增值税注册人是指在纳米比亚持续或定期开展活动的商业实体或个人。在任意连续的 12 个月内，应税交易的价值超过或预计超过 50 万纳元的纳税人，必须进行增值税注册。

（三）应税范围及税率

1. 应税范围

增值税适用于以下交易：（1）注册人在纳米比亚提供的商品或服务；（2）在纳米比亚境内无权要求全额进项税额抵扣的纳税人所获得的反向征收增值税的服务；（3）从纳米比亚境外进口商品。

2. 标准税率适用范围

15% 的标准税率适用于所有商品或服务的给付，除非具体措施规定了高税率或低税率、零税率或免税。

3. 零税率适用范围

适用增值税零税率的商品和服务包括：（1）出口货物和相关服务；（2）国际客运、货运及其相关服务；（3）部分单独供应给出口国家的货物；（4）境外服务；（5）向境

---

① 本篇资料来自纳米比亚《增值税法》。

外分支机构和总部提供的服务；（6）特定基本食品；（7）以住宅为目的的土地供应；（8）以建造或扩建住宅楼为目的的商品和服务的供应；（9）转让具备持续经营能力的企业；（10）向居民提供电信、电力、水、垃圾清理和污水处理服务；（11）境外使用的知识产权；（12）尚未屠宰的牲畜；（13）需要缴纳燃油费的货物；（14）向出口加工区企业提供货物或服务。

4. 免税的范围

免税给付不得抵扣增值税进项税。适用增值税免税的商品和服务：（1）金融服务；（2）付费的公共交通；（3）教育服务；（4）由登记在册的医疗专业人员所提供的医疗服务；（5）由登记在册的医院所提供的医院服务；（6）居民住宅租赁；（7）雇主给雇员的额外福利；（8）法人团体在管理过程中给成员提供的服务；（9）由工会为成员提供服务。

（四）应税时间

增值税的纳税义务发生时间被称为"应税时间"或"纳税点"，在纳米比亚，该时间以开具发票或收到付款两者中的较早时间为准。

（五）登记、申报与抵扣规则

纳税人如果纳税用品的价值在连续的 12 个月内超过（或预计将超过）50 万纳元，则需要进行增值税登记；如在 12 个月内（从申请当日开始），且其应纳税物品的价值低于 50 万纳元，则可申请撤销登记。

登记申请书必须以书面形式填写并提交税务局。申请增值税登记的人应拥有纳米比亚银行账户和进行纳税活动的场所的证明。企业登记一经税务局批准，自收到登记函后第二个月的第一个日历日起生效。如有特殊申请，登记可在收到登记确认书后的第一个日历日生效。

除只从事农业活动的人士外，所有登记人士的报税期均为双月。只从事农业活动的登记人士可选择四个月、半年和一年的纳税期。纳税申报必须在纳税期结束后的第25日内提交。如果截止日期是星期六、星期日或公共假日，则截止日期顺延为下一个工作日。

应纳税人的进项税额可以抵扣销项税额。

（六）发票管理

如果应税供应的总对价为现金且不超过 100 纳元，则已登记供应商无须提供税务发票。已登记供应商对每一应纳税供应只能开具一份税务发票。已登记收款人如未收到规定的税务发票，可书面要求有关已登记供应商就该应课税供应提供税务发票，该要求须在供货日期后 60 日内提出。已登记纳税人如收到该要求，须在收到该项要求后 14 日内开具或提供相关发票。如已登记收款人声称遗失有关应税供应的税务发票正本，已登记的有关供应商可提供一份注明"副本"的发票副本。

（七）罚则

未登记注册的纳税人，自应登记注册日起至提出登记申请日止，应缴纳的罚款数额为应纳税额的 2 倍。纳税人不得就未登记的期间申报进项税。

逾期缴纳税款的纳税人，需要缴纳应纳税款 10% 的罚款。罚款按每月未缴税款的 10% 计算，但罚款总额不得超过应缴税款。然而，非因增值税登记原因而迟延的，纳税人可以要求税务局免除罚款。此外，逾期纳税的纳税人需要额外缴纳每日 100 元的罚款以及每年 20% 逾期利息。

税务欺诈者，需要缴纳不超过应缴税款 2 倍的附加税。

九十九、荷兰
（Netherlands）

（一）基本介绍①

荷兰于1968年开征增值税，主管机关为财政部（Ministry of Finance）。

（二）纳税义务人

纳税义务人是指在荷兰经营过程中持续（即不是偶尔）提供应税货物或服务、欧盟内收购或远程销售的任何企业实体或个人。应税活动还包括"从事职业"或"利用有形或无形财产以持续获得收入"。

荷兰不存在增值税登记门槛。纳税义务人开始活动时，必须承担通知增值税主管部门登记责任。

（三）应税范围及税率

1. 适用21%税率的征税对象

增值税标准税率21%适用于所有商品或服务供应，除非有具体措施规定零税率或免税。

2. 适用9%税率的征税对象示例

9%的税率适用于某些主要必需品。例如，房屋的某些节能隔热活动、食品材料、书籍（包括电子出版物）、绘画和其他文化产品、博物馆和演奏会等场所的入场费、酒店住宿等。

3. 适用零税率的征税对象

增值税零税率主要适用于欧盟内部供应品、出口到欧盟境外的货物供应、放置在保税仓库中的货物供应、与上述相关的服务以及某些国际服务。

---

① 本篇资料来自荷兰政府网站，https：//www. government. nl/topics/vat（accessed on 20240228）。

4. 免税对象示例

"免税"一词是指不缴纳增值税且不符合进项税抵扣条件的商品和服务交易。以下项目适用于增值税免税:(1)出租或出售超过 2 年的不动产;(2)教育;(3)医疗保健服务;(4)体育组织和体育俱乐部;(5)社会文化机构提供的服务;(6)金融服务和保险;(7)儿童保育;(8)护理服务和家庭护理;(9)由作曲家、作家和记者提供的服务;(10)筹款活动。

(四) 应税时间

就纳税义务人而言,其应税时间为下列时间中最早者:(1)卖方收到货物、工程或服务款项的日期;(2)为销售产品和服务开具付款收据和发票的日期;(3)使用购买商品、工程或服务的日期。

(五) 申报与抵扣规则

根据应缴增值税的金额,经营者可以按月度、季度或年度提交增值税申报表。标准的纳税期为季度申报。如果每个季度的增值税金额超过 7000 欧元,经营者必须提交月度申报表。年应纳税额不超过 1883 欧元的经营者,则可申请每年申报一次。当期可抵扣进项税额超过增值税销项税额的,经申请税务机关可将超额的进项税额退还给经营者。纳税人可通过按月提交"增值税退税申报表"的方式进行申请。

月度和季度增值税申报表必须在月度或季度结束的次月的最后一个工作日进行申报,并且附上完税凭证。年度增值税申报表必须在次年的 3 月 31 日之前进行申报。增值税申报表必须在网上电子税务局申报。

荷兰没有普适的税收抵免政策,但是对不同情况规定了适用不同的方式。如,股息、利息、特许权使用费均适用抵免方法。其他情况下,境外税款可以在境外所得中扣除,当年不足以扣完的,可以递延到下一年度扣除。

(六) 发票管理

发票应当包含如下信息:(1)卖方名字和地址;(2)买方的名字和地址;(3)增值税号码;(4)商务部注册号码;(5)发票日期;(6)发票号码;(7)所销售货物的种类以及数量;(8)所提供服务的种类和价格;(9)不包含增值税的价格;(10)支付日期;(11)增值税税率;(12)增值税数额。

(七) 罚则

增值税未申报或者申报不及时、申报金额不正确的,由税务机关根据估计的应纳税额核定未缴或者少缴的增值税。逾期缴纳增值税税款的，应当补缴相应的利息和罚款。另外，如果经营者多缴纳了增值税，税务机关将会为退还的税款支付利息。

未及时提交增值税申报表可能导致最低 65 欧元最高 131 欧元的罚款。漏缴或迟缴增值税可能导致 50～5278 欧元的罚款。对增值税征收有直接影响的违法行为的处罚，将按照所涉及增值税金额的百分比计算，罚款按严重程度可分为按未缴纳税款的 5%（申报金额不正确）、10%（迟缴）、25%（重大过失）、50%（恶意不缴）或 100%（重大欺诈）计算。

附录一：圣马丁岛（Sint Maarten）（荷属部分）

（一）基本介绍①

圣马丁岛自 1997 年 1 月 1 日起开征收入税（revenue tax，RT），其收入税主管机关为税务监察局（Inspectie der Belastingen）。

（二）纳税义务人

纳税义务人是指在圣马丁岛内从事货物交易或提供服务的商业实体或个人，还包括管理某项资产长期获利的人。圣马丁岛的收入税法里并没有关于免于登记的规定，因此圣马丁岛并没有设立收入税的登记门槛。一般来说，任何服务或货物的给付都应缴纳收入税，且所有纳税义务人必须通过在线注册的形式向圣马丁税务监察局完成登记。

（三）应税范围及税率

1. 应税范围

收入税适用于以下交易：（1）当地企业在圣马丁岛内交付货物或提供服务；（2）外国企业在圣马丁岛内交付货物或提供服务。

2. 标准税率征税对象

除有关豁免的具体规定外，5% 的标准税率适用于提供应税货物或服务取得的收入。

3. 免税对象示例

免征收入税的商品和服务包括但不限于：（1）医疗服务；（2）基本必需品，如面包、牛奶和糖；（3）水电服务；（4）运输服务；（5）博彩服务；（6）邮政服务；（7）给圣马丁岛的居民租赁用于永久性居住的房屋；（8）企业出口货物实现的收入（出口业务指企业总收入的 50% 及其以上的业务来源于向圣马丁岛外出口货物，且必须有证据证明货物已经在圣马丁岛外运输）。

（四）应税时间

收入税到期的时间称为给付时间。基本给付时间是收到应税给付款时，或者根据规定，给付时间是开具发票当天。在圣马丁岛，发票必须在给付商品或服务的当月结束后 15 日内开具。

---

① 本附录资料来自圣马丁岛税务署网站，https：//belastingdienst.cw/（accessed on 20240228）。

（五）申报、缴纳规则

收入税申报通常按月提交一次。但是，如果存在某些特殊情况，税务机关可以按业务需求允许每年申报一次，如管理某项资产长期获利的人。应纳税人必须在申报期结束后的下月 15 日前提交申报表并缴纳收入税。在此期间到期的收入税必须随申报表一起上缴。

反向征收规则：在圣马丁岛提供服务的非本地居民企业，原则上必须缴纳收入税。然而，如果为其提供服务的圣马丁岛本地居民企业没有报告和缴纳此类服务的增值税，则该本地居民企业可能会被要求对非本地居民企业未缴纳的收入税负责。

（六）发票管理

企业必须为所有应税给付（含出口）提供发票，且应税企业必须保留发票副本 10 年。

（七）罚则

对于延迟提交收入税申报表或延迟缴纳税款，按以下金额进行处罚：（1）对于延迟提交收入税申报表，最高罚款不得超过 2500 荷属安的列斯盾（ANG）。（2）对于延迟缴纳税款，可处以追加税额 5%～15% 的罚款，但最高罚款不能超过 10000ANG。（3）对于因疏忽或不诚实行为而延迟缴纳税款，可处以应纳税额 25%～100% 的罚款。如果亏损是因为纳税人的故意或重大过失造成的，可处以应缴税额 100% 的罚款。

在某些情况下，例如存在欺诈，也可能适用刑事处罚。

附录二：库拉索（Curacao）

（一）基本介绍①

库拉索自 1999 年 3 月 1 日起开征销售税。其销售税主管机关为税务局（Inspectie der Belastingen）。

（二）纳税义务人

在库拉索，销售税应纳税人是指在库拉索提供货物或服务的企业实体或个人，包括非居民企业的代理人。

库拉索的《销售税法》没有关于登记门槛、自愿登记、免于登记的规定。

（三）应税范围及税率

1. 应税范围

以下交易需要缴纳销售税：（1）应纳税企业在库拉索岛提供货物或服务；（2）进口货物。

2. 标准税率 6% 的征税对象

除特别规定适用 9% 和 7% 税率的货物和服务，其余所有的应税项目都适用标准税率 6%。

---

① 本附录资料来自库拉索税务海关管理局网站，https://belastingdienst.cw/ondernemer/themas/omzetbelasting/（accessed on 20240228）。

3. 适用税率7%的征税对象示例

在库拉索，适用7%销售税税率的服务包括但不限于以下项目：（1）保险（人身保险、丧葬保险、健康保险、保险公司的再保险和经纪人提供的服务除外）；（2）宾馆住宿。

4. 适用税率9%的征税对象示例

在库拉索，适用9%销售税税率的商品和服务包括但不限于以下项目：（1）大部分货物的进口；（2）销售机动车辆；（3）可即时消费的食品；（4）除果汁外的软饮料；（5）酒精饮料；（6）烟草产品；（7）用于存储影片、游戏、类似数据的电子设备；（8）手机和其他通信工具；（9）武器和弹药；（10）烟花；（11）机动车租赁；（12）娱乐郊游活动；（13）潜水；（14）电影院、博览会、成人娱乐活动和永久性娱乐设施；（15）电影和电脑游戏租赁；（16）为酒店、酒吧、餐馆等提供食物、饮料和酒精饮料；（17）参与彩票游戏；（18）圣诞树（人造圣诞树除外）。

5. 零税率征税对象示例

在库拉索，房产被布置、打算或用作永久居留，并长期出租（至少1年），则销售税适用零税率。

6. 免税对象示例

在库拉索，适用免税的货物和服务不可进行进项税抵扣。免税对象包括但不限于：（1）出口货物（需有证据证明货物已离开库拉索）；（2）医疗服务；（3）水电服务；（4）公共交通服务；（5）博彩；（6）邮政服务；（7）向炼油厂提供服务和货物；（8）面包；（9）鸡蛋；（10）米饭；（11）土豆；（12）谷物；（13）面粉；（14）婴儿食品；（15）水果和蔬菜；（16）瓶装水；（17）持有外汇许可证的企业的涉外活动；（18）通过液化天然气中转站运输的液化天然气；（19）向持有外汇许可证的公司或个人提供特定的服务。

库拉索并没有免税选择的相关法律规定。

（四）应税时间

原则上，应税时间是发票开具或本应开具的日期。

在库拉索，发票必须在提供应税货物或服务次月的15日前开具。实际应纳税时间为发票的开具日期。但是，如果没有开具发票，则最迟需在本应开具发票之日缴纳税款。

（五）申报、缴纳与抵扣规则

1. 申报

申报表通常按月提交，且必须在申报期结束后的次月15日之前提交。

2. 缴纳

销售税必须在申报期结束后的次月15日之前连同申报表一起缴纳。

3. 抵扣

原则上，库拉索的应纳税人无法申请销售税抵扣。但是，对于进口商品，若满足某些条件和指示，应纳税人可申请抵扣50%销售税。

（六）发票管理

1. 发票开具义务

应纳税人必须提供包括出口在内的所有应税给付的收据或发票。应纳税人制造的所有应税品，包括出口物品，必须提供收据或发票。发票必须在交付货物或提供服务的次月15日内开具。发票必须包含供应商的某些信息，如地址、税务识别号和交易。

2. 贷记发票

如果发票上所载的数量或对价发生变化，则必须开具销售税贷记发票。一般来说，贷记发票必须包含与原始发票相同的信息。

3. 电子发票

在库拉索，应纳税人可选择开具电子发票，并适用与常规发票相同的发票管理要求。

（七）罚则

1. 迟延登记

在库拉索，迟延登记不受处罚。但是，如果延迟登记导致延迟缴纳销售税或延迟提交销售税申报表，则可能被处以罚款。

2. 迟延提交申报表和缴纳销售税

迟延提交申报表和迟延缴纳销售税，将被处以罚款：（1）迟延提交销售税申报表：最高罚款2500ANG；（2）迟延缴纳销售税：最高罚款10000ANG。

如果迟延缴纳销售税是由纳税人故意或重大过失造成的，可处以相当于应纳税款总额100%的罚款。

3. 税务错误

如果错误是由纳税人故意或重大过失造成的，可处以高达应缴税款100%的税务罚款。

4. 税务欺诈

刑事处罚也可适用于税务欺诈行为。

一〇〇、新西兰
（New Zealand）

（一）基本介绍[①]

新西兰自1986年10月起开征商品服务税（goods and services tax，GST），主管机关为新西兰税务局（Inland Revenue Department，IRD）和新西兰海关。

（二）纳税义务人

在新西兰已登记或应登记商品服务税的企业和个人都是商品服务税的纳税义务人。过去连续12个月或预计未来12个月应税交易超过6万新西兰元的企业或个人，必须进行商品服务税的登记。

（三）应税范围及税率[②]

1. 应税范围

商品服务税适用于以下交易：（1）纳税人在新西兰提供的商品或服务；（2）从新西兰境外进口商品；（3）特定的进口服务。

2. 不同税率适用范围

15%的标准税率适用于所有商品或服务的给付，除非具体措施规定了高税率或低税率、零税率或免税。

适用零税率的商品和服务包括：出口；向其他注册企业提供的金融服务；两个商品服务税登记方之间的土地权益的供应（条件是购买方获取土地权益的目的是将其用于应税供应，且该土地不打算用作购买方或关联方的主要居住地，或与作为经营中企业的销售有关）。

---

① 本篇如无特别注明，资料来自新西兰税务局网站，https：//www.ird.govt.nz/gst/what-gst-is（accessed on 20240228）。

② 详见新西兰商品服务税指南（2023年11月版）。

可获得免税的商品和服务包括部分金融服务、出租房屋供私人居住、罚款利息、根据总租赁合同提供的住宅等。

（四）应税时间[①]

新西兰法律规定的纳税时间是供应商收到款项或开具发票两者中的较早时间。

（五）申报与抵扣规则[②]

对于营业额在任意 12 个月内超过 2400 万新西兰元的，应该每月申报。对于营业额在任意 12 个月内不超过 2400 万新西兰元的，可以选择每两个月申报。对于营业额在任意 12 个月内低于 50 万新西兰元的，可以选择每六个月申报。仅提供远程服务和/或低价值货物的未注册企业，营业额超过 6 万新西兰元的（商品服务税登记门槛），必须每季度提交商品服务税申报表。

纳税人的进项税额可以抵扣销项税额。

（六）发票管理[③]

自 2023 年 4 月 1 日起，使用税务发票的要求已被提供和保存某些记录（称为"应税供应信息"）的更一般的要求取代。应税供应信息是指买方和卖方需要保存作为交易证据的最低限度信息。所需的应税供应信息取决于供应的价值和类型，不再需要包含在单一的实物文件中（如税务发票）。商品服务税申报表中的数据将由交易记录、会计系统和合同文件等共同包含的信息来支撑。

应税供应信息包括发票，但也可以包括其他形式的信息，如供应商协议、合同和银行对账单。卖方可以通过买卖双方软件之间的自动直接交换，例如泛欧公共采购在线（PEPPOL）电子发票，向客户提供应税供应信息。纳税人需要保存应税供应信息，以便就与应税活动有关的购买和费用申报商品服务税。

在出售商品或服务时，纳税人应提供应税供应信息，如发票、收据或其他文件。如果销售额为 200 新西兰元及其以下（含税），纳税人不需要向买方提供应税供应信息，但纳税人和已注册的买方都必须保存自己的交易记录，以满足商品服务税记录保存要求。

---

①② 详见新西兰《1985 年商品服务税法》。
③ 详见新西兰商品服务税指南（2023 年 11 月版）。

（七）罚则[①]

1. 逾期注册的处罚

在新西兰，没有专门针对逾期注册商品服务税的处罚。

2. 逾期纳税和申报的处罚

逾期缴纳商品服务税会被罚款。税款逾期的第二日将以应缴税额的1%进行罚款。如果税款仍未缴纳，则适用以下附加处罚：（1）在税款逾期7日后，以应缴税额的4%进行罚款；（2）在税款逾期后的每个月，以应缴税额的1%进行罚款。

3. 错误申报的处罚

对于错误申报而导致少缴税额，按应纳税额的固定百分比进行计算，具体如下：（1）缺乏合理谨慎或可接受的理由的，按应纳税额的20%进行处罚；（2）严重疏忽大意的，按应纳税额的40%进行处罚；（3）滥用税收政策的，按应纳税额的100%进行处罚；（4）逃税的，按应纳税额的150%进行处罚。

在某些情况下，税务局可减免最高75%的罚款。

4. 税务欺诈行为的处罚

对逃税或滥用税收政策处以差额罚款。根据具体情况，除差额罚款外，纳税人还可能因刑事犯罪而被定罪。

---

① 详见新西兰《1985年商品服务税法》。

一〇一、尼加拉瓜
（Nicaragua）

（一）基本介绍[①]

尼加拉瓜自 1984 年 12 月 21 日起开征增值税，主管机关为尼加拉瓜财政部（Ministerio de Hacienda y Crédito Público）。

（二）纳税义务人

在尼加拉瓜开展增值税应税活动的企业或个人都是增值税的纳税义务人。

（三）应税范围及税率

1. 应税范围

增值税适用于以下交易：（1）商品的销售、进口和国有化；（2）商品或服务的出口；（3）服务的提供以及商品的使用。

2. 标准税率适用对象

15% 的标准税率适用于所有商品或服务的给付，除非有其他具体规定。

3. 零税率适用对象

适用增值税零税率的商品和服务为商品和服务的出口业务。适用增值税零税率的商品和服务不允许抵扣进项税。

4. 免税对象

适用增值税免税的商品和服务包括：（1）活体动物和鲜鱼；（2）未经加工的国产水果和蔬菜；（3）基本食品，例如玉米饼、大米、豆类、某些乳制品、鸡蛋和肉类；（4）非进口类的二手商品；（5）原油；（6）房地产交易；（7）人寿和健康保险；（8）国

---

① 本篇资料来自尼加拉瓜《税法》。

内运输；（9）教育；（10）特定金融服务；（11）法律规定的社会住房建设和不带家具的住房租赁；（12）农用设备；（13）农业和林业灌溉；（14）灌溉用电；（15）供媒体使用的货物、机器和设备进口；（16）书籍、报纸和杂志；（17）药品和疫苗；（18）当地生产的卫生防护产品和卫生纸；（19）火柴、煤油、丁烷和电力；（20）兽医产品；（21）杀虫剂、杀菌剂、化肥和种子等。

（四）应税时间

尼加拉瓜税法规定，增值税的应税时间因供应品的类型而异。

对于商品的销售，其应税时间是指开具发票或相应的票据、凭证等法律文件的时间，商品交付给新的所有者或新的所有者有能力作为所有者处置商品的时间，或全部或部分支付商品价款的时间。

对于服务的提供，其应税时间是指购买者在法律上有责任付款的时间。

（五）登记、申报与抵扣规则

所有企业都必须注册为纳税人，并获得纳税人识别号（RUC）。

增值税可以按月或按双周申报。月申报表和双周申报表必须在申报表期限结束后当月的 5 日内提交。双周申报主要适用于收入达到或超过 6000 万科多巴但低于 1.6 亿科多巴的企业或个人。

应纳税人的进项税额可以抵扣销项税额。

（六）发票管理

应税商品或服务的供应者必须向购买者提供完整的增值税发票。增值税发票是支持进项税额抵扣或退税要求的必要条件。

纳税人禁止开具电子发票和简化版的增值税发票。

（七）罚则

逾期登记注册为纳税人的企业或个人，将处以 30 ~ 50 个单位（每个单位等于 25 科多巴）的罚款。

逾期提交增值税申报表的，将按每月以 5% 的利率收取应缴税款的利息。此外，还会处以 70 ~ 90 个单位的罚金。

对不构成税务欺诈的逃税行为处以应缴税款 100% 的罚款。税务欺诈行为可被判处 6 个月至 8 年的监禁。

一〇二、尼日利亚
（Nigeria）

（一）基本介绍[①]

尼日利亚自 1993 年 12 月 1 日起开征增值税，主管机关为联邦税务局（Federal Inland Revenue Service，FIRS）。

（二）纳税义务人

在尼日利亚境内销售商品或者提供劳务，以及进口商品的企业和个人都是尼日利亚增值税的纳税义务人。

（三）应税范围及税率

1. 应税范围

增值税适用于以下交易：（1）销售商品和提供独立性劳务；（2）进口商品与服务。

2. 标准税率适用对象

7.5% 的标准税率适用于所有商品或服务的给付，除非有其他具体规定。

3. 零税率适用对象示例

适用增值税零税率的商品和服务包括：为外交人员提供的商品或服务；为人道主义援助项目提供的商品或服务；等等。适用增值税零税率的商品和服务均允许抵扣进项税。

4. 免税对象

适用增值税免税的商品和服务包括：（1）所有出口的商品和服务；（2）所有医学和药物的产品；（3）基本的食物，包括大米、豆类、山药块茎、木薯、小米、玉米、

---

① 本篇如无特别注明，资料来自尼日利亚《增值税法》。

牛奶、肉、鱼和婴儿食品；（4）书籍和教学资料，包括练习册和实验室设备；（5）本地生产的卫生巾；（6）石油产品、可再生能源设备、供应给发电公司及电力分配公司的燃气；（7）航空运输机票、共享客运公路运输服务；（8）商用飞机、商用飞机发动机、商用飞机备件；（9）为在自由贸易区使用而进口的厂房、机械和货物；（10）为下游石油业务利用天然气而购买的厂房、机械和设备；（11）为农业目的购买的拖拉机、犁和农具；（12）小额信贷银行和抵押贷款机构提供的服务；（13）教育机构作学习用途的戏剧和表演；（14）处置尼日利亚联邦政府短期证券和债券的收益；（15）法律规定的其他类型。

（四）应税时间

对于商品的销售，其应税时间是指商品交付或商品附带的风险发生转移的时间，以两者中先发生者为准。

对于服务的提供，其应税时间是指服务全部完成或其完成度达到约定水平的时间，以两者中先发生者为准。

（五）登记、申报与抵扣规则

纳税人应在开始营业活动的 6 个月内向税务局登记。在尼日利亚提供商品销售或服务的非居民企业也必须要向税务局进行登记，并获取专属的增值税识别号（TIN）。[①]

提供或预期提供 2500 万尼日利亚奈拉（NGN）应税交易额的纳税人必须进行税务登记、提交月度申报表和缴税。即使未达到 2500 万 NGN 营业额门槛的纳税人也可以自愿登记、提交月度申报表和缴税。[②] 月度申报的截止日期为进行应税交易当月的下一个月的 21 日或之前。向尼日利亚进口应税货物的纳税人应向税务局提交其所有进口的应税货物的申报表。尼日利亚纳税人通过电子方式进行增值税申报是强制性的。

纳税人必须在提交增值税申报表的到期日之前缴纳增值税款。

应纳税人的进项税额可以抵扣销项税额。企业可用增值税支付抵扣所得税或其他税款。

（六）发票管理

应税商品或服务的供应者必须向购买者提供增值税发票。增值税发票是支持进项税

---

① 详见尼日利亚 2020 年《财政法》。

② 详见尼日利亚财政部网站第 2021/08 号公告，https：//firs.gov.ng/wp-content/uploads/2021/06/CLARIFICA-TION-ON-THE-IMPLEMENTATION-OF-THE-VALUE-ADDED-TAX-VAT-ACT.pdf（accessed on 20240228）。

额抵扣或退税要求的必要条件。

纳税人可以开具电子发票，但并非强制性的。

纳税人禁止开具简化版的增值税发票。

（七）罚则

1. 逾期登记的处罚

未在规定时间内登记的纳税人应在第一个月支付 5 万 NGN 的罚款，之后每个月支付 2.5 万 NGN 的罚款。

2. 逾期付款和申报的处罚

纳税人如未按时提交申报表，将在拖欠当月被处以 5 万 NGN 的罚款，并在持续拖欠的每个月被处以 2.5 万 NGN 的罚款。如果纳税人未在应税交易的下一个月的 21 日或之前缴纳税款，则将被处以相当于未缴纳税款 10% 的罚款。同时，适用尼日利亚增值税法有关征收和追缴、罚款利息等相关规定。

3. 税务错误的处罚

未开具税务发票，一经定罪，将处以未开具税务发票的商品或服务成本 50% 的罚款。未通知或延迟通知税务机关纳税人的地址变更，将被处以第一个月 5 万 NGN、之后每个月 2.5 万 NGN 的罚款。

4. 税收欺诈的处罚

提供虚假文件可被处以少申报税款的 2 倍的罚款。

一〇三、挪威
（Norway）

（一）基本介绍[①]

挪威自 1970 年 1 月 1 日起开征增值税，由财政部（Ministry of Finance）主管增值税相关工作。

（二）纳税义务人

1. 一般规定

纳税义务人是指经营过程中在挪威销售应税货物或提供应税服务的任何商业实体或个人。增值税登记门槛为在 12 个月的期间应税收入达到 50000 挪威克朗。然而，对于慈善机构和一些非营利组织，12 个月期间的门槛是 140000 挪威克朗。特殊规则也适用于某些合伙企业、贸易公司和其他公司。报关单中所记载的进口商（货物接收方）有义务缴纳进口增值税。

2. 数字经济

（1）电子商务和电子服务增值税。挪威有一项针对电子商务和电子服务的特别计划，称为电子商务和电子服务增值税（VOEC）。向挪威最终消费者提供电子服务（B2C 供应品）的非居民必须登记增值税，并对向挪威消费者提供的服务收取增值税。电子服务包括提供电子书、电影、音乐和软件。外国增值税登记是一种旨在减轻管理负担的形式，适用于需要登记增值税的海外公司。作为使用财政代表的替代办法，挪威建立了VOEC 这一基于欧盟系统（一站式方案）的简化登记和报告安排。

未达到 5 万挪威克朗登记门槛的，也允许根据简化计划进行登记。对于登记了简化增值税计划的公司，必须提交一份强制性的季度申报表，说明公司的识别号、总收入和25% 的增值税税额（货币为挪威克朗）。

自 2021 年 7 月 1 日起，根据 VOEC 计划，挪威取消了对非居民供应商的有限增

---

① 本篇资料来自挪威税务局网站，https：//www.skatteetaten.no/en/person（accessed on 20240228）。

值税问责制。

供应商可以通过增值税登记簿或通过简化方案在挪威登记增值税。

（2）在线市场和平台。如果电子服务是通过中间人（即在线市场或平台）提供的，则认为供应商向中间人出售服务，而中间人则会被认为向买方转让服务（两次交易）。

供应商和中间人之间的差异是基于对"交付是否通过使用中间人进行"的总体评估，双方之间的基本协议是否将这种关系归类为涉及分包商、中间人、代理人或专员等的关系并不是决定性的。

（三）应税范围及税率

1. 应税范围

增值税适用于以下交易：（1）纳税人在挪威境内销售货物或提供服务；（2）已进行增值税纳税义务登记的企业，或者有义务做增值税纳税登记的企业，将其货物用于增值税法案规定的非增值税应税项目；已进行增值税纳税义务登记的企业或者有义务做增值税纳税登记的企业，为自身提供服务或将其服务用于其经营范围以外；（3）挪威增值税纳税义务人或公共团体从境外购买无形资产或远程提供服务；（4）所有进口货物的行为（纳税义务不受进口者的身份影响）。

销售货物的发货条款将会影响货物应税地点的判定。在挪威提供的与销售货物或不动产有关的服务属于增值税的征税范围。

2. 标准税率适用对象

25%的标准税率适用于所有商品或服务的供应，除非有其他具体规定。

3. 15%税率适用对象

适用增值税15%税率的商品和服务为食品，但酒精、烟草和餐厅供应的食品除外。

4. 12%税率适用对象

适用增值税12%税率的商品和服务包括：（1）国内旅客运输服务，但车辆租赁除外；（2）电视许可（television licenses）；（3）酒店住宿；（4）博物馆、游乐园、美术馆；（5）大型体育活动。

5. 零税率适用对象

适用增值税零税率的商品和服务包括：（1）出口；（2）外国船舶、涉及外贸的船舶、飞机；（3）书籍和报纸，包括电子报纸和电子期刊；（4）为了持续经营而进行行业业务转移；（5）应税行为所使用到的船舶和航空器；（6）搜救所使用的船舶；（7）国际运输服务（货物和旅客）。

6. 免税对象

适用增值税免税的商品和服务包括：（1）金融服务；（2）作者自己拥有的艺术品；

（3）保险；（4）住宅租赁；（5）医疗服务；（6）教育服务；（7）不动产交易；（8）特定文化活动和体育活动。

（四）应税时间

增值税到期的时间称为应税时间或纳税时点。货物的应税时间为交货时间，服务的应税时间是服务执行的时间。付款时间一般不影响应税时间。涉及客户预付款时，通常，应税时间仍然是货物交付日期或服务履行日期。

供应商可以开具发票推迟应税时间。一般来说，发票可在交货或提供服务之日后一个月内开具，然后发票日期成为纳税时点。在当月前15个工作日内签发的销售单据，可以注明上个月的最后一日为单据日期，但前提是货物或服务此时已交付。

（五）申报、缴纳与抵扣规则

一般来说，挪威应税人每两个月提交一次增值税申报表。农民和渔民必须每年提交一次申报表。应税营业额低于100万挪威克朗的企业可以选择每年申报一次。在挪威从事增值税应税行为的"合作企业"可成立一个增值税纳税集团。当其中一个或多个公司持有每个合作公司85％及以上的资本份额且这些公司相互协作，则可以适用增值税集团登记，增值税团体每两个月提交一份增值税联合申报表。为缓解现金流，获得定期增值税退税的企业可能会要求缩短增值税退税期。应税人员必须联系相应的增值税办公室登记年度纳税申报表，或获得使用较短增值税纳税申报期的许可。

进口增值税通过增值税申报表申报。

对于两月一次的增值税申报，必须在增值税期限结束后的1个月和10日内申报并全额缴纳每期的增值税，这意味着增值税报告的第一期（1月和2月）于4月10日之前报告。应税人必须用挪威克朗缴纳增值税。

应税人通常通过从销项税中抵扣进项税来收回进项税，销项税是对所提供的货物和服务征收的增值税。进项税包括：对在挪威提供的货物和服务缴纳的增值税；对进口货物缴纳的增值税；以及对从挪威境外收到的反向征收服务自行评估的增值税。回收的增值税金额必须在有效的增值税发票上详细说明。因此，在收到增值税发票之前，增值税不能作为进项税抵扣。进项税未经适当记载不得抵扣。进项税额抵扣必须在增值税期间申报发票日期。除非总支付额低于1万挪威克朗，否则只有通过银行或类似金融机构进行支付时才能抵扣进项税。

如果在一个双月期内应退的增值税金额超过该期间应缴纳的销项税额，则应税人享有进项税额抵扣。如果增值税申报表显示增值税贷项，则会自动触发退税申请。退税一般在增值税机关收到增值税申报表之日起3周内办理。增值税主管部门对逾期支付的退税支付利息。

（六）发票管理

根据一般规则，供应商必须为所有销售和出口开具发票和信用证。纳税人通常必须提供发票，包括所有应税供应品的增值税发票。发票必须能够支持挪威应纳税人员提出的进项税申报和由非注册企业申报的增值税退税。

在挪威允许使用电子发票，但不是强制性的。允许使用电子发票的前提是该电子发票采用不可编辑的格式。

挪威的零售商可以使用简化的增值税发票，用于销售给私人消费者供私人使用的货物。此类供货可以不注明买方，而是通过收银机收据记录此类供应。此种情形下，包括增值税在内的购买金额不得超过4万挪威克朗，且不得以现金支付。当付款额超过上述金额或以现金支付时，发票上必须注明买方的姓名和地址。

（七）罚则

1. 逾期登记罚款

任何因故意或过失未进行增值税登记的实体都可能被处以罚款或监禁。如果纳税人由于延迟登记导致延迟提交增值税申报表或延迟缴纳增值税，还将被处以罚款和利息。

2. 逾期申报和缴纳罚款

纳税人迟报增值税强制报告或者有明显错误的，将被处以罚息。在财政部发布的一项法令中，利率每年公布两次。对故意或者过失违反增值税法规定的纳税人，可以额外处以一段时期内应纳税额60%以下的罚款。

3. 欺诈处罚

挪威对欺诈的处罚与对逾期付款和备案的处罚相同。如果纳税人因欺诈而受到刑事指控，则可能会被处以罚款以及2年以下的监禁。

一〇四、阿曼
（Oman）

（一）基本介绍[①]

阿曼自 2021 年 4 月 16 日起开征增值税。

（二）纳税义务人

在阿曼的税务机关登记的企业和个人是增值税的应纳税人。年营业额超过 38500 里亚尔（在任何一个月的月底，营业额与前 11 个月相加超过这一阈值）必须进行增值税登记，年营业额超过 19250 里亚尔的纳税人可以自愿登记。

对于非居民企业/个人，上述门槛并不适用。此类企业/个人必须从其有义务在阿曼缴纳增值税之日起进行增值税登记，无论其价值如何，除非他人有义务在阿曼为非居民提供的产品缴纳增值税。

（三）应税范围及税率

1. 应税范围

增值税适用于以下交易：（1）应税人在阿曼提供的商品或服务；（2）在阿曼的纳税人从没有常设机构且不需要在阿曼纳税的非居民企业进口的货物和服务；（3）从海湾合作委员会以外的国家进口货物到阿曼。

2. 各增值税税率的适用对象

5% 的标准税率适用于所有商品或服务的应税交易，除非具体措施规定了零税率或免税。

零税率适用于基本食物、药品、黄金白银和铂金的投资、国际运输服务、救援飞机和船、石油、天然气和石油衍生物、出口海湾委员会地区以外的货物和服务。

---

① 本篇资料来自阿曼税务局网站，https://tms.taxoman.gov.om/portal/web/taxportal/vat-tax（accessed on 20240228）。

免税适用于特定金融服务、医疗保健服务及相关商品和服务、教育服务及相关货物和服务、未开发的土地、住宅物业的转售、本地客运服务、出租住宅物业。

（四） 应税时间

阿曼的应税时间为以下三个时间中的最早者：商品或服务的交付日期；开具发票的时间；收到全部或部分价款的时间。

（五） 申报与抵扣规则

在阿曼增值税下注册的企业需要定期按规定格式向税务机关提交增值税申报表。增值税申报表是一份汇总采购、销售、销项税和可抵扣进项税详细信息的表格。增值税按季度申报，企业需要在季度结束后的 30 天内以电子形式进行申报，如果截止日期恰逢周末或公众假期，则提交增值税申报表和缴纳增值税的截止日期将顺延至下一个工作日。企业必须按照税务局规定的格式通过在线门户以电子方式提交纳税申报表。

纳税人发现已提交的纳税申报表有错误的，可以自发现错误或者遗漏之日起 30 日内提交修改后的增值税申报表。修改后的增值税申报表将被视为原始申报表。根据阿曼增值税执行条例第 156 条，增值税纳税人必须保留与增值税相关的适当记录，以供税务局查阅。

取得有效凭证的进项税额可以抵扣销项税额，阿曼规定纳税人要求抵扣进项税的期限是 3 年。抵扣进项税的权利在抵扣权成立的纳税期 3 年后失效。

（六） 发票管理

在阿曼提供应税商品和服务时，纳税人必须开具税务发票。在以下情况下，应纳税人必须开具税务发票：提供商品或服务；视同销售；收到全部或部分价款；经主管税务机关批准，可由第三方代纳税人开具税务发票。税务发票可以用阿拉伯语或英语开具。

税务发票的信息应当包括：供应商名称、地址和增值税识别号；客户名称和地址；发票编号；开具发票日期；商品或服务给付日期；商品或服务的数量名称等信息；税基和单价；税率；税额。

（七） 罚则

1. 对逾期登记的处罚

未在规定时间内申请增值税登记的应税人将被处以 1 年以上 3 年以下的监禁或 5000 ～

20000 里亚尔的罚款，也可能二者一并处罚。

2. 对逾期付款和申报的处罚

如果应税人故意不提交增值税申报表，将被处以不少于 2 个月但不超过 1 年的监禁，或 1000 ~ 10000 里亚尔的罚款，也可能二者一并处罚。对于逾期缴纳增值税的纳税人，将按未缴税款金额的1%（或其中部分）按月征收附加费。

3. 对欺诈行为的处罚

纳税人如故意不在纳税申报表中报告应纳税金额正确数据，或提交伪造的报税表、文件或记录以逃避部分或全部纳税，将被处以 1 年以上 3 年以下的监禁，或5000 ~ 20000 里亚尔的罚款，也可能二者一并处罚。

一〇五、巴基斯坦
（Pakistan）

（一）基本介绍[①]

巴基斯坦自 1990 年 11 月 1 日起开征销售税，其主管机关为联邦税务局（Federal Board of Revenue）、信德省税务局（Sindh Revenue Board）、旁遮普税务局（Punjab Revenue Authority）、开伯尔－普赫图赫瓦省税务局（Khyber Pakhtunkhwa Revenue Authority）、俾路支省税务局（Balochistan Revenue Authority）。

（二）纳税义务人

纳税义务人是需要注册销售税的企业，包括：（1）制造商：有工业煤气或电力连接的企业；不在居民区的企业；前 12 个月应税营业额超过 800 万卢比的企业。（2）有义务支付销售税的零售商，但不包括不符合注册要求的零售商，其必须通过电费支付销售税。（3）进口商。（4）批发商、经销商或分销商。（5）打算从零税率产品中获得销售税退税的出口商。（6）提供应税服务的企业。

每个应纳税人都需要办理销售税登记。未经销售税登记而提供应税货物或应税服务的属于骗税行为。

关于数字经济。根据省级销售税法，如果应税人通过虚拟空间、网站、门户网站或其他任何形式的电子商务等进行经济活动，在各自的省级司法管辖区被视为在巴基斯坦各自的省份拥有营业场所。这意味着，根据省级销售税法，提供企业对企业（B2B）和企业对消费者（B2C）电子服务的非居民供应商必须登记并核算巴基斯坦制造的供应品的销售税。巴基斯坦对进口商品没有其他具体的电子商务规定。

（三）应税范围及税率

1. 应税范围

销售税适用于以下交易：（1）纳税登记人提供在巴基斯坦境内制造的应税货物；（2）进口应税货物；（3）提供联邦或省法律规定的应纳税服务。

---

① 本篇资料来自巴基斯坦政府网站，https://fbr.gov.pk/sales-tax-basics/51148/101149（accessed on 20240228）。

2. 货物的标准税率

对于以下各项，须按其价值的18%收取、征收和缴付销售税：（1）纳税人在其开展的任何应税活动或促进此活动的过程中，提供应税货物；（2）进口到巴基斯坦的货物。

联邦政府可在官方公报上发布通知，声明对于任何应税货物，须按通知中指明的较高或较低的一项或多项税率征收、收取和缴付税款。若销售税是通过月电费账单来征收的话，月度账单金额未超过2万卢比的，按5%的税率征税；月度账单金额超过上述限额的，按7.5%的税率征税。

3. 服务的标准税率

大多数服务在旁遮普省和伊斯兰堡首都特区按照16%征税，在信德省按照13%征税，在开伯尔－普什图赫瓦省和俾路支省按照15%征税，但电信服务的税率在全国都为19.5%。

4. 适用5%～10%税率的货物征税对象示例

以下商品但不限于这些商品的销售税税率为5%～10%：（1）白色结晶糖；（2）不在当地生产，且没有类似的当地替代品的工厂和机械；（3）临时从巴基斯坦出口的外国货物的再次进口。

5. 适用2%～6%税率的货物征税对象示例

皮革、纺织品、地毯、运动和外科行业等货物适用2%～6%的销售税税率。

6. 零税率的货物对象示例

销售税零税率适用于以下货物，但不限于此：（1）出口；（2）向外交人员、外交使团、特权人士和特权的组织提供物资；（3）运送到巴基斯坦以外的目的地的消费品的供应；（4）在特定的条件和限度下，特定的文具用品如橡皮和练习本。

7. 免税对象示例

销售税免税对象包括但不限于：（1）农产品，包括牛奶、蛋、鱼、肉和新鲜蔬菜；（2）制药；（3）报纸和书籍；（4）教育和科学材料；（5）防治艾滋病和癌症的设备；（6）在国际招标下提供的供应品；（7）向医院提供50张床或更多的物资。

（四）应税时间

一般来说，应税时间是指货物交付、服务履行或收到任何付款的时间，以较早者为准。在信德省、旁遮普省、开伯尔－普什图赫瓦省和俾路支省的服务，供应时间是向接受者提供服务、开具发票或收到对价时，以最早的为准。

（五）申报、缴纳与抵扣规则

除特定零售商外，所有应税人员必须每月申报。报税表必须在报税期结束后的次月

18 日前提出。

定期提供服务的定期付款被视为单独和不同的付款。因此，纳税必须在下个月的 15 日前完成。

应税人可以抵扣进项税，进项税是对其提供的应税货物和应税服务征收的销售税。应税人一般从销项税中扣除进项税额，销项税是对所生产的产品征收的销售税。对于制造商和服务提供商（除某些例外情况外），注册人不得在该纳税期内申请超过 95% 的进项税。但是，超出部分可以结转。进项税包括在巴基斯坦购买的货物和服务以及进口到巴基斯坦的货物所缴纳的销售税，以及使用销售税机制征收的联邦消费税。

（六）发票管理

应税人通常必须提供所有应税物资的销售税发票或现金发票。一级零售商必须将其零售店与委员会的计算机系统连接，以便实时报告销售情况。销售税发票通常是必要的，以支持进项税抵扣。

目前，买卖双方开具电子销售税发票的特别程序已经建立，注册人可以在获得有关税务机关批准后选择开具电子发票。此外，巴基斯坦不允许简化销售税发票。因此，需要开具完整的销售税发票。

（七）罚则

1. 逾期登记的处罚

未办理销售税登记的，罚款 1 万卢比或应缴税款的 5%，以较大者为准。在开始应税活动后 60 日内未登记的，经特别法官定罪，可处应税人 3 年以下有期徒刑，或处以不超过所涉税款的罚款，或两者兼而有之。如果一个人未能根据销售税法进行登记，或者登记后未能将其业务与委员会或其计算机系统整合，则可能被处以最高 100 万卢比的罚款。

2. 逾期申报罚款

根据联邦和省销售税法，如果延迟提交销售税申报表，将被处以 1 万卢比的罚款。但是，如果在到期日后 10 日内提交申报表，则只适用每天 200 卢比或 300 卢比的罚款。

3. 欺诈处罚

对税务欺诈、伪造记录、作出虚假陈述和声明、拒绝或妨碍查阅记录以及类似罪行，处以 5 万卢比或 2.5 万卢比或应缴税款的 100%（以较大者为准）的罚款。此外，如果被特别法官定罪，应税人可能会被判处 3 年以下监禁，或者可能会被处以不超过涉税金额的罚款，或者两者兼有。

一〇六、巴拿马
（Panama）

（一）基本介绍^①

巴拿马自 1976 年 12 月 22 日起开始征收增值税。其增值税主管机关为税务总局（General Directorate of Revenues）。

（二）纳税义务人

1. 登记门槛

在巴拿马，增值税纳税人是指年收入超过 3.6 万美元（或月平均收入超过 3000 美元），从事商业、工业、金融活动以及提供服务的企业或个人。对于非居民以及进口商，无论其年收入多少都属于增值税纳税人。任何增值税纳税人都需要进行登记。

2. 登记程序

在巴拿马注册登记增值税纳税人的个人，需完成并提交的材料是：身份证复印件；最近一次为公共服务支付的证明复印件（为证明纳税人居民身份）。纳税人为企业的，需提交的材料是：由公共登记部门签发的登记证书；法定代表人的身份复印件；最近一次为公共服务支付的证明复印件（为证明纳税人居民身份）。

如果纳税人的上述信息发生变更，应当通知巴拿马税务当局，巴拿马税务当局会出具增值税纳税号，即纳税人身份证号（适用于增值税、所得税和其他税种）。增值税纳税号将通过巴拿马税务当局或网络注册。

3. 自愿登记

巴拿马财政法案及相关规章没有包含任何增值税自愿登记条款。

4. 延迟登记的处罚

巴拿马无针对增值税登记延迟的特殊处罚。

---

① 本篇资料来自巴拿马税务总局网站，https：//dgi. mef. gob. pa/Dts/dgi2. php（accessed on 20240228）。

5. 注销登记

收入门槛不满足增值税登记条件的企业，需要注销登记并提交一份表格，说明不再被视为增值税纳税人。

6. 扣缴义务人

根据巴拿马 2005 年第 84 号执行程序的规定，每年购买货物或服务超过 500 万美元的企业属于增值税扣缴义务人。增值税扣缴义务人需扣缴由供应商提供的发票或其他同等文件所包含的增值税税款的 50%。

巴拿马税务当局 2018 年 8 月 30 日出台文件，公布了根据 2005 年第 84 号法令确定的增值税扣缴义务人名单，具体包括 86 家公司，涵盖银行、建筑等行业。自 2018 年 9 月 7 日起，新名单中确定的扣缴义务人应承担扣缴义务。

7. 合并登记

巴拿马并未允许由同一经济团体控制的实体进行增值税合并申报。

8. 非居民企业的登记

非居民企业是指在巴拿马无常设机构的企业。若在巴拿马提供货物给付，非居民企业需进行增值税登记。非居民企业在登记时需填写登记表格，外国公司还必须提交一份经巴拿马领事认证的公司章程副本，以及该章程的西班牙语官方翻译件。

9. 有关数字经济中纳税人登记的规定

巴拿马没有针对数字经济的特殊增值税规则，增值税一般规则适用于数字经济。

（三）应税范围及税率

1. 应税范围

在巴拿马提供以下商品和服务均要交纳增值税：（1）有形动产（包括库存和资本资产）的所有权转让；（2）提供服务；（3）进口货物，无论其用途如何。

同时，税务当局就可转让证券以及法律授权机构提供的金融、银行服务征收增值税。此外，巴拿马存在一些就特定行业（例如可再生资源）不征税的地区以及特定增值税免税地区（例如科隆自由贸易区等）。

2. 适用标准税率的对象

除特殊税率的征税对象外，所有的应税货物和服务都适用 7% 的标准税率。

3. 适用 15% 税率的征税对象示例

进口、批发、销售香烟、雪茄和其他烟草产品适用 15% 的增值税税率。

4. 适用 10% 税率的征税对象示例

适用 10% 增值税税率的商品和服务包括但不限于：（1）进口、批发和零售酒精饮料；（2）酒店住宿服务和其他住宿服务。

5. 零税率征税对象示例

在当地进行的特定制药、儿童用品以及服务在特定情况下，适用零税率，其进项税可进行抵扣。

6. 免税对象示例

免征增值税的商品和服务包括但不限于：（1）农业生产者提供的产品；（2）由非工业渔民和猎人提供的未经加工的鱼、肉和猎物；（3）出口的货物；（4）医疗和药物产品；（5）学校教学用品；（6）巴拿马自贸区提供的货物；（7）在经授权的海关仓库中提供可移动的货物；（8）石油和相关产品（机油是增值税应税对象）；（9）杂货；（10）农业使用的手工工具、肥料、杀虫剂、杀菌剂和类似产品。

上述免税给付不可以进行增值税进项税额抵扣。巴拿马不适用免税选择。

（四）应税时间

1. 一般规则

对于商品销售，纳税时点①是指开具发票或提供商品的时间，以较早者为准。

对于服务，纳税时点是指开具发票的日期、提供服务的日期或支付全部或部分款项的日期，以最早者为准。

对于保证金和预付款试用商品、租赁资产的给付、持续性给付，巴拿马没有特别的规定，均适用一般规则。

2. 特殊规则

对于经常性年度服务，纳税时点为全部或部分付款的日期。

对于动产租赁，其纳税时点为租赁当事人订立合同时。

对于公司向公司经理、法定代表人提供供其个人消费的货物，其纳税时点为货物交付时或货物过账时，以先到者为准。

对于进口货物，纳税时点为报税时。

（五）申报、缴纳与抵扣规则

1. 申报与缴纳

所有纳税人必须每月提交增值税申报表。申报表必须在报表期结束后的下一个月的15日之前提交。按月申报后，则无须向税务当局进行年度申报。税款需在相同期限内以巴拿马货币（PAB）或美元（USD）全额缴纳。

---

① 产生增值税纳税责任之时被称为"给付之时"或"纳税时点"。

在巴拿马，所有应税人都必须进行电子申报，个人或实体需要向税务机关申请一个数字识别（NIT）以及一个税号。巴拿马税务当局网站上的所有在线税务流程（如纳税申报、报表）都需要这个特殊号码，以便对公司进行远程管理。如果档案符合电子文件法，也可以通过电子方式进行归档。

2. 进项税抵扣

进项税可以通过抵销销项税进行抵扣，但需提供有效的发票或关税文件。

（1）不可抵扣的进项税。纳税人向增值税免税者（例如特定的政府机构）提供的商品或服务，为与该销售有关的商品或服务的购买或进口而支付的增值税可能不被认定为进项税，因此销售者将承担增值税款。类似的，为进行增值税免税销售而支付的增值税也无法进行销售税额抵扣，因而被认定为成本。

巴拿马2012年第52号法律授予某些纳税人进项税减免特权。这项规定适用于食品或药品制造商以及收入超过30万美元的农业企业。这些纳税人不征收增值税，但不能用进项税抵减其他税负。

（2）进项税额结转。如果进项税的数额超过了销项税，纳税人可以将超过部分结转至下一个增值税纳税期；如果无法在下一个增值税纳税期进行抵扣，可以结转至下一年度；但不能退税。此外，巴拿马不退还未在巴拿马注册增值税的外国或非注册企业产生的增值税进项税。

（3）出口商的"注销证书"。经常获得增值税抵免的出口商可以向增值税当局申请一份名为"注销证书"的文件，以帮助缓解现金流。出口商可将注销证书出售给其他纳税人，以抵消其他纳税人的增值税纳税责任。

（4）进项税的部分抵扣。应税人支付的与免税供应有关的增值税不能被视为进项税（因为它不能抵销销项税），而是应税人应承担的成本，并且可以从所得税中扣除。当应税交易和免税交易共同进行时，进项税额的抵扣比例必须和应税交易收入与总收入的比例一致（计算应税交易收入与总收入比例时应当排除税款本身）。

3. 反向征收

基于反向征收机制，由外国个人或企业在巴拿马境内对巴拿马个人或企业提供服务的增值税税款需由该巴拿马个人或企业收集和支付。巴拿马方企业或个人从非居民交易对方取得的发票上注明的价格视为含税价，巴拿马方企业或个人应代扣增值税，并在10日内向税务机关缴纳增值税。代扣的增值税款可能被视为增值税进项税额，并可以用于巴拿马个人或企业进行销项税额抵扣。巴拿马个人或企业代扣增值税税额的极端方法为：发票注明的含税价格乘以0.065421。

（六）发票管理

1. 一般规则

应税人必须提供所有应税服务和给付（包括出口）的增值税发票。发票是支持进项税抵免索赔所必需的。必须使用税务机关授权的专用财政设备开具发票。①

税务发票需包含下列内容：（1）文件名称；（2）企业的纳税人身份证号码；（3）连续且唯一的编号；（4）打印设备的登记编号；（5）发票开具的数据；（6）开票地址；（7）关于交易的描述；（8）交易中包含的税收明细；（9）单个商品或服务的价格；（9）财务标志；（10）其他费用。

如果由于任何原因（例如，由于折扣或奖金而导致价格变动或退货）价值降低，增值税贷方票据可用于减少对供应的增值税征收和退税。增值税贷方票据通常必须包含与税务发票相同的信息。如果增值税发票是以外币开具的，则金额必须转换为巴拿马货币或美元。

2. 出口证明

合格的出口货物不征收增值税。为符合条件，出口货物必须附有证明货物已离开巴拿马的单据，如海关单据、出口发票和提单副本、外币发票。

3. 电子发票

电子发票在巴拿马是强制性的。2020年12月29日，巴拿马颁布了第766号行政命令对电子发票的实施提出了要求。该法令规定，个人和公司经税务机关授权，可以使用电子发票，或当其（因数量或经营性质）被税务机关豁免使用财政设备时，有义务使用电子发票。

（七）罚则

如果纳税人未按时缴纳增值税，每月需支付数额为应缴纳增值税的10%及其利息之和的罚款，时间自应缴纳增值税之日起至缴纳之日止（不足1个月的部分按1个月计算）。利率比银行委员会规定的参考利率高出2%。这一利率每年更新一次。

如果由于抵扣而导致增值税应纳税额为零，但逾期申报，可能被处以10美元的罚款。对不准确的增值税纳税申报表（未导致抵扣），未经税务机关登记而开具发票，不符合税收抵免结转规定的，可以处以100~500美元的罚款。累犯将被处以500~5000美元的罚款，并暂时关闭企业。

如果纳税人存在欺诈的行为，还可能会面临刑事处罚，应缴金额5~10倍的罚款和1~12个月监禁。在特殊情况下，可以施加更严厉的处罚。

在一个增值税申报期内，且原增值税申报之日起不超过12个月，增值税申报表只能修改一次。如果修改后的纳税申报表在原增值税申报之日后超过3个月才提交，则个人和法人修改纳税申报费用分别为100美元和500美元。税务欺诈将被处以未申报增值税金额5~10倍的罚款或纳税人2~5年监禁。

---

① 月开票额低于3000美元或高于8.5万美元的纳税人可以申请不使用税务机关规定的专用设备开具发票。

一〇七、巴布亚新几内亚
（Papua New Guinea）

（一）基本介绍[①]

巴布亚新几内亚自 2004 年 1 月 1 日起开征商品和服务税。其主管机关为国内税收委员会（Internal Revenue Commission）。

（二）纳税义务人

1. 登记门槛

满足下列条件之一时，进行商品和服务税登记为强制性义务：（1）在巴布新几内亚境内 1 个月以及该月之前的 11 个月内，进行所有应税活动（除免税给付外）的总价值超过 25 万基那；（2）当月及未来 11 个月内的商品和服务税营业额有合理可能性超过 25 万基那。

2. 自愿登记

处于登记门槛以下的企业在进行应税活动时，可以自愿申请进行商品和服务税登记。非营利组织在进行应税活动时可以以书面形式向国内税收委员会进行商品和服务税登记申请。

3. 合并登记

根据《商品和服务税法》的规定，两个或多个拥有 90% 及以上共同投票权的公司构成一个集团，并可以向国内税收委员会申请作为一个商品和服务税集团进行合并登记。其他实体例如合伙、信托，若符合共同控制测试也可以申请合并登记。商品和服务税合并登记后，将集团成员视为一个单一的商品和服务税实体。一般而言，所有的商品和服务税缴纳责任以及进项税额抵扣将合并至一个集团的代表，并只需提交一次商品和服务税登记。

---

① 本篇资料来自 IBFD 网站上的 "Papua New Guinea-Corporate Taxation sec. 8"。

4. 分支机构登记

在分支机构或分部开展活动的注册人可以书面形式向国家税务总局局长申请将分支机构或分部注册为单独的注册人，但必须满足与活动性质和拟进行商品和服务税登记分支机构的会计制度有关的某些要求。此外，如果注册实体是商品和服务税集团的成员，则该实体的分支机构不得注册为商品和服务税分支机构。

5. 非居民企业登记

商品和服务税适用于由非居民企业提供的应税给付和应税给付的进口。在巴布亚新几内亚境内从事应税活动或其他活动的外国实体分支机构须注册并缴纳商品和服务税。

6. 有关数字经济中纳税人登记的规定

对于企业对企业（B2B）交易，如果被认定为主要在巴布亚新几内亚进行给付，消费企业应反向征收商品和服务税款。假设获得供应的主要目的是进行应税活动，则消费企业可以获得商品和服务税进项税额抵免。同时进行免税、应税给付情况下，只能获得进项税额的部分抵免。

对于企业对消费者（B2C）交易，因为个人一般不会进行应税活动，所以个人一般不会进行或被要求进行商品和服务税登记。

（三）应税范围及税率

1. 应税范围

巴布亚新几内亚商品和服务税应税范围包括：与巴布亚新几内亚有关，或在巴布亚新几内亚范围内提供的，或作为在巴布亚新几内亚注册的企业活动对价的应税商品或服务的给付；针对由海外向在巴布亚新几内亚注册企业提供服务的反向征收；无论进口者的性质如何，由海外向巴布亚新几内亚的进口。

2. 适用 10% 税率的征税对象

除适用零税率的应税给付外，所有的应税给付都适用标准税率10%。

3. 零税率征税对象示例

适用零税率的货物和服务包括但不限于：（1）出售盈利的企业；（2）向外国援助提供者提供货物或服务；（3）向由国内税收委员会批准开展非营利活动的宗教、慈善或者社区组织的非营利机构提供物品和服务，且物品和服务不能用于营利活动；（4）国际旅行；（5）出口货物和服务。

适用零税率的货物无须缴纳商品和服务税，并可以进行商品和服务税进项税额的抵扣。

4. 免税对象示例

免征商品和服务税的货物和服务包括但不限于：（1）金融服务；（2）某些贵金属；

（3）医疗服务；（4）教育服务；（5）公共交通和出租车；（6）报纸；（7）雇主向雇员提供住房或机动车辆；（8）国家公报中通知的特定豁免。

（四）应税时间

1. 一般规则

货物和服务的给付通常被视为在供应商或收款人开具发票之时或供应商收到任何付款之时（以较早者为准）发生。

（1）对于采用权责发生制的实体。当一个实体进行商品和服务税登记时，它会自动按照商品和服务税的权责发生制（或发票）记账。对于按权责发生制计算商品及服务税的企业，应在开具发票的纳税期或收到给付对价时（以较早者为准）就应税给付支付商品和服务税。

（2）对于采用收付实现制的实体。年营业额不超过125万基那的实体可按收付实现制计算商品和服务税。现金会计也适用于某些实体，而不考虑营业额。这些实体包括地方当局、非营利机构和其他由国内税收委员会酌情决定的实体。当国内税收委员会以书面形式批准时，才允许以收付实现制进行计算。对于使用收付实现制的实体，应在收到对价的纳税期内就应税供应支付商品和服务税款。如果在特定纳税期内仅收到部分对价，则仅应就该部分支付商品和服务税款。

2. 特殊规则

（1）持续给付。逐步或者定期提供货物或者服务的，视为连续给付。每一次连续给付应被视为在该给付的付款到期、收到或开具仅与该付款有关的任何发票之时发生（以二者中较早的为准）。

（2）进口货物。进口货物在进口时应缴纳商品和服务税，也可适用延期计划。根据该计划，进口商品和服务税将延期缴纳，以便进口商有权获得全额商品和服务税进项税额抵免。

（3）过境货物。根据《海关法》的规定，临时进口到巴布亚新几内亚的货物适用零税率。一般来说，进口商必须提供10%的保证金。保证金将在货物再出口到国外时退还。如果货物在12个月内重新出口，则被归类为过境货物。如果进口货物在该国停留超过12个月，则该货物被视为永久进口货物，保证金将被没收，然后可以就缴纳的商品和服务税款申请进项税额抵扣。

（4）保证金和预付款。巴布亚新几内亚没有关于定金和预付款的具体特别规定。

（5）试用商品。巴布亚新几内亚没有关于试用商品的具特别规定。

（6）租赁资产。如果货物是根据租用或租赁协议供应的，则应视为在协议存续期间的持续给付。当付款到期或收到（以较早者为准）时，每项连续供应均视为发生。无论租赁类型如何（即标的资产的所有权是否转移），处理方法都是相同的。

（7）适用反向征收的服务。对于境外提供的服务，接受方必须对支付款项的服务进行计税。如果对价不是货币，服务需要以进行服务时的价格进行计价。

（五）申报、缴纳与抵扣规则

1. 申报与缴纳

注册人必须在下一个纳税期（一个公历月）的 21 日或之前以要求的格式提交商品和服务税申报表，巴布新几内亚不实行年度申报。若企业未按时履行商品和服务税义务，企业的管理人员还要承担个人责任。商品和服务税款需以基那为货币进行缴纳。

国内税收委员会引入了一个基本的电子归档选项。电子申报需扫描签署的纸质表格，并将其附在电子邮件中，详细说明电子资金转账。所有相关记录必须在相关纳税期结束后至少保存 7 年，并可以电子格式保存。如果国内税收委员会以书面形式通知审计活动，则 7 年期限可以延长。

2. 进项税抵扣

一般而言，有效的发票或海关文件可以作为申请进项税额抵扣的依据。但与免税给付相关的进项税额、非商业目的的进项税额、无有效发票的进项税额无法抵扣。

（1）不可抵扣的进项税。当应税交易和免税交易共同进行时，进项税额的抵扣比例必须和应税交易收入与总收入的比例一致（计算应税交易收入与总收入比例时应当排除税款本身）。

（2）进项税额结转。如果某一时期的进项税额抵减额超过同期应缴纳的商品和服务税，则超额部分在技术上可退还给纳税人。

（3）登记之前的抵扣。个人在公司成立前 6 个月内进行的购买所支付的商品和服务税可在公司注册后申请作为进项税额抵扣。购买必须由成为公司成员、高级职员或雇员的人进行，且该人必须获得全额价款的偿付。购买还必须是为了公司进行的应税活动。进项税额抵免在报税期内可申请。除上述情况外，注册前收购的商品及服务税不得申请为进项税额抵免。

（4）非居民企业的进项税抵扣。只有注册了商品及服务税的实体才能要求退还在巴布亚新几内亚进行的购买产生的商品和服务税。一般而言，在巴布亚新几内亚进行购买以进行应税活动的实体（包括非居民）可在必要时进行商品和服务税登记。

3. 反向征收

在满足下列情况时，将对发生在巴布亚新几内亚境内的服务进行商品和服务税反向征收：（1）供应者为非居民；（2）该供应者未通过其在巴布亚新几内亚的企业进行该应税给付；（3）接收方进行或应当进行商品和服务税登记。

（六）发票管理

1. 一般规则

一般来说，如果接受者要求，商品与服务税登记者就必须提供所有应税给付的税务发票，但含商品和服务税价款小于等于 50 基那的给付除外。

发票需包含以下信息：（1）在突出位置标明发票字样；（2）供应商的姓名、地址、注册号码；（3）接受者的姓名、地址；（4）发票开具日期；（5）关于应税交易的描述；（5）货物或服务的数量；（6）税款；（7）未含税价格。

一般来说，税务发票是支持进项税额抵扣所必需的。如果最初收取的商品和服务税金额不正确（例如，由于错误或商定的价格调整），则可以签发调整单（或贷项或借记单）以减少或增加商品和服务税金额。调整单必须清楚地标记为调整单或税务发票，并且必须提供所做调整的详细信息。

发票上的金额必须以基那为单位。

2. 出口证明

出口货物适用零税率。为证明确实为出口货物，必须向国内税收委员会证明货物已经被出口至巴布亚新几内亚以外的地区。除不可预见的情况导致的延迟，货物在 28 日内出口才能适用零税率。

3. 有关企业对消费者业务的发票规定

对向私人消费者提供的商品及服务税发票没有特别规定。但是，如果对价低于 50 基那的无须开具税务发票。

4. 电子发票

所有纳税人都可以使用电子发票，但不是强制性的。为方便税务发票的电子化，国内税收委员会可批准使用符号、缩写或其他符号来表示税务发票上通常需要显示的任何详情。除非另有批准，发票副本必须保存在巴布亚新几内亚。

（七）罚则

延迟提交商品及服务税申报表以及迟延缴纳税款可能会被处以罚款，罚款金额为未缴纳税款的 10%，加处每年未缴纳税款的 20%。

错误申报和税务欺诈均将被处以不超过 2.5 万基那的罚款。

此外，可以在国家法院对纳税人提起诉讼，以追缴税款和罚款。

一〇八、巴拉圭

（Paraguay）

（一）基本介绍[①]

巴拉圭自 1992 年 7 月 1 日起开始征收增值税。其增值税主管机关为财政管理局（Finance Administration）。

（二）纳税义务人

1. 登记门槛

巴拉圭增值税纳税人是指在巴拉圭经营业务过程中提供应税货物或服务的任何企业实体或个人。巴拉圭增值税法未规定任何免于登记的条款。巴拉圭不存在增值税登记门槛，所有从事应税行为的实体都应当登记，所以巴拉圭增值税法未规定任何自愿登记的条款。

巴拉圭增值税法不允许合并登记。紧密相连的法律实体必须分别进行增值税登记。

非居民企业是指在巴拉圭无常设机构的企业。在巴拉圭，非居民企业无法通过取得税务证件而成为纳税人。[②]

2. 登记程序

登记程序在线上进行，登记后纳税人会立即收到确认邮件，并需提交相关文件。个人纳税人需提交身份证明文件、居住地的证明文件；公司纳税人需提交公司在巴拉圭的注册公契、法定代表人的证明文件、代理人权限、居住地的证明文件。此外，纳税人需填报表格说明其将要进行的行为。

3. 税务代理人

出于税务目的，公司必须按照税务表格605或税务表格615任命法定代理人。

---

① 本篇如无特别注明，资料来自 IBFD 网站上的 "Paraguay Corporate Taxation sec. 8"。

② 非居民企业应缴纳的税款由巴拉圭居民作为扣缴义务人进行缴纳。

4. 注销登记

纳税人进行注销登记需要下列文件：（1）公司在巴拉圭的注册公契（如纳税人为企业）；（2）巴拉圭税务当局出具的清税证明；（3）注销税务有效号码或"Timbrado"号码（税务表格621）；（4）注销税务识别号码或"RUC"（税务表格623）；（5）法定代表人的个人身份证复印件（如果纳税人是个人，则为应税个人的个人身份证）。如果企业或个人决定仅从增值税中注销，则必须分别提交税务表格615或税务表格610。

5. 有关数字经济中纳税人登记的规定

对于企业对企业（B2B）的数字交易，当位于巴拉圭的客户向非居民企业付款时，适用增值税；巴拉圭客户有义务作为增值税扣缴义务人，通过巴拉圭税务局网页发布的虚拟凭证在国外进行付款。

对于企业对消费者（B2C）的数字交易，当位于巴拉圭的个人向非居民企业付款时，适用增值税。此时，巴拉圭纳税人的个人必须充当增值税扣缴义务人，通过巴拉圭税务局网页发布的虚拟凭证支付款项，非巴拉圭纳税人的个人不能作为扣缴义务人，因此不可能签发上述虚拟凭证。

仅缴纳个人所得税和增值税的个人可以通过巴拉圭税务局网页签发电子发票。

（三）应税范围及税率[①]

1. 应税范围

巴拉圭增值税应税范围包括：由应税个人或企业在巴拉圭提供的货物或服务；从巴拉圭境外进口的货物，无论进口商的性质如何。

巴拉圭增值税适用10%的标准税率，但巴拉圭2421/04号法令引入了针对特定商品和服务5%的低税率。此外，针对特定的商品还适用税基的减免，因此实际上降低了增值税税率。[②]

2. 适用10%税率的征税对象

巴拉圭绝大部分应税给付统一适用10%的标准税率。

3. 适用5%税率的征税对象示例

适用5%低税率的货物和服务包括但不限于：（1）家庭基本消费品；（2）医药产品；（3）不动产转让和房屋租赁；（4）农产品销售和进口。

---

① 详见巴拉圭国家税务局网站，https：//www.dnit.gov.py/web/portal-institucional/w/k-ley-n-2-421-04（accessed on 20240228）。

② 该税务处理主要针对巴拉圭第6406/05号法令规定的特定货物的进口以及不动产。

4. 免税对象示例

巴拉圭的免税情况可以分为三大类：转让免税、服务免税、货物进口免税。

（1）转让免税包括：外国货币、公共和私人有价证券（包括股份转让或股本配额）；印刷或者电子书籍、报纸；教育、文化或科学杂志；遗产继承，但不包括受让人；信用证；由阿拉伯语学院（IPA）制作的手工艺品；儿童和青少年教育计划的笔记本和用品；捐赠给教育部认可的基金会、协会、其他致力于教育的非营利组织（初学、学前、小学、中学、技术、高等教育和大学）以及致力于体育运动的非营利机构活动的组织的物品；石油燃料，包括生物燃料；与博彩相关的账单、票据和其他物品。

（2）服务免税包括：来自公共和私人有价证券的得利；在特定银行、金融机构、合作社存的存款；由大使馆，领事馆和国际组织的雇员执行的服务；个人公司（独资企业）提供的无偿服务；与初等教育和学前班、小学、中学、技术和高等学校、被教育部或法律承认的大学有关的合伙企业、非营利性和其他实体；由运动或者文化组织提供的非营利的，且不为其合作伙伴、组织成员提供直接或间接利益的服务。

（3）货物进口免税包括：海关法规定免税的货物；由外交官、领事馆和国际组织提供的商品；税法规定免税的货物；进口用于教育机构和基础教育，如小学、中学、技术和高等学校以及教育部认可的大学的货物，如实验室的设备和用品、礼堂、图书馆或教室的工具、家具和设备，电脑设备、复印机和通信设备，向这些实体提供的教学服务也是免税的。

5. 零税率征税对象示例

出口货物适用零税率，并可以向税务当局申请抵扣，但出口农产品的抵扣比例被限制在50%。

（四）应税时间

1. 一般规则

产生增值税纳税义务的时间被称为"给付时间"或"纳税时点"。货物的基本给付时间是货物转移时。对于进口货物，纳税义务一般从货物在巴拉圭海关注册之时开始。

对于服务，基本给付时间为服务完成。具体来说，增值税的纳税义务在下列任何一项之后开始：开具适当的发票；收到服务的部分或全部付款；付款期限已过；服务已全部完成。发票必须在纳税点发生之日开具。

2. 特殊规则

对于进口货物，进口货物的给付时间为进口日期或货物离开暂停征税区的日期。对于保证金和预付款，如果就货物支付了定金或预付款，则认为货物已转移给客户，因此定金应缴纳增值税。

（五） 申报、缴纳与抵扣规则

1. 申报与缴纳

增值税申报表一般按月提交，增值税申报和支付的到期日取决于增值税纳税人纳税识别号的最后一个编号。

在巴拉圭，所有应税人员都必须进行电子方式申报增值税。被指定为扣缴增值税代理的公司必须代扣代缴增值税，并通过巴拉圭税务局网页发布任何代扣代缴税款的虚拟凭证。此外，他们必须每月提交纳税申报表，说明与购买、销售和代扣税相关的信息。

缴纳税款必须以巴拉圭货币支付。

2. 进项税抵扣

一般而言，有效的发票或海关文件可以作为申请进项税额抵扣的依据。根据巴拉圭的税收规定，纳税人有两种不同的方式来抵扣增值税：出口货物和出口货运服务；当地预扣增值税。巴拉圭纳税人必须遵循正式程序，并且必须提供由在巴拉圭税务局注册的审计公司发放的增值税退税证明。

巴拉圭的进项税抵扣还有一些特别规定：（1）不可抵扣的进项税额。购买不用于制造应税供应品或用于非商业目的的货物和服务（例如，企业家私人使用的货物）时，不得进行进项税额抵扣。此外，部分营业性支出项目可能无法抵扣进项税额。（2）进项税额结转。一个月内进项税额超过应交的销项税额的，可以结转超额抵免，并在下一个纳税期间抵扣销项税额①。（3）增值税款的超额支付。增值税纳税义务人多缴或者错缴增值税的，可以更正纳税申报表，在以后的纳税期间用多缴的部分抵减销项税额，也可以开始一个非常正式的程序，对错缴的增值税进行补偿。（4）部分豁免。巴拉圭纳税人可以对与出口业务有关的增值税进行进项税额抵免（出口免征增值税）。对于其他免税给付，不可进行进项税额抵免。（5）登记前费用抵扣。纳税人可以在 3~5 年内摊销登记前费用，但不能对任何预登记前费用进行进项税额抵扣。（6）非居民企业的抵扣。对于在当地没有常设机构且未进行登记、未缴纳增值税的企业，巴拿马未规定其可以抵扣。

（六） 发票管理

1. 一般规则

增值税纳税人通常必须提供所有应纳税物资的增值税发票，包括出口（免税）。增值税发票是支持进项税额抵免的必要凭证。

---

① 若至纳税年度中最后一个纳税期时仍有进项税需抵扣，则与适用5%税率的应税交易有关的进项税无法抵扣。

发票需包含下列内容：（1）供应商的姓名、地址、税务号码；（2）交易日期；（3）购买者的姓名与税务号码；（4）关于交易的描述及其总价格；（5）增值税税款；（6）税务发票的有效期。

增值税贷方票据可用于减少对货物和服务供应收取和抵扣的增值税。抵免单必须包含一个简短的解释，说明调整的原因，并且必须与原增值税发票号交叉引用。

如果增值税发票是以外币开具的，则所有金额必须转换为巴拉圭货币瓜拉尼，使用税务机关公布的汇率进行转换。

2. 出口证明

出口货物不征收增值税。但是，要获得免增值税的资格，出口必须有出口文件和证明货物已离开巴拉圭的海关文件。

3. 电子发票

巴拉圭的第7795/17号法令建立了一个全国电子发票系统，允许当地纳税人在税务局事先授权的情况下开具电子发票。

（七）罚则

迟延登记需接受罚款。此外，若此时纳税人还应缴纳增值税，纳税人还会被处以罚款及利息。

逾期缴纳增值税将被处以罚款，罚款从应缴税款的4%开始，每月增加2%，最高不超过14%（逾期超过5个月）。除罚款外，未缴税款按月计息，利率为每月1.5%，按日计算。

纳税人谋取不正当利益的，视为欺诈。欺诈行为可处以与欺诈行为或欺诈意图有关的税款金额1~3倍的罚款。

对未缴纳增值税、违反增值税规定和欺诈行为的严重处罚包括罚款和对应税人监禁等刑事制裁。

一〇九、秘鲁
（Peru）

秘鲁自 1991 年 8 月 1 日起开始征收增值税。其增值税主管机关为税务与海关总署（General Tax and Customs Administration）。

1. 一般规则

增值税纳税人是指在秘鲁开展业务过程中进行增值税应税交易的任何企业实体。此外，如果个人在"习惯性"基础上从事此类活动，则应缴纳增值税。秘鲁增值税法没有对"习惯性"进行定义，而是考虑行为的性质、数量和频率以进行判断。

2. 登记门槛

秘鲁增值税法没有规定登记门槛。

3. 登记程序②

为了被视为增值税纳税人，必须获得一个税务识别号（registro unico de contribuyente，RUC）。税务代表必须填写第 2119 号表格，并提供一份身份证明文件，以及秘鲁公共登记处提供的公司电子记录和任何证明其居住地的文件。注册过程可以通过以下方式之一完成：一是在线使用"Personas SUNAT"应用程序（仅限个人）；二是亲自到秘鲁税务管理局办公室；三是通过虚拟接待处。纳税人进行增值税登记时需提交下列文件：（1）纳税人或其税务代表的身份证明的复印件；（2）最近两个月的接受公共服务的收据的复印件，或其他可以证明居民身份的文件的复印件；（3）由公共登记部门发放的企业证明文件（如果需要的话）。

---

① 本篇如无特别注明，资料均来自 IBFD 网站的"Peru-Corporate Taxation sec. 8"。
② 详见秘鲁国家统一数字平台网站，https：//www. gob. pe/7330-acceder-al-regimen-general（accessed on 20240228）。

4. 税务代表

公司的法定代表人可以指定认可人，在税务当局处代表纳税人。为此，公司的法定代表人必须在税务局注册。

5. 注销登记

在秘鲁增值税立法中不存在注销登记。但企业停止在秘鲁的商业操作后，可向税务当局申请注销税务识别号，然而税务识别号的注销不意味着纳税义务的免除。此外，根据增值税法，停止业务的公司无法主张增值税进项税额抵扣。

6. 合并登记

秘鲁增值税法不允许合并登记。紧密相连的法律实体必须分别进行增值税登记。

7. 非居民企业的登记

非居民企业是指在秘鲁无常设机构的企业。非居民企业在秘鲁进行应税交易例如动产销售等时，需进行增值税登记。

8. 有关数字经济中纳税人登记的规定

对于企业对企业（B2B）交易，非居民企业向本地实体提供的数字服务将根据反向征收机制缴纳增值税。根据这一机制，本地客户根据为数字服务支付的价款缴纳增值税，并在下个月内，客户可以将其作为进项税额予以抵扣。非居民企业不应免除增值税。如果在秘鲁境内销售无形商品，则应缴纳增值税。根据秘鲁法律，当买卖双方为注册实体时，无形货物的销售在秘鲁境内进行。

对于企业对消费者（B2C）交易，在秘鲁的运营不受增值税的约束。

（三）应税范围及税率

对于所有交易，供应商均须缴纳增值税，但进口由国外提供但在秘鲁境内使用的商品或服务的情况除外，在这种情况下是否缴纳增值税分别由进口商和用户自行评估。

1. 标准税率适用对象

秘鲁标准税率为 18%①，适用于所有应税交易，除非另有规定。

2. 适用 10% 税率的商品和服务

2022 年 8 月 13 日至 2024 年 12 月 31 日，政府将增值税标准税率从 18% 降至 10%（含 2% 的市政税），适用于符合某些要求的应税人员。适用 10% 税率的商品和服务如下：（1）酒店和旅游住宿服务；（2）餐饮（食品和饮料销售）；（3）餐饮服务（提供商品和饮料服务）；（4）特许经营食品。

---

① 秘鲁增值税税率为 16%，但附加征收 2% 的市政税。

3. 免税对象示例

免征增值税的商品和服务包括但不限于：（1）水果和蔬菜；（2）教育服务；（3）公共交通；（4）出口货物；（5）博彩；（6）廉价居民楼；（7）金融服务。

上述免税行为无法获得增值税进项税额抵扣。但纳税人可以选择为秘鲁增值税法附录1所列货物（主要包括一些动物、水果和蔬菜的销售和进口）缴纳增值税。纳税人必须和税务当局就这一选择进行交流，并遵守所有要求。税务当局应在被通知的45日内作出是否批准的决定。若税务当局予以批准，则从批准之后的下月1日开始缴纳增值税。放弃增值税豁免的选择是不可逆的。

此外，秘鲁境内存在一些不征收增值税的自由贸易区，如亚马逊雨林地区。[①]

（四）应税时间

1. 一般规则

产生增值税纳税义务的时间被称为给付时间或纳税时点。以下是确定货物和服务给付时间的基本规则：（1）在国内出售动产，给付时间为货物交付时或发票（或付款凭证）签发时或应签发时，以较早者为准。（2）在国内提供服务，给付时间为发票（或付款凭证）签发或应签发或付款时，以较早者为准。（3）非居民在秘鲁提供服务，给付时间为发票（或付款凭证）登记在注册实体的会计记录中或付款时。（4）建筑工程合同，给付时间为发票（或付款凭证）签发或应签发时，或全部或部分付款时，以较早者为准。（5）建筑商出售不动产的首次销售，给付时间为全部或部分付款时。

2. 特殊规则

（1）进口货物。进口货物的给付时间，是货物结关时或货物离开暂停征税区时。就进口无形货物而言，给付时间为全部或部分付款时或发票（或付款凭证）在注册实体的会计记录中登记时，以较早者为准。

（2）保证金和预付款。一般来说，与应税交易有关的预付款应缴纳增值税（有些例外情况，如担保不超过3%的价值）。因此，在交付货物之前收到的部分付款，应在交易日期就该部分付款金额缴纳增值税。

（五）申报、缴纳与抵扣规则

1. 申报与缴纳

增值税申报表必须按月提交，秘鲁没有年度申报制度。纳税人必须在纳税义务发生

---

① 详见秘鲁国家统一数字平台网站，https：//www.gob.pe/7868-zonas-economicas-especiales-zee（accessed on 20240228）。

之日后一个月的第 7～16 个营业日之间履行纳税义务。确切的付款日期取决于秘鲁税务局每年批准的税务条款表。税务条款明细表根据纳税人的税务识别号（RUC）显示纳税人的到期日。必须以秘鲁货币新索尔缴纳税款。

增值税申报表应每月使用编号为 00621 的虚拟程序提交。纳税人使用名为"CLAVE SOL"的电子账户（http：//www. sunat. gob. pe/）提交申报表。一旦获得 RUC，税务局就向每个纳税人提供 CLAVE SOL 的 ID 和密码。

此外，年销售额不超过 1700 税务单位①的小微企业可以将其增值税款缴纳期限向后推迟 3 个月。

在特定交易中，秘鲁实行增值税代扣代缴制度。

2. 进项税抵扣

增值税进项税抵扣要求购置是为了增值税应税业务，此外必须在付款凭证中单独说明税款，付款凭证必须依法填妥，并在购货簿上适当登记。

（1）不可抵扣的进项税。购买不用于制造应税或不用于商业目的的货物和服务（例如，企业家为私人使用而购买的货物）时，不得抵扣进项税额。如果支出同时与应税活动和免税活动有关，则只能抵扣与应税活动有关的部分。此外，部分营业性支出项目的进项税额可能无法抵扣。

（2）应税人同时进行应税和非应税交易的，不得从销项税额中全额扣除进项税额，只可扣除与应税交易中使用的货物和服务有关的进项税额。为此目的，增值税纳税人应为应税和非应税交易以及为进行此类交易而购买的服务和货物分别开立账户。如果不可能，则必须根据增值税法规定的程序，按比例计算每个报告期应扣除的进项税额。

（3）对于非居民购买商品或服务的，所缴纳的增值税不得抵免。但是，根据秘鲁增值税法，如果购买人是非居民游客，在秘鲁境内停留 2～60 日，并且购买的货物由非居民游客带往国外，则允许退还购买货物时支付的增值税。非居民旅游者出境时必须提出退税要求，并符合增值税法律及其规定的所有要求。

出口商因购买商品和服务而支付的增值税将得到退税。出口商可以将这种补偿作为抵免来抵销增值税或所得税。任何余额均可由税务局退还。

（4）进项税额结转。一个月内，进项税额超过应交的销项税额的，可以结转超额抵免，在下一个纳税期间抵扣销项税额。

（5）非居民企业的进项税抵扣。秘鲁一般不退还外国企业产生的增值税，除非它们在秘鲁有常设机构或企业。在秘鲁设立的外国企业的退税方式与其他企业相同。

3. 提前退税系统

提前收回增值税系统允许提前收回与货物和服务、施工合同、进口和其他交易有关的增值税抵免，而无须等到就相应的货物、服务或施工合同向客户开具销项发票。这一

---

① 2024 年每 1 秘鲁税务单位等同于 5150 新索尔，该比例每年更新。

制度规定，可以免除纳税人一定的资金成本。该制度分为一般制度和特殊制度。

在适用于所有生产性公司的一般制度下，购买货物所支付的增值税通过可转让的增值税贷方票据予以抵扣。

特殊制度仅限于满足下列条件的公司：（1）公司必须提交保证书描述其投资项目和特点的声明，详细说明项目下的设备和服务；（2）公司对项目作出至少500万美元的投资承诺，项目的前期阶段至少为2年。

在特殊制度下，施工合同以及购买新货物、中间产品和服务支付的增值税，可通过每月提交的增值税贷方票据进行抵扣。增值税贷方票据可通过支票进行兑换。

（六）发票管理

1. 一般规则

增值税纳税人通常必须提供所有应纳税物资（包括出口）的增值税发票。增值税发票是支持进项税抵免申请的必要条件。增值税抵免单可用于在某些情况下（例如，退税、贸易折扣、奖金、退货或差旅费用）减少对货物和服务征收的增值税。贷方票据必须参考原始交易的增值税发票，并包含相同的基本信息。如果增值税发票是以外币开具的，则必须将其价值转换为新索尔，并根据每笔交易的给付时间使用有效的汇率。

以下是确定开具发票时间的规则：（1）在国内出售动产，开具发票的时间为货物交付时或付款时，以较早者为准。（2）在国内提供服务，开具发票的时间为当服务完成时，或当支付部分或全部款项时，或当服务付款期限到期时，以较早者为准。（3）建筑工程合同，开具发票的时间为当支付全部或部分款项时。（4）首次销售建造商出售的不动产，开具发票的时间为全部或部分付款时。

税务发票中需包含下列内容：供应商的姓名、住址、设立时所在地、税务识别码；发票名称的打印字样；税务机关名称的打印字样；购买者的姓名、住址、设立时所在地、税务识别码；货物或服务的描述；货物或服务的总价值、税款及其总额；其他税费；开票日期。

在秘鲁没有关于B2C业务中开具发票的特殊规定。

2. 电子发票

税务机关指定的纳税人，必须使用电子发票、贷记单和借记单。其他纳税人在符合一定条件的前提下，可以自愿使用电子发票、贷记单、借记单。

（七）罚则

如果纳税人不遵循登记程序，则需缴纳1个税务单位的罚款。

在秘鲁迟延缴纳税款，无须缴纳罚款，但需按照每月0.9%的标准就未缴纳部分支付利息。迟延申报将被处以 1 个税务参考单位的罚款。

如果未将应税交易纳入增值税申报表，罚款为漏缴税款的 50%。逾期或少缴增值税按 0.9% 的月利率计息。如果未能履行增值税法规定的义务，可能会受到许多其他处罚。

涉及税务欺诈的应税人将依案件情况处以监禁，并处或单处罚款。

一一〇、菲律宾
（Philippines）

（一） 基本介绍[①]

菲律宾自 1998 年 1 月 1 日起开征增值税。其增值税主管机关为财政部国家税务局（Department of Finance's Bureau of Internal Revenue）。

（二） 纳税义务人

纳税义务人是指在贸易或商业过程中从事销售、交换或租赁货物或财产、提供服务、进口货物的任何个人、信托、不动产、合伙企业、公司、合资企业、合作社或协会。如果进口商免税，则进口货物的买方、受让方或接受方应承担增值税责任，无论其是否为增值税纳税人。在菲律宾提供服务的非居民人士，即使不是定期提供服务，也被视为在贸易或业务过程中进行销售。

1. 登记门槛[②]

一般来说，销售总额或收入超过或预计在 12 个月内超过 300 万比索的，必须登记为增值税纳税人。菲律宾增值税法中没有关于免于登记的规定。菲律宾不允许合并登记。非居民企业（或在菲律宾从事贸易或业务的外国非居民）是指在菲律宾没有分支机构、总部或常设机构的外国企业。外国非居民企业在菲律宾通过扣缴手续提供的服务需缴纳增值税，但无须登记。

下列纳税人必须作为非增值税纳税人进行登记：（1）未登记为增值税纳税人的增值税免税人员；（2）过去 12 个月内销售总额或收入不超过 300 万比索的业务的个人；（3）过去 12 个月内销售额或收入不超过 300 万比索的非营利组织或协会；（4）合作社，但电气合作社除外；（5）年总收入不超过 1000 万比索且不选择进行增值税登记的广播和电视广播公司。

---

① 本篇如无特别注明，资料均来自 IBFD 网站的 "Philippines-Corporate Taxation sec. 13"。
② 详见菲律宾国家税务局网站，https：//www. bir. gov. ph/index. php/tax-information/value-added-tax. html#vt_who（accessed on 20240228）。

2. 登记程序

增值税纳税义务人必须提出增值税纳税人登记申请。公司和合伙企业必须填写第1903号注册申请表或第1905号注册信息更新申请表，并将其连同所需附件一起提交给对总部和分支机构所在地具有管辖权的税务局。新纳税人需在相关税务局的授权代理银行缴纳500比索的年度注册费，并提交授权打印主收据和补充收据/发票以及登记账簿的要求。一旦提交所有文件，税务局将签发注册证书。

3. 自愿登记

下列纳税人可以选择是否进行增值税登记：（1）总销售额或收入不超过300万比索的免税人员；（2）上一年度获得的年总收入不超过1000万比索的广播或电视广播特许经营商；（3）从事多种交易的增值税注册纳税人可选择将增值税适用于其他增值税免税交易。

一般不需要办理增值税登记的纳税人，可以自愿办理增值税登记。自愿登记中没有要登记的特定事项。任何选择自愿进行增值税登记的纳税人，在未来3年内不得注销增值税登记。

4. 税务代表

在菲律宾，外国无常设机构企业无须指定增值税代表。任何与无常设机构企业进行业务并控制付款的居民必须担任增值税扣缴义务人。

5. 注销登记

纳税人可在下列任何情况下注销其增值税登记：（1）纳税人向国家税务局提交的书面申请，充分表明其未来12个月（免税期除外）的总销售额或收入不会超过300万比索；（2）该纳税人已停止经营其贸易或业务，预计不会在未来12个月内重新开始任何贸易或业务；（3）发生独资企业所有权变更；（4）合伙企业或公司解散；（5）公司合并或被合并；（6）纳税人在计划的业务开始前登记，但未能开始其业务。

6. 有关数字经济中纳税人登记的规定

在12个月内进行网上商业交易，且总销售额超过300万比索的应税人必须注册为增值税纳税人。无论是手工的还是电子的，网上商人必须就每次货物和服务的销售、易货、交换或租赁开具注册发票或收据。

如果买方通过在线中介付款，该中介控制买方的付款，或自行销售产品、服务，并因此被视为商户，则他们必须向买方开具全额销售的发票以及正式收据。

付款通道，如银行、信用卡公司、金融机构和票据支付服务机构，有义务以商户的名义签发经验证的银行存款单或支付确认书。

货运代理和在线网站管理员同样有义务以电子方式或人工方式签发正式收据，以收取商户或广告商支付的服务费。

（三）应税范围及税率

1. 应税范围

增值税适用于：销售、交换，使用或租赁货物或财产；销售或交换服务；从菲律宾境外进口货物；视同销售的交易。其中视同销售包括：非在业务过程中转让、使用或消费原计划出售或使用的货物或财产；作为增值税登记人利润的一部分分配或转让给股东或投资者或债权人以偿还债务；实际销售在寄售之日起60日后进行的货物寄售；从业务中退出或停止时存在的应税货物库存。

2. 适用12%税率的征税对象

除另有规定外，应税货物和服务一律适用12%的标准税率。

3. 适用18%税率的征税对象

夜总会、酒吧、歌舞厅。

4. 适用5%税率的征税对象

在菲律宾经济区管理局（PEZA）或其他经济区、在苏比克湾大都会管理局（SB-MA）或在其他自由港地区登记的企业，享受5%的优惠税率。

5. 零税率对象示例

进口和销售部分特定货物和服务适用零税率，包括但不限于：（1）出口销售；（2）向从事国际海运或国际航空运输的人员销售货物、用品、设备和燃料，且该货物、用品、设备和燃料是用于国际海运或航运业务；（3）向非居民经销商销售用于在菲律宾的居民出口商制造、加工、打包货物原材料或包装材料；（4）向每年出口量占制造量70%的出口商销售原材料和包装材料；（5）销售通过可再生能源生成的电力或燃料，可再生能源包括但不限于生物质能、太阳能、风能、水能、地热能、海洋能和其他新兴能源；（6）国内航空或者船只将乘客和货物从菲律宾运往国外；（7）为从事国际海运或空运的人员提供的服务，且该服务是用于国际海运或者空运业务的。

6. 免税对象示例

（1）出售或进口以下物品：原始状态的农业或海洋食品；用作或用于生产食品的牲畜或家禽；种畜和相关遗传物质；肥料、种子、鱼苗、鱼、虾、牲畜或家禽饲料和用于制造不适合人类食用的成品饲料的原料或经食品药品监督管理局认证的不能用于生产人类食用产品的原料（赛马、斗鸡、动物园动物或宠物专用饲料除外）；自2020年1月1日起用于治疗糖尿病、高胆固醇和高血压的药物；自2023年1月1日起用于治疗癌症、精神疾病、肺结核和肾脏疾病的药物；2021年1月1日至2023年12月31日用于预防或治疗COVID-19的物品。

（2）进口以下商品：从国外返回的居民或在菲律宾定居的非居民公民的个人或家庭物

品，如果这些物品符合免税条件；属于即将在菲律宾居住的人或菲律宾人或其家人和后代（现在是其他国家的居民或公民）的专业仪器或工具、服装、家畜以及个人和家庭用品。

（3）由农业合同种植者提供的服务，包括加工玉米和甘蔗。

（4）国内的陆上普通承运人（必须是持有相关证书的人）；车库管理员；外国保险公司的消防、海运或其他保险代理人；个体户；来自菲律宾的海外派遣、海外信息或对话的提供者。国际空运或航运承运人。

（5）广播或电视广播（加盟商年度总额收益为1000万比索以下）。

（6）燃气和水务公司的加盟商。

（7）个人、公司和企业在菲律宾境内提供人寿保险。

（8）驾驶舱、俱乐部、拳击、职业篮球、赛马场等的业主或承租人或经营者。

（9）在当地上市交易的股票销售或交易以及首次公开发行。

（10）医疗、牙科、医院和兽医服务，由专家提供的除外。

（11）政府教育服务或认可的私立教育机构。

（12）菲律宾或特别法律规定下，根据签署的国际协议免税的交易。

（13）农业合作社向成员和非成员提供产品；直接农场投入物的进口；用于生产或加工农场的设备或备件生产。

（14）信贷或多用途合作社贷款。

（15）会员的出资上限为1.5万比索的非农业或非电信或非信贷合作社的销售。

（16）销售以下不动产：在正常贸易交易或业务过程中，不属于主要出售、租赁或使用的房地产；低成本住房（达75万比索）；社会化住房（达45万比索）；住宅地段（达150万比索）；房屋，批地和其他住宅（250万比索）。

（17）出租住宅，租金不超过每月1.5万比索。

（18）出版，进口，印刷或出版书籍和报刊。

（19）银行，非银行金融中介机构的业务；准银行业务，其他非银行金融机构；医疗机构，如货币兑换商和典当行。

（20）销售或租赁货物或动产或服务，每年3万比索。

（21）向老年人［其定义在《共和国法案》（Republic Act）第9994号或《扩大老年公民2010年法案》（the Expanded Senior Citizens Act of 2010）］出售商品或服务。

（22）向残疾人［其定义在《共和国法案》（Republic Act）第10754号或《扩大残疾人福利和特权法案》（An Act Expanding the Benefits and Privileges of Persons with Disability）］出售商品或服务。

菲律宾的纳税人义务人对免税对象有选择权，增值税注册人员可以为增值税目的选择免税交易注册。一旦选择后，在一段时间内不可撤销。除了电视和电视广播的特许经营权人，除了上一年度的总收入不超过1000万菲律宾比索，选择权永久不可撤销的情况下，其他从作出选择的那个季度开始计算，时长为3年。

（四）应税时间

给付时间或纳税点是产生增值税义务的时间。以下是给付时间的一般规则：

（1）对于进口：在货物（无论是否用于商业）从海关监管下放行之前。

（2）对于应纳税货物或财产的销售或视同销售、易货或交换：在交易时，无论何时实际付款。

（3）不动产分期销售：每次实际付款的时间或每次分期付款的日期。

（4）财产使用或租赁：每次实际付款的时间或每次分期付款的日期。

（5）服务供应：每次实际付款或每次分期付款的规定收款日。

（6）保证金和预付款：一般来说，收到定金或预付款时，会产生一个纳税点。如果预付款构成预付租赁租金，则应在收到该款项的月份对出租人征税。但是，保证金在用于租金之前不需缴纳增值税。

（7）持续提供服务：每次付款都会构成一个纳税点。

（8）试用商品：试用商品在实际销售前不征收增值税。如果在商品寄出之日后60日内未进行实际销售，则视为销售，除非收货人在60日内归还了寄出的货物。

（9）适用反向征收的服务：适用反向征收的服务的纳税点是在支付对价时。

（10）租赁资产：给付时间为每次实际付款时或每笔分期付款的连续收款日。

（五）申报、缴纳与抵扣规则[①]

1. 申报与缴纳

使用人工系统的增值税纳税人必须每月提交增值税申报表，并在每个月结束后的20日内向授权代理银行缴纳增值税。纳税人还必须在季度结束后25日内提交季度增值税申报表，显示其季度总销售额或收入。

使用电子申报和支付系统的增值税纳税人根据其业务行业进行分类，并根据其所属行业分类给出截止日期。每月增值税的申报和付款到期日为每月结束后21～25日。增值税扣缴申报表必须在交易后的第10日或之前提交。

销售精制糖和面粉需要预付增值税。在提取任何精制糖或面粉之前，所有人或卖方必须通过授权代理银行或税收官员向国税局支付预缴增值税。此外，进口货物的增值税必须在货物从海关监管局放行前缴纳。

以下纳税人必须通过电子方式提交增值税申报表：（1）纳税人账户管理计划中的纳税人；（2）合格进口商和潜在进口商；（3）国家政府机构；（4）获得许可的当地承

---

① 详见菲律宾国家税务局网站，https://www.bir.gov.ph/index.php/tax-information/value-added-tax.html#vt_who（accessed on 20240228）。

包商；（5）享受财政激励的企业；（6）前5000名个人纳税人①；（7）实收股本在1000万菲律宾比索及以上的公司；（8）拥有完整计算机会计系统的公司；（9）政府投标人；（10）保险公司和股票经纪人；（11）大型纳税人；（12）前2万家私营公司②。

2. 进项税抵扣

增值税纳税人通常从销项税中扣除进项税，销项税是指在销售或租赁应税货物、财产或服务时征收的增值税。如果在纳税季度末，增值税注册人的销项税额超过进项税额，则该纳税人必须支付超额部分。如果进项增值税超过销项增值税，超出部分将结转到下一个季度。进项税可抵减销项税，前提是所缴税款有增值税注册人开具的增值税发票或正式收据证明。

（1）不可抵扣的进项税。购买或者进口非经营性商品和服务，不得抵扣进项税。直接归属于增值税交易的进项税可进行抵扣。但是，直接归因于向政府提供的货物和服务的进项税不能从与向非政府实体提供有关的销项税中扣除。同时归因于增值税应税或增值税免税交易的进项税必须在应税增值税之间按月按比例分摊，进项税抵免仅适用于与增值税交易相关的进项税部分。

（2）零税率应税给付的抵扣。增值税纳税人提供零税率（或实际上零税率）的商品、财产和服务时，可申请税务抵免证书（TCC）或退还这些进项税（不含已从销项税中扣除的超额进项税部分）。除非申请人根据修订后的税法第112（a）条申请签发TCC，否则应为现金退款，该项要求可在该项销售完结后两年内提出。财政部、国家税务局必须在提交与该项申请有关的所有所需文件的日期后90日内，批出或退还税款。如果发现退款不适当，必须以书面形式说明拒绝退款的法律和事实依据。如果任何官员、代理人或雇员未能在90日内处理申请，将受到处罚。

（3）进项税结转。增值税纳税人因零税率销售而产生的任何进项税可由其选择退还或申请税务抵免证书。增值税退税或税务抵免证书的申请必须在零税率销售的纳税季度结束后两年内提出。退税申请必须附有现行税收法规中具体列举的完整证明文件。纳税义务人未提交完整证明文件的，驳回申请。纳税义务人自提交完整证明文件之日起90日内，有权决定是否准予赔偿。如果税务当局未在90日内对申请采取行动，则此类不作为应视为拒绝申请。如果拒绝，纳税人应在拒绝全部或部分申请后30日内，或如果税务当局在90日期限内未采取行动，则应在90日期限届满后，向税务上诉法院（CTA）提起司法申请。

（4）无常设机构企业的进项税抵扣。菲律宾不退还未在菲律宾境内设立或登记的企业产生的增值税。

---

① 这里指符合以下条件之一的个人纳税人：（1）年销售额超过1000万比索；（2）年采购额超过1000万比索；（3）年应缴所得税额超过20万比索；（4）年应缴消费税额超过10万比索；（5）年应缴比例税额超过10万比索；（6）年应缴增值税额超过10万比索。

② 这里指符合以下条件之一的私营公司：（1）年销售额超过1000万比索；（2）年采购额超过500万比索；（3）年应缴所得税额超过20万比索；（4）年应缴消费税额超过10万比索；（5）年应缴比例税额超过10万比索；（6）年应缴增值税额超过10万比索。

3. 反向征收

根据反向征收规定，接受货物或服务给付的应税人必须从供应商处扣缴应缴增值税并支付增值税。反向征收适用于以下情况：（1）在支付每次应税货物或服务的费用之前，政府必须扣除并预扣5%最终增值税，即卖方应支付的净增值税；（2）居民在向非居民或外国无常设机构企业支付租赁财产或在菲律宾提供的产权或服务的对价之前，必须预扣12%的增值税。

根据第8182号法案，即经修订的"1996年官方发展援助法"，由官方发展援助（ODA）资助的项目所产生的货物和服务购买付款，不受反向征收制度的约束。

（六）发票管理

1. 一般规则

增值税纳税人必须为每次货物或财产的销售、易货或交换、为每次货物或财产的租赁以及每次服务开具增值税正式收据，必须首先从税务机关获得打印（ATP）收据或销售发票的权限。正式收据或发票的有效期为5年，自签发ATP或使用包含在ATP中的收据/发票序列号时起，以先到者为准。这些文件必须包含以下信息：（1）卖方是增值税登记人的声明，并附上该纳税人的纳税识别号（TIN）；（2）买方应支付的总金额，包括增值税；（3）作为单独项目显示的税额；（4）交易日期；（5）数量和单位成本；（6）商品或财产或服务性质的说明；（7）如果销售免征增值税，则应在显著位置注明"免征增值税销售""本文件不适用于进项税申报"的字样和句子；（8）如果销售适用零税率，则应在显著位置显示"零税率销售"一词；（9）ATP编号、签发日期和有效期，包括认可打印机的名称、地址、TIN，凭其认证号和认证日期作为授权打印机；（10）短语"本发票/收据的有效期为五年，自ATP之日起"。

如果增值税发票或官方收据是以外币开具的，则必须使用可接受的汇率将所有需要支付的金额转换为菲律宾比索。

2. 出口证明

如果货物从菲律宾运到国外，出口销售将按照零税率征税。货物必须以可接受的外币支付（或其在货物或服务中的等价物），并且必须按照菲律宾中央银行的规则进行核算。货物的销售和装运必须由下列文件证明：（1）包含"零税率销售"一词的增值税发票（写在或打印在发票上）；（2）提单；（3）进口信用证；（4）落地证；（5）其他有关商业文件。

3. 有关企业对消费者业务的发票规定

对于向私人消费者提供的用品，没有特别的发票规则。所有供应商必须开具全额增值税发票。

4. 电子发票

在建立能够存储和处理所需数据的系统后，菲律宾税务局应要求从事货物和服务出口的纳税人、从事电子商务的纳税人，以电子收据、销售发票、商业发票代替手工收据、销售发票、商业发票。

（七）罚则

根据以下违法行为的涉案金额进行评估，对违法行为分别处以民事罚款（罚款额为涉案金额的25%或50%）和12%的利息：（1）未能按照法律和规则的要求提交申报表并根据申报表支付应付税款；（2）向法定官员以外的官员提交申报表；（3）未能在规定期限内全额或部分缴纳到期税款；（4）故意忽视在规定期限内提交申报表；（5）未能提交某些信息申报表；（6）扣缴义务人未能收集预扣税或退还超额预扣税；（7）未登记人员错误开具增值税发票或收据。

除其他行政和刑事制裁外，对于下列任何一种违规行为，税务当局可暂停或关闭一家企业至少5日：未出具收据和发票；未提交增值税申报表；将应纳税销售额少报30%或30%以上。

如果被认定为拒绝或未在销售发票或正式收据上单独注明销项税，则每一次此类行为将被处以50万（含）以上1000万以下比索的罚款，并对应税人处6年以上10年以下有期徒刑。

一一一、波兰
（Poland）

（一）基本介绍①

波兰自 1993 年 7 月 5 日起开征增值税。其增值税主管机关为财政部。波兰 2004 年加人欧盟后，现行的增值税法替代了 1993 年的法律文本。《增值税法》经过多次的修订和更新，现已成为波兰增值税制度的法律核心。波兰财政部部长可以通过发布增值税法令补充、修订增值税法中的部分规定。

（二）纳税义务人

根据波兰《增值税法》第 15~17 条，增值税的纳税人包括法人、非法人组织和独立从事商业活动的个人。其中，所谓的"商业活动"是指生产商、贸易商和服务供应商的所有活动，包括农民、自然资源开发者和自由职业者的活动。为了商业目的持续使用产品和无形资产也应被视为商业活动。

1. 增值税登记门槛

增值税登记门槛为 20 万兹罗提（PLN），但其不适用于外国企业。该登记门槛判断适用于以下任意一种情况：（1）上一纳税年度给付货物或服务的价值超过 20 万兹罗提。（2）在商业活动开始时，给付商品或服务的价值预计将超过 20 万兹罗提。如果商业活动在日历年中间开始，则该注册门槛将按比例适用于该年的剩余时间。

纳税人可以选择是否进行增值税注册登记。但该决定必须在纳税人第一次进行应税商业活动之前，或在纳税人进行增值税登记的月份之前，向税务局报告。此外，从事完全免征增值税的商业活动的纳税人无须进行增值税登记。

增值税登记门槛不适用于货物和服务的进口、欧盟内由买方缴纳增值税的货物购置与给付。此外，以下类别的企业无论营业额多少都必须在商业活动开始时进行增值税登记：销售贵金属产品的企业；销售某些消费品的企业；销售新型运输工具的企业；销售

---

① 本篇资料来自波兰政府网站，https：//www.podatki.gov.pl/en/value-added-tax/registering-for-vat（accessed on 20240228）。

建筑物或建设用地的企业；提供法律、咨询和其他专业服务的企业；提供与珠宝相关的服务的企业。

2. 自愿登记

一般来说，每个应税人都可以选择在波兰注册增值税，而不受 20 万兹罗提的门槛限制。只从事免税活动的应税人员也可以选择增值税登记。波兰增值税法在这方面没有限制。

3. 免于登记

在波兰提供某些特定服务的外国企业可免于进行增值税登记。该规定适用于进行以下商业给付的企业：（1）根据逆向征收机制由波兰消费者负责计算和缴纳增值税的服务和货物；（2）某些适用于零税率的服务，例如，在波兰海港内提供的与国际运输有关的服务、为外国航空运输企业提供的空中交通管制服务。

一般来说，根据逆向征收机制，接受外国企业提供的商品和服务的消费者有义务征缴增值税（存在部分例外）。但是，从 2013 年 4 月 1 日起，如果外国企业在波兰进行了增值税登记，则无法适用逆向征收机制。

4. 有关数字经济中纳税人登记的规定

数字经济具体的增值税规则适用于所有欧盟成员国通过互联网（电子商务）销售的跨境货物和服务供应，自 2021 年 7 月 1 日起生效。这些新规则适用于所有对非应税人员（多数为个人）的直接销售，由于这些交易大多是通过互联网进行的，所以又称为电子商务增值税规则。具体规则如下：（1）对于非常驻供应商向企业客户（B2B）提供的服务，企业客户负责使用反向征收核算应纳税额。（2）对于非居民供应商向企业客户（B2B）提供的货物，如果货物是从另一个欧盟成员国运输的，作为欧盟内部购买交易，购买货物的企业负责核算应纳税额。如果货物来自欧盟以外，买方可能需要报告货物进口情况。（3）对于非居民供应商供应给最终消费者（B2C）的货物，供应商通常负责按客户国家适用的税率收取和核算增值税（除非供应商的销售额自 2021 年 7 月 1 日起低于 1 万欧元的远程销售门槛）。该增值税可以使用单一的增值税登记，使用"一站式"机制进行申报。

自 2021 年 7 月 1 日起，电子商务供应商可以选择如何对其 B2C 供应品征收增值税。

（三）应税范围及税率

1. 适用 23% 税率的对象

除另有规定外，所有的应税货物和服务都适用 23% 的标准税率。

2. 适用 8% 税率的对象示例

适用 8% 增值税税率的商品和服务包括但不限于：（1）乐器；（2）特定食品；（3）手

工艺品；（4）报纸和杂志；（5）地图；（6）酒店服务；（7）特定娱乐服务；（8）旅客运输；（9）旅游服务；（10）医药产品；（11）水；（12）农业相关的特定服务；（13）与娱乐相关的其他服务（仅限入场范围）；（14）"社会性住房"的供应、建造、维修和重建。

3. 适用5%税率的对象示例

适用5%增值税税率的商品和服务包括但不限于：（1）特定的未加工基础食品；（2）特定的农产品和林产品；（3）书籍和特定杂志。

4. 零税率征税对象示例

适用增值税零税率的商品和服务包括但不限于：（1）出口；（2）欧盟内的商品供应；（3）特定帆船；（4）国际运输和相关服务；（5）向教育机构提供电脑设备。

5. 免税对象示例

免征增值税的商品和服务包括但不限于：（1）金融服务（有例外）；（2）不动产给付；（3）健康卫生服务；（4）社会福利服务；（5）公共邮政服务；（6）教育；（7）住宅租赁；（8）文化活动和体育活动（有例外）；（9）科学相关的服务；（10）牙科工程；（11）投注、博彩和彩票。

波兰《增值税法》规定了纳税义务人对不动产纳税享有选择权，不动产给付在一定条件下免纳增值税。

（四）应税时间

给付时间或纳税时点是产生增值税义务的时间。货物和服务的纳税义务发生时间分别是货物交付和服务履行之时。

（1）保证金和预付款的纳税时点是收到预付款。

（2）持续提供服务（即提供服务时间超过一年）的纳税时点在每年年底产生，直到这些服务完成为止，如果提供的服务期限不超过一年，纳税时点在服务完成时产生，如果交易各方就持续提供的服务设定了清算期限或付款期限，则纳税时点将在每个期限结束时产生。

（3）经批准出售或退货的货物没有特殊的供货时间规则，其适用一般供货时间规则。

（4）租赁资产的纳税时点在开具租赁发票时产生。

（五）申报、缴纳与抵扣规则

1. 申报与缴纳规则

自2020年10月1日起，不再使用增值税申报表，所有在波兰注册增值税的应税人员都必须提交一份新形式的扩展单一税务审计文件（SAF－T）申报表（JPK_V7M）。SAF－T是按月提交的，在纳税义务发生时间的次月25日之前以电子形式提交。

缴纳相关增值税的截止日期与提交 SAF－T 申报表的截止日期相同，即在纳税义务发生时间的次月 25 日之前。增值税缴款必须通过银行转账支付，且必须以兹罗提支付。

2. 抵扣规则

纳税人购买、进口货物与服务以及在欧盟内采购所产生的增值税可以通过周期性的增值税纳税申报来进行抵扣。销项税中涉及欧盟内采购、进口货物以及通过反向征收机制征收增值税的货物与服务供应的账目，可以作为进项税抵扣。因出口货物至非欧盟国家，或者进行零税率交易而直接发生的增值税，纳税人有权抵扣。

（1）不可抵扣进项税规则。不用于商业目的而购买商品和服务时，不得抵扣进项税，例如，企业家为私人用途购买的商品。此外，某些商业目的的消费项目也不能抵扣进项税。

（2）部分抵扣进项税规则。如果该进项税与免税给付直接相关，则不可抵扣进项税。如果波兰应纳税人同时提供免税给付和应税给付，则不得全额抵扣进项税。这种情况称为"部分豁免"（partial exemption）。与应税给付直接相关的进项税可全额抵扣，而与免税给付直接相关的进项税不可抵扣。不能直接归因于应税给付或增值税免税给付的增值税进项税必须按比例分摊到每个类别。该比例是基于合格营业额与该日历年总营业额的比率，初始扣除则根据上一年度的比例进行。

（六）发票管理

一般情况下，波兰应税人员必须提供下列情况的增值税发票：（1）特有的序列号；（2）增值税号；（3）供应商与客户的详细地址；（4）商品的具体数量或者服务的次数等；（5）服务与货物的详细描述；（6）不含增值税的价格；（7）如果与发票日期不一致的话还要填写供应日期；（8）货物的应税额；（9）增值税税率，以及适用不同增值税税率的货物的数量；（10）供应免税货物、采取反向收税机制货物、出口货物以及共同体内交易的货物的具体描述。

发票可以以任何货币进行开具，但是增值税额必须换算为兹罗提。

（七）罚则

税务机关可对未申报或延迟申报 SAF-T 文件的纳税人处以纪律处分。每份申报文件的纪律处分金额为 2800 兹罗提。

未支付和/或延迟支付增值税的可能会被要求支付 12% 的利息。

一一二、葡萄牙
（Portugal）

① 本篇资料来自葡萄牙政府网站，https：//eportugal. gov. pt（accessed on 20240228）。

（一）基本介绍[①]

葡萄牙自1986年1月1日起开征增值税，税务主管机关为税务和海关管理局。

（二）纳税义务人

葡萄牙增值税的应纳税人是指从事货物与服务的应税交易或在欧盟境内进行应税采购或在葡萄牙境内进行应税线上销售的任何商业实体或个人。

葡萄牙不适用增值税登记门槛（一次性应税交易，低于2.5万欧元的除外）。任何开始商业活动的应纳税人都负有知会增值税登记机构进行增值税登记的义务。而对在葡萄牙没有设立业务机构的企业或外国企业则适用特殊规则。

非固定企业（non-established businesses）是指在葡萄牙境内没有固定机构或没有进行增值税登记的企业。一家在葡萄牙提供商品或服务给付的非固定企业，如果它在欧盟内部进行了货物的买卖，则必须进行增值税登记。

非固定企业向葡萄牙应纳税人提供给付一般适用逆向征收机制。根据逆向征收机制，接受给付的应纳税人必须承担应缴纳的增值税。如果适用逆向征收，则非固定企业无须进行增值税登记。逆向征收不适用于向个人或向非应税法人进行的给付。如果非固定企业进行以下任何一种给付，则必须进行增值税登记：（1）欧盟内部货物买卖；（2）超过阈值的远程销售；（3）不适用于逆向征收机制的商品或服务的给付。

葡萄牙的增值税法不包含任何免增值税登记条款。

（三）应税范围及税率

1. 标准税率适用对象

葡萄牙国内不同地区的标准税率不同，马德拉自治区为22%，亚速尔自治区为16%，其他地区为23%。除另有规定外，对所有应税服务与货物都适用。

2. 适用13%、12%、9%税率的对象示例

适用13%（除自治区以外地区）、12%（马德拉自治区）、9%（亚速尔自治区）增值税税率的商品和服务包括但不限于：（1）肉罐头和鱼罐头；（2）红酒；（3）添加政府指定添加剂的燃料和有色油；（4）乐器；（5）餐饮和护理。

3. 适用6%、5%、4%税率的对象示例

适用6%（除自治区以外地区）、5%（马德拉自治区）、4%（亚速尔自治区）增值税税率的商品和服务包括但不限于：（1）基础食物；（2）以科学、教育、文学、艺术、娱乐或体育文化事项为主的书籍和报纸及其他定期出版物，但不得全部或主要以录像或音乐形式出现；（3）医药；（4）医疗设备；（5）旅客运输；（6）酒店住宿；（7）不动产的翻新工作（必须为直接与国家文物建筑修复基金签订合同）；（8）传统的甘蔗蜜；（9）用于医疗目的的服装，癌症患者的假发。

4. 免税对象示例

免征增值税的商品和服务包括但不限于：（1）不动产的出租或租赁；（2）医疗服务；（3）金融服务；（4）保险；（5）著作权；（6）公共机构提供的培训。

5. 可选择的免税对象

葡萄牙增值税法规定了以下可选择的免税对象：（1）培训服务；（2）雇主为雇员供应的食物和饮料；（3）医院、诊所、诊疗所等机构提供的医疗卫生服务（这些机构既不是公共部门，也与国家没有相关协议）；（4）非农业合作组织向农民成员提供的服务。

在上述情况下，如果纳税人选择放弃增值税豁免，则必须保持5年。如果是将不动产全部或部分租赁或给付给其他纳税人，那么放弃增值税豁免只能作为个案处理，并得到税务机关颁发的证明。

（四）应税时间

增值税到期时间在葡萄牙被称为给付时间或纳税时点。一般来说，货物的一般纳税时点是交货的时间，服务的一般纳税时点是执行服务的时间。

发票必须在一般纳税时点之后的第5个工作日前开具。实际纳税时点是开具发票的

日期。如果没有开具发票，则在一般纳税时点之后的第 5 个工作日税款到期。

如果在开具发票之前给付的对价已经全额或部分支付，则收到付款的日期为实际纳税时点（就已经收到的货款而言）。在这种情况下，必须立即开具增值税发票。

（五）申报、缴纳与抵扣规则

1. 抵扣规则

（1）证明文件。只有以合法形式开具的发票/简化发票或葡萄牙税务和海关当局签发的进口单证中提及的增值税（逆向征收机制不适用），才可由应纳税者进行扣除。

（2）混合应纳税人。应纳税人同时从事可进行增值税抵扣的商业活动，以及不可进行增值税抵扣的商业活动，则应采用直接分配方式和/或增值税抵扣比例，以确定可抵扣增值税的金额。

（3）对增值税抵扣的限制。增值税不能抵扣以下成本费用：非商用车辆（汽油或柴油加油的车辆）、休闲船、直升机、飞机、摩托车；交通、食品、饮料和住宿；烟草、娱乐和奢侈品。

燃料（柴油、GPL、天然气和生物燃料除外）可抵扣 50% 的增值税。组织大会、博览会、博览会、研讨会、会议等类似活动的交通、食品和住宿费用，可抵扣 50% 的增值税。参加大会、博览会、博览会、研讨会、会议等类似活动的交通、食品和住宿费用，可抵扣 25% 的增值税。

2. 申报与缴纳规则

在葡萄牙增值税申报表每月或每季度提交一次，具体取决于应纳税人在前一个增值税年度的营业额。同时，所有应纳税人必须提交年度申报表。如果应纳税人的上一年营业额超过 65 万欧元，则按月提交增值税申报表。如果应纳税人的上一年营业额不超过 65 万欧元，则按季度提交增值税申报表。

每月增值税申报表必须在申报期结束后的第二个月的第 10 日之前提交。季度增值税申报必须在申报期结束后的第二个月的第 15 日之前提交。一般而言，年度申报必须在日历年结束后的 7 月 15 日前提交。

（六）发票管理

应纳税人应为每次货物或服务给付开具发票，在某些情况下可开具简化发票。

如果交易的应纳税额或增值税金额因任何原因（包括错误或折扣）而发生变化，则应上交发票的更正单据（借记单或贷记单）。

发票和修改文件应由经葡萄牙税务和海关当局认证的开票软件开具。这些文件以一个或多个系列的形式印发，根据业务需求使用，必须在每个序列内逐步和连续地按期进行，为期不少于一个会计年度。仅当满足某些条件时，才允许使用预打印的发票和预打印的序号编号。

（七）罚则

迟延缴纳到期增值税处迟延缴纳税款 30% ~ 100% 的罚款。不提交或逾期提交增值税申报表处罚 300 ~ 3750 欧元。已经逾期的增值税报表数据错误罚款 750 ~ 22500 欧元，未逾期的增值税报表数据错误罚款 187.5 ~ 5625 欧元。伪造、篡改有关税务文件（尚未达到刑事犯罪的程度）罚款 1500 ~ 37500 欧元。迟延开具发票罚款 700 ~ 3750 欧元。

一一三、波多黎各
（Puerto Rico）

（一）基本介绍[①]

波多黎各自2006年11月起开征销售和使用税，税务主管机关为波多黎各财政部。

（二）纳税义务人

波多黎各没有销售和使用税登记门槛。所有从事应税项目交易的商家都需要作为扣缴义务人负责征缴销售和使用税（SUT）。

（三）应税范围及税率

1. 适用11.5%税率的对象

一般而言，以使用或消耗为目的的购买、消费、使用应税项目或为其提供第三方仓储服务的人需要向波多黎各财政部按标准税率11.5%缴纳销售和使用税。所有进口波多黎各的商品在进口时均需按标准税率11.5%缴纳销售和使用税，由记录在案的进口商负责缴纳。

2. 适用7%税率的对象

自2019年10月1日起，7%的特别销售和使用税税率适用于《税法典》定义的"预制食品""碳酸饮料""糖果产品""糖果"应税项目的销售。只有符合财政部规定的所有要求的商户才有资格获得授权以7%的特殊费率收取和汇款。如果商家不遵守财政部的要求，该商家销售的这四项应税项目将分别适用10.5%和1%的州、市级销售和使用税。

---

① 本篇资料来自波多黎各政府网站，https：//hacienda. pr. gov/impuesto-sobre-ventas-y-uso-ivu （accessed on 20240228）。

3. 适用 4% 税率的对象

4% 特别 SUT 税率适用于归类为"指定专业服务"和"提供给其他商户的服务"的两类服务。

（1）指定专业服务包括：法律服务（有限制）；由波多黎各国务院相应审查委员会许可的以下专业人员提供的服务，包括农艺师、建筑师和景观设计师、注册会计师、经纪人、销售商和房地产公司、专业绘图员、专业房地产评估师、地质学家、工程师和测量师；以及由从事"纳税申报表、报表或退款申请"业务的专业人员提供的服务。

（2）提供给其他商户的服务包括：提供给从事贸易或商业或者营利活动的人的服务，包括非居民向居民提供的服务，不论服务的提供地点在哪里，只要该服务直接或者间接与接受服务的人在波多黎各从事的业务相关。

自 2020 年 7 月 1 日起，年业务量不超过 30 万美元的商家所提供的"指定专业服务"和"提供给其他商户的服务"将不需要缴纳销售和使用税。

4. 免税对象

免税对象包括：（1）正式注册的商家，其购买的应纳税商品主要是出售给可能获得豁免支付销售和使用税或者出口的人。（2）制造工厂：生产过程中使用的原材料、机器和设备，而且制造工厂必须拥有有效的制造商 ID。（3）出口的应课税物品，即便销售发生在波多黎各，只要自从销售日期起 60 日内从波多黎各出口并且符合某些条件即可。（4）出口服务。（5）捐赠服务。（6）某些食品。（7）殡仪服务。（8）处方药。（9）用于免税生产操作的机器和设备。（10）医疗手术材料。（11）用于提供健康服务的用品，物品，设备和技术。（12）用于辅助残疾人身体或者生理缺陷的物品和设备。（13）向有执照的幼儿中心支付的学费和月费。（14）不动产租赁。（15）用于女性个人卫生的某些产品。

（四） 申报、缴纳规则

在波多黎各从事任何业务的商人都必须通过在统一内部收入系统（SURI）网站上创建账户向波多黎各财政部进行注册登记。上述登记必须在开始营业前 30 日进行。未能及时注册可能将被罚款 1 万美元。

支付销售和使用税的责任由购买、消费或使用应税物品的人承担。但是，如果交易需要缴纳销售和使用税，且商家需要作为预扣代理人向买方收取上述税款，则由商家负责支付销售和使用税。如果商家被规定需要进行上述操作，但未能从买方那里收取销售和使用税，则波多黎各财政部可能向商家或买方收取该税款。

（五） 罚则

未能进行商户登记的，将被罚款 1 万美元。未能展示商家证书的，最高罚款 1000

美元。展示欺诈性商家证书的，将被罚款 5000 美元。对于每次违反未单独在收据或其他零售销售凭据上标注销售和使用税的行为的，将被罚款 100 美元。未能缴纳销售和使用税的，处以不超过未缴纳销售和使用税 50% 的罚金，以及对经常性不缴纳的情况下处以 100% 的罚金。未能提交销售和使用税申报表的，将被罚款 100 美元或 10% 的应缴税款。

一一四、罗马尼亚
（Romania）

（一）基本介绍[①]

罗马尼亚自 1993 年 7 月 1 日起开征增值税，税务主管机关是罗马尼亚财政部。

（二）纳税义务人

罗马尼亚的应纳税人是在商业活动的过程中独立提供货物或服务的应税给付的任何人，而不论其提供给付的目的或结果如何。

罗马尼亚增值税登记门槛为每年营业额 30 万列伊（或 88500 欧元）（此阈值仅适用于在罗马尼亚设立的应纳税人）。估计或记录显示营业额已经超过等价于 88500 欧元的罗马尼亚货币的既定纳税人必须在超过或达到阈值后 10 日内申请增值税登记。达到或超过阈值的日期被视为达到或超过阈值之后的一个月的第一日。增值税登记从提出申请的下一个月的第一日开始有效。

在罗马尼亚从事经济活动的应纳税人如果其年营业额不超过 30 万列伊（或 88500 欧元），则无须在罗马尼亚进行增值税注册。但是他们可以选择进行增值税登记。

远程交易的增值税登记门槛为 118000 列伊。

（三）应税范围及税率

1. 适用 19% 税率的对象

自 2017 年 1 月 1 日起，除另有规定外，所有的应税货物和服务都适用标准税率 19%。

2. 适用 9% 税率的对象

提供以下商品和服务征收 9% 的增值税：（1）任何类型的假肢、人造配件（假牙除

---

① 本篇资料来自罗马尼亚财政部网站，https：//www.mfinante.gov.ro/static/10/Mfp/legislatie/cod_fiscal/titlul_6.htm（accessed on 20240228）。

外）；（2）矫形产品；（3）人用药物和兽药；（4）特定分类代码的食物（不含酒精）；（5）化肥、种子和其他农业产品及相关服务；（6）农业灌溉供应用水；（7）灌溉用水、饮用水。

3. 适用 5% 税率的对象

提供以下商品和服务征收 5% 的增值税：（1）书籍、报纸、杂志和学校手册（专用于公共宣传的手册除外）；（2）酒店住宿和类似住宿，包括用于野营的土地租赁；（3）餐馆和休闲服务（酒精除外，但包括生啤）；（4）博物馆、城堡、电影院、动物园、植物园及体育赛事的入场券；（5）使用体育设施的权利；（6）以旅游或娱乐为目的，在狭窄的线路上使用火车或蒸汽动力的历史车辆进行客运；（7）利用电缆上的运输装置进行客运；（8）以旅游或娱乐为目的，使用动物牵引车辆的客运；（9）以旅游或娱乐为目的的乘船客运；（10）经农业和农村发展部批准，提供高质量的食品，分别是山区产品、生态产品、传统产品；（11）提供社会住房（包括相关土地）；社会住房包括但不限于最大面积为 120 平方米且价值不超过 45 万列伊（扣除增值税）的房屋（自 2022 年 1 月 1 日起为 14 万欧元）；5% 的税率适用于面向个人的给付，并且只有在房屋出售后可以作为个人使用的情况下才适用。

4. 免税对象（不可抵扣）

以下商品和服务免征增值税，但不可以抵扣：（1）具体的银行业务及金融业务；（2）保险和再保险；（3）医疗服务；（4）教育；（5）租用、出租、出让不动产；（6）出售"旧"建筑物（"old"buildings），除非税收选择已作出；（7）在国外修理的罗马尼亚货物的再进口（相当于出口货物的数量）；（8）通过特定分配系统进口天然气和电力。

5. 免税对象（可以抵扣）

以下商品和服务免征增值税，并且可以抵扣：（1）广告；（2）酒店住宿；（3）会议；（4）购买面包车和卡车，以及租赁汽车、面包车和卡车的费用；（5）商务旅行费用。

6. 税收选择

纳税对象可以通过向主管税务的机关提交税务通知，来选择对租用、出让、出借不动产以及出售"旧"建筑物进行纳税。

（四） 应税时间

增值税纳税义务发生时间称为可征税时间（charge ability to tax）或纳税时点（tax point）。销售货物的，为货物发出时；提供应税服务的，为提供服务时。但有一些例外情况。

对于欧盟内部的采购或免税商品销售，纳税时点为以下时点的最早者：开具销售发票的当天；开具自用发票的当天；应税行为发生的次月的第 15 日。

（五）申报、缴纳与抵扣规则

1. 抵扣规则

纳税人购进用于增值税应税生产经营的商品或服务并取得合规的发票，则可抵扣增值税进项税额。纳税人销售商品或服务时应缴纳增值税，且可通过可抵扣的增值税进项税额抵减增值税销项税额。

一般来说，进项税额包括：从罗马尼亚购买商品或服务支付的增值税；进口商品支付的增值税；自行估算的从反向征收服务、在欧盟内部购买商品及某些适用反向征收简易计税方式的特定交易产生的增值税。

如果车辆（重量不超过 3.5 吨且包括司机座位在内最多有 9 个座位）并非仅用于商业目的，则与收购、运作、维护和修理车辆（包括租赁和租赁）相关的支出，增值税抵扣的限制为支出的 50%。

不可抵扣增值税进项税额的产品包括：酒精和烟草制品；个人消费；商业礼品（其中每件有形商品的单独价值高于 100 列伊，并且在购买时已扣除增值税）。

2. 申报与缴纳规则

增值税申报阶段分两种。（1）如果年营业额高于 10 万欧元，则每月申报；（2）如果年营业额低于 10 万欧元，则每季度申报。

纳税人在报告期的下一个月 25 日前提交增值税申报表。没有交易则无须报告。

（六）发票管理

罗马尼亚关于开发票的规则完全遵循欧盟 2006/112/EC 号指令。

（七）罚则

对于延迟增值税登记的，若为大中型应纳税人，处以 1000～5000 列伊的罚款；若为其他应纳税人，则处以 500～1000 列伊的罚款。

对于延迟增值税申报的，罚款 1000～5000 列伊，具体视延迟提交增值税申报表情况而定。

一一五、俄罗斯
（Russian Federation）

（一）基本介绍[①]

自 1992 年 1 月 1 日起，俄罗斯取消了苏联时期的周转税和销售税，开始征收增值税。俄罗斯目前实行的增值税是根据 2000 年 8 月 5 日通过的《税法典》第二部分第 21 章（第 143～178 条）征收的，属于消费型增值税，适用目的地原则，把国民经济的所有行业都纳入增值税征收范围，在俄罗斯境内销售或提供货物、劳务和服务的收入都要缴纳增值税。即：在俄罗斯境内消费或使用以及进口的货物、劳务和服务征收增值税，在俄罗斯境外使用的出口货物或服务豁免征收增值税。

（二）纳税义务人

纳税义务人是指在俄罗斯境内及其管辖的其他领土上，提供应税货物（工程和服务）和/或产权，或将货物运入俄罗斯境内及其管辖的其他领土的任何个人企业家或法律实体（包括外国法律实体）。

所有应税人都要进行税务登记。一般来说，不允许单独进行增值税登记。只有提供电子服务的外国法律实体才允许进行单独的增值税登记。

（三）登记门槛和豁免登记

所有纳税人都要办理税务登记，但不需要单独进行增值税登记，即不适用增值税登记门槛。只有提供电子服务的外国法律实体才需要单独进行增值税登记。同时，俄罗斯税法没有任何关于自愿税务登记的规定。根据俄罗斯的反垄断法，不允许进行反垄断集团登记，故密切相关的法律实体必须单独登记。

如果法人或者个体工商户在过去连续 3 个月内，货物（工程和服务）销售收入总额不超过 200 万卢布，则可适用增值税豁免。在向税务机关提交证明文件后，即可免除增

[①] 本篇资料来自俄罗斯的《税法典》。

值税纳税义务。被免征增值税的法人或者个体工商户，不需要缴纳增值税或者报送增值税纳税申报表，但在进项税额征收方面受到限制。

适用简易征收制度（包括有资格适用专利税制度的私营企业主）的私营企业主和法人实体，免除增值税纳税义务，但需要向海关缴纳增值税和根据逆向收费机制担任税务代理时应缴纳的增值税除外。

（四）应税范围及税率

1. 适用零税率的对象

在俄罗斯，适用零税率的商品和服务主要包括：（1）通过海关出口货物（石油、凝析油和天然气除外）和在俄罗斯境外提供相关服务；（2）国际货物代理服务；（3）对外交官的给付（以适用互惠协议为前提）；（4）外国旅客运输服务；（5）由俄罗斯铁路运输公司提供的涉及从俄罗斯境内出口的货物的运输和将在俄罗斯境内加工的产品运出俄罗斯海关的工作（服务）；（6）将从大陆架、专属经济区和里海俄罗斯部分开采的碳氢化合物原料销售到俄罗斯境外的目的地，并出口货物（仓库）以进一步用于从近海碳氢化合物矿床开采碳氢化合物，以及某些相关的运输服务。

2. 适用10%低税率的对象

增值税税率为10%的货物种类由俄罗斯政府根据全国的产品分类表和对外经济活动货物清单加以规定，包括以下四类：（1）基础食品类货物；（2）儿童货物类；（3）医药产品；（4）纯种奶牛。

3. 适用20%税率的对象

俄罗斯现行增值税税率除以上征收低税率货物外，其他货物（劳务、服务），包括应征收消费税的食品，均使用增值税标准税率20%。

如果企业生产和销售按不同税率征税的货物，会计部门应根据规定的税率单独分开核算产品销售额和增值税额，并按货物种类在结算凭证中指明增值税额。如不能保证分开核算，则统一适用20%的最高税率。

此外，在实践中还常常使用结算税率。结算税率是从基本税率派生出来的，根据基本税率倒推出的以含增值税的收入为税基的税率，如20%税率的结算税率为16.67%。销售货物（劳务、服务）的价格包含增值税时，常常使用结算税率计算增值税。自2017年1月1日起，外国公司向俄罗斯个人提供电子服务的增值税税率为16.67%，电子服务的增值税基数为包含增值税在内的电子服务价值。

（五）应税时间

根据俄罗斯《税法典》第167条规定，对于纳税人来说，应税时间是下列日期中较早的一个：发出货物、提供劳务或服务的日期；销售货物（劳务、服务）的所有权转移或收款日期。

（六）申报、缴纳与抵扣规则

1. 纳税申报

根据俄罗斯《税法典》第 174 条规定，增值税纳税申报表应按季度提交，申报期限不迟于纳税季度结束后次月的 25 日。

自 2015 年 1 月 1 日起，增值税申报表必须以指定的电子格式提交，必须通过经批准可提交电子文件流程的运营商提交，以纸质形式提交的增值税申报表视为未提交。采购和销售分类账作为增值税申报表的组成部分，也必须以电子方式提交。作为电子服务提供商的外国法律实体可以通过俄罗斯联邦税务局网站"在线个人账户"提交简化的增值税申报表。

自 2015 年 1 月 1 日起，不应缴纳增值税的单位（如实行简化税制的公司）或免征增值税的单位，但根据代理协议为另一方利益进行中介活动的代理人，也应以电子方式进行增值税申报，同时以电子形式向税务机关报送增值税发票日记账。

2. 税款缴纳

俄罗斯《税法典》第 174 条规定，增值税可分期缴纳，可在报告季度结束后的连续 3 个月中的每个月 25 日前分 3 个等额缴纳。例如，根据第一季度的增值税报表应支付的增值税额可分别在 4 月 25 日之前、5 月 25 日之前、6 月 25 日之前各交付 1/3 的增值税。

在代扣代缴机制下应付的增值税应单独核算，并且必须在向卖方付款的同时代扣代缴。

提供电子服务的外国法人应按季度申报增值税申报表并缴纳增值税，申报和缴税期限不得迟于报告季度之后的次月的 25 日（即 1 月 25 日、4 月 25 日、7 月 25 日、10 月 25 日）。

进口增值税应在海关办理手续前或清关时缴纳。在没有海关边界的情况下，增值税应不迟于会计账簿（如总分类账）中记载进口货物相应分录月份的次月 20 日内缴纳。

3. 税款计算和进项税抵扣

纳税人的应纳增值税额通常为销项税额抵扣进项税额后的余额。进项税是纳税人为进行增值税范围内的经营活动而采购货物（劳务、服务）和财产权支付的增值税。销项税是纳税人销售货物（劳务、服务）收取的增值税。其计算公式如下：

应纳税额 = 当期销项税额 − 当期进项税额

其中，销项税额 = 销售额 × 税率；进项税额为采购发票记载的税额。当期销项税额小于当期进项税额不足抵扣时，其不足部分可以结转下期继续抵扣；如果一个季度可抵扣的进项税额超过了当期的销项税额，纳税人可以书面申请进项税额退回。

进项税包括在俄罗斯境内采购货物（劳务、服务）和财产权支付的增值税，进口货物（劳务、服务）所支付的增值税，以及纳税人作为买方从外国法律实体采购货物（劳务、服务）代扣代缴的增值税。自2019年7月1日起，在俄罗斯境外提供服务所使用的货物（劳务、服务，即"出口"服务）的进项税额也可以抵扣，但属于俄罗斯税法规定的免税服务的情况除外。

纳税人在取得货物（劳务、服务）或产权并登记入账后的3年内，可以在纳税期内抵扣增值税。纳税人实际收到货物（劳务、服务）或产权并从卖方获得增值税发票后，即可在增值税纳税时抵扣增值税进项税额。对于支付给卖方的预付款，买方可以在收到相关货物（劳务、服务）之前就该预付款进行增值税进项税额抵扣。可抵扣增值税进项税额必须为按照俄罗斯增值税法规定开具的增值税发票上注明的增值税金额。

对于未用于增值税范围内经营活动而采购货物（劳务、服务）和产权支付的增值税，不能进行进项税抵扣。例如，个人消费、家庭电话费用、停车费等用于企业家个人使用的消费所产生的增值税进项税不能抵扣。对于企业的一些营业费用的进项税，不能完全抵扣。

如果增值税纳税人同时提供免增值税货物（劳务、服务）和应税货物（劳务、服务），则必须分别进行会计核算。与应税货物（劳务、服务）直接相关的进项增值税可全额抵扣，而与免税货物（劳务、服务）直接相关的进项增值税则不能抵扣，必须转为企业所得税税前支出。对于不能直接归属于应税或免税货物（劳务、服务）的进项增值税，例如企业间接费用的增值税，必须分摊。法定的分摊方法是根据应税货物（劳务、服务）的价值与企业总营业额的比值计算。

4. 留抵进项税额退款

如果一个季度可抵扣的进项税额超过了当期的销项税额，纳税人则有权申请进项税额退回。纳税人提交增值税申报表后，税务机关按照《税法典》第88条规定的方式进行案头税务审核，核实申报退税额的有效性。如果税务机关确认了相关增值税申报表中的退税金额，则必须在7日内通过增值税退税决定。根据纳税人的书面申请，可以将已确认的增值税金额退还至纳税人的银行账户或抵减纳税人未缴纳的其他国家税收欠款。申请退还增值税时须提供银行担保。

下列两类纳税人有权使用加速退还增值税的程序：

（1）纳税人在前3个日历年中缴纳的增值税、消费税、企业所得税和矿产开采税总额不少于20亿卢布（不包括纳税人跨俄罗斯边界交易缴纳的税额以及纳税人作为扣缴义务人扣缴的税额），并且纳税人提交增值税申报时已经成立至少3年。

（2）纳税人提交增值税申报表时已经向税务机关提交了适当的银行担保。

（七）发票管理

纳税人必须为给付开具增值税发票，且必须用俄语开具，但可以用俄语和另一种语言开具双语发票。

提供电子服务的外国卖家没有义务为向个人（B2C）或法人（B2B）提供的电子服务开具增值税发票。

发票可以以电子形式开具，但必须另外打印并由授权人签字。如果合同双方拥有必要的技术设施并同意开具、传递、接收电子发票，发票可以电子化，但电子发票必须有授权人的数字签名。

（八）罚则

根据俄罗斯《税法典》第 1 章，对纳税人不同类型的税务违法行为可以进行处罚。最重要的罚则是对违反基本规定和不履行纳税义务的处罚。

1. 违反基本规定的处罚

（1）对于延迟税务登记的，如果错过登记截止时间，处 1 万卢布罚款；如果在未登记的情况下开展业务，处该期间开展业务收入的 10% 但不低于 4 万卢布的罚款。

（2）对于违反税收会计规定的，若未造成税款少缴，根据其性质和持续情况处以 1 万 ~ 3 万卢布罚款（在几个纳税期均违规）；如果因少计税基而导致违规，则处未缴税款的 20% 但不少于 4 万卢布罚款。

（3）对于未提交用于税收控制目的的基本信息或提交的信息不完整的，对于公司管理人员，处 300 ~ 500 卢布罚款。

2. 不履行纳税义务的处罚

（1）少报应缴税款的，处少报未缴税款 20% 的罚款；如果故意少报税款的，处少报未缴税款 40% 的罚款。

（2）无正当理由逾期提交纳税申报表的，处以应纳税额的 5% 且不低于 1000 卢布不高于应纳税额的 30% 的罚款。

一一六、卢旺达
（Rwanda）

（一）基本介绍[①]

自 2001 年 1 月 1 日起，卢旺达开征增值税。卢旺达现行的增值税是根据 2001 年 1 月 20 日颁布的 2001 年第 6 号法律《增值税法》征收的，标准税率是 18%。应税货物和服务的消费者支付增值税。政府代理人对注册纳税人（贸易商）收取增值税。海关总署对进口货物收取增值税，而国内税务部门则对本地的应税货物和服务以及进口服务征收增值税。

（二）纳税义务人

公司成立后 7 日内到卢旺达税务局进行税务登记。公司在上一纳税年度应纳税业务额超过 2000 万卢郎的或在前一纳税季度应纳税业务额超过 500 万卢郎的需要进行增值税登记。未达到这门槛的企业可以自愿注册。如果纳税人的任何信息发生变化，需要在变化发生后的 7 日内到卢旺达税务局进行变更登记。

非居民企业是指在卢旺达没有固定机构的企业。外国企业除非在卢旺达有常设机构，否则无须注册。外国企业的常设机构如提供应纳税的货物或服务，必须办理增值税登记。其他非居民企业不需要登记增值税。

（三）应税范围及税率

1. 应税范围

在卢旺达，增值税适用于下列交易：（1）应税人在卢旺达境内提供货物和服务；（2）应税人在卢旺达境内获得进口服务；（3）从卢旺达境外进口货物，无论进口商的地位如何（除非进口商符合投资法规定的免税条件，或进口商已获得免税）。

---

① 本篇资料来自卢旺达国家税务局网站，https：//www.rra.gov.rw/fileadmin/user_upload/VAT_Law_of_2023_ok.pdf（accessed on 20240228）。

如果货物和应税服务的出口符合税务局的要求，并且有证据表明出口所得将返回卢旺达，则货物和应税服务出口为零税率。

2. 标准税率18%

除另有规定外，所有的应税货物和服务都适用18%的标准税率。

3. 零税率

零税率适用于出口货物和应税服务以及其他特定产品，一般包括：（1）货物出口；（2）应税服务出口；（3）向外交官和领事使团提供的货物和服务等；（4）向游客提供的已缴纳增值税的服务。

4. 免税供应

免税供应是指不征税的货物和服务的供应。提供免税供应的人无权享受进项税减免。免税供应的对象一般包括：（1）未加工农产品；（2）金融服务；（3）教育服务；（4）医疗服务；（5）农业、畜牧业和园艺服务；（6）客运（不包括雇佣）。

（四）应税时间

应税时间采用以下时间点中最早的一个：货物实际交付或服务实际履行之日；供应商开具发票之日；收到全部或部分供应的付款的时间；货物从供应商仓库移出或交给接收人的日期。

（五）申报、缴纳与抵扣规则

进项税包括在卢旺达购买的货物和服务的增值税以及进口货物和服务的增值税。但购买不用于商业目的的商品和服务（例如，企业家为私人目的购买的商品）时，不能进行进项税抵扣。此外，某些业务费用或日常开支可能无法进行进项税抵扣。不可进行进项税抵扣的支出项目一般包括：（1）载客车辆，或此类交通工具的零部件及其维修和保养服务；（2）商务礼品；（3）商务休闲；（4）车用燃料（涉及分摊的）；（5）移动电话账单（涉及分摊的）；（6）公用事业（涉及分摊的）。

如果增值税纳税人同时提供免增值税货物和应税货物，则必须分别进行会计核算。与应税货物直接相关的进项增值税可全额抵扣，而与免税货物直接相关的进项增值税则不能抵扣。可申请的进项税的金额是通过标准方法或专员批准的归属方法确定的。

应纳税人可以要求退还超过销项税额的进项税额。可在应纳税之日起一个月内提出退税申请。新登记的增值税纳税人可以就其在登记前最后一日结束时在其商店或存货中的货物申请增值税抵免。

（六）发票管理

应税货物和服务的供应商必须在供应时向买方开具税务发票。如果一天内向任何一个人的销售额不超过增值税起征点，可以使用简化的税务发票。如果采用贷记发票，必须显示与税务发票相同的信息。外币发票的处理方式与本币发票相同。

从卢旺达出口的货物是零税率的，出口时必须有证据证明货物离开卢旺达。适当的证据包括下列文件：销售发票；公路舱单或空运提单；海关出口报关单（海关出具的证明货物已清关离开卢旺达关税区的文件）。

所有增值税纳税人都必须使用税务局授权的供应商提供的电子记账机（EBMs）来开具电子发票，除非相关纳税人有局长授予的使用 EBMs 的特定豁免。换言之，由纳税人签发的每份商业发票必须始终附有由 EBMs 生成的、与 RRA IT 系统直接相关的相应收据。纳税人不使用或欺诈性使用 EBMs 的行为，将会被处以高额罚金。

（七）罚则

1. 增值税违规

根据卢旺达《增值税法》的规定，对不符合增值税规定的应纳税人，处以下列行政罚款：

（1）需要办理增值税登记但未经增值税登记的经营，罚款为未经增值税登记的整个经营期应缴纳增值税金额的 50%。

（2）增值税发票开具不正确，导致应交增值税税额减少或者增值税进项税额增加，或者未开具增值税发票的，罚款为发票或者交易增值税税额的 100%。

（3）由未登记增值税的人开具增值税发票，将被处以该增值税发票上所示增值税 100% 的罚款，并应按照该增值税发票上所示金额缴纳增值税。

2. 税务欺诈

根据卢旺达《增值税法》的规定，纳税人弄虚作假的，处以逃税金额 100% 的行政罚款。除该项处罚外，如果纳税人进行欺诈性逃税，如使用虚假账户、伪造文件或任何其他可依法惩处的行为，税务局将案件移交检察机关。如被定罪，纳税人可被处以监禁 6 个月至 2 年。

一一七、圣基茨和尼维斯
（Saint Kitts and Nevis）

（一）基本介绍[①]

自 2010 年 11 月 1 日起，圣基茨和尼维斯开始征收增值税。圣基茨和尼维斯目前实行的增值税是根据 2010 年 8 月 11 日通过、2017 年 12 月 31 日最新修订的《增值税法》征收的。增值税合并了原有的消费税、出口税、公共娱乐税、彩票税等在内的 12 种税种，适用于圣基茨和尼维斯的货物销售或服务供应，以及货物进口。

（二）登记门槛

根据该国《增值税法》第 12 条的规定，公司需在进行应税活动的 14 日内申请增值税纳税登记。

针对一般业务，增值税的登记门槛是：（1）公司在任意连续 12 个月或少于 12 个月结束时应纳税供应品的总价值超过 15 万东加勒比元；或者（2）公司有合理理由预期在接下来的连续 12 个月应纳税业务的总价值将超过 15 万东加勒比元；或者（3）公司在任何 3 个月的期间内所提供的应税供应品总价值超过 3.75 万东加勒比元，且有合理理由预期在该期间及其后连续 9 个月内所提供的应税供应品总价值将超过 15 万东加勒比元。

针对从事商业和分时财产的租赁供应等特定专业服务，增值税的登记门槛有所下调，即把上述 12 个月起征点条件中的 15 万东加勒比元调整为 9.6 万东加勒比元，3 个月起征点条件中的 3.75 万东加勒比元调整为 2.4 万东加勒比元，其他条件要求相同。

对于自愿登记，可由税务总监酌情决定。

（三）税率

根据该国《增值税法》第 27 条、第 33 条和第 34 条的规定，圣基茨和尼维斯的增

---

① 本篇资料来自圣基茨和尼维斯税务局网站，https://www.sknird.com/value-added-tax-vat/#（accessed on 20240228）。

值税标准税率为17%，此外还包括10%的优惠税率和零税率。

1. 适用17%税率的对象

除另有规定外，所有的应税货物和服务都适用17%的标准税率。

2. 适用10%税率的对象

适用10%增值税税率的商品和服务包括：（1）酒店、宾馆、旅店或类似场所提供的住宿服务；（2）在有公用设施或家具的公寓或房间内由出租人提供的住宿服务，但不包括为私人住宅的租客提供的服务；（3）《增值税法》规定的旅游经营者的供给；（4）《增值税法》规定的餐厅供给。

3. 零税率对象

零税率适用于《增值税法》附件2所列的某些特定商品或服务供应，主要包括：（1）按海关税目分类下的基本食品供应：大米、糖、面粉、牛奶、婴儿配方奶粉、燕麦；（2）按海关税目分类的婴儿和成人一次性尿布供应；（3）在圣基茨和尼维斯生产的不含任何甜味剂、糖霜、水果或巧克力的面包，或在产品顶部或内部不添加鸡肉、肉、鱼或蔬菜的面包；（4）按海关税目分类的燃料供应：汽油和其他轻质油及制剂、煤油和其他中质油（不包括瓦斯油）、瓦斯油（包括柴油）、燃料油、石油气和其他气态碳氢化合物（包括液化石油气）；（5）按照《海关法》从圣基茨和尼维斯出口的商品或服务；（6）租船合同下的货物供应，且货物仅在出口国使用等。

（四）应税时间与应税地点

1. 应税时间

根据该国《增值税法》第36条的规定，商品或服务的供应发生时间采用以下日期最早的一个：货物实际交付或服务实际完成之日；供应商开具供应发票之日；收到供应对价的通知之日。

2. 应税地点

根据该国《增值税法》第37条的规定，应税地点的确定规则为：

（1）货物的供应发生在供应商将货物交付或提供给接收者的地方，或者，如果交付或提供涉及货物运输，则发生在货物开始运输的地方。

（2）热能或电能、暖气、煤气、制冷、空调或水的供应发生在接收者收到供应的地方。

（3）服务的供应发生在提供服务的供应商的营业地所在地。

（4）部分货物或服务的供应发生在接收方使用或获得货物或服务的好处的地方，包括：版权、专利、许可、商标或类似权利的转让；顾问、工程师、律师、建筑师或会计师的服务、数据处理或提供信息；广告服务；人员供应；代理人为委托人提供本款所述的服务；租赁除运输财产以外的个人有形财产；通过电子商务提供货物和提供互联网接入或类似服务；电信服务等。

（5）提供公共娱乐或任何文化、艺术、体育、教育或类似活动，或与有形动产有关的服务，均发生在实际进行活动或服务的地方，但上述第（4）款所述的服务除外。

（6）与不动产有关的服务的提供发生在不动产所在地，但上述第（4）款所述的服务除外。

（7）运输服务的提供或附带服务的提供发生在运输开始发生的地方，但上述第（4）款所述的服务除外。

（五）申报、缴纳与抵扣规则

1. 申报与缴纳

增值税的申报和缴纳必须在每个日历月的 15 日前提交。

2. 抵扣规则

（1）该国《增值税法》第 40 条第（1）款规定，以下情况可以进行进项税抵扣：

①纳税期内，另一方向应税人提供的应税给付中应税人应支付的进项税，以及应税人就任何货物进口支付的进项税之和。

②根据该法第 42 条，在纳税期内的任何进项税扣减。

③相当于应税人在纳税期内根据该法第 5 条第（10）款作为奖品或奖金而支付给服务接受者的任何款额的税额部分。

④相当于应税人在纳税期内就供应商在纳税期内赎回该法第 38 条第（10）款所提述的代币、凭单、礼品证书或印花而向供应商支付的任何款项的税款部分。

⑤根据该法第 62 条第（2）款及第（7）款结转的任何款额。

（2）该国《增值税法》第 41 条第（2）款规定，以下情况不可以进行进项税抵扣：

①应税人不得扣减向其供应的乘用车[①]或其进口的乘用车已付或应付的进项税额，除非该人经营或租用乘用车业务，且该乘用车是为该业务而购置的。

②不得抵扣为满足应税人娱乐目的[②]下提供或由其进口的货物或服务（含进口）的进项税额。

③对于应税人为任何人在具有体育、社会或娱乐性质的俱乐部、协会或社团的会籍缴付或须缴付的任何费用或订阅费，不得扣除进项税。

④对于向应税人提供或由其进口的用于修理或保养乘用车的应税货物或服务所产生的进项税额，该应税人不得予以扣除，除非该应税人从事翻新转售或出租此类车辆的业

---

① "乘用车"指包括机动车和其他主要用于运送人员的机动车，比如旅行和运动型多用途车；专用于商业目的的皮卡车除外。

② "娱乐"指应税人直接或间接向任何人提供食物、饮料、烟草、住宿、娱乐、娱乐或其他招待。

务，并且车辆的修理保养与在翻新或出租业务的正常过程中提供的应税给付直接相关。

（六）发票管理

该国《增值税法》第44条规定，向登记收款人提供应纳税供应的登记供应商，应向登记收款人提供一份应纳税供应的原始税务发票。如果登记收款人没有收到税务发票，可在供应日期后不迟于60日，以书面形式要求登记供应商就应税供应提供税务发票，而供应商须在14日内进行补充。特殊的，如果应税供应的总对价是现金，且不超过规定的金额；或者是登记供应商向未进行纳税登记的人提供应税供应的，则可以用销售收据代替税务发票。

任何登记人如在作出应税供应日期后的60日内，或在上述被要求的14日内，没有及时提供发票或销售收据，即属犯罪，一旦经由简易程序定罪，将被处以2万东加勒比元以下罚金或1年以下有期徒刑，或者两者兼有。

（七）罚则

1. 一般处罚

该国《增值税法》第94条规定，任何人犯该法规定的罪行，未规定处罚，一经循简易程序定罪，可处以不超过1万东加勒比元的罚款或不超过6个月的监禁，或两者兼有。

2. 民事处罚

该国《增值税法》第97条第（1）款规定，任何人如没有按照该法第13条第（4）、第（6）、第（9）、第（11）及第（13）款的规定申请注册，须缴付民事罚款，款额等于其须申请注册时须缴付的销项税额的2倍，直至该人向主计长提交注册申请为止。

第97条第（2）款规定，任何人如没有按照该法第21条的规定展示由主计长发出的注册证明书，须就该项不遵从行为的持续期间，缴付每日50东加勒比元的民事罚款。

第98条规定，任何人如没有按照该法第23条或第24条第（1）款及第（12）款的规定通知主计长，须缴付不超过1000东加勒比元的民事罚款。

第99条规定，开具虚假发票或虚假销售收据、使用虚假纳税人识别号、未提供税务发票、销售收据、贷记发票或借记发票，或提供该法第44条或第45条规定以外的其他发票的，须承担不超过2.5万东加勒比元的民事罚款。

第100条规定，任何人未能在该法规定的时间内提交申报表（逾期申报），须缴纳在申报表未到期期间每月100东加勒比元或逾期申报的部分罚款。

第101条规定，任何人如不遵从该法第60条的退税规定，须缴付不超过其被追讨款额 25% 的民事罚款。

第 102 条规定，任何人如没有按该法第 80 条的规定备存适当记录，须就该项不备存的持续期间缴付每日 50 东加勒比元的民事罚款。

第 103 条规定，任何人如没有按照该法第 84 条第（3）款的规定向税务人员提供合理的便利和协助，须支付不超过 1500 东加勒比元的民事罚款。

第 104 条规定，任何人如在指明时间内没有遵从根据该法第 82 条发出的通知，须缴付不超过 1 万东加勒比元的民事罚款。

第 105 条规定，任何人如违反该法第 112 条第（2）或第（4）款的规定，没有对价格包含税款予以说明，须支付 500 东加勒比元的民事罚款，并就收到主计长书面警告后的持续违反期间，缴付每日 50 东加勒比元的民事罚款。

第 106 条规定，任何人明知或罔顾后果地向税务人员作出在要项上虚假或具误导性的陈述，或在向税务人员作出的陈述中遗漏任何在要项上具误导性的事项或事情，须支付 2 万东加勒比元以上的民事罚款。

一一八、圣卢西亚
（Saint Lucia）

（一）基本介绍[①]

自 2012 年 10 月 1 日起，圣卢西亚开征增值税，在圣卢西亚境内消费或使用以及进口的货物和服务需要征收增值税，标准税率为 12.5%。由税务局支持的税务局局长负责管理税收，海关代海关局长负责对进口货物征收增值税。

（二）纳税义务人

该国《增值税法》对圣卢西亚境内在 12 个月或 12 个月以下期间应税给付总值超过 40 万东加勒比元的任何人规定了强制性登记要求。预计在接下来的一年内提供超过 40 万东加勒比元的应纳税物资的人也应在圣卢西亚申请增值税登记。

《增值税法》不允许进行增值税团体登记，规定关系密切的法人必须单独办理增值税登记。

如果企业未能支付所需的税款，则在公司被要求支付税款时担任董事的人员应与企业共同和分别支付该税款以及该款项所附带的任何利息或罚款。逾期登记的，将被处以应缴纳销项税的 2 倍罚款，从被要求登记之时起至延迟登记之时止。

（三）应税范围及税率

1. 应税范围

任何人在圣卢西亚连续或定期进行的应税活动的过程中或提供的商品或服务，无论是否有营利目的，都需缴纳增值税。

货物的供应被定义为货物的销售、对货物使用权的授予或授予该使用权的协议。此外，热能或电能、气体、制冷、空调或水的转移或给付也属于货物给付。

---

① 本篇资料来自圣卢西亚《增值税法》（Value Added Tax Act 2021）。

服务的提供是指任何不属于货物或货币供应的行为，包括权利的授予、转让、中止或放弃；提供便利或优势；避免或容忍某项活动。

2. 适用 12.5% 税率的对象

除另有规定外，大部分应税商品和服务都适用 12.5% 的标准税率。

3. 适用 10% 税率的对象

酒店住宿服务。

4. 零税率征税对象

适用零税率的商品和服务在《增值税法》的附表 1 列出，包括但不限于：（1）出口货物和服务；（2）特定的主食；（3）汽油；（4）由有执照的免税商店经营者提供的货物等。

5. 免税对象（不能进行增值税抵扣）

适用增值税豁免的商品和服务在《增值税法》的附表 2 列出，包括但不限于：（1）金融服务；（2）医疗服务；（3）教育服务；（4）居民住宅销售；（5）交通服务；（6）博彩等。

适用增值税豁免的进口商品，包括但不限于：（1）运送到圣卢西亚转运到另一个国家的货物；（2）按特定类别由回国定居的国民进口的货物；（3）满足特定条件的资本货物；（4）在灾害警报或紧急情况下进口的非转售货物和服务。

（四）应税时间

商品或服务的供应发生时间采用以下日期最早的一个：货物实际交付或服务实际完成之日；供应商开具供应发票之日；收到供应对价的日期。

（五）申报、缴纳与抵扣规则

纳税人要求每月提交一次增值税申报表。每个纳税期的增值税申报表应在应纳税期结束后的 21 个日历日内提交。在此期间到期的税款都必须连同申报表一起汇出给税务局。

应纳税人可抵扣的进项税额总额超过该纳税期的销项税额的，其差额结转下一纳税期，作为该纳税期可抵扣的进项税额处理。如果超过部分在连续三个增值期结转后仍然存在，应纳税人可以向税务机关申请退还剩余部分。

不可进行进项税抵扣的项目包括但不限于：个人车辆；娱乐俱乐部会员费等。

可以进行进项税抵扣的项目包括但不限于：商务娱乐；差旅费等。

（六）发票管理

应税人必须为向纳税人提供的所有应税给付提供税务发票。税务发票是支持进项税扣除申请的必要条件。当税务发票上显示的数量或对价发生变化时，必须开具贷记发票或借记发票。贷记发票或借记发票必须包含与税务发票大致相同的信息。

由于出口货物按零税率征收增值税，因此申报时必须有证据证明货物已离开圣卢西亚。

（七）罚则

1. 逾期登记的处罚

逾期登记者，自该人须申请登记之日起，直至该人向相关负责机构提出登记申请为止，可处应缴销项税额 2 倍的罚款。

2. 逾期缴纳和备案的罚款

任何人如未能在规定的到期日内提交申报表，则在申报表仍未提交的期间内，可处每月或部分月罚款 250 东加勒比元。到期日前未缴增值税的，应处以相当于应付金额 10% 的罚款。在未缴税款期间，利息按每月 1.25% 或每月的一部分收取。

任何人凡有 2 个或 2 个以上增值税纳税期未在规定的时间和方式内提交纳税申报表的，一旦经过简易程序定罪，可处 5 万东加勒比元以下罚款或 3 年以下监禁，或两者兼有。

3. 对税额错误的惩罚

没有具体的条款来规定对错误的惩罚。但是，任何人犯了没有规定刑罚的罪行，一旦经过简易程序定罪，可处不超过 1 万东加勒比元的罚款或不超过 1 年的监禁，或两者兼有。

4. 欺诈处罚

任何人故意或企图逃税，即属犯罪，一旦经过简易程序定罪，可处 10 万东加勒比元以下罚款或 3 年以下监禁，或两者兼有。

任何人故意或鲁莽地向税务人员作出虚假或具误导性的陈述，即属犯罪，一旦经过简易程序定罪，可处 10 万东加勒比元以下罚款或 4 年以下监禁。

一一九、圣文森特和格林纳丁斯
（Saint Vincent and the Grenadines）

（一）基本介绍[①]

自 2007 年 5 月 1 日起，圣文森特和格林纳丁斯开始用增值税替代消费税、酒店税、国内现金票据或收据的印花税、娱乐税和电信附加费。增值税是针对在圣文森特和格林纳丁斯进行增值税注册的企业提供的大多数商品和服务收取的税款。当增值税注册的企业销售给另一企业或非企业客户时，将收取增值税。由税务局支持的税务局局长负责管理税收。海关代海关局长负责对进口货物征收增值税。自 2017 年 5 月 1 日起，增值税税率为 0、11% 和 16% 三档（2017 年 5 月 1 日以前的税率为 0、10% 和 15% 三档）。

（二）纳税义务人[②]

根据圣文森特和格林纳丁斯的《增值税法》，营业额每年为 30 万东加勒比元的企业必须注册增值税（自 2017 年 5 月 1 日起生效）。对于所有符合该登记门槛的企业，将被强制性要求登记，包括：个体经营者、合伙企业、未注册成立的实体和服务提供者（例如律师、会计师、承包商等）。企业需要从其会计师和簿记员那里了解他们的营业额是否已达到或将达到每年 30 万东加勒比元的登记门槛；如果是这样，则需要立即采取措施对增值税进行会计处理，在每个月的最后一天根据《增值税法》申请登记。未达到该门槛的，可选择自愿登记。

根据《增值税法》，部分实体无论其年营业额是多少，都需要进行增值税登记，包括公众娱乐活动的推动者、政府实体、地方当局的类似机构的理事会和其他组织。

登记后企业将就向其客户销售商品和服务收取增值税，并扣除购买时所支付的增值税，并在每个月底将差额提交给税务局。此款项必须在下个月的 15 日之前提交。

[①] 本篇如无特别注明，资料均来自圣文森特和格林纳丁斯的《增值税法》（Value Added Tax Act，2006）。

[②] 详见圣文森特和格林纳丁斯财政部网站，http://finance.gov.vc/finance/index.php/vat-unit-sp-271188927/publicity-documentation/value-added-tax-and-the-business-sector（accessed on 20240509）。

（三）应税范围及税率

1. 应税范围

根据该国《增值税法》第 7 条第（1）款的规定，在圣文森特和格林纳丁斯境内销售货物或提供服务，包括商业性质的商业、贸易、制造或冒险活动，以及向该国进口货物的，均需要征收增值税。

2. 适用 16% 税率的对象

除特殊规定的情形外，所有货物和服务适用 16% 的标准税率。

3. 适用 11% 税率的对象

对于酒店提供的商品和服务，以及从码头和造船厂租用泊位产生的增值税，适用 11% 的税率。

4. 零税率征税对象

适用增值税零税率的商品和服务包括：（1）出口货物和服务；（2）食品如蔗糖、牛奶、散装大米、婴儿配方奶粉、散装小麦粉等；（3）由国际金融机构向非居民提供的国际金融服务；（4）报纸、教材；（5）计算机等。

5. 免税对象

免税货物与服务包括：金融服务；供水及污水处理；纳税人用于制造免税货物的物品；国际运输服务（包括国际邮政服务）；住宅销售、租赁；酒店住宿；陆上、海上、航空旅客运输（旅游包机、包车、包船服务除外）；教育；医疗、康复、护理等服务；处方药；兽医；经授权的非营利性组织；未开发土地与农用土地；彩票；国内邮政服务；动物或昆虫（通常作为宠物的除外）；合作社向本社成员或其他合作社销售的货物；宗教；印刷品及材料；向外交使团给付的货物或服务。

免税进口货物包括：进口属于国内免税情形的货物；向慈善组织或政府学校进行的无偿捐赠；出口后再进口的且未加工或改变所有权的货物（符合零税率情形的除外）；由自然人进口的，供个人使用而不是转售而进口的家用和个人用品、专业器材、工具、专业书籍等；由境外死亡的居民或公民所有的物品；境外自然人向境内自然人作出的赠与（烟酒或价值超过 130 东加勒比元的或作为行李入境的除外）；向境外转运的货物；外交使团或使领馆外交人员及亲属进口的货物；经批准的救灾物资。

（四）申报、缴纳与抵扣规则

圣文森特和格林纳丁斯的税务局鼓励所有企业和服务提供商始终保持必要的增值税文件为最新状态，以简化增值税申报流程。这些文件包括增值税发票、销售收据、购买和销售日记账。这些文件的使用使增值税申报表的提交变得更容易，确保可以在可管理的时间内完成。

增值税申报表的提交频率是每月一次。各纳税期的增值税申报表应在纳税期结束后的下个月的 15 日前提交。即使当月没有交易，企业和服务提供商也必须提交纳税申报表，否则纳税人将被归类为非申报者。要注意的是，在提交退货单时，不能跳过月份，然后将其合并为一个增值税月份，因为计算机无法区分实际支付的月份和合并的月份。此外，这样做还可以使管理员高效地执行职责。企业和服务提供商可以通过邮件提交退货单，将其放在投递箱中或出示给税务局的工作人员。

如果注册人的进项税（购买时支付的增值税）超过其销项税（从销售中收取的增值税），则注册人有权要求退款。要注意的是，如果退款金额少于 100 东加勒比元，将无法申请退款，但是该款项将结转到下个月。

如果连续三个月结转退税金额，则纳税人在第四个月有权要求完成退款。如果税务部门无法支付退税款项，则应按当前市场利率对该金额支付利息。但是，如果纳税人是出口额超过总销售额 50% 的出口商，则可以在提交增值税申报表时申请退款。这是为了提升企业在地区和国际市场上的竞争力。

（五） 发票管理

根据发票抵免制度（invoice credit system），与其他增值税登记企业进行交易时，所有登记企业都有法律义务开具增值税发票。与未登记企业和最终用户开展业务时，纳税人有义务出具销售收据，以显示商品价格和未登记人员支付的增值税额。在没有卖方的购买发票的情况下，已登记增值税的企业将无法收回购买的增值税。

企业需要以电子方式开具税务发票。纳税记录和发票原则上需要保留到相关纳税期结束后 7 年。

（六） 罚则

根据《增值税法》规定，延迟提交申报表会产生严重后果。逾期提交者将被处以500 东加勒比元或应缴税额的 5%（两者中的较高者）的罚款，并在每月按 1.5% 收取延迟纳税的逾期利息（滞纳金）。

一二〇、萨摩亚
（Samoa）

（一）基本介绍[①]

萨摩亚于 1994 年开征增值商品和服务税（value added goods and servics tax）。

（二）纳税义务人

1. 登记门槛

在萨摩亚，《增值商品和服务税法》规定的登记门槛为 13 万美元，在 12 个月内应税给付的总价值超过或有合理依据被认为超过该门槛的人需要进行登记。此外，公共机构进行应税活动时也应当进行登记。

2. 登记程序

纳税人进行登记时，需提供下列材料：（1）商品和服务税登记证件的复印件；（2）税务当局出具的纳税人从事应税活动的证明的复印件。

此外，当纳税人出现名字、地址、应税活动等事项的变动时，需在 15 个工作日内以书面形式通知税务当局。

3. 自愿登记

1994 年 1 月 1 日之后，在登记门槛之下的纳税人，满足下列条件之一的亦可向税务当局申请登记：（1）纳税人正在从事应税活动；（2）纳税人计划从特定之日起开始从事应税活动。

4. 注销登记

登记纳税人可以在下列情况下，向税务当局申请注销登记：（1）公共机构停止应税活动；（2）纳税人停止应税活动；（3）继续进行应税活动的纳税人的营业额低于登记门槛。

---

① 资料来自萨摩亚的《增值商品和服务税法》（Value Added Goods and Services Tax Act 2015）。

（三）应税范围及税率

纳税人进行的应税给付、应税进口与服务都需缴纳增值商品与服务税，具体规定如下。

1. 标准税率征税对象

除另有规定外，所有应税货物和服务适用15%的标准税率。

2. 零税率征税对象

以下商品和服务适用零税率：（1）出口货物；（2）运往境外或在境外使用的飞机或船舶上使用的材料；（3）在维修、翻新、调整、处理中的货物，包括临时进口货物（包含附属于临时进口货物上的组成部分），以及在维修、翻新、调整、处理中无用的耗材；（4）临时进口货物相关的服务；（5）有可接受的证明文件证明的用于境外使用和消费的服务；（6）电信服务，包括居民电信供应者和非居民电信供应者之间的电信服务，以及由身处境外的个人（包括代理人）发起的电信服务；（7）国际运输服务（包括客运和货运）和相关保险业务；（8）为国家元首提供的货物和服务；（9）向根据2010年颁布的《赌场和赌博控制法》（the Casino and Gambling Control Act）成立的赌场管控机构提供的货物；（10）教育服务；（11）医院里提供的医用产品和服务；（12）水；（13）赌金计算器等博彩设备（totalisator betting facilities）；以及博彩的牌照；（14）根据1980年颁布的《电力公司法》（Electric Power Corporation Act）提供的电力。

3. 免税对象

以下商品和服务免税：（1）金融服务给付；（2）非营利实体提供的捐赠货物或服务的给付；（3）乘搭公共汽车为乘客提供运输服务和出租车，但不包括任何租用公共汽车或出租车供顾客在确定的时间内或约定的旅程中专用的服务；（4）1998年《民航法》（the Civil Aviation Act）规定的离开萨摩亚收取的费用；（5）居民之间的电信服务产生的互联费；（6）境内的旅客运输；（7）为海外援助提供货物和服务的给付。

（四）应税时间

进行应税给付、货物进口与服务进口时，纳税义务产生的时间点分别为应税给付进行时、货物进口进行时以及服务进行时。

应税给付发生于就该给付开具发票之时以及就该给付进行付款之时（以较早者为准）。关联纳税人之间的给付发生于货物被运送时或服务进行时。

此外，持续给付被视为相对独立的给付，其给付时间发生于就该给付支付货款或收到货款时。

（五）申报、缴纳与抵扣规则

1. 申报与缴纳

纳税期为 2 个月，若纳税人存在违反萨摩亚增值税法的情况，税务当局可调整其纳税期。

纳税人在每个纳税期结束后的 15 个工作日内需进行申报。

纳税人支付税款的时间为申报到期之日。

2. 进项税抵扣

纳税人申请进项税抵扣时需提供税务发票、出口证明或贷项单据。若纳税人未提供上述单据，则该进项税不可抵扣，该进项税只能在纳税人提出上述单据后的第一个纳税期内申请抵扣。

当进项税额超过销项税额时，税务当局应对纳税人进行退税。

（六）发票管理

萨摩亚增值税法规定纳税人需在进行应税给付后的 28 日内开具符合法律规定的发票。若应税给付的价格低于 20 美元，则无须开具发票。

若发票上注明的应税给付的价格发生改变，纳税人可通过贷项单据或借项单据进行调整。

（七）罚则

纳税人未遵守登记义务、未依法通知税务当局、未依法开具发票等行为构成违法，将被处以 5~30 个处罚单位的罚款。

纳税人存在逃税行为，将被处以未缴纳税款 3 倍以内的罚款。

一二一、沙特阿拉伯
（Saudi Arabia）

（一）基本介绍[①]

沙特阿拉伯自 2018 年 1 月 1 日起开征增值税。

（二）纳税义务人

1. 登记门槛

凡在沙特阿拉伯有居住地的人，若在过去 12 个月内在沙特阿拉伯提供的所有应纳税给付或未来 12 个月内预期的应纳税给付总价值超过 375000 沙特里亚尔，必须进行增值税登记，并缴纳增值税税款。下列事项不应计入应税给付的总价值：免税给付的价值；不属于沙特阿拉伯增值税范围内的给付；处分资本性财产所得。

2. 登记程序

纳税人申请登记，必须在当月结束后的 30 日内向税务机关提交申请。登记将从提交登记申请的下个月开始生效，或从其年给付总价值预计超过登记门槛的第一个月开始生效。

企业可以使用税务当局门户网站上的应用程序进行增值税登记。纳税人需要有有效的税务识别号（TIN）才能注册税务登记。如果该企业没有税务识别号，则需要在增值税登记之前在网站上注册一个税务识别号。纳税人可以在该税务局网站上核实供应商和客户的增值税登记号码。

3. 自愿登记

在沙特阿拉伯有居住地但无义务登记增值税的人，如果其过去 12 个月的应税给付总价值或未来 12 个月的预期应税给付总价值为 187500 ~ 375000 沙特里亚尔，可以申请增值税登记。进行零税率给付的纳税人无须进行增值税登记，但可以自愿进行登记。

---

① 本篇资料来自沙特阿拉伯《增值税法》（Value Added Tax Law）。

4. 税务代表

税务机关可核准希望为纳税人担任税务代表或税务代理人的人员资格。税务机关应当公布经核准的税务代表和税务代理人名单。

所有非居民纳税义务人都可以选择聘请税务代表。该代表一经税务机关批准，即可向税务机关提交纳税申报表和付款，并代表纳税人与税务机关通信。税务代表应共同负责支付纳税义务人应缴纳的任何税款，直至税务机关确认税务代表不再代表该应纳税人行事。在没有指定税务代表的情况下，非居民纳税人必须指定一个在沙特阿拉伯成立的第三方，以遵守增值税立法规定的保存发票、账单、文件、账簿和记录的要求。

5. 注销登记

若纳税人停止从事经济活动或法人失去法人资格，则该纳税人需注销登记。注销登记自沙特阿拉伯税务当局批准注销登记之日起生效。在最近 12 个月内未进行任何应税给付的非居民纳税人需注销登记。纳税义务人登记不满 12 个月的，不得自行申请注销登记。税务机关没有足够证据证明应税人有资格注销登记的，可以拒绝注销登记。

任何月底，当发生下列情况时，居民应税人（已注册至少 12 个月）必须注销登记：（1）过去 12 个月内给付总价值低于自愿登记门槛；（2）过去 24 个月内的年给付总价值低于强制登记门槛；（3）该月及以后 11 个月的给付总价值低于自愿登记门槛。应税人应在上述任何一种情况发生之日起 30 日内向沙特税务当局申请注销登记。应税人未向税务机关申请注销登记的，税务机关可以注销该纳税人的登记。

在下列情况下纳税人可选择取消登记：（1）企业在过去 12 个月内的应税给付总价值为 187500～375000 沙特里亚尔；（2）企业在未来 12 个月内（包括本月）的预期应税给付总价值为 187500～375000 沙特里亚尔。

6. 合并登记

两个或两个以上的法人，在满足下列条件的情况下，可以申请增值税集团合并登记：（1）每个集团成员必须在沙特阿拉伯从事经济活动并成为合法居民；（2）每个法人资本、表决权的 50% 及以上，由同一个人或同一集团的人直接或间接持有；（3）至少有一个集团成员独立地达到增值税登记门槛。

增值税合并登记下的所有成员应对所有成员在合并登记期间产生的增值税义务承担连带责任。必须由增值税纳税义务人申请进行合并登记。此人将是合并登记的代表成员，并将承担代表所有成员履行权利和义务的责任，但不影响其他成员的连带责任。

增值税合并登记自申请批准的下一个月的第一天或税务机关确定的较后日期起生效。如果申请获得批准，税务机关将向合并登记后的代表发放新的增值税登记号，并暂停进行增值税登记的成员现有增值税登记号。

税务机关可向两名或两名以上不属于任何增值税合并登记的成员但有资格进行合并登记的纳税人发出通知，说明他们自任何预期日期起被视为合并登记。只有在每个纳税义务人的增值税登记产生或将产生增值税优惠的情况下，才可发出该通知。

7. 非居民企业的登记

凡在沙特阿拉伯没有居住地，且未在沙特阿拉伯税务局登记，但有义务就其在沙特阿拉伯境内所提供或收到的给付缴纳增值税的纳税人，必须在其进行首次给付后 30 日内向税务机关申请登记。所有非居民纳税人可以选择有一名当地的、经批准的税务代表，对企业需缴纳的增值税承担连带责任。

（三）应税范围及税率

1. 应税范围

增值税适用于以下交易：（1）纳税义务人在沙特阿拉伯提供货物和服务；（2）纳税义务人在沙特阿拉伯获得的货物或服务；（3）纳税义务人在沙特阿拉伯获得的适用反向征收机制的服务；（4）纳税义务人在沙特阿拉伯获得的货物进口。

在某些情况下，部分给付可能不属于增值税应税范围内。例如，当给付是由非纳税人员提供，或在沙特阿拉伯境外提供，或不是在经济活动过程中提供的。

2. 标准税率征税对象

除适用零税率或者享受免税政策外，所有商品和服务适用 15% 的标准税率。

3. 零税率征税对象

零税率适用对象包括但不限于：（1）从沙特阿拉伯直接出口到海湾合作委员会成员国（Gulf Cooperation Council，GCC）领土以外的地方的货物。（2）向非海湾合作委员会成员国居民提供服务。（3）国际运输，具体包括：国际客运或者货运；用于国际运输的交通工具和设备；提供与国际运输相关的货物或服务。（4）药品和医疗用品。按照卫生部或其他任何主管当局不时发布的分类，被视为符合资格的药品医疗产品，合格的药品和医疗产品将成为卫生部规定的药品清单的一部分。（5）投资金属（高于 99% 纯度的金、银、铂金）。以下两种涉及投资金属的交易适用零税率：生产者或精炼商最初出售的投资金属；能够保持纯度，用于进一步出售的金、银、铂金。

4. 免税对象

免税适用对象包括但不限于：（1）特定的金融和保险服务；（2）住宅地产。

在沙特阿拉伯，纳税人不享有免税选择权。

（四）应税时间

根据沙特阿拉伯《增值税专门指南》（VAT Professional Service Guideline），应税时间分以下情况确认：（1）进口。纳税人可向税务机关申请在增值税申报时缴纳进口增值税，而不是向海关缴纳进口增值税。（2）存款和预付款。作为预付款支付的押金，将被视为供应品的初始付款或后续付款，收到后将产生一个纳税点。预付款的纳税点为开具预付款发票的日期或收到预付款的日期（以二者时间较早者为准）。（3）持续给付。如果货物或服务的给付是分期付款的，则每期付款相对应的给付应在该期付款的到期日或实际付款的日期中较早者发生。在所有其他持续给付的情况下，单独给付发生在就这些货物或服务开具发票或付款之日（以二者时间较早者为准），以发票或付款金额为限。（4）通过管道供应石油、天然气、水或电。给付时间为供应商就这些货物开具发票的日期或供应商就这些货物收到付款的日期（以二者时间较早者为准）。

对于试用商品、租赁资产、适用反向征收机制的服务，沙特阿拉伯并无特殊规定。

（五）申报、缴纳与抵扣规则

1. 申报与缴纳

纳税人或其代表需在纳税期结束后 1 个月内向税务机关提交纳税申报表。

对于过去 12 个月内应税给付总价值超过 4000 万里亚尔或预计在未来 12 个月内超过 4000 万里亚尔的纳税人，纳税期为 1 个月。其他纳税人的纳税期为 3 个月，但可以申请使用月纳税期。

纳税人使用月纳税期满 2 年的，可以申请使用 3 个月的纳税期（纳税义务人在过去 12 个月内的年度应税物资价值不得超过 4000 万里亚尔）。税务机关经合理决定，可以改变纳税人的纳税期。

纳税人需在纳税期结束后 1 个月内缴纳税款。企业必须使用 SADAD 支付系统，通过银行转账向税务机关的指定账户支付所欠税款。如果任何相关的增值税金额是以沙特里亚尔以外的货币表示的，则必须使用沙特阿拉伯金融管理局在相关增值税到期日规定的每日汇率将该金额转换为沙特里亚尔。

2. 进项税抵扣

纳税人可以扣除对其提供的货物和服务征收的进项税。进项额扣除需要有效的增值税发票或海关单据。

（1）不可扣除的进项税。纳税义务人的经济活动中未使用的购买的货物和劳务，其进项税不得抵扣。下列项目的进项税无法抵扣（除非由纳税义务人用于后续应税物资）：任何形式的娱乐、体育或文化服务；酒店、餐厅和类似场所的餐饮服务；购买或租赁限制性机动车使用的相关服务和燃料；用于私人或非商业目的的任何其他商品和服务。

如果发生的进项税可同时归因于应税和免税给付，则只有可归因于应税给付的金额（根据应税给付所占比例计算）才能抵扣。

（2）进项税结转。进项税额超过销项税额或纳税人缴纳的税款超过应纳税额时，纳税人可以要求结转超额税款或退还已缴纳的超额税款。

（3）登记前产生的进项税。应税人有权抵扣其在登记生效日前6个月内所购买商品或服务的进项税，前提是：商品或服务是用于应税给付；在登记日期之前，应税人尚未提供或使用全部商品或服务；商品或服务不属于限制抵扣的类型。

（4）无常设机构企业的进项税抵扣。无常设机构企业的进项税抵扣根据其是否属于其他海合会成员而适用不同规定。

在另一个海合会成员国登记的增值税纳税人可根据海合会成员国之间商定的机制，申请抵扣在沙特阿拉伯发生的进项税。

在海合会领土以外的国家从事经济活动的纳税人，可申请被视为合格人员，并可要求退还在沙特阿拉伯向其提供货物或服务所产生的增值税。在下列情况下，纳税人将被视为合格人员：如果该纳税人在一个拥有类似于增值税的交易税制度的国家成立，并且该纳税人在该国进行了该税种的登记；或者，如果该纳税人在一个拥有类似于增值税的交易税制度的国家成立，并且该国向在沙特阿拉伯征税的居民提供类似的退税机制。

（5）游客的退税。税务机关可授权一家或多家供应商实施旅游退税计划，方便游客抵扣在沙特阿拉伯发生的进项税。税务机关应公布所有授权供应商的名单。游客在沙特阿拉伯期间，必须向授权提供商提交退税。授权供应商应收集缴纳增值税款的证据，并在报请税务机关核准前，对申请进行审核。如有关游客的申请获得批准，税务机关将向游客支付退税金额。供应商有义务向支付游客退还的税款，但可以从退还的税款中扣除一定比例的佣金。

3. 反向征收

当增值税登记企业从非居民进口应税服务时，必须采用反向征收机制。

居住在沙特阿拉伯的增值税接受方如满足货物或服务的供应地在沙特阿拉伯且供应商不是沙特阿拉伯居民，则必须通过其增值税申报表自行核算增值税，即通过反向征收机制进行增值税申报，通过评估和核算就接收的商品和服务缴纳增值税。

4. 针对数字经济的特殊规定

如果在沙特阿拉伯通过作为非居民供应商中间人的在线接口或门户提供电子服务，则该接口或门户的运营商应假定从非居民供应商处购买服务，并以自己的名义提供相同的服务。以下两种情况不适用上述规定：（1）非居民供应商在网上销售过程中，在双方之间的合同安排中，或在接口或门户运营商开具的发票或收据上明确表示为供应商；（2）接口或门户的运营商未被授权向客户收取交付服务或货物的费用，也不设定供应的一般条款和条件。

因此，非居民供应商有责任就所提供的电子服务缴纳增值税款。

（六）发票管理

1. 一般规则

纳税人必须提供所有应税销售的发票、单据、收入和税务信息。一般来说，所有供应品的发票都必须用阿拉伯语开具。但是，税务机关也接受以英文开具的采购发票。任何此类增值税发票必须最迟在供货月份的次月的第 15 日开具。发票应始终以沙特里亚尔为单位。如果发票以其他货币开具，纳税人应使用沙特阿拉伯货币管理局（SAMA）规定的到期日的每日汇率，将金额转换为沙特里亚尔。

2. 贷方和借方票据

增值税贷方票据可用于减少增值税税款。或者，如果双方同意，客户可以开具增值税借方票据。签发的贷方或借方票据必须包含与贷方或借方票据相关的初始给付的增值税发票的序列号。此类贷方或借方票据应包括增值税发票上要求显示的信息。

3. 简化发票

对于价值低于 1000 沙特里亚尔的货物或服务，可开具简化的增值税发票。对于内部给付或货物出口，不得开具简化的增值税发票。简化的增值税发票必须包含以下详细信息：发票开具日期；供应商全名，地址和税号；所提供货物或服务的描述；货物或服务的应付对价总额；应付增值税或对价已包含货物或服务给付的增值税的声明。

（七）罚则

1. 逃税

偷税漏税应处以不低于应付税款数额，且不超过作为偷税对象的货物或服务价值 3 倍的罚款。偷税漏税的情形包括：纳税人提交虚假文件以逃避应付税款或降低其价值，或者纳税人在不支付应付税款的情况下将货物运进或运出沙特阿拉伯。未经增值税登记的供应商向客户收取增值税的，处 10 万沙特里亚尔以下罚款。

2. 迟延登记、申报与错误申报

应税人未在规定期限内申请登记的，处 1 万沙特里亚尔以下罚款。如果纳税人在已提交的增值税申报表中发现错误，则有 20 日的时间通过提交更正表将错误通知税务机关。任何纳税义务人未在规定时间内提交纳税申报表，应处以其必须申报的税款价值 5% 以上 25% 以下的罚款。任何纳税义务人如未能在规定时限内缴付到期的增值税，可处每月未缴增值税价值 5% 的罚款。

3. 其他

在不影响任何其他法律规定的更严格处罚的情况下，未登记纳税人开具增值税发票的，应处以不超过 10 万沙特里亚尔的罚款。

对下列纳税人处以不超过 5 万沙特里亚尔的罚款：未在规定时限内保存发票、账簿、记录和会计凭证；阻止或妨碍沙特阿拉伯税务局或任何税务局工作人员履行职责；违反法律或实施条例的任何其他规定。

自上次处罚决定书作出之日起 3 年内，同一违法行为再次发生的可以加倍处罚。①

---

① 详见沙特阿拉伯天课、税务和海关总局网站，https：//zatca. gov. sa/en/RulesRegulations/VAT/Pages/Penalties. aspx（accessed on 20240509）。

一二二、塞内加尔
（Senegal）

（一）基本介绍[①]

塞内加尔于 1980 年开征增值税（VAT）。

（二）纳税义务人

在塞内加尔，进行经济活动的公司均需登记。农民可就其自行生产的产品自愿申请登记。外国公司须任命税务代理。不存在合并登记。

（三）应税范围与税率

1. 适用 18% 税率的对象

除另有规定外，所有的应税货物和服务都适用 18% 的标准税率。

2. 适用 10% 税率的对象

10% 税率适用于住宿和由旅游住宿方提供的饮食。

3. 零税率征税对象示例

零税率适用的商品和服务包括但不限于：（1）直接出口商品以及直接相关的服务；（2）金融交易以及保险和再保险服务（但须缴纳特定税款）；（3）向国家、市政当局和公共机构交付的进口货物和原物转售；（4）为满足公海上从事工业或商业活动的船只的直接需要而提供的服务。

4. 免税对象示例

免征增值税的商品和服务包括但不限于：（1）药品和医药产品，以及医疗活动所需的设备和专用产品的运送；（2）未加工的基本必需食品；（3）中小学或大学教育；

---

① 本篇资料来自塞内加尔税务局网站，https：//www.dgid.sn/fiscalite（accessed on 20240509）。

（4）直接参与植物或动物生产周期的种子、肥料、植物保护产品、家禽等。

（四）申报、缴纳与抵扣规则

每月需进行纳税申报，申报期限为下个月的 15 日之前。可通过电子形式进行申报。

免税给付无法进行进项税抵扣，若属于免税给付与应税给付混合的给付行为，则应按照比例进行进项税抵扣。

进项税抵扣需在 2 年内申请。超出销项税的进项税额可结转至未来进行抵扣。当无法进行进项税抵扣时，纳税人可申请退税。外国公司未在当地进行纳税登记的，无法进行进项税抵扣。

通过反向征收机制缴纳的税款在满足下列条件时可申请进项税抵扣：该给付需在塞内加尔境内缴纳税款；有证据表明税款已通过反向征收机制缴纳给塞内加尔税务当局。此外，外国公司可通过任命税务代理的方式避免适用反向征收机制。

（五）发票管理

进行应税活动须开具发票，无电子发票。

以外国货币开具的发票需按照发票开具之日汇率转换为塞内加尔本国货币。

（六）罚则

迟延缴纳增值税款需缴纳未缴纳税款 5% 的利息，并额外按照每月 0.5% 的标准就未缴纳税款支付利息。若由税务部门审查发现纳税人漏交税款，则还需支付 50% 的罚款。

一二三、塞尔维亚
（Serbia）

（一）基本介绍[①]

塞尔维亚于 2005 年 1 月 1 日开征增值税，税务主管机关为塞尔维亚共和国税务局。

（二）纳税义务人

1. 登记门槛

12 个月内营业额超过 800 万第纳尔的实体或个人应进行增值税登记。纳税人有义务在第一次提交纳税申报表的期限结束前向税务机关提交增值税登记表。

2. 自愿登记

年营业额在 800 万第纳尔以下的纳税人或农民可以向税务局申请增值税登记，以进行增值税计算和缴纳。该自愿登记在 2 年内有效。

3. 税务代表

在塞尔维亚共和国没有合法存在的外国实体任命的税务代表被视为税务债务人。税务代表对外国实体的所有债务承担连带责任。如果外国实体未能指定税务代表，货物或服务的接受方将被视为增值税纳税义务人。税务代表必须是塞尔维亚居民，并在申请成为税务代表之前 12 个月已进行登记。税务代表应履行外国实体的所有增值税纳税义务，包括计算增值税税款和代表外国实体处理增值税退税。

4. 登记程序

登记表由纳税人填写。税务机关办理批准手续后，发给税务登记证。增值税登记表不能以电子方式提交。

5. 迟延登记的处罚

纳税人为法人，未提交登记表的，处以 10 万第纳尔以上 200 万第纳尔以下的罚款。

---

① 本篇资料来自塞尔维亚的《增值税法》。

同时，如有违法行为，对法人单位负责人处以 1 万第纳尔以上 10 万第纳尔以下的罚款。法人未在规定期限内提交登记表的，可以处以 10 万第纳尔的罚款。此外，如果该法人实体内的负责人实施上述行为，将处以 1 万第纳尔的罚款。

6. 注销登记

在过去 12 个月内，增值税应纳税额低于 800 万第纳尔的纳税人可提交增值税注销申请。此申请必须包含有关纳税人停止从事增值税活动的日期，并应在上述停止发生的日历月内向税务机关提交。注销申请应提交相应表格。在办理了相应手续后，如果纳税人现有增值税纳税义务得到履行，税务机关将在表格上签发增值税注销登记证明。

7. 非居民企业的登记

非居民企业是指在塞尔维亚没有注册机构的企业。在塞尔维亚提供货物或服务的外国实体有义务指定一名税务代表，并登记为纳税人（只能指定一名税务代表，无论是个人还是法人实体）。例外情况是，自 2017 年 1 月 1 日起，向塞尔维亚增值税纳税人、国家、政府部门和类似机构提供应税货物和服务的外国实体无须指定税务代表并为其进行增值税登记，因为在这种情况下，采用"反向征收"机制。

（三）应税范围及税率

须缴纳增值税的业务包括：正常的业务活动中，商品和服务的给付；进口到塞尔维亚的货物，不考虑进口商的状况；在塞尔维亚以外的业务地点提供的、在塞尔维亚境内获得的服务（以反向征收机制为准）。

除另有规定外，所有商品或服务都适用 20% 的标准税率。

适用 10% 税率的对象包括：药品和医疗器械（如假体）；各种食品；以及其他商品和服务。

零税率征税对象包括：出口货物、国际运输服务和相关用品；与国际运输中使用的飞机、船舶以及其他有关的货物和服务。

免征增值税的商品和服务包括：财产（首次转让所有权除外）；土地；为不享有进项税额抵扣权的受让方提供货物；租赁用于住宿的公寓房间；金融服务；保险服务；邮政服务；教育服务；宗教服务；印刷和出版物销售；公共广播业务（商业性质除外）。

在塞尔维亚，针对二手房屋买卖，纳税人享有免税选择权。

（四）应税时间

货物给付的时间以下列时间最早者为准：货物给付完成之时；付款之时；产生了支付货物进口关税的责任之时。

提供服务的时间以下列时间最早者为准：提供服务时；付款之时；开具发票时（仅

适用于转让知识产权和授予使用知识产权）。

对于进口货物，一旦货物进入塞尔维亚海关，则应在进口时支付增值税。

对于存款和预付款、试用商品、反向征收、持续给付，塞尔维亚没有关于该给付的特殊规定，因此适用一般规定。

（五）申报、缴纳与抵扣规则

1. 申报与缴纳

纳税期是一个日历月还是一个季度，取决于特定纳税人在过去 12 个月内的总营业额（如果营业额超过 5000 万第纳尔）。纳税人必须在纳税期结束后 15 日内提交纳税申报表。

自 2018 年 7 月 1 日起，纳税人将有义务在提交增值税申报表的同时提交计算明细表格。如果增值税纳税人未能将增值税计算明细与增值税申报表一起提交，则视为未提交增值税申报表。增值税税款缴纳的截止日期与增值税申报的截止日期相同。

过去 12 个月的总营业额不超过 5000 万第纳尔的增值税纳税人可选择在应收账款收回后申报和缴纳增值税。如果在供货后 6 个月内未收到付款，仍应缴纳增值税。

增值税纳税申报表的提交以及修订均以电子方式完成。

2. 进项税抵扣

可抵扣的进项税包括：对提供货物和服务征收的增值税；对进口货物征收的增值税；以及通过反向征收缴纳的增值税。

不可扣除的进项税包括：与购买进口汽车、船只、游艇、摩托车、飞机、燃料和备件有关的支出，以及与其维护和储存相关的商品和服务；与商业娱乐相关的支出，包括餐饮、礼品、体育活动和其他有利于商业伙伴、潜在商业伙伴、商业伙伴代表和其他个人的费用；与员工或从事工作的其他人员的膳食和交通有关的支出。

如果获得的货物或服务一部分用于应税给付，一部分用于免税给付，纳税义务人不得全部抵扣进项税。这种情况被称为"部分豁免"。纳税人应根据给付的性质，区分与应税给付有关的部分和与应税给付无关的部分，并按照相应的比例进行进项税抵扣。

如果进项税额高于销项税额，纳税人有权获得退税或将该金额用作税收抵扣。退税最迟应在本期纳税申报表提交截止日后 45 日（对主要在境外供货的纳税人，最迟应在纳税申报表提交截止日后 15 日）办理。纳税人有责任按照逾期支付增值税的相同罚息率支付延迟偿还税款的利息。

在满足规定条件的情况下，增值税纳税人可抵扣其在开始应税活动之前 12 个月内产生的进项税。无常设机构企业仅在不在塞尔维亚提供任何货物或服务（国际运输服务除外）的情况下，根据互惠条款，获得在塞尔维亚产生的增值税抵扣。

3. 反向征收

根据塞尔维亚的税收立法，如果外国服务提供者未在塞尔维亚指定税务代表，则对其提供的服务适用反向征收机制。反向征收适用于建筑服务和房地产转让的某些特定情况。根据修订后的增值税法，反向征收也适用于通过运输网和配电网供应电力和天然气的某些具体情况。

4. 针对数字经济的特殊规定

塞尔维亚针对以电子方式提供的服务有特殊规定。海外企业向塞尔维亚境内的企业和个人提供电子服务的地点被视为服务接受方所在地为塞尔维亚。如果海外业务未指定增值税税务代表，则与电子服务相关的增值税应由服务接受方实行反向征收。但是，如果在塞尔维亚有海外服务提供商的税务代表，则该税务代表有义务计算和支付增值税。

（六）发票管理

纳税人必须提供包括出口在内的所有应税给付的增值税发票。发票必须符合税法规定的要求。增值税贷方票据可用于减少货物或服务给付的增值税税款，前提是买方是增值税纳税人并确认进项税额已更正；借方票据可用于增加增值税税款。税收贷方和借方票据必须与原始增值税发票相互印证。

增值税发票必须以塞尔维亚第纳尔开具。如果收到外币发票，则金额必须兑换为塞尔维亚第纳尔。进口的汇率由海关确定，而国内增值税的汇率是塞尔维亚国家银行公布的中间汇率或纳税义务发生之日适用的商定汇率。

（七）罚则

刑事犯罪立法的一般规则是，法律实体中的责任人是根据法律、法规或授权在公司中行使某些管理、监督或其他职能的人，以及实际开展某些工作的人，可以证明这些人或公司工作人员对某些活动负有责任。在塞尔维亚立法中，董事（和其他负责任的代表）可能对公司犯罪负责，并被罚款，甚至有刑事责任。对于法人实体的负责代表，轻罪的罚款可高达 15 万第纳尔。税务欺诈金额超过 100 万第纳尔的，将被处以最高 5 年监禁并处罚金，超过 500 万第纳尔的将被处以 2~8 年监禁并处罚金，超过 1500 万第纳尔的将被处以 3~10 年监禁并处罚金。

一二四、塞舌尔
（Seychelles）

（一）基本介绍[①]

塞舌尔群岛于 2013 年 1 月 1 日开征增值税，税务主管机关为塞舌尔税务局。

（二）纳税义务人

1. 登记门槛

如果任何人或实体在任何 12 个月期间的应税供应超过 200 万塞舌尔卢比，则必须进行税务登记，该登记门槛自 2015 年 1 月 1 日起生效。

如果有合理理由相信在 12 个月期间内，纳税人将超过强制性登记门槛，则必须在 12 个月期间开始时向塞舌尔税务当局登记。

2. 登记程序

登记表应由该企业的授权人填写和签署，并提交给塞舌尔税务委员会。登记过程平均需要一周，税务当局将在这一周内签发增值税登记证书。

3. 自愿登记

如果一个实体或个人打算提供的给付总价值低于 200 万塞舌尔卢比可以选择自愿登记。任何人也可以在提供应税给付之前自愿登记。

4. 免于登记

营业收入完全免除增值税的纳税人，不得申请登记。

5. 迟延登记的处罚

迟延登记将受到处罚，并附加利息，其数额为该纳税人首次被要求申请登记之日起至其提出登记申请之日止期间应付税款的 2 倍。

---

① 本篇如无特别注明，资料均来自塞舌尔税收委员会网站，https：//src. gov. sc/seychelles-tax-system/#Value_Added_Tax（accessed on 20240509）。

6. 无常设机构企业的登记

无常设机构企业无法就其给付缴纳增值税，也无法进行进项税抵扣。

7. 税务代表

申请进行增值税登记但在塞舌尔无常设机构的非居民，必须在塞舌尔任命增值税税务代表。增值税税务代表负责申请登记、提供增值税申报表和缴纳增值税税款。

8. 注销登记

登记人停止提供应税给付，应当自停止之日起 7 日内申请注销登记。必须以书面形式提交税务当局，由税务当局确定何日注销登记。

（三）应税范围与税率

增值税适用于以下交易：纳税义务人在塞舌尔提供货物或服务；纳税义务人在塞舌尔接受的适用反向征收机制的服务；从塞舌尔境外进口货物。

1. 标准税率征税对象

除另有规定外，所有应税货物和服务适用 15% 的标准税率。

2. 零税率征税对象①

适用零税率的商品和服务包括：（1）大米；（2）糖、盐；（3）肉、鱼；（4）蔬菜、水果；（5）扁豆；（6）食用油；（7）报纸、杂志、期刊；（8）婴儿食品；（9）出口货物和服务。

3. 免税对象

免征增值税的对象包括：（1）根据《金融机构法案》（the Financial Institutions Act）规定的金融机构提供的金融服务；（2）教育服务；（3）生命险的额外费用或再保险协议；（4）公立医院医疗和牙医服务；（5）向非营利组织跨国捐赠的货物或服务。

在塞舌尔，纳税人无法选择就免税给付进行纳税。

（四）应税时间

产生增值税纳税义务的时间称为给付时间或纳税时点。塞舌尔法律规定的纳税时点是收到付款或开具发票（以二者中较早的为准）。

收到定金或预付款通常会产生一个实际的纳税时点，前提是该款项将构成总付款的一部分。但仅在收到款项的范围内产生增值税纳税义务。

---

① 详见塞舌尔《增值税（修订）法案》，https://src.gov.sc/wp-content/uploads/2022/12/Value-Addex-Tax-Act-2010-Act-35-of-2010.pdf（accessed on 20240509）。

进口货物的给付时间是货物从海关运出的时间。

批准寄出、销售或退货的货物的纳税时点为增值税发票开具之日或收到付款之日（以二者中较早的为准）。

如果提供持续给付，则每次付款或开具发票时（以较早发生者为准）都会创建一个纳税时点。

对于适用反向征收机制的服务，纳税时点是支付服务对价的时间。如果服务的对价不是货币，则纳税时点是服务进行期间的最后一日。

（五）申报、缴纳与抵扣规则

1. 申报与缴纳

增值税申报表每季度或每月提交一次。季度报告在 3 月、6 月、9 月和 12 月结束时提交，仅适用于自愿登记的人。强制登记的纳税人需每月提交增值税申报表。申报表必须在纳税期后 21 日内提交。增值税款也必须在纳税期后 21 日内缴纳。

2. 进项税抵扣

进行进项税抵扣需要凭借有效的增值税发票或海关进口报关单。一般不允许对登记前发生的进项税进行抵扣。

购买非商业目的的商品和服务（例如，企业家为私人使用而购买的商品）时，不得抵扣进项税。此外，部分营业性支出项目的进项税可能无法抵扣。

应税人同时提供免税品和应税品的，不得全额抵扣进项税额。这种情况被称为"部分抵扣"。企业需要知道其应纳税供应品在营业额中的相对份额，才能确定可作为抵扣的进项税的比例。只有用于制造应税供应的货物和服务产生的增值税才可以扣除。

纳税人如果一段时期内可抵扣的进项税额大于同期的销项税额，则可要求退税。具体来说，符合以下条件的纳税人可以退税：（1）针对强制登记的公司，若进项税额已连续结转两个纳税期，并且在第三个纳税期结束时超过 1 万塞舌尔卢比；（2）针对自愿登记的纳税人，若季度申报的进项税额超额部分超过 1 万塞舌尔卢比；（3）针对出口商、零税率货物或服务供应商，若季度申报的进项税额超额部分超过 1 万塞舌尔卢比。

自 2014 年 9 月 1 日起，处理任何增值税退税的法定期限从 45 日缩短至 30 日。塞舌尔不向未在塞舌尔设立的企业退还增值税。

3. 反向征收

如果非居民向塞舌尔居民提供服务，该塞舌尔居民必须根据反向征收机制核算到期的增值税款。

（六）发票管理

纳税人必须提供增值税发票。增值税贷方票据可用于减少应缴纳增值税款，但贷方票据必须依据真实情况而开具。

如果发票或增值税发票是以外币开具的，则到期增值税必须按照开具发票时塞舌尔中央银行公布的中间汇率兑换成塞舌尔卢比。

（七）罚则[①]

逾期提交增值税申报表的罚款和利息因情况不同而异，具体如下：

（1）如果是小企业（营业额低于 100 万塞舌尔卢比），则处以 500 塞舌尔卢比的基础罚款并处以每周 50 塞舌尔卢比的附加罚款。

（2）如果是中型企业（营业额为 1000 万～5000 万塞舌尔卢比），则处以 1000 塞舌尔卢比的基础罚款并处以每周 100 塞舌尔卢比的附加罚款。

（3）如果是大型企业（营业额超过 5000 万塞舌尔卢比），则处以 5000 塞舌尔卢比的基础罚款并处以每周 500 塞舌尔卢比的附加罚款。

对于逾期缴纳增值税，罚息率是税款到期首日的季度平均优惠贷款利率上调 3 个百分点。如果纳税人未能在延长的到期日后支付到期的增值税，则应按未付增值税金额的 10% 缴纳附加税。

---

① 详见塞舌尔《增值税（修订）法案》，https：//src. gov. sc/wp-content/uploads/2022/12/Value-Addex-Tax-Act-2010-Act-35-of-2010. pdf（accessed on 20240509）。

一二五、塞拉利昂
（Sierra Leone）

（一）基本介绍[①]

塞拉利昂于 2009 年 9 月 1 日开征商品及服务税（Goods and Services Tax），税务主管机关是塞拉利昂国家税务局（National Revenue Authority）。

（二）纳税义务人

1. 登记门槛

如果在过去 12 个月内交易应税商品的价值超过 2 亿利昂；或有理由相信未来 12 个月内交易应税商品的价值将超过 2 亿利昂；或过去 4 个日历月交易的应税商品价值已经超过登记门槛的 1/3，即 6667 万利昂，则应纳税人必须在达到上述门槛的月份结束后的 30 日内进行注册。

2. 自愿登记

如果应税营业额没有达到登记门槛，但可以证明所从事的商业活动是出于商品与服务税目的，则可以申请自愿登记。

（三）应税范围及税率

1. 应税对象

在塞拉利昂，应税商品和服务包括但不限于：（1）销售新的和二手的商品（包括那些代理采购协议项下的商品）；（2）出租货物；（3）私人用途的商业股票；（4）特定服务给付，如理发或者酒店住宿；（5）入场费（charging admission to enter into premises）；（6）大多数的进口货物。

---

① 本篇资料来自塞拉利昂《商品及服务税法》。

2. 标准税率征税对象

除另有规定外，所有应税货物和服务适用 15% 的标准税率。

3. 零税率征税对象

零税率适用对象包括：（1）除矿石（包括黄金和钻石）外的其他出口产品；（2）通过船舶或飞机运离本国的货物。

4. 免税对象

免税商品及服务是指基于社会、经济或难以课税的原因而享受免税政策的商品及服务，包括但不限于：（1）大米；（2）自然水；（3）燃油；（4）书籍；（5）教育和医疗服务；（6）特定医药类的商品及服务；（7）金融服务；（8）矿石（包括黄金和钻石）出口。

（四）应税时间与应税地点

1. 应税时间

应税时间是下列 4 个时间中最早的时间：供应商为给付开具发票的时间；收到给付任何对价的时间；货物给付时间，即货物交付或可供收取的时间；服务给付时间，即提供服务的时间。

2. 应税地点

除另有规定外，以下货物或服务的给付被视为在塞拉利昂进行：（1）供应商是居民纳税人；（2）供应商是非居民纳税人时：若给付的是货物，则货物在交付时位于塞拉利昂；若给付的是服务，则服务实际被提供给在塞拉利昂的任何人。

（五）申报、缴纳与抵扣规则

1. 申报规则

纳税义务人应于每个纳税期间结束后下个月的月底提交每个纳税期间的商品及服务税申报表。已经进行商品及服务税登记的交易者可通过由国家税务局管理的自动化系统提交商品及服务税申报表并支付商品及服务税。

2. 缴纳规则

纳税义务人应在截止日期前支付商品及服务税。许可延长期限或许可分期付款支付应纳商品及服务税的，并不妨碍纳税义务人对自商品及服务税应付的最初日期起产生的利息承担赔偿责任。

3. 抵扣规则

如果纳税义务人在纳税期间内提供的所有给付都是应税商品，则其可对该纳税期间因收购或进口而支付或应付的所有进项税进行抵扣。

除另有规定外，应纳税人在纳税期间内同时生产应税商品和非应税商品的，该纳税期间内允许其缴纳的进项税抵扣规则如下：

（1）若该应纳税人收购或进口完全与进行应税商品相关，则允许对这些收购或进口的全部投入进行进项税抵扣。

（2）若该应纳税人收购或进口完全与进行非应税给付相关，则不允许对这些收购或进口的全部投入进行进项税抵扣。

（3）对于直接或间接地与生产应税商品部分相关的购买或进口，在纳税期间内允许按照用于应税商品的比例进行抵扣。

（六）发票管理

商品及服务税注册供应商在提供应税商品时，必须向收货人开具商品及服务税发票原件。

（七）罚则

未在到期日当日或之前支付商品及服务税的人，在最终支付前，应每月支付相当于塞拉利昂银行贷款利率的一半的利息。

未在到期日或之前缴纳税款的人将被处以不超过 500 万利昂的罚款，或额外支付应缴商品及服务税的 15%（以较高者为准）。

延迟提交申报表，则会被处以 100 万利昂或应付税款的 5% 的罚款（以较高者为准）。

一二六、新加坡
（Singapore）

（一）基本介绍[①]

新加坡自 1994 年 4 月 1 日起开征消费税（Goods and Services Tax，GST），又称商品服务税，它是对新加坡进口商品（由新加坡海关征收）以及新加坡的所有商品和服务征收的广基税。其主管机关为新加坡税务局（Inland Revenue Authority of Singapore）。

（二）纳税义务人

新加坡消费税的纳税义务人是指已登记或者按要求应当登记消费税的人。

1. 注册消费税

（1）强制性登记。所有年度应纳税收入超过 100 万新加坡元的公司，或预计应纳税收入将超过 100 万新加坡元的公司，都必须注册消费税，且该企业必须在要履行责任的 30 日内注册消费税。对于强制性登记，具体适用情形如下：如果在某日历年末，应税交易超过 100 万新加坡元，那么就应当被要求登记注册消费税；或者，充分预测到未来 12 个月内应税交易将超过 100 万新加坡元的公司，应当进行税务登记。

（2）自愿登记。如果经营活动中产生的应税商品价值低于 100 万新加坡元，当事人自愿进行消费税税务登记。自愿注册申请的批准由新加坡税务局局长决定，一旦获得批准，该企业必须至少维持登记注册 2 年，除非有局长允许的其他情况。

根据消费税法案，应税商品指的是不包括免税商品在内的、在新加坡制造的商品和提供的服务。据此可知，只存在免税商品交易的经营活动不需要进行消费税税务登记。但是，对于免税的金融服务，如果属于应纳税人进行的跨国服务，消费税法案规定没有纳税登记义务的个人可以申请自愿登记。

除此之外，个人在新加坡有经营机构或者有经常性居住地，其生产或有意生产以下产品，同样可以申请自愿登记：在新加坡生产且提供给境外的商品，视为应税商品；根

---

① 本篇如无特别注明，资料均来自新加坡税务局网站，https://www.iras.gov.sg/taxes/goods-services-tax-（gst）/basics-of-gst/current-gst-rates（accessed on 20240509）。

据仓储制度、特准承包制造商和贸易商计划（ACMT），因消费税意图而不视为应税（否则将被纳税）的商品。

2. 免于登记

在获得税务局局长批准的情况下，生产大量零税率的产品或在 12 个月内其销项税额小于可抵扣进项税额的纳税人可以请求登记豁免。

但是，如果商品性质或者零税率商品组成部分发生了实质性变化，纳税人应在变化发生之后的 30 日内通知税务部门；如果无法确定变化发生日期，则应当在变化发生所在季度结束后的 30 日内通知税务部门。

3. 数字经济

海外供应商向新加坡非消费税注册人提供的数字服务（B2C）应通过海外供应商注册（OVR）制度缴纳消费税，即海外供应商必须在新加坡注册并缴纳消费税。在海外供应商注册制度下，海外供应商缴纳消费税，不能进行进项税额抵扣。在特殊情况下，电子市场的经营者还要代表海外供应商，对通过电子市场向当地消费者提供的数字服务收取消费税并进行核算。

全球营业额超过 100 万新加坡元，且向新加坡消费者销售的数字服务超过 10 万新加坡元的海外供应商和海外电子市场运营商，必须在 OVR 制度下注册。本地非消费税注册的电子市场运营商，如果通过电子市场代表海外供应商提供的数字服务，且服务总价值超过 10 万新加坡元，则有义务进行消费税注册。如果一个年度内应税供应品的总价值超过 100 万新加坡元，或预计在未来 12 个月内超过 100 万新加坡元，则非本地的电子市场运营商也必须进行消费税登记。

（三）应税范围及税率

新加坡消费税采用统一的标准税率，同时也有零税率和免税的规定。1994 ~ 2024 年，新加坡消费税的标准税率从 3% 提高到 9%。2018 年 2 月 19 日，新加坡财政部部长发布的 2018 年预算指出：2021 ~ 2025 年，新加坡的消费税税率将从 7% 提高到 9%；此外，新加坡通过消费税法案后，自 2023 年起对所有进口商品征收消费税。自 2023 年 1 月 1 日起，新加坡对低价值商品和非数字服务的进口销售征收消费税。在扩大适用范围的海外供应商制度下，低价值商品被定义为在销售点的商品，其主要具备以下条件：（1）是免税商品，或者是新加坡海关根据《海关法》第 11 条授予消费税进口减免的应税商品；（2）不免除消费税；（3）通过空运或邮政进口到新加坡；（4）价值不超过 400 新加坡元。

远程服务指的是执行服务时在接收者的物理位置和物理执行地点之间没有必要联系的服务。数字和非数字服务都属于远程服务的定义。非数字服务是不在数字服务定义范围内的可以远程提供和接收的服务，例如从新加坡境外提供的咨询、专业或教育服务。

此外新政还规定了企业对企业、企业对个人的进口服务也将征收商品和服务税。

1. 标准税率征税对象

纳税人在新加坡提供的应税货物和服务（除了免税货物与服务外）、进口到新加坡的货物均需按标准税率9%征收消费税。

2. 零税率征税对象示例

（1）国际服务。当该服务符合《消费税法》（GST Act）对国际服务的描述时，对该服务按零税率征收消费税。国际服务包括广告服务、国际运输服务、租赁服务、电信服务、信托服务等。

（2）货物出口。在供应点，所提供的货物已经出口或者将被出口，且纳税人拥有支持零税率所需的文件，对该货物的供应按零税率征收消费税。

3. 免税对象示例

（1）免征消费税的物品：

①《消费税法案》第四表格（the fourth schedule）中所列的金融服务。

②数字支付货币的供应（自2020年1月1日起生效）。

③住宅物业的销售和租赁。

④投资贵金属（IPM）的进口或供应。

（2）以下超出《消费税法案》规定范围的供应品免征消费税：

①销售未带入新加坡的货物。

②销售在自由贸易区和零消费税仓库（zero GST warehouses）内制造的海外货物以及私人交易。

（四）应税时间

1. 一般纳税时点

消费税应在纳税时点内缴纳。自2011年1月1日起商品和服务的纳税时点通常指的是税务发票签发的日期，或者款项收到的日期。企业需对预收款项征收消费税，并在收到款项的会计期间核算。如预付款可退还且具备担保性质，则无须缴纳消费税。若上述交易未发生，消费税纳税人须开具贷记单据，并将预收款项退回顾客。

对于发出商品或退回商品，货物销售时间应以客户确认收货的时间为准，而非发出货物的时间。在上述情形下，纳税义务发生时间以下列事项中发生较早者为准：开具发票的日期；收到款项的日期；移送货物的12个月之后。

2. 进口商品的纳税时点

进口商品纳税时点为进口日期或货物离开纳税所在地或自由贸易区的日期。

3. 连续销售商品的纳税时点

对于连续销售的应税消费品，无特殊征税时点要求，除非消费税注册企业提前开具发票（不超过 12 个月）且其发票中包含以下信息：（1）每笔付款的到期日；（2）每个到期日的应付金额（不含税）；（3）消费税税率和相应的消费税。

消费税征税时点应以每笔定期付款的到期日及收到每笔定期付款的日期较早者为准。

（五）申报、缴纳与抵扣规则

1. 申报和缴纳规则

纳税人通常按季度提交消费税申报表。若纳税人定期申请退税，也可向税务机关申请每月申报一次，以减轻现金流压力。新加坡税务局规定，消费税必须通过税务局网站（www. iras. gov. sg）进行电子申报。

2. 抵扣规则

如果进项税额是因生产应税商品或某些特定商品而发生，则纳税人可以抵扣销项税额。进项税额指的是，纳税人购买或者进口至新加坡的商品和服务，用于或将用于纳税人从事或准备从事的任何经营活动的商品所发生的消费税。纳税人通常通过消费税纳税申报表，将进项税额从销项税额（即对生产供应的商品征收的消费税）中减去，以冲抵销项税额。进项税额申报要求提供有效的税务发票或进口许可。如果超过到期日 12 个月后，款项还未支付给供给方，那么纳税人应当向新加坡税务局缴还相应抵扣的进项税款。

（六）发票管理

纳税人必须向消费税登记客户签发税务发票，但无须对销售零税率商品、销售免税商品或视同销售等情形签发税务发票。此外，纳税人可向非消费税登记客户开具收据（而非税务发票），该收据作为纳税人的交易收入证明，纳税人必须保留收据的副本。

纳税人必须在消费税纳税时点后的 30 日内对提供给另一纳税人的标准税率商品签发税务发票。如果应付金额（包括消费税）不超过 1000 新加坡元，则签发简化的税务发票。

（七）罚则

1. 逾期登记

逾期登记或未登记，纳税人可能会被处以最高 1 万新加坡元的罚款或应缴税款 10%

的罚款。如果纳税人及时进行消费税的登记，则可免予处罚。

2. 逾期未提交纳税申报表

对于逾期未提交纳税申报表的纳税人，新加坡税务局可能会采取以下措施：

（1）发出预估税通知书，并对预估税额征收 5% 的滞纳金。

（2）处以每月 200 新加坡元的逾期罚款，但罚款总额不超过 1 万新加坡元。将企业或负责经营业务的人员（包括独资经营者、合伙人和董事）传唤到法院。

3. 逾期缴税或未缴消费税款

对于逾期缴税或未缴税的纳税人，新加坡税务局可能会采取以下措施：

（1）收取应缴税款 5% 的滞纳金，如果在征收 5% 滞纳金后 60 日内仍未缴纳税款，则处以每月应纳税额的 2% 的额外罚款，但罚款金额不得超过未缴税款的 50%。

（2）指定相关银行、雇主、租户或律师等代理人来追讨逾期税款。

（3）对于独资经营企业或合伙企业的所有人，新加坡税务局可以发布旅行限制令（TRO）以阻止其离开新加坡。

（4）采取其他法律手段。

一二七、斯洛伐克
（Slovak Republic）

（一）基本介绍[①]

斯洛伐克自 1993 年 1 月 1 日起开征增值税，其增值税主管机关为斯洛伐克财政部（Ministry of Finance）、金融局（Financial Directorate）。

（二）纳税义务人

纳税义务人指的是独立从事经济活动的个人和公司，经济活动是指所有可取得收入的活动。

1. 登记门槛

在斯洛伐克注册或在斯洛伐克发生商业活动的纳税义务人，在 12 个月内营业收入累计超过 49790 欧元，就须进行增值税登记，且必须在达到登记门槛的下一个月的 20 日前提交税务登记申请。

2. 自愿登记

任何存在营业额或采购额的纳税人都可以选择自愿登记。

3. 免于登记

如果外国企业有进口增值税代表或欧盟境内采购增值税代表，并且它们在斯洛伐克共和国没有进行除规定外的其他交易，则它们没有义务在斯洛伐克共和国进行增值税登记。在斯洛伐克的居民纳税人在 12 个月内收入累计不超过 49790 欧元，则无须进行增值税登记。自 2023 年 1 月 1 日起，如果斯洛伐克纳税人仅通过免征增值税的不动产供应或租赁以及提供保险或金融服务来达到规定的营业额，也无须履行此类登记义务。

4. 数字经济

自 2021 年 7 月 1 日起，在欧盟成员国内通过互联网（电子商务）供应的跨境商品

---

① 本篇资料来自斯洛伐克财政部网站，https：//www.mfsr.sk/en/taxes-customs-accounting/indirect-taxes/vat/act-222/2004-coll-on-value-added-tax（accessed on 20240509）。

和服务，适用特定的增值税规则（详见本书"四十九、欧盟"）。

（三）应税范围及税率

1. 应税范围

斯洛伐克增值税应税行为包括：（1）在斯洛伐克境内销售货物；（2）在斯洛伐克境内提供服务；（3）其他欧盟成员国在斯洛伐克境内采购货物；（4）向斯洛伐克境内进口货物。

2. 适用 20% 税率的对象示例

除另有规定外，下列商品或服务都适用 20% 的标准税率：（1）在斯洛伐克共和国境内以对价方式提供的货物；（2）以对价方式从其他欧盟成员国收购的货物；（3）货物进口。

3. 适用 10% 税率的对象示例

自 2007 年 1 月 1 日起，对部分药品和医疗辅助工具适用 10% 的优惠税率。自 2008 年 1 月 1 日起，10% 税率也适用于特定的书籍、报纸、期刊、手册、传单和儿童书籍。自 2016 年 1 月 1 日起，适用 10% 税率的范围进一步扩大，现适用于特定食品，如肉类、鱼类、牛奶、面包以及部分蔬菜，除了食品之外，还包括住宿服务、部分与社会福利相关的商品和服务等。

4. 适用 5% 税率的对象示例

自 2023 年 1 月 1 日起，符合国家社会住房计划下国家支持的特定条件的建筑物的供应适用 5% 的优惠税率。例如：（1）与国家支持的租赁住房有关的建筑物或其部件（包括建筑用地）的供应，但不适用于非住宅处所；（2）与国家支持的出租房屋有关的重建和修复（包括建筑物上的建筑和装配工程），但不适用于非住宅处所。

5. 零税率征税对象示例

适用零税率的商品和服务包括但不限于：（1）出口商品；（2）欧盟集团内的货物供应；（3）与货物出口有关的服务；（4）国际客运服务；（5）向不在欧盟成员国设立账户的客户提供金融和保险服务。

6. 免税对象示例

免征增值税的商品和服务包括但不限于：（1）邮政服务；（2）医疗保健（药品和保健用品除外）；（3）公共广播电视广播（商业广播和赞助节目除外）；（4）教育；（5）金融服务；（6）与运动和体育相关的服务；（7）文化服务；（8）社会福利；（9）彩票和类似的博彩活动；（10）转让和租赁房地产（此两项具有免税选择权）；（11）保险和再保险服务（包括公共社保和医疗保险）；（12）法人向其成员提供的服务（满足特定条件）。

在斯洛伐克，纳税人针对部分征税对象具有免税选择权，免税选择的具体应税对象为：距第一次官方批准使用超过 5 年的不动产部分或全部转让；或距第一次实际使用超过 5 年的不动产部分或全部转让。

（四）应税时间

在斯洛伐克，增值税一般在给付货物或服务之日收取。根据一般规则，货物或服务的纳税时点为货物或服务的给付日期，或收款日期（以二者较早者为准）。货物给付日是取得作为货物所有人的处分权的日期。

（五）申报、缴纳与抵扣规则

1. 申报规则

斯洛伐克的增值税需按月进行申报。若过去的 12 个月内公司的营业额低于 10 万欧元，且该公司在斯洛伐克已完成增值税注册至少整 12 个月，该公司的增值税可调整为按季度申报。若按季度进行增值税申报的公司营业额超过了 10 万欧元，增值税将自动变为按月申报。增值税申报表必须为拥有电子签名认证的电子版本。申报期限为每月 25 日（若 25 日为周末，或者法定节假日，则期限为 25 日之后的一个工作日），同时，纳税人需要在次月 25 日之前完成增值税的缴纳。

纳税义务人应当在纳税期内提交指定纸质申报表；若申报表为电子版本，则按照电子表格所指定的格式提交。若有特别规定，则应当在纳税申报单之外附证明申报的文件。纳税申报表范本由财政部制定，具有法律约束力。

2. 缴纳规则

税款可以通过现金或非现金方式缴纳。其中，对于超过 300 欧元的现金缴纳，主管税务部门必须向纳税人出具现金收据。

3. 抵扣规则

斯洛伐克基本的增值税制度类似于欧洲其他国家的增值税制度：增值税纳税人向客户销售货物和提供服务同时收取增值税（销项税），并对应将此税款缴至税务机关。在计算应纳税额时，纳税人持有有效的增值税发票或进口文件，则纳税人购入货物和接受劳务所产生的增值税（进项税）可以扣除。

（六）发票管理

发票必须在应纳税之日后的 15 日内开具，通常为货物或服务的给付日期或收到预付款的日期，或不迟于收到付款月份结束后的 15 日。

对于在斯洛伐克共和国境外提供的服务或在欧盟内部提供的给付，发票必须不迟于从给付货物或服务的月份结束后 15 日开具。在更正发票的情况下，15 日的期限从更正事实发生的月底起算。

（七）罚则

针对未缴税款的纳税人，财务理事会及主管税务机关将分别公开滞纳税款的纳税人清单。违反税收法规规定导致的处罚主要有以下三类。

1. 滞纳金

滞纳金按照未支付税款的一定比例核算，核算单位为年。

2. 罚款

通常不超过 32000 欧元或依据未支付税款的一定比例核算。

对不遵守增值税注册的纳税人，处罚范围为 60～20000 欧元。

对不遵守报告要求的纳税人，处罚范围为 30～3000 欧元。

逾期提交纳税申报表（在法定截止日期后）的罚款为 30～16000 欧元。如果纳税义务人未在税务机关规定的最后期限前提交纳税申报表，则罚款为 60～32000 欧元。

3. 逾期付款的利息

逾期付款的利息主要适用于以下两种情况：（1）没有在截止日期之前缴纳增值税；（2）没有缴纳税务机关要求支付的款项，包括罚金。

逾期缴纳的利率按照 15% 的年利率或欧洲中央银行基本利率的 4 倍计算，以较高者为准。对迟交、缺失材料、不正确的申报情况可处以最高 3320 欧元的罚款。如果纳税人不止一次违法，税务机关将只对最高税率的违法行为征收一次综合罚款。

一二八、斯洛文尼亚
（Slovenia）

（一）基本介绍[①]

斯洛文尼亚自1999年7月1日起开征增值税，其增值税的主管机关为财政部税务管理局（Ministry of Finance-Tax Administration）。

（二）纳税义务人

纳税义务人是指能够在任何地点独立开展经济活动而不论其目标和结果如何的任何个人和单位。

1. 强制登记及登记门槛

在斯洛文尼亚开始应税活动之前，需要进行增值税登记，且不存在追溯性登记。具体的登记门槛为：在过去12个月内增值税销售额超过了5万欧元的，纳税人必须进行增值税纳税登记（针对农业活动，农林用地收入超过7500欧元的纳税人必须进行增值税登记）。

对于外国纳税人，无论其增值税销售额是否达到5万欧元的规定门槛，只要其生产地处于斯洛文尼亚境内，就应遵照规定进行增值税纳税登记。

2. 自愿登记

小企业在过去12个月内的应税营业额没有超过或不可能超过5万欧元的，可以申请自愿注册。申请注册的小企业必须提前通知税务机关，有效期至少为60个月。

3. 免于登记

以下实体可免于增值税纳税义务人登记：（1）仅进行增值税免税交易的"设有机构的经营实体"（established businesses）；（2）只进行增值税免税交易或零税率出口交易的"未设立机构的经营实体"（non-established businesses）。

---

① 本篇资料来自斯洛文尼亚财政部网站，https：//www.fu.gov.si/en/topics？type＝atom%27a%3D0%3Dcstar-tdocu-ment%3A# （accessed on 20240509）。

4. 数字经济

自 2021 年 7 月 1 日起,在欧盟成员国内通过互联网(电子商务)供应的跨境商品和服务,适用特定的增值税规则(详见本书"四十九、欧盟")。

(三) 应税范围及税率

增值税的征税范围包括在斯洛文尼亚境内销售货物、提供应税劳务、发生应税行为以及进口货物(包括在欧盟内购置新的运输工具,或者货物在欧盟内部转让)、反向征收服务等。

1. 适用 22% 税率的对象

除另有规定外,所有的应税货物和服务都适用 22% 的标准税率。

2. 适用 9.5% 的对象示例

适用 9.5% 税率的商品和服务包括但不限于:(1)食品(除了酒精类饮料和餐饮服务);(2)水;(3)旅客运输;(4)书籍、报纸和期刊;(5)作者和作曲家提供的服务;(6)农业产品和服务;(7)药品及医疗设备;(8)文化活动;(9)酒店住宿;(10)运动设施的使用;(11)殡葬业和墓地服务。

3. 适用 5% 税率征税对象示例

印刷和电子出版物按 5% 征税。

4. 免税对象示例

免征增值税的商品和服务包括但不限于:(1)不动产交易(不包括新建筑);(2)金融服务;(3)保险交易;(4)投注、博彩;(5)公共广播、电视广播;(6)教育;(7)健康卫生服务和医疗服务;(8)文化服务。

斯洛文尼亚的纳税义务人享有对免税对象的选择权,具体如下:如果买方享有抵扣增值税的完全权利,那么纳税义务人对不动产交易(新建筑除外)行使选择权。税务局应当在不迟于不动产交易的下一个月的最后一个工作日通知纳税义务人行使选择权。

(四) 纳税时点

"应税时间"或"应缴纳增值税的时间"被称为"纳税时点"(tax point)。以下是斯洛文尼亚确定纳税时点的一般规则:(1)给付货物或提供服务时;(2)如果没有为给付的货物或服务开具发票,则增值税将在给付货物或服务的纳税期间(月)的最后一日到期。

（五）申报、缴纳与抵扣规则

1. 申报规则

纳税人在每个纳税期以及无交易的情况下都必须分别提交增值税申报表。提交增值税申报表的截止日期是纳税期结束后下一个月的最后一个工作日。如果是欧盟内部的货物供应和欧盟企业对企业（B2B）反向收费服务，则应在当月 20 日之前提交增值税申报表。在后一种情况下，还需提交汇总表。所有表格均以电子方式提交。

2. 缴纳规则

增值税税款应在当月最后一个工作日之前缴纳。如果增值税有盈余，税务机关会在纳税人提交表格之日起 21 日内将盈余退还至纳税人的银行账户。

3. 抵扣规则

如果货物和服务用于应税交易，则纳税人有权从增值税中扣除进项增值税。当增值税销项税额大于增值税进项税额时，当期应缴纳增值税。当增值税销项税额小于增值税可抵扣进项税额时，纳税人可以选择退税或将二者的差额作为增值税留抵税额，在以后申报期间使用。

根据斯洛文尼亚增值税法的规定，以下情况不得抵扣增值税进项税额：（1）用于运动和娱乐的游艇和船只、燃料、润滑油、备件以及与之密切相关的服务，但不包括用于客货运输、租赁、出租和转售的船只；（2）飞机、燃料、润滑油、备件以及与之密切相关的服务，但不包括用于客货运输、租赁、出租和转售的飞机；（3）乘用车和摩托车、燃料、润滑油、零配件以及与之密切相关的服务，但用于客货运输、租赁、出租和转售的车辆、驾校根据现行法规提供驾驶员培训课程的车辆、开展公共线路和专线运输活动的组合车辆以及专门用于运送逝者的特种车辆除外；（4）酬酢费，但只包括业务或社交活动中的娱乐和消遣费用；（5）膳食（包括饮料）和住宿费用，但不包括纳税人在正常业务过程中与这些供应品有关的费用。

（六）发票管理

根据斯洛文尼亚《财政发票认证法》（The Act on Fiscal Verification of Invoices）的规定，所有进行现金交易的及有义务记账和保存账簿的法人和自然人，必须进行税务登记。根据《增值税法》，电子发票适用于任何有义务依法使用发票的人，没有例外。经认证的收银设备通过互联网连接到主管金融办公室的中央信息系统，实时认证和保存处理过的发票。根据规定，在斯洛文尼亚从事经营活动的纳税人必须保存购进和销售货物的发票，保存期限为 10 年，而房地产销售的发票必须保存 20 年。

（七）罚则

1. 逾期登记的处罚

纳税人没有在规定时间内登记或未在斯洛文尼亚登记增值税，以及逾期提交或未提交增值税申报表，将被处以 4000～125000 欧元罚款，罚款具体数额取决于公司的规模和违法行为的严重程度。

2. 延迟缴纳或不缴纳增值税的处罚

对于延迟缴纳或不缴纳增值税的处罚，根据组织的规模和类型，可处以 4000～125000 欧元的罚款。逾期缴纳增值税的违约利息为年息 3%；但在税务稽查的情况下，利息为年息 7%。

3. 税务欺诈的处罚

纳税实体负责人的违法行为可能导致 1000～20000 欧元的罚款。构成犯罪的，可处以 1～8 年监禁。

4. 公司高管的责任

如果发生特别严重的违法行为，公司高管可能要承担责任，处罚金额为 600～20000 欧元。

5. 追诉时效

斯洛文尼亚税务违法行为的追诉时效为 5 年，从应申报、收取、扣留和评估税款之日起算。纳税评估权的追诉时效会因税务机关采取的任何官方行动而中断，中断后追诉时效将重新计算。自应申报、收取、扣留和评估税款之日起 10 年期满后，纳税义务终止（绝对追诉时效）。

一二九、南非
（South Africa）

（一）基本介绍[①]

南非自 1991 年 9 月 30 日起，依据《增值税法案》开始征收增值税。其增值税主管机关为南非税务局（Commissioner for the South African Revenue Service，SARS）。

增值税包含在供应商自行生产或提供的货物、劳务应税销售价格内，任何商品标注的价格或报价都已包含增值税。

（二）纳税义务人

根据《增值税法案》的定义，任何经营企业、个人、信托基金和市政当局都可能成为纳税义务人。供应商必须对所提供的货物和服务缴纳增值税，除非根据《增值税法案》明确进行增值税豁免的项目（如非居民将货物捐赠给非营利组织、游客进口的个人使用货物等），否则供应商（纳税义务人）必须对所提供的货物和服务缴纳增值税。

在南非境内持续或定期提供下列活动性质的货物或服务的企业或个人，可以申请注册为供应商：农林渔业；采矿业；船舶和飞机建造；工厂、机械、机动车辆或机车的制造或装配；房地产开发；基础设施建设等。

1. 登记门槛和强制注册

企业或个人在连续 12 个月以内，应税销售总额超出（或预计超出）100 万兰特，则必须在税务局的"eFiling"系统上注册成为增值税纳税人。企业或个人在签订合同时约定在未来的 12 个月内，应税销售总额会超过 100 万兰特的，也须进行增值税登记。在此种情况下申请增值税登记的，需要在 21 个工作日之内，提交一份评估报告或已经签订的合同。

2. 自愿注册

企业或个人在连续 12 个月内应税销售总额不超过 100 万兰特，可以选择自愿注册。

---

① 本篇资料来自南非税务局网站，https：//www.sars.gov.za/types-of-tax/value-added-tax（accessed on 20240509）。

自愿注册分为五类。第一类适用于特定类型的纳税人，对应税供应品的价值没有门槛；第二类适用于在过去 12 个月内赚取 5 万兰特的纳税人；第三类适用于应税产品的价值不超过 5 万兰特的纳税人，并且条例中列出了注册条件的纳税人；第四类适用于持续进行企业收购的纳税人；第五类适用于从事条例中所列的特定性质活动的纳税人。

3. 税务代表

纳税人需要指定一个居住在南非的自然人作为税务代表，协助处理税务事宜并在南非代表该实体。

4. 反向征收

在南非，反向征收只适用于制造非应税产品的情况。如果服务是为了制造应税产品，那么就无须征收增值税。

5. 数字经济

根据《电子服务规章制度》，境外供应商向南非境内提供电子服务时需要缴纳增值税。如果下列情况存在至少两种，则需要进行增值税登记：（1）提供给南非居民电子服务；（2）电子服务的支付需要使用南非银行账户；（3）服务接受者在南非有办公地址、居住地址或邮编地址，以进行发票邮寄的。

电子服务是指通过电子代理、电子通信或互联网提供的所有有偿服务，但以下情况除外：（1）由南非境外提供并由该国教育当局根据该国法律管理的教育服务；（2）电信服务；（3）未在南非设立机构的企业从南非境外向南非居民企业提供的服务，条件是这两家企业构成同一企业集团（要求直接或间接持有 70% 的股权）。

（三）应税范围及税率

1. 应税范围

在南非，增值税适用于以下交易：（1）由增值税登记者在南非提供商品或服务；（2）南非境内无权申请全额进项税额抵免的人收到的反向征收服务（称为进口服务）；（3）从南非境外进口货物（无论进口商的身份）。

特别注意，从南部非洲关税同盟国家（即博茨瓦纳、莱索托、纳米比亚、南非和斯威士兰 5 个国家）进口的货物不征收关税，但须缴纳增值税。

2. 标准税率征收对象

除另有规定外，所有应税货物和服务适用 15% 的标准税率。

3. 零税率征税对象示例

在南非，增值税零税率适用的商品和服务包括但不限于：（1）在南非出口的货物和相关服务；（2）国际航空客运和货运及其相关服务；（3）特定专供给出口国家的货物；（4）境外服务，向境外分支机构、总部提供的服务；（5）特定基本食品（如：粗面粉面包、黑麦食品、玉米粉、玉米片、玉米饭、干玉米、干豆、水稻、扁豆、水果和蔬菜、沙丁鱼罐头或沙丁鱼、牛奶、酸奶和奶粉、蔬菜烹调油、鸡蛋、食用豆类和豆科植物）；（6）用于照明的煤油、含铅和无铅汽油；（7）储蓄银行发行的金币；（8）作为一个持续经营的、能够独立运营的企业的供应（前提是满足所有要求）；（9）燃料税商品的供应和用于提炼出燃料税产品的某些燃料的供应；（10）特定增款的收据；（11）在南非境外使用的知识产权的供应；（12）向非居民提供的某些服务的供应；（13）三角供应（triangular supplies），即供应商向非居民提供货物，但在南非交货。此项适用特殊要求。

4. 免税对象示例

和零税率商品不同的是，免税商品没有应税商品的资质。供货商不用缴纳免税货物或劳务的增值税，且免税商品不能作为进项税进行抵扣。

增值税免税货物和劳务包括：（1）金融服务（包括伊斯兰教金融保护费）；（2）营运性公路和铁路公共交通；（3）特定的教育服务（如初中、高中、大学和科技或理工大学）；（4）儿童看护；（5）由特定非营利组织（慈善组织）提供的捐赠货物；（6）居民住宅的租赁；（7）位于境外的不动产；（8）在进入家庭消费前由尚未成立商业组织提供的商品；（9）由议价委员会向他们的成员提供的特定服务。

（四）应税时间与应税地点

在南非，基本的应税时间是指开具发票或收到付款两者中较早的时间。应税时间可以被规定于各种情况，包括博彩交易、建筑交易、自动售货机供应和"备用"销售协议。

境内应纳税人之间提供货物，应税时间是指货物被购货人、收款人移走或者提供给购货人、收款人的时间。纳税义务人之间提供服务，应税时间为提供服务的时间。向南非境外分公司或主营业务委托或交付货物，应税时间是指货物实际委托或交付的时间。向南非境外的分支机构或主营业务提供服务，应税时间是提供服务的时间。

（五）申报、缴纳与抵扣规则

1. 申报、征收期限

纳税期分为 1 个月、2 个月、6 个月或 12 个月四种情况，视供应商的情况而定：（1）1 个月——年应税营业额超过 3000 万兰特的供应商必须申请，其他供应商可以申请；（2）6 个月——年应税营业额不超过 150 万兰特的农业、牧业经营者或其他农业企业可以申请；（3）12 个月——每年向相关人员出租货物和提供行政服务的公司和信托公司可以申请；（4）2 个月——所有其他供应商。

在企业或个人生产商品过程中征收增值税。如果增值税是为了免税或任何其他非应税目的，供应商不得收取增值税和抵扣增值税。如果在纳税期内进项税额超过了销项税额，税务机关将退还差额给销售商。

对于进口服务增值税的申报和征收，服务接受者有义务向税务机关申报和缴纳增值税。如果由非居民提供非税收目的的进口服务，增值税注册的企业或个人应针对进口服务向税务机关申报和缴纳增值税。所有进口服务的应纳税额应该和其他同一纳税期间内的增值税一起缴纳。

2. 外国游客退税

外国游客在南非增值税退税管理人员处（VRA）可以对购买货物的增值税退税。退税相关注意事项为：（1）购买者必须符合《出口条例》中规定的退税资格身份；（2）一次购买商品含增值税价格需要超过250兰特；（3）购买者必须在离开南非时带走所购商品，并在出境处接受海关和退税管理人员的检查；（4）所购商品必须通过有资质的购买者或运输公司通过43个指定商业港口的其中之一出关；（5）购买者需要供应商开具有效税票的，所购商品必须在发票开具之日的90日以内离境；（6）在约翰内斯堡（坦博）、德班（卡沙加）和开普敦（开普敦国际）的国际机场处理退税；（7）购买者必须提交《出口条例》第一部分规定的所有相关原始文件证明，以证明动产是通过公路、海运、空运或铁路出口的；（8）通过其他商业港口离开南非，可以通过邮寄方式申请退税，增值税退税管理处需要在购买商品离境后90日内收到退税申请及相关材料；（9）退税收取相关费用。

3. 出口商品退税

当供应商向境外购买者提供动产并实际交付后，供应商可以申请零税率。非居民或外国企业在南非购买的货物，可在货物实际运输出境以后向退税管理人员申请退税。在特定情况下，供应商可以根据《增值税出口制度》取得并保留按要求出口的证明材料，申请增值税零税率。

4. 退税抵欠税

自2019年9月起，纳税人可使用企业主账户的增值税退税，支付企业其他子账户或分支机构的增值税欠税。当企业主账户或子账户上有到期的增值税退税时，可以按以下方式使用：（1）主体企业的增值税退税可抵减其他分支机构的未缴税款；（2）分支机构的增值税退税可以抵减主体企业的未缴税款或者其他分支机构未缴税款。

5. 不可抵扣的进项税

购买不用于应税目的的货物和服务（例如，为私人使用而购买的货物或用于制造免税供应品的服务）时，不得抵扣进项税。此外，对于特别排除的业务支出，如招待费，不得抵扣进项税。

不可抵扣的进项税包括但不限于：（1）购买或租用汽车（除某些例外情况）；（2）商务和员工娱乐（除某些例外情况）；（3）购买商务礼品；（4）俱乐部订阅等。

（六）发票管理

1. 税务发票

如果对价（即收到的包括增值税在内的总金额）达到或超过 5000 兰特，供应商必须为所有供应品开具一份完整的税务发票。如果供应的总金额低于 5000 兰特，供应商可以开具一份简易税务发票。如果符合南非税务局的要求，并且发票接收者书面同意接受电子发票，则可以通过电子方式开具税务发票。

完整的税务发票需要包括以下信息：（1）"税务发票""增值税发票""发票"的字样；（2）供应商的名称、地址和增值税登记号；（3）收款人的名称、地址、供应商和增值税登记号；（4）个人序列号和开具税务发票的日期；（5）所提供的货物或服务的完整说明；（6）所提供的货物或服务的数量；（7）所提供的货物或服务的价值、增值税金额和含增值税的供货金额。

简易税务发票则不需要包括上述信息的第（3）项。

税务代表必须在代表委托人供货后 21 日内开具税务发票。此外，代表委托人进口货物的税务代表必须向委托人出具一份声明，其中包含特定时期内进口货物的某些细节。

2. 借贷方票据

增值税借贷方票据可用于减少对货物或服务供应收取和回收的增值税。只有在征收的税款不准确或供应商由于下列一种或多种情况而支付了不准确的销项税时，才可以签发增值税借贷方票据：（1）供应被取消；（2）供应的性质发生了根本性的变化或改变；（3）先前商定的对价通过与供应品接受者协议而改变；（4）全部或部分货物或服务已退还给供应商；（5）在规定为该供应商确定的对价数额时发生了错误。

如果通过借贷方票据调整了所收取的增值税金额，则必须进行清晰的标识，并且参考原始的税务发票。借贷方票据必须简要说明原因，并提供足够的信息，以确定它所指的交易。

（七）罚则

如果增值税申报表迟交或在增值税到期日后缴纳，则处以相当于应缴增值税净额 10% 的罚款。如果满足以下条件，南非税务局可能免除其处罚：（1）第一次违规或涉及金额低于 2000 兰特的罚款；（2）存在不合规的合理理由；（3）已纠正存在争议的不合规行为；（4）其他特殊情况。

滞纳增值税按规定的税率计息，按月计息或按逾期缴纳月份总和计息。如果逾期付款是由于供应商无法控制的情况（如自然或人为灾害、民事纠纷或破坏、严重疾病或事故）引起的，供应商可要求税务局免除利息。

如果在南非税务局开始审计或调查之前，根据自愿披露申请向税务局披露自身违约情况，可以将因之前少报而产生的罚款减至零。

与增值税有关的一系列其他违法行为可能导致额外的税收和处罚，包括罚款。对于严重违法行为，企业法人代表可被处以不超过 24 个月的监禁。

一三〇、南苏丹

（South Sudan）

（一）基本介绍[①]

南苏丹在《2012年税收法暂行指令》（Taxation Act Provisional Order，2012）中正式引入销售税，该指令修订了《2009年税收法》（The Taxation Act，2009）。销售税适用于南苏丹的货物生产、货物进口以及某些特殊服务，如酒店、餐厅和酒吧服务。此后，《2009年税收法》于2021年再次修订，成为当前南苏丹销售税课征的基本法律依据。

（二）纳税义务人

南苏丹《税收法（2021年修订版）》第16章第107条规定，销售税的应纳税人包括：（1）所有进入南苏丹的货物进口商；（2）南苏丹的货物生产商；（3）南苏丹特定服务的提供商。

南苏丹的税收登记是对所有税收的普遍登记。如果有纳税义务，则每个法人都要进行税收登记，其中包括销售税登记。

1. 登记门槛

南苏丹的销售税相关法律规定，对于提供特定服务的企业，每年营业额超过1.2万南苏丹镑的，须强制登记。本地生产商的登记门槛则被设定为10万南苏丹镑。

2. 自愿登记

如果一个提供特定服务的企业应税营业额低于1.2万南苏丹镑，本地生产商的营业额低于10万南苏丹镑，则都可以自愿登记纳税。

3. 税务代表

南苏丹的销售税法允许纳税人任命一名税务顾问来代表它处理税务事宜。税务代表是一个比税务顾问责任更大的职位，在销售税法中没有规定。在南苏丹，税务代表和税

---

① 本篇如无特别注明，资料均来自南苏丹《税收法（2021年修订版）》。

务顾问可以互换使用，只要他们是被任命为应税人的代理人，两者之间没有区别。

4. 登记程序

税务登记是通过向国家税务局提出书面申请来进行的。申请材料包括申请函、申请表、注册证书、商会证书、营业执照和租赁协议。在进行税务登记之前，国家税务局可能会要求进行实地考察。

5. 注销

税务登记注销包括以下情况：（1）企业倒闭、出售或转让；（2）独资企业的出资人死亡；（3）合伙企业解散或合伙人变化；（4）注册人的法律地位发生变化；（5）登记错误；（6）在法律规定的其他情况下。

（三）应税范围及税率

1. 应税范围

南苏丹《税收法（2021年修订版）》第16章第106条规定，销售税适用于：在南苏丹生产货物；向南苏丹进口货物；以及特定服务（包括酒店、餐馆和酒吧服务）。此外，货物从南苏丹出口后，不适用销售税。

2. 标准税率征税对象

18%的标准税率适用于所有需要缴纳销售税的商品和服务。

3. 特殊税率20%征税对象

根据《2023－2024财税法案》第6章第14条和第7章第15条的规定，进口货物以及酒店、餐厅和酒吧服务适用特殊税率20%。

4. 免税对象

南苏丹《2023－2024财税法案》第7章第16条对免征销售税的对象进行了规定：

（1）根据与南苏丹共和国政府和联合国签订的协议，联合国专门机构、外交使团或其他国际捐助者及其承包商在南苏丹进口货物、供应或购买除酒精饮料和烟草制品以外的货物和服务，免征销售税，但仅限于这些货物或服务与外交使团或国际捐助者资助的项目直接相关的情况。

（2）尽管有第（1）款的规定，如果货物在南苏丹被处置给私人，或不再用于外交使团或捐助者资助的项目，或不再是外交使团或捐助者资助的项目所必需的，则所有销售税立即到期应付，除非货物所有权转移至南苏丹或根据本条规定免除销售税的其他人。

（四）应税时间

根据南苏丹《税收法（2021年修订版）》第16章第110条，货物或服务的应税时间为：（1）对于在南苏丹生产的货物，应在货物从生产场所外放行时征税；（2）对于服务，应在南苏丹按条例规定提供服务时征税；（3）对于进口货物，应在按照国家海关法规定完成进口时征税。

（五）申报、缴纳与抵扣规则

根据南苏丹《税收法（2021年修订版)》第16章第112条的规定，应税货物生产商和服务供应商应按月提交纳税申报表，并在造成纳税义务的行为发生后一个月的15日内缴纳该申报表上报告的税款。进口货物的人必须在进口前或不迟于在边境进口时缴纳销售税。

南苏丹《税收法（2021年修订版)》第8章第41条还进行了以下规定：

（1）如果纳税人多缴纳了应付税款，则多缴纳的金额可用于抵免对纳税人征收的任何其他款项，也可退还给该纳税人。

（2）给纳税人的任何款项应以非现金流通票据的形式支付，或存入纳税人在南苏丹的指定银行账户。

（3）纳税人应在纳税之日起2年内申请抵免或退还多缴的税款，但进口货物的税款除外，进口货物的税款应在90日内申请抵免或退还。

（六）罚则

根据南苏丹《税收法（2021年修订版)》第7章第37条的规定，如果逾期缴纳全部或部分应缴税款，则应处以应缴税额5%的罚款，该笔款项将每隔一个月计算一次，直到付款为止。因纳税人无法控制的可核实的原因，可免除处罚。

一三一、西班牙
（Spain）

（一）基本介绍①

自 1986 年 1 月 1 日起，西班牙开始征收增值税（IVA）。西班牙《增值税法》（LI-VA，Law 37/1992 of 28 December）经过了多次修订，以和欧盟增值税法规框架保持一致。

西班牙增值税适用于在西班牙增值税区域内进行的应税交易。加那利群岛适用特定税种而不是增值税，称为加那利群岛一般间接税（Canary Island General Indirect Tax，IGIC）。该税种与增值税类似但有一些显著差异。进口到加那利群岛的有形货物须缴纳此税。另外，在休达和梅利利亚，征收销售税（sales tax）而不是增值税。

（二）纳税义务人

纳税义务人是指在西班牙开展业务过程中提供应税货物或服务、欧盟内部采购、进口或远程销售的任何企业实体或个人。

1. 登记门槛和免于登记

西班牙不适用增值税登记门槛。在西班牙进行交易的所有增值税纳税人都有义务进行登记，且公司从事欧盟内部的交易时需有专门的增值税税号。

但以下法人或自然人实体允许在西班牙免于增值税登记：（1）仅进行不享有全部或部分增值税抵扣权的交易的纳税义务人，或进行受农业、畜牧业和渔业特别计划限制的交易的纳税义务人，或不以专业人士或企业家身份在欧盟内部进行无须缴纳增值税的货物采购的法人；（2）不以专业人士或企业家身份在欧盟内部采购新运输工具的实体；（3）偶尔提供免增值税新运输工具的实体；（4）不属于西班牙增值税区域的专业人士或企业家，仅在西班牙境内进行交易，不被认为是纳税义务人；（5）不属于西班牙增值税区域的专业人士或企业家，只在西班牙境内提供欧盟内部收购的货物和这些货物的

① 本篇如无特别注明，资料均来自西班牙《增值税法》（LIVA，Law 37/1992 of 28 December）。

后续供应。

另外，在西班牙有两种类型的增值税登记：有限的增值税登记和完全的增值税登记。有限的增值税登记适用于非居民实体为在欧盟内部采购货物、被视为在欧盟内部采购货物或进口货物而需要增值税税号的情况。当非居民实体打算在西班牙进行其被视为应税人的交易，例如应征收销项税的国内供应、货物出口或欧盟内的货物供应，则需要根据一般应税人制度进行完全的增值税登记。

2. 集团登记

西班牙增值税法允许集团登记注册。尽管有这一规定，集体内部成员仍然必须单独进行增值税登记，每个集团的内部成员将被分配一个西班牙税号。

3. 税务代表

一般来说，非注册在西班牙且不在西班牙有常设机构的企业必须在西班牙指定一名税务代表。非欧盟国家的企业需要有财政代表，该财政代表必须进行税务登记，并愿意作为企业的税务代表，管理企业与税务机关的查询和申报义务。

4. 反向征收

反向征收机制一般适用于非注册在西班牙且不在西班牙有常设机构的企业向应税人提供货物或服务的交易。然而，反向征收机制并不适用于远程销售、免税出口、免税的欧盟内部交易。

5. 数字经济

自 2021 年 7 月 1 日起，在欧盟成员国内通过互联网（电子商务）供应的跨境商品和服务，适用特定的增值税规则（详见本书"四十九、欧盟"）。

（三） 应税范围及税率

1. 应税范围

根据西班牙《增值税法》，增值税适用于以下交易：（1）纳税人在西班牙提供货物或服务；（2）纳税人在欧盟内部从另一个欧盟成员国购买货物；（3）从欧盟以外进口货物，不论进口商的身份如何；（4）西班牙境内的纳税人就收到的货物和服务进行反向征收。

2. 适用 21% 税率的对象示例

除另有规定外，一般商品或服务的交易都适用 21% 的标准税率。西班牙在 2010 年税收制度改革后，将许多曾适用低税率的产品和服务也纳入了基本税率中，如理发、殡仪服务、医疗保健，以及电影、戏剧表演、舞厅等的门票等。

3. 适用 10% 税率的对象示例

适用 10% 增值税税率的商品和服务包括但不限于：（1）人或动物的食物和饮料；

（2）动物用药品；（3）验光眼镜和隐形眼镜；（4）部分医疗设备；（5）居民住宅；（6）旅客运输；（7）酒店和餐厅服务；（8）垃圾收集；（9）展览会。

4. 适用4%税率的对象示例

适用4%增值税税率的商品和服务包括但不限于：（1）书籍、期刊和杂志；（2）人用药品；（3）残疾人使用的某些商品和服务；（4）由发起人提供的公共补贴住房；（5）带有购买公共补贴住房选择权的租赁；（6）女性卫生和避孕用品。

5. 零税率征税对象

基础食品在2024年6月30日之前按照零税率征收。

6. 免税对象示例

免征增值税的商品和服务包括但不限于：（1）特定情况下的不动产；（2）医疗服务；（3）金融服务；（4）保险服务；（5）通用邮政服务。

在西班牙，增值税纳税义务人可以选择享受免税政策或放弃免税政策。其中，免征增值税的金融服务包括：发行或处理现金；垫付资金和/或提供信贷，以及作出信贷安排；股份、股票、债券、公司债券、期票、汇票交易（不包括与上述票据有关的收款服务，及债务保理）；活期、储蓄及存款账户的运作。

如果金融服务的交易免征增值税，登记缴纳西班牙增值税的银行和金融实体（例如原则上为外资银行的西班牙分行）就不需要从其客户收取销项税额。

（四）应税时间

货物的应税时间是货物交由买方支配的时间。

提供服务的应税时间是服务实施的时间。如果服务是货物供应的附属服务，则应税时间是货物交付给买方的时间。

预付款的应税时间是收到预付款的日期。

欧盟内部提供货物的应税时间为货物从供应商处运走的下个月的第15日或开具发票的日期中的较早者。关于欧盟内部购买货物，应税时间是货物交付买方处置消费的时间。

进口货物的应税时间为根据海关文件确定的进口日期，或者因货物离开而暂停征税制度的日期。

租赁资产的应税时间是每笔付款的到期日。

（五）申报、缴纳与抵扣规则

1. 增值税申报与缴纳

纳税人必须在规定的时间内提交增值税申报表并支付相关的增值税。无论是否有采购或销售，纳税人都必须提交申报表。

申报表提交时间要求如下：

（1）按季度申报。作为一般规则，纳税人必须在日历季度结束后的 20 天内提交纳税申报表，其中最后一个日历季度必须在次年 1 月 30 日之前提交。

（2）按月申报。上一年度营业额超过 6010121 欧元的纳税人必须按月申报增值税。列入每月增值税退税普查的纳税人也必须提交每月增值税申报表（和增值税账簿），因为他们有权按月申请增值税退税。增值税集团内的纳税人也必须每月提交增值税申报表。每月增值税申报表必须在评估月份的下一个月 20 日之前提交。

在西班牙，所有纳税人都必须进行电子申报。增值税申报表和增值税年度汇总信息申报表必须通过电子方式提交，使用由纳税人或正式授权的第三方拥有的电子签名。纳税人需要提供西班牙银行账号进行税款支付。

如增值税纳税人经常性的生产或提供应缴纳增值税的其他商品和服务，或就与国际贸易相关的交易或在西班牙境外进行的可扣减交易缴纳增值税，则纳税人一般有权就其收到的商品和服务抵扣增值税。

2. 进项税抵扣

根据西班牙《增值税法》，开展符合增值税抵扣条件的活动的实体，以及其他不符合条件的实体（通常是指银行和金融服务行业中其他实体）可按比例部分收回收购商品和服务发生的进项税额，比例为进项税额与符合进项增值税扣除条件的交易金额之比。

进项税可在收取销项税的会计期间或任何连续期间扣除，但最长不得超过自供应之日起的四年。

进项税包括在西班牙提供的商品和服务征收的增值税，对进口商品支付的增值税以及在欧盟内购买商品和反向征税交易自行征收的增值税。

申请进项税扣除需要有效的税务发票或海关文件。

（六）发票管理[①]

西班牙纳税人通常必须提供所有应税供应的增值税发票，包括出口和境内供应。

根据欧盟 2008/9/EC 指令或欧盟第 13 号指令退款计划，增值税发票是支持进项税额扣除或退款索赔的必要条件。

信用证（factura rectificativa）必须与原始发票交叉引用，并且必须包含相同的信息、修改原因和最终更正位置。

在西班牙，根据欧盟第 2014/55 号指令，某些纳税人必须使用电子发票，该规定适用于企业对政府（B2G）供货，这项规定自 2015 年 1 月 15 日起生效。根据欧盟第

---

① 详见西班牙税务局网站，https：//sede. agenciatributaria. gob. es/Sede/en_gb/iva/facturacion-registro/facturacion-iva. html（accessedon 20240228）。

2010/45 号指令，对于其他纳税人则不强制要求电子发票。"立即提交信息"（Immediate Submission of Information，ISI）系统从过去 30 年一直沿用的系统转变为新系统，根据这种新系统，增值税账簿可在西班牙税务机关的电子办公室进行登记，几乎可以立即提供发票信息。公司必须在西班牙税务机关的电子办公室保存增值税账簿。在这方面，公司必须向西班牙税务机关发送发票数据，西班牙税务机关将利用这些信息实时配置公司的不同增值税账簿。此外，西班牙税务机关将利用 ISI 系统对供应商和客户提供的信息进行实时核对。

如果发票金额不超过 400 欧元（含增值税），以及用于修改发票，一般可以使用简化发票。在特殊情况下，如果发票金额不超过 3000 欧元（含增值税）的门槛，且交易属于以下供应品，也可以使用简化发票：（1）救护车货物供应或服务供应；（2）送货上门的货物供应或服务供应；（3）旅客和行李运输服务；（4）饭店和类似机构提供的旅馆和餐饮服务，以及供应即时饮用的饮料或膳食；（5）舞厅和迪斯科舞厅提供的服务；（6）使用公用电话亭提供的电话服务，以及通过无法识别打电话者身份的卡提供的服务；（7）美发服务和美容院提供的服务；（8）体育馆的使用；（9）冲洗照片和照相馆提供的服务；（10）停车服务；（11）电影出租；（12）洗衣服务；（13）使用收费公路。

（七）罚则[1]

1. 逾期注册的处罚

逾期注册可能会被处以 400 欧元的罚款。如果纳税人在没有收到西班牙税务机关要求的情况下自愿登记，则罚款可降至 200 欧元。

2. 逾期付款和申报的处罚

逾期 12 个月内（含 12 个月），每延迟 1 个月，多收应缴税款的 1%。逾期超过 12 个月的，收取应缴税款的 15%，再加上延迟利息。按照违规程度轻重，罚金为 60 ~ 30050 欧元。

3. 错误申报的处罚

"错误"是指在纳税人提交的增值税申报表或任何增值税报表中显示的任何不准确或不正确的数据。对错误申报的处罚取决于错误是否给税务管理部门造成经济损失。如果没有造成经济损失，错误申报的罚款为 150 欧元。如果造成了经济损失（例如，纳税人填写的增值税销项/应纳税额较低），罚款额为未缴税额的 50%。使用欺诈手段的，将会大大增加处罚力度。

4. 公司管理人员的个人责任

如果公司董事故意或甚至因疏忽没有履行必要的义务，则可能要对公司的税务债务

---

[1] 详见西班牙《一般税法》（GTA，Law 58/2003 of 17 December）第四编。

承担责任。此外，在某些情况下，他们可能要对公司所受的处罚负责。

5. 追诉时效

西班牙的税务违法行为的追诉时效为 4 年，这意味着在增值税清算期或违法行为发生 4 年后，税务机关不得审查或评估增值税。如果出现了时效中断的情形，则从中断之日起重新开始计算 4 年的时效期限。

一三二、斯里兰卡
（Sri Lanka）

（一）基本介绍^①

根据斯里兰卡《2002 年第 14 号增值税法案》（Value Added Tax Act, No. 14 of 2002），斯里兰卡自 2002 年 8 月 1 日起，正式引入增值税以取代原有的商品和服务税，对商品和服务的消费进行征税。增值税是对在斯里兰卡国内消费的货物和服务所征的税。进口到斯里兰卡的货物以及在斯里兰卡领土范围内供应的货物和服务是增值税的征税对象。增值税是对服务生产和分销链条中，每个阶段的增量价值征收的多阶段税收，税负由货物或服务的最终消费者承担。

（二）纳税义务人

纳税义务人指的是在斯里兰卡开展应税活动的过程中提供货物或服务的公司、组织和个人。

1. 登记注册

斯里兰卡的增值税登记门槛如下：（1）自 2022 年 10 月 1 日起，除金融服务外，任何人供应的商品或服务的应税价值（包括整售和零售贸易）每季度超过 2000 万卢比，每年超过 8000 万卢比；（2）特定机构或其他个人提供金融服务的应税价值每季度超过 300 万卢比，每年超过 1200 万卢比。

2. 自愿登记

无论注册门槛如何，任何在斯里兰卡从事或进行应税商品和服务供应的主体都可以提出自愿登记申请。

3. 数字经济

在斯里兰卡，没有适用于数字经济、以电子方式提供的服务或电子商务的特殊增值税规则。为企业对消费者（B2C）和企业对企业（B2B）供应提供数字服务的非居民供

---

① 本篇资料来自斯里兰卡税务局网站，https：//www.ird.gov.lk/en/Type%20of%20Taxes/SitePages/Value%20Added%20Tax%20（VAT）.aspx？menuid＝1204（accessed on 20240228）。

应商，一旦其提供服务的应税价值超过登记门槛，将需要在斯里兰卡登记增值税。

4. 登记程序

增值税纳税人应在产生登记义务之日起 15 日内通过填写税务登记表（TPR_005_E）进行申请。税务机关向注册的纳税人发放税务登记号和注册证书。增值税登记所需资料包括：（1）纳税人识别编码；（2）工商登记证书；（3）有限责任公司需提供公司章程、管理层名单、公司成立证明；（4）业主身份证复印件；（5）营业额相关证明文件，以及月度银行流水；（6）出口企业需提供证明其出口业务可持续经营的资料；（7）对非企业性质的工程项目，需提供与投资委员会的协议复印件、资产交易或租赁协议、采购计划清单（包括本地采购及进口）。非投资委员会协议项目，还需提供资金来源证明。

（三）应税范围及税率

1. 应税范围

在斯里兰卡开展应税行为，或向斯里兰卡进口货物的过程中，增值税登记人需要对每项应税货物和服务在纳税期内缴纳增值税。应税活动包括：（1）贸易活动、商业活动、以劳动雇佣关系以外的形式开展的专业或职业活动，以及包括带有贸易性质的活动；（2）俱乐部、协会和组织以收取对价和征收会员费的形式提供设备给会员或者其他人；（3）与前述第（1）条或第（2）条所述应税行为的发生或终（中）止相关联的任何事项；（4）租用或租赁动产、不动产，以及管理任何财产；（5）使用在斯里兰卡注册的无形资产，或者其所有者居住在斯里兰卡的无形资产，如专利、版权或其他类似资产。

2. 标准税率征收对象

除非另有规定，在斯里兰卡境内提供的商品和服务均适用 18% 的标准税率。

3. 零税率征税对象示例

适用增值税零税率的商品和服务包括但不限于：（1）出口货物，且在出口发生的应税期结束后 6 个月内收到外币付款；（2）与斯里兰卡境外的动产和不动产直接相关的服务，并且在提供此类服务的应税期结束后 6 个月内收到外币付款；（3）货物或旅客的国际运输；（4）任何外国船舶或飞机的维修以及海运货物集装箱的翻新；（5）在斯里兰卡提供但在斯里兰卡境外消费或使用的服务，条件是此类服务的付款是通过斯里兰卡银行以外币收取的，并且是在此类服务的应税期结束后的 6 个月内提供的。

4. 免税对象示例

免征增值税的商品和服务包括但不限于：（1）销售当地生产的面包、大米、米粉；（2）进口或销售婴儿奶粉；（3）提供除医院病房费用以外的医疗保健服务；（4）销售当地生产的用于手术的手术纱布；（5）进口或销售原油、煤油、航空燃料、船舶油；（6）在斯里兰卡境内提供的服务，但在斯里兰卡境外消费或使用，并以卢比付款。

（四） 应税时间

根据斯里兰卡《2002 年第 14 号增值税法案》第 1 章的规定，销售货物的纳税义务发生时点为以下最早者：开具发票时；收到货款，包括收到预付款；根据供货合同，货款已到支付期限；货物已实际交付。如已交付货物，但在交付货物后 10 日内开具发票，纳税义务发生时间为发票开具当日。

从斯里兰卡境外进口货物的居民和非居民纳税人，都必须在不晚于货物清关之前 14 日内，缴纳进口货物的增值税。同时通知税收专管员已经进口此类货物，以向税收专管员申请取得清关货物的识别号码。

（五） 申报、缴纳与抵扣规则

1. 申报和缴纳

纳税义务人需要在每个纳税期（可以是每月或每季度）期满后的 1 个月的最后一日或之前提交增值税申报表及其附表。纳税人可以通过税务行政信息管理系统（RAMIS）在线提交。另外，纳税人应在此后一个月的第 20 日前缴纳增值税。

2. 进项税额抵扣

根据斯里兰卡《2002 年第 14 号增值税法案》第 3 章的规定，增值税进项税额可用于抵扣销项税额，但仅限于与应税行为相关且满足特定条件的进项税额。如果经营活动既包含应税行为又包含增值税免税行为，则允许抵扣的进项税额仅限于与应税行为相关的部分。如果无法直接确定相关部分，则在合理基础上对进项税额进行分摊。

除非取得合规发票作为凭证，否则增值税进项税额不可抵扣。增值税纳税人必须在取得发票后 12 个自然月的任何纳税期内，申请增值税进项税额抵扣。

在任何纳税期限内允许抵扣的进项税额为以下的较低者：（1）在该纳税期内申报的销项税额的 100%；（2）在该纳税期内实际允许抵扣的进项税额。

如果在纳税期限内有未抵扣进项税额，可结转至下一纳税期间抵扣，同样受以上抵扣限额限制。

（六） 发票管理

斯里兰卡没有相关税控设备对增值税发票的开具进行管理。同时，斯里兰卡税务局不统一发行增值税发票，而由完成增值税登记的纳税人自行印制。合规的增值税发票必须包含下列信息：（1）销售方的名称、地址和登记号；（2）购买方的名称、地址和登记号；（3）发票开具日期，以及发票序列号。序列号为长度不超过 40 个连续字母或数字；（4）销售日期，以及销售货物或服务名称；（5）销售数量；（6）销售金额、税额以及价税合计额；（7）在显著位置标注"Tax Invoice"字样。

需要注意的是，如果发票不是按照规定格式开具的，税务局将不允许其进行进项税额抵免。

（七）罚则

1. 逾期登记的处罚

如果纳税人未登记或逾期登记增值税，则将受到治安法官的简易审判，一经定罪，将可能被处以以下处罚：不超过2.5万卢比的罚款；不超过6个月的监禁；或者两者兼罚。

2. 逾期付款和申报的处罚

如果纳税人逾期提交增值税申报表，税务总局可处以下处罚：不超过5万卢比的罚款；并要求该人在指定期限内提交所需的申报表。除上述税务总局处以的处罚外，经治安法官简易审判后，还可能被处以：不超过5万卢比的罚款；不超过6个月的监禁；或者两者兼罚。

如果纳税人逾期未缴纳应缴增值税，将被处以应缴税款10%的罚款，且每拖欠多一个月加罚2%，最高罚款额为应缴税款的100%。

3. 对信息错误的处罚

对影响纳税义务的任何事项或事情提供不正确信息，以及逾期通知或未在14日内通知税务机关纳税人增值税登记信息的变更的处罚幅度同逾期登记的处罚幅度相同。

4. 对税务欺诈的处罚

纳税人对任何问题作出虚假的口头或书面回答，或在被要求提供资料时，在申报表中遗漏本应包括在该申报表中的任何细节，或在任何申报表中作出任何虚假的记录，并逃税或企图逃税，经裁判官简易审判后，将被处以以下处罚：（1）缴纳相当于其在纳税期内应缴纳的逃税额2倍的金额；（2）不超过2.5万卢比的罚款；（3）不超过6个月的监禁；（4）罚款和监禁兼罚。

5. 公司高级职员的个人责任

如果法人团体未在到期日或之前缴纳任何税款，《增值税法》允许税务总局对该法人团体的经理、董事、秘书或任何其他主要官员采取相关行动，视同该官员对拖欠税款负责，除非其提出令海关总署采信的相反证据。

6. 追诉时效

斯里兰卡税务违法行为的追诉时效为3年。税务局局长可在报税表所涉及的应税期结束后3年内进行评估，但是，如果纳税人修改了报税表，那么税务局局长可随时进行评估。

一三三、苏丹

（Sudan）

（一）基本介绍[①]

苏丹自 2001 年 1 月 1 日起开始对境内生产并销售应税商品、提供应税劳务或进口应税商品和服务开征增值税，其主管机关为苏丹国民经济与财政部。

（二）纳税义务人

根据苏丹《增值税法案》（The Value Added Act）的规定，从事进口、生产销售应税商品及提供应税劳务的主体，均有义务登记成为增值税纳税义务人。营业额未达到登记门槛的企业允许其自愿登记成为增值税纳税人。

根据苏丹增值税法相关的规定，任何企业，在上一年度内，销售商品或提供劳务的收入超过 100 万（含）苏丹镑的，应强制登记为增值税纳税人。符合条件的企业必须在 1 个月内申请注册。已登记成为增值税纳税人的企业，如果营业额低于 100 万苏丹镑，且公司未持有进出口许可证，可以注销增值税纳税人登记。

（三）应税范围及税率

根据苏丹《增值税条例》（Value Added Tax Regulation），增值税的应税范围包括：（1）应税工业生产商销售当地生产的商品；（2）进口商品从海关放行时，其进口商在当地市场销售未达完税期限的进口商品；（3）贸易商销售进口或当地生产的商品；（4）直接或通过政府拍卖出售商品；（5）提供服务。

1. 标准税率征收对象

除非另有规定，苏丹增值税标准税率 17% 适用于所有货物和服务的应税交易。

---

① 本篇资料来自苏丹《增值税法案》。

2. 零税率征收对象示例

零税率仅适用于销售商品、提供应税劳务的出口商。由于税率为零，他们有权获得进项税额的退税。

3. 免税对象示例

免税商品主要包括：（1）按规定以自然条件出售的所有农产品；（2）牛、肉、家禽及其产品、鱼、奶和乳制品；（3）肥料、种子、杀虫剂和除草剂；（4）人用或兽用药物；（5）当地生产的面粉、面包；（6）根据1956年《外交特权法》的规定免税的进口货物；（7）根据与苏丹政府签订的协议规定免税的进口货物。

免税服务主要包括：（1）金融服务（包括银行的金融服务、基金管理公司、融资基金、股票、债券和股票的销售）；（2）保险业务；（3）教育服务；（4）医疗服务；（5）销售或出租私人使用的房地产。

在苏丹，外国公司作为承包商在为石油作业公司提供商品或服务时，如果作业公司因享受税收优惠而免缴增值税（销项税），承包商应当从作业公司获取增值税免税证明，否则承包商在当地采购物资时所缴纳的增值税（进项税）就会进入项目成本而无法抵扣，增加其税收负担。

（四）申报、缴纳与抵扣

1. 申报

纳税人应在每月结束后15日内，向税务当局提交申报表，从销项税额中扣除进项税额后，以差额向税务局缴纳税款。如果进项税额超过了销项税额，差额可以在下一个月的申报表中扣减。

2. 进项税抵扣

纳税人在计算税款时，可以从其销售商品和服务的应纳税额中，减除以前已经缴纳的销售所得税，减除以前已经缴纳的进项税，减除卖方已经缴纳的销售商品税。

3. 退税

增值税退税仅限于零税率出口公司。在下列情况下，纳税人可申请退税：（1）对出口商品征收的税款，不论是自营出口或者与其他商品共同出口；（2）误征的增值税税款，由纳税人书面申请进行返还；（3）税务局局长规定的其他情形。

纳税人申请退税的权利，自本应提交申报表的财政年度结束之日起，满24个月失效。如果税务局在财政年度后5年内未追缴税款，则追缴税款的权力失效。

（五）发票管理

除非商会认可该发票，任何纳税人不得为任何商品或服务填写或使用任何发票。除非获得秘书长或其授权人的书面批准，任何人不得以任何印刷方式印刷任何发票。

（六）罚则

在苏丹，针对逃税的纳税人、教唆他人协助逃税的人，均须处 1 年以下有期徒刑，或罚款，或两者兼罚。

一三四、苏里南

（Suriname）

（一）基本介绍[①]

苏里南于 2022 年 10 月 14 日在官方公报上公布了《2022 年增值税法案》（Value Added Tax Act 2022）。该法案规定引入新的增值税制度，取代销售税制度，自 2023 年 1 月 1 日起生效。

（二）纳税义务人

原则上，纳税义务人指在苏里南提供货物或服务（税务活动）的商业实体或个人。

1. 登记门槛

如果每个日历年的应税营业额超过 100 万苏里南元（不含增值税），纳税人必须进行增值税登记。不超过此门槛的纳税人也可以自愿登记。

为苏里南的个人提供电子、电信或广播和电视广播服务的非居民供应商，每日历年应收超过 50 万苏里南元的，必须进行增值税登记。

2. 反向收费

非注册在苏里南且不在苏里南有常设机构的企业在苏里南向居民纳税人（即企业对企业，B2B）提供的服务适用反向收费机制，接受服务的居民纳税人有责任申报并缴纳增值税。

3. 税务代表

纳税人可以基于授权委托书由第三方代表。对于非固定经营业务，税务代表不是强制性要求，而是可选的。

（三）应税范围及税率

1. 应税范围

苏里南增值税的应税范围包括：（1）纳税义务人在苏里南提供的服务；（2）纳税

---

① 本篇资料来自苏里南政府网站，https://belastingdienst.sr/wetten（accessed on 20240228）。

义务人在苏里南生产的货物；（3）纳税义务人在苏里南进口的货物。

2. 标准税率征收对象

除非另有规定，所有服务和货物的应税交易适用 10% 的增值税标准税率。

3. 适用 25% 税率的对象

《2022 年增值税法案》附件 3 列出的如下商品和服务，适用 25% 的增值税税率：（1）主要用于客运的汽车和其他机动车辆，气缸容量超过 3000 立方厘米，到岸价格为 5 万美元或以上；（2）摩托车；（3）快艇、个人船只、游艇、运动及其他休闲船只；（4）用于运输 10 人以下的直升机和飞机；（5）武器、弹药、零件及其附件；（6）烟花。

4. 适用 5% 税率的对象

自 2023 年 11 月 1 日起，下列商品和服务适用 5% 的增值税税率：（1）国有企业或政府服务机构仅为家庭使用的供水和相关活动，并提供至少 5 加仑的水；（2）提供电力与厨房天然气；（3）公路、水路、空运等国内货物运输。

5. 零税率征收对象

《2022 年增值税法案》附件 1 列出的如下商品和服务，适用零税率：（1）为期至少 3 个月的不动产租赁（不动产应配备家具，且用于承租人永久居住）；（2）健康保险；（3）葬礼服务；（4）儿童保育；（5）老年人、贫民以及养老院的照料；（6）病患和伤员运输；（7）在任何国家具有法定货币地位的外汇、纸币和硬币的交易，包括中介交易，但通常不用作法定货币或具有收藏价值的纸币和硬币除外；（8）根据 1990 年《石油法》向承包商、分包商、国有企业提供的国内货物供应和服务；（9）供应进口汽油和其他等效汽车燃料和柴油。

6. 免税对象示例

《2022 年增值税法案》附件 2 列出的如下商品和服务，免征增值税：（1）根据《娱乐税法》向公众提供娱乐服务；（2）根据 1939 年《彩票法》第 1 条提供参与彩票活动的机会；（3）医院、医学实验室、医生、牙医、牙科技师、护士、助产士、理疗师、运动治疗师、整脊师、语言治疗师、营养师、心理学家、光疗师、口腔健康治疗师（青年牙科护理）、替代疗法医师和其他辅助医疗人员提供的服务；（4）提供医疗用品和设备，包括：矫形器械，包括医疗和手术设备、皮带和绷带、假肢、义齿、义眼、假肢和同类产品、助听器、固定器和其他治疗骨折的器械和设备；（5）提供药品；（6）社会、文化、慈善、体育或宗教性质的组织提供的商品和服务，前提是这些组织不以营利为目的，且不会严重破坏竞争关系；（7）在教育部、科学和文化部的监督下提供教育服务，包括学习资源、学习用品和校服；（8）提供国家法令规定的基本商品或类似性质的商品。

（四）申报、缴纳与抵扣规则

苏里南的增值税申报周期是每日历月。增值税申报表必须在报告期后一个月的第16日之前提交。增值税申报表应提交给增值税检查员。根据税务申报表应缴纳的增值税应在提交税务申报表之前或最迟与其同时支付给税务机关。

纳税义务人可以收回进项税，前提是进项税产生于购买应税或商业目的的商品和服务。进项税通常是通过在销项税中抵扣来收回的。如果可抵扣的增值税超过当期的应纳税款，差额将退还给纳税人。如果可退税金额小于1000苏里南元，增值税检查员可决定必须在其指定的期限内结算。

（五）发票管理

1. 增值税发票

在B2B交易中，纳税义务人必须向企业开具发票，发票上包含以下信息：（1）开票日期；（2）一个或多个系列的顺序号，能够清晰地识别出发票；（3）企业进行供应或提供服务时使用的税务识别号；（4）接受供应或服务的客户及其税务识别号，税款由此客户缴纳；（5）企业及其客户的名称和地址；（6）所供应的货物数量及性质，或所提供的服务量和性质；（7）交付或服务发生的日期或完成的日期；（8）与每个税率或免税相关的费用，不含税的单位价格；（9）所适用的税率；（10）应缴税款金额；（11）如为免税，应注明；（12）对于汽车供应和进口，应注明品牌、型号、发动机容量和底盘号，对于汽车修理工作，应注明车牌号；（13）如果购买方企业负责缴纳增值税，则应注明"反向收费"。

2. 电子发票

苏里南允许使用电子发票，但不是强制性的。税务检查员接受以电子方式发送的发票，前提是保证发票来源的真实性、内容的完整性以及内容的可读性。

（六）罚则

1. 逾期登记

在苏里南，逾期注册没有具体的处罚。但是，如果逾期登记导致增值税逾期支付或逾期缴纳，则可能会受到处罚。税务机关可以作出评估。

2. 逾期申报及缴纳

对于逾期提交增值税申报表的行为，税务检查员可处以最高1万苏里南元的行政罚款。对逾期缴纳应缴税款的行为，税务检查员可处以最高 1 万苏里南元的行政罚款。如果逾期纳税是由于疏忽或故意造成的，可处以应缴税款的 5% ~ 100% 的罚款。

3. 增值税欺诈

在苏里南，当纳税义务人通过作为或不作为形式对税务机关犯下欺诈行为，即故意错误计算应纳税额时，即构成税务欺诈。增值税欺诈可判处监禁或罚款。

4. 公司高管的个人责任

公司高管应对公司的增值税问题承担个人责任。在对法人/纳税义务人提起刑事诉讼的情况下，法官可以命令董事亲自出庭。

5. 诉讼时效

苏里南的诉讼时效为 5 年。一般来说，这是增值税到期之日的财政年度结束后的 5 年。如果纳税义务人（在纳税义务人故意或重大过失的情况下）未支付（部分或全部）应纳税额，诉讼时效为 10 年。

一三五、斯威士兰
（Swaziland）

（一）基本介绍[①]

斯威士兰自 2012 年 4 月 1 日起开征增值税，以取代之前的一般销售税。斯威士兰增值税的主管机关为斯威士兰税务管理局（ERS），法律依据是斯威士兰《2011 年增值税法案》和《2012 增值税条例》（The Value Added Tax Regulations，2012）。

（二）纳税义务人[②]

在斯威士兰境内提供应税货物或服务，增值税由提供该应税供应的纳税义务人收取和支付；进口货物，增值税应由进口商支付；进口服务，增值税由进口服务的接收方支付。

1. 登记门槛

任何在斯威士兰提供不免征增值税的商品或服务的企业都应申请增值税登记。当年应税营业额超过或达到 50 万斯威士兰里兰吉尼，就必须进行增值税登记。此外，任何有合理期望达到此金额的企业也应当申请登记。提供应税商品和服务的国家、地区和公共机构（半国营机构和市政府），即使未达到上述门槛，也必须进行增值税登记。

但需要注意，登记门槛仅适用于国内交易。对于进口货物，每个人都被收取增值税，并且没有要求登记，因为其增值税是由埃斯瓦蒂尼税务局直接征收的。

2. 自愿登记

应税营业额低于登记门槛的小微企业，如果具备以下三个条件，可以自愿向税务专员申请进行增值税登记，税务专员酌情批准：（1）有固定营业场所；（2）有相应的会计记录；（3）须提供应税商品或服务。

针对一些特别团体，如协会和俱乐部，在税务专员的批准下可在斯威士兰的统一增

---

① 本篇如无特别注明，资料均来自斯威士兰《2011 年增值税法案》（The Value Added Tax Act，Act No. 12 of 2011）。

② 详见斯威士兰政府网站 https：//www. ers. org. sz/vat/pageview. php？id = 80&name = Registration（accessed on 20240228）。

值税登记处进行增值税登记。

3. 税务代表

斯威士兰允许委托税务代表代为办理增值税登记。对于非居民企业，必须委托一名当地的税务代表来办理增值税登记。

4. 数字经济

斯威士兰对电子服务有一个特殊的供应地规则，电子服务的供应地通常被定义为接受者使用或获得该服务的地方，适用对象包括提供网站、软件、图像、远程交易等。

若电子服务应税营业额超过了登记门槛，则企业为消费者（B2C）提供电子服务需要在斯威士兰登记并缴纳增值税，若应税营业额未超过登记门槛，则电子服务消费者需要通过反向收费机制自行核算增值税。

（三）应税范围及税率

斯威士兰的增值税应税范围为在斯威士兰消费的货物和服务，以及进口到斯威士兰的货物和服务。此外，纳税人的其他交易也被视为应税范围，包括其自用的货物、作为礼物赠送的货物和租赁货物。

斯威士兰增值税的标准税率为15%，该税率适用于所有商品或服务的供应，除非另有规定适用零税率或免征增值税。

按照零税率征收的货物和服务包括但不限于：出口的货物或服务；货物或乘客的国际运输或相关货物或服务；玉米粉、玉米、豆类、牛奶、黑面包、大米、新鲜水果和蔬菜以及鸡蛋、植物油（橄榄油除外）、石蜡和动物饲料；耕作投入，如化肥、种子（不包括花卉种子）和杀虫剂等；处方药和药品；学校教科书；汽油、柴油和液化气等。

斯威士兰的免税商品和服务包括但不限于：（1）金融和保险服务（包括长期和短期）；（2）邮票；（3）不用于商业和工业用途的土地和建筑物；（4）住宅不动产的租赁或出租业务；（5）教育、安葬、火化、医疗、牙科、护理和社会福利服务。

（四）应税时间

在斯威士兰，服务的应税时间是开具发票或收到付款之时，以两者较早者为准；货物的应税时间是交付货物、开具发票或收到付款之时，以最早者为准。

如果未开具发票，也未收到付款，就没有增值税缴纳义务。

（五）申报、缴纳与抵扣规则

"A类"申报表按月提交，适用于年营业额不低于2000万斯威士兰里兰吉尼的登记纳税人。"B 类"申报表按季度提交，适用于不符合 A 类资格的纳税人。每个纳税期都必须填写增值税申报表，并在次月的 20 日内连同应缴税款一起交给增值税主管部门。

纳税人在提交增值税申报表后，只能在进项税额高于销项税额的情况下要求退税。在斯威士兰，纳税人追索进项税的时间限制为 5 年，且进项税只能在开具税务发票的时间内申请，但增值税申报表可以在提交之日起的 5 年内进行修改。此外，斯威士兰禁止对免税商品和服务适用进项税额抵扣，只有当进项税额已经支付给应税品并由注册的应税人收取时，才可以申报抵扣进项税。

不可抵扣进项税的服务包括：娱乐（包括与酒店住宿、食品和饮料、招待费有关的费用）；客运机动车；50% 的移动电话服务。

可抵扣进项税的服务包括：娱乐（限于提供娱乐的服务）；客运汽车（限于汽车销售和出租业务）。

（六）发票管理

在斯威士兰，税务发票必须在供货的 30 天内开具，并且卖方必须保留发票的副本。卖方可以在买方丢失原始发票的情况下，开具一份明确标有"副本"的副本发票。斯威士兰《增值税法案》中没有关于电子发票的规定，但是电子发票是允许使用的。

为纠正错误，或者给客户提供担保而开具贷记发票的情况：（1）开具标准税率发票的货物本应是免税或零税率的货物；（2）该供应没有发生；（3）该供应的性质已经发生了根本性的变化或改变；（4）以前商定的对价正在通过与收货人的协议进行改变（包括折扣）；（5）不合格的货物被客户以低价接受；（6）货物被退回或服务不被接受；（7）货物和服务是以未经确认的代价提供的。

（七）罚则

若纳税人逾期登记，则其要支付在未登记期间应付税款的双倍额外税款，应付的增值税将从纳税人应登记的时间开始计算。

在斯威士兰，逾期申报和缴纳增值税是一种违法行为，责任人应按每月未缴增值税的 2% 支付额外税款。此外，应税人一经定罪，还可被处以罚款或监禁，或两者并罚。

在斯威士兰若被认定为税务欺诈，将被处以 6000～15000 斯威士兰里兰吉尼的罚款或不超过 6 年的监禁，或两者并罚。针对税务欺诈的具体认定，将取决于税务专员的意见。

一三六、瑞典
（Sweden）

（一）基本介绍[①]

瑞典自 1969 年 1 月 1 日起开征增值税，主管机关为瑞典财政部。瑞典增值税制度与欧盟规则基本一致。2023 年 7 月 1 日，新瑞典《增值税法案（2023：200）》在瑞典生效，成为瑞典增值税课征的最新法律依据。

（二）纳税义务人

增值税纳税义务人为在瑞典实行任何经济活动的单位和个人。这个定义排除了雇佣合同或其他法律形式下受雇的个人。同时，完成增值税纳税登记的法律实体从瑞典境外采购特定服务时也被认为是增值税应纳税人。经济活动是指生产者、交易者或服务提供者进行的包括采矿、农业或其他类似职业的活动。

1. 登记门槛

瑞典适用的增值税登记门槛为 8 万瑞典克朗。如果一个纳税人每年的增值税交易额超过 8 万瑞典克朗，其必须进行登记。除非超过该财政年度的门槛，否则任何进行商业交易但尚未超过该财政年度门槛的纳税人没有责任报告和支付增值税。

2. 自愿登记

营业额低于 8 万瑞典克朗而不需要登记注册增值税的纳税人，仍然可以选择自愿登记增值税。如果纳税人自愿注册增值税，那么其在 2 年后才能进行增值税注册变更。

3. 税务代表

在欧盟设立的企业不必须指定居民税务代表在瑞典进行增值税登记，但欧盟企业可以选择指定一个税务代表，该税务代表政策适用于任何与欧盟或瑞典有互助条款的非欧盟国家企业。

---

① 本篇如无特别注明，资料均来自瑞典税务局网站，https：//www.skatteverket.se/rattsligvagledning/edition/2023.16/393413.html（accessed on 20240228）。

在欧盟以外设立的企业通常必须指定一名居民税务代表在瑞典进行增值税登记。税务代表不对其所代表的企业增值税债务负连带责任。

4. 数字经济

自 2021 年 7 月 1 日起，在欧盟成员国内通过互联网（电子商务）供应的跨境商品和服务，将适用特定的增值税规则（详见本书"四十九、欧盟"）。

（三）应税范围及税率

1. 应税范围

以下行为属于增值税应税行为：（1）除瑞典法律明确规定免税的应税货物或服务外的所有销售货物和提供劳务行为；（2）进口行为；（3）欧盟内采购行为。

自 1995 年 1 月 1 日起，进口货物的增值税规则仅适用于从欧盟外进口货物的情形，负有关税纳税义务的纳税人同时负有增值税纳税义务。该纳税义务不受进口商身份影响，所有货物应缴纳增值税，税率与瑞典境内的货物销售相同。此外，境内免税的货物交易在进口环节同样适用免税。

从欧盟内采购货物的纳税时点为在货物移交之时，且仅限于以下两种情况：一是瑞典税收居民向在欧盟注册增值税资格的供应商采购除新式交通工具之外的动产，且该动产已实际交付；二是从欧盟运入的新式交通工具。新式交通工具主要包括机动车辆（发动机气缸容量超过 48cc 或功率超过 7.2 千瓦、用于运输乘客或货物、在 6 个月内购买或行驶里程小于 6000 公里）、船舶（长度超过 7.5 米、在 3 个月内购买或行驶时间小于 100 小时）、飞行器（起飞重量超过 1550 千克、在 3 个月内购买或飞行时间小于 40 小时）。自 2016 年 1 月 1 日起，临时提供新式交通工具的中间商也被视为增值税纳税人。

除上述两种情况外，欧盟内采购消费品适用不同的规则。消费品是指类似于能源、酒精、香烟等根据欧盟法律征收消费税的产品（通过欧盟范围的汽油供应系统或类似汽油网络系统提供的燃气除外）。除去欧盟法律规定的应税产品外，若采购人是纳税义务人或采购总额在本年度或前一年度超过 9 万瑞典克朗的非纳税人法律实体，则其采购行为应缴纳增值税。如果税务机关认定纳税人的采购行为为视同欧盟内的采购行为，也适用该规则。

2. 标准税率征收对象

增值税的标准税率 25% 适用于所有商品或服务的应税交易，除非另有规定。

3. 优惠税率征收对象示例

6% 税率的征收对象示例：书籍和报纸、版权和艺术权利、文化服务（除电影服务外，按标准税率征收）、客运服务等。

12% 税率的征收对象示例：食品、酒店住宿、餐馆和餐饮服务等。

零税率征收对象示例：货物和相关服务的出口；向在欧盟设立其他应税人或向欧盟以外其他消费者提供无形服务（见本书"四十九、欧盟"）。

4. 免税对象

免税对象不需要缴纳增值税，也不符合进项税额抵扣条件，主要包括以下几类：不动产、医疗服务、金融、保险等。

（四）应税时间

货物的应税时间是指货物交付的时间，服务的应税时间是指服务完成之时。如果对价在货物交付或服务提供前已全部或部分支付，则应税时间为收到付款的日期。

（五）申报、缴纳与抵扣规则

根据应纳税人的营业额，在瑞典提交月度、季度或年度的定期增值税申报表。增值税义务通常与雇主代扣代缴的工资税和雇员所得税金额在同一纳税申报表上报告。如果应纳税人的营业额超过 4000 万瑞典克朗，则必须提交每月的增值税申报表。否则，应纳税人可能适用季度申报表。但是，应纳税人可以选择每月申报一次。年度申报适用于每年营业额低于 100 万瑞典克朗的应纳税人。

月度申报表通常必须在报告期结束后第一个月的第 26 日前提交。季度申报表必须在报告期结束后第二个月的第 12 日前提交。

增值税申报表提交时必须全部缴纳增值税。增值税缴纳必须在提交增值税申报表的截止日期当天之前完成，且应当以瑞典克朗支付。

应税人员可以收回进项税，通常从销项税中扣除进项税。在瑞典，应纳税人员收回进项税的期限为 6 年。具体规则如下。

1. 销项税额

瑞典的增值税销项税额的计税依据包括：提供货物或服务所取得的对价；除增值税外的附加税费（如关税等）；除利息外所有的价外费用。

进口增值税税额基于进口货物的关税完税价格进行计算。海关完税价格包括进口货物的价值及与进口货物相关的除增值税以外的其他税金。纳税人自行提供的货物或服务的计税依据为该货物或服务的成本。旧货、艺术品、收藏品和古董的供应商可以选择适用利润计算法，依据利润按适用税率缴纳增值税。如果供应商无法计算每个单独物品的利润，则可以采用简易的计税方式，即按月计算利润并据此计算增值税。利润计算法同时适用于在欧盟内提供旅行服务的旅行代理商。应税利润是顾客支付的总金额减去服务提供者的成本及相关费用。旅行代理商也可以使用简易计税方法，将顾客支付总金额的 13% 作为利润进行计算（含增值税），由于利润中包含了增值税，因而 80% 的利润组成了计税依据。

2. 进项税额

纳税人可以扣除购买和进口货物或服务增值税进项税额，只要该进项税与应税、免税或出口的货物和服务相关。若特定申报期内的增值税销项税额低于进项税额，则纳税人可申请退还多交的税金。

（1）下列进项税额不得抵扣：

①符合条件的房产支出，如永久住所（即使该永久住所用于应税业务或员工宿舍）。

②所得税上不可扣除的娱乐支出（自 2017 年 1 月 1 日起，不包括"业务招待"，"业务招待"每人可扣除不超过 300 瑞典克朗的进项税）。

③为转售、客运、殡葬运输、租车业务或驾考业务以外的目的而购买的乘用车或摩托车。若因上述目的以外购买的车辆仅在小范围（小于 1000km）内用于增值税应税项目，可扣除 50% 的进项增值税。

④在瑞典港口和挪威或冰岛间航行的船只上出售的特定货物。纳税义务人必须持有信息完整的发票以扣除进项税，这也适用于集团内部的货物采购。

（2）部分扣除。纳税义务人可同时提供增值税应税和免税的商品或服务，这被称为"混合业务"，同时增值税进项扣除也受到了限制。在这种情况下，只允许扣除以下项目：采购用于增值税应税项目的所有商品或服务；同时用于增值税应税和免税项目时，采购用于 95% 以上增值税应税活动的商品或服务；采购用于经营活动且增值税应税项目达到 95% 以上，增值税进项税额不得超过 1000 瑞典克朗的商品或服务。对于混合业务中对应免税项目的采购，不允许进行进项税额的扣除。

综上所述，若采购涉及应税项目与免税项目，允许进行部分扣除。

（六）发票管理

1. 增值税发票

应纳税人一般必须为提供其他企业或法人的所有商品或服务开具增值税发票，而与个人进行的零售交易不需要开具发票。然而，对于三种类型的销售，即使买方是个人，卖方也必须开具发票：（1）建筑和土木工程服务；（2）销售新的交通工具；（3）在欧盟内部从另一个欧盟国家向瑞典的个人远程销售商品。但是，如果卖方受另一个欧盟国家当局签发的欧盟商品和服务远程销售身份识别决定的保护，则卖方无须开具发票。

2. 电子发票

2010 年 7 月 13 日，欧盟通过了第二项增值税发票指令，要求成员国自 2013 年 1 月 1 日起实施该指令的规定。该指令旨在通过消除现有的负担和障碍，促进和进一步简化发票规则。它在不增加纸质发票管理负担的情况下，在纸质发票和电子发票之间建立了平等待遇，并旨在通过允许对所使用的发票开具方法的自由选择上促进电子发票的普及。

（七）罚则[①]

1. 逾期登记

逾期登记没有具体的处罚，但是由于延迟登记而导致的任何迟付的增值税将被收取利息。

2. 逾期申报及逾期缴纳增值税

逾期缴纳增值税的罚款为 625 瑞典克朗，如果税务机构已下令提交增值税申报表，则罚款增加到 1250 瑞典克朗。逾期缴纳增值税还将被处以利息罚款，利息为基本利息加 15%，自 2013 年 1 月 1 日起，基本利息为 1.25%。

原则上，对于延迟提交报告或错误或遗漏，可以进行处罚。处罚方式上，法院会考虑所欠金额、企业的规模和营业额等因素，对迟交、漏交的纳税人处以 1250 瑞典克朗的罚款。

3. 增值税欺诈

根据《瑞典逃税法》，故意或以欺诈的方式提交不正确的增值税报告，可能会受到刑事处罚。

---

① 详见瑞典财政部网站，https://www.riksdagen.se/sv/dokument-och-lagar/dokument/svensk-forfattningssamling/lag-1995575-mot-skatteflykt_sfs-1995-575（accessed on 20240228）。

一三七、瑞士
（Switzerland）

（一）基本介绍①

瑞士增值税于 1995 年 1 月 1 日开始征收，其主管机关为瑞士联邦税务管理局。2009 年 6 月 12 日完成修订的瑞士《联邦增值税法案》（Federal Act on Value Added Tax）于 2010 年 1 月 1 日开始生效，它对先前法律进行了大量简化，且实用性更强。瑞士增值税是一种基本间接税，其目的是对非商业的最终消费征税。

（二）纳税义务人

任何在瑞士开展业务且没有免除纳税义务的实体或个人都有纳税义务（国内税）。开展业务包括独立从事专业或商业活动，并有意以自己的名义进行定期交易和对外行事。

1. 免于登记

符合以下条件的纳税人可免除增值税登记义务：（1）每年在全球范围内应税交易的营业额不超过 10 万瑞郎；（2）在国外经营业务，专门在瑞士境内生产免征增值税的产品和/或在瑞士提供服务的供应商，但在瑞士要进行反向征收；（3）通过电缆提供电力、通过天然气分配网提供天然气等向瑞士提供区域供热服务。

2. 自愿登记

任何从事商业活动并免除登记义务的个体，只要其在瑞士有机构或应纳税活动，都有权放弃免除纳税义务。放弃免除纳税义务的期间至少为一个纳税期。

3. 税务代表

非注册在瑞士且不在瑞士有常设机构的企业，如果提供需要缴纳增值税的货物或服务，必须指定一名在瑞士的居民税务代表。否则，该企业就不能在瑞士进行增值税登记。此外，税务代表关系必须通过提交临时税务代表函通知税务机关。税务代表原则上不承担被代表人的增值税责任。

---

① 本篇资料如无特别注明，均来自瑞士《联邦增值税法案》。

4. 数字经济

向居住在瑞士的非增值税登记人员提供电子或电信服务（即 B2C）的非居民企业，如果其在全球范围的年度营业额超过 10 万瑞郎，则必须在瑞士进行增值税登记并缴纳增值税。以电子方式向企业间供应服务的非居民企业（即 B2B）不需要登记和缴纳增值税。

对于远程销售用品，每年向瑞士消费者供应超过 10 万瑞郎低价值商品的企业和网上经销商必须登记注册增值税。低价值商品是指进口税额不超过 5 瑞郎的商品，针对该部分商品按 8.1% 增值税税率征税。

（三）应税范围及税率

1. 应税范围

瑞士的增值税的征税范围包括：（1）对纳税人在瑞士境内提供的货物和服务征税（国内税）；（2）对瑞士境内的接收方从境外企业购买产品征税（购买税）；（3）货物进口（进口税）。

2. 标准税率征收对象

增值税标准税率为 8.1%，该税率适用于所有商品或服务的应税交易，除另有规定。

3. 优惠税率征收对象示例

按 2.6% 的税率征收对象为电子书、电子报纸和电子杂志，以及同类的印刷品；食品和饮料（酒店和餐馆提供的除外、酒精饮料除外）；药品；自来水等。

按 3.8% 的税率征收对象为酒店住宿（包括早餐）。

4. 零税率征收对象示例

可按零税率征税的商品和服务为：货物和服务的出口；向航空公司提供的某些货物和服务；供应地在国外的服务；投资性黄金的供应等。

5. 免税对象示例

免税范围包括健康护理、金融服务、保险业、教育、房地产等。

（四）应税时间

在瑞士，应税营业额原则上必须在开具发票或收到付款的季度（如采用月度申报，则为月份）进行申报，增值税税率变化等特殊情况下可以不强制申报。定金和预付款项的应税时间是供应商收到对价或开具发票时，以两者较早者为准。进口货物的应税时间是进口之日。

（五）申报、缴纳与抵扣规则

1. 申报和缴纳

申报税款是根据实际收到的对价计算的，对价是指包括所有费用的收付，包括单独开具的发票以及纳税人应付的公共费用。向关联方的销售对价按与独立第三方交易价格确定。在易货贸易中，每一种商品的市场价值被认为是另一种商品的对价。对于交换修理，对价只包括完成工作的工资。对于代替付款的商品或服务，对价是满足相应交易条件的金额。

瑞士增值税申报表通常按季度提交。如果应纳税人员已申请按净税率法纳税（即应纳税额的计算方法是将应税营业额总额乘以瑞士税务机关批准的平衡税率），必须每半年提交增值税申报表。进项税经常超过销项税的纳税人可以申请每月提交申报。增值税申报表应在增值税结算期结束后的 60 日内提交。应缴增值税必须在增值税结算期结束后 60 日支付（仅通过银行转账），且必须使用瑞郎支付。

2. 进项税额

纳税义务人在其经营活动中，依照瑞士《增值税法案》第 29 条、第 33 条的规定，可以扣除下列进项税额：收到的国内税收发票；申报的购置税；无条件缴付但应付的进口税，或已有条件缴付但欠缴的进口税，以及为进口货物所申报的税款。

纳税人在经营活动中可获得进项税额扣除，这些经营活动包括从不纳税的农民、林业从业者、园丁、牲畜商或奶农处取得农、林产品、蔬菜农场、牛或牛奶，可扣除进项税发票金额的 2.5%。

此外，还有部分不得进行进项税额抵扣的情况，对于生产免税商品的原材料和进口产品，若不征税，则进项税额不能抵扣。境外生产的原材料有可能与瑞士《增值税法案》第 22 条中视同在瑞士境内生产和征税而采取相同的进项税额抵扣政策。但在商业活动过程中，纳税人有权就商品的购买、持有和出售权益以及重组（如瑞士《增值税法案》第 19 条或第 61 条所定义）等活动作出进项税额抵扣。

如果纳税人将商品、配件或者服务应用于非营业活动，或者将上述商品或服务既应用于生产可抵扣进项税额的产品，又用于生产不可抵扣进项税额的产品，那么纳税人必须按照一定比例来调整其进项税抵扣额；如果主要用于生产可抵扣进项税额的产品，那么此进项税在征期可进行调整并全额抵扣。

3. 进项税额抵扣的减少

不被视为对价的资金流（瑞士《增值税法案》第 18 条第 2 款）不会导致进项税扣除额的减少。如果纳税人收到了瑞士《增值税法案》第 18 条第 2 款第 1~3 项所规定的现金，则必须按照比例降低其进项税抵扣额。

4. 差额征税

纳税人取得艺术品、古董等收藏品，未从购买价格中扣除进项税额的，可以从售价中扣除进项税额,计算税款(利润征税)。买价高于售价的,可以抵扣损失,其差额从应纳税所得额中扣除。根据买卖佣金协议为自己或他人谋利被视为转销商,通过转销商进口收藏品的,购买价中应包含进口税。瑞士联邦委员会负责定义收藏品的范围。如果以总价购买两件或两件以上收藏品,可以按总售价与总购买价的差额计税。

(六)发票管理

1. 增值税发票

瑞士的纳税人通常必须为所有应税产品(包括出口)提供增值税发票,该发票也是退税必不可少的文件。

2. 电子发票

在瑞士可以申请开具电子发票,但是以电子方式传输和存储的、与申报进项税有关的数据和信息必须具备来源证明、完整性证明等。

3. 贷记发票

增值税贷方或借方票据可用于纠正对货物或服务的增值税征收和返还,纠正货物或服务供应中的增值税。这些文件必须与原始增值税发票相互参照。发票如果以电子方式发送,应跟踪抵扣单的接收情况。

(七)罚则

1. 逾期登记

应税人员应在其纳税义务开始后的 30 日内向联邦税务局进行书面登记;对于仅因购置税而成为应税人员的,应在其纳税义务开始后的 60 日内向联邦税务局进行书面登记。逾期进行增值税登记可能会被征收罚款,罚款额视具体情况而定。

对逾期缴纳增值税的行为,可按 4% 的年利率收取逾期付款利息。对于没有复发意图的一次性案件,每次违规最高可处 1 万瑞郎的罚款。

2. 增值税欺诈

应纳税人有以下行为时最高可处以 80 万瑞郎的罚款:(1)故意或因疏忽而减少纳税申报,从而损害国家利益,包括未在纳税期内申报所有收入;(2)申报的免税供应品收入过高;(3)未申报所有应适用反向征税的供应品;(4)申报的免税供应品收入过低;(5)未申报所有应反向收费的供应品;(6)申报的进项税扣除额过高;(7)获得不正确的退税;(8)获得不合理的减税。如果通过这些行为获得的税收利益高于被处以的罚款金额,且构成故意犯罪,罚款最高可增至税收利益的 2 倍。

一三八、坦桑尼亚
（Tanzania）

（一）基本介绍[①]

坦桑尼亚从 1998 年 7 月 1 日开始征收增值税，其增值税税收主管部门为坦桑尼亚联邦税务局（TRA）。当前，坦桑尼亚增值税的主要立法文件是坦桑尼亚《增值税法案（2019 年修订版）》（The Value Added Tax Act，Cap 148 R. E 2019）。

（二）纳税义务人

增值税是对应税货物、服务、不动产在生产销售的每个环节中新增的价值征收的一种流转税，增值税对坦桑尼亚大陆境内生产销售的货物及服务以及进口的货物及服务征收。坦桑尼亚的增值税应纳税人包括在坦桑尼亚大陆制造、销售货物和提供服务的供应者、进口应税货物的进口者，以及应税进口服务的购买者。

1. 登记门槛

在坦桑尼亚从事生产经营活动或投资活动的纳税人，应纳税货物或服务的年营业额达到 2 亿坦桑尼亚先令，则必须进行增值税登记。此外，无论是否达到登记门槛，专业服务供应商都必须进行增值税登记。

纳税人应当自其登记义务产生之日起 30 日内向税务机关申请登记。如业务活动发生变化，纳税人必须在变化发生之日起 14 日内通知税务机关。

2. 免于登记

主要从事免税交易（如提供特定的农业、渔业、养蜂业和奶业器具，以及特定的未加工农产品）的企业，不需要进行增值税登记，因为其营业额通常不会达到登记门槛。然而，一个提供零税率货物或服务的供应商如果达到登记门槛，则必须进行增值税登记。坦桑尼亚没有规定免除这类供应商的登记。

3. 自愿登记

预计在 12 个月内达到登记门槛或在 6 个月内达到登记门槛一半的企业可以自愿注册。

[①] 本篇如无特别注明，资料均来自坦桑尼亚《增值税法案（2019 年修订版）》。

4. 税务代表

非居民在坦桑尼亚从事经济活动，没有固定场所进行应税交易的，应当在坦桑尼亚指定一名居民增值税代表，代表其办理增值税相关事宜。非居民必须以书面形式通知税务局机关其已指定一名增值税代表。作为一个以上非居民企业的增值税代表的居民，必须就每个非居民企业单独进行增值税登记。

5. 数字经济

在坦桑尼亚，提供 B2C 电子服务的非居民提供商，必须在坦桑尼亚登记增值税。而提供 B2B 电子服务的非居民提供商不需要登记和缴纳增值税。其客户可通过反向征收机制自行承担增值税费用。

6. 注销登记

停止承担登记义务的纳税人，须在停止承担登记义务后 14 日内以书面形式通知税务机关。如税务机关认可该通知的内容，且纳税人已支付所有到期增值税，则将可以注销登记。注销登记自注销登记通知中规定的日期起生效。

可以注销登记的情形包括：（1）应纳税人不从事经济活动；（2）应纳税人已停止生产应税用品；（3）应纳税人的应税营业额低于登记门槛。

（三）应税范围及税率

1. 应税范围

增值税适用于应税货物和应税进口货物。在坦桑尼亚大陆地区提供货物、服务、不动产，或者向坦桑尼亚进口应税货物及服务，都需缴纳增值税。进口货物在缴纳增值税的同时，还需遵循《东非海关管理法案》的有关规定。在坦桑尼亚大陆出口货物或者服务享受零税率。

2. 标准税率征税对象

除另有规定外，所有的应税货物和服务都适用 18% 标准税率。

3. 零税率征税对象示例

适用零税率的商品和服务包括但不限于：（1）货物出口；（2）向坦桑尼亚境外提供货物或不动产；（3）向坦桑尼亚境外提供应税服务；（4）持有免税许可证的供应商向旅客或游客提供货物，并持有货物已运离坦桑尼亚的书面证据。

4. 免税对象示例

免征增值税的商品和服务包括但不限于：（1）用于整地或耕作的农业、园艺或林业机械，不包括割草机和运动草地上的滚筒和零件；（2）农业工具（如液体和粉末喷雾器、铁锹、铲子、锄头、拖车）；（3）农业投入（如化肥、杀虫剂、杀菌剂、除草剂、杀鼠剂）；（4）渔业工具（如渔网、渔船和其他用于加工或养护渔业的船舶）；（5）养蜂器具（如蜂窝、蜂蜜过滤器、蜂巢产烟器）；（6）奶业设备（如挤奶机、奶油分离器）；（7）医药或医药产品，不包括提供给政府机构的食品补充剂或维生素；（8）为有特殊需要的人设计的物品（如眼镜镜片、白化病病人使用的防晒霜）；（9）教育材料（如字典、百科全书、印刷书籍、教学图表）；（10）在具备从事资格的人的监督下，由经批准的机构提供的卫生保健服务（如医疗、牙科、护理、康复）。

根据坦桑尼亚《增值税法案（2019年修订版）》，财政部部长可通过宪报发布的命令，对以下事项免征增值税：（1）由与联合共和国政府达成性能协议的当地制造商进口仅用于制造长效蚊帐的原材料。（2）政府实体进口或供应给政府实体的货物或服务，仅用于实施由以下机构资助的项目：政府；坦桑尼亚政府与另一国政府，捐助者或出借人之间的协议提供的优惠贷款或赠款，但前提是此类协议规定了此类商品和服务的免税额；根据地方政府当局和捐赠者之间签订的坦桑尼亚《政府贷款、赠款和担保法》的规定，经部长正式批准的赠款协议，该协议规定对该等货物或服务免征增值税。"由政府资助的项目"是指由政府对交通、水、天然气或电力基础设施，向公众提供卫生或教育服务的建筑物，残疾人中心等资助的项目。（3）进口或者供应救助自然灾害的货物或者服务。

（四） 应税时间

应税时间是指以下时点中最早的一个：（1）供应商开具发票的时间；（2）收到部分或全部供应对价的时间；（3）货物交付或服务执行的时间；（4）不动产交付或购买方可使用的时间。

（五） 申报、缴纳与抵扣规则

1. 申报规则

增值税纳税期限为一个月。增值税纳税申报表必须在每个纳税期结束后20日内申报。如果没有产生增值税（要么应纳税人没有供货，要么因为进项税超过销项税），也必须提交申报表。如果正常的提交日期为公共假日或周末，则必须在该日之后的下一个工作日提交增值税申报表。

企业可以自行通过税务局增值税申报软件进行增值税申报，也可以委托会计师事务所申报。2022年2月3日，坦桑尼亚联邦税务局推出了增值税电子申报系统，旨在简化申报流程，提高应纳税人申报缴税的便利性。

已提交增值税纳税申报表的纳税人，可以按照规定的方式向主管部门申请更正增值税申报表中遗漏或错误的申报。申请必须在该纳税期结束后 3 年内提出申请。

2. 缴纳规则

达到法定要求的纳税人须全额缴纳增值税。增值税缴纳的截止日期与提交申报表的截止日期相同，即在纳税期结束后的一个月的 20 日内全额缴纳。纳税人可依据税法，向税务机关书面申请延期纳税。当纳税人已获准延期纳税，并允许分期支付税款时，若纳税人违约支付任何一期税款，须立即缴纳所有欠缴的税款及滞纳金。纳税人可选择通过税务机关以及税务机关批准可缴税的银行、手机支付系统等方式缴纳税款。若纳税人以支票缴纳税款，当银行拒付该支票时，该次纳税行为被认定为无效。

3. 抵扣规则

如果纳税人符合以下条件之一，则可以对其自身产生的进项税额进行抵扣：（1）纳税人在其经济活动过程中，为了用于应税货物、服务和不动产而购买或进口到坦桑尼亚境内的货物、服务、不动产所产生的进项税额；（2）对于所购货物和服务，纳税人已经支付，或有义务支付所购商品或服务的对价。

（六）发票管理

1. 增值税发票

增值税纳税人销售货物或提供应税服务，须在缴纳增值税税款前，使用电子税控设备开具发票。开具发票应按照规定的顺序如实开具，且应具备以下条件：（1）以财政部部长规定的格式和方法开具；（2）应包含开具日期、销售方姓名、纳税人识别号、增值税登记号、应税商品的介绍、数量以及其他相关说明、应税商品的全部价款及价款中所含的增值税税额；如应税商品价值超过条例中规定的最低限额，须包含购货方的姓名、地址、纳税人识别号和增值税登记号及条例中规定的其他信息。

不符合规定条件的税务发票，即使合法有效也不能申报进项税额抵扣。每发生一笔业务，就应开具一张税务发票。若购货方宣称丢失了原始发票，如果购货方也是增值税纳税人，则开具发票的售货方可为购货方提供发票的复印件。

2. 电子发票

在坦桑尼亚，电子发票的开具属于强制性要求。对于 B2B、B2C 和 B2G 的应税交易，在坦桑尼亚必须开具电子发票。

（七）罚则①

1. 逾期登记

达到注册门槛但未注册的交易者，如果由于故意或疏忽大意导致，将被处以 100 ~

① 详见坦桑尼亚《税收征管法（2019 年修订版）》（Tax Administration Act，Cap 438 R. E 2019）。

200 个货币点的罚款（1 个货币点相当于 1.5 万坦桑尼亚先令）；在其他情况下，将被处以 50~100 个货币点的罚款。

尽管因逾期登记而受到处罚，但应纳税人仍有责任支付到期增值税的利息。此外，如果造成严重后果，纳税人可能导致刑事诉讼，并可能被处以监禁。

停止承担登记责任的应纳税人，必须在停止承担登记责任后的 14 日内，书面通知税务局局长。明知而不作通知的，可处 100~200 个货币点的罚款。

2. 逾期申报和逾期缴纳

从未申报或者少缴税的申报期开始计算，按未申报税款或者少缴税款的 2.5% 或 15 个货币点中两者较高者缴纳罚款。

3. 错误

作虚假或误导性陈述、隐瞒的，处以欠缴税款 50% 的处罚；故意进行虚假或误导性陈述、隐瞒的，处以欠缴税款 75% 的处罚。如果出现两次以上的错误或遗漏，罚款将增加 10%。应纳税人自愿披露并改正的，罚款将减少 10%。

一三九、泰国
（Thailand）

（一）基本介绍[①]

泰国自 1992 年 1 月 1 日起开征增值税，主管增值税征收的机关是泰国税务厅。

（二）纳税义务人

在泰国境内销售货物、提供劳务的单位或个人为增值税纳税义务人。因进口货物或服务而在法律上被视为贸易商的单位或个人为增值税纳税义务人，在泰国销售货物或提供服务的海外公司的当地代理人亦可以成为应纳税人。

任何在泰国承担增值税的单位或个人必须在营业开始前或在其收入达到年营业额180 万铢以上后的 30 日内登记注册为增值税纳税义务人。如果企业位于曼谷，必须向曼谷地区税务局提交注册申请；如果企业位于除曼谷以外的其他地区，必须向其他地区的税务分支办公室提交注册申请；如果纳税义务人有多个分支机构，必须向总部所在地区的税务局提交注册申请。

如果企业应纳税营业额低于增值税登记阈值（即年收入为 180 万泰铢以下），企业可以自愿进行增值税注册登记。

下列免税活动的经营者有权进行增值税登记：（1）销售非出口商品或提供以下服务：农产品和肥料；动物、动物饲料和鱼肉；药品和动植物化学制品；报纸、杂志和教科书。（2）通过飞机提供的国内运输服务。（3）根据工业产权的相关法律，作为贸易商出口货物至出口加工区。（4）在泰国通过管道提供燃油运输服务。

（三）应税范围及税率

在泰国境内销售商品和提供劳务、向泰国境内进口货物和服务，以及从泰国出口货物和服务的行为均属于增值税征收范围。在泰国境内提供的劳务，只要劳务提供方或接

---

① 本篇资料来自泰国国家税务局官方网站，https：//www. rd. go. th/2596. html（accessed on 20240228）。

收方一方在泰国境内，则属于在泰国境内提供劳务。

1. 标准税率征税对象

现行的增值税标准税率为7%，直至2024年9月30日（除非政府进一步延长）。除另有规定，货物和服务的应税交易将继续适用7%的增值税标准税率。

2. 零税率征税对象示例

零税率的适用对象包括但不限于：（1）货物和服务的出口。该服务必须在外国使用，如果服务有一部分在泰国境内使用，则该部分服务应当适用7%增值税税率。（2）由飞机或海船提供的国际运输服务。（3）向联合国组织、大使馆、公使馆、总领事馆出售货物和提供服务。（4）在自贸区的供应商之间发生的销售货物或提供服务，在保税仓库与其他保税仓库之间销售货物或提供服务。

3. 免税对象示例

免征增值税的货物和服务包括但不限于：（1）销售农产品、动物、动物产品（罐装食品除外）；（2）销售动植物的化肥、药品、农药、杀虫剂等；（3）销售基础鱼饲料和动物饲料；（4）销售报纸、期刊、教科书；（5）提供医药、审计、诉讼等服务；（6）医院提供的服务；（7）不动产租赁；（8）适用特殊营业税（specific business tax）的业务。

（四）应税时间

货物或服务的应税时间很重要，因为它决定了应纳税人何时应缴纳增值税。应税时间规则如下：

（1）对于一般货物，以下所列举时间点中的最早时间作为应税时间点：交货时间；货物所有权转让；付款时间；开具税务发票。

（2）对于一般服务，以下所列举时间点中的最早时间作为应税时间点：付款时间；开具税务发票；该项服务被使用。

（五）申报、缴纳与抵扣规则

增值税纳税期间是一个日历月。因此，必须按月提交增值税申报表。增值税申报表连同增值税税款（如有）必须在下个月的15日前提交给地区税务局，若采用电子申报的方式可延期到下个月的23日之前提交申报表与税款。

增值税纳税义务人须开具税务发票，列示销售商品或服务的价格及增值税金额，税务发票的格式及内容须按照法规要求载明，未按照规定载明或所载内容不实的，相关的进项税额不得抵扣。

（六）罚则

对未按照规定申请增值税登记但已经开展经营活动，或经营者在注销登记后仍继续进行经营活动的纳税义务人，将按其每月应纳税额，处以应缴纳增值税税款 200% 的罚款。

未按照规定期限申报及缴纳增值税的纳税义务人，将按其当月应纳税额的 100% 处以罚款，另加当月应纳税额的 1.5% 作为税收滞纳金，两者之和不得超过当月应纳税额的 200%。

纳税义务人未按照规定开具税务发票的，应处以不超过 2000 泰铢的罚款。

未在规定的期限内将增值税登记状况发生变更的事项通知税务机关的，可处以 2000~5000 泰铢的罚款。

使用虚假的税务发票将被罚款，罚款额为原税务发票下应付增值税的 200%。此外，增值税义务人故意使用虚假税务发票进行抵税的，应处 2000~200000 泰铢的罚款以及 3 个月至 7 年监禁。

一四〇、多哥

（Togo）

（一）基本介绍[①]

1995 年 3 月 10 日，多哥通过第 95 - 009 号法律正式引入增值税，取代了之前的一般流转税。在多哥境内发生的每一次营利性经营活动（包括货物进口、生产和流通、服务业等）都需要征收增值税，课税基数为应税交易成交金额，标准税率为 18%。

（二）纳税义务人

在多哥生产应税物资的非居民企业须按照与居民企业相同的规则缴纳多哥增值税。非居民企业必须在多哥指定一名财务代表，负责代其申报和缴纳增值税。如果没有指定财政代表，则适用反向征收机制。

（三）税率

多哥的增值税标准税率为 18%，同时对化肥和药品等特殊货物免征增值税。对出口加工免税区内企业以当地原材料或以原产于西非经济共同体成员国的原材料生产加工的产品加征增值税。

（四）申报规则

每月 15 日前进行增值税纳税申报，纳税义务人应向税务机关提交不含税营业额统计表。

---

① 本篇资料来自多哥税务局网站，https://www.otr.tg/index.php/en/impots/reglementations-fiscales/code-general-des-impots.html（accessed on 20240228）。

一四一、特立尼达和多巴哥
（Trinidad and Tobago）

自1990年1月1日起，特立尼达和多巴哥通过《增值税法》正式征收增值税。税务局增值税管理中心主要负责增值税的征收和管理，海关局负责对进口货物征收增值税。自2016年2月1日起，特立尼达和多巴哥政府正式实施新调整的增值税政策，将增值税的标准税率从15%下调至12.5%。

（二）纳税义务人

根据特立尼达和多巴哥《增值税法》第60条规定，凡12个月内在境内制造超过50万特立尼达和多巴哥元（以下简称"特元"）的商业用品的任何人都必须进行纳税登记。有意制造商业用品的人可以申请进行纳税登记。但是，申请必须附有附加资料，表明其供应的商业用品价值在12个月内将超过50万特元。适当的证据包括公司注册文件、签订的合同、银行对账单和开具的发票。

关于豁免登记。如果特立尼达和多巴哥的非居民希望仅向增值税纳税人提供货物或服务，以便在特立尼达和多巴哥进行商业应税交易的，则非居民的应税行为被视为不在特立尼达和多巴哥进行，除非，供应商和接受方均同意将应税交易视为在特立尼达和多巴哥进行。如果应税交易被视为发生在特立尼达和多巴哥以外，则非居民无须进行增值税登记，前提是供应商无须因参与其他应税交易而进行纳税登记。

自愿登记和集团登记在特立尼达和多巴哥都是不被允许的。

对于非居民企业，外国公司的分支机构以与居民纳税人相同的方式进行纳税登记。非居民企业是指在特立尼达和多巴哥没有固定机构的企业。在特立尼达和多巴哥生产商业用品的非居民企业，如果符合登记门槛，必须进行纳税登记，需要指定一名常驻代理人或经理，以承担委托人在增值税法下的合规责任。

根据特立尼达和多巴哥《增值税法》第29条规定，不要求纳税登记的纳税人以书

---

① 本篇资料来自特立尼达和多巴哥《增值税法》（Value Added Tax Act, 2015）。

面形式向税务局申请注销其登记。

特立尼达和多巴哥《2023 年预算案》提出将增值税纳税登记的门槛从 50 万特元提高到 60 万特元。

（三）应税范围及税率

1. 应税范围

根据特立尼达和多巴哥《增值税法》第 6 条规定，以下两类商品和服务需要征收增值税：关于进口到特立尼达和多巴哥的货物的入境；以及在特立尼达和多巴哥境内由纳税登记人提供商品或服务。

2. 标准税率征税对象

除另有规定外，所有应税货物和服务适用 12.5% 的标准税率。

3. 零税率征税对象示例

根据特立尼达和多巴哥《增值税法》关于零税率的第 17 号公告，适用零税率货物和服务包括且不限于：（1）用于人类食用的未加工食品、大米、小麦粉、牛奶、人造黄油、白面包和全麦面包、婴儿配方奶粉和婴儿代乳品、奶酪、腌牛肉、咖喱、沙丁鱼、熏鲱鱼、卫生纸、酵母菌、发酵粉、红糖、纯白醋、燕麦片、豆科蔬菜干等生活商品；（2）出口货物；（3）药品；（4）公共用水和污水处理。

4. 免税对象示例

根据特立尼达和多巴哥《增值税法》的附件 1，增值税的免税对象包括且不限于：（1）金融服务；（2）医疗服务；（3）房屋租赁；（4）房地产经纪；（5）公共邮政服务；（6）法定的公共汽车和出租车服务。

特立尼达和多巴哥《2023 年预算案》提出对使用替代能源技术或可再生能源的制造公司购买的新设备免征增值税。

（四）应税时间

根据特立尼达和多巴哥《增值税法》第 17 条的规定，应纳税人提供的货物和服务的纳税义务发生时点为以下最早者为准：供应商开具发票的日期；收到付款的日期；向接受方提供货物或提供服务的日期。

无论是否收到付款，应纳税人都必须在应税时间所在的应税期间缴纳增值税。增值税登记人可以将税务发票上注明的进项税额进行抵扣。

如果服务是根据明确规定定期付款支付对价的协议（如财产租赁）提供的，无论服务是否定期提供，如果供应商没有开具服务发票，在定期付款或到期时（以较早者为准）仍视为连续提供服务。如果货物是根据一项协议逐步或定期供应的，该协议规定在供应商开具发票时仍需继续多次支付供应对价的，则在下列情况下，货物应视为已供应：供货票据由供应商开具；支付货物价款；货款到期。

对于进口货物，其应税时间为货物进入特立尼达和多巴哥境内之时。

（五）申报缴纳与抵扣规则

1. 纳税申报

根据特立尼达和多巴哥《增值税法》第30条规定，为便于行政管理，应纳税人根据增值税管理局的要求划分为A、B或C类，其纳税期规定如下：A类是每两个月为一期间，以1月、3月、5月、7月、9月和11月的最后一日结束；B类也是每两个月为一期间，但以2月、4月、6月、8月、10月和12月的最后一日结束；C类是由管理局进行灵活设置。

根据特立尼达和多巴哥《增值税法》第31条规定，应纳税人需要在相关纳税期结束后的25日内，向增值税管理局提交纳税申报表。申报表须采用管理局认可的格式，在每一个课税期列明纳税登记人的信息。

2. 进项税抵扣

为提供应税货物或服务而购买的货物或服务所支付的税款可作为进项税扣除。进项税抵减销项税，销项税是制造商业用品所征收的税。进项税在获得货物和服务时可扣除。如果应纳税人出于以下任何目的购买、进口或生产货物或服务，则货物或服务被视为用于制造商业供应品：（1）作为应税供应的供应或再供应；（2）其用于生产（直接或间接，全部或部分）作为应税供应的货物或服务；（3）与商业宣传有关的消费或使用（直接或间接，全部或部分）。

可抵扣进项税的项目包括且不限于：（1）企业用房的租金；（2）用于制造应税货物的存货；（3）企业用车辆和设备；（4）为企业提供的专业服务和其他服务。

增值税期间的进项税额超过增值税期间的销项税额的，可以退还其差额。如果退款在6个月后仍未支付，法律规定税务机关应就未付余额支付利息，利率一般为每月1%，从期限届满后的第二天起至未付金额退还完毕之日止。

（六）发票管理

根据特立尼达和多巴哥《增值税法》第36条和第37条的规定，应税人通常必须提供所有应税交易（包括出口）的增值税发票。增值税发票是支持进项税额扣除申请的必要条件。账簿和记录应自增值税纳税期结束起自行保存6年。快餐店、加油站和电影院不需要开具税务发票，除非供货人要求。

特立尼达和多巴哥允许开具电子发票，但不是强制性的。法律中没有关于电子发票的规定，但实际实践中，应纳税人可以以电子方式开具发票。如果向特立尼达和多巴哥以外的人供货，发票可以以外币作为货币单位开具。但是，在计算应纳税额时，应税人必须以特立尼达和多巴哥货币进行记账。在转换发票时，所使用的汇率必须是特立尼达和多巴哥中央银行在交易时点以纸币形式购买该货币的汇率。

（七）罚则

根据特立尼达和多巴哥《增值税法》第56～59条的规定，处罚主要包括以下几类：

（1）逾期登记或登记信息变更未及时更新。未将有关登记的变更通知税务机关的，处以6000特元的罚款。

（2）逾期申报或逾期纳税。对增值税计算中出现错误和遗漏进行罚款。一经循简易程序定罪，逾期提交增值税申报表的，处以1000特元的罚款；逾期缴纳增值税税款的，按应纳税款的8%罚款以及按逾期时间以每月2%的利率计收利息。

（3）税收欺诈。应纳税人虚报税款、故意逃税漏税的，构成违反特立尼达和多巴哥《增值税法》的犯罪。

一四二、突尼斯
（Tunisia）

（一）基本介绍[①]

突尼斯的增值税从 1988 年 6 月 2 日开征，主管机关为财政部（Ministry of Finance）。现行突尼斯《增值税法》为 2020 年修订。根据突尼斯《增值税法》规定，目前突尼斯的增值税税率分别为 19%（标准税率）、13% 和 7%（优惠税率），以及免税。

（二）纳税义务人

应纳税人是指在突尼斯注册增值税的个人或法人实体，以及独立从事除进口销售以外的应税交易的任何其他实体。此外，提供商品或服务作为业务活动的一部分，但不需要进行增值税纳税登记的个人或法人实体，如果满足以下任何条件之一，可以选择进行纳税登记：（1）开展不属于增值税范围的经营活动；（2）开展免征增值税的出口活动；（3）向增值税应纳税人提供免征增值税的产品或服务。

纳税登记门槛的设置仅适用于零售贸易，对于年营业额 10 万突尼斯第纳尔（TND）或以上的贸易商，被强制要求进行纳税登记。

在突尼斯没有常设机构但进行应税交易的非居民企业须缴纳增值税。因此，突尼斯客户必须缴纳由非居民企业提供服务的全部增值税，非居民企业必须在发票上标注突尼斯增值税。由突尼斯客户扣缴增值税税款，将其汇至突尼斯税务局，并向外国供应商支付服务应付金额（不含增值税）。

（三）应税范围及税率

1. 应税范围

增值税主要适用于以下交易：突尼斯应纳税人制造的货物和供应的服务；货物和服

---

① 本篇资料来自突尼斯财政部网站，http://www.finances.gov.tn/sites/default/files/2023-12/LF2024 _0.pdf（accessed on 20240228）。

务进口。

除生产农产品和鱼产品外，工业活动一般都要缴纳增值税。其他应缴纳增值税的活动包括专业服务、批发贸易（不包括食品）和零售贸易（针对年营业额 10 万突尼斯第纳尔或以上的贸易商），不包括食品、药品、医疗用品和需得到行政机关审批并缴纳关税的产品。

2. 标准税率征税对象

除另有规定外，所有应税货物和服务适用 19% 的标准税率。

3. 适用 13% 税率的征税对象示例

适用 13% 税率的商品和服务包括但不限于：（1）律师、税务顾问和其他专家提供的服务（不包括自由职业者提供的服务）；（2）销售家用低压电力，以及销售农业灌溉用抽水设备的中低压电力。

4. 适用 7% 税率的征税对象示例

突尼斯《增值税法》的附录 B 中包含了 7% 税率的全部增值税名册，包括且不限于以下所列的内容：货物运输；医生和实验室开展的科研活动（不包括美容医学和外科）；药品原料及相关用品；旅游活动。

突尼斯《2024 财政法案》将进口电动车和摩托车的税率从 19% 降至 7%。

5. 免税对象示例

免税对象包括且不限于：银行利息；海上航空运输；食品（如牛奶、面粉）。

（四）应税时间

销售货物的应税时间是货物交付给客户的时间。

提供服务的应税时间是指提供服务的时间，或在服务完成前进行结算付款的时间（包括全部或部分结算）。

进口货物的应税时间为其进口的时间，即货物在海关进行结算时。

（五）申报、缴纳与抵扣规则

1. 申报和缴纳规则

突尼斯增值税申报表必须按月提交。对于法人实体，必须在下个月 28 日之前提交申报表，对于个人，必须在下个月 15 日之前提交申报表。突尼斯《2024 财政法案》将法人实体提交增值税申报表的要求提前至下个月的 20 日之前。

对于年营业额超过 10 万突尼斯第纳尔的实体，必须通过电子方式提交月度增值税申报表（特定的在线纳税申报系统，允许纳税人进行在线清算和缴税）。年营业额低于

10 万突尼斯第纳尔的，也可以自愿选择通过电子形式进行纳税申报，但不是强制的。

2. 进项税抵扣

纳税人购买用于经营活动并有效促进应税交易实现的货物和服务，可以抵扣增值税。根据有效增值税发票、海关文件或扣缴增值税证明进行增值税抵扣。

部分征收增值税的公司应根据以下规则抵扣增值税：（1）对于专门用于应征增值税的商业活动的采购，允许全额扣除增值税；（2）仅用于不征收增值税的商业活动的采购不允许扣除增值税；（3）在应税业务活动和非应税业务活动中使用的采购允许按比例扣除。

购买不用于商业目的且被视为不可作为企业成本进行扣除的商品和服务（例如，企业家为私人使用而购买的商品）时，不得抵扣进项税。不可抵扣进项税的项目包括且不限于：（1）用于运送人员的乘用车（出租车和汽车租赁公司等的业务除外）、酒店用于旅游的乘用车，以及为确保其运营和维护而产生的乘用车租金和任何其他费用；（2）向不属于增值税范围但未正确开具增值税发票的个人或法人购买以现金全额支付的货物、财产和服务，金额等于或超过 5000 突尼斯第纳尔（不含增值税）。

（六）发票管理

应纳税人提供的所有应税用品和服务（包括出口），必须向接收方提供增值税发票。接收方需要自行保留发票副本。贷记发票不得用于减少对货物或服务的供应而收取和回收的增值税，否则最初的交易必须视为作废，并且必须开具新的增值税发票，以纠正错误。

根据突尼斯《增值税法》第 18 条，增值税发票应注明：（1）交易日期；（2）客户身份、地址和税务信息；（3）货物或服务的名称；（4）增值税税率和税额；（5）标注是否为"出口销售"或"免征增值税的销售"；（6）根据活动的具体情况，可能需要在发票上提及的其他信息。

纳税人可使用电子发票，但需要向主管税务机关申报，并提交被授权单位电子发票自动管理系统提供的凭证。对于属于大型企业部门的公司，使用电子发票是强制性的。电子发票用户没有义务维护发票的电子版副本，被授权提供电子发票服务的实体承担保存数字发票的责任，并可在要求时间向货物或服务的接收方发出电子版副本。

（七）罚则

1. 逾期登记的处罚

对于逾期登记，增值税滞纳金适用于 1000～50000 突尼斯第纳尔的罚款。但是，如果纳税人在税务审计前补交税款，则不适用罚款处罚。

2. 逾期申报和缴纳的处罚

任何逾期申报增值税、延迟支付全部或部分税款都需要支付延迟罚款，以每月应纳税额或延迟部分的应缴税款的 0.5% 比例进行处罚。

根据突尼斯《2019 年财政法案》第 51 条，新的罚款比例适用于延迟缴纳税款情况：（1）在延迟付款不超过 60 日的情况下，按应缴税款的 1.25% 计算罚款；（2）延迟付款超过 60 日时，按应纳税额的 2.5% 计算罚款。

逾期纳税或逾期申报的罚款规则同样适用于错误申报、错误缴税的情况。

3. 纳税欺诈的处罚

为了退还全部或部分已缴纳的税款或者受益于税收优惠而开设双重账户，或者使用伪造会计文件、登记注册文件的任何人，将被处以 16 天至 3 年监禁，并处 1000 ~ 50000 突尼斯第纳尔的罚款。

对于有权保存或帮助保存账目，并在知情的情况下建立或帮助建立虚假账目或虚假会计文件，以尽量减少税基或应纳税款的人，包括商业代理人、税务顾问、专家和所有其他具有独立会计职业的人员，除吊销执业许可证外，还应强制执行上述规定。这些人员需要与他们的客户共同对其欺诈行为承担法律责任。

一四三、土耳其
（Turkey）

（一）基本介绍[①]

土耳其于 1984 年 11 月 2 日开征增值税，主管机关为土耳其税务局（Turkish Revenue Administration）。自 2023 年 7 月 10 日起，标准税率由 18% 调整为 20%，原适用优惠税率 8% 的货物和服务调整为按照 10% 的税率征收增值税，原适用优惠税率 1% 的货物和服务不受影响。[②]

（二）纳税义务人

增值税纳税义务人为在土耳其提供应税货物和服务以及进口货物和服务的企业和个人。土耳其的《增值税法》没有设置增值税登记的最低门槛，也没有关于豁免登记、自愿登记的规定。在土耳其拥有固定经营场所或在土耳其境内开展商业或专业运营活动的机构都应当进行增值税登记。需注意的是，在土耳其，公司所得税和增值税的注册登记并没有区别。因此，公司或常设机构一旦在土耳其进行税务登记，就将承担所有税种的纳税义务（如公司所得税、增值税、预提税、印花税等）。

非居民企业是指在土耳其既没有法律意义上的总部，也没有实际经营总部的企业，也被称为负有有限纳税义务的纳税人。出于税收目的，在土耳其有法定地点，或有实际管理机构的，即使在境外注册的企业，也被视同为土耳其的居民企业。实际管理机构指企业最高管理层所在地。如果非居民企业所在国政府与土耳其签订了税收协定，则应采用协定中对非居民企业的具体定义和标准。

如果某些须缴纳土耳其增值税的服务是由非居民个人或企业提供的，则适用反向征收制度。财政部有权决定增值税的支付责任方。根据土耳其《增值税法》，反向征收制

---

① 本篇如无特别注明，资料均来自土耳其《增值税法》（Turkish Taxation System 2021）。

② Mal ve Hizmetlere Uygulanacak Katma Değer Vergisi Oranlarının Tespitine İlişkin Kararda Değisiklik Yapılmasına Dair Karar（Karar Sayısı：7346）［EB/OL］．https：//www. resmigazete. gov. tr/eskiler/2023/07/20230707 - 11. pdf（accessed on 20240228）．

度适用于在土耳其执行或使用的下列服务：（1）版权、专利、许可、商标、专有技术和类似权利的转让；（2）进口佣金；（3）独立专业人员的服务，如工程、咨询、数据处理和信息提供；（4）向银行和金融机构以外的外国实体支付的利息；（5）租赁服务；（6）通过有线、无线电、光学或其他电磁系统传输、发射或接收信号、文字、图像、声音或任何性质的信息的使用权的转让；（7）其他服务。

（三）应税范围及税率

1. 应税范围

应纳增值税的交易行为包括：（1）应纳税人在土耳其从事商业、工业、农业和专业服务活动过程中提供的货物和服务；（2）应纳税人或任何其他具有纳税义务的人接受在土耳其进行的或从土耳其受益的服务；（3）进口到土耳其的货物和服务。

不论进口商的类别或交易的性质，进口到土耳其的货物和服务都属于应税交易。为了平衡进口和国内两方的税费负担，仅针对在土耳其境内的应税行为征收增值税。因此，在土耳其境内享受免税的交易在进口环节也免征增值税。进口应税行为的增值税税率与国内应税行为的适用税率相同。

2. 适用20%税率的对象

除另有规定外，所有应税货物和服务适用20%的标准税率。

3. 适用10%税率的对象示例

10%税率的征税对象包括且不限于：食材；收款机；电影、戏院、歌剧和芭蕾舞剧的门票；私营教育服务；文具、书籍和类似出版物；医疗商品和服务；纺织品；救济服务；旅游服务；饮食服务；农业机械；咖啡店、蛋糕店、餐馆、小饭店以及类似服务设施（一流餐馆、三星级及以上酒店餐厅和度假村提供的酒精类饮料和餐饮服务除外）；酒店、汽车旅馆、半寄宿式酒店服务以及类似的住宿服务（包括旅行社提供的服务）；救护服务；牙科材料；有关污水处理的市政服务等。

4. 适用1%税率的对象示例

1%税率的征税对象包括且不限于：特定农产品；报纸和杂志；二手车；从某些国家进口的特殊类型的皮革；150平方米以下的住房供应；自行车和供残疾人使用的车辆；人和动物的血液及血液成分；殡葬服务业；用于海洋运输、航空运输和铁路运输的运输工具的供应，或者提供与这些运输工具制造有关的货物和劳务，以及全部或者部分从事销售和租赁这些运输工具的劳务等。

5. 免税对象示例

免税交易，是指不征收增值税的货物和服务的交易。"部分免税"交易（如《增值税法》第16条和第17条所规定）不能进行进项税扣。有些货物或服务被归类为"完全免税"，这意味着无须缴纳增值税，且纳税义务人可以收回相关的进项税。这些交易包括货物和相关服务的出口。

部分免税的对象包括且不限于：个人租赁不动产；金融交易；向某些文化机构供应；向某些政府机构供应；农业用水；未加工的黄金、外汇、股票和债券、废金属、塑料和某些其他物品的供应；在保税仓库或临时储存场所提供的储存服务；在自由贸易区交付货物或提供服务。

完全免税的对象包括且不限于：货物和服务出口；在码头和机场为海上和空中交通工具提供的服务；国际运输服务；石油勘探人员用品；向投资证书持有人提供相关产品；向国防工业部出售货物等。

（四）应税时间

在土耳其，销售货物的一般纳税时点是货物转移时点。提供劳务的一般纳税时点是劳务发生时点。但是如果发票开具时点早于上述货物销售和劳务发生时点，增值税纳税义务发生时点是发票开具时点。对于进口货物的应税时间，可以是进口日期，也可以是货物准许暂停征税制度的日期。

（五）申报、缴纳与抵扣规则

1. 申报要求和税款缴纳

增值税需按月申报，每月一次。

增值税申报表有五种类型。第 1 种增值税申报表由实际纳税的纳税人提交，以申报按其供应量计算的增值税；第 2 种增值税申报表由负责申报反向征收和部分扣缴增值税的纳税人提交；第 3 种增值税申报表由非居民企业提交，以申报其向土耳其法人提供的电子服务的增值税（B2B）；第 4 种增值税申报表由实行税收制度的纳税人提交；第 5 种增值税申报表由执法机构和不需缴纳实际税款的机构提交，以申报在拍卖厅进行销售的增值税。

除第 2 种增值税申报表以外，进项税额申报须在当月申报期结束后次月的 25 日之前通过互联网以电子方式提交。应纳税人需在申报表提交当月的 25 日之前缴纳所有税款。[1] 而对于第 2 种增值税申报表而言，进项税额申报须在当月申报期结束后次月的 21 日之前通过互联网以电子方式提交。应纳税人需在申报表提交当月的 23 日之前缴纳所有税款。[2]

纳税人有义务使用财政部的 "e-beyanname" 电子系统提交纳税申报表。所有纳税

---

① 50 Seri No′lu KDV Genel Uygulama Tebliğinde Değişiklik Yapılmasına Dair Tebli［EB/OL］. https：//www. gib. gov. tr/node/175486/pdf（accessed on 20240228）.

② VERGİ USUL KANUNU SİRKÜLERİ/164 ［EB/OL］. https：//www. resmigazete. gov. tr/eskiler/2024/02/ 20240210-5. htm（accessed on 20240228）.

申报表必须通过该系统提交并以电子方式存档。从这个系统中可以很容易地检索到以前期间的纳税申报表。

土耳其实行"部分增值税扣缴"机制。根据这一机制，增值税的一部分由收款人（买方、服务接收方等）代扣，收款人直接向税务局而不是供应商（卖方、服务供应商等）缴纳增值税。无须扣缴的部分由供应商向税务局申报并支付。"部分增值税扣缴"机制适用于交易清单，包括但不限于：（1）建筑工程；（2）与机械和设备相关的维护和维修服务；（3）餐饮和组织服务；（4）劳动采购服务；（5）合同纺织品制造；（6）清洁、环境和园林护理服务；（7）钢铁及其合金制成的产品的交付；[1]（8）铜、锌、铝和铅产品的交付扣缴率各不相同（取决于服务类型）等。

2. 进项税抵扣规则

计算增值税最终应纳税额时，仅就提供购进货物与劳务以及进口货物与劳务取得的增加值征税，即：应纳税额＝销项税额－进项税额。进项税额包括纳税人当地购买和进口时所支付或者负担的增值税税额。销项税额为销售时计算和征收的增值税税额。

同一纳税期间内的应纳增值税额等于销项税额减去进项税额，进项税额超出销项税额的部分可以结转到下一个纳税期间继续抵扣；除个别情况外，如出口或销售给投资激励证书持有者，不得以现金形式退回超额的进项税额。销项税额超过进项税额的部分将支付给相关税务机关。

对进口货物与劳务而言，增值税的计税基础除包含货物或劳务的价值外，还包括应纳关税以及与进口有关的各种税收和费用。

一般来说，企业从事增值税免税业务部分，其进项税额不得用于抵扣从事免税活动产生的销项税额。但是以下增值税部分免税业务可以进行进项抵扣：由私立学校、大学和学院免费提供的教育服务；学生宿舍免费提供的住宿服务；法律规定必须免费提供的货物和服务；在自由贸易区内提供的服务以及从自由贸易区进口或出口的运输服务等。

如果进项税是针对购买不用于商业目的的货物和服务而征收的，并且被视为企业税的不可扣除费用，则进项税是不可收回的。此外，部分免税交易不得收回进项税。进项税不可扣除的项目包括且不限于：乘用车；货物灭失（包括货物灭失的一切情况，但财政部宣布为不可抗力的地震、水灾、火灾除外）等。

自 2019 年 1 月 1 日起，企业可以在增值税应税行为发生当年（公历年）以及下一个公历年进行进项抵扣。纳税人适用增值税退税政策的，必须在应税行为发生后的第二个公历年度结束前提交退税申请。

（六）发票管理

土耳其应税人员必须提供所有应税供应和服务的发票，接收方必须保留发票副本。

---

① 43 SERİ NO'LU KATMA DEĞER VERGİSİ GENEL UYGULAMA TEBLİĞİNDE DEĞİŞİKLİK YAPILMASINA DAİR TEBLİĞ［EB/OL］. https：//www. gib. gov. tr/node/162053（accessed on 20240228）.

贷方发票不得用于减少对货物或服务供应征收和回收的增值税。

具备以下情形的土耳其纳税人必须使用电子发票系统：（1）2018 年及以后的财政年度总销售收入不少于 500 万新土耳其里拉的纳税人；（2）持有能源市场监管局颁发的货物生产、进口、交付等活动许可证的应税人员；（3）生产、进口或制造《特别消费税法》所附清单三中的货物的纳税人；（4）经营电子商务业务或通过互联网提供中介服务的应税人员；（5）作为经纪人或商人从事水果和蔬菜贸易的应税人员；（6）提供医疗服务或提供医疗产品的应税人员。

获准以电子方式开具的发票必须以电子方式存档。纳税人可以采用两种方式进行电子存档：一种是通过自己的信息技术系统；另一种是通过税务局授权的专门的集成信息技术系统。

（七）罚则

土耳其《增值税法》中没有涉及增值税犯罪的具体处罚。《税务程序法》对各种不遵守税法的行为进行界定和制定相关处罚。

1. 违反基本规定的处罚

根据土耳其法律规定，对未能准时提交纳税申报表、未能适当保留法定账目、未能遵循法定会计准则以及未能准时对法定账簿进行公证的行为将处以程序性罚款。对于未能出具发票和《税收程序法》中具体规定的其他情形，将处以固定数额的特别违规罚款（每年会对金额进行调整）。

2. 不履行纳税义务处罚

（1）对不缴或少缴税款的处罚。逾期申报会受到税务损失罚款和特殊违规处罚。逾期纳税的利息为每月应纳税额的 2.5%。在反向征收机制下，未履行纳税义务的罚款为逾期缴纳的全部税款（即应缴税款的 100%），利息的计算日期自纳税申报截止日起至罚款通知书发出之日止。

（2）因纳税错误导致税收损失的处罚。如果由于纳税人的错误导致了税收损失，则可能会适用税收损失罚款。如果该错误没有造成税务损失，而只是与程序问题相关，例如没有使用正确的申报表来申报纳税，则可能仅适用违规处罚。违规处罚的数额因违规行为的类型而异。

（3）税收欺诈犯罪。下列行为可被认定为税收欺诈：操纵、销毁账簿、会计记录或者发布具有误导性通知或是伪造文件的行为。税收欺诈犯罪可能导致纳税人或责任人被判监禁 18 个月至 5 年。

一四四、英国
（United Kingdom）

（一）基本介绍[①]

英国增值税自 1973 年 4 月 1 日起开始征收，增值税主管机关为英国税务及海关总署（HM Revenue & Customs）。

（二）纳税义务人

纳税义务人是指需要进行增值税注册的组织或个人，包括在英国进行货物或服务给付、在共同体内部进行采购或远程销售，并超过一定的销售额阈值的组织或个人。

1. 登记门槛

对于在英国成立的企业：增值税登记门槛为过去 12 个月的增值税应税营业额总额超过 9 万英镑。

对于未在英国成立的企业：增值税登记适用零营业额门槛。这要求任何在英国进行应税给付的该类企业都需要进行增值税登记，无论交易价值为何。

2. 自愿登记

如果一个企业的销售额低于增值税登记门槛，其可以自愿进行增值税登记。一个企业也可以在进行应税给付之前自愿登记。在这种情况下，企业需要向英国增值税主管部门证明它即将会进行应税给付。

3. 免于登记

若从事的交易全部都是免税业务，则纳税人可以申请登记豁免。

（三）应税范围和税率

英国增值税的应税范围包括：应纳税人在英国提供货物或服务；在英国的应纳税人

---

① 本篇资料来自英国政府网站，https：//www. gov. uk/government/collections/vat-detailed-information（accessed on 20240228）。

接受的适用反向征收的服务。

1. 20%税率征税对象

除另有规定外,所有货物和服务的应税交易适用20%的标准税率。

2. 零税率

零税率征收对象包括且不限于:(1)书籍、报纸或期刊;(2)特定食品;(3)处方药;(4)运输服务;(5)货物和相关服务的出口等。

3. 优惠税率5%

5%税率征税对象包括且不限于:(1)向家庭用户和慈善机构供应燃料和电力;(2)卫生防护用品;(3)儿童汽车座椅;(4)戒烟产品;(5)较大的度假房车等。

4. 免税

免税对象包括且不限于:(1)投注和博彩;(2)教育;(3)金融;(4)保险;(5)土地和建筑物;(6)特定邮政服务;(7)医疗服务等。

(四) 应税时间

英国增值税法规定的应税时间指的是货物从供应商处转出或提供给客户的时间,或使客户可以使用的时间,或提供服务的时间。

(五) 申报与抵扣规则

1. 申报规则

增值税申报一般每季度一次。增值税申报季度分为三种周期,以方便英国税务部门的管理。三种申报周期分别为:(1)3月、6月、9月和12月;(2)2月、5月、8月和11月;(3)1月、4月、7月和10月。

2. 抵扣规则

纳税人通常以从销项税额中扣除进项税额来收回进项税,不过,只有在购买用于商业目的的商品和服务时,才符合条件(例如,这不包括企业家为私人使用而购买的商品)。纳税人申请进项税抵扣的时限是4年。扣除进项税的时限从企业在发生进项税和收到增值税发票后有责任进行申报的到期日开始计算。

(六) 发票管理

英国的纳税人一般必须为向其他纳税人提供的所有应税给付提供增值税发票,零售交易不会自动要求提供发票,除非应客户要求。

增值税发票是支持进项税抵扣的证据材料。

（七）罚则

逾期登记将被处以罚款。罚款金额按照"有关期间"应缴增值税（销项税额减去进项税额）的百分比计算。有关期间指从企业被要求注册的日期开始，到英国税务部门知悉该种登记义务的日期结束的期间。如果逾期申报或缴纳，纳税人就处于违约状态，并被发出附加费用责任通知。

附录一：马恩岛（Isle of Man）

（一）基本介绍①

马恩岛自 1973 年 4 月 1 日起开始征收增值税，增值税主管机关为马恩岛海关和税务司（Isle of Man Customs and Excise Division）。

（二）纳税义务人

马恩岛是一个国际金融中心，是英国领土的一部分。马恩岛海关和税务司独立于英国增值税征收机关，且马恩岛有独立的增值税立法。但是事实上就增值税而言，英国和马恩岛被视为一个整体，纳税义务人在英国或马恩岛境内只需要进行单一增值税注册即可。

1. 登记门槛

马恩岛增值税的登记门槛为 8.5 万英镑。这个门槛通常每年都会增加，但目前的门槛金额一直适用至 2026 年 3 月 31 日。该门槛适用于在马恩岛或英国成立的企业。未注册在马恩岛或英国且不在马恩岛或英国有常设机构的企业的登记门槛为零。

2. 自愿登记

营业额低于注册门槛的实体不需要进行增值税的注册登记，但是也可以自愿选择注册登记。

3. 集团登记

在马恩岛境内受同一个企业控制的法人团体，经批准可以登记为增值税纳税集团，未被批准的不视为增值税纳税集团。集团成员共用一个增值税号码，并提交一个单一的增值税申报表。集团成员之间的交易不征收增值税，集团成员对所有增值税负债负连带责任。

4. 税务代表

马恩岛纳税义务人可以在不指定税务代表的情况下，进行增值税的注册登记，也可以根据实际需要，选择指定税务代表。

---

① 如无特别注明，附录一的资料来自马恩岛《增值税法案》，以及马恩岛海关和税务司网站：https：//www.gov.im/categories/tax-vat-and-your-money/customs-and-excise/vat-and-customs-general-information（accessed on 20240223）。

5. 反向征收

如果服务提供主体不位于马恩岛或英国境内，但服务接收方在马恩岛境内，则该给付行为是应税的，给付接受方应当进行增值税登记。对于提供天然气、电力、供暖、冷气服务的行为，也适用反向征收制度。

自 2007 年 6 月 1 日起，反向征收开始适用于超过 5000 英镑的特定商品，如手机和电脑芯片等的销售。如果纳税人提供的指定商品超过 5000 件，将需要填写一份反向征收销售清单。这些信息需要以 CSV 文件的形式以电子形式提供给马恩岛海关和税务司。

6. 数字经济

自 2021 年 7 月 1 日起，在欧盟成员国内通过互联网（电子商务）供应的跨境商品和服务，将适用特定的增值税规则。马恩岛关于数字经济的增值税处理与欧盟一致。

（三）应税范围和税率

1. 应税范围

负有纳税义务的主体在岛内经营活动中提供的应税货物或劳务，除了免税供应外均应征收增值税。具体而言，增值税适用于以下交易：（1）应税人在马恩岛或英国提供的货物或服务；（2）应税人在马恩岛接受的逆向收费服务；（3）从英国或马恩岛以外进口货物，无论进口商的地位如何。

2. 适用 20% 税率的征税对象示例

除另有特殊规定外，所有的应税货物和服务都适用 20% 的标准税率。

3. 适用 5% 税率的征税对象示例

在马恩岛，适用 5% 增值税的产品和服务包括但不限于：（1）向家庭用户和慈善机构供应燃料和电力；（2）节能材料；（3）用于住宅改建的建筑材料；（4）卫生防护产品；（5）儿童汽车座椅；（6）住宅物业维修；（7）假日住宿。

4. 零税率征税对象示例

在马恩岛，适用增值税零税率的商品和服务包括但不限于：（1）书籍、报纸和期刊（自 2020 年 5 月 1 日起，包括数字形式的出版物）；（2）某些食品；（3）儿童服装和鞋类；（4）按处方提供的药品和药物；（5）新住房；（6）运输服务；（7）客运（包括游艇）；（8）货物和相关服务的出口。

5. 免税项目征税对象示例

在马恩岛，免收增值税的商品和服务包括但不限于：（1）游戏；（2）教育服务；（3）金融服务；（4）保险；（5）土地和建筑物（大多数情况下）；（6）邮政服务；（7）人类血液制品；（8）医疗服务。

纳税人具有选择权，即可以选择不适用免税规定而选择按照标准税率缴纳增值税，这种情况下进项税可以按照相关规则进行抵扣。

（四）应税时间

1. 货物纳税义务发生时间

以下时点，提供货物的纳税义务视为发生：（1）如果货物需要转移，则为货物转移时；（2）如果货物不需要转移，则为货物可以向接受方提供的时候；（3）如果货物在不确定给付是否会发生时转移，则为确定给付发生的时间，但最迟不得超过货物移交的12个月。

2. 服务纳税义务发生时间

提供服务的应税义务应视为在提供服务时发生。

3. 申报期间

马恩岛纳税申报为按季申报，但纳税义务人可以申请适用年度会计计划。

（五）抵扣规则

根据一般规则，进项税可以从同一增值税时期收取的销项税中扣除。进项税是指纳税人购进货物、加工修理修配劳务、服务、无形资产或者不动产，支付或者负担的增值税额。销项税是指销售货物或有应税项的税金时应交的税金。

纳税人有权在每个规定的会计期间结束时，从应缴纳的税款中扣除本应缴纳的进项税额，如果未产生销项税或者进项税高于销项税，未抵扣部分进项税可以留待下一期间继续抵扣或者在按照要求向财政部提交退税申报表时申请退税。

纳税义务人在经营或推动其经营过程中作出或将会作出的下列给付，可以在期间终了时就进项税额获得抵扣：应税给付；在岛外作出在岛内属于应税的给付；财政部为本款的目的指明的在岛外的其他供应品和免税供应品。

（六）发票管理

一般而言，纳税人必须根据马恩岛法律规定，对所有应税物品提供增值税发票，增值税发票作为进项税抵扣的证据。同时，纳税义务人事实上不必为零税率给付或者未登记客户开具增值税发票。

1. 发票要求①

增值税发票必须包含以下信息：（1）基于一个或多个系列的序列号，该序列号唯一标识单据的供应时间（纳税点）。（2）单据的开具日期。（3）纳税人名称、地址和增值税登记号。可以使用交易名称开具发票，但是，必须在文件的某处显示纳税人登记增值税的名称和地址，接受商品或服务的客户的姓名和地址，足以识别每种商品或服务的描述。（4）商品数量或服务范围。（5）增值税率。（6）不含增值税的应付金额。这可以用任何货币表示应付总额，不含增值税。

2. 自行开具的发票效力

对于纳税义务人自行开具的发票，在符合特定条件的情况下应视为供应商提供的正

---

① 详见英国《增值税指南700号》。

式增值税发票。在供货时间由事先开具的发票决定的情况下，自行开具的发票不得视为由供应商开具。供应时间由随后发出的发票决定的情况下，符合条件的自行开具的发票可以视为由供应商开具的正式发票。

3. 发票的电子形式和存储

马恩岛税务机关可以以电子方式提供增值税发票以及与其相关的文件。

4. 交易记录保存

纳税人应按照财政部的规定保存财政部可能要求的记录，记录保存期限为 6 年。税务机关可以根据不同情况规定不同的记录保存期限，但不得超过 6 年。以电子形式保存或保存记录，应当遵守相关的条件，否则视为未保存。

（七）罚则

1. 逾期登记

若纳税义务人没有如期进行增值税注册登记，将被处以应纳税款 30%～100% 的罚金。

2. 逾期申报和逾期缴纳

纳税义务人未在纳税期间提交纳税申报表，或者虽然提交了申报表却并未缴纳税款的，可能会产生附加罚金。具体适用的比例根据纳税人超出的纳税期间不同存在差异：（1）在通知期限内拖欠，附加罚金指定的比例是 2%；（2）在通知期限内第二次拖欠，附加罚金指定的比例是 5%；（3）在通知期限内第三次拖欠，附加罚金指定的比例是 10%；（4）在通知期限内第四次及其后的拖欠，每次拖欠的附加罚金比例是 15%。

如果纳税人按照预期能被财政部收到的方式提交了纳税申报表和税款，或者存在其他正当理由的，则不属于前述需要予以处罚的情形。

3. 欺诈行为

增值税欺诈中，纳税人可能面临应纳税款的 30% 的罚金处罚。

附录二：泽西岛（Jersey，Channel Islands）

（一）基本介绍①

泽西岛自 2008 年 5 月 6 日起开始征收商品和服务税（goods and services tax，GST）。其商品和服务税主管机关为税务稽查局（Comptroller of Taxes）。

（二）纳税义务人

商品和服务税纳税义务人是指在泽西岛开展业务过程中提供应税商品或服务以及进口商品的主体，包括分支机构、代理机构或个人。商品和服务税登记起点为 30 万泽西镑。

某些实体，主要是金融服务实体，可以通过成为国际服务实体（international serv-

---

① 附录二的资料来自泽西岛政府网站，https：//www.gov.je（accessed on 20240228）。

ices entity，ISE）退出 GST 体系。通常，如果一个实体向泽西岛居民提供的物资不超过其交易总量的 10%，则该实体符合 ISE 的要求。向 ISE 供应商品时不征收商品和服务税。如果该实体获得 ISE 身份的审批，它将只需支付固定年费。

1. 免于登记

如果纳税人只提供零税率的商品和服务，应税人可以申请豁免 GST 注册。

2. 自愿登记

每年应税营业额低于 30 万泽西镑的小企业可以自愿申请成为注册纳税人。然而，免税物资的价值不能包括在计算应税营业额中。如果全部商品或服务是免税的，通常不可能注册 GST。

3. 集团登记

集团登记适用于共同控制下的公司或其他纳税人，必须有一个实体作为集团代表成员，登记为 GST 集团的无最短存续时间的限制。集团成员之间的交易不予考虑，泽西岛 GST 集团内的所有成员对商品和服务税税款和罚款缴纳负有连带责任。

4. 非居民企业

居民企业和非居民企业之间没有区别。因此，与居民企业一样，非居民的企业需要注册 GST。

5. 税务代表

泽西岛不需要注册税务代表。

6. 反向征收

如果满足以下条件，反向征收制度适用：（1）非居民实体向居民实体提供服务；（2）在泽西岛进行应税交易；（3）应税交易的接受方已注册（或需要注册）。

7. 数字经济

对于企业对企业（B2B）的交易，某些电子方式提供的服务被视为在收到服务的地方提供。因此，客户通常需要自行评估应缴的商品和服务税。对于企业对消费者（B2C）的交易，电子提供的服务视为在收到服务的地方提供。这些服务在泽西岛对消费者通常免征商品和服务税。

8. 注册程序

对于已经有所得税号的企业，可以在线提交申请。对于其他企业，可从泽西岛所得税办公室获取表格进行注册。

9. 注销程序

停止提供应税商品或服务的纳税人必须在停止经营后 30 日内通知泽西岛税务当局。如果税务主管部门确信应税人的业务不会重新开始，他们将注销其 GST 注册。

如果应税义务人能够向税务当局证明其在可预见的未来的应纳税营业额预计将低于

30 万泽西镑，则该应税人可以申请自愿注销。

（三）应税范围及税率

1. 应税范围

商品和服务税适用于以下交易：（1）注册人在泽西岛提供商品或服务；（2）向泽西岛进口商品，无论进口商的身份如何。

2. 标准税率

除另有特殊规定外，所有的应税货物和服务都适用 5% 的标准税率。

3. 零税率

适用零税率的商品和服务包括：（1）房屋销售或房屋租赁；（2）出口；（3）向泽西岛以外的国家提供的国际服务。

4. 免税

免税的商品和服务包括：（1）金融服务；（2）保险；（3）邮政服务；（4）医疗和辅助医疗用品；（5）处方药；（6）慈善机构用品；（7）托儿（根据《2002 年泽西岛儿童日托法》在注册日托场所提供）；（8）部分埋葬和火葬服务；（9）教育。

（四）应税时间①

货物的应税时间是在货物被运走或被提供时，而服务的应税时间是在服务被提供时。然而，如果在这些时间之前，供应商就开出了发票或收到了付款，则发票日期或收款日期为应税时间。

连续服务的应税时间是收到付款的日期；如果在付款之前开具了服务发票，则应税时间是发票的日期。

进口货物的应税时间为货物进口日期。

（五）申报、缴纳和抵扣规则

1. 申报时间

商品和服务税申报一般是每季度提交一次。每次提供 3 个周期的季度报表，以错开提交日期。纳税人可以要求改变其消费税申报周期，以方便管理。

2. 缴纳时间

任何应付的商品和服务税必须在退税截止日期前支付，即退税期结束后的下一个月的最后一个工作日。

3. 抵扣规则

（1）进项税抵扣。纳税人可以抵扣进项税，进项税是对为商业目的向其提供的货物和服务征收的商品和服务税。应税人通常通过从销项税中扣除进项税来收回进项税，

---

① Goods and Services Tax（Jersey）Law 2007，Part 7.

销项税是对所生产的商品征收的商品和服务税。进项税包括对泽西岛提供的商品和服务征收的商品和服务税以及对进口商品支付的商品和服务税。纳税人申请进项税的期限为3年。

如果商品和服务是为制造应税产品而获得的，但也用于制造免税产品，则可采用部分免税的方法，一般采取按比例的方法分配。

（2）不得抵扣进项税。购买不用于商业目的的商品和服务（如为企业家私人使用而购买的商品）时，不得抵扣进项税。

（3）退税。如果在一段时间内可抵扣的进项税金额超过应支付的销项税金额，则可以要求退税。除非另有要求，商品和服务税退税通常在收到正确的纳税申报表后立即进行，或作为未来纳税申报表的抵免。

（六）发票管理

泽西岛纳税义务人通常必须为所有应税交易提供发票。如果最初收取的价款变更，则可以使用贷记单据来减少商品和服务税的收取。泽西岛不允许使用电子发票。

纳税人必须保留账目和记录，以证实在商品和服务税申报时的金额。记录可以保存在泽西岛内或岛外。然而，如果是在泽西岛以外的地方，这些记录必须可供税务官员在提出要求时进行检查。记录必须在文件所涉期间之后保留6年。

（七）罚则①

1. 逾期登记

如果逾期登记GST，将处以200泽西镑或商品和服务税额10%中较高者的罚款。

2. 逾期纳税和申报

逾期提交商品和服务税申报表的，处罚100泽西镑。逾期超过3个月的，每逾期1个月额外处罚100泽西镑，直到最高累计罚款达到9个月为止。

---

① Goods and Services Tax（Jersey）Law 2007，Part 14.

一四五、美国
（United States）

（一） 基本介绍[1]

美国不征收国家层面的销售税或增值税。相反，销售税和使用税是在州和地方层面征收和管理的。目前，美国50个州中有45个州、哥伦比亚特区和波多黎各征收某种形式的销售和使用税。只有阿拉斯加、特拉华州、蒙大拿州、新罕布什尔州和俄勒冈州没有征收这种州级税。就销售和使用税的州级和地方级层面而言，美国大约有13000个征税管辖区。[2]

各州的销售和使用税率各不相同。对于每个征收销售和使用税的州来说，大多数州在州内适用一个统一的税率。然而，有几个州对某些项目征收较低的税率，如食品、服装、选定的服务和药品，而不是直接对这些项目予以免税，同时一些州还对酒类等项目征收较高的税率。不包括额外的地方级销售和使用税，美国州级销售和使用税率为2.9%（科罗拉多州）~7.25%（加利福尼亚州）。

（二） 应税范围及税率

州销售和使用税通常适用于有形个人财产的销售，大多数州的法规将其定义为可以看到、摸到、测量和计量的，或以其他方式可感知的财产。同时，服务一般不需要缴纳销售和使用税，除非该州的销售税法特别列举了此类服务的应税性。各州对有形财产和服务销售的销售税处理并不统一。

免税是美国销售和使用税制度的一个重要组成部分。许多免税主要由税收政策驱动，它们可能基于联邦或州法律。[3]

（1）联邦免税。基于联邦法律的免税包括将涉及印第安人部落或发生在印第安人

---

① 本篇如无特别注明，资料均来自 Sales Tax Institute 网站，https：//www.salestaxinstitute.com/sales_tax_faqs/the_difference_between_sales_tax_and_use_tax.（accessed on 20240228）。

② State Individual Income Tax Rates and Brackets, 2024 ［EB/OL］. https：//taxfoundation.org/data/all/state/2024-sales-taxes（accessed on 20240228）.

③ 详见美国政府网站，https：//www.state.gov/sales-tax-exemption（accessed on 20240228）。

保留地的交易排除在州和地方的销售和使用税之外（尽管许多印第安人部落可能单独征收他们自己的销售和使用税，独立于这些保留地所在的州）。此外，向联邦政府进行的销售可能被明确免除州和地方的销售和使用税，而且根据美国最高法院发布的先例，也将被排除在外。

（2）州和地方的免税。其他州和地方层面的免税因各税收管辖区而异，但可以归纳为以下四个不同的类别：基于组织类型的免税；基于物品类型的免税；基于用途类型的免税；基于交易类型的免税。

（三）征税

销售税是对州内零售交易（位于同一州内的买方和卖方之间的销售）征收的基于交易的税收，并按交易所得收入的百分比计算。州销售税法的法律效力可能是针对买方（"消费者"税）或卖方（"供应商"税）。然而，无论是何种形式的税收，消费者一般都会承担实际的税收成本，而供应商则会承担合规成本。

使用税是对销售税的补充，是对在一个州内使用、储存或消费未被征收销售税的财产或应税服务而征收的。从本质上讲，使用税是为了防止在州际零售交易（位于不同州的买方和卖方之间的销售）中规避销售税，对在一个州采购但打算在另一个州使用或享受的商品和服务征税。只要在一个州为这种州际交易支付了销售税，就可以抵扣未缴纳的任何使用税。

（四）销售地

一般来说，销售的来源是基于交易的性质。例如，如果销售发生在一个固定的地点，如在商店的柜台销售，则销售地是该地点。

对于涉及买方和卖方（可能还有销售的货物）在不同地点的州内远程销售，交易的来源可能是买方收到货物的地方、卖方接受订单的地方或货物运输的地方。

对于州际远程销售，一般在目的地（即买方收到货物的地方）征税，无论所有权在哪里转移到最终客户。在这种情况下，需要缴纳使用税，而不是销售税，如果卖方与目的地州有关系，则必须由卖方收集和汇出。如果卖方与目的地州没有关系，买方必须自行评估并向该州支付使用税。

州内销售地在各州之间存在差异。大多数州以目的地为基础征收地方税，这意味着客户所在地的地方销售和使用税将适用。其他州则以产地为基础征收地方税，这意味着供应商或托运人所在地的地方销售和使用税将被适用。

无形商品（如数字产品、软件）或可能在多个地点使用的服务的采购带来独特的挑战。许多州将允许买方根据使用情况分配应缴的销售税，方法是在销售时向卖方提供使用分配表，或在购买和缴税后提出退款要求。处理此类交易的适当程序和方法因州而异。

（五）登记、备案事宜

卖家必须在与其交易有联系（nexus）的州的税务部门注册登记，以缴纳销售和使用税，并保留从客户那里收到的免税证书。销售和使用税的申报是按月或按季度进行的，这取决于具体州的法律。

在某一特定时期没有进行任何应税交易的卖家可能被免除定期申报，或者他们可能被要求提交零申报，表明没有发生应税交易。

（六）罚则[①]

所有州都对未依法申报和支付销售和使用税的行为进行处罚。各州的罚金率各不相同。在不涉及欺诈的情况下，罚金为应缴税款的 5%～25%；在涉及因欺诈而未申报或支付的案件中，处罚可超过 10 万美元。

同样，所有州都对应缴而未缴的税款征收利息。一般来说，从到期日开始计算利息，直到支付日期。各州收取的利率各不相同，年利率为 1%～14%。一些州根据最优惠利率，加上一些额外的百分比来确定其利率。其他州则通过立法确定利率。立法规定的利率变化较少，而与最优惠利率挂钩的利率一般每季度、每半年或每年变化一次，这取决于市场条件。

---

① 详见威科官网：https://www.wolterskluwer.com/en/expert-insights/sales-use-tax-foundations-part-10-penalties（accessed on 20240228）。

一四六、乌拉圭

（Uruguay）

（一）基本介绍[①]

乌拉圭于 1972 年 12 月 29 日开征增值税，主管机关为税务局（Directorate General of Taxes）。目前，乌拉圭的增值税税率分为零税率、22% 的标准税率和 10% 的低税率。

（二）纳税义务人

增值税的纳税义务人是指在乌拉圭经营业务过程中提供应税货物或服务的企业所得税纳税人。此外，独立活动的个人所得税纳税人以及在乌拉圭提供服务或从事商业活动的非居民都要缴纳增值税。增值税纳税人的定义适用于在乌拉圭的常设外国企业。在乌拉圭，无论是本国实体还是外国实体，都应为进口征税货物缴纳增值税。

乌拉圭没有设置增值税的登记门槛，也没有关于豁免登记的规定。对于在乌拉圭有常设机构的居民纳税人和非居民纳税人来说，在税务局进行增值税的纳税登记是强制性的。

（三）应税范围及税率

1. 应税范围

增值税适用于以下交易：应纳税人在乌拉圭提供货物或服务；从乌拉圭境外进口货物（不论进口商的身份）。

2. 标准税率 22% 征税对象

除另有规定外，通常情况下应税货物和服务适用 22% 的标准税率。

3. 零税率征税对象示例

货物出口适用零税率。

4. 税率 10% 的征税对象示例

适用 10% 税率的征税对象包括但不限于：（1）基本食品；（2）肥皂；（3）药物；

---

① 本篇如无特别注明，资料均来自乌拉圭投资、出口和国家品牌促进局发布的《投资者指南》（2022 年版）。

（4）旺季期间酒店向居民提供的服务；（5）旅游服务；（6）健康服务。

5. 免税对象示例

免税对象包括但不限于：（1）外币、证券、债券、股票和其他金融交易；（2）牛奶；（3）书籍、报纸、杂志和教育材料；（4）水；（5）淡季期间酒店向居民提供的服务。

（四）应税时间

标准的应税时间为货物转移时或提供服务时。应税交易的发票必须在商品或服务提供时开具。

进口货物的应税时间，可以是进口日期，也可以是确定货物享受暂免关税制度（leave a duty suspension regime）的日期。

需要注意的是，税务机关可以授权，对于纳税人的所有交易根据对应的交易合同日期确定纳税。因此，如果应税事件没有最终发生（即，如果没有提供服务或没有交付货物），则不会对押金和预付款征税，因为付款本身不能被视为应税事件。

对于持续提供的服务，乌拉圭增值税条例规定的应纳税时间按月确定。

（五）申报、缴纳与抵扣规则

1. 申报要求和税款缴纳

增值税申报表一般按月提交。小规模纳税人①必须每年提交纳税申报表，在其财政年度结束后的第二个月提交年度纳税申报表，例如，如果一个小规模纳税人在 12 月结束其财政年度，则其年度增值税申报表应在次年的 2 月前提交。税务机关决定哪些企业符合"小规模纳税人"的资格。一般纳税人需要每月提交纳税申报表，月度增值税申报表在交易报告月份的次月申报，截止申报日期由税务行政机关在每年年初公布。所有纳税人都应该通过在线平台以电子方式提交纳税申报表。

所有增值税纳税人（一般纳税人）必须按月缴纳增值税。每月增值税申报和缴纳应在交易报告月份的下一个月到期。确切的付款日期取决于纳税人的登记号（RUT）。

对于小规模纳税人而言，增值税是每年支付一次的，因此他们需要预测当月的增值税销项税额以及增值税进项税额，并在税务网站上填写数据，说明本月应支付多少增值税税款。

2. 进项税抵扣

应纳税人可以对增值税进行进项税抵扣，通常通过从销项税中扣除进项税的方式。

进项税不得在购买不用于制造应税物资或其他商业目的的货物和服务（例如，企业

---

① 小规模纳税人（small taxpayers）指的是在上一会计年度未超过某些收入门槛（2018 年约为 35000 美元）的纳税人，其可以选择通过称为"小型企业增值税"（VAT for small enterprises）的特殊制度来缴纳增值税。

家为私人使用而购买的货物）时进行抵扣。此外，部分营业性支出项目的进项税可能无法抵扣，例如专业人士购买汽车、货车或卡车。

可以扣除进项税的对象包括但不限于：（1）商务礼品；（2）购买、租赁或租用汽车、货车和卡车（专业人员除外）；（3）广告与赞助；（4）停车场的费用；（5）差旅费；（6）出席会议和研讨会；（7）家庭电话和移动电话的商业使用。

乌拉圭不退还外国企业产生的增值税，除非外国企业在乌拉圭有常设机构。

（六）发票管理[①]

提供货物或服务必须开具增值税发票。虽然乌拉圭法律并没有规定增值税发票中必须包含哪些信息，但其通常包括：（1）买方和卖方的名称、地址和纳税人识别号（RUT）；（2）交付的货物或服务的类型和数量；（3）发票号码；（4）发票开具的地点和日期；（5）适用的增值税率和增值税金额；（6）货物的总价。

发票必须用乌拉圭比索表示，并用西班牙语书写。在2025年1月1日之前，乌拉圭已注册增值税纳税人必须注册电子发票。

注册增值税的企业必须保留与增值税相关的文件以及与税收评估相关的其他记录，至少保存相关报告期结束后5年（在欺诈或行政不合规的情况下为10年）。乌拉圭法律不允许在国外保留会计记录。通常，纳税人必须以纸质形式保存原始文件。

（七）罚则

对于未登记增值税没有具体处罚，但是，未能提交增值税申报表将被处以700~790乌拉圭比索的罚款。

对于逾期填报增值税申报表、逾期缴纳税款的处罚。逾期申报纳税的将处以600乌拉圭比索、620乌拉圭比索或者670乌拉圭比索的罚款；逾期缴纳增值税的，处以应缴纳税款的5%、10%或者20%的罚款。上述罚款金额、罚款率取决于逾期时长。此外，滞纳金按不同比率计收利息。

对于错误纳税的处罚。乌拉圭没有针对错误纳税规定处罚条款，若发生错误纳税，可参考逾期申报、逾期纳税或税收欺诈的情形进行针对性处罚。例如，应纳税人未及时告知税务机关其增值税纳税登记信息的变更，将导致罚款。具体罚款数额取决于逾期告知的时间长短：逾期90天以内罚款630乌拉圭比索；逾期1年以内罚款2490乌拉圭比索；逾期超过1年罚款3550乌拉圭比索。

对于税务欺诈的处罚。在发生税务欺诈的情况下，罚款总额可能是违法行为导致应缴未缴税款的1~15倍，且责任人可能被处以6个月至6年的监禁。

---

① 详见 croner-i 网站：https：//library. croneri. co. uk/wkus-tpm01-caca905a7c991000bdce90b11c2ac4f1022-subdoc11（accessed on 20240228）。

一四七、乌兹别克斯坦
（Uzbekistan）

（一）基本介绍[①]

乌兹别克斯坦自1992年起开始征收增值税。其增值税主管机关为财政部和国家税务委员会（State Tax Committee）。

（二）纳税义务人

增值税的纳税义务人是指进行应税交易的个人或法人实体，包括：（1）从事商业活动的法人实体；（2）依据规定缴纳对非居民的供给实行反向征收机制的法人实体；（3）进口货物和服务的法人实体和个人；（4）简单合伙关系中的合伙人。

在乌兹别克斯坦，年营业额超过10亿苏姆的法人实体和个体必须向税务机关进行增值税纳税登记。货物的进口商无论年营业额如何，都必须向税务机关进行增值税纳税登记。年营业额低于10亿苏姆的法人实体和个体（货物进口商除外）既有资格在简化的税收制度下缴纳基础税（revenue-based tax），以取代企业所得税和增值税，也可以自愿进行增值税纳税登记。

自2020年1月1日起，有关数字服务的增值税的新规定开始实施。因此，对于通过互联网向乌兹别克斯坦个人提供数字服务的非居民企业（即B2C），需要在乌兹别克斯坦进行增值税纳税登记，并根据所提供服务的营业额（如果供应地被视为在乌兹别克斯坦）计算增值税的税额。

（三）应税范围及税率

1. 应税范围

乌兹别克斯坦对境内提供货物和服务以及进口货物（零税率或特别豁免的除外）

---

① 本篇如无特别注明，资料均来自《乌兹别克斯坦共和国税法典》。

和服务征增值税。同时，任何已支付的消费税也属于增值税的税基。

2. 标准税率征税对象

除另有规定外，通常情况下应税货物和服务适用15%的标准税率。

3. 零税率征税对象

适用零税率货物和服务包括但不限于：（1）货物出口；（2）国际运输服务；（3）为私人消费者提供的公共事业服务；（4）为外交使团提供的供公务使用的货物和服务。

4. 免税对象

重要的免税对象有：（1）金融服务（如大部分的银行服务、保险和再保险交易）；（2）批准名录列明的进口药品和医疗产品销售；（3）教育服务；（4）餐饮服务；（5）政府提供的客运服务（即公共交通系统）。

（四）应税地点和应税时间

1. 应税地点

服务销售地根据服务提供的类型确定。例如，服务提供方既有居民又有非居民法人实体的，在以下情形下视为在乌兹别克斯坦境内提供服务：（1）咨询、审计、法律、会计、广告、工程、数据处理服务的买方在乌兹别克斯坦的；（2）个人提供服务的买方在乌兹别克斯坦的，前提是上述个人在买方所在地履行责任；（3）建筑、安装、装配和修理服务涉及的不动产或租赁的不动产在乌兹别克斯坦的；（4）安装、装配、修理和技术维护服务涉及的动产位于乌兹别克斯坦。上述服务适用反向征收机制。

2. 应税时间

提供货物的基本应税时间为交付货物、开具发票收据或所有权转移给买方这三者的最早时间。提供服务的基本应税时间是接受服务或收到发票两者中的较早时间。

（五）申报、缴纳与抵扣规则

1. 申报要求和税款缴纳

在乌兹别克斯坦，增值税纳税申报表是按月（日历）提交的。申报截止日期为报告期次月20日前。税务报告（包括报表和计算）必须由纳税人编制并提交给该纳税人注册的地方税务机关。同时，纳税人必须在报告期次月20日前缴纳税款。纳税人必须通过电汇从其银行账户向预定的特殊国库账户缴纳增值税。纳税申报表可以通过税务局网站以电子方式提交，除特殊情况外，电子申报是强制性的。

2. 进项税抵扣

应税人通常从销项税中扣除进项税。进项税包括在乌兹别克斯坦购买的货物和服务的增值税和进口货物的增值税。与免税货物和服务的供应有关的进项税以及与非营业成本有关的进项税不能用于进项税抵扣。

一般来说，与免税货物生产和采购直接相关的进项税是不能抵扣的。应税人同时提供免税货物和应税货物的，不得全额扣除进项税额，一般采用按比例法或直接分配法计算。

在乌兹别克斯坦进行纳税登记的非居民企业，可以对其在乌兹别克斯坦产生的进项税进行抵扣。

（六）发票管理①

乌兹别克斯坦有特定的增值税发票格式和必须遵循的一般开票规则。发票应在服务完成或货物转移时开具。必须保留发票才能抵扣进项税。如果持续提供服务，则应在当月的月底开具发票。

从 2020 年 1 月 1 日起，所有应纳税人都强制要求使用税务机关的特殊系统开具电子发票，但没有要求强制性使用的软件供应商。来自电子增值税发票平台的数据被自动作为起草增值税申报表的销项和进项税的数据。

应纳税人需要保管所有的会计记录和证明文件、发票、合同、运输单据等，保存期要求至少 5 年。

（七）罚则

对于逾期登记的，罚款额为应缴纳税款的 5%，自应缴纳税款之日起至实际登记之日止。罚款不得少于 500 万苏姆。②

未缴纳或逾期缴纳增值税的，或未完全缴纳增值税的，应按少缴或逾期缴纳税额的 20% 缴纳罚金。对于逾期或未提交增值税纳税申报表的，每延迟一天，滞纳金利息按到期税额的 1/300 计算。③

对于有意隐瞒而少报的（即故意逃税），按隐瞒少报金额的 20% 处罚。此外，数额较大的，可以给予刑事处罚和行政罚款。④

---

① 详见乌兹别克斯坦共和国内阁 2020 年 8 月 14 日第 489 号决定附件 2《关于发票格式及其填写、提交和验收程序》。

② 详见 lovat 网站：https：//vatcompliance. co/countries/uzbekistan-vat（accessed on 20240228）。

③ 详见 croner-i 网站：https：//library. croneri. co. uk/wkus-tpm01-c58b26bc7cb81000948cd8d385ad1694017-sub-doc11（accessed on 20240228）。

④ 详见 tax-legal 网站：https：//tax-legal. uz/en/tax-control-and-sanctions（accessed on 20240228）。

一四八、委内瑞拉
（Venezuela）

（一）基本介绍[①]

委内瑞拉自 1993 年 10 月 1 日起开始征收增值税。其增值税主管机关为财政部和税务管理局。

（二）纳税义务人

在委内瑞拉境内发生应税行为的纳税人为增值税的纳税人，包括货物的进口商、制造商、贸易商，服务的提供者，以及作为其业务活动一部分而进行增值税应税活动的个人或法人实体。非居民纳税人提供商品或服务，由该商品或服务的购买方缴纳增值税。国营企业、中央政府、各州、直辖市及其分支机构，除法律规定的豁免外，须缴纳其应税项目的增值税。

委内瑞拉的国家税务总局指定具有"特殊纳税人（special taxpayers）"[②] 资格的纳税人作为扣缴义务人，负责代扣代缴增值税。特殊纳税人必须担任购买个人财产或者为普通纳税人的供应商提供服务所产生的增值税的扣缴义务人。扣缴金额的计算方法是将所提供货物或服务的发票价格乘以标准税率的 75%。故目前的有效预扣税率为 12%。扣缴的增值税视为供应商的预付款，可在扣缴期间或收到扣缴凭据期间（以较晚者为准）从纳税义务中扣除。在每月 1～15 日期间扣缴的，扣缴义务人必须在 5 个工作日内将扣缴的税款上缴国库。扣缴税款自当月 16 日起至月末止，必须在次月前 5 个工作日内缴入国库。扣缴的增值税必须每周提交一次，并考虑税务局发布的日历。

委内瑞拉没有设置增值税的登记门槛（即，所有提供应税业务的实体都有义务进行增值税纳税登记），因此没有关于豁免登记、自愿登记的规定。在委内瑞拉开展应税业务的个人和实体，都必须获得纳税人识别号（RIF）。

---

① 本篇资料来自委内瑞拉《增值税法》。
② "特殊纳税人"一词是由委内瑞拉税务局创建的一个类别，指由于其高收入水平或其商业部门（石油和天然气）由税务局指定，需要履行额外的义务和手续。

（三） 应税范围及税率

1. 应税范围

委内瑞拉对下列行为征收增值税：在委内瑞拉境内提供商品或服务；进口货物或服务；提供货物和服务的出口（居民纳税人向在委内瑞拉没有永久或固定经营场所的纳税人提供的个人服务）。

增值税适用于以下交易：（1）有形动产的销售；（2）货物的最终进口；（3）货物和服务的出口；（4）在委内瑞拉境内提供或使用的独立服务，包括从国外提供的服务。

2. 适用16%税率的征税对象

委内瑞拉增值税的标准税率为16%。管理当局有权在增值税法规定的范围内确定各自的增值税税率。

3. 适用15%税率的征税对象

奢侈品消费税（附加率）目前为15%，适用且不限于以下服务：（1）进入限制的餐厅、夜总会和酒吧的会员费和维护费；（2）租用民用船只或飞机，用于娱乐活动或体育活动；（3）第三方通过短信或其他技术手段提供的服务。

15%的税率也适用于《增值税法》规定的某些货物的销售或进口，以及特定的服务。

4. 零税率征税对象

出口有形个人财产和有形动产货物适用零税率。出口服务适用零税率。

5. 免税对象

免税对象包括但不限于：（1）食物和个人消费品，如面包、大米、盐、糖、咖啡、牛奶、面食和人造黄油；（2）书籍、报纸和杂志；（3）由教育、文化体育部和在高等教育部登记的机构提供的教育；（4）陆上或海上乘客使用的公共交通；（5）国家公园、博物馆和文化中心的门票；（6）银行和保险服务；（7）外交官员根据委内瑞拉签署的国际条约作出的进口；（8）医疗援助服务；（9）住宅用电；（10）肥料。

进口特定的商品和服务享受减免增值税，对于从事工业生产的企业，在预生产阶段所进口或购买的符合条件的资产和服务，可予减免增值税。

（四） 应税时间

增值税通常在应税事项发生时产生。

销售有形动产时，应税时间的规定如下：对于公共实体的销售，付款单被授权的日期为应税时间。对于所有其他销售，以开具发票或必要的单据时，或付款到期，或实际支付时的最早者为准。

提供服务时，应税时间的规定如下：对于电力、电信及广播电视服务的供应，发票发出日期为应税时间；对于向公共实体提供的服务，支付指令被授权的日期为应税时间；对于其他服务，以开具发票或必要的单据时，或付款到期或实际支付时，或提供服务时的最早者为准。

进口货物的应税时间是在海关申报登记到期时。

对于上述未列出的其他应税供应，应税时间以开具发票或必要的单据时，或付款时，或收到实物时的最早者为准。

（五）申报、缴纳与抵扣规则

1. 申报要求

委内瑞拉的增值税要求按月（日历）进行申报，纳税申报表须在纳税期后的 15 日内提交。目前，所有纳税人须通过委内瑞拉海关和税务总局门户网站进行网上申报。非居民企业无须申报增值税，除非在委内瑞拉境内设有常设机构或者有后续经营。

增值税纳税人必须保留税务机关执行税收合规检查时所必需的账簿、记录、档案和账户信息等材料。

2. 进项税抵扣

进项税额抵扣产生于购买和进口货物，或接受与纳税人在习惯性经济活动中适当发生的成本或费用有关的服务所支付的税款。根据委内瑞拉《增值税法》，当应税行为发生时，进项税被认为是由货物或服务的接受方有效支付的。可抵扣进项税额大于一个纳税期间应纳税总额的，其差额作为有利于纳税人的税收抵免处理，可以结转下一个纳税期间或者以后的纳税期间。

进项税抵扣是每个一般纳税人的个人权利，此项权利不得转让给第三方，但下列情况除外：（1）与正常出口活动中购买货物或获得服务有关的退税；（2）公司合并，合并后的公司享有与被合并公司相对应的税收抵免余额；（3）出口商退税，出口国内货物或服务的一般纳税人有权就其出口活动获得和接受货物或服务所支付的税收抵免额享受退税。

退税在签发特别退税证书（Certificados Especiales de Reintegro Tributario，CERT）时生效，出口商可以用这笔金额抵减其应向税务局缴纳的税款，也可以将该证书转让给第三方。

进项税抵扣不得用于购买不用于制造应税物资或其他商业目的的货物和服务（例如，企业家为私人使用而购买的货物）。此外，如果没有支持交易的文件，或者如果一个或多个正式发票没有满足要求，则其进项税可能无法抵扣。

（六）发票管理

纳税人必须在销售货物和提供服务时提供增值税发票。如果增值税发票是以外币开具的，还必须使用委内瑞拉中央银行公布的交易日期的汇率进行替换。

在委内瑞拉，只有大型服务提供商（通常是公用事业的企业，包括私营企业或公共法律实体）的纳税人，才允许使用电子发票，具体包括：（1）电力；（2）饮用水；（3）家庭燃气；（4）城市清洁；（5）基本电话服务；（6）移动电话服务；（7）订阅传播服务；（8）互联网服务。

（七）罚则

未能按照要求及时进行纳税登记的，将被处罚关闭机构 5 日和罚款 50 个税务单位（目前，1 个税务单位的价值为 50 委内瑞拉玻利瓦尔，相当于 0.00201 美元）。

逾期纳税自到期日起不足 1 年的，每延迟 1 天，罚款为到期金额的 0.28%，最高不超过 100%；逾期纳税自到期日起超过 1 年但不足 2 年的，罚款比先前规定的多，相当于到期金额的 50%；逾期纳税自到期日起超过 2 年的，在先前所示金额的基础上再处以相当于到期金额 150% 的罚款。

未扣缴税款可能会导致以下罚款：完全未扣缴税款的，将适用相当于未扣缴税款 500% 的罚款；扣缴税款比应缴数额少的，每迟延 1 日都将处以相当于未扣缴税款 5% 的罚款（最长迟延 100 日的情况下）；如果未如实上缴其扣缴税款的，罚款将为相应金额的 1000%，并判处纳税人或责任人 6 个月至 7 年的监禁。

对于税务欺诈，犯罪嫌疑人将被处以 6 个月至 7 年的监禁。

一四九、越南
（Vietnam）

（一）基本介绍[①]

越南增值税自1999年1月1日起开始征收，增值税主管机关为越南财政部。

（二）纳税义务人

纳税义务人是指需要缴纳增值税的组织或个人，包括在越南生产和交易应税货物和服务或从海外进口应税货物和服务的组织和个人。

越南没有增值税登记门槛。越南的《增值税法》不包含任何免于登记的规定。尽管如此，出口加工企业和非应税给付的供应商可免于进行增值税申报。

（三）税率

1. 标准税率10%

除适用零税率、低税率或属于免税的情形外，所有货物和服务适用10%的标准税率。

2. 零税率

零税率征税对象包括：（1）出口货物和服务，包括向越南境外的海外组织或个人出售的货物和服务，以及向非关税区的组织或个人提供的货物和服务；（2）在海外或出口加工区内进行的建筑和安装；（3）国际运输。

3. 税率5%

5%税率征税对象包括：（1）水（瓶装水除外）；（2）药品和医疗设备（医疗服务包内的药品除外）；（3）教学工具；（4）农产品；（5）销售或租赁的住宅房屋。

---

① 本篇资料来自越南《增值税法》。

4. 免税

免税对象包括：（1）未加工的农产品；（2）牲畜；（3）土地使用权；（4）信贷活动、信贷担保、金融租赁和金融衍生品服务；（5）资本转让；（6）证券转让；（7）人寿保险服务。

（四）应税时间

就货物而言，增值税的给付时间（纳税时间）是货物的所有权或使用权转移的时间，无论是否付款。

对于服务，纳税时间是服务完全完成或服务发票开出的时间，在这两种情况下，不管购买者是否付款。

（五）申报、缴纳与抵扣规则

1. 申报

企业一般需要在次月的 20 日之前向税务局提交月度纳税申报。例外情况是按季度申报的纳税人（允许上年度收入在 500 亿越南盾以下的企业）。新成立的组织有资格选择按季度申报增值税的选项。从下一个日历年起经营 12 个月后，如果符合按季度申报增值税的条件，该实体可以请求当地税务机关允许继续按季度申报增值税。

如果该实体有资格按季度缴纳增值税，并希望将增值税月度申报改为季度申报，则最迟应在开始进行增值税月度申报当年的第一个月的最后期限内，以 01/DK-TDKTT 号法定表格通知当地税务局。增值税的申报方式必须在一个日历年内固定。

2. 抵扣

企业可以对用于生产或交易的货物或服务所支付的进项税进行抵扣。为获得增值税抵扣，纳税人需提供通过银行付款的证明文件，但采购价值低于 2000 万越南盾的情况除外。银行付款必须从买方银行账户支付到供应商银行账户。

一般来说，必须保留有效的税务发票以支持进项税额抵扣的要求。税务发票必须说明税前价格、增值税和应付总额。确定可抵扣进项税额的依据是以下文件中的增值税金额：货物或服务的有效税务发票；证明在进口阶段支付增值税的文件；证明代表外国一方支付增值税的文件。

如果一个企业因漏开税务发票或缴税收据导致申报中未申请扣除该项增值税，可以进行补充申报，要求抵扣。但是，任何补充的增值税抵扣申报必须在税务机关对在该场所进行的任何税务检查作出决定之前进行。

原则上，纳税人在越南抵扣进项税的时限为进项税发生的期间，无论产品是被使用还是仍在储存中。如果纳税人发现进项税的申报不正确，可以在税务机关或主管部门宣布对纳税人的场所进行税务检查的决定之前进行调整。

（六）发票管理

纳税人必须为所有的应税给付提供发票，包括出口。发票有四类：（1）出口交易的出口发票（即需要使用商业发票而不是增值税发票）。自 2022 年 7 月 1 日起，所有出口交易都需要使用增值税电子发票或销售电子发票。（2）适用于税收抵免方法的纳税人国内交易的增值税发票。（3）适用于直接方法的纳税人国内交易的销售发票。（4）其他，包括收据、票据和其他凭证。

（七）罚则

不遵守增值税登记要求（如适用）可能会被罚款。逾期登记的罚款为 100 万 ~ 1000 万越南盾，取决于延误的时间长短。

自 2016 年 7 月 1 日起，逾期缴纳增值税的利息按每天 0.03% 的累进税率征收。

不遵守税务申报要求可能会被警告或罚款，金额为 200 万 ~ 2500 万越南盾，取决于延迟的时间长度。

少报应缴税款或多报应退税款、免征税款的，将被处以拖欠税款或多报应退税款、免征税款 20% 的罚款。

如果发生逃税或避税行为，可能会被处以拖欠税款 1 ~ 3 倍的罚款。

一五○、赞比亚
（Zambia）

（一）基本介绍[①]

赞比亚自 1995 年 7 月 1 日起开始征收增值税。其增值税主管机关为赞比亚国家税务局（Zambia Revenue Authority）。

（二）纳税义务人

赞比亚增值税的纳税义务人为已注册或根据增值税法被要求注册为增值税纳税人的人员，并且包括税务代理人或接受进口服务的人员。在赞比亚境内提供应税劳务的境外单位或个人的扣缴义务人为向其支付费用的购买方。

在赞比亚任何公司/合伙企业，个人，非政府组织、俱乐部、协会、传教机构，以及其他在社团登记处注册类似的组织，均需要注册纳税人识别号码（TPIN）。该号码是按照企业所属法律实体采用计算机随机生成的号码。TPIN 是国内税务和海关部门所有税务登记手续的先决条件。

一旦注册 TPIN，且企业如果处理应税商品和服务且其应税营业额超过每年 80 万克瓦查的登记门槛，则需要申请增值税登记。若企业不符合法定要求的注册门槛也可以自愿登记增值税。

（三）应税范围及税率

1. 标准税率16%

16%的标准税率适用于所有的货物或服务，除非另有规定。

2. 零税率

零税率征税对象包括：（1）出口货物；（2）书籍和报纸；（3）外国援助捐款；

---

① 本篇资料来自赞比亚国家税务局发布的《增值税指南》（2023 年版）。

（4）医疗用品和药品；（5）面包和小麦。

3. 免税

免税对象包括：（1）卫生和教育服务；（2）供水和污水处理服务的供应；（3）大多数公共交通服务；（4）房地产交易；（5）金融服务（自2011年1月1日起生效，以费用为基础的银行服务按标准税率征收增值税）；（6）保险服务（自2011年1月1日起生效，财产保险和意外险按标准税率征收增值税；（7）基本的食物；（8）农业用品。

（四）应税时间

1. 货物供应

货物供应的税收确认时间为：（1）从卖方或供应商处移出货物时；（2）买方收到货物时间；（3）收到付款时；（4）开具税务发票时。

2. 服务供应

服务供应的税收确认时间为：（1）收到付款的时间；（2）开具税务发票的时间；（3）实际执行时间。

（五）申报、缴纳与抵扣规则

1. 申报要求

增值税的纳税期为1个月。预扣式增值税必须在税期结束后的第16日之前申报，普通增值税必须在第18日之前申报。如果有10笔或更多的交易，则必须进行增值税电子申报。

2. 进项税抵扣

在赞比亚，纳税人进行进项税抵扣的时间限制是3个月。索赔只能在发票开出后的3个月内进行。

进项税包括在赞比亚购买的货物和服务所收取的增值税，以及进口货物和服务所支付的增值税。

购买非用于商业目的的商品和服务（例如，企业家为私人使用而购置的商品），不得收回增值税，也就是不可抵扣进项税。

此外，某些商业支出不得收回进项税，包括应税供应商直接或间接向任何人提供的与应税供应商开展的业务有关的食品、饮料、娱乐、消遣、休闲或任何形式的招待，以及任何牙科内部运输。

（六）发票管理

应税货物和服务的供应商必须向购买者开具税务发票。所有的进项税额抵扣申请都需要有一张有效的税务发票。税务发票可用于支持进项税额抵扣的期限为 3 个月。

所有的税务发票必须由国家税务局批准的软件包开具。纳税人可以在开具发票之前，向税务机关申请批准其会计软件包。

赞比亚允许电子发票，但不是强制性的。自 2020 年 1 月 1 日起，纳税人也需要使用电子财政设备（EFD）。纳税人在进行增值税登记时必须有 EFD。EFD 的申请可以通过电子方式（通过税务在线系统）或实物方式（通过纸质方式）进行。法定条款允许税务部门运用其自由裁量权，批准某类纳税人使用 EFD 以外的文件、装置或设备。在所有企业对企业和企业对政府的交易中，必须采集并以电子方式向国家税务局传送应纳税人识别号以及货物和服务的买方和卖方的姓名。

自 2021 年 1 月 1 日起，赞比亚实施新修订的《增值税法》，该法律明确了电子支付机必须在销售点提供给客户作为支付方式使用。

（七）罚则

应税人有资格登记但仍未登记的每个税期，罚款 3000 克瓦查。应税人还需对同一时期的销售额进行评估，不允许扣除进项税。

对逾期付款和申报的，每逾期 1 日处以 300 克瓦查或 0.5% 应纳税额的罚款，以二者中高者为准。不履行增值税纳税义务的，处以应纳税额的 0.5% 的滞纳金，同时按照赞比亚银行公布的利率按日计算利息，并加收 2% 的罚息。自 2021 年 1 月 1 日起，对未遵守在销售点使用电子支付机作为支付方式的处罚为 2.7 万克瓦查。

对于增值税申报表中少申报的金额，例如，在增值税检查访问后发现并评估的少申报金额，应按赞比亚银行的折扣率加 2% 收取利息。

如果没有从经批准的计算机软件包、预印的税务发票簿或财务化的收银机上开具税务发票，可导致 9 万克瓦查的处罚。

对发布虚假申报和声明的纳税人或责任人，可处以最高 6000 克瓦查的罚款或不超过 2 年的监禁，或两项处罚同时执行。

一五一、津巴布韦
（Zimbabwe）

（一）基本介绍^①

津巴布韦自 2004 年 1 月 1 日起开始征收增值税。其增值税主管机关为津巴布韦税务局（Zimbabwe Revenue Authority，ZIMRA）。

（二）纳税义务人

1. 一般规定

"注册经营者"是指根据增值税法案注册或需要注册的人员。此实体必须全部或部分在津巴布韦进行经济活动。此类实体包括公共当局、地方当局、公司或法人团体（无论是法人还是非法人）、已故或无力偿债人士的遗产和信托基金。

津巴布韦增值税注册门槛为 4 万美元或等值津巴布韦元（ZWL）。纳税人必须在有义务注册的 30 日内通知税务局其有义务注册增值税。

2. 免于注册

免税货物的贸易商和《日内瓦公约》下的免税机构的货物贸易商在津巴布韦免于注册增值税。

3. 自愿注册和小企业

增值税法要求自愿注册的贸易商在获得批准之前，须向税务机关证明其有资格注册增值税。而对于小企业则没有特别规定。增值税注册许可视具体情况确定。公司不能仅为抵扣进项税而申请增值税登记。

4. 集团注册

津巴布韦不允许进行增值税集团注册。

---

① 本篇资料来自津巴布韦《增值税法》和津巴布韦税务局官网，http://www.zimra.co.zw（accessed on 20240228）。

5. 非居民企业

非居民企业是指在津巴布韦没有固定机构的企业。此类企业在津巴布韦提供商品或服务须指定一名税务代表，代表其承担增值税代扣代缴等义务。税务代表须居住在津巴布韦。

6. 税务代表

在津巴布韦境内经营业务但在津巴布韦无实体的外国公司或个人可以任命津巴布韦居民/实体作为其代表。税务代表只能以其代表身份代表其委托人负责税务事宜。

7. 反向征收

反向征收制度适用于进口服务，且价格可由客户而非供应者确定。例如，在农产品销售中，在确定价格之前必须进行称重或分级。此行为需要税务机关的事先批准。

货物进口商需要支付增值税。进口服务的接受者需要自行评估应纳税额并向税务局申报税款。进口服务增值税应于以下日期中最早时缴纳：次月25日前；或在发票上注明日期；或付款日期后30日内。

8. 数字经济

自2020年1月1日起，向津巴布韦居民提供卫星广播服务和电子商务运营商的外国供应商（年收入至少为100万津巴布韦元）必须注册为增值税纳税人。这适用于企业对企业（B2B）和企业对消费者（B2C）的应税行为。

9. 注册程序

应纳税人必须在达到注册门槛后30日内向税务局进行注册。注册可以手动或在线形式完成。监管机构需要至少5个工作日来处理增值税注册申请表。受新冠疫情限制，自2020年3月起，增值税注册通过在线注册或电子邮件发送注册表格的方式进行。

10. 注销登记

如果12个月内货物或服务的应税营业额不超过780万津巴布韦元，或从任何纳税期开始的12个月内预计不超过780万津巴布韦元，则已注册经营者可申请注销登记。

（三）应税范围及税率

1. 标准税率

除适用零税率或属于免税的情形外，所有货物和服务适用15%的标准税率。

2. 零税率

零税率征税对象包括但不限于：（1）出口货物及服务；（2）基础食品如糖、大米等；（3）用于农业用途的某些商品，如动物饲料、化肥、种子、动物药、杀虫剂、植物、拖拉机以及出口时指定的农具。

3. 免税

免税对象包括但不限于：（1）医疗服务；（2）经登记的机构提供的教育；（3）（付费的）铁路或公路旅客运输；（4）住宅租赁；（5）员工住宿；（6）家用水、用电；（7）大多数燃料和燃料产品。

（四）应税时间

1. 一般规定

商品和服务的应税时间通常指的是以下活动中最早者：（1）供应商或接收方就供应开具发票；（2）收到供应支付的对价；（3）如果移交不动产，则在接收方占有时；（4）如果供应动产，从销售地运输时；（5）如果提供服务，则在提供服务时。

2. 押金和预付款

预付款的应税时间是收到付款的日期。如果押金构成对价的一部分，则应税时间为支付或收到押金的时间。如果货物或服务的供应是附条件的，押金的应税时间可能会延迟。

3. 持续提供服务

定期供应的应税时间为到期付款日期、收到付款日期或收到仅与该付款相关的发票日期中孰早者。

4. 经批准出售或可退货的货物

经批准出售或可退货的货物供应时间取决于销售协议下的"冷却期"。如果在冷却期内退货，则无应税时间；冷却期内决定购买的日期为应税时间。如果未退货，则应税时间为冷却期到期之日。

（五）申报、缴纳与抵扣规则

1. 增值税抵扣

纳税义务人可从销项税中扣除进项税（即对为商业目的向其提供的商品和服务征收的增值税），而销项税是对所生产的商品征收的增值税。如果满足以下所有条件，可以抵扣进项税：

（1）费用发生在应税产品的制造过程中。

（2）申请人拥有有效的税务发票或报关单（进口）。

（3）《增值税法案》未明确禁止进项税扣除的申请。

（4）自2022年1月1日起，进项税抵扣申请仅使用财政发票。发票必须在发票正面的显眼位置显示"财务发票"字样。这旨在迫使注册运营商对财政设备进行财政规模化，并与税务局进行对接，以便于实时传输数据。如果注册运营商的税控设备未与税务局服务器连接，则不会向其颁发完税证明。

（5）在津巴布韦，纳税人抵扣进项税的期限为12个月。发票可在发票开具之日起12个月内进行抵扣。作为过渡措施的一部分，2021年12月31日之前开具的发票可用于在2022年3月31日之前申报进项税。

（6）进项税包括对在津巴布韦购买的货物和服务征收的增值税和对进口货物和服务支付的增值税。

2. 不可抵扣进项税

如果供应品用于制造应税供应品以外的任何目的，则不得抵扣进项税。如果免税供应超过总供应10%，则免税供应的进项税不可抵扣。如果免税物资在一个纳税期内少于应税物资的10%，则可完全抵扣进项税。

3. 部分免税

与免税供应品采购直接相关的增值税不能作为进项税抵扣。生产免税和应税供应品（混合供应品）的注册经营者必须按比例分摊可抵扣的进项税。

4. 申报纳税

在纳税期结束后的下一个月的25日前，纳税人应同时支付增值税和提交申报表，并通过银行转账、银行存款或其他在线平台支付增值税。税务局不接受现金支付。

进口资本性设备允许延期缴纳。延期期限为进口之日起90日、120日或180日。为符合延期条件，此类进口厂房、设备和机械的价值必须为50万~100万（含）美元（90日）、100万~1000万（含）美元（120日）或1000万美元以上（180日）。

（六）发票管理

1. 增值税发票

注册为纳税人的供应商必须在提供应税给付日期后30日内向接收方提供所有应税供应的增值税发票。在某些情况下，经税务局批准，货物和服务的接收方向供应商开具增值税发票。《增值税法》要求通过与税务局联网的财政设备开具发票。

自2022年1月1日起，所有发票应在醒目位置显示"财政发票"字样，以符合进项税扣除的资格。

2. 贷记票据

增值税法允许发行贷记或借记票据。它由供应商和客户签发，并获得税务局的认可。

贷方或借方票据必须包含"贷方票据"或"借方票据"以及满足完整的发票要求。还必须参考其更正的发票，以及开具该发票的原因。

3. 电子发票

津巴布韦允许开具电子发票，但不是强制性的。然而，增值税法中没有关于电子发票的规定。如果发票是以电子方式开具的，则收件人应打印并提交复印件。

（七）罚则

1. 逾期注册

自实体首次登记时起，其即负有纳税义务。在该实体首次有义务进行增值税登记和实际登记日期的时间间隔内，将面临高达增值税金额 100% 的罚款和 25% 的滞纳金。

2. 逾期申报和缴纳

逾期缴纳增值税将处以罚款，罚款额为每月未缴税款的 100%。如果发生税务欺诈，可能会征收相当于相关税款 100% 的附加税。

自 2019 年 1 月 1 日起，津巴布韦修订了《增值税法》，允许在支付罚款和滞纳金之前先支付未交税款。未缴税款按每年 10% 的利率收取利息。

逾期提交增值税申报表的，将对每份纳税申报表处以每日 30 美元的罚款。这些每日罚款在每个申报表违约的前 91 日内持续计算。如果该实体在 91 日后继续违规，其将被判有罪，一经定罪，将处责任人以不超过 14 级（5000 美元）的罚款或不超过 5 年的监禁，或同时处以罚款和监禁。

深圳欧税通技术有限公司
海外增值税税务处理成功案例

（一）德国税务处理成功案例

案例一：取消税金评估

案例对象	中国跨境电商卖家 A 公司
案例主题	取消"欧盟境内采购"税金评估
案例说明	1. 该卖家 2019 年第四季度有"欧盟境内采购（innergemeinschaftliche Erwerbe）"共计 61385 欧元未申报，税务局审核完年报后直接评估了该笔金额的税金，要求其缴纳 2. 联系卖家确认后，卖家对该笔采购的来源并不知情，只记得曾经从比利时递延清关进口至德国
处理方式及结果	1. 首先联系税务局说明情况，询问其能否取消税金评估，以及如何取消 2. 确认递延进口属于"欧盟境内采购"的一部分，在德国属于应税，但可用作进项税抵扣 3. 联系卖家更改年报，将对应的金额和税金分别填写至申报表对应位置 4. 再联系税务局解释，最终确认取消税金评估

案例二：恢复税号

案例对象	中国跨境电商卖家 B 公司
案例主题	恢复税号成功
案例说明	2021 年长期零申报导致税号被注销
处理方式及结果	1. 联系税务局确认如何才能恢复税号，需要哪些证明文件 2. 联系卖家，搜集店铺经营信息（销售记录、产品链接等）、货物进口清关发票凭证等证明文件 3. 向税务局说明零申报原因及未来发货计划，税务局判断可恢复

案例三：更改欧盟内部 B2B 申报

案例对象	中国跨境电商卖家 C 公司
案例主题	更改德国发到欧盟其他国家的 B2B 申报（ZM 申报）成功
案例说明	卖家有从德国出口至欧盟其他国家的 B2B 销售，其中西班牙买家税号无效，税务局不认可该笔交易金额可免税，要求限期解释并更改申报，否则将征收税金
处理方式及结果	删除西班牙税号及对应交易金额，重新提交增值税及 ZM 申报，直至税务局认可

案例四：更改增值税申报

案例对象	中国跨境电商卖家 D 公司
案例主题	确认"欧盟境内采购"来源，更改增值税申报成功
案例说明	税务局审查到该卖家有从其他欧盟国采购至德国的交易额未申报，要求限期解释或更改申报
处理方式及结果	1. 联系卖家后确认，该卖家未递延、未参与移仓（亚马逊在欧盟境内的货物调仓），税号可能被滥用在发货国作了出口申报 2. 向税务局确认后的处理方式为：将对应的采购金额和税金分别填写至申报表对应位置即免除审查

案例五：向税务局申请撤销封锁店铺

案例对象	中国跨境电商卖家 E 公司
案例主题	税务局即将封锁店铺，申诉成功
案例说明	税务局审查到该卖家 2021 年申报有误且未提交 2019 年和 2020 年的申报，要求限期提交申报并修改 2021 年年报，否则就封锁店铺
处理方式及结果	1. 联系卖家后确认，该卖家经营亚马逊店铺，德国税号 2021 年 7 月下发，2021 年是零申报，2019～2021 年主要在英国申报缴税，2021 年只有一笔需在德国申报缴税的订单 2. 更改 2021 年申报，联系税局说明 2019～2021 年的实际经营情况，并提供在英国申报的回执和缴税凭证，证明卖家一直履行在德国的申报缴税义务，申请撤销即将封锁店铺的通知 3. 税务局最终认可该卖家提供的凭证，取消封锁

（二）英国税务处理成功案例

案例一：英国增值税催税（客户欠税务局税金）

案例对象	中国跨境电商卖家 F 公司
案例主题	已支付税金但仍收到税务局催税信件
案例说明	2022－12－17 卖家收到税务局催收 2022－01－01～2022－03－31 的 27.94 英镑税金，2022－04－01～2022－06－30 的 51.52 英镑税金，2022－07－01～2022－09－30 的 54.3 英镑，2022－10－01～2022－12－31 的 104.09 英镑，2023－01－01～2023－03－31 的 19.13 英镑税金。卖家反馈税务局催收以上周期共计 256.98 英镑税金全部以及按时缴纳给税务局
处理方式及结果	1. 联系卖家提供以上周期的申报回执以及支付回执，确认该卖家按时缴税却仍多次收到税务局催税信件，同时税务局账户内显示欠税，并且已产生罚息 2. 电话与税务局沟通，税务局按照我们提供的信息，表示有两笔款项已缴纳，但是由于之前有欠税，被拿去抵扣了 3. 与卖家核对税务局所提的周期，卖家也已经支付，逐笔核对缴税详情，跟税务局说明所有税已缴纳，税务局表示会分配到正确的周期，同时也会移除罚金和利息，大概需要 40 个工作日，在这期间可忽略信件 4. 两个月后电子化税务申报系统（MTD）已进行更新，该卖家的欠税税务局已取消，MTD 账号已显示无欠税，利息也已经被取消
小结	常见的产生英国税务局催收税金（晚申报或缴税会产生罚金、利息）的原因是：部分客户因为晚申报，税务局会根据客户历史申报情况或预计销售额在申报截止时间后给客户下发一个估税信件，要求客户申报且缴税；客户正常申报和缴税了，但是在支付税金时候忘记备注税号，导致税务局系统接收不到该笔税金；MTD 中显示有欠税，但是没有收到催税信件；MTD 没有欠税，但是频繁收到催税信件。税务局历史系统问题（若欠税为 2019 年及其之前的客户找回税金的概率较小）或者支付平台原因或者本期税金拿来填补历史的欠税，税金问题处理比较复杂，会有税金找不回的风险。该笔欠款最后可能还是需要客户支付。2020 年及之后的增值税欠税客户可自行联系英国税务局或委托税务代理向税务局解释客户并不应该有欠税，从而欠税将被取消，意味着无须重复缴纳税款，节省钱财

案例二：英国增值税退税（税务局欠客户税金）

案例对象	中国跨境电商卖家 G 公司
案例主题	英国税务局退税
案例说明	2023－09－15 绑定退税银行账号。2023－11－08 提交 2023－08－01～2023－10－31 周期的负数申报，金额是 －10857.82 英镑；2023－09－11 其中 9.48 英镑用于抵减 2023－09－08～2023－09－22 产生的利息。2023－11－13 税务局退税 10848.34 英镑到卖家绑定的退税银行账户。2023－11－30 与卖家确认已收到税务局退税款项

续表

处理方式及 结果	1. 在卖家负数申报前，卖家绑定退税银行账户 2. 按时提交申报，以及提供对应的进口缴税凭证 3. 税务局核实卖家以往的申报，有异常会直接自动调整申报或下发查税邮件，确认申报没有异常，会自动退税给卖家提供的绑定退税银行账户
小结	1. 出现负数申报就会产生退税。客户在清关时没有使用增值税递延申报（PVA）而选择缴纳进口增值税，在平台进行代扣代缴之后，销售增值税基本为 0，申报的时候会出现销售增值税＜进口增值税，即应缴纳增值税＝销售增值税－进口增值税＜0，出现负数申报，这种情况下会产生退税 2. 一般情况下，每进行一次增值税负数申报就会退一次税 3. 如果在退税申报周期之前有虚假申报，建议不要退税，否则后期引起税务局稽查，影响店铺安全 4. 客户进行负数申报前先绑定退税第三方银行账户（首次绑定后可以一直使用），绑定后税务局会直接把退税金额退到银行账户上，没有绑定则会下发退税支票（支票一般只有英国本土银行支持兑换）

案例三：恢复税号

案例对象	中国跨境电商卖家 H 公司
案例主题	英国税号恢复
案例说明	2023－05－05 税号被税务局莫名注销，查看卖家申报记录，累计 5 次零申报。超过 3 次零申报，税务局会判断卖家是不需要注册税号，从而会注销卖家税号。卖家希望恢复税号
处理方式及 结果	1. 与卖家进行确认，告知卖家需要提供仍在经营或现在仍有库存的证明资料 2. 根据卖家提供的资料，于 2023－06－27 首次通过邮件提供资料给税务局，并且在期间多次邮件和电话与税务局沟通确认，2024－01－25 税务局告知会重新考虑恢复税号 3. 2024－02－04 查询税号已成功激活，可正常使用
小结	1. 恢复税号前需要确认：客户的税号是何时发现注销的、店铺近三个月是否仍有经营、现在是否仍有库存（有销售与库存的店铺，税号恢复的概率才比较大） 2. 税号恢复时卖家必须提供的资料：注销日期之后的采购合同与发票；店铺仍在经营的凭证，包括但不仅限于亚马逊英国站店铺页面、销售报告、平台管理页面、订单详情、采购发票、发货记录等资料，截图需要包含 URL 与截图时间和日期 3. 税号恢复时卖家选择性提供的资料：税号证书、C79 或者 C88、过往申报回执与付款凭证

（三）捷克税务处理成功案例

案例一：捷克增值税的 B2B 申报

案例对象	中国跨境电商卖家 I 公司
案例主题	补做欧盟境内进出口数据申报
案例说明	捷克税务局发来文件，表示看到客户有货物运往德国、西班牙等国家，但是客户申报欧盟内的交易时并没有申报，需要客户解释原因
处理方式及结果	联系客户提供其所有国家的欧盟税号，提供销售数据，且根据销售数据计算出客户的交易数据总额，向税务局解释是申报时未提供全部完整税号造成的，需要重新进行申报。合理解释清楚后，税务局未下罚金处罚单

案例二：捷克增值税递延项申报

案例对象	中国跨境电商卖家 J 公司
案例主题	捷克增值税递延项核查申报
案例说明	卖家的进口申报数据与清关时申报的信息不符，税务局发来信件询问差异原因，并且需要在 15 日内作出解释，否则最高会有 50000 捷克克朗的罚金
处理方式及结果	联系了卖家，卖家确实有递延文件未做申报且卖家积极配合提供文件，确认情况后让卖家提供当月所有的递延文件，根据文件确认发票号、卖家公司名、增值税金额等信息，供应商也积极向税务局解释并更正申报，最终处理成功，未产生罚金

（四）波兰税务信函处理成功案例

案例对象	中国跨境电商卖家 K 公司
案例主题	波兰增值税缴税问题
案例说明	纳税人在提交 2022 年 5 月申报算税后，未在波兰税务局规定的申报月 25 日（即 6 月 25 日）之前支付税金，大约两个月后收到了波兰税务局的信函。期间税务局总共寄送了三封信件。信函主要内容为催促纳税人收到信函通知 7 日内缴纳应缴税金，并支付通知提醒费用，滞纳利息费用。如不及时补缴，税务局将启动行政执法，执法机构将对纳税人采取执法措施并收取执法费用

续表

处理方式及结果	1. 翻译处理信件内容。波兰税务局信函语言为波兰语。为了方便纳税人理解信函内容，我们将税务局信函内容翻译为可理解的中文 2. 通知纳税人。根据税务局来信内容告知纳税人税务局来信目的、补缴税金的所属月份、应补缴的总金额、费用明细、税务局指定税金支付账户、补缴截止日期、不按时补缴的后果等信息 3. 沟通解决方法。收到催缴信函的处理方法是在税务局规定的期限前补缴相关费用到税务局指定的缴税银行账户。由于期间税务局总共寄送了三封信件。纳税人除了需补缴 2022 年 5 月税金 169 兹罗提，还需支付通知提醒费用 48 兹罗提（16 兹罗提/封），最终总共补缴 217 兹罗提 4. 向税务局确认税金到账情况以及是否有额外欠款。在纳税人税金支付 4～6 个工作日后向税务局确认了税金到账情况以及是否还有额外欠款情况。波兰税务局反馈已收到纳税人支付的税金并且没有额外欠款 5. 由于该纳税人积极配合处理及时补缴税金、税务局通知费用，最终此次税务局催缴事件结束，没有产生额外的滞纳利息和执法费用

（五）西班牙信件案例

案例一：西班牙增值税补采购申报

案例对象	中国跨境电商卖家 L 公司
案例主题	西班牙增值税补采购申报
案例说明	收到税务局对该公司的信件，内容为：纳税人于 2022 年第一季度及第二季度在意大利产生了欧盟采购，但是未进行对应的 B2B 采购申报。由于未如实申报，会存在罚金，罚金范围是 300～20000 欧元；每一笔交易 20 欧元，如果少于 15 笔，则按照 15 笔收取，但是如果没有收到补申报信件的情况下，主动补申报，则罚金减半
处理方式及结果	收集客户采购发票进行补申报

案例二：西班牙欧盟税号问卷调查

案例对象	中国跨境电商卖家 M 公司
案例主题	西班牙欧盟税号问卷调查
案例说明	该公司申请西班牙欧盟税号，收到税务局信件需要回复一份问卷调查用于申请税号。纳税人向税务局提交了欧盟税号申请需求，税务局对客户使用欧盟税号的必要性进行问卷调查。如被评估为非必要申请欧盟税号，则税务局不会批准下发欧盟税号；如通过问卷调查，则欧盟税号将被批准生效
处理方式及结果	按照问卷收集店铺经营信息，并向税务局解释该公司需要申请欧盟税号的理由

案例三：逾期申报罚金单

案例对象	中国跨境电商卖家 N 公司
案例主题	逾期申报罚金单
案例说明	该公司未在申报期按时完成申报，2020 年第一季度逾期申报产生罚金；按照税务局规定，在缴纳截止日期前支付罚金滞纳金给税务局，如在当月的前 15 日点开信件，则默认罚金缴纳截止日期为次月 20 日之前；如在当月的后 15 日点开信件，则默认罚金缴纳截止日期为下个月 5 日之前
处理方式及结果	联系客户催促客户解释缴纳罚金
小结	需要在规定期限内，缴纳罚金滞纳金，首封信件将包含按时缴纳所享有的优惠折扣价；若逾期未支付罚金滞纳金，优惠折扣价将会取消，税务局会下发第二封信件，补足剩余的罚金

（六）意大利信件处理成功案例

案例：查税信件解决

案例对象	中国跨境电商卖家 P 公司
案例主题	查税信件解决
案例说明	金融警察通过亚马逊商店获取了该公司的销售报告，并发现该公司自 2017 年开始经营并进行交易。进一步调查发现存在未缴纳的税金，并根据相关规定判决了高额罚金和利息。作为结果，该公司的店铺遭到封禁，公司经营受到影响
处理方式及结果	1. 在上诉截止日期之前认罪可将罚金减免 1/3，纳税人可以选择一次性支付或分期支付，最多可以分 8 期，通过 F24 支付给税务局 2. 鉴于公司考虑上诉可能导致额外的诉讼费用，以及涉及人力和时间成本，公司在经过综合评估后选择了放弃上诉的决策。为维护公司利益，最终选择向税务局缴纳减免 1/3 后的罚金。此决定得以执行后，店铺成功解封